2019 세종도서 학술부문

PUBLICATION INDUSTRY PROMOTION AGENCY OF KOREA

한국출판문화산업진흥원

세계화 시대의

국가무역환경

이 기 환

NATIONAL TRADE ENVIRONMENT

탑북스

머리말

2018년도에 우리나라는 사상 최대의 무역규모를 기록했다. 연간 수출액은 1948년 수출을 시작한 이후 70년 만의 사상 최대인 6,055억 달러로 집계되었다. 지금까지 미국, 독일, 중국, 일본, 네덜란드, 프랑스만이 6,000억 달러를 돌파했으며 우리나라는 세계에서 7번째이다. 수입도 5,350억 달러로 사상 최대였고, 전체 무역액 역시 역대 최대인 1조 1,405억 달러를 기록했다.

이러한 무역성장은 일찍이 수출주도형 개방정책을 실시해 온 결과이기도 하지만, GATT에 이어 WTO에 가입하여 자유무역을 적극적으로 추진했을 뿐만 아니라 칠레를 비롯한 54개국과 FTA가 발효되어 경제영토를 넓인 결과이기도 하다. 경제영토의 확장은 정부와 KOTRA 및 무역협회 등 관련기관의 역할과 노력도 중요했지만 그 누구보다도 기업의 헌신과 노력이 절대적이었다.

기업은 무역량을 늘리기 위해서 무역을 하고자 하는 국가의 많은 정보를 알고 있어야 한다. KOTRA 등 관련 기관들은 정보를 수집하여 기업에게 제공하고 있다. 기업은 기업자체의 정보습득이나 주재원을 통한 상대국의 정보를 입수하기도 하지만, KOTRA 및 무역협회 등 관련기관의 도움을 받기도 한다. 특히 중소기업의 무역에는 이러한 기관들의 도움이 필수적이다. 하지만 기업스스로 정보를 습득하는 것도 필요하다.

무역에 관한 정보들을 습득하기 위해서는 주요 무역 상대국의 무역정보를 다룬 전문 교재가 필요하다. 그렇지만 각국의 무역환경에 관한 실무정보를 기술한 책이 많지 않았고, 최근의 자료나 정보를 기술한 책은 거의 없었다. 그리하여 이 책은 무역을 공부하는 학생들이나 무역업에 종사하고자 하는 기업에게 우리나라의 주요 무역 대상국들의 최신 정보와 내용을 제공하는 것도 의미가 있다고 보여 집필을 하게 된 것이다. 이 책은 무역을 공부하고 무역현장에 뛰어들고자 하는 무역학도는 물론 무역 실무자분들에게 도움이 될 수 있기를 바라는 마음과 그들이 진출하고자 하는 국가의 무역정보를 이해하는데 중점을 두었다.

본 교재의 내용은 크게 5부로 구성하여 국가별로 세부내용을 전개하고자 하였다. Ⅰ부는 경제대국, Ⅱ부는 지역통합, Ⅲ부는 자원부국, Ⅳ부는 중동지역, 마지막으로 Ⅴ부는 선진국과 개발도상국의 내용으로 구성되어 있다. Ⅰ부의 경제대국 편에서는 미국, 중국 및 일본의 경제와 무역에 관한 주요 정보를 기술하였고, Ⅱ부의 지역통합 편에서는 EU, ASEAN 그리고 메르코수르(MERCOSUR)와 태평양동맹(PA)을 집중적으로 다뤘으며, Ⅲ부에서는 자원부국인 브라질, 인도, 러시아와 캐나다를 중심으로 기술하였다. Ⅳ부인 중동지역 편에서는 사우디아라비아, 터키, 우즈베키스탄을 중심으로, 그리고 마지막 Ⅴ부의 선진국과 개발도상국 편에서는 호주, 홍콩, 멕시코, 칠레 및 남아프리카공화국의 경제현황과 무역에 관한 주요 정보를 다루었다.

마지막으로 이 책을 집필하는데 많은 도움을 준 주변의 교수님들과 가족에게 이 자리를 빌려서 감사를 드립니다. 또한 「국제통상환경」에 이어 「세계화시대의 국가무역환경」의 출간을 강력히 권고하고 도와주신 도서출판 탑북스 김광식 사장님, 편집에 수고해 주신 주간님과 관계자에게 감사의 말씀을 드립니다. 마지막으로 방학 중임에도 교정을 봐주신 추선애 교수님께도 감사의 말씀을 드립니다.

2018년 1월

저자 이기환

차 례

제 I 부 경제대국

1. 중국

2. 미국

3. 일본

제Ⅱ부 지역통합

4. EU

5. ASEAN

6. 메르코수르(MERCOSUR)와 태평양동맹(PA)

제Ⅲ부 자원부국

7. 브라질

8. 인도

9. 러시아

10. 캐나다

제Ⅳ부 중동지역

11. 사우디아라비아

12. 터키

13. 우즈베키스탄

제Ⅴ부 선진국과 개발도상국

14. 호주

15. 홍콩

16. 멕시코

17. 칠레

18. 남아프리카공화국

제 I 부 경제대국

1. 중국

중국의 정식 명칭은 中華人民共和國[1]으로 1949년 10월 1일 건국되었다. 면적은 약 960만㎢로 한반도 면적의 44배에 해당하며 세계 4위로, 남북길이가 남쪽 남사군도(23°N)에서 북쪽 흑룡강(53°32′N)까지 5,500㎞에 걸쳐 있고 동서도 파미르고원(73°E)에서 우수리강(135°E)까지 5,500㎞에 달하고 있다. 국경선 총길이는 20,280㎞로 한국, 러시아, 몽골, 중앙아시아 3국, 아프가니스탄, 파키스탄, 인도, 네팔, 부탄, 미얀마, 라오스, 베트남 등 14개 국가와 육지에 접경을 이루고 있다.

2018년 1월 기준으로 약 14억 1,504만 명의 인구에 한족(漢族)과 55개 소수민족[2]이 있으며, 지역에 따라 소수민족언어를 병용하지만 중국어를 공용어로 쓰고 있다.

1971년 10월에 UN 안보리 상임이사국에 가입하였다. 국기는 오성홍기(五星紅旗)[3]로 중화인민공화국 성립 전후인 1949년 9월 30일 인민정치협상회의 제1차 전체회의에서 채택하였다. 노농연맹에 기초한 인민민주 사회주의 국가(82년 개정 헌법 제1조)건설을 기치로, 실질적 최고 권력기관은 공산당이 자리 잡고 있다.

당 총서기와 입법기관으로 전국인민대표대회와 지방각급 인민대표대회, 행정기관과 지방각급 인민정부, 정책자문기관으로 인민정치협상회의, 군사지도기관에는 중앙군사위원회, 사법기관에 최고인민법원과 지방각급인민법원 등이 있고, 검찰기구로 최고 인민검찰원과 지방 각급인민검찰원 등이 있으며, 기타 정당 및 사회단체로는 민주제당파와 사회단체들이 있다.

---

1) People's Republic of China : PRC

2) 약 1억 2,500만 명, 총인구의 8.8%

3) 革命(적색)의 기치 하에 중국공산당(큰 별)을 중심으로, 노동자・농민・小부르주아・民族부르주아 계급(4개의 작은 별) 등 모든 중국 인민이 단결하자는 의미를 가지고 있다.

2017년 9월 제19기 중앙위원회에서는 시진핑(习近平) 2기를 이끌고 갈 새 정치국 상무위원으로 당 총서기 겸 당 중앙군사위원회 국가주석에 习近平, 행정기관에 국무원총리 리커창(李克强), 리잔수(栗戰書) 중앙판공청 주임, 왕양(汪洋) 부총리, 왕후닝(王滬寧) 중앙정책연구실 주임, 자오러지(趙樂際) 당 중앙조직부장(중앙기율검사위원회 서기), 한정(韓正) 상하이시 당서기를 선출하였다.

1. 중국의 경제

중국은 고성장을 바탕으로 2010년 일본을 제치고 세계 2위 경제대국으로 부상하였고, 2017년 교역량은 4조 691억 달러로 세계 1위(2위는 미국)를 기록하였다. 2018년 1월 기준 중국의 외환보유고가 3조 1,614억 달러로 2006년 이후 줄곧 전 세계 외환보유고 1위를 유지하고 있으며, 2015년 기준 중국의 외자유치 규모는 1,263억 달러로 미국에 이어 세계 2위를 기록하고 있다.

1979년 대외경제개방 시행 전의 중국의 전략은 자본축적을 가속화하는 것이었다. 1980년 선전, 주하이 등의 경제특구를 지정하고, 1984년 IMF에 정식 가입하여 경제개혁과 대외개방을 추진하였다. 1998년 경제성장률을 8%로 조정하고, 농촌경제발전, 국유기업개혁, 경제구조조정, 대외개방확대, 지방사회안정 등 6대 목표를 설정하고, 2000년 제10차 국민경제 및 사회발전 5개년 계획을 발표한 이후 비약적인 성장을 이루고 있다. 그러나 10% 이상을 기록하던 GDP 성장률이 2007년 14.2%로 최고의 성장률을 기록한 이후 하락하기 시작하였다. 2010년 10.4%로 반짝 성장하다 하락하기 시작하여 2015년 이후에는 7% 밑으로 성장률을 기록하고 있다. 2016년 중국경제는 GDP성장률이 6.7%에 달하고 신규 취업자가 1,314만 명이 증가하였으며, 국민 1인당 가처분소득도 6.3% 증대하였다. 2016년 중국의 GDP는 11.79조 달러로 미국(19.41조 달러)에 이어 2위를 기록하였다. 전 세계 GDP의 약 15% 수준이다. 일본(4.7조 달러), 독일(3.5조 달러)과의 격차도 더욱 확대되고 있다. 이러한 성과를 바탕으로 2017년도에는 GDP 성장률을 6.5%로 조금 낮게 책정하고, 신규 취업자는 1,100만 명 이상으로 설정하였으나 6.9%를 달성하였다. 물가안정을 위해 소비자물가지수(CPI) 상승률은 3%대로 목표치를 정하였으며 재정적자 폭은 2016년과 동일하게 설정하였다.

〈표 1-1〉 중국의 경제성장률 및 GDP 규모 (단위: 억 달러, %)

	2010	2011	2012	2013	2014	2015	2016	2017
GDP	60,396	74,924	84,616	94,906	103,548	113,848	117,953	120,150
경제성장률	10.6	9.5	7.8	7.7	7.3	6.9	6.7	6.9

출처: IMF, 세계은행, 대만 통계국, EU 은행, 각 연도 통계자료.
https://knoema.com/nwnfkne/world-gdp-ranking-2017-gdp-by-country-data-....

이러한 목표설정은 시진핑 주석의 재임기간 동안의 성과를 2017년 이후에는 안정적으로 달성해 나가고자 하는 의지를 볼 수 있다. 성장보다는 리스크 관리에 초점을 둔 '온중구진(稳中求进, 안정 속 전진이라는 의미)'에 초점을 맞추고 있다.

2017년도 이후의 목표 달성을 위해서는 여러 가지 구조적인 난제들을 풀어가기 위하여, 양회[4]에서는 특히 민생과 관련된 9개의 핵심 키워드를 제시하였는데, 그 내용은 다음과 같다.

첫째는 취약부분 개선이다. 2013년-2016년 동안 5,564만 명이 빈곤에서 벗어났는데 2017년에도 이러한 노력을 꾸준히 해나가고자 한다. 빈곤지역 및 빈곤인구를 전면적인 샤오캉(小康, 중산층)사회로 이끌어야 한다. 또한 1,000만 명 이상의 빈곤인구를 감소시키고, 340만 명을 빈곤지역에서 이주를 목표로 한다.

둘째는 공급측면의 개혁이다. 기업 간 인수합병・파산청산 절차를 통한 좀비기업을 정리(기업의 체질개선과 규모 축소)하고 전력, 석유, 천연가스, 철도, 민간항공, 전기 통신 등 7개 영역에 대한 개혁이 요구된다. 또한 철강과 석탄 등 생산능력이 이미 과잉공급이기 때문에 이에 대한 조정이 필요하다.

셋째는 규제개혁이다. 행정 간소화, 혼합소유제[5]의 시범적 시행으로 철저한 관리감독을 통한 거래비용의 감소를 추구하고 있다.

넷째는 소득분배이다. 2020년을 목표로 도농(都農) 1인당 소득을 2010년의 2배로 높이고자 한다.

다섯째는 녹색발전이다. 스모그와 같이 날로 심각해지는 환경오염을 극복하는 지속적인 노력이 필요하다. 자원 이용의 효율성을 제고하여 오염을 줄여간다.

여섯째는 이원화 정책을 통한 부동산 조정이다. 부동산 투기행위를 막기 위

4) 전국인민대표회의(전인대)와 중국인민정치협상회의(정협)을 줄여 양회라고 부른다.
5) 국유기업에 국가지분을 줄이고 민간자본 유치를 허용하는 정책.

해 1선(線)과 2선 지역의 부동산가격을 안정화시켜야 할 필요가 있으며 3선과 4선 지역에서는 부동산 공급을 확대할 필요가 있다.[6)]

일곱째는 퇴직연령 확대이다. 13차 5개년 계획에서는 점진적인 퇴직연령 확대정책을 추진하고 있다. 현재 중국의 퇴직연령은 국가 법정기업의 경우 남자는 60세, 여자는 일반근로자 50세, 간부 55세로 되어 있다. 또 고온, 고공(高空), 광산 등 특별한 환경의 남성 근로자는 퇴직연령이 55세로 정해져 있다. 중국에서 60세 이상 인구가 2017년 말 현재 전체 인구의 17.3%인 2억 4,100만 명에 달했다.

여덟째는 민법법치이다. 특히 중국의 특색을 반영하는 민법체계를 완성하고자 하였다. 2017년 3월 15일, 제12기 전국인민대표대회 제5차 회의에서는 표결을 통해 「중화인민공화국 민법총칙(초안)」이 통과되었다. 민법총칙은 기본원칙, 자연인, 법인, 비법인조직, 민사권리, 민사법률행위, 대리, 민사책임, 소송시효, 기간의 계산과 부칙 등 총 11장 210조로 구성되었다.

아홉째는 교육이다. 이미 실행되고 있는 2자녀 정책으로 인한 어린이집과 유치원의 확대가 필요하며, 2억 6,000만 명에 달하는 학생의 교육시스템을 개선하는 중요한 과제이다.

양회가 제시한 2017년의 거시경제 목표와 민생현안에 대한 정부의 핵심과제들을 볼 때 안정 속에 성장을 추구하고자 하는 중국의 의지를 볼 수 있다.

2. 중국의 무역과 투자

1) 중국의 수출입

중국의 무역은 WTO에 가입 이후 급격하게 증가하여 수출은 세계 1위, 수입은 세계 2위를 기록하고 있다. 2016년 기준, 미국에 수출 3,886억 달러, 일본에 1,295억 달러 그리고 한국에도 957억 달러를 넘는 기록을 세웠다. 또한 총 수출입액 규모를 보더라도 미국, 홍콩, 일본 및 한국에 2,000억 달러가 넘는 규모를 기록하고 있다. 2017년도에는 미국(18.9%), 일본(6.0%), 한국(4.5%), 베트남

---

6) 1선, 2선, 3선, 4선 지역 구분은 도시 발전수준에 따른 분류로, 1선 지역에는 북경시(北京市), 상해시(上海市), 광주시(廣州市), 심천시 등이 포함되며, 3선과 4선 지역은 중소도시를 말한다.

(3.1%) 그리고 인도(3.0%) 순으로 수출이 많이 이루어졌다.

중국의 주요 수출 대상국(지역)은 미국, 홍콩, 일본, 한국, 베트남 등이며 2018년 1분기 기준으로 이 5개 국가(지역)로의 수출이 전체 수출의 44%를 차지하고 있다. 중국의 전체 수출에서 주요국이 차지하는 변동성이 크지 않은 것으로 나타났다.

〈표 1-2〉 중국의 연도별 수출입 동향

(단위: 백만 달러, %)

연도	수출입 합계	수출	수입	수지
2007년	2,174,416(23.5)	1,218,155(25.7)	956,261(20.8)	261,894(47.5)
2008년	2,560,338(17.7)	1,428,869(17.3)	1,131,469(18.3)	297,401(13.6)
2009년	2,205,940(△13.8)	1,202,047(△15.9)	1,003,893(△11.3)	198,155(△33.4)
2010년	2,972,353(34.7)	1,578,444(31.3)	1,393,909(38.9)	184,535(△6.9)
2011년	3,640,938(22.5)	1,899,314(20.3)	1,741,624(24.9)	157,690(△14.5)
2012년	3,867,453(6.2)	2,050,109(7.9)	1,817,344(4.3)	232,765(47.6)
2013년	4,152,238(7.4)	2,210,772(7.8)	1,941,466(6.8)	269,306(15.7)
2014년	4,306,327(3.7)	2,343,222(6.0)	1,963,105(1.1)	380,117(41.1)
2015년	3,882,035(△9.9)	2,280,437(△2.7)	1,601,598(△18.4)	678,839(78.6)
2016년	3,660,012(△5.7)	2,135,308(△6.4)	1,524,704(△4.8)	610,604(△10.0)
2017년	4,107,164(11.4)	2,279,162(6.8)	1,790,000(17.5)	489,162(△20.0)
2018년 상반기	2,204,741(15.9)	1,171,659(12.7)	1,033,083(19.9)	138,576(△22)

주: ( ) 괄호 안 숫자는 전년동기대비 증감률임.
자료: 중국해관

2018년 상반기 수출입은 중국의 수입 확대 정책에 따라 전년 동기대비 비교적 큰 폭의 증가세를 보였다. 수출은 전년 동기대비 12.7% 증가, 수입은 전년 동기대비 19.9% 증가하여, 무역수지는 1,386억 달러 흑자를 기록했다.

(1) 품목별 수출

2018년 1분기 중국 품목별 수출통계를 보면 전자기기, 기계류 등 품목 수출이 대부분 증가세를 보인 가운데 LDD, 광학기기, 조명기구는 전년 동기대비 감소세를 보였다. 수출품목 중 가장 큰 비중을 차지하는 통신전자부품 수출은 531억달러로 전년 동기대비 17.3% 증가했다.

(2) 품목별 수입

중국의 10대 수입품은 전자집적회로, 석유와 원유를 포함한 역청유, 철광석, 자동차, 유선전신기기, LCD 및 광학기기, 대두, 석유가스, 자동차 부품 등으로 수출상품 구조와의 유사성이 강한 편이다. 이는 중국의 대외무역 구조가 외국산 원부자재를 도입하여 가공한 후에 재수출하는 가공무역에 의존하는 비중이 여전히 높다는 점을 시사하고 있다.

특히 전자집적회로, 석유, 역청유 등 수입품목이 큰 증가세를 보이고 있는데 이는 중국 내 산업고도화와 환경오염 방지를 위해 석탄연료를 천연가스로 대체함에 따라 연료 수입이 크게 늘어나는 것으로 보인다. 중국의 수입시장이 최종재 위주로 성장하는 반면, 한국은 중국 내 가공무역 및 중간재 수출비중이 높아 수입시장 둔화세가 지속된다.

〈표 1-3〉 중국의 국가별 수입액 (단위: 달러)

		2016년	2017년
총수입		1조 5,228억	1조 7,900억
1	한국	1,587억	1,772억
2	일본	1,452억	1,650억
3	미국	1,397억	1,496억
4	대만	1,323억	1,552억
5	독일	861억	965억
6	호주	635억	861억

자료: 한국무역협회

2) 중국의 직접투자(FDI)

중국의 해외직접투자 정책은 1999년 '저우추취(走出去)'를 천명한 이후 직접적 규제와 행정지도 완화, 승인절차 분권화 및 행정서비스 제공, 장기적 통상관계 및 외교전략 부가, 자본통제 완화와 자금조달 경로 확대 등과 같은 특징을 보이며 규제완화 및 지원을 통한 활성화를 도모하고 있다. 중국의 해외직접투자 정책은 엄격한 심사 비준 및 감독과 외환감독 등으로 초보적 단계에 머물러 있었으나, 2001년 3월 중국 전국인민대표대회에서 통과된 10.5계획(2001-2005)에 저우추취 전략을 포함하면서 기업의 해외직접투자를 적극 장려하고 나섰다. 중국의 해외투자 목적은 주로 자원 확보와 선진기술의 습득에 초점이 맞추어져 있으며, 중국과의 문화관습이 유사한 홍콩 등의 화상문화권에 대한 투자비중이 높은 편이다.

2000년에서 2016년 사이에 중국의 해외투자는 미국에 집중되었다. 중국은 이 기간 동안 미국에 누적적으로 1,091.1억 달러를 투입했으며, 그 중 약 70%는 민간 기업에서 나왔다.

〈표 1-4〉 중국에서의 투자순위(실제투자 기준, 금융업 제외) (단위: 억 달러)

순위	2014년까지 누계		2015년		~2015년까지 누계	
	국가	투자액	국가	투자액	국가	투자액
1	홍콩	11,314	홍콩	926.7	홍콩	12,241
2	일본	1,349	싱가포르	69.7	일본	1,381
3	미국	947	대만	44.1	싱가포르	1,012
4	싱가포르	942	**한국**	**40.4**	미국	973
5	**한국**	**615**	일본	32.1	**한국**	**655**
6	대만	564	미국	25.9	대만	608
7	독일	428	독일	15.6	독일	444
전체		21,186		1,263		22,449

자료: 중국무역경외통계연감, 상무부 외자사.

지금까지 중국의 해외직접투자는 부동산 및 서비스업(295억 달러), 정보기술(142억 달러), 에너지(134억 달러) 및 엔터테인먼트(88억 달러)의 순으로 이루어졌다. 전 세계적으로는 2016년 1위 미국(169.8만 달러), 2위 호주, 3위 브라질, 4위 영국, 5위 캐나다이다. 특이한 점은 생각보다 캐나다의 투자금액이 상대적으로 적었다는 점이다.

반면, 중국의 해외투자 유입은 고부가가치의 기술집약적산업과 신재생에너지산업 등 차세대 성장동력을 유치하고 금융, 유통 등 서비스 부문의 점진적 개방을 통한 산업고도화를 도모해나간다는데 목적을 두고 있다. 2013년도 중국 언론에서는 FDI의 지속적인 감소가 유럽경제위기 약화와 경제둔화가 동시에 작용하면서 글로벌 기업이 중국에 대한 투자를 주저하고 있는 분위기가 반영된 것이라고 하였다.

2018년 1월 22일 발표한 유엔무역개발협의회(UNCTAD)의 「글로벌투자 추세

모니터링 보고서(Global Investment Trend Monitor)」에 따르면 2017년 전 세계의 외국인직접투자(FDI)액은 2016년 대비 16% 하락한 1.52조 달러를 기록하였으나, 2017년 중국의 FDI 유치금액은 1,440억 달러로 역대 최고치를 갱신하였으며, 개도국 중 1위, 전 세계에서는 미국의 뒤를 이어 2위를 기록하였다.

중국의 FDI의 증가는 트럼프 정부의 보호주의 정책으로 인하여 투자시장으로서 미국의 유인 요소가 감소하면서, 이것이 역으로 투자처로서 중국의 매력을 한층 강화시켜줄 것이라는 분석도 나오고 있다.

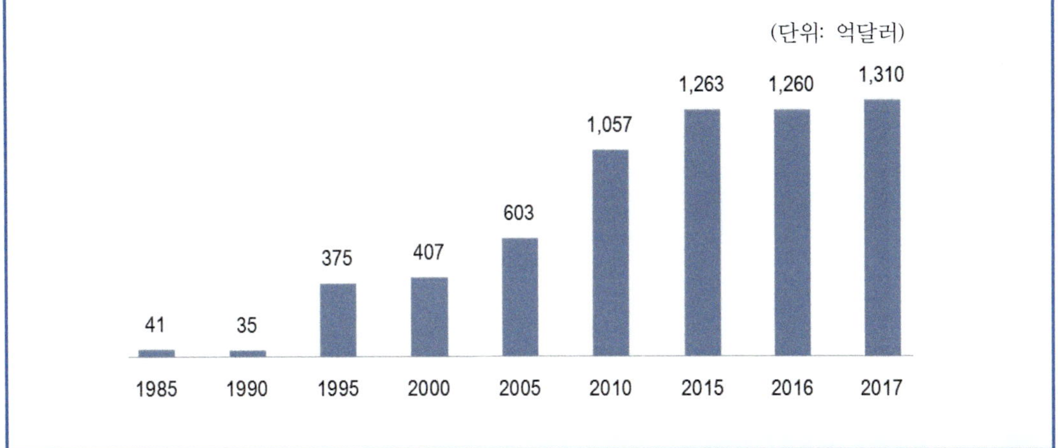

[그림 1-1] 중국 FDI추이

자료: CEIC

최근까지도 중국은 여전히 세계 유망 투자처에 이름을 올리고 있다. 유엔무역개발회의(UNCTAD)가 2017년 6월 배포한 사업조사 결과에 따르면 조사대상 다국적기업 임원의 36%가 2017~2019년 최고 유망 투자처로 중국을 꼽았다. 중국을 유망 투자처로 꼽은 응답자 비율이 작년 21%에 비해 15%포인트 높아졌다.

3. 한 · 중관계

한 · 중 양국관계는 1992년 8월 수교 이래 약 20여 년 동안 제반 분야에서 비약적으로 발전해 왔다. 2008년 5월 '전략적 협력동반자 관계'를 설정한 이후,

양국관계는 양적인 측면뿐만 아니라 질적인 측면에서도 꾸준한 발전 추세를 지속하고 있다. 2013년 6월 박근혜 대통령의 방중을 계기로 '한·중 미래비전 공동성명' 채택을 통해 '한·중 전략적 협력동반자 관계 내실화' 목표에 합의하였다. 정치·안보 분야에서 포괄적·다층적 전략소통체제 구축에 합의하고, 양국 간 경제협력 기반 제도화 및 협력범위 확대, 양국 국민 간 다양한 형태의 교류 촉진 및 특히 인문유대 강화 적극 추진에 합의하였다.

또한 2014년 7월에는 习近平 중국 국가주석이 방한하여 '한·중 공동성명'을 채택, 양국 간 협력 성과를 평가하고 양국관계를 보다 내실화하기 위한 보다 상세한 구체방안에 합의, 한·중 관계 발전을 위해 지속적으로 노력해 나가기로 하였다.

〈표 1-5〉 2016년도 한·중 주요 지표 (단위: 달러)

구 분	한 국	중 국
GDP	1조 4,981억	11조 7,953억
1인당 GDP	29,115	8,481
대외무역	9,016억	3조 6544억
외국인투자(실행기준)	99억	1,285억
외환보유액	3,711억	3조 105억

자료: GDP/1인당 GDP(세계은행), 대외무역(WTO), 외국인투자(UNCTAD), 외환보유액(한국은행, 국가외환관리국)
주: 외국인투자(실행기준)는 2014년 12월 말 기준

4. 한·중 교역 현황

한·중 양국 간 교역규모는 1992년 63억 달러에서 2014년 2,354억 달러로 약 37배 증가하였고, 2015년 2,273억 달러, 2016년에는 2,113억 달러로 우리의 대외교역액의 약 21%를 점하고, 한·미 및 한·일 간 교역액을 합한 2,015억 달러보다 큰 수치이다. 2016년 1월 북한의 4차 핵실험과 연이은 각종 미사일 발사를 실시하면서 자위적 방위조치 일환으로 7월 8일 한국은 고고도미사일 방어체계(THAAD, 사드)를 도입하기로 결정하였고, 2017년 3월 6일 한국 내 사드 배치가 시작되었다. 한·중 관계는 사드도입 결정 이후 급격히 악화되었으며, 중국의 전 방위적인 보복이 진행 중이었으나 11월 한·중정상회담 이후 조금

씩 완화되고 있는 상태이다. 한·중 양국 간 2017년 교역규모는 어려운 여건임에도 불구하고 2399.8억 달러로 증가가 된 상황이다.

2013년 기준 중국은 우리의 제1위 교역국, 수출국 및 무역흑자국으로 대 중국 교역규모는 2,288억 달러(중국통계 2,743억 달러)였다. 대 중국 수출은 1,458억 달러, 수입 830억 달러로 흑자 628억 달러였다. 중국 세관에 따르면 한국은 중국의 제3위 교역대상국으로, 수입 면에서는 2013년 우리가 일본을 제치고 중국의 최대 수입 대상국으로 1992년 한·중 수교 당시 64억 달러이던 교역액이 2013년 약 36배 증가한 것이다. 수출은 집적회로반도체, 평판디스플레이, 합성수지, 석유화학, 자동차부품 등 5대 품목이 전체 수출의 약 38%를 차지하였고, 수입은 집적회로반도체, 기타 정밀화학원료, 배전 및 제어기, 평판디스플레이, 컴퓨터 등 5대 품목이 전체 수입의 약 18%를 차지하였다. 2016년 한국의 대 중국 주요 수출제품은 전기기계 제품, 광학 의료기기, 화공제품이다. 3대 제품의 대 중국 수출총액은 한국의 대 중국 수출총액의 73.8%를 차지하고 있으나, 한국의 대 중국 가죽제품, 가방 수출액은 대폭 하락하였다. 주요 수출품목 중 전기기기와 그 부품 480억 달러, 광학기기, 측정, 의료 등 정밀기기와 부속품 218억 달러, 유기화학품 150억 달러, 원자로 기계류 142억 달러, 플라스틱과 그 제품 107억 달러, 광물성 연료, 증류물 등이 89억 달러, 철도 궤도용 차량 등 부분품과 부속품 69억 달러, 철강 36억 달러, 동과 그 제품 20억 달러, 선박과 수상구조물 12억 달러 등이다. 대부분이 중간재라고 볼 수 있다.

한국의 대 중국 주요 수입제품은 전기기계 제품, 비금속 및 제품, 화공제품이다. 한국이 중국에서 수입한 총액은 각각 45.8%, 13.6%, 7.8%를 차지하였다. 한국이 중국에서 수입한 광학, 시계, 의료기기 수입액은 대폭 하락하였다.

2018년 상반기 대 중국 수출입 총액은 1,311억 달러로 전년동기대비 15.8% 상승했다. 수출은 전년동기대비 21.1% 증가한 792억 달러, 수입은 8.6% 증가한 518억 달러로 274억 달러 무역흑자를 달성했다. 이는 작년 한중 관계 개선 양국 간 협의 발표 및 한중 정상회담 이후로 대 중 수출이 증가세를 보이고 있다.

〈표 1-6〉 대 중국 교역 추이 (단위: 억 달러, %)

구분	2014년	2015년	2016년	2017년	2018년 상반기
총액	2,353.7(2.8)	2,273.7(△3.4)	2,114.1(△7.0)	2,399.8(13.5)	1,310.7(15.8)
대 중국 수출	1,452.9(△0.4)	1,371.2(△5.6)	1244.3 (△9.3)	1,421(14.2)	792(21.1)
대 중국 수입	900.8(8.5)	902.5(0.2)	869.8(△3.6)	979(12.5)	518(8.6)
무역수지	552.1(△12.1)	468.7(△15.1)	374.5(△20.1)	442(18.0)	274(54.8)

자료: 관세청

〈표 1-7〉 수교이후 교역액 비교 (단위: 억 달러, ( )안은 1992년 대비 증가폭)

	1992년	2012년	2013년	2014년	2015년	2016년
한국 통계	63.7	2,151 (33.8배)	2,288 (35.9배)	2,354 (37.0배)	2,273 (35.7배)	2,114 (33.0배)
중국 통계	50.3	2,563 (51.0배)	2,743 (54.5배)	2,905 (57.8배)	2,759 (54.9배)	2,526 (50.2배)

자료: 양국 무역 통계 杭州在线, 2016年中韩中日贸易额中国与俄罗斯中国与蒙古,中国与朝鲜的贸易额, 2017.6.16.

5. 대 중국 투자현황

한국의 대 중국 직접투자규모는 1992년 174건, 137억 달러에서 2016년에는 695건 33억 달러를 기록하고 있다.

〈표 1-8〉 한국의 연도별 대 중국 직접투자 규모 (단위: 건(신규법인수), 억불)

	신규 법인 수(건)	투자금액(억 달러)
1992	174	1.37
2000	798	7.9
2005	2,366	29.1
2010	918	36.6
2015	734	29.6
2016	695	33.0
2017	5,535	29.7
합 계	26,838	593.7

자료: 한국수출입은행(분기별), 중국상무부(월별)

중국 상무부에 따르면 2013년 우리나라는 금융업 제외한 실제투자 기준으로 홍콩(783억 달러), 대만(52.5억 달러)을 제외 시 중국의 제4위 투자유입국이다. 반면 한국수출입은행에 의하면 실제투자 기준으로 2013년 대 중국 투자액은 51.1억 달러였으며, 2013년까지 대 중국 투자 누계액은 459억 달러였다.

〈표 1-9〉 중국의 대한(對韓) 투자(신고 기준): 분기별 발표

	단위	2014년까지 누계	2015년	~2015년까지 누계
건수	건	8,971	679	9,650
금액	억불	61.29	19.8	81.1

자료: 산업통상자원부

중국은 최초 투자 개시시점부터 2015년 말까지 총 누계 9,650건, 81.1억 달러를 한국에 투자하고 있으며, 이는 우리나라 전체 외자유치액 2,580억불 중 3.1%를 차지하는 규모이다.

중국의 대 한국 투자는 2014년 처음으로 10억 달러를 돌파한 이후 2016년 사상 최고치인 20.5억 달러를 기록하고, 2017년 급감한 이후 2018년 들어 증가 추세를 보이고 있다. 2017년 신고 기준 금액은 8억 1,000만 달러로 전년 대비 60.5% 감소했으나, 2018년도 1분기에는 10억 5,000만 달러로 지난해 같은 기간에 비해 541.5%나 증가했다.

중국진출 우리기업은 약 26,303개로 중국의 환경규제 강화, 임금상승의 영향으로 중소기업 위주의 투자는 상대적으로 축소되고 있고, 대규모, 고부가가치 투자가 증가하고 있는 실정이다. 최근 고부가가치 투자 내용으로 삼성 디스플레이(쑤저우), LG디스플레이 8세대 LCD 투자(광저우), 삼성 SDI 전기차배터리 공장(시안), SK 화학 나프타 분해시설(우한) 등이 있다. KOTRA, 대한상공회의소, 무역협회 등이 사무소를 설치하여 기업활동을 지원 중이며, KOTRA는 베이징, 상하이, 칭다오, 선양 등 지역에 16개의 무역관 설치하여 활동 중이다.

6. 한·중 인적교류

한국과 중국의 인적교류현황은 중국인의 한국 방문과 한국인의 중국 방문 측면에서, 한국인의 중국 방문은 1992년 9만 명에서 2014년도에는 600만 명을

넘어섰고 2015년도에도 600만 명에 근접하게 방문을 하였다. 중국은 1992년 4만 명에서 2015년도에는 444만 명을 상회할 정도로 많은 교류가 이루어졌다. 또한 양국 합계 1,000만 명 시대가 도래하여 2014년 1,030만 명, 2015년도에는 1,043만 명, 2016년도에는 사상 최고치인 1,325.7만 명이 넘는 인적교류가 이루어졌다. 그러나 사드 여파로 2017년에는 34%가 감소한 868.9만 명에 그쳤다.

양국 간 인적교류가 1992년 13만 명에서 2016년 1,325.7만 명으로 약 102배 증가하였다. 2014년 기준, 한국 내 중국 유학생 약 5만 명, 중국 내 한국 유학생 6만 3천여 명으로 양국 내 외국인 유학생 중 가장 큰 비중을 차지하고 있다. 2016년에는 한국 내 중국인 유학생은 6만136명에 이르고 있다.

이러한 인적교류에 따라 2015년 2월 기준 항공노선은 97개 노선, 주 878회 운항(부정기편 제외)이 이루어졌었고, 2015년 말 현재 18개 항공사 90여개 노선에 주당 1,230회의 항공편이 정기 운항되고 있었다. 그러나 한국의 사드배치 이후 2017년 양국의 인적교류는 급격히 줄어들고 있다. 한국 정부의 비공식 통계에 따르면 2017년 방중 한국인은 452만 명으로 2016년 519만 명과 비교할 때 13% 감소했다. 그것은 주한미군 고고도미사일 방어체계(THAAD·사드) 배치에 따른 한·중 갈등으로 인해 작년에 중국을 방문한 한국인 수가 재작년보다 67만 명가량 줄어든 것으로 파악됐다.

〈표 1-10〉 중국인 한국 방문/한국인 중국 방문

(단위: 만 명, %)

연 도	방한 중국인(한국통계)		방중 한국인(중국통계)		합계(방중+방한)	
		전년대비(%)		전년대비(%)		전년대비(%)
1992	9	10.1	4	186.6	13	-
2001	48	8.9	168	24.8	216	-
2006	90	26.3	392	17.6	482	13.4
2010	188	39.7	408	27.5	596	31.3
2011	222.0	18.4	418.5	2.7	640.5	7.5
2012	283.7	27.8	407.0	-2.8	690.7	7.8
2013	432.7	52.5	396.9	-2.5	829.6	20.1
2014	612.7	41.6	418.2	5.4	1,030.9	24.3
2015	598.4	-2.3	444.4	6.3	1,043.8	1.3
2016	806.7	34.8	519.0	16.7	1,325.7	27.0
2017	416.9	-48.3	452.0	12.9	868.9	-34.4

자료: 한국관광공사, 中华人民共和国国家旅游局, 각 연도 자료

7. 중국의 FTA

2018년 3월 현재 중국은 16건의 FTA를 체결하였으며 그 현황은 〈표 1-11〉과 같다. 중국-몰디브, 중국-조지아, 중국-한국, 중국-아이슬란드, 중국-페루, 중국-뉴질랜드, 중국-파키스탄, 중국-호주, 중국-스위스, 중국-코스타리카, 중국-싱가포르, 중국-칠레, 중국-홍콩 CEPA, 중국-마카오 CEPA, 중국-아세안 FTA 등이다. 2015년 11월 22일 중국은 중-아세안 FTA 개정 협상을 타결하였는데, 이는 중국이 최초로 기존 FTA를 개정한 사례이며, 중국-칠레 FTA도 2017년 11월 13일 기존 FTA를 개정하였다. 이런 상황으로 볼 때, 중국은 대외개방 확대를 위해 한·중 FTA 성과가 중요한 시점이라고 보여지고, 양국 간 FTA 활용률 제고를 위한 노력과 협조가 필요하다. 그밖에 2017년 4월 기준으로 중국은 인도, 콜롬비아, 몰도바, 피지, 네팔, 모리셔스 등 6개 국가와도 FTA 추진 타당성을 검토 중에 있다.

〈표 1-11〉 중국의 FTA 체결현황

대상국	협상 개시일자 및 타결일자	추진 현황
몰디브	개시: 2015.12.21 체결: 2017.12.7	·2015년 2월 4~5일 중-몰디브 FTA 타당성 연구 개시 ·2017년 3월 7일 말레에서 중-몰디브 FTA 제5차 협상회의 개최
조지아	개시: 2015.12. 체결: 2017.5.13	·2016년 6월 FTA 협상 가속화에 대한 공통된 인식을 가졌음 ·2017년 5월 13일, 양국은 '중화인민공화국정부와 조지아정부 FTA'를 체결 ·이번 협상은 중국의 첫 번째 유라시아지역 FTA임.
호주	개시: 2005.4.18 체결: 2015.6.17	·2014년 10월까지 제21차 FTA협상을 완료했으며 화물 무역, 투자와 서비스 분야를 중점적으로 협상 ·2015년 12월 20일 자유무역협정 정식 발효 ·2017년 3월 24일 중-호주 양국발전협력 강화 양해각서 체결
한국	개시: 2012.5.2 체결: 2015.6.1	·2014년 11월까지 14차례 협상을 거친 후, 2015년 6월 1일 한-중 자유무역협정 정식 서명 ·2015년 12월 20일부로 정식 발효 ·2016년 12월 한-중 FTA 협동위원회 의견 수렴 시작
스위스	개시: 2011.4 체결: 2013.7.6	·2년간 9차례의 회의를 거친 후, 2013년 7월 6일 자유무역협정 체결 ·2009년 11월 30일 합동 연구단이 결성돼 연구를 진행 (2010년 8월 13일 연구완료) ·2011년 4월~2013년 2월 8차례의 협상을 거친 후 2013년 7월 6일 자유무역협정 정식서명 ·2014년 7월 1일 정식 발효 ·2017년 1월 17일 중국-스위스 FTA 개정 선언

대상국	협상 개시일자 및 타결일자	추진 현황
아이슬란드	개시: 2007.4.12 체결: 2013.4.15	· FTA 세율 인하 모델, 원산지 규정, SPS/TBT, 서비스 무역 등을 중점적으로 협상 · 2014년 7월 1일 정식 발효
코스타리카	개시: 2009.1.19 체결: 2010.4.8	· 2011년 8월 1일 중-코스타리카 FTA 정식 발효 · 중-코스타리카 각각 90% 이상의 상대국 수입품에 대해 관세철폐 · 2016년 8월 중-코스타리카 FTA위원회 제4차 의견수렴 실시
페루	개시: 2007.9.7 체결: 2009.4.28	· 2007년 11월 12~13일 베이징에서 중국-페루 FTA 자유무역 협상 개최 · 2008년 1월 21~24일 제1차 협상 개최 · 2009년 4월 28일 '중국-페루 FTA 의정서' 체결 · 2010년 3월 1일 중국-페루 FTA 정식 발효 · 2016년 11월 21일 중국-페루 FTA 개정 협상 정식 시작
싱가포르	개시: 2006.10.26 체결: 2008.10.23	· 2008년 10월 23일, 중-싱가포르 FTA 1차 협상 완료 · 2012년 7월 6일 중-싱가포르 양국 은행사업개방촉진협정서명 · 2015년 1월 20~22일 싱가포르에서 중-싱가포르 FTA 제 5차 연합회의 개최
뉴질랜드	개시: 2004.12.6 체결: 2008.4.7	· 상품무역, 서비스무역, 투자, 지식 재산권, 원산지규정, 동식물 검역(SPS) 등에 대해 중점적으로 협상 · 2008년 10월 1일 정식 발효 · 2015년 3월 24~25일 뉴질랜드에서 중-뉴질랜드 제6차 연합회의 개최 · 2016년 11월 20일 중국-뉴질랜드 FTA 개정 협상 정식 시작
칠레	개시: 2004.11.18 타결: 2005.10.16 체결: 2005.11.18 *2010.8.1 서비스무역협정	· 2006년 10월 1일부로 중국은 칠레의 7,550개(HS코드 8단위 기준) 품목에 칠레는 중국의 7,902개 품목에 대해 10년 동안 단계적으로 관세 철폐 · 2015년 5월 25일 중국-칠레 양국 FTA 개정 양해 각서 체결 · 2016년 11월 22일 중국-칠레FTA 개정 정식 시작
파키스탄	개시: 2005.4.5 타결: 2006.11.10 체결: 2006.11.24 *2009.2.21.서비스 무역협정 체결	· 2007년 7월 1일에 정식 발효돼 관세 대상품목의 85%에 대해 5년 동안 단계적으로 관세 인하 · 2015년 8월 3~5일 파키스탄에서 중-파키스탄 FTA 제2단계 5차 회의 개최됨 · 2015년 11월 11일부터 중-파키스탄 FTA 은행산업 개방 의정서 정식 발효
아세안	개시: 2001.11.6 타결: 2002.11.4	· 2005년 7월 아세안과 '상품무역협정'을 체결. 7,000여 개 품목에 대해 단계적으로 관세 철폐 · 2009년 8월 15일 아세안과 '투자협정' 체결 · 2010년 1월 1일부로 정식 발효 · 2014년 8월 26일 중-아세안 개정 협상 정식 개시 · 2015년 11월 23일 중-아세안 개정 협상 타결
CEPA	중국-홍콩타결 : 2003.6.29 중국-마카오 타결 : 2003.10.17	· 2004년 10월 27일 중국-홍콩 CEPA에 대한 보충협의 체결 · 2004년 10월 29일 중국-마카오 CEPA에 대한 보충협의 체결
아세안('10+1')	개시: 2014.8.26 타결: 2015.11.22	· 2014년 8월 26일 중-아세안FTA 개정 협상 정식 개시 · 2015년 11월 22일 중-아세안 FTA 개정 협상 타결

자료: 中国自由贸易区服务网, KOTRA 베이징 무역관, china FTA Network 수정 보완

〈표 1-12〉 중국의 FTA 추진 현황

대상국	협상 개시일	추진 현황
RCEP	개시: 2012.11.20	·2012년 11월 20일 캄보디아에서 RCEP 협상 정식 시작 ·2017년 3월 6일 고베에서 제17차 협상이 개최
걸프협력회의 (GCC)	개시: 2005.4.23	·2016년 12월 19~21일 리야드에서 중-GCC 제9차협상회의 개최
한·중·일	개시: 2013.3.26	·2012년 11월 21일 협상 개시 선언 ·2013년 3월 26~28일 서울에서 제1차 협상 회의 개최 ·2017년 1월 11일 베이징에서 제11차 협상 회의 개최 ·2017년 4월 13일 도쿄에서 제12차 협상 회의 개최
스리랑카	개시: 2014.9.16	·2014년 9월 16일 중-스리랑카 협상 개시 ·2017년 1월 16~19일 콜롬보에서 중-스리랑카 FTA 제5차협상회의 개최
파키스탄	개시: 2011.3.10~11	·2015년 4월 20일 중-파키스탄 FTA 은행산업 개방 의정서 서명 ·2015년 11월 11일 중-파키스탄 FTA 은행산업 개방 협정 발효 ·2016년 12월 6~7일 이슬라마바드에서 중-파키스탄 제2단계협상 제7차 회의 개최
이스라엘	개시: 2016.9.28	·2016년 9월 28일 중-이스라엘 FTA 협상 개시
노르웨이	개시: 2008.9.18	·2007년 6월 19~20일 중국-노르웨이 FTA 타당성 연구를 위한 제1차 회의 개최. 같은 해 9월 13~19 일 개최된 타당성 연구 제 2차 회의에서는 상품 무역, 서비스 무역, 투자에 대한 영향과 경제협력에 대한 의견 교환 ·2010년 9월 14~16일 오슬로에서 8차 협상 개최

자료: 中国自由贸易区服务网

중국과 FTA를 체결한 국가의 GDP 총합은 7조 5,000억 달러로, 세계 GDP의 10%에 불과한 반면, 한국이 FTA를 체결한 54개 국가의 GDP 총합은 약 53조 7,000억 달러로, 세계 GDP의 70% 이상 차지하고 있다. 중국이 FTA를 체결한 국가들과의 무역은 중국 전체 무역액의 33%를 차지하고 있다. WTO가 발표한 2016년 세계 10대 수출국 중 중국과 FTA를 체결한 국가·지역은 한국과 홍콩뿐이고, 중국의 FTA 상대국 중 2016년 GDP 1조 달러 이상을 기록한 국가는 한국과 호주뿐이다.

미국, EU 등 경제대국의 경우 중국에 시장경제지위(Market Economy Status)를 부여하지 않고 있어 중-미, 중-EU 간 FTA는 검토조차 되지 않고 있는 실정이다. 미국은 자국의 산업보호를 위해 중국에 시장경제지위 부여를 유보하고 중국산 제품에 높은 관세를 유지할 것으로 전망되며, EU 역시 중국에 시장경제

지위를 인정하게 되면 역내 GDP가 1~2% 감소할 것으로 전망해 관련 사항 검토에 소극적인 입장이다.

2018년 상반기 기준으로 중국의 FTA 추진현황을 살펴보면, 발효 16건(24개국/지역), 협상 중 13건, 추진검토 10건이다.

8. 중국의 무역관리 제도

1) 수출입 허가제도 개요

수출입 허가제도는 국가의 법률, 정책, 대외무역계획 및 국내시장 수요에 근거하여 수출입 경영자격[7], 경영범위, 교역국가별 정책, 수출입 상품의 종류와 수량 등에 대한 전반적인 관리제도를 가리키며 주로 수출입 경영자격 및 경영범위의 심사비준, 수출입 제한상품의 쿼터허가증관리, 수출입상품의 분류관리, 교역국가별 정책 등의 내용을 포함한다.

중국의 〈中华人民共和国对外贸易法〉에 근거하여 수출입 업무를 취급하는 대외무역 경영업체는 아래 각항의 조건들을 구비해야 한다.

① 기업명칭 및 조직기구
② 명확한 대외무역 경영범위
③ 대외무역경영에 필요한 장소, 자금 및 전문인원
④ 과거 타 회사를 통한 수출입 실적 혹은 필수적인 수출입 공급원
⑤ 법률법규가 규정하는 기타조건

상무부의 비준을 취득한 기업은 전국 범위의 대외무역업무를 취급할 수 있으며 성(省) 혹은 기타 지방의 상무부문(상무부처)의 비준을 취득한 기업은 현지에서 대외무역업무를 취급한다. 수출입 경영자격을 취득한 기업은 경영범위 내에서 별도 허가 없이 국가의 수출입제한상품 및 분류관리상품을 제외한 기타 모든 상품을 취급할 수 있다.

현재 중국의 대외무역기업 유형은 아래의 7가지로 나눌 수 있다.

---

7) 수출입 경영자격은 중국기업의 대외상담 및 수출입계약을 체결할 수 있는 자격을 가리킨다.

① 상무부 소속의 각종 수출입 총공사 및 그 하부기구
② 국무원 소속의 공업무역회사
③ 성급 소속의 각종 수출입회사
④ 외상투자기업(外商投资企业)
⑤ 수출입 경영자격이 있는 제조기업
⑥ 임대수출입회사
⑦ 수출입업무 경영자격을 취득한 기타 회사

대외무역 경영자격 신청
(미 자격자는 기타 무역회사에 위탁하여 수출입 가능)
(외상투자기업의 자영 수출입은 별도 신청 불요)

↓

통관등록 신청
(통관대행업체에 위탁하는 경우 통관등록 신청 불요)

↓

통관 전 수출입 쿼터 및 허가증 신청
(쿼터 및 허가증 관리제품 해당 제품의 경우에 한함)

↓

무역계약 체결

↓

외환수속 관련 업무처리

↓

검사 및 검역대상 제품의 검사 실시 및 보고

↓

통관
(화물신고, 납세, 수검, 화물인출)

↓

신고확인(核銷) 수속 진행

[그림 1-2] 대 중국 수출입 흐름도

2) 일반무역 관리제도

(1) 자동수입허가관리

중국 정부는 수입자유화물에 대해 '자동수입허가관리'(自動進口許可管理)를 시행하고 자동수입허가증 관리품목 목록을 매년 발표한다. 수입업체는 해당 목록의 상품을 수입할 경우, 사전에 '자동수입허가증'을 취득해야 하고 자동수입허가증을 통해 통관수속을 밟게 된다. 2015년 1월 1일부로 시행된 2015년 '자동수입허가관리상품목록'에는 소고기, 돼지고기 및 그 제품, 양고기, 식용조류, 생유, 분유, 대두 등 식품과 철강, 자동차 부품, 의료기기 등 45류 상품이 포함됐다.

(2) 쿼터 및 허가증 관리

쿼터관리는 일정기간 내 특정상품의 수출입 수량 혹은 금액을 직접적으로 제한하는 관리조치이다. 그러므로 규정한 기한 및 쿼터액을 초과하면 동종상품의 수출입을 제한한다. 허가증 관리는 특정상품에 대한 허가증명으로서 대외무역 경영업체가 국가의 수출입 제한상품을 수입 혹은 수출하기 전 우선 국가의 허가를 취득해야 한다.

중국은 WTO 가입에 맞추어 2001년 12월 중화인민공화국 화물수출입 관리조례, 화물수입허가증 관리방법, 수출허가증 관리규정, 기계전자 수입관리방법, 화물수입 지정경영 관리방법, 수출상품 쿼터 관리방법, 화물자동수입 허가관리방법, 기계·전자상품 수입쿼터 관리 실시세칙, 수출상품 쿼터 관리방법 등 일련의 수출입 관리제도를 발표, 수출입 쿼터와 허가증 관리제도를 수정하였다.

〈표 1-13〉 제품별 수입관리제도

분 류	대상품목
쿼터관리 기계전자제품	국가산업정책 및 업종발전계획에 따라 적당한 수입량에 의한 시장공급 조절을 목적으로 중국의 산업발전, 수입 구조 및 산업 구조조정, 국가외환수지에 부정적인 영향을 줄 수 있다고 판단되는 기계전자제품 등을 포함
쿼터관리 일반제품	기전제품 외의 기타 쿼터로 수입량을 통제하는 국민생활에 관계되는 상품을 포함
非쿼터관리 수입허가증 제품	쿼터관리상품을 제외한 기타 화학무기의 주요 부품, 원자재 및 화학 무기로 사용할 수 있는 화학품, 유독성 화학제품 및 레이저 디스크 생산장비 등은 수입허가증을 통하여 관리

자료: 중국 상무부

그러나 상계무역 수출제품(국가 쿼터입찰관리제품 외의 기타 수출허가증 관리상품), 가공조립무역의 재수출상품, 해외전시회의 재반입 전시품, 경제기술교류 등을 목적으로 해외에 제공한 테스트용 견본품, 대외경제기술원조 목적의 수출물자 일부제품 등에 해당되는 허가증 관리제품은 수출허가증을 면제한다. 단, 국가의 쿼터입찰관리제품은 무역방식을 막론하고 수출허가증을 취득해야 한다.

(3) 수출입허가증 신고

수출입허가증 발행기관은 각각 상무부 쿼터허가증사무국 및 각지 출장소, 지방의 상무부문(상무부처)으로 상무부는 중앙, 국무원의 각 부/위 및 소속기업의 허가증 발행을 담당하며 상무부의 각지 출장소는 연해개방도시 및 관계지역의 수출입허가증을 발행한다. 또한 지방의 상무부문은 소속부문의 수출화물 허가증 및 소속부문의 일부 수입허가증을 발행한다.

수출입허가증의 신청시 "수입허가증신청서(進口許可證申請表)" 혹은 "수출허가증신청서[8]" 를 작성하여 제출한다. 국가 쿼터제한제품에 대한 수출입허가증 신청 시 허가증발행기관에 주관부문이 발급한 수출쿼터 증명을 제출해야 한다. 국내 화공생산, 과학연구의 수요에 따른 화학무기생산에 이용하는 화공원료의 수입 시 지정업체가 소재지 성급 화학공업 관련부서에 신고하여 제품의 최종용도 및 그 증명을 제출한 후 국가의 화공 관련부서의 재심사를 거쳐야 하며 상무부가 최종적으로 화공 관련부서의 비준서를 근거로 수입허가증을 발행한다.

일반무역 및 가공무역방식의 레이저디스크 생산장비를 수입하는 기업은 우선 국가신문출판서의 비준을 취득한 후 비준서와 기계전자제품 수입등기표 기전제품 수출입 관리부문 발행에 의해 상무부의 쿼터허가증 사무국에 수입허가증을 신청한다. 통관 시 해관은 업체가 제출한 수입허가증을 근거로 화물을 통과시킨다.

외상투자기업의 레이저디스크 생산장비 수입은 신문출판서(新聞出版署)의 "音像制品復制經營許可證", 상무부의 비준증서 및 수입장비목록에 의해 상무부 쿼터허가증사무국에 수입허가증을 신청하여 발급받으며 세관은 발급된 수입허가증에 의해 화물을 통과시킨다. 피동쿼터관리 방직품의 수출은 상무부 혹은 그 수권기관에 "방직품 수출허가증"을 신청하며 국가의 쿼터입찰관리상품인 경우 "수출화물허가증"을 추가 신청하여 발급받는다. 수입쿼터증명의 유효기간은 6개월이며 유효기간 내 수입허가증을 신청하지 않으면 폐기처리한다.

---

8) 신고업체 명칭, 수(출)입 상품명, 거래가격, 무역방식, 수입(출)국, 도착(발송)항구 등을 기재

수출입허가증의 유효기간은 별도규정을 제외하고는 1년이다. 1개 허가증으로 다량 상품을 수입하는 경우(一批一證) 유효기한은 3개월이며 1회 통관으로 제한된다. 기타 상품, 외상투자기업 및 보상무역방식의 수출제품의 허가증 유효기간은 6개월이며 복수통관(최고 12회)이 가능하다. 중개무역을 제외한 홍콩·마카오에 공급하는 해산물 제품은 유효기한이 1개월로 제한된다. 특수한 사유로 유효기간 내 수출입이 불가능한 경우 허가증 발행기관에 연장신청을 하여야 하며 기타 변경사항도 원 발행기관에 신청한다.

국가의 쿼터허가증 관리제품은 통관 시 세관에 "수입화물허가증" 혹은 "수출화물허가증"을 제출하여야 한다. 피동쿼터관리제품에 해당하는 방직품의 경우 "방직품 수출허가증", 쿼터 입찰관리제품에 해당하는 방직품은 "방직품 수출허가증"과 "수출화물허가증"을 제출한다. 기타 국가의 상품검사, 무선전기관리, 동식품검역 등에 해당하는 수출입 허가증관리제품은 관련 수권기관이 발행한 수출입증명을 첨부해야 한다.

(4) 수출입상품의 분류관리

중국은 쿼터허가증 외에 중요한 수출입상품은 분류관리를 실시한다. 즉 분류관리제품은 전문 수출입 총공사가 경영하거나 동종제품의 경영권이 있는 분공사가 총공사와 연합하여 거래를 추진하거나 지정회사가 경영한다. 수출입상품은 3가지로 분류하여 관리하고 있으며 각 유형별 제품의 특징은 다음과 같다.

	수입상품의 분류	수출상품의 분류
第一類	-통일적으로 대리 주문하는 수입상품 -국민생활과 관계가 있거나, 규모가 방대한 소맥, 원유, 정제유, 화학비료, 고무, 강재, 석유, 베니어합판, 양모, 니트릴, 면화, 담배, 설탕, 식물유 등 14종 상품이 이에 해당 -이들 제품은 지정된 대외무역 수출입총공사 혹은 그 해외에 설치한 사무소가 통일적으로 대리주문하며 2중 수입허가증 관리상품에 해당하는 제품은 허가증을 취득해야 한다.	-국민생활에 관계되며 거래규모가 방대하고 국제시장에서 독점지위를 점유하는 특수한 성질의 자원성 상품 -쌀, 콩, 옥수수, 차, 석탄, 텅스텐, 안티몬, 원유, 정제유, 면화, 면사, 테릴렌면사, 면원단, 테릴렌면원단, 생사, 비단 등 제품이 포함 -이들 상품은 지정된 하나 혹은 다수의 대외무역, 공업무역 수출입 총공사가 통일 경영관리를 하거나 지방의 분공사와 연합하여 경영하며 총괄 관리한다.
第二類	-연합하여 대외거래를 추진하는 수입상품 -국제시장에서 공급이 상대적으로 집중되고 가격의 민감도가 높으며 국내시장 공급이 부족하여 국내외 가격차가 비교적 큰 수입상품으로, 해당 상품에 대해 상무부가 비준한 수입경영권이 있는 대외무역업체가 외국과 거래를 한다.	-국제시장의 규모가 제한적이고 쿼터제한이 있으며 경쟁이 심하고 가격의 민감도가 비교적 높은 수출상품 -해당상품 경영권이 있는 대외무역기업이 비준을 거쳐 경영한다.

	수입상품의 분류	수출상품의 분류
第三類	-경영을 개방한 수입상품 -상기 一, 二类 외의 기타 수입상품이 해당되며 수입 경영권이 있는 기업이 자유로이 경영할 수 있으나 국가의 수입허가증 관리제품에 해당하는 제품은 허가증을 취득해야 한다	一, 二類 외의 기타 수출상품은 수출경영권이 있는 대외무역기업이 자유로이 경영한다.

(5) 외국기업의 수출입관리

① **수입허가증**: 합자・합작기업의 내부용도로 수입한 기계장비 및 물자가 국가의 수입허가증 관리 대상품목이면 우선 상무부문(상무부처)의 수입화물 허가증을 취득해야 한다. 외상독자기업 및 홍콩・마카오・대만 투자기업의 내부용도의 기계장비 및 물자 등 수입품은 수입허가증 관리대상에서 제외된다. 단, 설탕, 면화, 식물유, 양모, 천연고무 등 5종 상품을 원료로 하는 가공무역의 수입자재는 우선 수입허가증을 취득해야 한다.

외상투자기업의 수출품 생산을 위한 자재(원자재, 부품, 조립품, 포장재 등)의 수입은 수입화물 허가증을 면제하며 세관이 보세화물규정에 따라 감독한다. 또한 수입품이 수입쿼터 허가증 관리품목이면 우선 수입허가증을 취득해야 한다. 한편 외상투자기업이 내수용 상품 생산을 위해 수입한 자재가 국가의 수입허가증 관리품목인 경우 수입허가증을 취득해야 한다.

② **수출허가증**: 외상투자기업의 수출제품이 국가의 수출허가증 관리품목인 경우 수출화물 허가증을 취득해야 한다. 외상투자기업의 수출제품 범위는 영업범위 내 자체 생산가공한 제품이며 중국 내 구매제품은 제외된다.

3) 수입규제 제도

(1) 대(對) 세계 수입규제 현황

2018년 6월 30일 기준 중국의 대 세계 수입규제는 반덤핑 17개 국 117건, 그 중 94건 규제 중, 23건은 조사 중이며, 세이프가드는 1건, 상계관세 6건이다. 규제품목을 보면 화학은 80건 이상으로 가장 많으며, 그 다음으로 섬유, 금속, 제지 등 품목 순이다.

대상국가를 보면 미국이 26건으로 가장 많으며, 그 다음으로 일본 23건, EU

20건, 한국이 15건 순이다. 2018년 상반기 기준 중국은 일본 3건, 인도 1건, 미국 2건, EU 1건, 한국 1건 등 총 5개국, 4개 품목, 8건에 대해 반덤핑 조사를 개시했다. 그 외 미국, EU, 인도, 대만 등 4개 국/지역, 3개 품목(화학)에 대해 일몰재심 개시를 발표했다. 또한 상반기 기준 미국, 일본, 인도, 한국 등 11개 국, 7개 품목, 총 15건에 대해 예비판정을 발표했다.

(2) 최근 동향

① 고체폐기물 수입 감독관리 강화

2018년 5월 28일 해관총서는 "원료로 사용가능한 고체폐기물 수입 시 적재운송 전 검험감독관리 실시세칙"을 발표하여 2018년 6월 1일부터 실시한다. 2018년 4월 19일 생태환경부는 "수입폐기물관리목록 조정에 관한 공고"를 발표하여 단계별로 고체폐기물 수입금지 발표하였고 2018년 12월 31일부터 폐오금(금, 은, 구리, 쇠, 납), 폐선박, 폐자동차, 제련 찌꺼기, 공업용 폐 플라스틱 등 16개 폐기물은 수입금지품목으로 수입이 불가하며 2019년 12년 31일부터 스테인레스스틸 폐부스러기, 티타늄 폐부스러기, 나무 폐부스러기 등 16개 폐기물은 수입이 불가하다.

② 수입허가증 관리

중국은 수출입 및 외환관리를 위해 화물 자동수입허가증 제도를 시행해왔으며, 2018년은 소고기, 돼지고기, 양고기, 식용조류, 생유, 분유 등 식품과 자동차 부품, 기계설비, 의료설비 등 49류 종류 품목에 대해 적용한다.

③ 중고품 수입규제

중국은 동식물 보호와 환경보호 등을 이유로 HS 8단위 기준 144개 품목 중 10개 중고품목을 수입금지품목으로 지정하였다. 중고기계 및 전자제품은 제한적으로 수입이 허용되나 승인절차가 복잡하고 기준이 불명확한 상황이다. 중국은 〈수입금지 화물목록〉에 의거, 수입을 제한적으로 허용, 신청 및 허가절차를 밟게 하고 있는데, 2차 수입금지목록(중고기계, 전자제품) 중 상무부 전자상품수출입공사가 인정한 경우는 제한적으로 수입이 허용된다. 이러한 까닭으로 중국 현지공장으로 중고기계 및 설비들을 수출할 경우 복잡한 승인절차와 오랜 검사시간 등으로 기업들이 애로를 겪고 있다.

④ 화장품 수입판매기록제도 본격 시행

2017년 3월 1일부터 중국 정부는 "수입화장품 국내 수화인 등록, 수입기록 및 판매기록 관리규정(進口化粧品境內收貨人備案,進口記錄和銷售記錄管理規定)"을 본격 시행했다. 동 규정은 수입자의 수입, 판매기록을 감독함으로써 수입화장품을 추적 관리하고 안전문제 발생 시 신속하게 대응해 상품을 회수하기 위한 조치이다.

동 규정은 중국 수입화장품 추적관리시스템 구축의 일환으로 수입화장품 수입, 판매 기록 작성이 의무화됐다. 중국에 화장품을 수입하는 수화인은 '수입식품 화장품 수출입업체 등록시스템(http://ire.eciq.cn)'을 통해 등록하고 작성한 수입 및 판매기록을 제출해야 한다. 서면자료 이외에도 수입식품화장품 수입상의 등록 시스템을 통해 전산시스템에 정보를 등록하고 등록번호를 발부받아야 한다.

추적관리시스템은 상품 안전관리를 강화하고 불합격 상품 리콜, 기업 책임 추궁의 근거를 마련했다. 2017년 2월 23일 중국 상무부 등 7대 부처가 '중요 상품 정보화 추적시스템 구축에 관한 지도의견'을 발표해 농산품, 식품, 약품, 엘리베이터 등 특종설비, 폭죽 등 위험품, 희토류 제품 등 상품에 대한 추적시스템 구축을 제시했다. 또한 국경 간 전자상거래를 포함한 수출입 과정에 대한 추적시스템을 구축해 수출입 상품의 수출입, 판매 등 전 과정에 대한 감독관리를 강화해야 한다고 강조하고 있어, 향후 검역관리 등이 더욱 까다로워질 것으로 예상된다.

⑤ 2017년 11월부터 수입화물 검역검사 비율 대폭 낮춰

2017년 10월 16일, 국가질검총국은 수출입 상품 검역추출 최저비중 대폭 인하와 검역검험 시한 규정을 골자로 하는 "수출입검험검역관리규정"을 발표했고, 10월 24일에는 검역검험절차 간소화, 통관효율 제고에 관한 공고문을 발표했다. 이번 규정은 리스크 평가를 토대로 화물 리스크 등급과 기업신용 수준에 따라 수입화물의 현장, 실험실 검험검역 비율을 재조정한다는 방침이다.

수입 스낵 및 주류 제품의 현장 검사 비율은 기존에는 100%였으나, 2017년 11월 1일부터 기업신용이 높은 기업의 경우 해당 비율을 최저 3%로 낮춘다. 수입 사탕·음료·향신료 등의 현장 추출 검사비율도 최저 5%까지 조정하며, 수입 화장품은 최저 10%로 하향 조정한다. 검역신청서의 접수 및 심사는 업무일 기준 0.5일, 현장 검역검험은 '일반적으로 1일 초과 불가'를 원칙으로 확정했으며, 실험실 검역검험은 원칙상 7개 업무일을 초과할 수 없다.

현장 추출 비율은 기업 검역신용등급에 의해 조정할 수 있도록 했으며, 검역신용등급이 A급, AA급 기업에 대해 최저 추출 비율(3~10%)로 현장 검역을 실시하는 반면, 검험검역 불합격 또는 리스크 등급이 높은 화물, 신용 수준이 낮은 기업에 대해서는 리스크 평가를 통해 추출 비율을 높게 적용한다. 검역신용등급이 C급 이하의 수입업체 또는 대리업체는 현장 수출비율을 100%까지 높일 수 있다.

〈표 1-14〉 중국의 수입화물 분류

구분	내 용
수입금지품목	- 마약, 동물사체, 무기, 동물뼈 등 중국 법률 상 교역을 금지하는 품목 - 임업, 인쇄업, 금속, 교통 등 분야에서 일부 기술 수입도 금지돼 있음.
수입제한품목	- 밀, 옥수수, 쌀, 설탕, 목화, 양모, 울, 화학비료, 일부 오존층소모물질에 대해 관세할당관리 실시 - 중점 중고기계전자제품, 오존층 소모물질, 핵・바이오・화학 미사일, 방사성 동위원호 등 민감물질과 기술, 비밀번호제품과 관련 기술 등에 대해 수입허가증관리 실시 - 농업, 식품가공, 방직 등 분야에서도 일부 기술 수입은 수입허가증관리 실시
자동수입허가품목	- 수입자유품목 중 일부 상품에 대해 수입상황을 감시하기 위해 자동수입허가증관리 실시
국영무역관리수입품목	- 화학비료, 원유, 정제유, 설탕, 담배, 목화와 일부 식량
지정경영관리수입품목	- 천연고무, 베이나합판, 양모, 아크릴 섬유, 철강
가공무역관리	- 가공무역수입상품은 금지류, 제한류와 허가류로 분류해 관리 - 가공무역의 경우, 수입관련세(관세, 증치세, 소비세)는 재수출될 경우 면제됨.
수입보고관리	대외무역경영자는 1) 계약체결 후, 2) 화물출항 후, 3) 화물이 항구에 도착 후, 4) 보고사항 변경 등에 대해 요구된 기간 내 수입보고 하도록 의무화돼 있음.

자료: KOTRA 베이징 무역관

4) 외환관리 제도

중국은 외환수지에 대하여 은행결산제도를 실시하고 있으며 수입대금 지급확인과 수출대금 영수확인제도를 실시하고 있다. 일반적으로 기업의 외환수입은 외환지정은행에 매도하도록 하고 있으며 외환지출을 위해서는 지정은행을 통해서 외환을 구입하도록 하고 있다. 외상투자기업은 외환계좌를 개설할 수 있으며 일정 한도 내에서 경상항목의 외환을 보유할 수 있다.

일반무역방식의 경우에는 기업의 상품수입은 수입계약서와 수입통관서 등 서류를 외환지정은행에 제출하며, 외환계정을 통한 대금지불 또는 외환구입을 통한 대금지불 모두 가능하다. 그러나 수입대금지급확인 규정에 따라 매 건별로 수입대금지급확인 수속을 거쳐야 한다. 기업의 상품수출에 있어서도 매 건별 수출대금 영수확인 수속을 밟도록 하고 있다.

5) 가공무역 심사 및 관리제도

(1) 가공무역 경영기업의 심사 및 비준기관

「가공무역심사관리 잠정방법」에 근거, 원자재가공(來料加工) 및 재료가공(進料加工)을 포함한 가공무역에 종사하는 경영기업은 반드시 성급 상무부문(상무부처)의 심사를 받아야 한다.

① 가공무역 경영기업은 외국 측과 가공무역 수출입계약을 담당하는 수출입 회사 및 외상투자기업이나 원자재가공 경영 허가권을 획득한 대외가공조립 서비스회사를 말한다.

② 수입원료가 면화, 설탕, 식물유, 양모, 천연고무, 원유 및 정제유 등 중국의 가공무역수입에 대한 총량균형관리 품목에 해당하는 가공무역 경영업무의 경우 경영기업(과거 部 및 委 총공사 및 자회사 포함)이 등기 소재지 성(省)급 상무부문(상무부처)의 심사, 허가를 거쳐야 한다.

(2) 가공기업 심사 및 비준기관

① 가공무역기업은 가공무역 경영기업의 위탁을 받은 법인자격의 수입원료 가공, 조립기업을 가공무역 경영기업이 설립한 未법인 자격의 사업집합(营业集调)소유 독립채산공장을 말한다.

② 기타 가공무역업무의 경우 경영기업이 등기 소재지의 상무부문(상무부처) 혹은 성(省) 상무부문(상무부처)이 수권한 시 상무부문의 심사를 받아야 한다.

(3) 심사 제출서류

- 경영기업의 서면신청서 및 경영기업의 인감이 날인된 서류
- 경영기업 수출입권 비준서류(또는 외상투자기업 비준증서) 및 영업허가증 사본
- 가공기업 등기소재지 이상의 상위 행정구역의 대외경제무역 주관부문이 발급한 가공기업 생산능력증명 원본 및 가공기업의 영업허가증 사본
- 경영기업이 체결한 수출입 계약서 원본

- 경영기업과 가공기업이 체결한 가공협정(계약서) 원본
- 심사기구가 요구하는 기타 증명 및 자료
- 경영기업 혹은 가공기업이 외상투자기업에 속하는 경우 대외경제무역 주관부문이 비준한 생산경영범위와 규모를 설명할 수 있는 △계약서 △정관 △생산능력, 투자금 납입 및 연도검사 합격을 확인하는 증명서류
- 수입원료가 폐금속 혹은 물품에 속하는 가공무역의 경우 유관규정에 따라 국가환경 보호국이 발급한 원료수입허가 서류
- 수입원료 혹은 수출 완제품이 독성화학품 및 군민통용화학품으로 쉽게 만들어질 수 있는 가공무역의 경우 유관부문이 발급한 원료수입 혹은 완제품수출 비준서류

(4) 가공무역업무(계약서) 심사 및 비준

가공무역 심사부문은 규정에 따라 제출된 각종 증명 및 자료를 근거로 가공·재수출 능력이 있다고 판단되는 경영기업에 대하여 가공무역업무 심사비준 전용인감이 날인된 "가공무역 업무비준서"를 발급한다. 이는 기업이 세관 등 관련 부서에 가공무역 은행보증금대장 등 관련 수속을 진행하기 위한 증명자료로 사용된다. 또한 심사기구는 기업이 신고한 원자재 소모량에 대하여 심사, 비준하고 가공무역업무 심사 전용인감이 날인 된 "수입원자재신청 신고확인서류"와 "수출완제품 및 관련 수입재료 소모량 신고 확인 서류"를 발급한다.

(5) 신고 및 등기

상무부문의 가공무역 경영허가를 얻은 후 경영기업은 "가공무역 업무비준서"와 "가공무역계약서"를 가공기업 소재지의 주관 세관에 제출하고 신고등기 수속을 하며 "가공무역 등기수책(登記手冊)"을 수령한다. 생산가공기업은 소재지 해관에 등기수속을 하고 기업코드를 등록한다. 경영기업은 주관 세관에 신고, 등기업무 수속 시 반드시 가공생산기업의 세관등기코드를 기입해야 한다. 만약 가공무역 경영기업이나 수출입 경영권을 가진 외상투자기업이 가공생산을 겸업하는 경우 경영기업의 세관등록 코드에 가공생산기업코드를 추가하며 생산기업이 다시 세관에 등기수속을 밟을 필요는 없다.

(6) 보세 감독 및 관리

보세화물은 무역활동(저장) 및 가공조립 목적으로 수입된 화물로 건설공사,

과학실험, 문화체육활동 등 기타 목적으로 임시 수입된 화물과 구분된다. 中华人民共和国海关法(해관법) 제59조에 따르면 "세관의 비준을 거쳐 임시 수입 혹은 수출하는 화물 및 특별허가를 통하여 수입하는 보세화물은 수입관세 해당액의 보증금 혹은 기타 담보를 제공해야 하며 임시로 세금을 면한다."라고 규정하고 있다. 즉 보세화물은 잠정면세 화물로서 최종 목적방향이 확정된 후 면세 혹은 납세 여부가 결정된다. 재수출은 보세화물의 중요 전제조건으로서 수입화물의 원상태 혹은 가공제품 형태로 재수출되어야 한다.

(7) 가공무역 수입원자재 은행보증금대장 제도

보세제도의 중요기능은 위탁가공, 원자재조달 가공무역 등 대외가공무역 서비스이다. 가공무역 관련 세관, 은행 등의 감독강화 일환으로 중국 세관은 1996년 7월 1일부로 "가공 무역의 수입원자재 은행보증금대장제도"를 실시하였다. 가공무역 계약서의 세관등록 과정에서 신고인은 상무부문 및 세관의 비준서 등에 의해 지정 중국은행에 수입 원자재에 해당하는 금액의 은행보증금대장을 개설하며 가공제품의 재수출 후 세관 증빙서류에 근거 은행보증금대장을 신고확인한다. 중국은행은 신고인의 관할세관 소재지에 위치한 은행 분(지)행을 가리키며 중국 내 수입원자재 보증금대장업무를 취급하는 유일한 지정은행으로 다른 은행은 업무를 취급하지 않는다.

(8) 기업분류 관리

1999년 10월 1일부로 중국 세관은 기업의 연간 가공실적 및 세관법규 준수상황에 근거 가공무역기업은 A, B, C, D 4종류로 가공제품은 허용, 제한, 금지 3가지로 분류하였다. 이 중 A류 기업은 은행보증금대장제도 관리대상에서 제외되며, B류와 C류 기업은 보증금대장관리대상에 포함된다. 제한류 품목을 취급하는 B류 기업, 최초로 가공무역에 종사하는 제한류의 품목 취급기업 및 C류 기업은 은행보증금대장을 통해 수입원자재 해당 관세액을 납부한 후 가공제품의 재수출 확인 후 환급받는다.

D류 기업은 밀수행위의 적발기업으로 원칙상 가공무역을 취급하지 못하나 특수상황에서 세관의 비준을 거쳐 가공무역에 종사하는 경우 수입원자재 관세액에 해당하는 보증금을 우선 납부해야 한다.

상무부문(상무부처)의 계약 심사비준

○ 상무부 및 각 지방의 대외경제무역국(위원회)

↓

계약의 등록

○ 관할 세관에 가공무역계약서 및 상무부문(상무부처)의 비준서 등 제출
○ 원자재 금액에 근거 〈은행보증금대장 개설연계서(開設銀行保證金臺帳聯系單)〉 발급

↓

보증금장부의 개설

○ 기업이 직접〈연계서(聯系單)〉에 의해 지정 중국은행에 보증금대장개설 신고
○ 은행의 관련서류 심사확인후 계약서의 원자재금액에 따라 보증금장부를 개설
○ 세관의 규정에 따라 보증금 입금 후 〈은행보증금대장 등기통지서(銀行保證 金臺帳登記通知單)〉 혹은 보증금영수증 발급

↓

등기수책(登記手册)의 발행

○ 관할세관은 은행의 〈통지서〉 혹은 보증금 영수증 및 기타 관련서류에 근거, 경영업체에 "가공무역 등기수책(加工貿易登記手册)" 발급

↓

원부자재의 수입 및 가공 후 재수출

○ 보세화물의 수입 시 신고인은 등기수첩 및 기타 증빙서류에 의해 수입수속
○ 수입보세화물은 세관의 지정장소에 저장하거나 세관의 인가를 취득한 가공 제조기업에 운송하여 가공
○ 저장기간의 만료 혹은 제품의 가공 후 신고인은 등기수첩 및 기타 증빙
○ 서류에 의해 재수출 수속 진행

↓

계약의 신고확인(核銷)

○ 규정기한내 가공무역을 종료 후 혹은 최종 가공제품 수출완료 후 관할세관에 계약에 대하여 신고 확인
○ 관할세관은 신고서류의 심사확인 후 〈은행보증금장부〉 신고 확인
○ 연계서(銀行保證金臺帳核銷聯系單) 및 보증금 반환통지서를 발행

↓

보증금대장의 신고확인(核銷)

○ 경영업체는 〈연계서〉에 의해 은행에 보증금대장을 신고 확인
○ 은행은 서류의 심사확인 후 보증금 및 이자(보통예금 이자율)를 반환
○ 세관과 중국은행은 월별 보증금대장의 설립 및 신고확인 상황을 대조, 확인

[그림 1-3] 은행보증금 대장제도 기본절차

자료: 중국상무부

(9) 면감세 우대정책

전액보세 대상은 보세공장·보세창고의 수입 원부자재, 가공수출계약하의 원부자재 수입, 외국이 제공한 수입 원부자재 등이 대상이다.

정액징세 대상은 보세공장, 보세창고를 갖추지 못한 가공을 위한 수입 원부자재에 대하여 과세하며, 해관이 "가공수책(加工手冊)"을 발급할 때 징면세 비율을 명기한다.

전액징세 및 수출 시 환급 세관규정의 위반행위 혹은 장기간 신고확인의무를 이행하지 않는 기업의 원부자재 수입 시 우선 전액 징수한 후 가공 완성품의 재수출 후 실제소모량에 대해 징수세관에게 환급 신청한다. 경영단위는 "등기수책"과 "진료가공 수출입화물 전용통관서"를 사실대로 작성하여 수출입지 세관에 신고하여야 한다.

(10) 보증금대장의 면제

가공수출계약을 위해 외국인이 무료 혹은 유료로 제공한 보조성 원자재가 수량이 적고 가격이 낮은 경우 은행보증금대장의 개설을 면제한다. 예를 들면 해관이 발표한 총 78종의 "보조성 원자재 목록" 내의 품목의 수입액이 5,000달러 미만인 경우 관할세관은 수출가공 계약에 근거하여 소모량을 확정하는 동시에 가공무역 등기수책 및 은행보증금대장 개설을 면제한다. 보조성 원자재의 수입 시 입항지 세관은 관할세관의 심사확인을 거친 계약에 근거하여 수입화물을 통과시키며 가공제품의 재수출 후 실제 수출상황에 근거 관할세관이 보조성 원자재의 신고확인을 진행한다.

외국인이 제공한 수입액 5,000달러 이상, 10,000달러 미만의 "목록 내 품목" 및 1만 달러 미만의 "목록 외 품목"은 은행보증금대장 관리대상에서 제외된다. 관할세관은 수출가공계약에 근거 보조성 원자재의 소모량을 확정한 후 가공무역 등기수책을 발행하며 보조성 원자재의 수입 및 가공완성품의 수출에 대한 감독 및 계약에 대하여 신고 확인한다.

보조성 원자재의 수입은 가공수출무역의 목적으로 제한되며 주요 원자재는 중국 내에서 구매해야 한다. 만일 주요 원자재와 함께 보조성 원자재를 수입하는 경우 관할세관은 일반 가공무역의 관리방법에 따라 계약등록수속을 처리하며 은행보증금대장 관리범위에 귀속시킨다.

6) 통 관

(1) 통관의 기본절차

통관은 수출입 운송수단의 경영자, 송·수화인 및 그 대리인, 화물 소유자가 세관에 수출입 내역을 신고한 후, 세관이 신고서류 심사 및 수출입화물과 운송수단의 검사, 관세 징수 및 수출입 승인 등 일련의 절차를 진행하는 것을 말한다. "중화인민공화국해관법(中華人民共和國海關法; '海關法')"에 근거해 중국은 대외개방 항구 및 세관의 감독관리가 집중된 지역에 세관을 설치하고 있으며 수출입 운송수단 및 화물은 반드시 세관 설립지에서 수입 또는 수출하도록 하고 있다. 특수상황의 발생 시 국무원 혹은 그 수권기관의 비준을 거쳐 세관의 미설립 지역에서 임시로 수입 혹은 수출이 가능하나 반드시 세관수속을 거쳐야 한다.

중국의 수출입 화물 통관절차 단계는 일반적으로 세관신고 → 화물검사 → 관세징수 → 통관, 반·출입 등 4단계를 거친다. 가공무역방식의 수출입화물 및 관세의 감면 혹은 추후 납부 대상 수출입화물 및 화물인출 후 일정기간 내 세관감독이 필요한 수출입화물은 신고 → 화물검사 → 관세징수 → 통관, 반·출입 → 통관종료 등 5단계의 통관 절차를 거쳐야 한다.

(2) 수출입 신고

원자재의 수입 시 경영업체 혹은 그 대리인은 등기수책 및 기타 통관서류에 의해 "원자재조달 가공무역전용 수입화물통관서"를 작성하며 등기수책의 "수입원자재 등기란"에 수입자재 내역을 기재한 후 입항지 해관에 제출한다. 입항지 해관은 신고서류를 심사, 확인한 후 세관감독수속비를 징수하고 수입자재를 검사, 통과시키며 등기수책("수입자재 등기란") 및 수입화물 통관서에 세관도장을 날인한다. 은행보증금대장의 "실전" 적용기업은 세관의 "연계서"에 의해 중국은행에 보증금을 납부해야 하며 세관은 은행의 "영수증"에 의해 수입자재를 검사, 통과시킨다.

가공제품의 수출 시 신고인은 등기수책 및 기타 통관서류에 의해 "원자재조달 가공무역전용 수입화물통관서"를 작성하며 등기수책의 "수출제품 등기란"에 수출제품 내역을 기재한 후 출항지 세관에 제출한다. 출항지 세관은 신고서류를 심사, 확인한 후 수출화물을 검사, 통과시키며 등기수책("수출제품 등기란") 및 수출화물 통관서에 세관도장을 날인한다.

(3) 공장 혹은 창고의 세관검사

세관은 경영업체의 신고서류 심사과정에서 필요 시 가공기업의 공장 혹은 창고에 대한 현장검사를 통해 생산력, 관리현황 및 가공무역 관련제품의 창고 보관상황 등을 파악한다.

(4) 관세 및 보세화물 관리감독 수속비 납부

기업은 수입 원부자재의 세관 관리감독 수속비를 납부하여야 하며 전액보세와 전액징세 대상화물은 통관서에 징수 및 면감세 관련 내용이 기재되어 있어야 한다. 전액보세 수입화물 및 가공재수출 화물은 세금을 납부하지 아니한다.

(5) 수출상황 보고 및 확인

완제품 재수출 기한의 경영기업은 "가공무역업무 비준서" 규정에 따라 기한 내 가공 후 완제품을 재수출하는 한편, 수출상황을 보고하여야 한다. 수입자재는 수입일 부터 1년 내에 완제품을 가공 생산하여 수출해야 한다. 이 중 설탕, 면화, 식물유, 양모 및 천연고무의 가공무역 완성품은 수입, 가공 후 6개월 이내에 반출해야 한다. 만일 가격 및 국제시장 변화 등 이유로 기한연장이 필요한 경우 경영업체는 원 계약서에 의해 상무부문, 해관에 신고하여 승인을 받아야 한다. 은행보증금대장을 개설한 계약의 경우, 해관의 "은행보증금대장 변경연계서"에 의해 중국은행을 통하여 연기수속을 밟아야 한다. 연기는 일반적으로 2회를 초과할 수 없으며 매 차례 연기기한은 6개월을 초과하지 못한다.

신고확인 수속은 원자재조달 가공무역 계약이 만료된 후 1개월 내에 신고인은 △"수입원자재란" 및 "수출제품란"에 세관인감이 찍힌 등기수책 △세관의 확인 도장이 찍힌 수출입화물 통관서 △신고확인 신청표 등 서류를 가지고 관할 세관에 신고확인 업무를 처리한다. 세관은 신고서류의 심사과정에서 필요시 가공생산기업에 대한 현장검사를 진행하며 이상이 없으면 "신고확인 종료통지서"를 발급한다. 은행보증금대장관리 계약은 세관의 "연계서"에 의해 장부개설은행에서 대장신고 확인수속을 처리하며 대장의 "실전" 적용기업은 보증금 및 이자를 환급받는다.

(6) 수입원자재 및 완성품의 내수판매

원자재조달 가공무역 방식의 수입자재 및 가공제품은 세관의 감독을 받는 보세화물로서 중국 내 매각 및 양도를 금지한다. 특수한 이유로 내수 혹은 내

수상품 생산에 이용하는 경우, 경영업체는 사전에 상무부문 및 관할 세관에 신고하여 승인을 받은 후 내수부분 수입자재의 관세 및 이자[9]를 납부해야 한다.

수입자재가 수입쿼터, 수입허가증, 특정수입등록, 기계전자제품 수입관리 및 기타 비준이 필요한 제품인 경우 경영업체는 해당 허가증 혹은 등기증을 추가 신고야 하며 규정기한 내에 허가증 혹은 등기증을 취득하지 못한 경우 관세 및 이자 외에 자재수입액의 30%에 상당하는 총액의 벌금을 징수한다.

(7) 보세화물의 이전가공

이전가공은 가공반제품이 직접 수출되지 않고 기타 가공기업으로 이전되어 재가공(深加工)을 거친 후 수출되는 가공무역방식을 가리키며 공장이전가공으로도 불린다. 이전가공은 중국 세관의 상품분류관리규정에 따라 우선 상무부문의 비준을 취득한 후 세관에 이전가공수속을 신고해야 한다.

제한류 상품 및 C류 기업의 이전가공은 중계운송관리 혹은 세관전산망관리에 따른다. 그러나 이런 조건을 구비하지 못한 세관은 재가공제품의 관세액에 해당하는 보증금을 징수한다. 이전가공의 양측 기업(경영업체 및 배정업체)은 수출입 무역방식에 따라 가공비를 외화로 결제하며 수입 외화결제 및 수출 외화영수 관련 신고확인 수속을 처리한다.

(8) 가공기업 경영기업의 위탁가공

가공무역 경영기업이 수출입 원자재를 다른 세관지역의 가공기업에 가공을 위탁하는 경우 양측은 「중화인민공화국 계약법」에 부합하는 "위탁가공계약"을 체결하여야 한다. 경영기업이 다른 지역에서 가공무역을 수행하기 위해서는 소재지 대외경제무역 주관부문이 발급한 "가공무역업무 비준서"와 가공기업 소재지역 대외경제무역 주관부문이 발급한 "가공무역 가공기업 생산능력증명"에 근거하여 "중화인민공화국 세관 기타지역 가공무역 신청표"를 작성, 경영기업 관할 세관에 "기타지역 가공신청"을 제출한다. 경영기업의 관할 세관은 이를 승인한 후 가공기업 관할 세관에 계약서를 등록, 확인한다. 가공기업이 세관에 계약서를 등록, 확인할 때에는 경영단위가 발급한 위탁서를 제시해야 한다.

(9) 가공무역 관련 증치세 및 소비세 관리제도

수출기업이 원부자재를 수입한 후 해관이 발급한 수입화물 통관서와 등기수

9) 이자기간은 수입신고일부터 관세납부일까지임.

책을 수출 관련 환급업무를 담당하는 세무기관에 제출하여 "면세증명"을 처리한다. 또한 이 증명서를 세금징수를 담당하는 세무기관에 신고하여 가공무역 관련 증치세 및 소비세의 면세업무를 진행한다. 만약 다른 기업에 가공을 위탁하는 경우 수출기업은 면세증명을 가공기업에 전달하고 이를 근거로 증치세와 소비세의 면세업무를 처리한다. 화물을 수출한 후 수출기업은 수출화물 통관서와 세관이 발급한 등기수책을 근거로 외환수입증명을 수출 관련 환급담당 세무기관에 제출하여 신고확인을 한다. 기한이 지난 후에도 신고확인을 하지 않은 경우 수출관련 환급업무를 담당하는 세무기관은 세관과 징세담당 세무기관과 공동으로 추가적인 세금징수 혹은 처벌을 부과한다.

(10) 쿼터 및 허가증 관리제도

수입 원자재의 내수판매는 수입자재가 수입쿼터, 수입허가증, 특정수입등록, 기계전자제품 수입관리 및 기타 비준이 필요한 제품인 경우 경영업체는 해당 허가증 혹은 등기증을 추가신고해야 하며 규정기한 내에 허가증 혹은 등기증을 취득하지 못한 경우 관세, 이자 외에 자재수입액의 30%에 상당하는 액수를 벌금으로 징수한다. 완제품의 수출은 원자재 수입 후 가공된 완성품이 수출쿼터관리에 속하는 경우 경영기업은 사전에 대외경제무역 주관부문의 승인을 신청하여 수출허가를 받아야 하며 수출쿼터와 가공무역업무 비준서를 근거로 수출허가증을 신청한 후 통관 시 이를 세관에 제출한다. 외국 측이 원부자재를 공급하는 내료가공 및 진료조립가공은 수출 시 수출허가증이 면제되며 세관이 이를 관리 감독한다.

(11) 전산망 관리감독기업의 가공무역 심사관리

상무부문과 해관은 가공무역의 효율화를 도모하기 위하여 2001년 10월 15일 "전산망 관리감독기업의 가공무역 심사관리 실시 잠정방법"을 발표·실시하고 있다. 이 방법에 따르면 전산망 관리감독기업의 가공무역업무에 대하여 은행보증금대장제도를 실시하지 않는다. 대외경제무역 부문은 전산망 관리감독기업의 가공무역업무에 대한 계약심사를 취소하고 이들 기업의 가공무역 자격, 업무범위 및 가공생산능력만을 심사하고 있다.

전산망 관리감독기업은 가공무역업무 시 대외경제무역 주관부문에 △영업집조사본 △세관의 기업에 대한 전산관리감독 검사합격증서 △경영기업의 수출입권한 비준서류 및 외상투자기업 비준증서사본 △연도검사 합격기록(신규 설립기업과 1년 미만 기업 불포함) △가공기업 등록지 현급 이상 상무부문이 발급한 가공기업 생산능력증명원본 △전산망 관리감독기업의 전년도 가공무역 수출현황을 증명하는 자료인 통관증 사본 혹은 가공무역계약 신고확인표(核销表) △기업의 기본상황, 수입원자재, 수출완성품에 대한 설명 및 경영범위 관련 자료 등의 자격증명서류와 업무신청서를 제출한다.

대외경제무역 주관부문은 전산망 관리감독 기업의 신청을 접수한 후 국가가 금지하지 않는 가공무역의 업무에 대해서 통상 승인 후 "전산망 관리감독 가공기업 업무승인서"를 발급한다. 해관은 대외경제무역 부문이 발급한 이 업무승인서를 근거로 이들 기업을 위한 가공무역 전자장부을 만들어 이들 기업을 관리하고 기업은 전자장부 개설 이후 비준된 범위 내에서 원부자재의 수입과 완성품의 수출을 진행한다.

7) 중국의 수출입 금지품 및 통관절차

(1) 반입금지품

- 각종 무기, 모방 무기, 탄약 및 폭발 물품
- 위조 통화, 위조 유가증권
- 중국 정치, 경제, 문화, 도덕에 유해한 인쇄물, 필름, 사진, 레코드, 영화, 녹음테이프, 녹화테이프, LCD, 컴퓨터 저장매개 및 기타 물품
- 각종 열성 독품(독극물)
- 아편, 몰핀, 헤로인, 대마 및 기타 사람에게 유해한 중독성 마취품, 향정신성 의약품
- 위험성을 띤 병균, 해충 및 기타 생물에 유해한 동물, 식물 및 그 제품
- 사람 및 동물 건강에 해가 되고 전염병지역으로부터 반입되거나 기타 질병을 전파할 수 있는 식품, 약품 또는 기타 물품

(2) 반출금지품

- 입국금지 범위에 열거한 모든 물품
- 내용이 국가비밀을 언급한 원고, 인쇄물, 필름, 사진, 레코드, 영화, 녹음테이프, 녹화테이프, LCD, 컴퓨터 저장매개 및 기타 물품
- 진귀한 문화재 및 기타 반출금지 문화재
- 위기에 처한 진귀한 동물, 식물(표본 포함) 및 그 종자와 번식재료

(3) 반출・반입 금지품 통관

① **여행자 휴대품**: 여행자가 금지품을 휴대하여 해관검사 이전에 자진신고한 경우 몰수 또는 반송 명령을 하며, 상황에 따라 벌금에 처할 수 있다. 세관명령에 의거 반송할 경우, 여행자는 규정한 기한 내에 해관에 반송수속을 마쳐야 하고, 기간을 지나 반송하지 않을 경우 해관은 규정에 따라 몰수한다. 중국의 정치, 경제, 문화, 도덕, 위생에 유해하여 압수한 물품은 반송하지 않으며, 해관은 국가 유관규정에 따라 처리한다. 여객이 반출・입 금지품에 속하는 물품을 은닉하고 신고하지 않을 경우 법률 또는 행정책임을 져야 한다.

② **총포, 무기류** : 총기, 탄약은 반출・반입 금지품이며, 여행자가 특수목적으로 휴대 반출・입할 경우, 반드시 사전에 관련 부서에 보고하여 비준을 거쳐야 하고, 여행자에게 휴대입국을 허용한 총기, 탄약은 반드시 해관에 신고하고, 변방검사처에서 심사하여 휴대운송증명을 발급하고, 해관은 증명에 근거하여 통과시킨다. 비준을 거치지 아니한 총기, 탄약은 입국 시 해관에 신고 한 경우 변방검사처에서 봉인 보관하고 출국 시 본인에게 반환, 반송한다. 총기, 탄약을 휴대하고 해관에 신고하지 아니한 경우 총기, 탄약은 불법운송으로 간주하여 처리한다.

③ **대사관(영사관) 및 그 직원의 반출・입**: 대사관(영사관)과 그 직원은 중화인민공화국법률과 규정의 반출・입 금지품을 휴대하여 출입국해서는 안된다. 특수상황으로 인하여 반입할 경우, 반드시 사전에 중국정부 관련부서의 비준을 거치는 한편 중국정부 관련 규정에 따라 반출입 수속을 거쳐야 한다.

④ **혈액제품 반입**: 국민의 약품사용 안전을 보장하고 에이즈(AIDS)의 전염을 방지하기 위하여 「중화인민공화국 약품관리법」의 규정에 근거하여 혈액제품은 인혈청단백을 제외하고, 기타 모든 품종은 일률적으로 반입을 금지한다. 국내 어떤 개인이나 기업도 반입할 수 없으며, 개인이 휴대하거나 우편물로 반입할 경우 해관은 몰수하여 폐기 처리한다. 반입을 금지하는 혈액제품의 주요 품목은 혈장, 혈액응고제, 섬유단백원, 농축혈소판 등 AIDS병 전파 위험이 있는 제품 등이다.

9. 중국 관세 체계

1992년 중국은 "상품명칭 및 코드제도"(商品名稱及編碼協調制度)를 바탕으로 관세품목에 8자리 코드를 부여했다. 1996년, 2002년, 2007년, 2012년 세계 해관조직협회와 개정을 실시했고 2015년 4월 1일부로 세계해관조직의 수정에 따라 중국의 "상품명칭 및 코드제도 목록"(進出口稅則商品及品目註釋)을 수정한 뒤 발효했다. 중국에서 무역량이 비교적 크거나 증가율이 빠른 편인 상품에 대해서는 목록에 다시 추가했는데 8자리 HS코드는 2001년 7,111개에서 2016년 8,294개까지 증가했다.

1) 관세 유형 및 정산 기준

중국 관세는 가격에 따라 세금을 매기는 종가세(從價稅), 수량을 과세표준으로 하는 종량세(從量稅)와 두 가지를 결합한 복합세(複合稅)가 있다.

(1) 종가세

수입품의 가격을 과세기준으로 종가세를 적용할 경우, "관세=관세가격×관세율" 계산 결과에 따라 수입품 관세를 징수한다. 관세가격은 실제 교역가격에 근거하여 세관에서 확정하는데, 수입품의 경우 착안할 때까지의 운송비용 등 각종 비용과 보험료를 포함한다. 교역가격을 확정할 수 없을 때에는 세관이 동일 혹은 유사 상품의 교역가격 또는 중국 내 판매가격을 바탕으로 가격[10]을 정산하여 과세한다.

수출관세는 주로 수출품의 관세가격을 과세기준으로 하는 종가세가 적용되며, 정산방식은 "수출품 관세세액 = 관세가격×관세율"이다. 관세가격은 실제교역가격을 기준으로 세관에서 확정하는데 수출상품 가격에는 출항 전까지 중국 내 운송비, 기타 비용, 보험료가 포함된다. 교역가격을 확정할 수 없을 경우, 세관은 동일 혹은 유사 상품의 교역가격 또는 중국 내의 판매가격을 바탕으로 가격을 정산(원가, 이윤, 비용, 운송료와 보험료를 모두 포함)하여 수출세를 징수한다.

10) 원가, 이윤, 비용, 운송료와 보험료를 모두 포함한 가격

(2) 종량세

수입품의 면적, 길이, 용적 및 수량 등을 과세기준으로 종량세를 적용할 경우, "관세 = 단위당 세금액×수입품 수량"이다.

(3) 복합세

중국 국무원 산하의 관세세칙위원회(關稅稅則委員會)는 종량세와 복합세를 적용하는 상품 리스트를 매년 발표하는데 최신판 리스트는 "2015년 관세실시방안"의 부록2 "수입상품의 종량세와 복합세 세율표"를 기준으로 한다.

2) 관세율 유형

국무원 관세세칙위원회는 매년 "관세실시방안"을 통해 각종 세율의 조정내용을 공개한다. 모든 상품의 관세세율은 "수출입세칙"에 따라 조정할 수 있다. 중국의 수입관세는 '최혜국세율', '잠정세율', '협정세율', '특혜세율', '일반세율' 등으로 구분된다. 한국으로부터의 수입품에 대해서는 최혜국세율을 적용하는데 한-중 자유무역협정이 발효로 FTA협정세율을 적용한다.

2017년 12월 15일, 중국 재정부는 "2018년 중국 수출입 관세조정안"을 발표하였다. 중국 재정부는 매년 12월 국무원 관세세칙위원회의 심의 및 국무원 비준을 거쳐, 다음 해 관세조정방안을 발표해왔었다. 이번 조정방안에 따라 "2018년 중국 세칙 중 세목"은 전년도보다 2개 늘어난 8,549개로 확정되었다.

반면, 크롬철 등 202개 수출상품에 대해서도 수출관세 또는 수출 잠정세율을 2018년 수출관세율표에 따라 징수할 예정이다. 철강재, 녹니석의 수출관세를 취소하고 삼원복합비료, 인회석, 콜타르, 강철괴 등 제품의 수출관세를 인하하게 된다.

(1) 최혜국세율

WTO 가입국, 중국과 관세호혜협정을 체결한 국가 또는 지역의 상품이 중국으로 수입될 경우, "최혜국세율"이 적용된다. 최근 중국 재정부는 2018년 5월 31일 "일반 소비품 수입관세 인하에 관한 공고"를 발표하였는데, 7월 1일부터 HS Code 8단위 기준 1,449개 품목의 최혜국 수입관세율을 인하한다. 최혜국으로부터 수입하는 1,449개 품목에 대한 평균 관세율을 15.7%에서 6.9%로 인하한다.

2016년 9월 15일부터 세계무역기구의 정보기술협정(ITA) 이행으로 일부 정보통신 수입품에 대한 최혜국세율을 처음 인하했던 조치는 2018년 7월 1일부로 3차 관세인하를 시행한다. 2018년 하반기부터는 27개 IT제품에 대한 최혜국세율을 한차례 더 낮추게 되며, 여기에는 IT제품・반도체 및 관련 생산설비・시청각제품・의료기기 등이 포함되었다.

(2) 잠정세율

최혜국세율이 적용되는 국가 및 지역의 수입상품을 대상으로 '임시'로 매겨지는 관세율인데 "2015년 관세실시방안"에 의거하면 연료유 등 수입상품 749개 품목에 대해 잠정세율이 적용된다. 한편 2019년 1월 1일부터 948개 품목에 대해서 최혜국세율(MFN)보다 낮은 잠정수입관세율을 적용할 계획인데, 이 중 27개 정보기술상품 잠정세율은 2018년 6월 30일까지 적용된다. 잠정수입관세 적용품목은 주로 중국 소비자들의 수요가 많은 소비품과 의료기기, 중국 정부가 수입을 지원해왔던 첨단설비와 핵심부품, 생산과정에 환경오염이 심각한 상품들이다.

국내 수요변화를 고려해 일부 비합금 금속의 잠정세율을 기존 수준에서 인상하고 폐마그네시아, 폐강재, 폐광재를 잠정수입관세 적용범위에서 배제시켰다. 예를 들면, 비합금니켈(HS Code 7502.1090, MFN 3%)의 잠정세율은 2017년엔 1%였으나 2018년 2%로 인상되었다.

(3) 협정세율

관련 국가 또는 지역이 중국과 타결한 무역협정 및 관세우대협정에 따라 해당 이곳으로부터 수입하는 상품은 협정세율이 적용된다. 현재 한-중 FTA가 발효되어 대 중 수출하는 한국 상품은 무역협정내용에 따라 관세율이 부과된다. 한국을 포함한 26개국 또는 지역에서 생산한 일부 수입제품에 대해 협정세율 적용을 지속시킬 방침이다.

(4) 특혜세율

중국과 특수한 우대관세협정을 체결한 국가 및 지역에 적용되는 관세율을 의미하는데 중국 국무원 또는 산하의 관련 부처나 기관이 지정한 국가 또는 지역에 적용된다. 최혜국세율보다 낮은 세율이 적용되므로 일종의 특별우대조치라고 풀이된다.

중국 국무원 관세세칙위원회는 매년 특혜세율을 적용하는 국가와 지역을 조정하는데 2012년 에티오피아, 베냉 등 40개 발전도상국에 특혜세율을 적용했다.

(5) 일반세율

상기 부분에 해당되지 않는 국가 및 지역으로부터 수입되는 상품에 적용되는 세율이다.

3) 기타 관세

(1) 수출관세

2003년 5월 1일부로 시행된 "가공무역 수출관세상품의 수출관세징수 관련 문제에 관한 공고"에 따라 가공무역 수출품이 모두 수입자재로 가공될 경우 수출관세를 징수하지 않는다. 원자재 중 일부만 중국산일 경우, 중국산 자재의 비율에 따라 수출관세를 부과한다.

2010년 12월 5일부로 시행된 "관세에 관한 가공무역 화물의 감독관리방법" 개정 관련 결정에 의해, 해관의 동의하에 가공무역 수입자재를 보세감독할 경우 가공제품 수출 후 해관이 사정한 실제 가공재 수출량에 의거하여 네팅(netting)한다. 수입 시 과세한 가공제품은 수출 후 또는 실제 가공재 수출량에 따라 세금을 환급한다. 이외 반덤핑세 등 관세도 있다.

- 반덤핑세: 징수기간 5년 이내
- 반보조금세: 징수기간 5년 이내
- 세이프가드: WTO 협정에서 인정하지 않는 긴급수입규제조치, 임시 특별관세는 200일을 초과할 수 없으며 최종조사결과에 따라 특별관세 또는 수량적 규제를 실시한다. 세이프가드 기한은 4년을 초과할 수 없다.
- 특별 세이프가드: 협정에서 관세율을 규정한 농산품에만 적용, '기준을 초과한 수입 급증', '수입가격 급락' 시 자동으로 발동될 수 있다.
- ITA 세율: 15가지 상품이 적용되는데 ITA 세율적용 여부는 기업소재지의 세관에서 인정해야 한다.

(2) 수입할당관세

수입할당관세는 물자수급을 원활하게 하고자 특정물품을 적극 수입하거나, 억제하기 위해 수입품의 일정 수량을 기준으로 부과하는 관세이다. 2019년도에도 보리 등 농산품과 요소, 복합비료 등 3종 화학비료 수입품에 대해 할당관세율을 계속 적용하게 된다. 중국은 할당량 이내 보리, 옥수수, 쌀, 설탕, 양모, 카드한 양모, 면, 화학비료에 대해 1~15% 수준의 할당관세를, 할당량 이외는

40~65% 수준의 MFN 세율을 적용해 왔었다. 기타 품목은 큰 변화가 없으나 2019년 7월 1일부터 쇄미(HS Code 1006.4010, 1006.4090)에 대해 10%의 최혜국세율을 적용하고, 또 할당량 이외의 일정량의 면에 대해 화척관세[11](Sliding Duties)를 실시한다.

4) 최근 수출입 관세 실시방안

(1) 2016년 관세실시방안 내용

중국 재정부는 12월 10일, 홈페이지를 통해 2016년 1월 1일부로 일부 품목 수출입 관세를 잠정 인하 및 조정한다는 내용을 발표했다. 수입관세 잠정 인하 대상 품목은 총 787개로 전체 수출품목(세칙세목 기준) 8,294개의 9.5% 수준으로, 지난해 대비 38개 품목이 추가되었다. 수출관세 잠정 조정대상 품목은 총 250개로 지난 해의 343개에 비해 97개 품목 감소, 수출관세 일부는 인하, 일부는 무관세에서 인상으로 변경되었다. 수출입 잠정관세는 통상 매년 12월 중순 발표되며, 2016년 수출입 잠정관세는 일부 품목의 추가 및 삭제, 관세율 조정 등을 통해 2017년 관세방안을 발표하게 된다.

① 수입관세율 인하대상은 상대적으로 높고 해외 소비수요가 높은 소비재 관세 인하가 주요 대상이며, 2016년 1월부터 모직, 면직 의류 수입관세는 기존의 16%에서 8%로 인하되었다. 운동화, 부츠 등 대부분 신발에도 기존 24%의 절반 수준인 12% 수입관세가 적용되고 여행가방, 핸드백 등 가방류 수입관세는 기존 20%에서 10%로 인하되었다. 최근 중국에서 급증하고 있는 수입 분유 일부 품목에 대해 수입관세를 기존 20%에서 5%로 대폭 하향 조정했으며, 영유아 의류와 가공식품 관세도 기존 15%에서 5%로 인하했다.

② 2016년 잠정관세 조정목표는 △해외 소비 증가에 따른 구매력 유출 심각, 해외소비 U턴으로 자국 소비진작, △수출관세 인하로 과잉생산 해결, 수출관세 인상품목은 전략자원 보호 차원, △산업구조조정과 제조업 업그레이드 등으로 해석된다.

(2) 2017년 관세실시방안

중국 재정부는 공식 홈페이지를 통해 "2017년 관세실시방안"을 발표하였으

---

11) 물품의 수입가격이 인상되면 낮은 세율을 부과하고, 인하되면 높은 세율을 부과하는 관세로, 수입품의 국내가격 안정, 수급균형 유지를 위해 부과한다.

며, 이 방안은 2017년 1월 1일부터 적용되었다. 이번 수출입관세 조정목적은 관세에 대한 예측가능성·정확성·과학성을 제고하는 데 있다.

2017년 관세실시방안에서는 수출입관세조정에 대하여 다루고 있는데, 현재 실시하고 있는 관세율은 관세율, 협정세율, 특혜세율, 일반세율 4가지다. 2017년에는 밀 등 8개 품목에 대한 관세할당을 계속 유지하고, 세율은 변동되지 않고, 그 중에서도 요산, 복합비료, 인산·수소·암모늄 3종에 대한 잠정세율은 계속 적용하고 있다. 방안에는 최고세율, 협정세율, 특혜세율 3가지가 포함되어 있으며, 구체적인 경우는 다음과 같다.

① 최고 세율

(가) 정보기술(IT) 제품 최적세율: 2015년 12월 16일 WTO의 정보기술협정(ITA)확대 협상이 완료되고 24개 참가국이 201건의 정보기술기기에 대해 연간 1조 3,000억 달러의 관세를 메기는 데 합의했다. 중국은 정보기술(it)제품의 주요 생산국이자 수출입국인 데다 중국의 정보기술수출을 촉진하는 데 도움이 되지만 해당 산업에 대한 압박과 도전이 될 수 있다.

중국은 이미 2016년 9월 15일 일부 정보기술기기의 최고세율을 적용해 2017년에 시행하기로 하였다. 2017년 7월 1일부터 2차 감세에 280여건의 세금이 부과된다. 정보통신기기, 반도체 및 생산 설비, 시청각 제품, 의료기기, 기기계측기 등이 주로 포함돼 있다. 현재 잠정세율이 적용된 제품 가운데 18개 품목의 정보기술제품과 2차 감세를 실시한 뒤 17개 품목의 최고세율이 현행 수입잠정세율을 밑돌 것으로 예상되는 17개 품목의 관세율은 최고세율을 적용해 잠정세율이 과세되고 있다.

(나) 잠정세율: 2017년에는 국내 산업과 과학기술 발전, 대외무역, 서민의 수요를 종합적으로 고려해 수입 잠정세율을 적절하게 조정했다. 잠정세율을 적용한 상품은 총 822건이며, 7월 1일 이후에는 정보기술제품 인하 관세 철폐 잠정세율 17개를 적용하여 잠정세율이 적용된다. 이 중에는 신규상품의 잠정세율 32개를 추가 인하하고, 잠정세율 적용범위 1개를 조정하고, 조정 후의 수입잠정세율 대상을 805개로 줄인다.

(다) 협정세율: 중국은 현재 25개국 또는 지역별로 16개의 무역 및 FTA를 맺고 있다. 중국이 국가 또는 지역과 맺은 무역 또는 관세 양허협정에 따라 해당 국가 또는 지역에 대한 협정세율을 적용한다.

(라) 특혜세율: 중국이 국가 또는 지역과 맺은 무역 또는 관세 양허협정에 따라 2017년까지 수교한 최빈개도국에 대해 특혜세율을 적용해 상품 범위와 세율을 일률적으로 유지하기로 한다.

② 수출 관세율

2017년에는 수출 관세가 부과되는 품목이 213건으로 가장 많았다. 질소, 인산, 천연 흑연, 탤크, 직경 7,000mm의 합금강 둥근 금속 덩어리 등 40개 품목의 수출관세를 부과하고, 3가지 원료의 복합비료, 실리카, 지름 1,000mm의 합금과 같은 제품이다.

(가) 세제 세목: 2017년에는 세계관세기구가 상품 명칭 및 코드 조정 제도의 상품분류목록을 개정함에 따라 중국의 수출입세는 농업, 화학, 섬유, 방직, 목재 등 다양한 분야의 상품을 다루게 된다. 또 국내 수요에 따라 다른 세목에 대해서도 적정 품목을 적절히 조절해 유기 무기 복합기, 계란 종류 선별기, 유아용 기저귀와 제출한 양요구르트 등 4개 세목을 신설했다.

이에 따라 2017년 세제 세목은 8547개, 세목 253개, 세목 253개로 거래세 증가폭이 상향 조정되어 세목별로 세금이 부과되고 세목은 국제무역발전의 실수요에 부합하게 된다.

(3) 2018년 관세조정방안(2018年关税调整方案)

관세청은 2017년 12월 25일 65호(2018년 관세 조정 방안에 관한 공지)를 공지했다. 2018년 1월 1일부터 관세조정방안이 국무회의를 거쳐 2018년 1월 1일부터 시행되며, 이를 정확하게 시행하기 위해서, 현재 관련 사항의 주요내용을 다음과 같이 공고하였다.

① 수입 관세율

(가) 최고세율: 2018년 1월 1일부터 2018년까지 한시적으로 세율을 매기는 잠정세율을 적용해 27개 정보기술제품의 잠정세율은 2018년 6월 30일까지다.

'중화 인민 공화국의 세계무역기구 관세양허안'에 따른 정보기술기기에 관한 최고세율 인하는 2018년 1월 1일부터 2018년 6월 30일까지 2차 감세를 실시해 2018년 7월 1일부터 세번째 인하된다.

2018년 7월 1일부터 10064010(쌀 싸라기), 10064090(기타 쌀 싸라기)에 대해서는 10%의 관세율을 적용한다.

(나) 관세할당율: 밀 등 8개 품목에 대해 관세할당을 계속 실시하고, 세율은

변하지 않는다. 이 중에서도 요산, 복합비료, 인산성 수소 암모늄 3종에 대한 할당관세율이 1%대에 이르는 잠정세율을 계속 적용한다. 추가 수입물량을 추가한 물량에 대해서는 솜 값을 매긴다.

(다) 협정세율: 중국이 국가 또는 지역과 맺은 무역 또는 관세 양허협정에 따라 해당 국가 또는 지역에 대한 협정세율을 적용한다.

- 중국과 그루지야 자유무역협정(FTA)의 일부 품목이 협정세율을 적용하기 시작한다.
- 중국은 아세안, 파키스탄, 한국, 아이슬란드, 스위스, 코스타리카, 페루, 호주, 뉴질랜드와 호주, 뉴질랜드와의 FTA 및 역내경제협력(CEPA)부문에 대한 협정세율을 추가로 인하했다.
- 중국과 칠레, 싱가포르의 자유무역협정(FTA)과 해협양안경제협력기본협정(ECFA)조항이 지속적으로 시행되고 있고, 상품 범위와 세율 수준이 유지되고 있다.

(라) 특혜세율: 최빈국에 대한 특혜세율을 적용해 상품 범위와 세율 수준을 유지하고 있다.

② **수출 관세율**: 크롬 등 수출품 202개 품목에 대해 수출관세를 부과하거나 수출 잠정세율을 적용한다.

(가) 세목: 내국세에 대해서는 세목별로 조정해야 한다. 조정에 따르면 2018년 과세세목은 총 8,549개다.

(나) 기타 설명 사항: 수출입 업체를 위해 "2018년 관세 조정안"이 원활하게 시행될 수 있게 수출입 화물의 수송인, 경영진과 그 대리인에게 비교적 정확하게 고지했고, 세관 총서 편제, 관련 참고 자료를 작성해 준 것이 특징이다.

- 관세청 총서는 이미 2018년 "비전공 품목 잠정 세율"을 제정해 놓았는데, 세관 본부 포털 사이트를 참조하면 된다.
- "중화인민공화국 수출입 과세", "중화인민공화국 수출입 상품 규범 신고 목록"은 중국 세관 출판사가 발행하게 되고, 통관 허용을 돕는데 필요하다.
- 관세 조정 방안에 따라 세관 총서는 이미 고시된 "중화인민공화국 관세총서 상품분류"(中华人民共和国海关总署商品归类决定), "중화인민공화국 수출입 관세 징수"(中华人民共和国海关进出口税则本国子目注释)에 해당하는 내용을 담고 있다.

5) 최근 중국 관세제도 관련 이슈

(1) 2018년 7월 1일부로 완성차 및 부품 수입관세 인하

중국 재정부는 개혁개방의 확대와 공급측 구조개혁의 추진, 자동차산업의 업그레이드 및 소비자 수요 충족을 위해 2018년 7월 1일부터 완성차 및 부품 수입관세 인하를 발표했다. 완성차 세율은 25%가 적용되는 135개 세번 품목과 20%가 적용되는 4개 세번 품목은 15%로 조정하고, 각각 8%, 10%, 15%, 20%, 25%였던 79개 세번의 품목은 6%로 조정한다고 발표했다.

(2) 2018년 7월 1일부로 1,449개 품목 최혜국 수입관세율 인하

중국 재정부는 5월 31일 '일반 소비품 수입관세 인하에 관한 공고'를 팔표, 7월 1일부터 최혜국으로부터 수입하는 HS Code 8단위 기준 1,449개 품목에 대한 평균 관세율을 15.7%에서 6.9%로 인하하는 방침을 발표했다. 이번 수입관세율 조정대상 상품은 주로 식품, 화장품, 의류, 약품, 전기전자제품과 잡화 등 일용 소비품이며, 해산물, 라면, 생수 등 식품의 MFN 세율은 현행 MFN 세율의 1/4 수준으로 인하한다. 향수와 치약은 10%에서 현행 잠정세율보다 낮은 3%로, 색조화장품은 10%에서 현행 잠정세율과 동일한 5%로 하향 조정하며, 의류패션, 가전제품, 생활용품 등도 관세인하 대상품목에 대거 포함됐으며 MFN 수입관세 인하폭이 50% 이상이다.

(3) 2018년 5월 1일부로 항암제 등 28종 수입약품 0% 잠정관세 적용

중국정부는 4월 23일 "2018년 5월 1일부로 수입산 항암제 등 28종 약품에 대해 0%의 잠정관세"를 적용한다고 공고했다. 수입산 항암제 관세 철폐는 4월 12일 리커창 총리가 중국 국무원 상무회의에서 언급했으며 이 공고는 행정절차를 거쳐 구체화한 것이다. 관세인하 품목은 항암제, 항생제, 한방약 등 수입약품이며 MFN 세율은 4~6%, 수입관세율 인하폭은 4~6%P 수준이다. 이번 관세인하 조치는 중국 내 암환자 급증에 따른 항암제 수요의 증가와 암환자의 경제적 부담을 줄이고 약품 선택 폭을 넓히기 위한 조치이다.

(4) 해외직구정책 유예도시 5개 도시 추가, 총 15개로 확대

2016년 11월 15일, 중국 상무부는 기존 정책 개편안 유예기간을 2017년 말까지 연장한다고 발표했으며, 2017년 12월 7일 총 15개 도시대상 유예기간을 2018년 말까지 연장한다고 발표했다. 해외직구정책을 유예한 기존의 10개 시범 지역(상하이, 항저우, 닝보, 정저우, 광저우, 선전, 충칭, 톈진, 푸저우, 핑탄)에서 허페이, 청두, 다롄, 칭다오, 쑤저우 등 5개 도시를 추가해 총 15개 도시로 확대했다. 이에 이전과 동일한 방법으로 통관, 즉 보세판매 전자상거래 상품은 '1선'인 해관 특수감독관리지대 혹은 보세물류센터(B형) 반입 시 통관신고서(通關單)를 점검하지 않는다는 것이다. 또 '국경 간 전자상거래 소매 수입상품 리스트' 발표에 따른 화장품, 영유아 조제분유, 의료기기, 특수식품(건강기능식품, 특수의학용 식품 등) 최초 수입허가증, 등록 혹은 비안(서류신청)요구 조건을 잠정 중단토록 했다.

① 해외직구 제품 세율 핵심 변경내용

(가) 1회 관세면제 한도를 기존 1,000위안에서 2,000위안으로 조정,

(나) 1년 면세 한도는 2만 위안으로 설정,

(다) 한도 내에서는 증치세와 소비세를 각각 30% 감면하고 상품 관세는 0%로 설정,

(라) 500위안 미만 제품에 적용되던 행우세 폐지 등을 골자로 한다.

② 해외직구 제품 적용세율

(가) 기본세율 : [증치세+소비세] * 70%

(나) 2,000위안 미만 소비재별 적용세율

- 대부분의 소비재는 소비세가 없기 때문에 적용세율 = [증치세 17%] × 70% = 11.9% 세율
- 일부 화장품은 소비세가 30%이기 때문에 적용세율 = [소비세 30% + 증치세 17%/(1-소비세 30%) * 70% = 47% 세율

(다) 2,000위안 이상 소비재 적용세율 : 일반 관세

③ 개인 수화물과 우편물에 부과되는 행우세

기존의 10%, 20%, 30%, 50%에서

(가) 최혜국 세율이 0%인 상품에 대해 15%

(나) 화장품 등 소비세가 매겨지는 상품은 60%

(다) 기타 상품은 30%의 행우세를 부과하는 것으로 조정한다.

신 정책에 의해 소액 해외직구 상품에 대한 면세 혜택이 폐지되고, 소비세와 수입증치세가 포함된 종합세가 적용되면서 수입단가 상승으로 직결됐다.

해외직구 신 정책은 또 중국 소비자들의 해외직구 상품을 '국제전자상거래 소매수입품 리스트'에 제한시켰다. 지난 4월 발표된 1차 리스트(HS Code 8단위 기준 1,142개 품목)와 2차 리스트(151개 품목) 발표를 통해 중국 소비자들에게 허용된 해외직구 품목은 HS Code 8단위 기준 총 1,293개이다. 또 식품, 의류, 가전, 일부 화장품, 기저귀, 조제분유, 완구 등 일반 소비재가 포함돼 있으나, '비고'에 조건을 명시해 사실상 수입을 규제한 것이다.

2. 미국

미국의 정식 국가명칭은 미합중국(The United States of America)이며, 수도는 워싱턴 D.C.(Washington, District of Columbia)이다. 국토의 면적은 982만 6,675㎢로서 세계 3위이며, 한반도의 약 45배가 된다. 위치는 서경 66° 57′~124° 44′, 북위 25° 7′~49° 23′, 북위 40° 선을 중심으로 한 온대지역에 있으며, 전반적으로 따뜻하지만 남북의 위도 차이가 24°나 되는 대륙인만큼 기후의 차이가 심하다.

인구는 2018년 7월 23일을 기준추정치로 3억 2,819만여 명으로, 백인(76.6%), 흑인(13.4%), 아시아인(5.8%), 인디언 및 알래스카인(1.3%), 하와이 원주민(0.2%), 다민족(2.7%)이며, 종교 분포는 개신교/가톨릭(78.3%), 유대교(1.8%), 불교(1.2%), 이슬람(0.9%), 힌두교(0.6%), 토착신앙(0.2%), 기타(0.6%), 무교(16.4%)이다. 일부 지역은 스페인어도 통용되나 공식사용 언어는 영어이며, 국가 표어는 "우리는 신을 믿는다(In God We Trust)"이다.

미국 외교정책의 전반적 목표는 '현 위기의 중심'이 아닌 "평화 · 번영 · 기회 · 책임의 중심"으로서 미국의 위상을 회복하는 것이다. 이를 위해 지역분쟁 해결 등 평화를 모색하고, 금융위기 극복 등을 통해 번영을 확산하고 기회를 창출하며, 과거 잘못된 정책에 대한 책임을 인정하고, 지역별 핵심국가와의 협력 강화를 추진하고 있다.

미국은 외국으로부터 계속되는 이주자와 그 2세, 3세가 주민의 대부분을 차지하고 있는 다민족국가이다. 그동안 남북전쟁과 세계대전 등 몇 번의 위기도 있었지만, 인종과 민족의 배경을 넘어서, 미국 국민으로서의 국가의식을 점차 강화해 왔다. "개방적이고 명랑하며 활기에 찬 미국인"이라는 이미지도 피부색을 넘어서 미국적인 사회와 문화 위에 정착한 국민적인 공통성이라 하겠다.

이와 같은 풍요한 사회상의 이면에는 다인종, 다민족의 혼합에서 생기는 심한 인종차별과 독점자본주의 사회에 필연적으로 뒤따르게 마련인 빈부계층 간의 대립이 늘 미국 국내문제의 근원이 되고 있다.

1. 미국의 경제

미국은 2000년대 초반 IT버블 붕괴, 9·11테러, 아프간/이라크 전쟁 등으로 경기가 악화되자 이에 경기부양책으로 초 저금리 정책을 펼쳤다. 이에 따라 주택융자 금리가 인하되었고, 부동산가격이 상승하기 시작했다. 저금리 기조를 지키다가 경기가 좋아지자 2004년 6월부터 2006년 6월까지 금리를 2년간 1%에서 5.25%까지 끌어올렸다. 2004년 미국이 저금리 정책을 종료하면서 미국 부동산 버블이 꺼지기 시작했으며, 서브프라임 모기지론(Sub-prime Mortgage Loan) 금리가 올라갔고 저소득층 대출자들은 원리금을 제대로 갚지 못하게 된다. 미국의 대형 금융사, 증권회사의 파산이 이어졌다. 이것이 세계적인 신용경색을 가져왔으며 실물경제에 악영향을 주었다. 또한 세계경제시장에까지 타격을 주어 2008년 이후에 세계금융위기까지 이어지게 되었다. 하지만 2007년도 서브프라임 모기지 사태로 인해 (−)성장을 기록하게 되는데, 2008년도 −0.3%, 2009년도 −2.8%의 극심한 침체기를 걷게 된다.

양적완화는 2008년 11월 벤 버냉키(Ben Bernanke) 당시 Fed 의장이 경기회복을 위해 꺼내든 특단의 카드였다. '비(非)전통적 통화정책'으로 불리는 양적완화는 '무제한 달러 살포'의 다른 이름이다. 전대미문의 양적완화는 3차까지 이어지며 6년간 약 4조 달러가 전 세계에 풀렸다. Fed는 2009년 3월부터 1년간 1조 7,500억 달러를 1차로 투입했고, 2010년 11월부터 7개월간 6,000억 달러를 추가로 풀었다. '약발'이 먹히지 않자 Fed는 무제한 달러 공급을 선언하고 2012년 9월부터 무려 1조 6,000억 달러를 쏟아 부었다.

결과는 일단 성공적이다. Fed가 정책목표로 내걸었던 실업률은 이 기간 중 최고를 기록했던 2009년 10월 9.6%에서 2014년 9월 5.9%로 떨어졌다. 경제성장도 2012년 이후 2%를 상회하는 건실한 성장을 기록했다. 2016년을 기점으로 주춤했던 경제성장률 하락추세도 멈추고 향후 성장률 전망치가 좋아지자 11월

〈표 2-1〉 2000년-2017년 주요국 GDP 성장률

(단위: 억 달러, %)

	중국	미국	EU	일본	한국	캐나다	홍콩	영국	호주	싱가포르
2000	12,053	102,848	88,189	47,312	5,616	7,395	1,717	15,548	4,150	958
	8.4	4.1	3.9	2.3	8.8	5.1	7.7	3.8	3.9	8.9
2001	13,322	106,218	89,231	41,599	5,331	7,327	1,694	15,359	3,785	893
	8.3	1.0	2.2	0.4	4.5	1.7	0.6	2.8	1.9	-1
2002	14,619	109,775	97,333	39,808	6,090	7,525	1,663	16,803	3,942	919
	9.1	1.8	1.4	0.3	7.4	2.8	1.7	2.5	3.9	4.2
2003	16,499	115,107	118,603	43,029	6,805	8,879	1,614	19,430	4,663	970
	10	2.8	1.3	1.7	2.9	1.9	3.1	3.3	3.1	4.4
2004	19,417	122,749	137,025	46,558	7,649	10,184	1,691	22,979	6,127	1,142
	10.1	3.8	2.5	2.4	4.9	3.1	8.7	2.5	4.1	9.5
2005	22,686	130,937	143,349	45,719	8,981	11,641	1,816	24,189	6,931	1,274
	11.4	3.3	2.1	1.3	3.9	3.2	7.4	3.0	3.2	7.5
2006	27,298	128,559	152,960	43,568	10,118	13,108	1,935	25,881	7,469	1,478
	12.7	2.7	3.3	1.7	5.2	2.6	7.0	2.7	3	8.9
2007	35,231	144,776	176,866	43,563	11,227	14,579	2,116	29,697	8,531	1,800
	14.2	1.8	3.1	2.2	5.5	2.0	6.5	2.6	3.8	9.1
2008	45,584	147,186	190,303	48,492	10,022	15,426	2,193	27,934	10,546	1,922
	9.6	-0.3	0.5	-1	2.8	1.2	2.1	-0.5	3.7	1.8
2009	50,594	144,187	170,220	50,351	9,019	13,708	2,140	23,146	9,266	1,924
	9.2	-2.8	-4.4	-5.5	0.7	-2.7	-2.5	-4.2	1.8	-0.6
2010	60,396	149,644	169,476	54,954	10,945	16,140	2,286	24,035	11,425	2,364
	10.6	2.5	2.1	4.7	6.5	3.4	6.8	1.5	2.0	15.2
2011	74,924	155,179	183,232	59,056	12,025	17,888	2,485	25,949	13,899	2,754
	9.5	1.6	1.8	-0.5	3.7	3.0	4.8	2.0	2.4	6.2
2012	84,616	161,632	172,488	59,545	12,228	18,327	2,626	26,305	15,375	2,899
	7.8	2.3	-0.4	1.8	2.3	1.9	1.7	1.2	3.6	3.4
2013	94,906	167,681	179,875	49,196	13,056	18,390	2,757	27,123	15,640	3,022
	7.7	2.2	0.2	1.6	2.9	2	3.1	2.2	2.4	4.4
2014	103,548	174,190	185,142	47,312	14,104	17,853	2,909	29,889	14,547	3,079
	7.3	2.4	1.4	-0.1	3.3	2.4	2.5	2.9	2.5	2.9
2015	113,848	179,682	188,660	41,162	13,929	15,727	3,088	28,649	12,408	2,940
	6.9	2.7	1.9	0.4	2.6	1.2	2.4	2.6	2.5	2.0
2016	117,953	185,619	-	47,303	14,044	14,620	3,190	24,968	12,046	2,969
	6.7	1.6	-	1.2	2.7	1.8	1.9	1.8	2.4	2.0
2017	120,150	193,906	-	48,721	15,380	16,524	3,417	26,245	13,795	3,239
	6.9	2.3	-	1.7	3.0	3.0	3.8	1.8	2.3	3.6

자료: 세계은행, 대만 통계국, EU 은행, 각 연도 통계자료.

부터 금리를 조금씩 올리고 있는 상황이다. 2017년 6월 기준금리를 1.00%에서 1.25%로 올린 금리는 이후 꾸준히 인상하였고, 2018년 들어와서도 인상은 계속 되었고, 6월에도 미국 연방준비제도(Fed)는 기준금리를 1.75~2.0%로 종전보다 0.25%포인트 인상했다.

2. 미국의 무역

세계 제1의 물적(物的) 생산력을 가진 미국은 세계 무역시장에서도 제1위의 지위를 차지하고 있다. 그러나 그 상대적 지배력은 중국・독일・일본 등의 대두로 점차 저하되는 경향을 나타내고 있다. 1947년에 33%로 압도적인 비율을 차지했으나 1955년에는 17%로 거의 제2차 세계대전 이전의 수준으로 저하되었고, 2015년에는 11.26%로 떨어진 반면, 급속한 신장세로 11.67%를 기록한 중국에 역전된 상태이다. 미국이 중국에 추월을 당하고 일본, 독일 등 경쟁국들에게도 시장을 잠식당하고 있는 상태이다.

2016년 주요 10대 교역상대국은 수출이 캐나다, 멕시코, 중국, 일본, 영국, 독일, 한국, 네덜란드, 홍콩, 프랑스 순이고, 수입 상대국은 중국, 멕시코, 캐나다, 일본, 독일, 한국, 영국, 아일랜드, 이탈리아, 인도 순이다. 수출품은 기계류, 전기전자기기, 항공 및 우주, 자동차 및 부품, 유류 및 석유화학 등이고, 수입품은 전기전자, 기계류, 자동차 및 부품, 유류 및 석유, 의약품 등이다.

반면 서비스의 수출은 여행, 기타 비즈니스, 지식재산운용, 금융, 수송 및 운송 등이었고, 서비스 수입은 여행, 기타 비즈니스, 수송 및 운송, 보험, 지식재산운용의 순으로 거래가 이루어졌다. 2016년 미국의 총 상품 무역규모는 전년대비 2.7% 감소한 3조 6,429억 달러를 기록했다. 그러나 이런 감소 현상은 2017년도에는 전환점을 맞아 미국 수출은 전년대비 6.4% 증가하고, 수입도 7.0% 증가한 결과로 집계되고 있다.

1) 미국의 무역적자

미국의 무역적자는 2013년에 5.5% 축소되면서 금융위기 이후 처음으로 감소세를 보였으나 2014년 7,272억 달러로 전년대비 5.4% 증가했고, 2015년에는

7,371억 달러를 기록하여 전년 동기대비 1.4% 증가해 2014년에 비해 무역적자 증가율이 대폭 낮아졌다. 2016년 기준 무역적자는 7,355억 달러를 기록하여 증가율이 -0.2%로 감소하였다. 그러나 2017년도에는 무역규모도 증가했지만 무역적자도 전년대비 8.4% 증가하였다.

〈표 2-2〉 미국 무역 규모 및 적자 추이 (단위: 백만 달러, %)

구분	2012년	2013년	2014년	2015년	2016년	2017년
무역규모	3,822,088	3,846,809	3,968,217	3,746,261	3,642,900	3,889,638
증감(%)	3.6	1.7	3.2	△5.6	△2.7	6.7
무역적자	730,446	689,931	727,153	737,067	735,500	796,172
증감(%)	0.7	△5.5	5.4	1.4	△0.2	8.2

자료: World Trade Atlas(https://www.tradestatistics.com/product.cfm?level=1&type=W)

2) 수출동향

2016년 미국의 상품수출은 1조 4,103억 달러를 기록하며 전년도 동기간 대비 6.7%의 감소를 기록하였으나, 2017년은 6.6% 증가하였다.

〈표 2-3〉 미국 수출실적 추이 (단위: 백만 달러, %)

구분	2012년	2013년	2014년	2015년	2016년	2017년
수출	1,545,821	1,578,439	1,620,532	1,504,597	1,451,011	1,546,273
증감(%)	4.3	2.1	2.7	△7.2	△3.6	6.6

자료: World Trade Atlas

미국의 2017년 5대 수출품목 중 항공 및 우주 제품의 수출이 전년 동기대비 2.7% 감소한 것을 제외하고는 4개 품목의 수출이 전년 대비 증가했다. 특히 유류 및 석유화학 제품의 수출이 전년 동기대비 48.2%의 큰 폭의 증가를 기록했으며 기계류(△5.9%), 전기・전자기기(△4.4%), 자동차 및 부품(△4.5%)도 증가했다.

〈표 2-4〉 2017년 미국 5대 수출품목 (단위: 백만 달러, %)

순위	품목	2014년 수출액	2015년 수출액	2016년 수출액	2017년 1-11월 수출액 및 비중(%)	1~11월 2017/2016 증감
1	기계류	219,766	205,821	190,634	183,447(13.0)	5.3
2	전기·전자기기	172,368	169,755	159,189	159,189(11.3)	4.5
3	항공 및 우주	125,186	131,091	118,265	118,256(8.4)	△3.0
4	자동차 및 부품	135,972	127,114	119,932	119,932(8.5)	4.1
5	유류 및 석유화학	155,608	106,143	123,733	123,733(8.8)	47.2
총 수출액		1,620,532	1,504,597	1,410,310	1,410,310(100)	6.5

자료: World Trade Atlas
주: 순위는 2016년 실적 순임

2017년(1~11월) 주요 10대 국가에 대한 상품 수출실적은 아래와 같다. 특이한 점은 2015년에 캐나다의 수출 비중이 2014년에 비해 다소 낮아진 반면, 멕시코로의 수출 비중이 증가했다. 10대 국가로의 수출은 영국(4.70% 증가)을 제외하고 모든 국가로의 수출이 감소한 것으로 나타나고 있다. 2017년(1-11월) 대한국 수출은 전년 동기대비 15.2% 감소했다.

〈표 2-5〉 2016년 미국의 10대 수출 대상국 (단위: 백만 달러, %)

순위	국가	2014년 수출액	2015년 수출액	2016년 수출액	2017년 1-11 수출액	1~11월 2016/2017 증감
1	캐나다	312,421	280,017	266,797	259,222	5.5
2	멕시코	240,249	236,377	229,701	232,270	6.0
3	중국	123,676	116,186	115,602	116,700	12.3
4	일본	66,827	62,472	63,236	61,262	6.4
5	영국	53,823	56,353	55,288	51,529	1.0
6	독일	49,363	49,947	49,363	48,607	8.0
7	한국	43,075	40,706	42,309	43,782	15.2
8	**네덜란드**	**44,471**	**43,499**	**39,690**	**38,553**	**6.4**
9	벨기에	40,858	37,115	34,894	36,695	15.1
10	홍콩	34,790	34,115	32,097	27,560	△7.2
총 합계		1,620,532	1,504,597	1,451,010	1,410,310	6.5

자료: World Trade Atlas
주: 순위는 2016년 실적 순임

3) 미국 수입동향

미국의 2016년 총 상품 수입액은 2조 1,878억 달러를 기록하여 전년대비 2.5% 감소했으나, 2017년에는 7.0% 증가한 2조 3,429억 달러를 기록했다. 2016년 미국 경기가 회복됨에도 불구하고 이런 감소현상이 나타난 이유는 유가 하락과 달러화 강세에 따른 수입단가의 하락으로 해석된다. 2017년도에는 경기 회복으로 수입이 늘어난 상황을 나타내고 있다.

〈표 2-6〉 미국의 수입동향 (단위: 백만 달러, %)

구분	2011년	2012년	2013년	2014년	2015년	2016년	2017년
수입($백만)	2,207,954	2,276,267	2,268,370	2,347,685	2,241,664	2,187,804	2,341,963
증감(%)	15.4	3.1	△0.3	3.5	△4.5	△2.7	7.1

자료: World Trade Atlas

4) 품목별 수입동향

2017년 미국의 용도별(end-use) 수입 동향을 살펴보면, 식품 및 음료(6.0%), 산업소재(14.4%), 자본재(8.6%), 자동차 및 부품(2.5%)과 소비재(3.2%) 등의 기본 품목들이 전년대비 증가했다. 기타 품목도 5.1% 수입 증가했으며 전체 수입은 7.1% 증가했다.

〈표 2-7〉 2017년 품목별 미국 수입동향 (단위: 백만 달러, %)

구분	총	식품 및 음료	산업소재	자본재	자동차 및 부품	소비재	기타
수입액	2,341,962	137,816	507,287	640,575	358,961	601,869	95,454
증감률	7.1	6.0	14.4	8.6	2.5	3.2	5.1

자료: 미국 상무부 통계청(U.S. Department of Census)

2017년 기준, 미국의 총 상품 수입시장에서 자본재 27%, 소비재가 25%로 가장 큰 수입 품목이며 그 다음으로 산업소재 22%, 자동차 및 부품 15%, 식품 및 음료 6%, 기타 4% 등으로 뒤를 이었다.

5) 주요 수입품목

2017년 미국의 최대 수입품목은 전기 · 전자기기(15.0%)와 기계류(14.6%)로 집계됐다. 그 외, 자동차 및 부품(12.4%), 유류 및 석유화학품(8.3%), 의약품(4.1%) 등이 상위 5대 수입품목으로 집계됐다. 기계류는 전년대비 10.6% 수입이 증가하여 가장 높은 수입 증감률을 보였으며 전기 · 전자기기는 6.2%, 자동차 및 부품은 3.3%, 유류 및 석유화학품은 26.7%, 의약품은 4.4% 수입 증가했다.

〈표 2-8〉 2017년 미국 5대 수입품목 (단위: 백만 달러, %)

순위	품목	2015년 수입액	2016년 수입액	2017년 수입액	2017년 비중	2017/2016년 증감률
1	전기전자기기	327,638	330,875	**351,291**	15.0	6.2
2	기계류	322,174	308,888	**341,690**	14.6	10.6
3	자동차 및 부품	279,288	280,691	**289,903**	12.4	3.3
4	유류 및 석유 화학	191,068	153,891	**194,869**	8.3	26.72
5	의약품	85,568	92,040	**96,055**	4.1	4.4
전체 수입액		2,241,664	2,187,804	**2,341,963**	100.00	7.1

주: 순위는 2017년 실적 순임.
자료: World Trade Atlas

2014년부터 미국 내 의약품 수입이 지속적으로 증가하고 있으며 의약품(HS Code 30, Pharmaceutical Products) 수입은 2017년 기준, 전년대비 4.4% 수입 증가했다. 2016년 기준, 미국의 한국산 의약품(HS Code 30) 수입은 약 24억 1,246만 달러를 기록하여 2015년 대비 904.1% 수입 증가했으나 2017년에는 2016년 대비 37.34% 감소한 15억 1,169만 달러로 집계됐다.

6) 주요 국가별 수입동향

미국의 2017년도 주요 10대 국가로부터 상품 수입실적은 아래와 같다. 중국산 상품 수입이 21.5%로 가장 높은 비중을 차지하며 멕시코산 상품 수입은 13.5%, 캐나다산 수입은 12.8%에 달했다. 한국으로부터 수입은 2017년 기준, 전년대비 2.2% 증가했으며 전체 수입의 3.1%를 차지했다.

〈표 2-9〉 2017년 미국의 10대 수입 대상국

(단위: 백만 달러, %)

순위	국가	2016년 수입액	2017년 수입액	2016년 비중	2017년 비중	2017/2016년 증감률
1	중국	462,618	505,470	21.2	21.5	9.3
2	멕시코	294,055	314,267	13.4	13.5	6.9
3	캐나다	277,755	299,319	12.7	12.8	7.8
4	일본	132,046	136,481	6.0	5.8	3.4
5	독일	225,099	117,575	5.2	5.0	3.0
6	한국	69,881	71,444	3.1	3.1	2.2
7	영국	54,272	53,060	2.9	2.3	△2.2
8	이탈리아	45,527	49,918	2.0	2.1	10.2
9	프랑스	45,272	48,899	2.1	2.1	4.7
10	아일랜드	46,032	48,797	2.1	2.1	7.2
총 합계		2,187,600	2,341,963	100	100	7.1

주: 순위는 2017년 실적 순임.
자료: World Trade Atlas

3. 미국의 대외통상정책

1) 대외 통상정책

미국무역대표부(USTR, Office of the United States Trade Representative)는 2009년 통상정책 아젠다(agenda) 보고서를 통해 “노동/환경과 투명성을 존중하는 자유롭고 공정한 무역(Free & Fair trade with a proper regard for social & Environmental goals and appropriate political accountability)”을 오바마 행정부의 통상정책 기조로 천명하였다.

오바마 행정부는 집권 초기 경제위기의 성공적인 수습이 중요한 과제였었다. 2009년 3월 실업률이 8.5%까지 올라감에 따라 실업문제 해결이 최대 현안으로 대두되었으며, 자유무역에 대한 미국민의 인식이 악화됨에 따라 무역정책에 대한 우선순위가 저하되었다. 이에 따라 무역의 혜택과 아울러 무역조정지원제도(TAA, Trade Adjustment Assistance) 등 피해계층에 대한 지원이 강조되었다.

또한 조지 W. 부시(George Walker Bush) 행정부 당시 매년 국내총생산(GDP, Gross Domestic Product) 대비 무역적자 규모가 3.5%를 상회하고 2008년에는 5%에 달하게 됨에 따라 해외수출시장에서의 무역장벽을 적극 제거하고 덤핑/보조금 지급에 적극 대응하기 위해 민주당 의회는 무역협정의 집행강화를 강하게 요구하였다. 2000년 이전 제2차 세계대전 이후 최대 무역적자를 기록했던 1987년의 무역적자는 국내총생산의 3.2%에 달하였다.

2) 2009년 미국 통상정책 아젠다 보고서

미국무역대표부(USTR, Office of the United States Trade Representative)는 2009년 3월 1일 통상법 제163조에 따라 “2009년도 통상정책 아젠다 보고서(2009 Trade Policy Agenda and 2008 Annual Report)”를 의회에 제출하였다.

이것은 버락 오바마(Barack Hussein Obama) 행정부 출범 이후 공식적으로 발표된 첫 번째 통상정책 보고서로서 의미를 지니며, 경제회복 기여수단으로서의 측면이 부각되면서도 다자주의 존중 및 보호주의 배제 입장을 유지하였다는 데 의미가 있다. 이 보고서는 오바마 대통령의 통상정책의 목표로 “미국 가정에 도움이 되는 무역”의 추구와, “에너지, 환경 및 범세계적 경쟁력이라는 오늘날 미국의 주요 도전에 대처”를 천명하고 정책 우선순위로 다음과 같은 6개 의제를 선정하였다.

첫 번째 의제는 규범에 기초한 무역체제의 지지이다. 보고서는 세계무역기구(WTO, World Trade Organization) 다자체제에 대한 지속적 지지를 확인하고, 규범에 기초한 무역체제하 미국의 권리와 혜택을 공세적으로 지켜나갈 의지를 천명하였다. 그리고 도하개발아젠다(DDA, Doha Development Agenda) 협상의 성공적 타결을 지지하지만, 현재 협상의 불균형은 시정되어야 함을 지적하였다.

두 번째 의제는 무역정책의 사회적 책임 및 정치적 투명성 증대이다. 무역정책은 범세계적 무역에 의해 불이익을 받는 노동 인력에 대해 지원을 제공하는 사회적 책임을 다해야 하는 바, 의회의 경기부양법안에 포함된 확대된 무역조정지원제도(TAA, Trade Adjustment Assistance)를 높이 평가하였다.

이 같은 사회적 책임은 또한 교역상대국과 노동자들의 지위 및 노동조건을 개선하는 것을 포함하여야 하며, 노동자 복지의 희생 아래 무역의 확대가 이루어져서는 안 될 것임을 천명하면서 자유무역협정(FTA, Free Trade Agreement)에 노동조건을 포함시켰다. 그리고 통상협상에 있어 국내 이해관계자들과의 협의를 강화하고 정보공개 등 투명성을 제고하여야 함을 강조하였다.

세 번째 의제는 국가적 에너지·환경 목표 진전을 위한 무역의 중요한 정책 도구화이다. 오바마 대통령은 기후변화 대처, 에너지, 안보 등과 관련 새로운 정책을 발표하였는데, 이러한 목표를 달성하기 위해 통상정책이 지원해야 한다고 지적했다. 세계무역기구(도하개발어젠다) 또는 여타 협상포럼에서 환경상품 및 서비스 자유화 협상을 지속적으로 추구해야 함을 밝혔다.

그리고 무역체제와 범세계적 기후변화 대응체제가 상호 상충되지 않고 보완관계를 이룰 수 있도록 노력하면서 기후변화 정책이 국제무역의무에 부합되도록 하되, 무역규범이 긴요한 환경목표 수행을 방해하지 않도록 창의적인 해법을 모색할 것을 주문하였다.

네 번째 의제는 무역협정이 통상마찰의 원인인 주요 미해결 현안을 해결하도록 보장해야 한다는 것이다. 관세율이 낮아짐에 따라 국경 안에서(behind border)의 규제조치 및 비관세 장벽이 해외의 주요 무역장벽이 되고 있는데, 해외에서의 정부조달, 규제정책 등에 있어 투명성과 적법절차가 개선될 수 있도록 협상해야 함을 지적하였다.

아울러 해외 서비스시장 개척 및 지식재산권 보호를 추구하되, 필요할 경우 복수의 국가들과의 협상을 통해 무역을 원활화하고 소비자 보호를 추구할 것을 주장하였다. 그리고 안보위협에의 대처가 무역에 장애가 되지 않도록 최대한 무역장애를 줄일 수 있는 방안을 추진하기 위해 교역 상대국과 협조해야 함을 밝혔다.

다섯 번째 의제는 기존 자유무역협정과 양자투자협정(BIT, Bilateral Investment Treaty)을 보다 책임감 있고 투명한 방법으로 이행하는 것이다. 조지 W. 부시(George Walker Bush) 행정부의 유산인 제반 무역협정과 관련하여, 이 협정들이 미국과 상대국의 이익을 적절히 진전시키고 있는지 여부에 대해 일반 공중과 광범위한 협의를 진행하여야 함을 천명하였다.

특히 파나마, 콜롬비아, 한국과의 자유무역협정을 둘러싼 이슈들에 대해 신속하게, 그러나 책임있게(promptly but responsibly) 검토할 것을 주문하였다. 그리고 무역에 대한 부정적 영향 없이 북미자유무역협정(NAFTA, North American Free Trade Agreement)이 개선될 수 있는 방안을 확인토록 캐나다, 멕시코와 협력할 것을 지적하였다.

아울러 미국의 경제정책과 부합하는 상당한 이익을 가져오는 새로운 양자 및 지역협정 제안을 검토하되, 이와 관련 무역촉진권한(TPA, Trade Promotion Authority)이 필요할 경우 이를 의회로부터 부여 받도록 추진할 것을 강조하였다.

마지막으로, 개도국, 특히 최빈국과의 강력한 동반자 관계를 재확립하는 것이다. "개도국의 경제발전은 미국에 새로운 수출시장을 제공할 것이므로 개도국들이 세계경제와 성공적으로 연계될 수 있도록 기술지원(TA, Technical Assistant)과 능력배양(CB, Capacity Building)을 확대시켜야 한다"고 주장하였다. 그리고 다수의 대 개도국 무역특혜 프로그램(program)들의 대 의회 재검토 시한이 다가오고 있음과 관련하여, 의회 및 이해관계자와 동 프로그램의 갱신 및 개혁방안을 강구하도록 주문하였다.

3) 트럼프의 통상정책

트럼프 대통령은 취임 이래 주요 대미 흑자국에 대해 관세부과 위협을 가했고 상대국들은 조금씩 양보하는 모양새를 취했으나 큰 성과는 없었다. 감세와 재정확대 등으로 미국 경제가 호조를 이어가면서 무역수지 적자규모는 더욱 커졌다. 경쟁사 수입품에 부과된 관세 폭만큼 미국 회사들이 제품가격을 올린 탓에 미국 소비자들이 손해를 봤다는 분석도 나온다. 게다가 무역 갈등이 달러화 가치를 높여서 미국의 무역수지 개선에 도움이 되지 않고 있다. 무역장벽을 높이는데도 무역수지 적자는 커지고 대다수 미국인이 손해를 본다는 점은 트럼프식 미국 우선주의 정책의 아이러니다.

그렇다고 트럼프가 당장 노선을 바꾸지는 않을 것으로 보인다. 미국의 실업률은 2018년 6월 현재 3.8%로 완전고용 수준인데다 올해 성장률이 2%대 후반에 이를 정도로 양호하다. 미국 업계에서도 트럼프를 지지하는 움직임이 가시화되는 등 미국에서 트럼프 무역정책에 반대하는 목소리가 힘을 얻기 힘든 상황이다.

트럼프 미국 대통령은 또다시 관세폭탄 카드를 꺼내 들었다. 2018년 5월 미·중 무역협상을 벌이느라 잠시 보류했던 500억 달러 규모의 중국산 수입품에 관세 25%를 부과하는 조치를 7월 6일부터 실행하겠다고 밝혔다. 이에 반발한 중국이 보복을 시사하자 추가로 2,000억 달러 규모의 중국산 수입품에 대해

10%의 관세부과 검토를 명령했다.

트럼프의 보호무역정책은 근본적으로 미국 정부가 안고 있는 고질적인 무역적자를 해소하기 위함이다. 2017년 미국은 5,600억 달러의 무역적자를 기록했다. 지난 9년 동안 최대치라고 발표되었다. 별다른 조처가 없을 경우, 그 추이가 더욱 확대될 것으로 보인다. 산업의 근간인 철강 수입에 대해 관세를 부과할 경우, ① 타국에 대한 철강 수입의존(지출)을 줄임과 동시에 ② 자국 내 철강생산 경쟁력을 확보할 수 있다는 두 가지 효과를 만들어낼 수 있다.

트럼프의 노림수는 단기적으로 11월의 중간선거를 의식한 일자리 및 무역수지 개선이지만 궁극적인 목표는 중국의 굴기(掘起)를 저지하는 것이다. 이런 점에서 이번 관세부과 대상이 중국의 '제조 2025 전략'과 관련된 품목에 집중돼 있다는 점에 주목되고 있다. 이는 국유기업과 국유은행을 총동원, 세계 최고수준의 기술역량을 갖춰 미국, 독일 등 선진 제조강국을 뛰어넘는 것을 목표로 한다. 개방 이후 중국은 시장을 내주는 대신 기술을 얻는다는 전략으로 외국인 직접투자를 유치했고 많은 성과를 거뒀다. 그렇지만 상당한 산업분야에서 여전히 역량축적이 부진하다는 평가를 받고 있다. 미국은 무역적자를 감소하기 위한 목적과 스스로 자족할 수 있는 내수를 더 강하게 만들려는 목적, 이를 통해 GDP를 더욱 견고히 상승시키겠다는 의지가 포함되어 있다. 즉 미국은 이러한 점을 의식하고 미국의 이익과 미국 주도의 세계경제를 이끌어가고자 트럼프식 보호무역정책을 추구하고 있는 것이다.

4. 미국의 무역 규제제도

1) 수입규제 제도

(1) 수입금지 제도 개요

미국 수입규제 제도는 자국 산업의 보호, 미국인의 건강 및 후생, 미국 내 동식물 등을 보호 유지 등이 목적으로 수입금지 품목과 수입규제 품목으로 분류된다.

1929년 대공황 이후, 미국은 경기 침체를 극복하기 위한 자국 산업 보호 조치의 일환으로 반덤핑관세, 상계관세, Escape Clause, 불공정 무역관행(통상법

301조, 관세법 337조), 국방조항, 수입과징금 등 수입규제 법규를 마련하고 불공정 무역에 대한 보호조치를 취하고 있다.

또한, 2008년부터 소비자제품 안전성 규제가 본격화됨에 따라 모든 어린이 용품에 생산정보 부착이 의무화되는 등 미국 내 유통되는 소비자 제품에 대한 안전성 규제가 강화되었다.

최근 시행된 식품안전 현대화법으로 미국 내 유통되는 식품에 대한 식약청 검역이 강화되어 식품 수출에 대한 비관세 장벽이 높아졌다.

① **수입금지 품목**: 「외국자산관리규제」와 「쿠바자산관리규칙」에 의거, 북한과 쿠바로부터의 직·간접 수입이 금지되고 있다. 무기·탄약·전쟁수단 물질의 수입이 금지되어 있으나 재무부의 "알코올·담배 총기국(AFT)"에서 라이선스를 취득한 경우 또는 동 국의 규제를 따르는 경우는 제외된다.

워싱턴 조약에서 규정한 멸종위기에 처한 동식물(CITES), 마약, 마리화나, 위험한 약물 및 사법부 규칙에 따라 수입되는 이외의 것도 수입이 금지된다. 음란서적, 사진, 미국에 대한 반역 및 반란을 조장하는 서적도 수입금지 대상이다. 죄수 또는 강제노동에 의해 제조된 물품과 위조 화폐, 위조 증권 및 위조물을 제조하는데 이용되는 기기도 금지된다.

② **수입규제 품목**: 일부 품목에 대해서는 미국 경제의 유지와 안전보장, 소비자의 건강 및 후생, 국내 동·식물 보호의 관점에서 수입금지 또는 규제가 실시되고 있으며, 수입규제 품목은 다음 3종류로 분류된다.

- 수입 라이선스 품목
  - 수입 라이센스 감독관청의 수입허가, 검사증명 등을 필요로 하는 품목
- 수입할당 품목
  - 라이센스품목의 일부는 관세할당 없이 수량할당 실시
- 특수 수입조건 절차 품목
  - 연방 종자법, 에너지 절약법, 방사선 관리 건강 안전법, 연방 식품·약품·화장품법, 독극물 관리법 등 안전기준에 의거, 라벨 표시 등 특수한 수입조건이 의무화된 품목

이 외에도 섬유제품 등 양국 간 혹은 다국 간의 무역협정과 계약에 의해 수입이 제한되어 있는 품목이 있다.

(2) 수입쿼터

① Absolute Quotas

Absolute Quotas는 특정 기간 동안 미국에서 상업적으로 유통될 수 있는 특정 상품의 총량을 제한하는 것으로 허용된 쿼터가 다 소진되면 남은 쿼터기간 동안 추가적인 수입 또는 유통이 불가능하다. 한국산 철강제품이 현재 absolute quota 규제를 받고 있다.

② Tariff Rate Quotas

쿼타기간 동안 미국으로 수입되는 특정 제품에 대해 정해진 양만큼 더 낮은 관세를 적용하는 것으로 전체 수입량에는 제한이 없으나 쿼터가 초과되면 관세혜택을 받을 수 없다.

(3) 기타 수입제한 법규

① **반덤핑관세**

- 1930년 관세법 731조, '79년 통상협정법, '84년 통상관세법, '88년 종합무역법에서 개정되었다.
- 외국상품이 미국에서 공정가격 이하로 판매되어 미국산업이 실질적인 피해를 받고 있거나, 혹은 피해가 우려되는 경우 반덤핑관세가 부과된다. 세액은 정상가격(수출국 내수가격 혹은 제3국 수출가격 혹은 구성가격)과 대미수출가격과의 차액만큼 부과된다.

② **상계관세**

- 1930년 관세법 701조, '79년 통상협정법, '84년 통상관세법, '88년 종합무역법에서 개정되었다.
- 수출국 정부, 단체로부터 보조금을 받은 상품의 수입에 따라 미국 산업이 실질적인 피해를 받거나, 혹은 피해우려가 있는 경우 보조금에 해당하는 금액의 상계관세가 부과된다.
- 반덤핑/상계관세에 있어 '88년 종합무역법에서는 반덤핑·상계관세를 우회하기 위해 미국 또는 제3국에서 조립하여 최종 마무리된 제품도 동 관세의 부과대상이 되도록 하였다.

③ Escape Clause

- 1974년 통상법 201조, '84년 통상관세법, '88년 종합무역법에서 개정되었다.
- 수입증대로 인한 피해로부터 국내산업을 보호하기 위해 대통령이 국제무역위원회(ITC)의 권고에 따라 관세인상, 관세할당, 수량제한, 시장질서유지협정(OMA) 등의 긴급수입제한조치를 취할 수 있도록 한 제도이다.

④ **불공정무역관행**(통상법 301조)

- 1974년 통상법 301조, '84년 통상관세법, '88년 종합무역법에서 개정되었다.
- 미국의 통상에 영향을 미치는 외국 정부의 불공정 무역관행에 대해 미국무역대표부(USTR)가 대응조치를 취할 수 있도록 한 제도로 '84년 통상관세법에서는 상품무역 외에 서비스 및 투자에도 이의 적용이 확대되었다.

⑤ **불공정무역관행**(관세법 337조)

- 1930년 관세법 337조, '74년 통상법, '79년 통상협정법, '88년 종합무역법에서 개정되었다.
- 미국의 권리를 침해하는 상품, 특히 특허, 상표권 등 미국의 지식재산권을 침해하는 상품에 대해 미국 내 산업의 피해여부를 불문하고 침해사례가 존재하는 경우 통관금지 등의 구제조치를 취하도록 한 제도로 301조가 외국정부의 불공정무역관행을 대상으로 하고 있는 것에 비해 337조는 민간에 의한 불공정무역관행을 대상한 것이다.

⑥ **국방조항**

- 1962년 통상확대법 232조, '88년 종합무역법에서 개정되었다.
- 수입상품이 국가안전에 손상을 끼칠 우려가 있을 정도로 증가하고 있는 경우 대통령이 국가안전에 대한 우려를 불식시키기 위해 수입제한, 수입금지를 취하도록 한 제도이다.

⑦ **수입과징금**

- 수입화물에 대하여 관세 이외에 추가 징수되는 부과금으로 1974년 통상법 122조에 따라 미국의 국제수지에 중대한 적자위협을 끼치는 경우 150일 이내 또는 종가세의 15% 이내에서 대통령이 일시적인 수입과징금을 부과하도록 한 제도이다.

(4) 비관세장벽

① **무역 공표 시스템**: 연방관보를 통한 공시체제는 수입 및 무역 제도만을 다루는 것이 아니라 전반적인 행정부 정책, 규제 등을 종합적으로 포괄하는 공시창구로 그 양이 방대하여 원하는 정보획득이 용이하지 않다.

수입품의 상품 종류에 따라 규제기관이 상이하므로 개별적으로 확인할 필요가 있어 규제가 복잡한 미국에서는 산재해 있는 규제 자체가 일종의 무역장벽으로 작용하고 있다. 일례로 작업장에서 사용할 장비를 미국으로 수입할 경우 미 노동부의 인증, 각종 지자체에서 부과하는 특정규제 및 보험사 등이 요구하는 안전규격 등 다양한 인증을 받아야 하며, 동 조치는 모두 무역에 일정한 영향을 끼치는 조치임에도 불구하고 일괄된 전문 공시 채널을 통해 공시되지 않고 있다.

② **수수료 및 통관절차**: 미 세관 당국의 미국 내 수입화물에 대한 송장제출 요건이 과다하다는 주장이 제기되고 있다.

EU 측은 미 관세청이 교토협약에 의거하여 통관절차 중 보충서류 및 정보를 요청할 수 있음에도 불구하고 경직적인 통관절차를 시행하고 있다고 비난하고 있다. 이 같은 서류요구는 기존 거대 공급업자에게는 별 문제가 아니나 중소업체들에게는 비용인상 요인으로 작용한다. 특히 소량 주문에 의존하는 하이테크 틈새 품목 수출에는 불리한 요인으로 작용하는 것으로 알려져 있다.

선적 24시간 전 사전신고제 도입에 따라 서류부담이 더욱 과중해졌다. 대미 수입화물에 대한 24시간 사전신고제가 도입되면서, 일반 수입업자들의 서류부분은 더욱 과중해진 것으로 평가되고 있으며, 미 세관 당국의 '하역금지' 명령으로 인한 수입물류 지연의 가능성도 높아졌다.

③ **섬유, 가죽, 의류, 신발 제품에 대한 세부정보 요구에 따른 문제**: 미 관세청은 특히 섬유, 가죽, 의류 및 신발 제품에 대해서 다량의 세부정보를 요구하는 것으로 알려져 있으며, 이 같은 미 세관당국의 처사는 통관비용을 상승시키고 염색 및 최종 처리 유형과 같은 영업기밀 누출의 소지가 큰 것으로 지적되고 있다.

또한 의류의 경우 사소한 인보이스 상의 오류로 인해 청산절차가 210일 이상으로 연장되는 경우가 발생하는데 이는 의류의 통상적인 제품 사이클에 비추어 과다하다는 지적이 제기되고 있다.

④ **농수산품은 사전신고제, 생산공장 및 유통시설 등록제 등 통관절차 복잡**: 식품류는 일반 제품에 비해 까다로운 통관절차와 샘플 검사 등을 거쳐야 하기 때문에 많은 준비와 사전지식이 필요하다. FDA의 샘플조사가 때에 따라서는 상당히 긴 시간을 소요할 수 있기 때문에 실제상황에서 볼 때는 큰 문제가 될 수 있다. 농림수산물은 샘플조사 소요기간이 길어지면, 식품의 유통시간이 지나버릴 수도 있으니 사전조사를 철저히 해 샘플 조사기간을 최소화하는 것이 바람직하다.

⑤ **세관별로 상이한 통관절차 운용**: 미국의 세관 통관절차는 제도적으로 신속통관을 보장할 수 있는 관세예치금(Customs Bond)제, 검사와 심사의 분리, 관세납부 전 물품통관, 부두에서의 직접통관, 통관절차의 전산화 등을 채택하고 있으나 세관별로 상이한 통관절차를 운용하고 있는 것이 현실이다. 특히 일선 세관에서는 유사상품 확인, 원산지 확인, 구성성분 확인 등의 이유로 통관을 지연시켜 과다한 통관비용이 발생하고, 신선 냉장물품이 부패, 변질되는 사례가 발생하고 있다. 이와 관련하여 로스앤젤레스 세관이 한국산 마늘에 대하여 중국산 여부를 확인하기 위해 장기간의 실험을 함으로써 마늘 전량을 폐기한 사례도 있다. 뉴욕에서는 패션제품인 넥타이 및 섬유제품에 대하여 유사상표 여부를 심사하느라 통관이 지연된 사례가 있으며, 한국산 인삼 드링크의 알코올 함량을 측정하기 위해 1개월 이상 통관을 지연시킨 사례가 있다.

(5) 기타 참고 사항

① **Bioterrorism Act**: 2003년 하반기부터 2002년 12월에 제정된 Bioterrorism Act 강제령이 시행됨에 따라 2004년 8월 12일부터 수입식품 사전신고제도가 강제화되었다. 이 제도에 의거, 불이행업체에 대한 통관거부 및 반송 등 강력한 조치가 내려지기 때문에 우리 업체의 주의가 요망된다.

② **미 수입식품 사전통보 필수**: 미 FDA는 세관과 협력하여 2003년 12월 12일부터 수입식품이 미국에 도착하기 전에 수입식품의 사전통보자료를 직접 제출 받아서 분석 평가할 시간을 확보하고 검사에 집중하며 오염식품의 유입을 차단함과 아울러 식품의 유통을 보장하기 위해 수입식품의 사전통보를 의무화하고 있다. 육류와 가금류를 제외한 거의 모든 국내산과 수입산 식음료 제품을 관할하는 美 식약청은 연방 식품, 약품, 화방품법(FFDCA)에 근거해 독성 및 유

해물질 포함, 유해한 식품 첨가제 포함, 또는 오염 또는 유해한 환경에서 식품이 가공・포장・보관되는 것을 규제하기 위해서 사전통보를 지정하였다.

수입업자가 사전에 고지한 수입서류 및 통관당국(CBP)의 입국장 문서 검토 내용이 식약청의 데이터베이스 OASIS(Operational and Administrative System for Import Support)에 입력되면, 이를 통해 식약청 검역관이 선적물의 상대적 위험도를 판단하고 세부검사 여부를 결정한다.

모니터링을 통해 위반사항이 적발되면 재표기, 재처리 등의 시정조치, 입국거부, 압류 또는 폐기 등의 조치를 취할 수 있고 과거 기록이나 추정 등을 통해 '물리적 검사없는 억류(DWPE: Detention without Physical Examination)'가 가능하다.

③ **농업법 개정 관련 세관신고**(Lacey Act) : 미국 농무부(USDA: Department of Agriculture)는 2008년 개정 농업법 내 레이시법 수정안에 따라 2009년 4월부터 식물・나무 성분을 포함한 제품을 의무적으로 세관 신고하도록 하고 있다.

◈ 2008년 농업법에 따른 레이시법 수정안 개요

- 미국의 2008년 농업법(The Farm Bill)에 포함된 레이시법(Lacey Act) 수정안에 따라, "종이제품은 물론, 모든 식물 또는 나무제품"의 수입통관 시 제품에 사용된 식물종과 원산지에 대한 세관 서면신고서 작성 요구
- 2008년 5월 의회를 통과한 미국의 농업법에는 천연식물종 보존법령인 레이시법 수정안이 포함, 이 수정안이 식물・나무제품의 세관신고사항을 규정
  - 불법 산림 제품에 대한 무역을 규제하기 위한 의도로 제정
  - 식물/나무가 직접적인 제품성분인 종이 제품은 물론, 부품이나 첨부물이 식물성분을 포함한 경우도 세관신고서 작성이 요구
- 단계적으로 도입, Phase I에 분류되는 제품부터 세관신고 시행하되, 2008년 12월 15일-2009년 4월 1일 동안 '교육기간(Educational Period)'을 갖은 후 4월부터 의무화

세관신고사항으로는 제품에 포함된 식물의 학명, 수입품 가치, 제품에 사용된 식물의 양, 식물이 재배된 국가명 등이 있다. 재생재료가 포함된 종이 제품(Paper・Paperboard)의 경우, 식물종이나 재배국과 상관없이 재생재료 평균 비중을 신고해야 한다.

◈ 미국의 농수산물 일반적인 수입통관 절차

입항 ⇒ CBP ⇒ FDA ⇒ CBP Agricultural Specialist ⇒ Pick up (운송회사)

- 수입회사가 수입신고서(Entry Notice)를 접수시키고 관세청의 통과를 위한 보증금(Customs bond)을 준비
- 국토안보국(CBP) 내 관세국경보호청에서 FDA에 수입신고서를 접수하고 수입허가 결정을 요청함

- 신선 농산물은 CBP(Customs and Border Prodection) Agricultural Specialist에서 병충해 검사를 해 이상이 없을 시 수입허가를 하며, 병충해 발견 시 선적품의 수입을 금지시키고 CBP 감독 하에 폐기 또는 반환조치
- FDA는 수입서류를 검토해 수입품에 대해 검사할 필요가 없다고 판단하면 즉시 수입이 허가됨
- 검사할 필요가 있는 농림수산물에 대해서는 FDA가 샘플조사를 하며, 이 조사는 FDA 직원이 샘플을 수거해 FDA 실험실로 조사를 의뢰함으로써 이루어짐
- 샘플조사 결과 FDA 실험실에서 안전하다고 판정되면 그 즉시 수입이 허가되고 불합격 판정이 나면 수입이 거부됨
- 불합격 판정이 난 품목에 대해서는 수입업체가 이의 제기할 권리가 있음
- 최근 샘플조사 없이 억류 조치할 경우 수입업체가 이의를 제기해서 합당하면 허가조치를 하고 그렇지 않으면 수입이 거부됨

④ **세관 신고 사항**: 2009년 1월 26일부터 기존 10가지 사항을 세관에 의무적으로 제출해야 하는 제도에 2가지 항목이 추가돼 시행되고 있다.

◈ 세관에 신고해야 할 사항 기존(10)+신규(2)

① Manufacturer Name and Address
제조업체나 원자재 제조업체의 이름과 주소
(제조업체를 알리기 꺼려하는 경우 정확한 정보가 기재되지 않는 일이 많음)

② Seller Name and Address
제품 판매업체 혹은 제품 소유권자의 이름과 주소(상업송장의 내용과 동일)

③ Buyer Name and Address
제품의 최종 구입업체 혹은 제품 최종 소유자의 이름과 주소(상업송장의 내용과 동일)

④ Ship To Name Address
세관 통관 후 화물을 받는 업체의 이름과 주소(수출업체의 책임 하에 정확히 기재)

⑤ Container Stuffing Location
컨테이너 적재 장소(수출업체의 책임 하에 정확히 기재)

⑥ Consolidator Name and Address
컨테이너 운송업체 이름과 주소(수출업체의 책임 하에 정확히 기재)

⑦ Importer of Record Number
화물 수입업자의 미 국세청 납세번호 혹은 신원증명 번호(통관 브로커를 통해 기입)

⑧ Consignee Number
화물 수입업자의 미 국세청 납세번호 혹은 신원증명 번호(통관 브로커를 통해 기입)

⑨ Country of Origin Code
원산지 정보(통관 브로커를 통해 기입)

⑩ Commodity HTS Number
관세코드번호 = "HS 코드"
(통관 브로커의 도움을 받을 수 있으나 정확한 정보는 수출업체가 조사)

⑪ +1(신규) Stow Plan
컨테이너 적재 계획(컨테이너 출항 후 48시간 내에 신고)
⑫ +2(신규) Container Status Messages(CSM)
컨테이너 상태 메시지(메시지가 생성된 24시간 내에 신고)
주: HS코드정보 참고 웹사이트(http://www.usitc.gov)

⑤ **소비자제품 안전성 규제 본격화**: 미국 소비자제품안전청(CPSC; Consumer Product Safety Commission)은 2008년 8월 '소비자제품안전법(CPSIA)'을 제정했다. 미국 내 중국제품의 안전성 문제로 불거진 수입제품에 대한 안전성 논란으로 관련 규제 법제화되었다. 이에 따라 소비자제품의 안전성 관련 정보를 의무적으로 신고하도록 하였다. 국내산 및 수입산 제품 모두 해당되나, 미국 내 유통되는 소비자제품의 대부분이 수입산임을 감안할 때 실질적인 수입제한 조치로 풀이한다.

제품의 안전성 확보가 시급하다고 판단한 어린이용품 관련 조항은 본격적으로 시행 돌입했다.

이 법안 내 섹션 103에 따라 모든 12세 이하 어린이용 제품의 제조업체는 트랙킹 정보를 의무적으로 표시해야 한다. 제품의 안전성과 관련해 어떠한 사고가 발생했을 때 그 제품의 생산지 및 생산과정을 트랙킹할 수 있도록 하기 위한 목적으로 시행한다. 이를 통해 문제의 근원지나 원인이 무엇인지 파악 가능하도록 한다. 따라서 생산자 정보가 필요하며, 제조넘버를 부착 및 기재하라는 것이다. 완제품만 해당되고 부품은 해당되지 않는다. 트랙킹 라벨(Tracking Labels)이나 영구적인 독특한 마크(Distinguishing Mark) 등을 사용해 표시한다.

⑥ **알러지 유발성분표시 단속강화**: 새롭게 도입되거나 제도 변경된 법안은 아니나, 연방식품의약국(FDA)과 연방식품안전국(CFIA)의 단속이 최근 매우 강화되고 있어 한국산 제품들 리콜조치 등 피해가 연달아 발생하고 있다. FDA 레이블(Label) 규정에 따르면, 모든 식품은 제품성분 표시 레이블 부착 의무화, 알러지 유발 가능 원료를 포함하는 경우 반드시 이를 표시하는 별도의 레이블 부착해야 한다. FDA가 규정한 알러지 유발 가능 원료는 밀, 대두, 견과류, 땅콩, 생선, 갑각류, 달걀, 우유 등 8가지이다. CFIA가 분류한 잠재적 알러지 유발 가능원료는 메밀, 땅콩, 대두, 고등어, 게, 돼지고기, 복숭아, 토마토, 새우 등 12가지이다.

⑦ **대미 수산물 수출, 식약청 검역 강화**: 오바마 정부는 매년 수십만 명의 미국인들이 식중독에 감염되고 수천 명이 사망에 이르는 등 예방적 조치 강화의 필요성이 인식됨에 따라 「식품안전 현대화법(Food Safety Modernization Act)」을 시행해 국내외 식품과 시설을 망라하고 시설위생과 검역에 대한 감독을 강화했다. 美 식약청(FDA)은 가공생선에 대한 안전성 규정에 따라 수입경보를(Import Alert 16-74) 내려 내장을 완전히 제거하지 않은 염장, 건조, 훈제, 절임, 발효 등으로 가공된 생선에 대한 물리적 검사 없는 억류(DWPE)를 실시한다. 2013년 6월부터 내장이 제거되지 않은 생선에 대한 수입경보를 5인치 미만의 생선에 대해서도 확대하면서 5인치 미만의 생선도 내장 제거가 요구되거나 내장을 제거하지 않을 시 식약청의 안전성 입증을 받지 않으면 통관 불가하다.

2) 미국의 관세제도

미국의 관세법을 집행하는 기관은 국토안보부(Department of Homeland Security) 내의 미국 세관이다. 동 기관은 매우 광범위한 정보를 미국에 수입되는 매 품목에 대한 정보를 전산화 처리하고 있어 어느 국가에서 어떤 제품이 주로 수입되고 수입 시 가격은 얼마이고 주 생산업체는 누구인지 등 상상하기 어려울 정도로 많은 자료를 보유하고 있다. 따라서 이런 광범위한 자료를 바탕으로 수입제품의 가격은 적절한지 아울러 원산지는 맞는지 등에 대한 서류조사를 하고 이에 따라 통관절차를 진행하고 있다.

미국 세관은 농무부(www.usda.gov)와 식약청(www.fda.gov)를 비롯해 모든 국가 기관과의 협조를 통해 불법적인 수입을 차단하고 있으며 해충, 해로운 짐승 등이 수입되지 않도록 만전을 기하고 있다. 일반적으로 미국에 수입되는 공산품에 대한 수입규제는 없어서 무기류, 마약류 등을 제외한 대부분의 품목수입이 자유화되어 있으며, 섬유와 같은 품목에 한해 일부 "관세율쿼터"(TRQ: Tariff Rate Quotas)로 관리하고 있다.

(1) 관세 및 비관세 종류

① **Column 1(NTR) 및 특혜관세율**: Normal Trade Relations[舊 MFN(Most Favored Nation)]세율 → 칼럼1의 General란에 명기한다. 우리나라를 비롯해 칼럼1의 Special 란에 속한 국가들과 칼럼2에 속한 국가를 제외한 대부분의 국가들

이 동 General란의 관세율에 적용을 받는다. 한-미 FTA 협정에 따른 특혜 관세율은 칼럼2 하단의 "Preferential(duty-free or reduced rate) tariff program applicability to this HTS item"에서 "KOREA FTA Preference"란을 보면 확인할 수 있다.

② **Column 2(Non-NTR)**: 대통령령에 의해 일부 국가에 부과되는 관세율로 테러국가 등 적성국가에 적용되며 현재는 쿠바, 북한, 라오스 등이 해당된다.

③ **상계관세와 반덤핑관세**: 미국은 무역질서를 위반한 경우 상계관세와 반덤핑관세 등을 징수하고 있다. 이런 관세는 모두 미국 기업들이 수입제품으로부터 피해를 보았다는 진정서(Petition)을 무역위원회에 제출하면 무역위원회가 적정기간 동안 조사를 하고 난 이후 청문회(Hearing) 등의 과정을 거쳐서 부과하게 된다.

④ **기타비용**: 미국 세관은 관세 이외에도 부두사용료(HMF), 화물하역료(MPF) 등을 부과하고 있다.

◈ 관세 및 수수료 종류

· 상계관세(Countervailing Duties)
- Countervailing Duty(C.V.D)는 수출국에서 자국의 수출기업에 보조금을 지급하고 있으며, 동 보조금 때문에 대미 수출가격이 싸지는 경우 이 가격차를 없애기 위해 부과하는 특별관세이다.
- 상계관세의 부과여부는 미국 상무부 등 관계기관의 조사결과에 의해 결정되며, 관세율표에 명시되지 않으므로 세관에 문의하여 확인해야 한다.

· 반덤핑관세(Antidumping Duties)
- Antidumping Duty(AD)는 수출자가 정상가격보다 낮은 가격에 미국으로 수출하여 미국 기업들이 피해를 입는 경우, 이를 바로잡기 위해 부과하는 특별관세이다.

· H.M.F(Harbor Maintenance Fee)
- 부두사용 요금으로 F. O. B 가격에 0.125를 부과한다.
- Ocean Shipment에 해당하며, Air Shipment에는 해당하지 않음.
- 동 수수료는 모든 국가에 적용되고 있다.

· M.P.F(Merchandise Processing Fee)
- 세관에서 Processing Fee로 부과하는 것으로 Ocean과 Air Shipment 모두 해당되며, F.O.B 가격의 0.21% Minimum Charge가 25달러이고 Maximum은 485달러이다.
- 동 수수료는 자유무역협정(FTA)체결국은 면제되고 있다.

(2) 관세율 알아보는 법

① **관세산정을 위한 세번(稅番)분류(CLASSIFICATION)** : 미국의 품목별 세번은 『*Harmonized Tariff Schedule of the United States*』[1]라는 책자를 이용하여 파악이 가능하다. 과거에는 미국이 TSUA라는 독자적인 관세율 분류체계를 적용하였지만, WTO에서의 합의에 따라 HS체제로 개편되었다.

Harmonized System은 6단위, 8단위, 10단위 및 12단위 등 다양한 분류방법이 이용되고 있는데 6단위까지는 세계 공통분류이며, 8단위부터는 각국의 특성에 따라 독자적으로 분류하여 사용하므로 세부품목을 분류하는 10단위는 국가별로 상이할 수 있다.

ⓐ BINDING TARIFF CLASSIFICATION RULING

- 미국으로 수입되는 각종 상품의 세번(HS번호)은 미국 세관에 정해진 Information과 Sample을 제출하면 파악 가능하다.
- 여기서 한번 부여받은 HS번호는 미 전국 어느 세관에서 통관하든 동일하게 적용되며, 세관의 Office of Regulations and Rulings에서 취소되기 전까지는 계속 유효하다.

② **관세산정을 위한 가격결정**

ⓐ 거래가격(TRANSACTION VALUE) : 수입상품의 거래가격이란 미국으로 수출하는 가격으로 지불되었거나 지불될 가격으로서 아래의 경비가 이에 포함되어야 하며, 이 가격을 기준으로 관세가 부과된다.

ⓑ 공제가격(DEDUCTIVE VALUE) : 거래가격(Transaction Value)을 신뢰할 수 없으며, 동종 또는 유사상품의 거래실적도 없는 경우 이용하는 방법이다.

ⓒ 구성가격(COMPUTED VALUE) : 상기 조건들에 해당되지 않을 경우 거래가격을 산출하는 방법이다.

1) 12개의 Section으로 나뉘어져 있으며, Section 별로 여러 개의 Chapters로 구성되었다.

거래가격 (TRANSACTION VALUE)	공제가격 (DEDUCTIVE VALUE)	구성가격 (COMPUTED VALUE)
· 구매자가 별도로 지불한 포장경비 · 물품판매에 대한 대가로 구매자가 지불한 Commission · 어떤 종류이든 상품에 보조된 경비 · 구매자가 재판매를 위해 지불한 Royalty 또는 License 비용 · 수출자가 물건을 팔기 위해 추진하는 과정에서 직간접적으로 발생한 수출자의 경비, 단 아래의 경비는 거래가격에 포함되지 않는다. · 수출국으로부터 미국까지 운송하는데 소요되는 운송비 · 해상화재 보험료 · 미국에 수입된 후에 발생되는 기술보조경비, 운송비, 설치비 등 · 미국 내에서의 판매세금, 연방세금과 관세	미국에 수입되어 판매되고 있는 동일상품의 판매가격에서 이익금, 일반경비, Commission, 운송비, 보험료, 관세, 연방 세금과 수입된 후 추가된 경비를 순차적으로 차감하여 가격을 계산한다.	재료비, 가공공정에서 발생한 임금 및 기타경비 그리고 제조업자의 적정이익 등을 합산하여 산출한다.

③ **미국 관세율 확인법** : 미국의 관세율은 미국무역위원회(USITC)가 세번 코드인 HS Code를 기준으로 부과하고 있다. 동 위원회는 반덤핑 등과 같은 조치를 취할 수 있는 권한이 있어 미국의 수입에 대한 전반적인 권한을 보유하고 있다.

미국의 관세율 표는 미국 무역위원회가 수시로 업데이트하고 있으며 동 위원회 사이트에 실시간으로 가장 최신의 관세율을 파악할 수 있도록 조치하고 있어 무역위원회 홈페이지를 통해 관세율을 조사할 수 있다.

미국 무역위원회 관세율 홈페이지에 접속 후 수출하려는 품목의 HS Code(최소 6자리 필요)를 입력한 후 검색을 한 다음, 검색결과 중 정확한 품목을 골라서 클릭 후 검색을 다시 누르면 해당 품목의 수입량, 관세 등 상세한 정보를 검색할 수 있다.

④ **한 · 미 FTA 관세율 확인방법** : 美 국제무역위원회(U.S. International Trade Commission)에서는 한 · 미 FTA에 따른 관세인하 스케줄을 반영하여 새로운 관세율표를 게재하고 있다.

상기 관세율표에서 취급품목의 HS코드를 바탕으로 현재 일반 관세율 및 한 · 미 FTA 특혜관세율을 확인 가능하다. 예를 들어, 제품의 HS코드가 6001.10.20(미국 측 기준)일 경우, 현재 일반 관세율은 17.2%이고 "KR"이라고 되어 있는 것이 한 · 미 FTA 특혜관세를 의미하므로 동 제품을 한국에서 미국으로 수출할 경우에는 무관세가 된다. 다만, 이 경우에도 한・미 FTA 협정문에서 규정하고 있는 원산지 기준을 충족시켜야 한・미 FTA 특혜관세 적용이 가능하다.

(3) 원산지 결정기준

① **실질적 변형원칙** : 미국은 일반적으로 원산지 결정을 위해 "실질적 변형"(Substantial Transformation) 원칙을 채택하고 있다. 예를 들어 A국가의 반제품을 B국가에서 완성하여 미국으로 수입하는 경우, 반제품의 관세분류가 완제품의 관세분류로 이동하기 위한 규정에 부합된다면 B국가를 원산지로 보는 제도이다. 즉 원산지는 수입품을 제조(Production of Manufacture)한 국가를 의미한다. 제조과정이 복수국가에서 발생한 경우, 원산지는 문제의 수입품이 마지막으로 실질적으로 변형된 국가이다.

실질적 변형을 결정하는데 지배적인 요소로 작용하는 것은 성격 또는 용도 변화 여부이다. 즉 실질적 변형원칙은 공정의 형태, 즉 가공 또는 조립에 따라서 적용을 약간 달리한다. 또한 담당 세관 공무원의 주관적 판단 가능성도 내재하고 있어 미리 세관의 결정을 얻는 것도 바람직할 수 있다.

용도의 변화를 가져오는 실질적 변형의 사례로 A국에서 일반유리판을 B국에서 안전유리판으로 바꾸는 과정을 예로 들 수 있다. 일반유리판을 안전유리판인 자동차용 유리판으로 용도를 변경할 경우 이는 실질적 변형과정으로 해석할 수 있어 안전유리판으로 수입될 경우에는 B국이 원산지가 된다. 아울러 A국에서 생산된 다양한 중간재(부품)를 B국에서 조립해 완성품을 만들 경우 이 경우에도 원산지는 B국이 된다.

② **한・미 FTA 특혜 원산지 기준**

ⓐ 한・미 양국의 완전생산 기준에 대한 합의

- 양국의 영역에서 재배되고 수확된 식물
- 양국의 영역에서 나고 자란 동물
- 양국의 영역에서 동물로부터 획득한 상품
- 양국의 영역에서 어로행위, 양식 등을 통하여 획득한 상품
- 양국의 영역에서 채취한 광물 및 천연 자원
- 당사국에 등록되거나 등기되고 그 국가의 국기를 게양한 선박에 의하여 양국의 영역 밖의 바다, 해저 및 해저토양에서 잡히거나 채취된 어류 및 상품

- 우주공간에서 채취되어 양국의 영역에서 가공된 상품
- 중고 제품으로부터 파생되고 양국의 영역에서 재제조상품의 생산에 사용된 재생제품

ⓑ 완전생산 기준 이외의 실질적 변형기준에 대한 합의: 미국과 한국 내에서 최종 생산과정을 거친 물품에 대해 원산지를 인정하되, 구체적인 판정기준으로 품목별 특성에 따라 세번변경기준, 부가가치기준 또는 주요공정기준 등의 규정 등을 합의해야 한다.

ⓒ 역내 부가가치 계산방법: 원산지 판정에 필요한 부가가치기준을 계산할 때 사용하는 공식으로 생산자인 기업이 공제법과 집적법을 선택적으로 사용할 수 있도록 한다. 단, 자동차 및 자동차 부품에는 집적법/공제법과 순원가법을 기업이 선택적으로 사용할 수 있도록 합의한다.

ⓓ 재료가격: 한・미양국은 재료가격에 대하여는 다음과 같이 합의한다.

- 수입재료: 재료의 조정가치
- 국내 구입 재료: 관세평가협정 및 주해에 따라 결정된 가치
- 자가 생산된 재료: 일반경비를 포함하여 생산과정에서 발생한 모든 경비와 통상적인 이윤을 포함한 가치

③ 한・미 FTA 관세혜택 100% 활용을 위한 준비사항

ⓐ 사전준비사항: 현지 관세사에 따르면 각 기업은 원산지 리스크 관리 및 자체 확인프로그램을 도입하여 기업이 수출하는 제품별, 품목별로 원산지 결정이 원활히 이루어져, 관세혜택의 핵심인 원산지증명서를 발급받을 수 있도록 해야 한다. 한・미 FTA 원산지증명서 발급을 위한 절차는 다음과 같다.

첫째, 수출물품 HS 코드 확인: 수출물품 HS코드 및 한・미 FTA별 양허 대상 여부를 확인

둘째, 한・미 FTA 원산지 기준 확인: 원산지 기준은 한・미 FTA별, 품목별로 차이가 있음

셋째, 한・미 FTA 원산지 충족 확인: 한・미 FTA별 원산지 충족여부 파악

넷째, C/O 작성 및 발급: 한・미 FTA별 원산지증명서 작성 및 발급

다섯째, C/O 발급내역 및 입증자료 보관: 원산지의 확인요청에 대응하기 위해 원산지증명서 발급내역 및 관련 입증자료를 5년간 보관

여섯째, 원산지 검증 및 실사: 한・미 FTA 원산지 적정성에 대한 검증 및 실사

원산지 검증의 방식 및 체크포인트 등 관련 내용은 웹사이트에서 확인 가능하다.

원산지 전담직원을 배치하는 등 역량을 강화해야 한다. 전담직원은 FTA 원산지 규정, HS 품목분류, 원가회계, 통관, 무역실무에 관한 지식 및 어학능력을 갖춘 원산지 업무를 수행할 수 있어야 한다. 원산지 증빙서류는 체계적으로 관리해야 한다. 반드시 보관해야 하는 서류는 다음과 같다.

- 보관이 필수적인 서류
  - 자재명세서(BOM) : 각 품목별 HS 코드, 원산지, 공급자
  - 원자재 수입신고서류 또는 국내 구입 영수증
  - 상품수출계약서, 송품장, 운송서류, 관세환급서류
  - 각 품목별 RVC 계산자료
  - 수출용 원재료 원산지확인서, 원산지증명서, 수출입신고서

FTA 원산지 규정에 부합하는 생산 및 투자 패턴 유지해야 한다. 즉 수출계약단계부터 원산지 기준 확인 및 타당성을 검토하고 국내산 원재료 사용비율을 확대하며 상품별 RVC비율을 점검하여 이에 맞는 생산공정을 구축해야 한다.

ⓑ 원산지 증명서 발급신청 시 준비사항 : 원산지 심사를 대비하여 수출신고필증, 송품장 및 거래계약서, 원산지 확인서[2], 원산지 소명서, 원산지 입증서류, B/L 사본 및 사유서, L/C 사본 등을 준비하여 원산지 판정용 소명자료를 만들어야 한다. 또한 각 협정에 맞게 RVC 기준을 충족시킬 수 있는 협력사를 선정해야 한다. 이후 현재 협력사의 원산지 내역을 지속적으로 관리하여 원산지 심사에서 초래될 수 있는 리스크를 최소화하여야 한다.

ⓒ 원산지증명서 대장관리 및 서류보관 : 원산지증명서를 발급한 후에는 수출자는 관련서류를 일반적으로 C/O 발급일로부터 5년, 수입자는 일반적으로 수입일자로부터 5년을 보관해야 한다. 자료를 보관하지 않는 경우 FTA 특혜관세 혜택 적용이 배제되며 형사처벌을 받게 된다. 수출자는 원산지증명서를 발급받거나 작성 또는 서명한 수출물품에 대한 원산지 충족여부 확인 의무가 있다.

---

2) 생산자와 수출자가 다른 경우 생산자가 제조한 수출품이 협정과 법령에서 정하는 기준에 따라 원산지 물품임을 확인하는 서류이다. 원산지증명서의 작성을 위해 생산자가 작성하고 서명하여 수출자에게 제공하는 서류이다. 원산지 확인서를 올바르게 수취하지 않은 경우 해당 제품이 역내산 기본을 충족하지 못할 가능성이 있으며, 원산지 확인서에 오류가 있는 경우에는 역내산으로 판정된 제품의 원산지가 불인정될 수 있다.

수출자가 보관해야 할 서류 목록	생산자가 보관해야 할 서류 목록
체약상대국의 수입자에게 제공한 원산지증명서 사본 및 원산지증명서 발급 신청서류 사본 · 수출신고필증 · 당해 물품의 생산에 사용된 원재료의 수입신고필증 · 수출거래 관련 계약서 · 당해 물품 및 원재료의 생산 또는 구입 관련 증빙서류 · 원가계산서, 원재료 내역서, 공정명세서 · 당해 물품 및 원재료의 출납, 재고관리대장 · 생산자가 해당물품의 원산지 증명을 위해 작성한 후 수출자에게 제공한 서류	· 수출자 또는 체약상대국의 수입자에게 당해 물품의 원산지 증명을 위해 작성하여 제공한 서류 · 수출자와의 물품공급계약서 · 당해 물품의 생산에 사용된 원재료의 수입신고 필증 · 수출거래 관련 계약서 · 당해 물품 및 원재료의 생산 또는 구입 관련 증빙서류 · 원가계산서, 원재료내역서, 공정명세서 · 당해 물품 및 원재료의 출납, 재고관리대장 · 재료생산자가 해당 재료의 원산지 증명을 위해 작성한 후 생산자에게 제공한 서류
수출용 원재료 원산지 확인서 및 원산지 확인서를 작성하여 교부한 재료생산자는 당해 물품의 원산지에 대한 법적 책임이 있다.	

④ **관세액 분쟁과 통관거절** : 관세청산, 통관거절 및 반환요구 등과 같이 세관결정에 이의가 있는 경우 불복할 수 있다. 단, 청산일 또는 결정일로부터 90일 이내에 불복할 수 있다. 그렇지 않으면 청산 또는 결정은 최종적으로 확정되고 미국 정부, 법원, 수입자를 포함한 모든 이해관계자를 구속한다.

세관의 법률 또는 사실판단에 대한 착오는 모두 불복 사유가 될 수 있다. 또한 통관 시 자신이 예치한 금액대로 세관이 청산을 하는 경우에도 불복할 수 있다. 단, 관세청 본부의 심사를 요청할 수 있는 경우는 특정한 경우로 제한된다.

통관거절에 대한 불복의 경우, 세관은 30일 이내에 결정해야 하고, 동 기간 내에 결정을 내리지 않으면 불복을 수용하지 않은 것으로 간주한다. 청산이나 기타 세관 결정과 관련한 불복에 대해서는 2년 이내에 결정을 내려야 한다.

그러나 불복서의 신속한 처리(Accelerated Disposition)을 원하는 경우, 불복한 지 90일 이후에 신속처리를 요청할 수 있으며 이 경우 요청한 지 30일이 지나도록 세관이 결정을 내리지 않을 경우 동 불복서는 30일째 시점에서 부인된 것으로 간주된다.

3) 미국의 지식재산권 보호

(1) 보호대상 및 보호제도

미국 특허청(USPTO; United States Patent and Trademark Office)에 따르면, 미국 내 지식재산권은 크게 특허권(Patent), 상표권(Trademark), 저작권(Copyright),

영업비밀(Trade Secret)로 분류된다.

외국기업이 컨설턴트나 어드바이저를 고용하여 미국 산업활동 관련 각종 정보를 수집하는 경우가 늘어나고 있는데, 부정한 수단으로 미국 기업비밀을 입수하거나 불법 복사할 경우 민사상 책임은 물론, 외국 기업이나 관련 외국인이 형사상의 책임도 지게 된다. 이는 지식재산권 관련 외국업체가 가장 주의해야 할 점이다.

◈ 미국 지식재산권 주요 관련기구

- Patent and Trade Mark Office (PTO)

ㅇ 상무부 소속으로 특허 인정에 대한 행정, 즉 특허신청을 심사하여 허가하고, 상표권신청을 심사, 등록하는 업무를 담당한다.

- Copyright Office (CO)

ㅇ 의회도서관 소속으로 저작물의 등록을 받고 해당 저작물이 법이 정한 기준을 만족하는지 검사하고, 저작물을 분류하고, 저작권에 대한 정보를 제공하며, 저작물 등록에는 음반 및 영상필름, 컴퓨터 소프트웨어까지 포함된다.

- Copyright Royalty Tribunal (CRT)

ㅇ 1976년 저작권법 개정에 따라 강제 라이센스 관계 업무를 관장하기 위해 설치하였으며, 강제 라이센스는 법이 정한 특별한 경우에 저작권 소유자의 허락 없이 정부가 정한 로열티를 지불하고 저작권을 사용하는 것으로 케이블 TV, 라디오 재송신, 상업용 Juke Box의 음반사용 등이 해당된다.

- Court of Appeals for the Federal Circuit (CAFC)

ㅇ 1982년 설립된 특허침해 사건만을 전문적으로 취급하는 2심 재판소로서 미국의 지식재산권에 대한 소송은 본질적으로 민사사건으로 파악되기 때문에 법원의 위치가 중심적이고 최종적일 수밖에 없어 지식재산권(특허권)의 중요성을 감안하여 단일재판소에서 모든 특허침해 사건을 취급하게 된다.

◈ 미국 지식재산권의 종류

• **상표권**

상표는 자기상품이 어떤 것인지를 인식시켜 타인이 제조 및 판매하는 상품과 식별시키기 위해 제조자 또는 상인이 채용하여 사용하는 말(Word), 이름(Name), 심볼(Symbol), 도안(Device) 등의 조합을 의미한다.
상표출원자는 연방 상표등록을 위해서 주간통상(Interstate Trade)에 현재 사용하고 있거나, 또는 장래에 사용하려는 마크를 신고하고, 연방 특허상표청(Patent and Trade Mark Office) 및 주 상표국가에 등록해야 한다.
상표권 등록 시 출원자는 배타적인 상표권을 10년간 사용할 수 있으며, 갱신이 가능하다.

• **특허권**

특허출원에 대한 요건은 제품이나 제조방법의 신규성, 유용성, 비자명성 3가지를 충족시켜야 한다. 출원은 특허상표청(Patent and Trade Mark Office)에 제출하고, 특허상표청은 출원서류를 심사한 후 선발명주의에 의거하여 최초에 발명하여 특허출원서류를 제출한 자에 부여한다.
단, 외국에서 한 발명은 선원주의를 적용하는데 미국 특허법의 기타 특징으로는 출원 중인 특허는 출원절차 중 비밀이 보장되어 공개되지 않는다는 특징이 있다. 특허존속기간은 17년, 의장특허는 14년이다.

- **저작권**

1976년 저작권 법령(COPYRIGHT ACT OF 1976)에서는 미국에서의 저작권 보호는 작품이 창조된 순간부터 자동적으로 적용되며, 저자 일생 및 사망 이후 50년 동안 지속되는 것으로 규정하고 있다. 고용된 작품이나 익명의 작품의 경우, 저작권 보호는 출판 이후 75년 또는 창조 시점 이후 100년 중 먼저 만료되는 것이 적용된다.

저작권 법령은 작품의 첫 복사가 완료되거나 녹음됐을 때 작품이 창조된 것으로 간주 하며, 만약 작품이 상당 기간 동안 준비되었다면 특정시간에 완성된 작품 부분별로 작품시점을 구성하게 되고, 작품이 여러 변형(VERSION)으로 준비되었다면 각 변형판 별로 별도의 작품을 구성하게 된다.

작품은 저자가 식별, 재생산할 수 있는 충분히 안정된 형태로 눈에 보이는 표현매체에 의해 구체화될 때 완료된 것으로 보며, 결과적으로 저작권은 아이디어 자체만으로 제기 될 수 없으며 오로지 작품의 표현 여부에 달려있다.

미국에서는 저작권이 법령 기관에 의해 부여되거나 발급되지 않는다는 것을 유의해야 하는데, 신청자가 저작권 보호를 획득하기 위하여는 공개적으로 유통되는 작품의 출판 부수마다 저작권을 명기하여야만 한다.

① **전자출판물 관리법** : 새로운 디지털 시대에 필요한 지식재산권 체제의 형성은 미국에 의해 주도되고 있다. 1993년 2월에 클린턴 정부는 새로운 기술환경에 적법한 새로운 지적소유권 작업반을 설치하여 기존 저작권법의 문제와 개정방안을 연구하게 하였고, "1995년 NII 저작권 보호 법안"이라고 불리는 법안이 미 의회에 제출되었다. 이 법안은 각계의 반대에 부딪혀 통과되지 못했으나, 1998년 10월 28일에 WIPO(World Intellectual Property Organization) 저작권 조약(WCT), 실연 및 음반조약(WPPT)을 수용하고, 온라인 서비스 사업자의 저작권법상의 책임 중 일부를 면책하는 등의 내용을 담은 디지털 밀레니엄 저작권법(Digital Millennium Copyright Act)이 제정되었다. 디지털 밀레니엄 저작권법은 기존의 저작권법을 새로운 기술환경으로 확대해서 적용하고 있다.

② **ACTA(Anti-Counterfeiting Trade Agreement)** : ACTA는 지식재산권(이하 IPR)의 침해 확산에 따른 세계경제발전 저해를 막기 위해 미국 정부가 무역대표부를 통해 추진하고자 하는 법안이다. 특히 창의성 저해, 소비자 건강위협, 범죄로의 용이한 발전 등을 원인으로 IPR 보호 차원에서 미국 정부는 IT 소프트웨어 분야에서 IPR을 보호하고자 한다. ACTA의 최종 목표는 국가 간 IPR 보호를 수립하고, 현재 벌어지는 위조와 저작권 침해 사례에 대항하여 강력한 IPR 표준을 설립하는 것이다.

(가) ACTA 조항

- 국제협력 : 관계자 간 협력이 협정의 핵심요인으로 세관과 관련 부처 등의 법 집행당국 간의 정보 공유와 협력이 필요하며 해당 영역은 다음과

같다.

· 집행 추진을 위한 역량 배양과 기술적 보조

· 집행기관 간의 국제적 협력

- 법률 시행: 권리 소유자와 거래 파트너 국가 간 협력 시 강력한 지식재산권 보호를 위한 법률 시행이 필요하며 이러한 최상의 시행은 Legal Framework가 만든 관련 법적 도구의 응용을 가능케 할 것이다. 해당 영역은 다음과 같다.

· 공식적/비공식적 자문 그룹 양성

· IPR의 효율적 관리를 위한 법 집행구조에서 IPR 전문기술 육성

· IPR의 보호 중요성의 소비자의 자각 증진의 척도 역할

- 법적 구조: 정의를 구현하기 위해 필요한 최신 법적 도구를 갖추도록 강력하고 현대적인 법적 구조 설립이 필요하며 해당 영역 다음과 같다.

· 범죄 집행

· 국경 부근 수출입 활동 감시

· 민사 법령

· 광디스크 제품의 저작권 침해(Optical Disc Piracy)

· 인터넷 통한 IT기술유포(Internet Distribution and Information Technology)

(나) 미 무역 대표부(USTR)의 지식재산권 보호를 위한 권고사항: USTR은 2011년도 저작권 침해 우선 감시 대상 리스트에 선정된 국가들과 협력하여 리스트에서 제외될 수 있도록 상호 협의된 사항에 대한 실질적인 실행계획을 수립했다. 해외 정부들이 저작권 관련 신규 입법을 도입 또는 규제 사항들을 변경할 시, 변경 내용을 개방해 투명성을 높일 것을 권고하고 있다.

(2) 한-미 FTA의 지식재산권에 대한 주요 합의내용

첫째로 저작권 보호기간을 기존의 저작자 사후 50년에서 저작자 사후 또는 저작물 발행 또는 창작 이후 70년으로 연장하였다. 협정 발효 시 국내 업계의 타격을 최소화하고 이행준비기간을 확보하기 위해 보호기간 연장시점을 협정문 발효 후 2년간 유예하는데 합의하였다.

둘째로 일시적 복제(Temporary Copies; 컴퓨터 사용 시 RAM에 일시적으로 저장되는 복제 지칭)에 대해 저작권자에게 복제권을 인정하는데 합의하였다. 그러나 공정한 이용 등의 경우에는 저작권 침해가 성립되지 않도록 예외규정을 설정

하여 정당한 이용자 보호 근거를 마련하였다.

셋째로 저작물에 대한 접근을 통제하는 기술적 보호조치(technical protection measures; 저작자가 저작물에 대한 접근을 제한하거나 복제를 방지하기 위한 통제조치)를 우회하는 행위를 원칙적으로 금지하였다.

넷째로 정부 귀책사유로 출원 후 3년 이상 등록 지연 시, 지연 기간만큼 존속기간을 연장해 주는 제도를 도입하였다.

다섯 번째로 상표권 및 저작권 침해에 대해 손해배상액의 상하한선을 미리 법으로 정하는 법정 손해배상제도를 도입하기로 하였다. 단, 우리 민법 기본원칙인 실손해배상 원칙은 현행대로 유지키로 합의하였다.

이 밖에도 지식재산권에 대한 특허-허가 연계·자료 독점권 인정, 비위반 제소허용대상 유예(WTO 결정시까지), 불법 해독된 위성·케이블 신호 사용 금지, 대학가 불법 복제 금지, 냄새·소리도 상표로 등록하기로 합의, 증명표장 제도 도입, 상표 사용권의 등록 요건 폐지 등 다양한 사안에 대해 합의를 일궈냈다.

5. 한·미 통상관계

1) 교역 및 투자 현황

(1) 상품교역

중국에 이어 한국의 제2위 교역상대국인 미국의 교역액은 2017년 기준 1,193억 달러이다.

한국은 수출이 686억 973만 달러, 수입은 527억 4,936만 달러로 2016년 대비 17.4% 증가했으며, 2017년 무역수지는 178억 6,037만 달러를 기록했다. 한국은 미국의 6번째로 큰 상품 교역파트너(중국 > 캐나다 > 멕시코 > 일본 > 독일 순)이다.

(2) 서비스교역

미국과의 서비스 교역액은 2016년 기준 324억 달러로 수출 109억 달러, 수입 216억 달러로 107억 달러의 무역적자를 기록했다. 현재 한국은 미국의 9번째로 큰 서비스 교역파트너이다.

(3) 투자

한국에서 미국은 한국의 제1위 투자대상국(2015년까지 누계기준)이다. 2007년 8.2억 달러 수준에서 2011년 33억 달러 수준으로 크게 증가한 후 2014년 22억 달러, 2015년 28억 달러로 늘어나고 있다.

한국의 미국 투자는 2017년 137억 4,885만 달러를 기록해 전년 보다 감소했다. 2018년 1분기 한국의 미국 직접투자 금액은 20억 5,249만 달러로 전년도 같은 기간에 기록한 51억 8,605만 달러의 절반 수준에도 미치지 못한 것으로 조사됐다.

〈표 2-10〉 한국의 해외 직접투자 통계 (단위: 건, 천 달러)

구분	2015년		2016년		2017년		2018년*	
	건수	금액	건수	금액	건수	금액	건수	금액
전체	10,319	40,670,779	11,199	49,618,437	11,470	49,427,636	2,957	10,568,076
중국	1,755	4,401,594	1,715	4,012,384	1,503	3,709,671	311	627,835
미국	1,636	10,776,621	1,775	18,053,969	1,825	13,748,854	425	2,052,496

주1: 신고건수, 신고금액 기준
주2: 2018년도는 3월 말까지 투자실적 반영
자료: 한국수출입은행(https://stats.koreaexim.go.kr/odisas.html), 2018년 7월 기준

반면, 미국은 한국의 최대 외국인 투자국(EU 제외 시)이다. 미국의 대 한국 투자는 1997년 이후 금융 등 서비스업을 중심으로 현저히 증가된 이래 꾸준한 증가 추세를 보이고 있다. 2008년 미국의 경기침체 영향으로 2.3억 달러 수준으로 하락하였으나 2010년에 22억 달러 수준으로 증가하였으며 2014년에는 90억 달러로 대폭 증가하였다.

2) 한·미 FTA

(1) 연혁

2006년 6월 한·미 양국은 상품, 농산물, 섬유, 서비스·투자, 지재권, 정부조달, 노동, 환경 등 무역과 관련된 19개 분야를 협상분야로 정하고 협상을 개시하였다. 총 8차례의 공식협상을 거쳐 2007년 4월 협상타결을 발표하고, 이후 2007년 6월 협정문에 서명, 2011년 10월 및 11월 각각 미 의회와 우리 국회에서 비준이 되어 2012년 3월 15일에 발효되었다.

한·미 양국은 서명 이후 장기간 국회비준이 지연되었음을 감안, 동 기간 동

안의 세계정치와 경제적 환경변화를 반영하기 위해 2010년 12월 추가협상을 진행하였고 결국 합의를 도출하였다. 2017년 트럼프의 재협상 발언으로 2018년 1월 5일 협상이 시작되어 3월 29일에 한・미 FTA재협상이 타결되었다. 2018년 9월 24일 한・미 FTA 재협상은 공식 서명되었고, 두 나라 국회의 비준동의 절차를 거쳐 공식 발효된다.

(2) 주요 결과

한・미 FTA협상은 높은 수준의 포괄적 협상으로서 양국 간 이익의 균형을 달성한 것으로 평가되고 있다. 양국은 공산품 전 품목에 대해 관세를 철폐하기로 합의하였고, 농산물 분야에서는 수확기의 쌀, 오렌지, 식용대두, 식용감자, 분유, 천연꿀 등 우리의 민감 품목에 대해 양허제외, 현행관세 유지, 그리고 농산물 세이프가드 등 다양한 방식으로 민감성 반영하였다.

서비스・투자 분야에서는 기존 개방내용의 법적 안정성을 확보하고, 우리나라가 자체적으로 수립한 바 있는 사업서비스(법률, 회계, 세무) 개방계획을 재확인하는 등 개방을 통한 경쟁력 강화가 가능한 분야에 대해서는 단계적인 개방을 하기로 합의하였다. 또한 지재권, 경쟁, 정부조달, 투명성 분야 등에 있어서도 제도 선진화의 계기를 마련한 것으로 평가되고 있다.

(3) 발효 후 평가

우리나라는 관계부처가 합동으로 2014년 3월 발표한 "한・미 FTA 발효 2주년 성과분석"에 따르면, 발효 2년 간 혜택품목의 수출은 15.7%, 수입은 10.1%가 동시에 증가하고 우리의 대 미국 투자유치도 크게 확대(82.5%)되어 우리 경제 활성화에 기여한 것으로 평가되었다.

미국 국제무역위원회(ITC)도 한・미 자유무역협정(FTA)을 전반적으로 긍정적으로 평가했다. ITC는 2016년 6월 29일 기 체결한 FTA의 경제적 영향에 대한 분석보고서를 발표했다. 여기서는 미국이 체결한 FTA의 경제적 영향을 계량분석해 교역확대, 일자리 증가 등 대체적으로 긍정적 평가를 내렸다. 그 가운데 한국 관련 주요 내용을 보면 한・미 FTA 체결로 미국 경제에 교역수지, 소비자후생, 투자 등에 긍정적 영향을 미쳤으며, 주요 협정분야에서 높은 수준의 규범이 도입됐다고 분석했다.

교역수지의 경우 2015년 기준 한・미 FTA로 인한 개선효과를 157억 달러로 추정했다. 그해 미국의 대 한국 교역수지는 283억 달러 적자이나 FTA가 체결되지 않았을 경우 그 규모는 440억 달러에 달했을 것이란 추정이다.

소비자후생도 한국산 제품의 수입 증가와 동시에 제품별 공급업자 수도 증가해 소비자 선택의 폭이 확대되고, 4억 8천만 달러 규모의 관세절감으로 개선에 기여했다고 보았다.

투자의 경우 FTA 체결 전보다 대 한국 직접투자 증가율은 감소했다고 분석했다.

ITC는 블루베리를 사례로 들면서 한・미 FTA 체결로 관세철폐(45%, 10년 내) 및 위생검역조치(SPS) 문제가 해결돼 2012년부터 미국산 블루베리의 한국 수출이 가능케 됐다고 밝혔다.

이번 ITC 보고서는 계량모델 등을 활용해 FTA의 경제적 효과를 객관적으로 평가했으며, 한・미 FTA에 대해서는 전반적으로 긍정적 평가를 내린 것으로 파악된다.

국제무역연구원은 2017년 3월 한・미 FTA 5주년 평가와 시사점에서 발효 이후 세계교역 부진, 유가하락 등 어려운 대외여건 속에서도 한・미 교역은 FTA를 기반으로 안정적인 증가세를 기록하며 상호 호혜적 성과를 달성한 것으로 나타났다. 발효 이후 교역 동향을 분석한 결과, 지난 5년간 세계 교역이 연평균 2.0% 감소, 한국의 대 세계 교역이 연평균 3.5% 감소한데 비해 한・미 교역은 연평균 1.7% 증가하였다고 분석하였다.

한・미 FTA 발효 이후 양국은 모두 상대국 시장에서 최근 10년간 가장 높은 점유율을 기록해 FTA를 기반으로 호혜적 성과를 달성한 것으로 평가되고 있다. 그럼에도 불구하고, 최근 트럼프는 전 세계가 북한을 경제적으로 고립시키기 위해 압박하고 있는 시점에 대북 인도적 지원(800만 달러)을 하는 한국 정부의 정책을 문제 삼아 한・미 FTA의 재협상 수준을 넘어 폐기수순까지 언급하고 있는 실정이다.

◈ NAFTA 재협상(USMCA) 결과

- 미국은 트럼프 행정부 출범 이후 캐나다, 멕시코와 NAFTA 재협상을 진행했으며 지난 8월 27일 멕시코와 양자간 협상을 통해 원칙적 합의를 이룬 이후 캐나다와의 협상을 거쳐 9월 30일 최종 합의 도출
- 지역 통합의 개념 보다는 양자 관계에 중점을 두었으며 기존의 NAFTA와는 다른 협정임을 강조하기 위해 무역협정의 이름을 USMCA(United States-Mexico-Canada Agreement)로 변경
- USMCA는 미국 트럼프 행정부의 통상정책이 구체적인 무역협정으로 드러난 첫 번째 사례로 향후 미국의 통상정책 방향과 기준을 제시한 것으로 평가
- 자동차 원산지규정은 미국산 부품의 사용을 높이는 방향으로 개정되었고 디지털 무역, 지식재산권, 노동 등의 무역규범이 강화되었으며 비시장국, 일몰조항, 환율 등 새로운 규정이 포함됨.

[자동차 원산지규정] 자동차 및 자동차 부품에 대해 역내가치비율을 상향 조정하고 노동가치비율을 새롭게 규정하였으며 자동차 생산에 소요되는 철강과 알루미늄의 일정 비율을 역내산으로 사용하도록 하는 등 사실상 미국산 부품의 사용 비중을 높이는 방향으로 개정

[투자] ISDS 활용 범위를 축소함. ① 기존 NAFTA 투자와 관련한 사건(3년간) ② 비차별대우, 수용 및 보상 의무에 대한 멕시코・미국 투자분쟁(국내구제절차를 먼저 거칠 것) ③ 오일, 천연가스, 인프라 등 특정분야 정부계약 관련 미국・멕시코 투자분쟁에 한하여 ISDS를 활용할 수 있음.

[디지털 무역] TPP를 기초로 함. 데이터 지역화 요구를 전면적으로 금지하였으며, TPP에 없는 인터랙티브 컴퓨터 서비스, 정부 정보 등의 규정이 추가됨.

[지식재산권] TPP와 유사하나 저작권 보호기간, 생물의약품 자료 독점, 영업비밀 등에서 강화된 지식재산권 보호를 규정

[노동] 기존 NAFTA는 부속협정으로 노동분야를 다루었으나 USMCA에서는 협정문 내 하나의 챕터로 구성(이민노동자, 직장 내 폭력 및 성차별이 포함되는 등 TPP보다 강화된 규범을 도입)

[비시장국과의 FTA] 비시장국과의 FTA 추진 시 관련 정보를 제공해야 하며 한 국가가 비시장국과의 FTA를 발효할 경우 USMCA는 종료되고 다른 두 당사국 사이의 양자협정으로 대체

[환율] 경쟁적 평가절하와 환율조작 삼갈 것, 외환시장개입 내역 매월 공개, 외환시장 개입 시 협정국에 즉시 통보를 규정

[일몰조항] 16년간 유효. 3국은 발효일로부터 6년 뒤 협정을 추가로 16년 연장할지의 여부를 결정

국제통상질서 재편에 대비해 USMCA에서 새롭게 도입된 규범이 향후 미국이 추진할 무역협상에 어떻게 적용되는지 지속적으로 모니터링하고 세밀하게 검토할 필요가 있음.

신무역규범과 국내 법・제도의 조화 또는 충돌 가능성, 경제적 영향 등에 대한 종합적인 검토가 필요함.

<조문희 외 2인, NAFTA 재협상(USMCA) 결과: 평가와 시사점, KIEP,오늘의 세계경제 Vol.18 No.36, 2018년 10월 19일>

3. 일본

1. 일본 경제의 현황 및 전망

1) 일본 경제의 현황

일본의 거품경제의 붕괴는 1990년대 후반을 지나 2000년대에까지도 이어진다. 1995년 1월 한신-아와지 대지진으로 인한 복구작업에서 추가적으로 발생한 수요와 엔화의 부분적인 가치하락으로 인해, 1995년과 1996년에는 경제가 일시적인 개선전망을 보이기도 하였다. 그러나 1997년 소비세율이 증가하고 정부투자 활동이 감소하면서 주요 금융기관의 파산 등 복잡한 요인으로 빠르게 경기가 침체, 악화되었다. 1998년의 일본 경제는 마이너스 성장을 기록하였다. 1998년 정부는 경기부양을 위해 필요한 공공자금을 제공하기 위해 600조 엔의 기금을 조성하였으며 또한 추가로 금융기관의 감소된 대출문제를 처리하기 위해 응급조치로 400조 엔을 배분하였다. 1999년 국가재정예산은 공공사업비가 급증하였으며, 새 주택을 구입할 경우에는 세액공제 혜택과 같은 세금대책 조치가 취해졌다. 1999년 2월 초 일본 은행은 원활한 자금공급을 위하여 0% 단기금리정책을 실행하였으며 3월 정부는 75조 엔의 공공자금을 주요 15개 은행에 투입하였다. 이러한 정책들과 아시아에서의 일본 제품의 수요증가로 인해 1999년 말과 2000년에는 주가가 상승하고, 몇몇 산업에서 세입증가와 같은 회복세를 보였다. 그러나 2001년의 경제는 국내수요가 침체되고 디플레이션 및 일본 은행들이 안고 있는 악성부채에 대한 지속적인 부담 등의 국내 문제와 미국 경제의 쇠퇴로 인한 일본의 수출감소 등 국제적인 요인으로 다시 침체하게 되었다. 완전 실업률은 1990년에 2.1%에서 2016년에는 3.0%로 상승했다. 경제는 2002년 초에 바닥을 치고, 느리지만 지속적인 회복기로 접어들어 2000년

대 중반까지 이어진다. 10년 이상을 방황한 끝에 거품경제의 붕괴로 인한 부정적인 후유증들이 전반에 걸쳐 극복되었다. 주요 은행의 부실채권 비율은 2002년에 8% 이상이었던 것이 2006년에는 2%까지 감소하였으며, 은행의 대출능력도 회복되어 은행이 다시 재정적인 중재자로서의 역할을 수행하게 되었다. 일본 사회의 고령화가 경제에 미치는 영향에 대해 우려의 목소리가 커지고 있다.

노동인구의 감소로 인한 영향을 최소화하기 위해서는 노동생산성을 개선하고 여성과 65세 이상의 고용을 증가시켜야 할 것이다. 더불어 연금 수급자의 증가에 비례하여 생산 연령층의 부담이 증가하는 세대 간의 큰 불균형을 해소하기 위해서는 연금과 그 외 사회복지체계의 근본적인 개혁이 필요하다.

장기적인 경기침체를 종식시키고 디플레이션을 극복하기 위해 2012년 당시 2차 아베 내각은 이른바 "아베노믹스"라는 경제정책을 실행하였다. 아베노믹스는 "세 개의 화살"로 일컬어지는 세 가지 정책을 기반으로 한다. 첫 번째 화살 "통화팽창정책"은 통화완화정책을 통해 현금 유통량을 증가시켜 디플레이션이라는 생각을 떨쳐버리는 것을 목표로 한다. 두 번째 화살 "유연한 재정정책"은 정부가 약 10조 엔의 예산을 사용하여 경제조치를 실행함으로써 수요를 창출하는 시책이다. 세 번째 화살은 "민간부문 투자에 박차를 가하는 성장전략"으로서, 그 목표는 규제철폐를 통해 민간회사와 개인이 역동적으로 참여할 수 있는 사회를 만드는 것이다. 이러한 정책으로 실질 GDP와 NISA(소액투자비과세제도)가 성장하였으며, 동시에 실업자 수와 파산기업 수가 감소했다.

일본은 사회의 고령화가 경제에 미치는 영향에 대해 우려의 목소리가 커지고 있다. 2018년 5월 기준 일본 인구는 1억 2,669만 명, 2008년 1억 2,800만 명을 넘겨 정점을 찍은 후 꾸준히 감소세를 보여 왔다. 고용환경이 개선되고 있음에도 불구하고 여전한 노동수급 불균형은 인구감소사회로 진입한 일본경제에 있어 성장의 장애요인이 되고 있다. 일본 노동시장이 경직화한 데에는 2가지 배경이 있다.

첫째, 일본의 인구감소로 인하여 생산가능 인구는 1995년 8,726만 명을 기점으로 감소하기 시작하여 2015년에는 7,728만 명으로 1,000만 명이 줄어들고, 20년간 연평균 약 40만 명이 감소하여 인구감소 속도를 노동력 보완 속도가 따라가지 못하고 있는 상황이다.

둘째, 체감경기 개선을 들 수 있다. 광공업생산이 증가하였으며, 세계경제가 완만한 회복세를 보이면서 일본기업에서도 인력확보 움직임이 활성화되고 있기 때문이다. 2016년 현재, 65세 이상 인구는 총인구의 약 27.3%이지만 2060년에는 약 39.9%로 증가할 것으로 예상된다. 노동인구의 감소로 인한 영향을 최소화하기 위해서는 노동생산성을 개선하고 여성과 65세 이상의 고용을 증가시켜야 할 것이다. 더불어 연금수급자의 증가에 비례하여 생산 연령층의 부담이 증가하는 세대 간의 큰 불균형을 해소하기 위해서는 연금과 그 외 사회복지체계의 근본적인 개혁이 필요하다.

〈표 3-1〉 일본의 경제지표

	2011	2012	2013	2014	2015	2016	2017
Real GDP	-0.5	1.7	1.4	0.0	1.4	0.9	1.7
Inflation rate - consumer prices	-0.3	0.0	0.4	2.7	0.8	-0.1	0.5
GDP deflator	-1.9	-0.9	-0.6	1.7	0.3	2.1	1.7
General Government fiscal balance and debt							
Actual balance (% of GDP)	-7.9	-7.4	-7.3	-5.3	-4.2	-4.1	-4.0
Net debt (% of GDP)	142.4	146.7	146.4	148.5	147.6	152.9	153.0
Gross debt (% of GDP)	222.1	229.0	232.5	236.1	231.3	235.6	236.4
Current account (billions of US$)	129.8	60.11	46.37	36.35	13.41	18.72	-
Current account (% of GDP)	2.2	1.0	0.9	0.5	0.7	3.1	3.8

자료: World Economic Outlook, IMF, April/2016., https://knoema.com

2) 일본 경제의 전망

세계경제 회복에 힘입어 일본경제도 수출과 생산 확대에 힘입어 output gap(실질성장률-잠재성장률)이 플러스를 시현함에 따라 지난 2017년 4월 일본경제 판단을 종전 "완만한 회복유지"에서 "완만한 확장세로 전환"으로 변경한 바 있다.

먼저, IT관련 산업의 주도에 의한 제조업 분야의 전 세계적인 개선에 힘입어 수출과 생산이 증가함에 따라, 2016년 4분기에 기업이 기록적인 수익을 내었고, 2017년 3월 단칸지수도 폭넓은 산업분야에 기업환경이 개선되었음을 보여주었으며, 고정투자도 완만한 증가세를 시현하고 있다.

가계 분야의 경우, 최근 구인구직비율이 1.45배로서 버블시대에 있었던 최고수준에 필적하고 있고, 최근 실업률은 2.5~3%로 완전고용 상태를 보이고 있다. 이에 따라 임금도 완만하게 증가하고 있으며, 특히 시간제 근로자의 시간당 임금상승률은 전년대비 약 2% 정도 상승하였고, 정규직 근로자의 기본급도 임금 협상에서 4년 연속 인상되었다.

이러한 고용 및 임금 여건을 배경으로 소비는 2016년 상반기에 약세를 보였지만, 일본 은행이 각종 판매 및 공급 통계를 조합하여 만든 소비활동지수(Consumer Activity Index)를 보면 2016년 완만한 증가세를 보여주고 있다.

한편, 일본의 내각부 경제재정자문회의는 2017년 1월 25일 "중장기 경제・재정전망"을 발표하였다. 중장기경제・재정전망은 2018년~2025년까지의 중기 경제・재정전망을 연 2회(1월, 7월) 발표하기로 하였다. 내각부 경제재정자문회의는 "중장기 경제・재정전망 시산"을 통해 2020년도 기초재정수지가 8조 3천억 엔 적자를 기록할 것으로 전망하였다.

〈표 3-2〉 일본의 주요 경제지표 전망

		2015	2016	2017	2018	2019	2020	2025
경제 재생 가정	실질GDP 성장률	1.3	1.3	1.5	1.8	2.0	2.1	2.4
	명목GDP 성장률	2.8	1.5	2.5	2.9	3.7	3.8	3.8
	소비자물가상승률	0.2	0.0	1.1	1.7	2.5	2.5	2.0
	완전실업률[1]	3.3	3.1	2.9	2.9	2.9	2.9	3.1
	기초재정수지[2] (명목GDP대비 %)	-15.8 (-3.0)	-20.0 (-3.7)	-18.6 (-3.4)	-13.8 (-2.4)	-12.1 (-2.1)	-8.3 (-1.4)	1.6 (0.2)
	국채발행잔고 (명목GDP대비 %)	186.0	189.5	188.5	186.7	183.5	180.1	169.6
기준선 전망 가정	실질GDP 성장률	1.3	1.3	1.5	1.3	1.1	0.9	0.8
	명목GDP 성장률	2.8	1.5	2.5	1.7	1.9	1.8	1.3
	소비자물가상승률	0.2	0.0	1.1	1.1	1.7	1.7	1.2
	완전실업률[1]	3.3	3.1	2.9	2.9	3.0	3.0	3.1
	기초재정수지[2] (명목GDP대비 %)	-15.8 (-3.0)	-20.0 (-3.7)	-18.6 (-3.4)	-14.1 (-2.5)	-13.3 (-2.3)	-11.3 (-1.9)	-15.4 (-2.5)
	국채발행잔고 (명목GDP대비 %)	186.0	189.5	188.5	189.0	189.1	189.6	203.3

주: 1) '중앙의 기초재정수지'의 2015년도는 결산기준, 2016년도는 추경예산 정부안 제3호, 2017년도는 정부예산안을 따르며, '지방의 기초재정수지'의 2015년도는 결산에 의함.
2) 완전실업자는 직업이 없으나 직업이 생기면 바로 취업가능하며 구직활동을 하고 있는 사람을 의미하고, 완전실업률은 노동력인구(취업자와 완전실업자의 합계)에서 완전실업자가 차지하는 비율
3) 중앙・지방의 기초재정수지는 복구・부흥대책 비용과 재원금액 제외

자료: 日本 内閣部, 「中長期の経済財政に関する試算」, 2017.1.25.

장기적으로 실질경제성장률은 2%, 명목경제성장률은 3% 이상, 소비자물가상승률(소비세 인상 영향 제외)은 중기적으로 2%에 근접한 안정적 추이를 나타낼 전망으로 예측하였다. 실질경제성장률은 GDP대비 1% 미만, 명목경제성장률은 1% 중반으로 전망하였다.

재정수지는 2016년도 세입의 감소 및 소비의 약화로 인해 2020년 GDP대비 중앙 · 지방 기초재정수지는 8.3조엔 적자(GDP대비 -1.4%)로 이전 전망보다 확대되므로 "경제 · 재정 일체개혁"을 꾸준히 추진하는 것이 필요하다고 예측하였다.

2. 일본의 무역과 투자

1) 무 역

제2차 세계대전 직후, 일본의 황폐로 지속적인 무역수지 적자와 고질적인 외환보유액 부족이 계속되었으나, 1952년 일본은 국제통화기금(IMF)에 참여하게 되고 3년 후에는 GATT에도 가입하였다. 1950년대 말부터 1960년대 말에 걸쳐 첨단기술을 도입하고 광범위한 국내 산업기반시설을 건설하여 국가적인 수출능력이 급속도로 향상되었다. 이 당시의 일본 무역은 원재료를 수입하여 완성품을 수출하는 가공공장으로서의 수직 모델이었다. 1964년 일본은 외환에 관한 모든 규제를 철폐한다는 IMF 헌장 8조의 기준과 일치함을 공표하고 근대화와 고도성장에 박차를 가하였다. 1960년대 후반, 일본의 무역수지는 흑자로 돌아섰지만, 일시적으로 1973년과 1979년의 오일쇼크 때에는 무역수지 적자가 발생하였다. 1980년대 일본의 무역은 생산된 제품의 수입과 수출이 모두 수평적인 모델로 빠르게 변화하였다.

1990년대 이후, 동아시아 국가의 수출 및 수입이 전체 국제무역에서 급증하게 되면서, 일본도 동아시아, 특히 중국과의 무역의존도가 높아졌다. 21세기에 들어서는, 미국의 경기과열과 중국경제의 활황으로, 수출입이 순조로운 추이를 보였다. 그러나 2008년 가을 리만쇼크를 발단으로 세계적인 경제위기가 몰려와 일본의 수출을 감퇴시켰다.

또한 원유가의 상승 등으로 수입 총액이 확대되어 28년 만에 처음으로 무역적자를 기록했다. 더욱이 생산 감소와 국내유통에 따른 원자재 수출 감소로 인해 적자가 증가했을 뿐만 아니라 2011년 동일본대지진으로 인한 전례 없는 피해를 입은 지역의 재건에 필요한 자재수입도 증가하였다.

일본의 무역은 2011년 이후 5년 연속 적자를 보이고 있다. 일본의 2015년 무역수지는 2조 8,322억 엔 적자를 기록하였으나, 적자규모는 동일본대지진 이후 처음으로 전년(△12.8조 엔)대비 축소되었다. 이것은 유가약세에 따른 수입급감이 중국 등 대외수요 저조와 산유국 경기 악화로 자원개발 수요 위축 등에 따른 수출정체 영향을 상쇄하며 무역적자의 확대 압력을 완화시켰기 때문이었다.

수출은 75.6조 엔으로 엔저 효과 및 자동차 등 주력 품목의 대 미국 수출확대 등으로 금액이 전년대비 3.5% 증가한 반면, 물량은 1.0% 감소했기 때문이었다. 수입은 78.5조 엔으로 금액이 8.7%, 물량 역시 2.8% 각각 감소하며 6년 만에 하락세 전환되었다.

지역별 무역수지는 대 중국(6.2조 엔) 적자가 역대 최대 수준으로 확대된 반면, 대 미국(7.2조 엔)과 대아시아(2조 엔)는 흑자 전환되었으며, 대 EU(△6,388억 엔)는 의약품 등 수입 증가로 4년 연속 적자를 시현했다.

전문가들은 유가 약세, 자원가격 하락 및 환율 요인으로 당분간은 무역적자 축소(혹은 일시적 흑자 전환) 추세가 지속될 것으로 전망하면서도, 제조업 거점의 해외이전 확대, 세계경제 감속, 특히 수출비중이 높은 아시아 신흥국 성장세 둔화 등 경기 순환적·구조적 요인이 상존하고 있는 만큼 향후 수출주도 무역흑자 모델이 정착할 가능성은 낮을 것으로 예측하고 있다.

최근 엔화기준 전년 비 수출액 증가율은 2013년 9.5%, 2014년 4.8%, 2015년 3.5%, 2016년에는 7.4% 감소로 매년 감소 추세를 보이는 등 엔화 약세에 따른 수출 개선 효과가 빠르게 약화되고 있는 것으로 분석되고 있다. 2017년에는 세계경기의 회복과 2016년 중국의 경착륙 우려 완화와 OPEC 감산 결정으로 시작된 리플레이션과 글로벌 경기 반등으로 해외 수입수요가 지속되어 11.8% 증가하였다.

그러나 2017년부터 대 중국 수출이 크게 위축된 가운데, 12월 중에는 대 미국 수출 역시 1년 4개월 만에 마이너스 증가율(전년 동월대비 △3.4%)을 기록하고, 저유가 피해업종인 철강·건설기계·금속가공기계 수요가 대폭 감소하는 등 불안요인이 산재되어 있는 상태이다.

〈표 3-3〉 일본의 수출입 현황

단위: 억엔, ( )는 전년대비 증감(%)

구분	2011년	2012년	2013년	2014년	2015년	2016년	2017
수출(액)	655,465 (△2.7)	637,476 (△2.7)	697,741 (9.5)	731,018 (4.8)	756,322 (3.5)	700,395 (△7.4)	782,907 (11.8)
수입(액)	681,112 (12.1)	706,886 (3.8)	812,425 (14.9)	858,892 (5.7)	784675 (△8.6)	659,692 (△15.9)	753049 (14.2)
무역수지	△25,647 (△3.9)	△69,411 (△10.8)	△114,684 (△6.1)	△127,874 (△17.5)	△28,353 (△3.7)	40,703 (5.8)	29,859 (3.8)

자료: 주 일본대사관, 일본 2015년 무역수지 동향, 2016.2.12.
무역협회(http://www.kita.net)

특히, 인구감소 등 내수시장 한계와 기업들의 해외 현지생산 확대라는 구조적 요인으로 인해 제조업의 생산능력지수가 5년 전에 비해 약 5% 하락했다. 그렇기 때문에 엔화 약세만으로는 생산거점의 본격적인 국내회귀 움직임은 기대하기 어려울 것으로 보인다.

아울러, 일본의 경제구조가 수출(무역) 중심에서 대외투자 중심으로 전환되고 있어 장기적으로는 무역흑자 유지도 낙관하기 곤란한 상황이다. 다만, 대다수 시장 관계자들은 단기적으로는 소폭의 수출 등락 양상이 반복되더라도 미국경제의 견실한 성장세 지속 및 유럽의 추가 금융완화 효과 기대 등으로 기조적으로는 완만한 회복세가 지속될 것으로 예상된다.

〈표 3-4〉 일본의 최근 주요 수출입 국가

(단위: %)

순위	수출				수입			
	2016년		2017년		2016년		2017년	
	국가	비중	국가	비중	국가	비중	국가	비중
1위	중국	25.8	중국	24.5	미국	20.2	미국	19.3
2위	미국	11.1	미국	10.7	중국	17.7	중국	19.0
3위	호주	5.0	호주	5.8	한국	7.2	한국	7.6
4위	한국	4.1	한국	4.2	대만	6.1	대만	5.8
5위	대만	3.8	사우디	4.1	홍콩	5.2	홍콩	5.1
6위	독일	3.6	대만	3.8	태국	4.3	태국	4.2
7위	태국	3.3	독일	3.5	싱가포르	3.1	싱가포르	3.2
8위	사우디	3.2	태국	3.4	독일	2.7	독일	2.7
9위	인도네시아	3.0	UAE	3.1	호주	2.2	호주	2.3
10위	UAE	2.9	인도네시아	3.0	영국	2.1	영국	2.2

자료: JETRO 무역통계(2018년 7월 기준), 저자 수정

국가 · 지역별로는 대미 수출액 흑자가 3.0% 증가한 7조 232억 엔으로 가장 컸는데, 자동차 수출 증가 등의 영향이 컸다. 사우디아라비아로부터의 원유 수입과 호주 석탄 수입 증가의 영향도 컸다. EU로부터의 수입은 사상 최고치를 기록, 영국용 자동차 수출은 컸으나 독일에서의 수입 증가로 전체적으로는 968억 엔의 적자를 기록했다.

(1) 수출

1950년대 후반부터 일본의 수출구조는 직물과 경공업 제품에서 벗어나 중공업 제품으로 변화하였다. 1970년대에는 화학제품이나 철강과 같은 산업 원자재 수입이 감소하고, 부가가치 제품의 수요가 늘어나 기계와 전자제품의 수출이 증가하였다.

1980년대부터 1990년대 초반까지는 컴퓨터와 반도체, 전자제품, 기계장치, 복사기, 자동차와 그 외 운송장치와 같은 기술집약형 제품의 수출이 급증하였다. 1990년대 중반에는 부분적으로 일본 기업의 해외생산설비 건설로 인해 수출비율이 격감하였다. 무역마찰로 인해 자동차 회사와 그 밖의 회사들이 미국과 유럽에 공장을 세우게 되었으며, 치솟는 엔화 상승으로 가격경쟁력을 유지하기 위해, 많은 회사들이 노동집약적이고 복잡하지 않은 부품과 제품들은 생산시설을 중국이나 그 외 아시아로 이전하여 생산하게 되었다. 일본의 생산공장들이 중국으로 진출함에 따라, 주요장비, 설비 및 부품에 대한 수출도 급증하게 되었다. 2010년 이후 정부 성장전략의 핵심부분으로 간주되는 신흥 경제성장국에 대한 인프라 수출은 꾸준한 상태를 유지해 왔다. 2017년도에도 자동차 및 그 부품, 전자기계류, 메모리 반도체, 프린트기 및 화물 수송선 등이 수출되어 여전히 기술집약형 제품들이 수출되고 있다.

(2) 수입

제2차 세계대전 이후의 주요 수입품은 가공하지 않은 섬유로, 이를 가공하여 직물을 생산하였다. 1960년대와 1970년대에는 중공업산업으로 변화하여 주요 수입품은 탄화수소 연료와 철광석이었다. 1970년대에는 2번에 걸친 오일쇼크로 원유가격이 급등하였고 1980년대에는 광물성 연료가 총 수입품의 약 50%를 차지하였다. 최근에는 원유가격의 변동에 따라 광물성 연료비율이 총 수입품의 15%에서 20%까지 오르내리고 있다. 총 수입품 중 가공제품이 차지하는 비율은 1970년대가 20%, 1980년대는 50%, 1990년대에는 60%로 증가해, 서구의 선진경제 비율과 거의 일치하는 수준이 되었다. 가공제품의 수입이 증가한 주요 요인은 일본 기업들이 1980년대 이후 해외에 설립한, 주로 중국과 그 외 아시아로 이전한 생산설비로부터 일본으로의 수출이 증가하였기 때문이다. 그중에서도 중국과의 무역은 1990년대 후반부터 확대일로를 달렸다. 중국 내 수요가 확대되고, 중국이 2001년 WTO에 가입하면서 일본의 중국 진출이 가속되었기 때문이다. 지금도 확대를 거듭하고 있다. 컴퓨터와 그 외 정보기술제품도 수입이 증가하였으며, 텔레비전과 같은 몇몇 수입 가전제품의 판매액은 일본 국내생산제품의 판매액을 넘어섰다. 2017년 일본의 주요 수입품은 에너지 관련 상품들이 많은데, 원유, 천연가스, 무선전화기, 석탄 및 의약품 등이다.

2) 무역마찰과 해외투자

(1) 무역마찰

일본이 여러 산업에 사용되는 원료와 식량 및 원자재의 수입 비율이 높지만, 이들은 다시 부가가치를 더한 제품으로 형태를 바꾸어 일본과 교역하는 많은 나라로 수출되어 큰 이익을 내고 있다. 이러한 사실이 1950년대 중반부터는 종종 무역마찰을 초래하였다.

1980년대 초반까지의 무역마찰은 '덤핑'제품의 판매에 대응하기 위한 것으로, 주로 늘어나는 일본의 수출을 통제하기 위한 것이었다. 미국의 항의로 일본은 면화제품(1957), 철강(1969), 양모와 합성섬유(1972), 컬러TV(1977) 그리고 자동차(1981)와 같은 수출품을 의도적으로 제한하였다. 일본은 1972년 유럽으로 수출하는 철강제품의 수출을 제한하는 데에 동의하였다.

반면, 1980년대 초반부터 특히 미국과의 무역마찰의 쟁점은, 외국계 기업을 일본 시장에 더 진출시켜 소위 '비관세장벽'을 제거함으로써 일본으로의 수출을 증가시키려는 시도와 관련이 있었다. 수입자유화를 목표로 일본 정부는 상호관세를 삭감하고, 수입제한을 철폐하며, 규격증명체계를 개선하여 수입증가 캠페인과 같은 단계적인 정책들을 시행하였다.

정치적으로도 민감한 문제였던 농산물 수입자유화는 소고기, 감귤류 및 그 밖의 많은 음식물에 대해서 수입규제를 폐지하거나 완화하도록 하였다. 시장개방 정책의 시행속도가 불만스러웠던 미국은 1990년대 초반, 반도체와 자동차 및 자동차 부품과 같은 제품에 대해서 일본시장의 점유율을 미리 정하도록 요구하였다. 이는 일본의 격렬한 반대로 이어졌다. 1990년대 중반 이후에는 무역마찰을 해결하려는 노력이 점차 많은 나라가 협상하는 WTO와 같은 국제무대로 옮겨가게 되었다. 일본과 미국 양자 간의 무역과 경제문제는 미국-일본의 규제개혁 및 경쟁정책 실시와 같은 수단을 통해서 지속적으로 언급되어 왔다.

미국의 무역에서 차지하는 대 일 무역적자는, 1981년의 70.8%를 최고치로 1992년 이후 서서히 하락하였다. 2007년에는 10.5%까지 낮아졌다. 일미 경제관계는 대 일본 무역적자의 감소와 투자관계의 강화와 WTO에 의한 분쟁해결시스템 개선 등으로 '무역 마찰'에서 건설적인 대화를 통한 '협조'관계로 변해가고 있다. 그러나 2011년 동일본 대지진 후 일본은 2014년의 10조 4,653억 엔으로 최고치를 기록한 무역적자를 겪었는데, 다행히 2015년부터는 무역적자가 하락세로 돌아섰다. 제2차 세계대전 이후, 일본의 회사들이 해외경제에 참여하게 된 분야는 주로 상품수출이었다. 최근 들어 미국의 트럼프행정부가 들어선 이후 일본은 환율, 철강 및 여러 분야에서 마찰이 일어나고 있는 상황이다.

(2) 해외투자

일본은 1980년대부터 직접 기업들이 해외투자를 늘리기 시작하였다. 주요 원인은 엔화 상승으로 인해 생산공장을 해외로 이동하면서, 고품질, 저임금을 찾아 동남아시아나 중국으로 이동한 전자 및 전기제품 생산자들과, 수요가 급증할 것을 예상하여 중국과 같은 나라의 시장을 개척하기 위해 생산설비를 이동한 것이었다. 1980년대, 일본의 해외 직접투자는 주로 미국과 유럽이었다. 1990년대에는 아시아에 대한 투자액이 증가하였다. 재무성과 일본은행의 국제수지 동향에 따르면, 일본의 2008년 대외 투자금액은 13조 2,300억 엔으로 전년도에 비하여 52%가 증가하여 역대 최고치를 기록했다. 2008년 가을 글로벌 금융시장 동요로 일시적으로 하락했지만 2011년 이후에는 다시 상승해 왔다. 수송 기계, 기구용 투자 등, 제조업 관련 대책이 커다란 견인력이 되었다. 미국의 회사들과 비교하여 일본의 회사들이 다국적기업이 된 속도는 느렸지만 세계화를 향한 움직임은 계속되었다.

3.11 대지진 이슈로 위축됐던 대 일본 직접투자는 2014년을 기점으로 완연한 회복세로 돌아섰다. 2017년 일본의 대내 직접투자유치 잔고는 22조 6,018억 엔으로 전년도인 22조 9,645억 엔에서 미세하게 감소했으나, 이는 2016년 급증했던 부채성 자본 유입 이슈가 해소된 것에 기인한다.

3) 일본의 국제수지

국제수지분석에서 자주 사용되는 요소는 국가의 수출과 수입의 차이인 무역수지이다. 1960년대 중반 이후 일본은 지속적인 무역수지 흑자를 달성하였고 1980년대에는 급속히 증가하였다. 1994년에는 12조 3,900억 엔이라는 기록적인 흑자를 달성하였지만, 수입 활동이 증가하고 다른 여러 요인들로 인해 1996년에는 6조 7,400억 엔으로 감소하였다. 그 결과 일본 경제가 침체하고 수입 활동이 저하되었고, 미화의 강세와 맞물리면서 1998년에는 다시 흑자규모가 16조 800억 엔을 기록하였다. 그 후 흑자규모는 변동을 거듭했지만 2011년 동일본 대지진 발생으로 하락세를 겪었다. 1996년 일본은 국제수지를 계산하는 방법을 개선하여 공식적인 통계를 엔과 달러의 2가지 방법이 아니라 엔으로만 발표하기 시작하였다. 이러한 변화로 인해, 상품 및 용역 항목에서 상품무역과 용역무역이 조화를 이루게 되었고 장기와 단기 자본수지 항목 간의 차이를 해소할 수 있었다.

이러한 변화는 용역무역과 국제자본의 흐름이 증가하는 중요성을 반영한 것이었다. 일본의 경상수지 내에서, 일본은 경상이전수지와 서비스수지에서 만성적인 적자를 보여 왔다. 용역무역이 적자인 원인은 수송비, 특허권 사용료 및 관광비용(해외여행 일본인 수는 2015년에 약 1,620만 명)과 관련된 적자였다. 2003년 일본의 서비스수지 적자는, 사스(SARS)로 인해 해외여행이 감소하였고, 자동차 제조업자 및 그 외 일본 해외지사의 특허 사용료 등의 수입증가로 부분적으로 상당히 감소하였다. 경상수지는 2008년 가을에 불어 닥친 글로벌 경제 위기의 영향도 반영한 것이다. 또한 무역적자는 2011년 동일본 대지진 이후 주로 화력발전소에 사용하기 위한 연료의 증가 때문에 증가했다.

그러나 현재의 전체적인 경상수지는 외국인 방문자의 일본 내 소비증가로 인해 2015년에 흑자로 돌아섰고, 무역수지 적자도 원유가 하락으로 대폭 감소하여 무역수지는 2016년부터 흑자로 돌아섰다. 2017년 무역수지는 262,328억 달러이다.

3. 일본의 무역관련 제도 및 절차

1) 수입규제 제도

무역에 대한 의존도가 높은 일본은 자유무역을 추진하는 입장에서 "반덤핑 등 수입규제 발동에 대해서는 신중한 자세를 취해야 한다"는 입장을 대외적으로 표명해 왔으며, 특수 관세제도 활용에 대해서도 다른 주요국에 비해 소극적 자세를 취해왔던 것이 사실이다. 단, 2000년대부터는 아시아 신흥국들의 급부상과 WTO협정 등의 국제사회로의 정착 등에 따라 수입규제 조치의 활용에 적극적인 자세로 전환을 일본 정부는 시작한 바 있다.

(1) 규제완화 정책

FTA 체결 확대, 각종 경제규제 철폐 및 완화 등의 추세에 맞추어 수입정책도 기본적으로는 규제완화가 추진되고 있다. 단, 국민의 건강 및 안전 관리, 지식재산권 보호와 관련하여 관련 규정 및 집행이 강화되고 있다. 일본의 경우 식품안전에 관한 수입규제가 매우 엄격하므로 지속적인 주의가 필요하다. 농수산물 가운데서도 특히 토마토, 피망 등 긴급 감시 대상 품목에 대해서는 반덤핑, 세이프가드 등의 수입 규제를 받지 않도록 주의가 요망된다.

(2) 법령에 의한 규제

① 관세법에 의한 '수입금지' 품목

관세법 제69조 제11항에서는 다음과 같이 '수입금지품'을 규정하고 있으며, 이 중 ⓐ~ⓔ의 품목은 정부허가를 획득한 사람에 대해서만 수입이 가능하며, 그 외의 사람은 수입이 금지되고 있으며, ⓕ~ⓙ의 품목은 어떠한 경우에도 수입이 금지된다.

ⓐ 마약, 향전신약, 대마, 아편, 양귀비, 각성제, 각성제 원료, 아편흡연기구

ⓑ 권총, 소총, 기관총, 포, 총포탄, 권총 부품

ⓒ 폭발물

ⓓ 화약류

ⓔ '화학병기의 금지 및 특정 물질의 규제 등'에 관한 법률에서 규정하는 특정물질

ⓕ 감염증의 예방 및 감염증 환자에 대한 의료 법률 제6조 20항에서 규정하는 1종 병원체 및 21항에서 규정하는 2종 병원체 등

ⓖ 화폐, 지폐 혹은 은행권, 유가증권 위조품, 변조품, 모조품 등

ⓗ 풍속을 해칠 수 있는 서적, 도화, 조각물 등의 물품, 아동 포르노

ⓘ 특허권, 실용신안권, 의장권, 상표권, 저작권, 저작인접권 등 지식재산권을 침해하는 물품

ⓙ 부정경쟁방지법에 저촉되는 특정 불공정행위를 조성하는 물품

② 외환법상의 '수입할당/수입승인/수입확인' 품목

(가) 수입할당(IQ: Import Quota) 품목(수입 공표 제1호): 정량 이상의 수입은 일본 국내에 큰 영향을 미칠 것으로 생각되는 품목, 국제조약 및 협정으로 제한되는 품목(수산물 등 및 오존층 파괴물질)이 대상이 된다. 일본에서 동 품목을 수입하고자 할 시에는 수입할당을 받지 않고서는 수입승인을 받을 수 없다.

ⓐ 해당품목(수산물)

HS CODE	품 목
0301.99.2	(살아있는 제품) 청어, 대구, 방어, 고등어, 정어리, 전갱이, 꽁치
0302	(신선 또는 냉장제품) 청어, 대구와 대구알, 방어, 고등어, 전갱이, 꽁치
0303	(냉동제품) 청어, 대구 및 대구알, 방어, 고등어, 전갱이, 꽁치
0304	(어육) 청어, 대구, 방어, 고등어, 전갱이, 꽁치
0305	(건조 및 염장제품) 청어, 대구 및 대구알, 방어, 고등어, 정어리의 분말 및 건어물
0307	가리비, 조개관자, 오징어
1212.20.1(1)	사각형 종이 형태로 가공된 식용 해초(1장 면적이 430평방센치 이하)
1212.20.1(2)	김 종류의 식용해초 또는 이를 혼합한 식용해초
1212.20.1(3)	기타 식용 해초
2106.90.2(2)	해초 조제식품

· 해당품목(오존층 파괴물질): 몬트리올 의정서 부속서 그룹Ⅰ, 그룹Ⅱ, 부속서 B와 C의 그룹 Ⅰ~Ⅲ, 부속서 E에 해당하는 모든 물질

ⓑ 수입승인 품목(수입 공표 제2의 2호): 수입승인 품목은 '2호 승인' 및 '2의 2호 승인'으로 나누어 경제산업성 대신의 수입승인을 받아야 하는 품목을 공표하고 있다.

국제협정의 이행을 목적으로 한 수입규제인 관계로 수입공표 2호 승인품목(수입공표 2호)와 2의 2호 승인품목(수입공표 2의 2호)에 해당되는 특정품목을 수입하는 자는 경제산업성 대신의 수입승인을 받을 필요가 있다.

'2호 승인'에서는 특정원산지 및 선적지역으로부터의 특정화물, 또 UN의 경제제재의 대상이 된 국가로부터의 수입품(일부 또는 전부)에 대해 승인을 받아야 하며, '2의 2호 승인'에서는 원산지 및 선적지역을 불문하고 승인을 받아야만 하는 품목이다.

2의 2호 승인에서는 생산지와 출하지역과 상관없이 승인을 받아야만 하는 특정화물이 있다.

해당 품목(2호승인) : 특정지역, 특정화물	해당품목(2의2호 승인) : 지역불문, 특정화물
- 고래 및 그 조제품 : 국제 포경 단속 조약 비가맹국을 원산지 또는 선적 지역으로 하는 경우라고 되어 있지만, 원칙적으로 고래제품은 수입 승인이 안 된다. - 참다랑어, 남방 참다랑어 및 그 조제품 : 알제리, 체코, 아일랜드, 한국 등 - 생선, 갑각류, 연체동물, 해초 등(공해(公海)) 또는 외국 영해를 선적 지역으로 하여 외국 선으로부터 전매 받아 일본에 수입하는 경우 - 다이아몬드 : 코트디부아르 및 그 외 지역 - 모든 화물 : 북한 - 수출무역관리령 별표 해당 화물 : 이란, 에리트레아	- 기계류 중 무기, 총포탄 및 이 제품의 부분품과 부속품 - 화약류 - 원자력 관련 제품(핵연료 물질 및 핵연료 물질을 함유하지 않는 물질) - 특정 의약품류 및 구제역 백신 - 특정 화학품 및 화학물질 - 화학병기금지 및 특정물질 규제 등에 관한 법률 제2조3항에서 규정하는 특정 물질 - 바젤조약(특정유해폐기물 관련) 해당 물질 - 폐기물의 처리 및 청소 관련 법률 제2장1항에서 규정하는 폐기물 - 워싱턴 조약 부속서 II, III의 동식물 또는 그 가공품(멸종 우려 야생 동식물종 국제 거래 조약), 몬트리올 의정서 규제 물질의 일부, 화학병기 금지법 관련 물질, 바젤조약(특정유해 폐기물관련), 스톡홀름조약(잔류 유기 오염물질 관련), 노동안전 위생법 시행령 (아스베스토 함유제품)

ⓒ 수입확인 품목(수입공표 제3호) : 수입의 감시, 국제조약의 이행, 수입할당 및 승인 제도의 보완을 목적으로 한 규제이며, 수입 전에 경제산업성 대신의 확인을 필요로 하는 것과 통관 시에 세관이 확인하는 품목으로 나뉘어져 있다.

· 해당품목

- 사전 확인 제도 : 미생물 백신 및 면역 혈청, 우라늄 촉매, 특정 외국 문화재, 제1종 특정화학물질 및 이를 사용하는 제품, 냉동 참다랑어, 남방 참다랑어, 눈다랑어, 또는 청새치, 고래 및 그 제조품(국제 포경 단속 조약 가맹 비포경국), 워싱턴 조약 부속서 Ⅱ, Ⅲ의 동식물 및 그 가공품, 제2종 및 제3종 향정신약, 오존층 파괴 물질
- 통관 시 확인제도 : 양귀비 및 대마의 열매, 워싱턴조약부속서 Ⅱ, Ⅲ에 명시된 사전승인 및 확인대상 이외의 동식물 및 조제품, 방사선 동위

원소, 마약 등 향정신약 원재료 및 제3종 향정신약, 페닐 초산 및 그 염류와 이를 포함하는 제품, 신선 혹은 냉장 참다랑어, 남방 참다랑어 및 청새치, 다이아몬드 원석, 유해화학물질 함유 농약 및 의약품

(나) 관세법에 의한 규제 : 관세 납부 등을 포함한 수입 통관 수속 상의 규제이다. 일본의 관세제도로는 일반관세, 특혜관세, 관세할당, 간이세율 제도, 특수관세가 있다.

(다) 기타 국내법에 의한 규제 : 대마 거래법, 식물 방역법에 의한 일부 품목의 수입 금지, 검역법 및 가축 전염병 예방법에 의한 수입 검역, 약사법 및 비료 거래법에 의한 수입허가 및 등록제, 야채류 등 세관 별 검역 목표가 설정되는 일별 검역 할당제가 있다.

(라) 국제조약 및 협정에 의한 규제 : WTO에서 인정한 수입 규제 방식에 의한 규제, 워싱턴 조약, 몬트리올 의정서, 바젤 조약(특정유해 폐기물), 화학 병기 금지 조약, 대인 지뢰 금지 조약 등에 의한 규제가 있다.

(3) 수입규제 특례

수입규제 대상물품은 경제산업성의 허가 또는 승인 등의 절차를 거친 경우에 한해 수입할 수 있으나, 그 중에서도 18만 엔 이하의 무상 상품, 무상 견본품 또는 판매하지 않고 개인적으로 사용하는 소량 물품 등에 대해서는 수입규제에서 예외된다. 다만, 통관 시 세관으로부터 특례에 해당하는 물품인지 여부에 대한 확인절차는 거쳐야 한다.

특례 조치를 받는 것은 수입무역 관리령 별표 제1, 제2에서 정하는 물품과 일시 양륙 물품이 있다.

◈ 해당품목(별표 제1)

- 수입할당을 받아야 할 물품으로 총 가격 18만 엔 이하의 무상 물품
- 무상 구호물품
- 무상 상품 견본 또는 선전용 물품으로 경제산업성 대신이 고시하는 물품
- 개인적으로 사용하는 물품으로 판매 대상이 되지 않는 정도 수량의 물품
- 유골
- 선박 또는 항공기용으로 수입하는 선용품 또는 항공기용품
- 공공기관 용품 등(외국 선박용품, 외교관 또는 외국공관용 물품, 외국의 공공기관으로부터 국가의 공공기관에 우호목적으로 기증된 물품, 도서관에 기증된 출판물, 박물관 등에 진열되는 표본 및 참고품 등)
- 무상 송부된 기록문서 및 기타 서류(판매목적이 아닌 것)
- 종교법인 또는 예배시설에 무상으로 송부된 식전용구, 예배용구 등
- 일본에서 출어한 선박이 외국 영해에서 채집한 수산물 및 이를 사용하여 해당 선박 내에서 제조한 물품,

해당 선박에 의해 수입된 물품
- 일본에서 수출된 후 무상으로 수입되는 물품으로 수출시 성징 및 형상이 변하지 않은 물품
- 일본에 입국하는 순회공연업자가 수입하는 공연용구
- 올림픽, 아시아대회 등 국제적 규모로 개최되는 운동경기대회에 참가하기 위해 입국하는 선수, 선수단 등이 휴대 또는 별송으로 수입하는 해당 운동경기대회 용품
- 무상으로 수출하기 위해 무상으로 수입하는 물품(ATA 카르네에 의해 수출할 물품 등, 그러나 북한을 원산지 또는 선적지로 하는 물품 제외)
- 무상으로 수입하기 위해 무상으로 수출한 물품으로 다시 수입되는 물품(박람회 출품 물품 등, ATA 카르네 물품 등)

◈ 해당품목(별표 제2)
- 일시적으로 입국 또는 출국하는 자가 휴대 또는 별송으로 수입하는 휴대품 및 직업용구
- 영주를 목적으로 입국하는 자가 휴대 또는 별송으로 수입하는 휴대품, 직업용구 및 이사용품
- 선박 또는 항공기의 승무원이 휴대 또는 별송으로 수입하는 본인 사용 물품

◈ 해당품목(임시 양륙 품목)
- 지정보세구역 또는 보세창고에 임시로 보관하는 물품
- 보세창고 또는 보세공장에 1개월 이내의 기간 동안 외국물품인 상태로 장치, 적재하역, 운반, 내용점검, 개장, 구분 기타 손질을 행하기 위한 물품

한편 "수입공표"에서 정한 특정문화재, 특정물질, 다이아몬드, 스톡홀름 조약의 특정화학물질, 몬트리올 의정서 규제물질, 폐기물, 워싱턴조약 해당 물품 등은 특례가 적용되지 않는다.

(4) 일본의 경제적 상황에 따른 수입규제조치 도입 동향

① 세이프가드에 관한 정보 수집 모니터링 체제 강화(2000.2)

일본 농림수산성이 세이프가드 조치 검토에 필요한 정보를 상시 수집하기 위해 특정 농수산물을 감시대상 품목과 긴급감시대상 품목으로 정해 운영한 사례가 있다.

감시대상 품목은 마늘, 가지, 합판, 마른 표고버섯, 미역, 장어(조제품 포함), 가다랑이이며, 긴급감시대상 품목은 토마토, 피망, 양파, 목재(제재품 및 집성품)이고, 파, 생 표고버섯도 긴급감시대상 품목으로 지정되었다.

② 관세할당 제도

관세할당 제도는 2단계 관세율(할당 범위 내 무세 또는 저관세, 범위 초과 고관세)

을 적용하고 있으며, 경제산업성 장관 명의로 매년 할당 수량을 발표한다. 동 제도는 일본 국내의 관련 산업 보호 성격이 강하다.

대상품목은 총 4개 품목으로 피혁 3품목(염색 및 착색된 소와 말가죽, 염색 및 착색된 것 이외의 소와 말가죽, 염색 및 착색된 양과 염소 가죽)과 가죽신발(스포츠용 및 슬리퍼는 제외)이다.

2013년 11월 현재 대상품목은 20품목 29분류로 이루어져 있다.(농림수산성 담당: 18품목 25분류, 경제산업성 담당: 2품목 4분류)

③ 농림수산성 담당 관세할당 품목

· UR(우루과이라운드)합의 이전부터 관세할당 제도의 대상인 품목(기존 품목)
  - 옥수수, 내추럴 치즈, 맥아(麦芽), 당밀, 무당 코코아 조제품, 토마토 퓨레, 토마토 페이스트, 파인애플 통조림

· UR합의에 의해 관세할당 제도의 대상이 된 품목(관세화 품목)
  - 기타 유제품, 탈지분유, 무당연유, 버터 및 버터 오일, 콩, 전분, 이눌린 및 미전분조제품, 땅콩, 곤약감자, 조제식용지방, 누에고치, 생명주실

(5) 식품위생법 개정에 따른 포지티브 수입 규제

2005년 5월 29일 이후 식품위생법이 개정되어 식품 중에 농약 등 규정물질이 일정량 이상 잔류할 경우, 식품으로의 판매 등을 원칙적으로 금지하는 포지티브 제도가 설정되었다.

① 포지티브 제도 실시 배경

기존에는 식품 중에 잔류하는 농약, 식품용 의약품 및 사료 첨가물('농약 등')에 대해서 식품안전법 제11조에 근거하여 잔류기준을 설정하여 그 안전성 확보를 목표로 해왔었으나 동 제도로는 식품위생법에 근거한 농약 잔류 기준이 설정되어 있지 않은 식품에 대해서는 규제가 곤란한 상황이었다.

이와 같은 이유로 인해 신제도의 도입을 통하여 별도로 잔류기준이 규정되어 있지 않은 경우에도 일정량 이상의 농약이 포함된 경우에 판매가 금지되도록 하기 위한 움직임이 시작되었으며, 이에 더해 수입식품의 증대와 식품 중의 농약 등의 잔류에 관한 소비자의 불안이 고조되면서 그 규제 강화가 요구되어 왔다.

이러한 요구에 따라 2003년 5월 일본 의회는 포지티브 리스트 제도로 법 개정을 공표하여, 후생노동성 정령에 의해 2006년 5월 29일부터의 시행되게 되었다.

② 포지티브 제도 대상물질

포지티브 제도의 대상이 되는 물질로는 1. 농약(농약단속법 1948년 법률 제82호 제1조의 제1항에 규정되어 있는 것), 2. 사료 첨가물(사료의 안전성 확보 및 품질의 개선에 관한 법률 1953년 법률 제35호 제2조 제3항의 규정에 근거한 농림수산성령에 규정된 사료에 첨가 혼합, 침투 등의 방법으로 첨부된 것) 3. 동물용 의약품(약사법 제2조 제1항에 규정된 의약품으로 동물을 위해 사용되는 것을 목적으로 한 성분)으로 그 성분이 과학적으로 변화하여 생성한 물질들까지 포함된다.

그러나 이들 중에서도 인간의 건강을 해칠 우려가 없는 것이 분명하다고 후생노동성 대신이 결정하는 성분은 본 제도의 이용대상에서 제외가 된다. 이번의 개정으로 잔류기준이 없던 농약 등에 많은 잠정기준이 설정되고 잔류기준이나 잠정기준에서 설정하고 있지 않았던 농약 등에 대해서도 0.01ppm이라는 일률기준이 설정되었다.

③ 기타 규제

(가) 식품 및 식품 첨가물 규격 기준: 식품위생법에 의해 '후생성 고시 제370호'에서 정하고 있는 성분규격 및 제조방법 기준에 적합하지 않은 식품 및 식품첨가물은 수입판매가 불가능하다. 동 규격이 적용되는 대상물은 식품, 음료, 식품첨가물은 물론이며, 식품에 접촉이 되는 기구 및 용기포장(예: 식기, 식품 기계, 자동판매기 등), 유아용 장난감, 식품 및 식기류 세정제에 모두 적용이 되고 있다.

(나) 식품 표시 규칙: 식품위생법 시행규칙21조에 의해 식품 및 식품첨가물에 대해서는 표시의 기본원칙(명칭, 소비기한, 유효기한, 제조자 소재지, 보존방법 등 기재 의무사항)을 지켜야 한다. 용기에 넣어진 가공식품의 경우에도 JAS법의 '가공식품 품질 표시 기준'에 따라 표시의무가 있어야 한다. 동 규칙은 거의 모든 수입식품에 대해 적용되고 있다.

또한 동법 시행규칙 21조1항(별표 6)에서 규정되고 있는 알레르기 물질(새우, 게, 밀, 계란, 유제품 등 7개 품목)에 대해 식품 원재료뿐 아니라 모든 유통단계에서 동 물질과의 관련이 있었는지를 표시하도록 되어있다.

동법 시행규칙 21조 1항(별표7)에서는 유전자재조합 식품, 이를 원재료로 하는 가공식품 및 이러한 가공식품을 원료로 한 식품이 정해져 있으며, 동제품에 대한 표시도 의무화되어 있다.

식품표시에 관하여 소비자청 식품표시과가 담당하는 법률은 다음과 같다.

- 식품위생법: 음식에 기인한 위생상의 유해발생을 방지

- JAS법: 원재료 및 원산지 등의 품질에 관한 적정한 표시에 의한 소비자의 선택을 도움
- 건강증진법: 영양의 개선 및 그 밖의 국민 건강의 증진을 도모
- 쌀 트레이서빌리티 법: 미곡 등의 적절하고 원활한 유통을 확보하고 산지정보를 전달

(다) 담당관청: 담당 관청으로는 유통면에서 후생노동성 식품안전검사부 기준 심사과, 수입면에서는 기획 정보과 검역소 업무 관리실이 있다. 생산은 농림수산성 안전관리과 농산대책실, 검사는 후생노동성 식품안전과의 해당 지역 검사과에서 담당하고 있다.

2) 개정 관세

(1) 2016년 3월 시행 개정 관세법

2016년 3월 관세법 개정의 주요 내용 중 관세처벌에 대한 내용을 강화하였는데, 그 내용은 다음과 같다.

① 자발적 공개 사례에도 부과되는 처벌

수입 시 관세가격 신고를 하지 않은(non-declaration) 수입업체에게는 감사 예고 이후에 자발적 신고를 했다 하더라도 관세 부족액의 10%의 더 무거운 페널티가 부과된다. 이는 세관 감사에서 비신고가 발견되었을 때 부과되는 관세 부족액의 15%에 비해서는 여전히 낮은 수준이다.

② 반복적인 위반에 대한 추가 처벌

수입업체가 비신고(혹은 세관신고 시 사기행위 혹은 중대한 과실에 대한 더 무거운 페널티)에 대해 이전 페널티를 받은 지 5년 이내에 동일 위반에 대한 페널티를 받으면, 적절한 세관신고 요건에 대한 반복적인 비준수로 추가 10%의 페널티가 더 부과된다.

그러므로 개정된 관세법에서는, 5년 이내 반복적으로 비준수하는 경우, 비신고 관련 페널티는 25%, 부정행위나 중대과실로 인한 과소 신고에 대한 페널티는 45%, 부정행위나 중대과실로 인한 비신고에 대한 페널티는 50%로 정한다. 이러한 추가 페널티 조항은 과소신고에는 적용되지 않으므로, 과소신고에 대한 페널티는 일반적으로 10%로 유지된다.

상기 조항들은 2017년 1월 1일 혹은 그 이후에 수입된 상품에 적용될 것이

다. 적용이 더 엄격해짐에 따라, 추가 관세나 페널티를 피하기 위해 수입업체들은 정확하게 신고를 하고, 필요에 따라 자발적 수정을 할 필요가 있다.

또한 자유화된 세관신고 정책이 시행된다.

③ **우수인증업체**(AEOs)

개정된 관세법의 일환으로 우수인증업체(AEOs)가 관세신고를 위해 유연하게 세관선택을 할 수 있도록 해주는 자유화된 세관신고 선택 또한 도입되었다. 이러한 조치는 일본에 있는 우수인증업체에게 행정비용을 더 절감하고, 수입운영을 간소화하고, 게다가 세관규정 준수를 향상시킬 수 있는 기회를 제공한다.

④ **임시 관세율에 대한 기간이 연장**

맥주와 돼지고기에 부과되는 특별관세와 더불어 431개 상품에 대한 현재의 임시 관세율은 2017년 3월 31일까지 지속적으로 적용된다. 또한 무역 기밀을 침해하는 상품들은 수출입 금지상품 목록에 포함된다.

⑤ **국경강화조약**

2016년 1월 1일부로 발효된 개정된 불공정 경쟁 방지법에 따라 불법으로 무역 기밀을 이용하는 상품의 수입/수출은 불공정 경쟁으로 간주된다. 따라서 관세법에 따른 국경 강화 조항으로써, 이들은 "수출/수입이 금지된 상품" 목록에 포함된다. 이 개정 조항은 2016년 6월 1일부로 효력이 발생되었다.

⑥ **미납 세금에 대한 연체이자**

연체된 세금에 대한 기간도 개정되었는데, 수입업체들은 세관신고를 한 후에는 연체된 세금에 대해 이자를 지불하지 않아도 된다. 지불해야 할 세금액은 하향 수정되었다가 나중에 상향 조정된다. 2017년 1월 1일 발효된 개정 조항에 따르면, 원래 세관신고일자로부터 상향 수정되는 시기 사이에는 이자가 부과되지 않는다.

(2) 2018년 4월 시행 개정 관세법

2018년도 4월 1일부터 시행되고 있는 관세법 개정 내용은 다음과 같다.

① **잠정세율 등의 적용기한 연장**

쌀, 보리 등 392개 품목과 관련 농산물에 대한 특별긴급관세 제도 등에 대하여 적용 기한을 2018년 말까지 1년 연장

② **개별 품목의 기본 세율 재검토**

- 국제 경쟁력 유지, 소비자 이익 등의 관점에서 모시실, 검도용 도구 등의 기본세율을 무관세화
- 민간 사업자 등의 사무부담 경감, 무역 원활화를 위해서 화장품 등 일부 품목에 대한 분류를 단순화하고 세율을 통일시킴

③ **특혜관세 제도의 재검토**

2017년 관세개정에 따른 특혜세율 적용 제외 요건을 재검토하여, 디스프로슘 철 합금, 옥시염화지르코늄 등 6개 품목의 기본 세율을 무관세화, 향후 특혜 적용 제외 국가의 우회수입이 증가할 가능성을 바탕으로 특혜 적용화물에 대한 사후확인절차 등 규정을 정비하였다.

그 외 금 밀수입에 대응하기 위한 벌금 인상 등이 포함되었다.

(3) 최근 일본 관세 제도의 주요 특징

첫째, 신속성이 강조된다. 즉 일본 관세 제도의 기본 목표는 "신속과 정확"이라는 2대 명제를 두고 양자의 조화를 추구하고 있는데, 최근 수출입 물량의 증가와 정부의 규제완화정책에 대응해 '신속'을 우선시하는 조치를 크게 강화하고 있다.

둘째, 보세지역을 5개 종류로 구분해 운용한다. 구체적으로는 지정보세지역(관세법 제37조-41조), 보세장치장(관세법 제42조-55조), 보세공장(관세법 제56조-62조), 보세전시장(관세법 제62조 2항-7항), 종합보세지역(관세법 제62조8항-15항)으로 구분된다. 화물관리에 있어 법률 상 외국 화물은 반드시 보세지역에 보관하도록 돼 있다.

셋째, 수입자가 반드시 신고자여야 한다. 관세법 제67조에는 "화물을 수입하는 자는 세관에 신고해 허가를 받지 않으면 안 된다"고 규정돼 있으며, 통관업법(基本通達)에도 "수입신고는 통관업자의 명으로 수행해서는 안된다"고 명시돼 있어 수입자가 반드시 신고하도록 하고 있다. 이로 인해 일본의 수입 신고서에는 수입자란은 있으나 신고자란은 없다.

넷째, 1966년부터 관세의 과세 방식을 신고납세제로 운영하고 있으며, 예외적으로 일부는 부과과세 방식을 적용하고 있다.

다섯째, 통관 시스템의 전산화 구축이다. 일본 세관은 1988년부터 항공 화물에 대한 통관 처리 전산화를 시작했으며, 1991년부터는 해상 화물에 대해서도 전산화가 도입됐다. NACCS(통관정보처리시스템)을 통한 통관 처리는 전체 신고건의 98% 수준에 달하고 있다.

여섯째, HS Code 분류를 채택하고 있다. 일본의 실행 관세율표는 일본관세협회(전화 03-6826-1430)가 발행하고 있으며 품목별 관세율, GATT 양허표, 관세잠정조치법 및 수입통계품목표가 게재돼 있다. 각종 관세율과 통계치는 HS Code 조약에 의거 작성되며, 부(部, 21개), 류, 항(類, 項, 4자리 수), 호(號, 6자리)로 구성돼 있다.

(4) 최근 동향

일본 정부는 2016 조세 개정법안을 2015년 12월 24일 승인한 후, 2016년 3월 31일, 재무부는 관세법과 기타 관련법 일부 조항에 대한 다수의 주목할 만한 개정을 발표했다. 대부분의 개정안은 2016년 4월 1일부터 효력이 발생되었다. 일본에서 글로벌 무역에 종사하는 회사에 상당한 영향을 미칠 수 있는 주요 부분에 초점을 맞추고 있다.

2017년 일본 재무성은 수입원을 다양화해 수입업체의 부담이 급증하는 것을 막고, 자유무역을 육성한다는 취지로 2019년도부터 특혜관세 제도를 개발도상국뿐만 아니라 미국과 유럽, 아시아 등의 선진국과 신흥국에도 적용하기로 결정하였다. 반면 특혜관세를 적용하는 품목은 현재 대상의 1/6, 약 600개 품목으로 압축하였는데, 개발도상국 이외의 수입이 급증함에 따라 국내 생산자가 피해를 입지 않도록 압축시켰고, PET 등 수입액 상위 주요 광공업품과 농수산물 등이 선정될 전망이다.

제Ⅱ부 지역통합

4. EU

유럽연합은 ECSC-EEC-EC-EU 체제로 변화되어 현재에 이르렀다. 현재의 유럽연합의 기원은 1946년 9월 19일 영국 수상 윈스턴 처칠(Sir Winston Leonard Spencer-Churchill)이 스위스의 취리히에서 행한 유럽에 관한 연설에까지 거슬러 올라간다. 이 연설에서 윈스턴 처칠은 유럽에 국제연합과 유사한 기구의 필요성을 언급하였다. 1950년 5월 9일 장 모네(Jean Monnet)가 구상한 석탄 및 철광석 채굴을 위한 프랑스-서독 간의 공동사무소 설치에 관한 계획을 당시 프랑스의 외무부장관 로베르 쉬망(Robert Schuman)이 공식적으로 건의함으로서 최초로 유럽공동체에 대한 생각이 중앙 유럽국가 간에 논의되기 시작하였다. 항구적 평화를 위한 유럽통합선언(쉬망선언)을 제안한 날인 이 역사적 사건을 기념하기 위해 5월 9일은 유럽의 날로 축제되고 있다.

1951년 4월 18일 프랑스, 독일, 이탈리아, 벨기에, 네덜란드, 룩셈부르크 6개국은 '석탄 및 철광석 채굴에 관한 조약'[1])을 체결함으로써 유럽 내의 시장권을 거의 장악하였다. 1957년 3월 25일 위의 6개국은 이른바 로마조약을 체결함으로서 유럽경제공동체(EEC)의 발판을 놓았다. 이 조직의 주요 목적은 자유경제원칙을 바탕으로 유럽의 시장을 공고히 하며, 특히 농업 생산품의 국경을 초월한 자유 유통과 판매의 촉진 그리고 원자력 에너지의 평화적 이용에 있었다.

유럽연합은 1973년 1월 1일 덴마크, 아일랜드, 영국을 새로운 회원국으로 받아들였다. 1979년 6월 7-10일에는 최초로 연합의회의 직접선거가 실시되었다. 1981년 1월 1일에는 그리스가 유럽연합에 새로 가입하였으며, 1986년 1월 1일 스페인, 포르투갈이 뒤를 따름으로써 회원국의 수는 12개국으로 증가되었다.

---

1) 유럽석탄철강공동체, ECSC

연합 회원국의 증가에 따라 연합 계약조항은 1986년 2월 17일 대폭적으로 수정되었으며, 그 수정 골자로는 1993년까지 유럽시장의 원활을 도모하며, 학문 연구와 첨단기술 그리고 환경보호에 관한 새로운 계획과 이에 따른 담당 부서를 설치하는 데에 있었다. 당시의 연합 이사회 회장이었던 프랑스의 자크 들로르(Jacques Lucien Jean Delors)는 유럽시장의 활력소를 불어넣는데 크게 기여한 것으로 오늘날 평가되고 있다. 1995년 스웨덴, 오스트리아, 핀란드가 가입하였다.

2004년 5월 라트비아, 리투아니아, 몰타, 슬로바키아, 슬로베니아, 에스토니아, 체코, 키프로스, 폴란드, 헝가리가 가입하였고, 2007년 1월 루마니아, 불가리아가 가입하였다. 2013년 7월 크로아티아가 마지막으로 가입하여 현재 28개국이 되었다. 2000년대에 들어 기존 회원국인 서유럽 국가들보다 상대적으로 낙후된 동유럽 국가들이 가입하면서 여러 문제점들이 발생하고 있다.

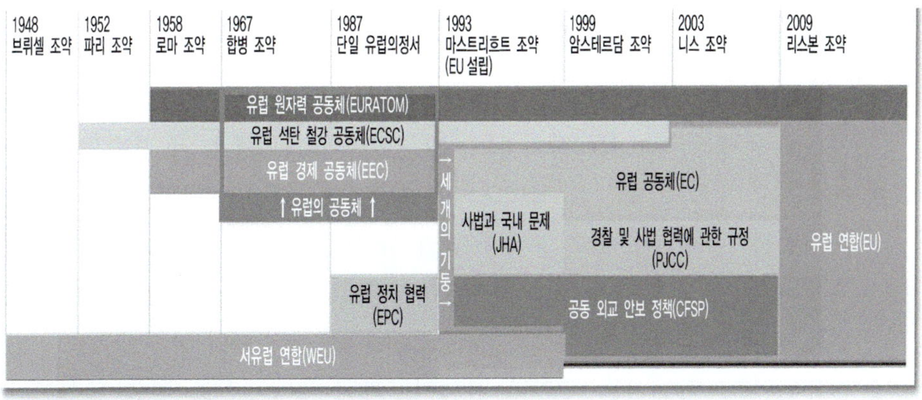

[그림 4-1] EU의 역사

출처: 위키백과

1. EU의 일반적 제도

1) EU의 운영체제

유럽연합(European Union)은 세계 교역량의 40%를 차지하고 있는 세계 최대의 단일시장이다. EU는 이미 관세동맹의 단계를 넘어선 경제연합체로서 금세기 말까지 사실상의 연방국가로까지 발전하려 하고 있다. 유럽석탄·철강공동체(ECSC)가 1951년에 발족하고 1957년 유럽원자력공동체(EURATOM)가 창설되었다. 같은 해 로마에서 체결된 유럽경제공동체(EEC) 창설조약에 의거하여 유럽경제공동체(EEC)가 결성되었다. 1967년에 발효한 통합조약(Merger Treaty)에 의하여 이 세 공동체를 하나로 묶어 EC로 통합되었다. 1986년 EC 회원국들이 체결한 단일 유럽법(Single European Act: SEA)은 역내시장계획의 추진 근거였다.

이 법에서는 유럽공동체가 유럽의 통합을 향한 구체적 진전을 기하도록 규정하고 있다. 이어 1992년 2월 7일 마스트리히트(Maastricht)에서 체결된 유럽연합조약(Treaty on European Union)이 1993년 11월 발효함으로써 유럽 통합작업이 가속화되어 가고 있다. 유럽연합은 이사회와 집행위원회가 정책의 수립, 집행의 일관성을 유지·관장한다. 유럽이사회(European Council)는 회원국의 국가원수나 정부수반 및 집행위원회의 의장으로 구성된다. 유럽의회, 이사회, 집행위원회, 사법재판소(The Court of Justice)는 EC설립조약들 및 유럽연합조약에 규정된 권한을 행사한다.

유럽연합의 최고 입법 및 의사결정기관은 이사회이다. 각 회원국의 정부수반으로 구성되는 유럽이사회가 있으나, 회원국의 소관부처 장관들로 구성되는 각료이사회가 EU 차원의 입법조치와 같은 의사결정을 한다. 브뤼셀에 위치한 집행위원회는 EU의 주요 정책과 입법 사안에 대한 제안을 이사회에 상정하고, 채택된 EU 정책을 집행한다. 이사회는 대체로 중요한 EU 입법의 경우 집행위원회의 제안에 따라 한다.

유럽연합조약에서는 국가나 국제기구와의 협정체결을 위한 교섭이 필요한 경우에는 집행위원회가 이사회에 이에 관한 권고를 하고, 이사회는 집행위원회가 필요한 교섭을 개시할 수 있는 권한을 부여한다. EU는 회원국의 별도의 수락 없이도 독자적으로 역외국과 통상정책에 관한 협정을 체결할 수 있다. 마스트리히트 조약이라고도 불리는 유럽연합조약에 의하여 보충성의 원칙이 명문화되었지만, 역내시장의 달성과 공동통상정책은 EU의 배타적 권한에 속하는 영역이기 때문에 이 원칙은 적용되지 아니한다. 위 협정은 조약으로 EU의 모든 기관 및 회원국들과 타방 당사국들에게 국제법상의 의무를 부과한다.

유럽연합은 정부구조와 매우 비슷하나 실제로는 상당한 차이가 있다. 유럽의회는 실질적인 의미에서 유럽연합의 입법권을 담당하고 있다고 볼 수 없다. 국내정부와 비교하여 가장 큰 차이는 입법권과 행정권이 분화되지 않은 채 이

사회(Council), 위원회(Commission), 유럽의회가 견제와 균형을 통해 협력하여 담당해 나가도록 하고 있다는 점이다. 입법가능의 수행을 보면 위원회가 입안법을 준비하여 제안하면 이사회는 유럽의회와 협의를 거쳐 결정을 한다. 위원회는 회원국들로부터 독립된 위원회 위원(Commissioner)들로 구성되어 있고, 이사회는 회원국의 현직 정부책임자나 각료들로 구성된다. 그리고 유럽의회는 유럽 시민들이 직접, 보편선거를 통하여 다양한 계층의 의원들을 선출한다. 또한 위원회가 제출한 입법안을 수정하려면 이사회의 만장일치가 필요하다.

유럽이사회, 각료이사회 등은 의사결정 시 가중다수결 제도 대신 이중다수결 제도를 도입했다. 이중다수결 제도란 전체 인구의 65% 이상, 27개 회원국 중 15개국(55%) 이상이 찬성하면 가결되는 제도이다. 2014년부터 단계적으로 도입하여 2017년부터 전면 실시되고 있다. 이중정당성을 확보해서 유럽의회 내 의원을 통한 제1 정당성과 이사회 내 개별 회원국 대표(장관)를 통해 제2 정당성을 확보했다. 의사결정방식의 개선은 규모가 작은 회원국들이 불이익을 받지 않고, 절차의 신속성으로 인해 민주성이 침해되는 약점을 극복하려는 노력을 했다.

[그림 4-2] 유럽의회

2) EU의 사법제도

사법권의 기능이나 운영은 국내 정부와 비슷하여 사법법원(Court of Justice)에서 담당한다. 그러나 국내 법원이 3심제인 것과 달리 유럽사법법원은 1심제이거나 2심제이다. 유럽사법법원에는 제1심법원(the Curt of first Instance)이 부속되어 있어서 특정한 사건만을 다루고 있다.

EC 사법재판소는 EC 조약의 해석과 적용에 있어서 법이 준수되도록 보장하기 위하여 설립되었는데 EC 사법재판소는 13명의 재판관으로 구성된다. EC 사법재판소는 3명 또는 5명의 재판관으로 구성된 재판부(Chamber)를 둘 수 있으며 이들 재판부는 예비조사를 하거나 특정범주의 사건을 처리한다. EC 사법재판소가 재판관의 증원을 요청하는 경우에는 EC 이사회는 전원일치로 재판관을 증원하고 법률심의관(Advocates General)의 증원, 재판부의 재조정 등을 하여야 한다.

EC 사법재판소의 소장은 EC 사법재판소 재판관 중에서 선임되며 임기는 3년이다. EC 사법재판소의 재판관 및 Advocates-General은 각국 정부의 합의로 임명된다. 이들의 임기는 6년이다. 13명의 EC 사법재판소 재판관 중 12명은 12개 회원국에서 1명씩 지명하며 나머지 1명의 재판관은 독일, 프랑스, 영국, 이테리, 스페인 5개 국가가 돌아가면서 지명한다.

EC 사법재판소는 EC 사법재판소 자신의 선례에 구속받지 않는다. Advocates-General의 의견에도 전혀 구속되지 않는다. Advocates-General에 임명되기 위해서는 소속국가의 최고 재판관직에 임명될 수 있는 자격이 갖추어져 있거나 공인된 법률지식이 있어야 한다.

Advocates-General은 재판소의 심리에 참여하지 않으며 Advocates-General의 임무는 완전한 중립성과 독립성을 가지고 EC 사법재판소에 제기된 사건에 관하여 공개법정에서 합리적인 이유를 붙인 의견(reasoned submissions)을 개진함으로써 EC 사법재판소가 EC 사법재판소에 부여된 과제를 수행하도록 지원하는 것이다.

Advocates-General의 의견은 구두변론 마지막에 구두로 이루어지며 1심법원(Court of First Instance)의 경우 서면으로 의견을 진술할 수 있다. 일단 의견진술이 이루어지면 임무는 끝나게 되고 더 이상 사건의 심리에 관여할 수 있다.

EC 사법재판소는 증가하는 업무량에 대처하기 위한 방법의 하나로 합의부(Chamber)를 이용해 왔다. 합의부는 3 내지 5명의 재판관으로 구성된다. 1989년에는 합의부 사건이 116건이었다. 제1심법원은 사건을 1심으로 심리하고 결정할 수 있으며 그 재판관에 대하여는 법률문제에 한하여 EC 사법재판소에 항소할 수 있는 법원을 EC 사법재판소에 설립하도록 하고 있다.

3) EU의 공동정책

(1) 공동농업정책(Common Agricultural Policy)

유럽 건설의 한 초석을 형성하고 있는 공동농업정책은 유럽공동체의 가장 통합된 정책이다. 하지만 공동농업정책은 공동체 예산의 약 65%를 차지한다. 시장정책과 농업구조정책을 근간으로 하는 공동농업정책은 시장의 단일화, 공동체 농산물 호혜 그리고 재정연대감 위에 그 기반을 두고 있어서, 농업 생산력 증대와 대부분의 식용 농산물에 대한 비축의 안전보장에 기여해 왔다.

농업 종사자들의 생활수준과 수입이 지역에 따라 크게 다른 점, 구조적 잉여 농산물, 공동체 고유 재정원보다 빠르게 증가하는 농산품 통화보상액 등의 심각한 문제에 직면해 있는 공동농업정책은 초창기부터 회원국들 간의 많은 논란의 대상이 되어 왔다.

2008년 11월 유럽연합은 공동농업정책 건전성 평가개혁에 합의했었다. 밀, 올리브, 호프, 쇠고기, 쌀, 땅콩, 종자, 감자전분 등 2010년 현재 남아있는 생산 연계성 직불금은 2012년까지 생산과 연계되지 않는 단일 농가 직불금으로 통합하였다. 한편, 2010년 농가 직불금의 5%를 농촌개발 예산으로 전용하고, 2012년부터는 10%를 강제 전용하였다. 2013년 녹색화, 정책대상, 재분배, 생산량 규제 해제, 식품체인, 연구와 혁신 등에 합의를 하였고, 2017년 현재 EU 집행위원회가 2013년 개정과정을 통해 2020년까지 계획된 공동농업정책(CAP)의 개정을 위한 공개협의(public consultation)를 열겠다고 최근 밝혔다.

(2) 공동외교안보정책

공동외교안보정책이 포괄하는 범위와 공동대응 및 수행에 필요한 재원의 출처를 명백히 규정하고, EU 외교정책의 모든 분야를 다루도록 명시하고 재원의 출처를 개별 회원국 및 EU로 규정했다. 유럽 시민 보호와 EU 차원에서의 안보 및 방위 활동에 공동으로 대응하도록 규정하였다.

개별 회원국의 의무조항을 강화하여 개별 회원국은 자국 내 공동외교안보정책을 수용할 수 있는 환경을 조성해야 하는 의무가 내재 또한 개별 회원국은 EU의 공동안보 및 방위 활동을 국내에 도입할 수 있는 수준으로 군사적 수행능력을 향상시킬 의무가 내재되었다.

개별 회원국의 외교안보적 독립성을 부여하되 자문 조항으로 부분적 제재하여 자국 안보는 개별국의 책임임을 명시한다. EU의 이익에 영향을 미치는 개별 회원국의 국제적 행보나 공약은 유럽 정상회의나 이사회에서 자문을 구하도록 명시한다.

(3) 공동조세법

타 회원국의 상품과 국내 상품에 대한 부과세 간 균형을 유지하여 타 회원국의 상품에 대한 직, 간접세는 국내 유사품에 대한 직, 간접세를 초과할 수 없도록 명시되었다.

보호주의 성향의 부과세는 불허하여 자국 상품을 간접적으로 보호하기 위한 부과세는 인정하지 않기로 결정하고, 회원국 수출품에 대한 부과세는 국내 세율을 초과할 수 없도록 규정하였다.

(4) 환경정책(Environmental Policy)

1972년 파리의 유럽정상회담에서 처음으로 환경문제에 관심을 나타냈다. 경제성장은 생활수준과 질의 향상에 결부되어야 한다고 6개국 정상들은 뜻을 같이했다. 1985년 부뤼셀 유럽이사회는 1987년을 "환경의 해"로 책정하기도 했다. 마스트리히트 조약은 환경 질의 보존·보호 그리고 개선, 인체건강 보호, 천연자원의 신중하고 합리적인 이용, 지역 혹은 세계 환경문제를 다루기 위한 국제차원의 대책 촉진을 환경정책의 근간으로 삼고 있다. 1990년에는 환경상태에 관한 확실하고 객관적인 자료공급, EC 환경법규의 적용 여부 감시를 위해 필요한 자료를 위원회에 제공하는 것 등을 주요임무로 하는 유럽 환경기관이 설립되었다.

2. EU의 경제

1) EU의 경제실적 및 전망

국내 총생산(GDP)에 의해 물품과 서비스의 전체 가치는 세계 인구의 7%도 안 되지만 세계 부의 1/4 이상을 차지하고 있다. EU의 2015년도 전체 경제성장률은 2.2%로 과거 그리스를 비롯한 몇몇 국가가 어려웠을 때보다는 좋아졌다.

그러나 2017년 이후의 경제성장률은 그렇게 낙관적이지는 않다. 물가도 안정적이나 오히려 디플레이션에 가까울 정도로 경기가 좋은 상황은 아니나 이후 조금씩 물가상승이 이루어질 것으로 예상되고 있다. 실업률은 여전히 높고, 조금씩 개선될 것으로 예측되나 낙관적이지는 않은 실정이다.

〈표 4-1〉 EU의 주요 경제지표 및 예측

지 표	2015	2016	2017	2018
GDP 성장(%, yoy)	2,2	1,8	1,6	1,8
인플레이션(%, yoy)	0,0	0,3	1,6	1,7
실업률 (%)	9,4	8,6	8,3	7,9
공공 예산 균형(GDP의 %)	-2,4	-2,0	-1,7	-1,6
총 공공 부채(GDP의 %)	86,6	86,0	85,1	83,9
경상 수지 균형(GDP의 %)	1,8	2,1	2,1	2,2

자료: Autumn 2016 Economic Forecast - EU and euro area

2) EU 주요국의 경제현황

EU의 2015년도 주요국가의 경제지표를 보면 독일, 네덜란드 및 영국이 그나마 상대적으로 안정적이며, 프랑스와 이탈리아의 실업률은 10%가 넘어섰고, 스페인은 위기를 벗어나면서 경제성장률은 높아지고 있으나 실업률은 22.1%를 기록하고 있다. 아직까지 EU의 경제상황은 세계 평균에는 못 미치는 상황이다.

〈표 4-2〉 2015년 EU의 주요국가 경제지표

	GDP성장(%)	인플레이션(%)	실업률(%)
독일	1.7	0.1	4.6
프랑스	1.3	0.1	10.4
이탈리아	0.8	0.1	11.9
네덜란드	2.0	0.2	6.9
스페인	3.2	-0.6	22.1
영국	2.2	0.0	5.3

자료: Autumn 2016 Economic Forecast - EU and euro area

3. EU의 무역과 정책

1) EU의 무역현황

EU 28개국의 2017년도 총 수출입규모는 3조 7,376억 유로로 수출이 1조 7,457억 유로, 수입이 1조 8,582억 유로였다. 교역규모로 볼 때, 미국, 중국, 스위스, 러시아, 터키가 5대 교역국이고, 이어 일본, 노르웨이, 한국, 인도, 캐나다 순으로 교역이 이루어졌다. 미국은 EU 전체교역에서 16.9%를 차지하고 중국도 10%가 넘는 15.3%를 차지하였다. 이 두 나라는 전체 교역비중에서 각각 10%를 넘는 규모였다. 작은 국가이지만 스위스도 3위로 7.0%를 점유하였다.

〈표 4-3〉 2017년 EU의 총수출입 (단위: 백만 유로)

순위	국가	금액	비율
	Extra EU28	3,737,688	100
1	미국	632,020	16.9
2	중국	573,023	15.3
3	스위스	261,220	7.0
4	러시아	231,280	6.2
5	터키	154,251	4.1
6	일본	129,373	3.5
7	노르웨이	128,135	3.4
8	**한국**	**99,822**	**2.7**
9	인도	85,907	2.3
10	캐나다	69,182	1.9

자료: European Commission, Trade Statistics, 15 June 2018.

2017년 EU의 각국으로부터 수입은 중국에서 가장 많은 20.2%로 3,748억 유로를 수입하였다. 다음으로 미국이 13.8%, 러시아로부터 7.8%, 스위스, 노르웨이 순으로 수입을 많이 하였는데 베트남에서도 370억 유로를 수입하였다.

〈표 4-4〉 2017년 EU의 총수입

(단위: 백만 유로)

순위	국가	금액	비율
	Extra EU28	1,858,257	100
1	중국	374,823	20.2
2	미국	256,176	13.8
3	러시아	145,094	7.8
4	스위스	110,407	5.9
5	노르웨이	77,433	4.2
6	터키	69,760	3.8
7	일본	68,800	3.7
8	**한국**	**50,017**	**2.7**
9	인디아	44,184	2.4
10	베트남	37,018	2.0

자료: European Commission, Trade Statistics, 15 June 2018. Trade Statistics, 14 Feb 2017.

수출 역시 미국으로 20.0%를 수출하고, 금액으로는 3,758억 유로를 수출하였다. 2위와 3위는 중국과 스위스였으며, 러시아와 터키가 뒤를 이었다. 그밖에 일본, 노르웨이, 한국, 아랍에미레이트, 인도 순으로 수출을 많이 하였다.

〈표 4-5〉 2017년 EU의 총수출

(단위 : 백만 유로)

순위	국가	금액	비율
	Extra EU28	1,879,431	100
1	미국	375,845	20.0
2	중국	198,200	10.5
3	스위스	150,813	8.0
4	러시아	86,186	4.6
5	터키	84,490	4.5
6	일본	60,493	3.2
7	노르웨이	50,702	2.7
8	**한국**	**49,805**	**2.7**
9	UAE	42,616	2.3
10	인도	41,723	2.2

자료: European Commission, Trade Statistics, 15 June 2018.

〈표 4-6〉 2017년 EU의 무역수지 (단위: 백만 유로)

순위	흑자국	흑자금액	적자국	적자금액
	Extra EU28	21,173		
1	미국	119,669	중국	176,624
2	스위스	40,406	러시아	58,908
3	아랍에미레이트	32,583	노르웨이	26,730
4	홍콩	25,650	베트남	26,396
5	오스트레일리아	21,646	방글라데시	13,783

자료: European Commission, Trade Statistics, 14 Feb 2017.

2016년 EU의 무역수지는 393억 유로 흑자를 기록하였고, 미국에 1,152억 유로의 흑자를 기록하였다. 뒤이어 아랍에미레이트, 스위스, 오스트레일리아, 홍콩 순으로 흑자수지를 기록하였다. 반면, 중국에 1,745억 유로의 적자를 기록하여 미국으로부터의 흑자규모보다도 더 큰 규모의 무역적자를 기록하였다. 뒤이어 러시아, 이란, 베트남, 노르웨이 순으로 적자를 기록하였다. 2017년에는 211억 유로의 흑자를 기록하여 전년도에 비해 줄어들었다. 미국에 대한 흑자규모가 1,196억 유로나 되어 미국과의 통상마찰의 빌미가 되고 있다. 흑자국으로는 미국을 비롯해 스위스, 아랍에미레이트, 홍콩 및 오스트레일리아 순이고, 적자국으로는 1,766억 유로의 적자를 기록하고 있는 중국, 그 뒤로 러시아, 노르웨이, 베트남 및 방글라데시 등의 순으로 적자를 기록하고 있다.

2) EU의 무역정책

세실리아 말스트롬(Cecilia Malmstrom) EU 통상담당 집행위원은 2015년 10월 14일 새로운 경제적 현실에 더 책임감 있게 대응할 수 있는 신 통상투자전략(New Trade and Investment Strategy)을 발표하였다. EU의 수출입은 EU 역내를 제외한 세계 수입과 수출에서 16%를 차지한다. EU는 중국에 이어 세계에서 두 번째로 많이 수출하는 경제권으로 수출액도 중국과 큰 차이가 없으며, EU에서 3,000만 개 이상의 일자리가 해외 수출에 의존하고 있다. 앞으로 세계 성장의 90%가 유럽연합의 밖에서 일어날 것이기 때문에 유럽의 일자리는 수출에 달려 있다. 따라서 무역협정은 더 효과적이고, 더 많은 기회를 창출할 것이며, 일자리 창출에 새로운 전략으로 무역과 투자의 중요성을 인식하고 있다. EU에서

범 대서양 무역 투자 파트너십(TTIP)을 포함해 통상협정들을 전략적으로 구현해야 한다는 것이다.

(1) EU의 신 통상전략이 필요한 이유

EU는 새로운 통상전략이 필요한 이유를 크게 4가지로 제시하고 있다.

첫째, 주로 TTIP를 위시한 통상협정에 대한 토론을 통해서 많은 사람은 통상정책이 자신들의 일상적인 삶에 미칠 영향에 대해 우려하는 것으로 나타났다. 즉 구매하는 외국산 상품이 공정한 근로조건 하에서 만들어지고 환경파괴가 없다는 것을 다시 확인받기를 희망한다는 것이다.

둘째, 무역은 제품이 생산되는 방식에서 중요한 변화의 중심에 있다. 수많은 상품과 서비스는 국경을 넘어 긴 글로벌 가치사슬을 통해 만들어지고 있고, 인터넷 연결과 해외출장을 통해서 구입이 용이해지고 있는 상태이다. 이러한 것은 단지 과거처럼 완제품을 수출하는 방식을 넘어서 이제는 무역이 EU 경제의 중심에 있음을 의미한다. 이것은 통상정책이 새로운 관점(outlook)과 새로운 도구(tools)가 필요함을 의미하는 것이다.

셋째, EU는 무역에서 생기는 기회를 최대화할 수 있도록 세계의 가장 중요한 국가들과의 협상에 참여할 필요가 있다. 이것은 세계무역기구(WTO), 양자협상, 투자협정 등에서 유럽의 노력을 극대화하는 것을 의미한다. 또한 신재생에너지 및 다른 환경기술과 같은 고도혁신부문에서 무역장벽을 제거하는 것을 의미하는 것이다. 세계무역기구(WTO)에서 환경상품 및 서비스에 대한 협상이 타결되는 것은 두 자릿수로 성장하면서 새로운 일자리를 만들고 있는 부문에 대한 자극제가 될 것이다.

마지막으로, EU는 기존의 발효된 통상협상을 잘 활용하고 있기는 하지만 가능한 모든 기회를 활용하지는 못하고 있다. 한례로 통상협정을 통해 관세율이 낮아졌지만 활용률은 아직도 낮고, 특히 중소기업을 중심으로 개선이 필요한 상황이다.

(2) 신 통상전략의 주요 내용

EU는 통상정책의 새로운 전략으로 12가지를 제시했다.

- 디지털 경제와 서비스의 중요성과 같은 새로운 경제적인 현실을 고려해 무역정책 개정
- 전문가들, 고위 매니저 그리고 서비스 제공자들의 유동성 지원

- 무역과 투자협정을 통한 회원국들, 유럽 의회 및 이해관계자와의 향상된 동반자 관계 구현
- 중소기업 규정을 포함해서 장래의 무역협정에 효과적인 보다 투명한 무역과 투자 정책
- 무역과 투자 정책에 근거 TTIP를 포함한 모든 EU의 무역협상에 투명성 확대
- 세계적으로 개혁적인 투자정책을 이끌기 위한 규정, 투자 보호와 전략 수립
- 지속 가능한 발전, 그리고 윤리적인 공정거래 및 인권지원을 위한 기본 설정
- 협상의 프로그램에 의해 세계화를 이룩하기 위한 장래의 무역협정에 반부패 규정 포함
- TTIP 등 지역 간 상호 협정, 즉 다자 간 협상 재활성화(Reenergising)
- 아시아와 태평양 지역에 EU 존재감 강화, 중국 견제: 호주와 뉴질랜드의 FTA협상에 회원국들로부터의 협상지침에 대한 당위성 요청, 필리핀과 인도네시아도 적절한 때에 새로운 아세안 FTA 협상
- 아프리카연합과 EPAs를 효과적이고 심화된 관계로 추진
- 기존 멕시코 및 칠레와의 자유무역협정과 터키와의 관세동맹의 현대화(Modernising) 추진

(3) 신 통상정책의 3대 핵심원칙

신통상정책의 3대 핵심원칙은 효과성, 투명성 및 기본적인 가치에 원칙을 두고 있다.

① **효과성**(Effectiveness) : 통상은 새로운 경제적 기회에 대한 약속을 실질적으로 가져오도록 보장해야 한다. 서비스와 디지털무역을 포함해 오늘날의 경제에 영향을 미치는 이슈들을 해결하는 것을 의미하는 것이다. 또한 유럽의 중소기업, 소비자, 근로자가 더 개방된 시장을 충분히 이용하고 적응하도록 보장하기 위해 필수적인 수단과 정보를 제공함을 의미한다. 예를 들면, 이것은 앞으로의 무역협정에서 중소기업을 위한 효과적인 규정을 포함시키는 것을 의미한다.

② **투명성**(Transparency) : TTIP 협상 사례에서와 같이 모든 협상에서 더 많은 대중들의 검토를 위해 핵심적으로 협상중인 문안을 공개하는 것이다. 실제 집행위원회는 홈페이지에 동서아프리카와의 경제동반자협정과 같은 일부 새로운 협상 문서를 새로 게재했다고 밝히고 있다.

③ **기본 가치**(Values) : EU 역내에서 유럽의 사회적 및 규제적 모델을 보호하는 것이다. 통상협정과 특혜제도(preference programmes)를 지속가능발전, 인권, 공정무역 및 윤리적 거래(fair and ethical trade), 부패와의 전쟁 등과 같은 유럽의 가치를 전 세계에서 촉진하기 위한 지렛대로 사용하고 있다. 이것은 EU의 무역협정에 반부패원칙을 포함시키고, EU의 교역파트너들이 단결권 및 아동노동 철폐와 같은 핵심근로기준에 대한 규정 이행을 하는지 모니터링하는 것을 의미한다.

4. EU 통상법

EU의 대외통상규제법은 수출규제법과 수입규제법, 그리고 수량규제와 관세규제로 각각 나누어 볼 수 있다. 또 불공정무역을 규제하는 법과 공정성 여부에 관계없이 발동되는 조치로 구분된다. 이 중 가장 대표적인 통상규제조치로는 반덤핑관세, 상계관세, 긴급수입제한조치, 수출자율규제조치, 신 통상정책수단, EEC 조약 제115조에 의한 간접 수입제한조치, COCOM에 의한 수출제한조치 등이 있고 기타 원산지규정, 관세평가규정 등도 통상보호조치로써 이용된다.

1) 반덤핑

(1) 반덤핑규제

EU의 대외통상규제조치 중에서도 가장 널리 이용되고 중요한 것은 반덤핑규제라고 할 수 있다. EU의 덤핑제소 남발은 경제상황적인 이유 이외에도 다음과 같은 이유가 있다.

반덤핑절차는 각 대상국별로 선별적으로 발동될 수 있는 점에서 다른 통상규제조치보다도 선호되고 있다. 가령 긴급수입제한조치는 무차별대우 원칙이 적용되어 특정국가나 특정기업의 상품만을 대상으로 할 수 없음에 대하여 반덤핑규제는 특정국가는 물론 특정기업의 상품에 한정하여 발동될 수 있어 가장 직접적인 규제효과를 나타낼 수 있다. EU가 반덤핑규제를 선호하는 또 다른 요인은 일정한 시한에 따라 조사절차를 진행할 수 있고 비교적 객관적인 자료에 의하여 덤핑차액을 계산해 낼 수 있다는 점이다.

(2) EU 반덤핑법의 특징

EU 반덤핑법은 기본적으로는 GATT 협정문 제6조 및 동경라운드 반덤핑코드와 유사하나 그 운용과정에서 많은 차이를 보여 주고 있다. 덤핑이라 함은 EU 역외로부터 EU 역내로 수입되는 상품의 수입가격이 정상가액보다 낮기 때문에 동종 또는 유사상품을 생산하는 EU산업이 피해를 입는 것을 말하고 이러한 덤핑에 대하여 보복관세를 부과하는 것이다. 그런데 EU는 보복관세 부과 대신에 상대기업의 가격인상약속(price undertaking)에 의하여 절차를 종료시키는 경우가 많은데 이 가격인상약속은 미국이나 여타 국가의 반덤핑법에서는 찾아볼 수 없는 독특한 제도라 하겠다.

(3) 반덤핑규제의 실체적 요건

반덤핑규제를 시행하기 위해서는 EU로 수입되는 외국상품이 덤핑이 있어야 하고, 그로 인하여 EU 산업이 실질적인 피해를 입어야 하며, 덤핑과 피해 간에는 인과관계가 존재하여야 한다.

그러나 EU 의회는 2017년 6월 20일, 역내산업과 일자리 보호를 위해 반덤핑 규정 변경을 결정하고 회원국과 협의를 시작할 것이라 발표했다. EU 의회의 이와 같은 발표는 중국을 염두해 둔 것이다. 그동안 중국은 과잉생산으로 EU와 철강부문에서 지속적인 통상마찰을 빚어왔다. 변경되는 반덤핑규정은 대EU 수출국이 국제 회계, 노동, 환경 기준을 충족하는지와 해당국 내 외국인 투자, 상법, 지식재산권, 세금, 파산법 등에서 차별조치가 없는지를 살피고 관련 사항을 반덤핑 판정에 반영할 예정이다. EU 의회는 이 과정에서 역내 기업이 반덤핑 조사를 청원할 때 증빙 제출 부담을 없애 행정 부담을 최소화할 것이라고 밝혔다.

EU의 이와 같은 통상규제 강화 움직임은 중국의 과잉생산 문제와 함께 '시장경제국(MES)' 지위 인정 문제가 맞물려 있다. 2001년 12월, 중국이 WTO에 가입할 당시 가입 의정서에는 유보조항으로 15년 후 중국이 시장경제국 지위를 획득한다는 내용이 포함되었었다. 중국은 해당 조항을 근거로 2016년 12월 시장경제국 지위 획득을 주장했으나, 미국과 EU는 중국이 시장경제국이 될 만한 조건을 갖추지 않았음을 지적하며 거부했다. 중국은 곧바로 WTO에 미국과 EU를 제소한 상태이다. 시장경제국 지위를 갖지 못한 국가의 경우 반덤핑 관세를 더 부과할 수 있어, 미국과 EU 입장에서는 자국산업 보호와 상품 경쟁력

제고를 위해 중국의 시장경제국 지위를 인정하기 쉽지 않은 것이다. EU가 2013년부터 2016년까지 반덤핑 및 보조금 관련 조사에 착수한 54건 중 24건이 중국 관련 건일 정도로 중국의 과잉생산과 저가공세가 큰 상황이다.

① 덤핑

덤핑 및 덤핑률(dumping margin)판정에 있어서 비교대상이 되는 가격은 '정상가격(normal value)'과 '수출가격(export price)'이다. 정상가격이라 함은 ① 문제 된 상품의 수출국시장에서의 판매가격, ② 그 상품의 제3국 수출가격, ③ 구성가격을 말한다. 수출가격이라 함은 수출입업자 사이에 실제로 지급된 가격이고 만일 가격이 확정될 수 없는 경우 또는 수출자와 수입자 간에 특수한 관계에 있는 경우에는 이 상품이 EU 내에 최초로 제3자에게 판매된 가격을 말한다.

정상가격과 수출가격의 비교는 종래 규칙에서는 가능한 한 공장도가격으로 하도록 되어 있었으나, 집행위원회는 이 두 가격의 산정에 각각 다른 기준을 적용하여 왔고 적용기준은 규칙 2423/88에 그대로 반영되고 있다. 이러한 EU의 가격산정관행은 덤핑인정을 용이하게 하기 위한 것이다.

이중기준 적용은 다음 두 가지를 대상으로 한다. ① 이중기간을 적용한다. 가격산정의 기준이 되는 정상가격에 대하여는, 조사기간 전체의 가중평균치에 의하여 산정하는 데 비하여 수출가격은 개개의 거래별로 산정한다. ② 정상가격과 수출가격을 비교하기 위한 공장도가격을 산정함에 있어서 수출가격에 대하여는 모든 간접비용(overheads)과 이윤(profits)을 공제함에 대하여 정상가격에 대하여는 판매에 관련된 직접비용만을 공제하고 이윤이나 간접비용은 공제하지 않는다.

이러한 이중기준에 의한 가격의 산정은 GATT의 반덤핑코드 제2조 6항에서 요구하는 가격비교에 있어서의 공정성원칙에 위반하는 것을, EU 당국은 EU 반덤핑법의 기술적인 규정을 엄격하게 적용함에 따르는 불가피한 것이라고 하고, 유럽법원도 이 방법이 정당하다고 판시하고 있다.

② 실질적 피해

어떤 상품이 덤핑 판매되고 그로 인하여 관련 EU 산업이 실질적인 피해를 입거나 피해를 입을 우려가 있는 경우 또는 EU 산업의 확립을 실질적으로 지연시키는 경우 반덤핑관세가 부과되게 된다. 피해요건의 조사에 있어서의 덤핑수입상품의 수량, 가격 및 EU 산업에 미치는 각종 영향이 고려된다. 집행위원회의 덤핑판정 관행은 ① GATT 반덤핑코드에 의하면 덤핑규제를 하기 위해서는 덤핑수입으로 인하여 피해가 초래되었다는 적극적인 증거를 제시할 것을 요구하고 있다. 하지만 EU 반덤핑당국은 이를 따르지 않고 덤핑사실과 피해가 인정되면 양자 간의 인과관계는 존재하는 것으로 추정하고 있다. ② EU 반덤핑규칙에 의하면 덤핑으로 인하여 관련 EU 상품의 가격이 심하게 하락하는 것이 가장 주요한 피해지표가 된다. 즉 EU에서는 상품의 실제가격이 아닌 가상적 가격에 의하여 가격하락을 인정하고 있다는 점이다. 그리고 피해를 추정할 수 있는 또 하나의 표시는 수입품의 덤핑으로 인하여 EU 역내산업에 중대한 충격을 주었는지 이다.

(4) 덤핑 조사절차

EU의 반덤핑절차는 보통 EU 산업을 대표하는 자의 신청에 의하여 개시된다. 신청인은 덤핑사실 및 EU 산업의 실질적 피해에 대한 충분한 증거를 제출하지 않으면 안 된다. 신청서가 접수되면 집행위원회는 회원국대표로 구성된 자문위원회를 개최하여 조사개시 여부에 대한 충분한 증거를 제출하지 않으면 안 된다. 신청서가 접수되면 집행위원회는 회원국 대표로 구성된 자문위원회를 개최하여 조사개시 여부에 대한 검토를 하고 덤핑 및 피해에 대한 충분한 증거가 있다고 판단할 경우 조사개시를 명하고 이를 관보에 고시한다. 이 시점 조사개시 사실을 그 상품의 수출자, 수입자, 수출국 및 신청인에게 각각 통지한다.

조사개시 결정 후 집행위원회는 덤핑과 피해여부 및 그 정도에 대한 조사에 착수한다. 조사대상 기간은 보통 절차개시 전 12개월로 한다. 자료의 수집은 집행위원회가 관련 당사자에 송부한 설문서(questionnaires)에 의하게 되는데 이 설문서에 대한 답변서와 증거의 제출이 집행위원회의 결정에 지대한 영향을 주게 된다. 당사자가 제출한 답변서는 검증절차를 거쳐 그 진실성을 확인하게 되는데 대개의 경우 집행위원회의 관리들이 관계당사자의 소재지에 직접 방문하여 현지조사를 하게 된다.

조사 결과 덤핑과 EU 산업에 대한 실질적 피해가 인정되고 또 이러한 피해를 제거하기 위하여 규제조치를 취하는 것이 EU의 이익에 합치한다고 판단되는 경우 최종판정 이전에도, 집행위원회는 잠정 반덤핑관세 부과조치를 취할 수 있다. 그리고 덤핑과 피해가 최종적으로 확정된 경우에는 확정 반덤핑관세를 부과한다. 이 경우 반덤핑관세의 최고한도는 덤핑마진이 된다. EU는 피해가 인정되는 경우에도 여러 가지 상황을 고려하여 반덤핑관세의 부과를 신축성 있게 결정하도록 하고 있는데 이는 미국 반덤핑법이 덤핑마진에 상당하는 금액을 의무적으로 징수하도록 하는 것과 대조적이다. 그러나 현실적으로 덤핑관세가 부과되지 않는 사례는 거의 없다.

가격인상약속(price undertakings)에 의하여 절차를 종료시킬 수 있도록 하고 있는 것이 EU 반덤핑법의 특징이다. 가격인상약속은 수출자가 집행위원회에 대하여 가격정정 신청을 하고 집행위원회가 이에 의하여 덤핑 마진 또는 덤핑에 의한 피해를 제거할 수 있다고 판단하는 경우 이를 받아들여 조사절차를 종료시키는 것이다.

EU 반덤핑절차에 있어서 가장 큰 문제점은 EU 집행위원회에 광범위한 재량권을 인정하고 있다는 점이다. 앞으로 보다 세밀한 절차규정을 둘 필요가 있으며 결제와 균형을 맞출 수 있는 제도의 확립이 시급하다는 지적이 일고 있다. 또 조사절차에 소요되는 기간도 최근에 와서 종래 18개월에서 15개월로 단축하고 필요한 인원을 증원하였다.

사실발견절차(discovery procedure)에서의 문제는 조사절차 기간에 일정한 제한을 두지 않고 있는 점, 반덤핑에 관한 설문서가 점점 복잡해지는 경향에 있다는 점, 검증에 대한 명확한 기준이 되는 치침이 없다는 점, 관련 자료에 대한 당사자들의 접근이 어렵다는 점이다.

EU 반덤핑법은 어떠한 품목에 관하여 덤핑관세가 부과되면 그 국가로부터 수입되는 모든 당해 제품에 대하여 적용된다. 따라서 무차별 덤핑관세의 부과로 인하여 피해를 입은 다른 기업을 위하여 환급절차를 마련하고 있는데 많은 어려움이 따르고 있다.

EU 반덤핑법은 반덤핑관세 부과조치에 대하여 재심사를 받을 수 있도록 규정하고 있다. 이러한 재심절차는 집행위원회의 직권이나 회원국의 청구에 의하여 개시된다. 재심결과 그 사유가 타당하다고 판단될 경우에는 덤핑관세 부과조치에 대한 수정이나 폐지 또는 취소하는 조치가 취해진다. 그런데 재심절차에 있어 절차의 개시, 조사절차, 조치의 결정에 이르기까지 집행위원회에 광범위한 재량권이 부여되어 있다는 점이 그 특징이자 문제점이라 할 수 있다.

유럽 법원은 사실문제와 법률문제를 다 심사할 수 있는 권한을 가지고 있으나 기본적으로 사실문제보다는 법률적 쟁송을 다루는 최고법원이라고 할 수 있다. 따라서 EU 당국이 취한 반덤핑조치에 관한 재심소송에 있어서 법원은 법률적 쟁점에 대하여만 관심을 가지고 사실 문제에 대한 심사는 자제하고 있는 경향이 강하다. 즉 경쟁법이나 반덤핑법위반 사건과 같은 경우에 집행위원회가 내린 판정은 복잡한 경제적인 문제를 고려한 것이기 때문에 사법부에서 이를 판단하는 것은 곤란하고 다만 집행위원회가 이러한 결론에 이르게 되기까지의 과정이나 증거의 취사선택 또는 집행위원회의 권한남용 등과 같은 사항에 법원의 심사가 한정될 수밖에 없다.

B. New investigations initiated by country of export during the period 2013 – 2017 (excluding the reopenings)

Country of origin	2013	2014	2015	2016	2017
Argentina	-	-	-	-	-
Belarus	-	-	-	1	-
Brazil	-	-	1	1	-
P.R. China	6	6	6	6	-
India	1	2	2	1	-
Indonesia	1	-	-	0	-
Iran	-	-	-	1	-
Georgia	-	-	1	-	-
Japan	-	1	-	-	-
Kazakhstan	-	-	-	-	-
Korea (Rep. of)	-	1	-	2	-
F.Y.R.O.M.	-	-	-	-	-
Mexico	-	-	1	-	-
Oman	-	-	-	-	-
Russia	-	2	1	1	-
Serbia	-	-	-	1	-
Taiwan	-	1	1	-	-
Thailand	-	-	-	-	-
Turkey	-	2	1	-	-
Ukraine	-	-	-	1	-
U.S.A.	-	1	-	-	-
Vietnam	1	-		-	-
Total	9	16	14	15	-

[그림 4-3] EU 집행위가 2013~2017년간 착수한 국가별 반덤핑 및 보조금 조사 현황

자료: EU 집행위,
http://cafe.daum.net/ktrc21/d9c/6593?q=eu%20%EB%B0%98%EB%8D%A4%ED%95%91%EB%B2%95

(5) 덤핑에 대한 조치

① 반덤핑관세의 부과

덤핑조사결과 덤핑사실과 그로 인한 EU 산업의 피해가 확정되면 EU 당국은 반덤핑관세의 부과와 가격인상약속의 두 가지 중 한 가지 조치를 취할 수 있다. 반덤핑관세를 부과할 경우에는 잠정반덤핑관세와 확정반덤핑관세의 두 단계로 나누어 부과한다. 반덤핑관세가 부과되면 이는 향후 그 국가로부터 수입되는 모든 동종의 물품에 관하여 적용된다. 즉 어떤 특정 수출업자에게 내려진 덤핑판정은 그 수출업자로부터 EU로 수입되는 상품 뿐 아니라 덤핑에 관계되지 않은 다른 수출업자의 상품에 대하여도 마찬가지로 적용된다.

반덤핑관세액은 덤핑마진을 초과할 수 없고 만일 관세를 적게 징수하여도 피해를 제거하기 위해 충분한 경우에는 덤핑마진보다 적게 징수하여야 한다. 이러한 EU의 소액징수원칙(lesser duty rule)은 덤핑관세를 반드시 덤핑마진과 일치시키고 있는 미국의 반덤핑법 관행과 다르다.

반덤핑관세는 EU 전 지역에 적용되는 것을 원칙으로 하고 있으나 제소자가 EU 내 특정지역에 소재한 생산자들인 경우에는 수출업자들에게 그 지역에만 적용되는 가격인상약속을 제안할 수 있는 기회가 부여되어야 한다.

② 가격인상약속(price undertaking)

가격인상약속은 덤핑조사 대상으로 되어 있는 수출업체가 당해물품 가격을 적정선으로 인상하여 덤핑상태를 제거할 것을 제안하고 집행위원회가 각료이사회의 승인을 얻어, 이를 수락함으로써 덤핑절차를 종결하는 것을 말한다. EU에서는 대략 50% 이상의 사건이 가격인상약속에 의하여 종결된다고 한다.

가격인상약속이 수락되기 위해서는 가격인상약속에 의하여 덤핑 및 그 피해가 충분히 제거될 수 있다고 집행위원회가 확신하여야 한다. 가격인상약속이 거부되는 경우로는 ① 적절한 기간 내에 가격이 충분히 인상될 가능성이 없거나, ② 집행위원회가 그 이행여부를 감시하기 어려운 경우, ③ 가격인상약속이 시행되어도 적절한 해결책이 되지 못하는 때, ④ 과거 가격인상약속의 위반이 있었던 경우이다.

가격인상약속은 인상된 부분만큼 추가소득을 얻을 수 있다는 점에서 관세로 징수당하는 반덤핑관세보다 유리하다고 할 수 있다. 시장상황의 변동으로 덤핑의 원인이 없어진 경우에는 신속히 가격인상약속을 종료시킬 수 있을 뿐 아니라 대상지역을 EU 내 일정지역으로 제한할 수 있는 이점이 수출업자에게 있다. 또 제소자 측에서도 가격인상약속은 수량제한협정을 포함할 수 있고 관세부과조치 보다 신속한 구제를 받을 수 있다는 점에서 유리하다.

그러나 가격인상약속은 수입자의 입장에서 볼 때 수출물품에 직접적인 영향을 주어 가격이 실제 인상되어야 하는 점에서 관세를 지불하는 한 당해 물품에 대하여 낮은 가격을 유지할 수 있는 반덤핑관세보다 불리하다고 할 수 있다. 또 제소자 측에서 볼 때 관세의 징수는 자동적으로 이루어지는 데 비하여 가격인상약속은 그 이행여부에 대한 감시가 어렵다는 불리한 점이 있다.

2) 긴급수입제한 조치법

긴급수입제한조치란 일정한 외국상품 수입이 급격히 증가함에 따라 관련 EU 산업이 중대한 피해를 입거나 입을 우려가 있는 경우 그 수입을 제한하는 조치이다. 긴급수입제한조치에 관한 EU의 기본법은 이사회규칙 288/82인데 이는 GATT 제19조와 동경라운드 긴급수입제한조치 협정에 근거를 둔 것이다. 이 규칙은 GATT 회원국인 EU 역외국으로부터 EU 역내에 수입되는 모든 제품에 대하여 적용되지만 다자간섬유협정(MFA)의 대상으로 되는 섬유제품이나, 국영무역국(State Trading Countries)으로부터 수입되는 제품, 중국으로부터 수입되는 제품, 쿠바로부터 수입되는 제품은 이 규칙의 적용대상으로부터 제외된다. 긴급수입제한조치는 수입감시제도(surveillance measure)와 보호조치(protective measure)의 두 가지 수입제한조치가 있다. 보호조치는 집행위원회 또는 집행위원회의 제안에 의한 각료이사회의 결정에 의하여 취하여 지는데 보통 수입물품의 수량제한을 그 내용으로 한다.

긴급수입제한조치는 EU에서는 상당히 제한적으로 원용되고 있다. 이는 긴급수입제한조치는 상대국의 불공정행위에 근거하는 규제조치가 아니고 EU 산업의 보호를 목적으로 하는 것이기 때문에 규제를 당하는 측에서의 반발이 크고 또 보호를 요청하는 EU 산업의 입장에서 볼 때도 입증하여야 할 피해의 정도가 덤핑보다는 훨씬 높아 절차의 이용이 번거롭기 때문이다. 또 긴급수입제한조치는 무차별원칙에 입각하여야 하기 때문에 선별적인 수입규제를 원할 경우에는 상대국과의 협상에 의하면 된다.

(1) 긴급수입제한조치 발동요건

긴급수입제한조치의 발동요건은 문제가 되고 있는 수입품과 역내물품이 동종 또는 직접적인 경쟁(like or directly competing)상품이어야 하고 수입상품과 동종 또는 직접적인 경쟁상품을 생산하는 EU 산업이 중대한 피해(serious injury)를 입거나 그 피해의 위협에 직면하고 있어야 하고 수입과 중대한 피해 간에 인과관계가 있어야 한다.

중대한 피해는 수입품의 수량, 수입품의 가격, 그 수입이 EU의 동종 또는 경쟁상품의 생산자에게 미치는 영향의 세 가지로 판정한다. 중대한 피해가 인정되기 위해서는 그 상품이 EU 역내로 "크게 증가된 양(in greatly increased quantities)"이 수입되어야 하는데 조사개시 전 3년 내지 5년의 기간 동안 연 수입증가율이 12.2%를 나타낸 경우 중대한 피해가 있다고 인정한 것이 있는가 하면 74%의 증가가 있은 경우에 피해를 인정한 사례도 있는 등 획일적 기준은 없다.

수입량이 급격히 증가한 경우 평균수입가격이 EU의 동종 상품과 비교할 때 더 높은 경우에는 피해가 없다고 판정한 사례도 있기 때문에 피해의 판정에서 상품가격이 중요한 기준이 되며 수입품이 EU 역내산업에 영향을 미쳤는지를 판정하기 위해 EU 역내산업의 생산량의 감소, 시장점유율의 감소, 판매가격의 침체, 손실발생, 고용의 감소 등이 그 기준이 되기도 한다.

긴급수입제한조치는 회원국의 신청에 의하든가 아니면 집행위원회의 직권에 의하여 조사가 개시된다. EU의 산업계는 조사개시 신청권이 없고 자국정부의 조사개시 신청을 하고 회원국 정부가 EU 집행위원회에 대하여 조사개시를 요청하는 방식을 채택하고 있다.

(2) 규제조치

조사결과 EU 산업에 대하여 중대한 피해가 없다는 것이 밝혀지면 조사절차는 바로 종결된다. 수입에 의하여 EU 산업에 중대한 피해가 발생하고 방어조치를 취하는 것이 EU의 이익에 합치한다고 판단되는 경우 수입수량제한, 관세의 인상 및 신설과 같은 조치를 취하게 된다. 수량제한조치를 취할 경우에는 종래 해당제품의 수입 실적보다도 적은 수준까지 수입량을 감소시킬 수 없고 적어도 현상유지는 하여야 한다.

이 방어조치는 EU 전체를 커버하는 것이어야 하지만 어떤 회원국에 한정하여 조치를 취할 수도 있다. 이럴 경우 수입제한조치를 회피하기 위하여 그 조치의 대상으로 되어 있지 않는 국가를 통하여 간접적으로 EU 역내로 유입될 수 있기 때문에 다른 EU 회원국으로 부터의 수입도 제한할 수 있다.

(3) 수입감시조치

수입감시조치는 그 자체로서는 수입제한은 아니지만 어떤 품목에 대하여 수입감시조치가 취해지면 그 대상물품 수입에 대하여는 수입감시에 필요한 서류를 제출하지 않으면 EU 역내에 반입될 수 없게 되기 때문에 수입을 억제하는 효과를 가진다. 이 조치는 보통 수입제한조치 발동의 전단계로서 실시된다.

(4) 회원국의 긴급조치

EU 당국에 의한 긴급수입제한조치 이외에 EU 회원국이 내리는 긴급수입제한조치가 있다. 이사회 규칙 288/82의 제17조는 회원국의 긴급수입제한조치의 발동요건과 발동절차를 규정하고 있는데 외국상품의 수입급증으로 인한 피해가 어떤 회원국에서 발생하고 그 회원국과 수출국 간의 협정에서 긴급수입제한조치를 발동할 수 있도록 정하고 있는 경우에는 그 회원국은 EU 차원에서의 조치와는 별개로 긴급수입제한조치를 취할 수 있다.

(5) 간접수입규제

긴급수입제한조치에 관한 규칙 제288/82는 제3국으로부터 직접적으로 수입되는 상품을 규제하기 위한 것이기 때문에 이미 EU에 수입된 후 유통되고 있는 상품에 대하여는 적용되지 아니한다. 따라서 이러한 상품의 유입으로부터 EU 각 회원국 산업을 보호할 목적으로 하는 수입규제조치를 허용하는 규정이 로마조약 제115조이다.

현재 EU 각 회원국에 의하여 시행되고 있는 쿼터제도는 특정국가로 부터의 직수출에만 적용되기 때문에 쿼터를 소진한 수출자는 역내 다른 회원국을 통하여 간접적으로 수출할 수 있게 된다. 역내회원국 간에는 재화의 자유교역원칙이 적용되므로 EU의 한 회원국에서 통관된 제품은 EU 역내에서 자유롭게 유통될 수 있기 때문이다. 이러한 방식에 의하여 종종 국별 쿼터제도를 회피하는 경우가 많이 있게 되는데 이를 방지하기 위하여 로마조약 제115조는 집행위원회가 회원국들 간의 역내자유유통원칙을 이용한 간접수출에 대해 규제조치를 하도록 하고 있다.

로마조약 제115조에 의한 수입규제조치는 당초 예외적으로만 허용되도록 되어 있었으나 1970년대 후반부터 1980년대 초에 들어와서 점차 일반적인 통상정책으로 사용하게 되었다. 최근에 들어 집행위원회는 로마조약 제115조의 인가요건을 대폭 강화하고 있고 유럽법원도 로마조약 제115조는 엄격하게 해석하지 않으면 안 된다고 판시하고 있다.

3) 원산지 및 표준 · 기술규정

(1) 원산지규정

원산지규정은 나라마다 다르고 복잡한 규정이 내용마저 명확하지 않아 차별적으로 적용될 소지가 있다. 생산활동의 범세계화와 지역주의의 심화로 원산지 판별의 중요성도 그 만큼 커지고 있다. UR에서 타결된 원산지규정에 관한 협정에는 원산지규정을 회원국이 물품의 원산지국을 결정하는데 일반적으로 적용하는 법률, 규정 및 행정 결정으로 규정하고 있다. 이 규정의 목적은 관세 및 기타 통관 목적을 위한 수입상품의 출처를 결정하는 데에 있다. 지역협정에 의한 특혜무역은 그 적용대상이 아니다.

EU의 원산지규정은 이사회 규정 802/68/EEC이다. 이 비특혜관세의 규정에 의하면, 경제적으로 정당화되고 최종적으로 실질적 가공이나 공정이 행해진 국가를 원산지로 간주한다. 2개국 이상이 제조과정에 관여했을 경우, 그 제품의 원산지국은 실질적인 최종 가공 또는 공정이 행해진 국가이다. 이 최종 공정은 경제적으로 정당화되고, 이를 위한 시설을 갖춘 기업이 행하며, 신상품의 제조상 중요한 공정이어야 한다. 이 규정은 특정국가들로부터 수입되는 제품에 대한 수입규제조치를 단순히 회피하기 위해 특정장소에서 특정 가공이나 공정이 이루어진 상품에 있어서는 이 가공 또는 공정이 행해졌던 국가가 원산지국으로 인정되지 않는다고 명시하고 있다. 이 조항은 피규제 대상국들이 반덤핑관세와 같은 규제를 회피하는 것을 막으려는 데에 있다. 집행위나 이사회는 모든 상품에 일반적으로 적용되는 이 원산지규정 이외에 상품별 원산지규정을 채택 · 적용해 왔다.

집행위는 완제품이 조립공정을 통해 얻는 부가가치, 즉 공장도가격의 45% 이상이 되어야 조립공정이 행해진 부가가치 형성국가를 원산지국으로 간주할 수 있다는 지침을 채택하였다. 이 비율 이하인 경우 공장도가격의 35%를 초과하는 부가가치를 생산한 국가를 원산지국으로 본다. 그러나 집행위 규정 288/89

에선 종전의 부가가치 기준을 채택하지 않고, 그 대신에 집적회로의 확산공정 또는 칩의 실피콘 웨이퍼상에 전자회로를 인쇄하는 공정이 이루어진 곳을 원산지로 규정하고 있어 논란의 여지가 있다.

공동체 관세규정인 1992년 10월 12일자 이사회 규정 2913/92는 "공동체 내에서 특정국가가 원산지인 상품에 적용되는 규정의 회피만이 유일한 목적이었음이 입증되거나, 또는 확인된 사실에 의하여 그러한 추정을 정당화하는 어떤 공정이나 작업에 의하여 생산된 상품에 있어서는 어떤 경우에라도 그 공정이나 작업이 행하여진 국가를 원산지국으로 인정하지 아니한다."고 규정하고 있다.

(2) 표준 및 기술규정

상품의 기술명세를 정하는 표준화는 표준과 기술규정으로 대별된다. 표준은 반복적이며 연속적인 적용을 위하여 승인된 것으로 그 준수가 의무적이 아닌 기술명세이다. 기술규정은 적용 가능한 행정조항을 포함하여 그 준수가 의무적이다. 표준과 기술규정 및 인증을 비롯한 적합판정 절차 등 표준화 제도는 최종제품만이 아니라 공정 및 생산방법(PPMs)에까지 그 적용범위가 확대되고 있다. EU는 회원국마다 각기 다른 기술규정과 표준 및 인증체계를 조화하여 상품의 자유이동이라는 목표를 달성하기 위해 1975년부터 1985년까지 역내 입법 수가 무려 200여 개에 달하였다. 그 후 산업별·품목별로 다양한 모든 법규의 조화작업이 어려워지자 기술조화 및 표준화에 대한 새로운 접근법을 채택하게 되었다.

EU 주도로 표준화 계획이 추진될 경우에는 대체로 이사회의 지침에 따라 기술명세가 작성되나, 집행위도 특히 기술분야의 표준화 작업을 주도하고 있다. 신접근법 지침상의 법정요건 외에 회원국들이 추가로 요건을 부과하는 것은 금지되어 있으나, 특정 품질표준을 나타내는 표지는 자율적으로 부착할 수 있다. 역외국으로부터 EU로 수입되는 제품은 제조업자의 적합성 선언, 또는 EU 내의 통보기관에 의한 형식승인의 문제에 관련되는 한 같은 요건의 적용을 받는다. EU의 지침에 규정된 위생, 안전, 환경 및 소비자의 보호 등을 위한 제품의 필수요건과 유럽표준화위원회(CEN) 및 유럽전기기술표준화위원회(CENELEC) 등에 위임하여 제정해 오고 있는 유럽규격(EN)은 역외국의 대 EU 수출에 장애요인으로 적용할 수 있다.

실제 각종 표준 및 그 조화 기법이 수입의 금지 목적에 원용되고 있고, 기술

규정 역시 VERs 및 반덤핑조치와 더불어 비관세장벽으로 작용하는 경우가 많다. 국내에서도 관련정보의 수집에 EU 기업들보다도 상대적으로 시간이 더 많이 소요되어 역내 기업으로서 신규 표준 및 규정에 적합한 제품의 개발·생산에 불이익을 보게 된다는 점은 인정하고 있다. 또한 역내 제품이 거쳐야 하는 시험 및 인증절차에 따른 판매의 지연도 문제이다. EU는 자동차 배기, 산업용 중장비의 배기, 트랙터 엔진의 배기가스 오염물질, 가스 연소장치, 자기동력 기계 등 환경 및 안전의 보호를 위하여 관계 지침을 보완해 나가도록 되어 있다.

4) 위조상품방지 및 합병규제

(1) 위조상품 방지규정

역내에서 개발한 상표권을 보호하고, 역내 소비자가 위조상표 부착상품에 의해 부당한 피해를 입지 않도록 하기 위해 1986년 12월 1일 이사회 규정 3842/86을 제정하였다. 프랑스가 자국의 고급 사치품 산업의 피해를 방지하기 위해 집행위에 위조상품 규정의 강화를 계속 요구해 왔고, 집행위도 위조상품의 범람으로 야기되는 실업문제를 고려하여 이 규정의 강화 필요성을 인식하고 있다. 또한 WTO협정에 부속되어 있는 지식재산권의 무역관련 측면에 관한 협정까지 발효함에 따라 위조상품 방지관련 규정도 보완·강화될 것으로 예상된다. EU는 한국을 비롯하여 역외국들에게 지식재산권 보호의 미흡이나, 기타 반경쟁적 관행의 개선을 기하라고 압력을 가해 왔다. EU 입법동향이 주목된다.

① EU 상표권 개정규정 추가 발효

지난 2016년 3월 23일에 발효된 EU 상표권 개정규정(2015/2424)의 일부가 10월 1일 추가 발효되었다. 비전형 상표등록이 가능해지며 우선권 주장, 이의신청 및 취소신청 절차 등이 개선되었다.

EU는 회원국의 국별 상표등록제도와 함께 EU 상표제도(전신: 공동체상표제도)를 운영해 이원적으로 상표권을 관리하였다. EU 상표제도에 등록 시 제3자가 28개 회원국내에서 동일 상표를 등록하는 것을 막을 수 있으며, EU 상표 출원이 거부된 경우에도 개별 국가의 상표 거절 사유에 해당하지 않으면 최초 EU 상표를 출원한 날짜에 기초해 국별 상표권을 신청할 수 있다.

2016년 3월 23일 발효	2017년 10월 1일 발효
· 명칭 변경* - 유럽상표디자인청(OHIM) → EU 지재권청(EUIPO) - 공동체상표(CTM) → EU 상표(EUTM) · 단체표장 통일화 등 회원국 간 상표법 및 절차 조화 · 1류 1수수료 체계 도입 · EU역내에 반입 및 경유되는 위조품에 대한 압수조치 등 제재수단 도입	· 비전형 상표(소리, 냄새, 동작, 홀로그램 등) 디지털 파일로 등록 가능 · 우선권 주장 관련 문서 상표출원서 제출 시 선제출 · 이의신청 · 취소신청 절차 개선 · 온라인을 통한 정보제공 서비스 · 번역 간소화 및 인증 언어 확대 · 항소위원회와 항소절차 조항 통합

주: 공동체상표(CTM)에 등록된 상표의 경우, 자동으로 EU 상표(EUTM)로 변경돼 출원인이 별도의 조치를 취할 필요가 없음

회원국은 지침과 자국 상표법이 조화되지 않을 시 이사회 지침(Directive 89/104)에 따라 자국의 법을 개정했으나, 회원국에 따라서 자국 실정에 맞지 않는 특별조항은 선택하지 않는 경우도 있으므로 지침에 따라 대부분의 회원국에서 개정이 이뤄진 현재에도 회원국 간 상표법의 차이가 존재하며, 이에 따른 복잡성이 나타난다. 그 뿐만 아니라 기존의 1989년 상표지침(Directive)과 1994년 상표규정(Regulation) 간의 불일치 문제가 꾸준히 제기돼 인터넷 시대에 맞는 보다 효율적이고 지속적인 방식의 상표권 출원 및 관련 업무 지원을 위해 개정의 필요성이 제기되었다.

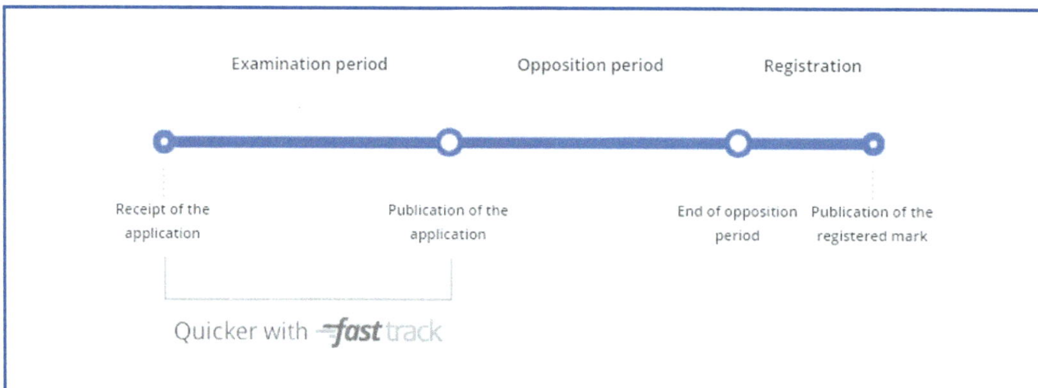

[그림 4-4] 상표권 출원 절차

자료: EU지재권청(EUIPO)

(2) 합병 규제

EEC 창설조약은 회원국 간의 무역에 영향을 미칠 우려가 있고, 그 목적이나 결과에 있어서 공동시장 내에서의 경쟁정책을 방해, 제한, 또는 왜곡시키는 기업 간의 모든 협정과 기업체 단체의 결정 및 공동행위를 원칙적으로 금지하고 있다. EU 기업과 역외국 기업 간의 대 EU 수출에 관한 역내 무역을 왜곡시킨다는 판정을 내릴 수 있을 것이다. 나아가 비 EU 기업 간의 대 EU 수출관련 협정 또한 제85조의 적용대상이 될 수 있을 것이다. 경쟁에 관한 이 규정은 우리 기업의 국내 및 EU 역 내에서의 행동에도 적용된다.

가장 문제는 기업 합병의 규제이다. 그 법적 근거가 바로 1990년 9월에 발효한 합병규제 규정(Merger Control Regulation)으로 이 규정이 제정・발효되기 전까지는 기업 합병의 규제는 회원국의 관할사항이었다. 이 규정에 따라 EU 집행위가 역내 경쟁에 부정적 영향을 미칠 수 있는 합병을 심사하고 필요한 경우 이를 금지시킬 수 있는 배타적 권리를 갖고 있다. 아직은 합법적 수단에 의한 지배적 지위 확보를 제한할 권한은 없다.

대규모 합병의 승인이나 기각, 또는 수정 요청 여부는 문제의 거래가 공동시장과 양립할 수 있느냐에 따라 결정된다. 그러나 이 요건 자체의 모호성 때문에도 집행위에 폭넓은 재량권이 부여된 것이다. 경쟁행위의 통합을 가져오는 신규 합작투자거래도 합병규제규정의 적용을 받는다. 집행위는 통보받은 합병 및 합작투자거래의 대부분을 승인하였다.

(3) 정부조달

세계 각국의 정부조달시장은 그 규모가 국내 총생산(GDP)의 10~15%에 이를 정도로 그 규모가 방대하다. EU 경제에 있어서도 정부조달은 비중이 가장 큰 부문 중의 하나이다. 1990년 9월 이사회는 에너지, 수도, 수송 그리고 통신 분야의 공급계약에 적용되는 지침을 채택하였다. 전기, 용수, 도심수송, 항구, 공항 분야에서는 설비지침 제36조에 명시되어 있는바와 같이, EU에게 동등한 시장개방을 보장하는 국가에 대해서만 EU 시장에의 접근이 허용된다.

UR 이후의 EU의 정부조달시장의 개방계획이 주목된다. 1994년 4월 15일 마라케쉬에서 채택된 정부조달에 관한 협정은 복수 국가 간 무역협정이며 한국과 EU는 이 협정에 가입하였다. 이 협정은 양허기관을 중앙정부뿐만 아니라 지방정부에서 발주하는 입찰에까지 적용하고, 적용범위와 양허품목도 확대하였으므로 국제조달시장에의 참여기회가 보다 중대될 것으로 예상되나 EU의 개방계획이 주목된다.

① EU 공공조달 신 개정지침 적용

2016년 4월 18일부터 기존 공공조달 관련 지침들이 아래와 같이 변경되었다. EU 정부 조달시장은 조달기관과 물품을 불문하고 정부기관 조달, 공기업 조달 및 민관협력 사업의 3개 부문으로 구분된다.

기존	관련 법령	적용범위
Directive 2004/18/EC	Directive 2014/24/EU	공공계약(물품, 서비스,건설공사)
Directive 2004/17/EC	Directive 2014/25/EU	공공시설(상하수도, 에너지, 교통)
(신규)	Directive 2014/23/EU	공공사업 실시 협약(민관협력사업)

EU는 동 개정 지침이 발주기관들의 환경, 사회통합 및 혁신정책을 효율적으로 시행하는데 도움이 될 것으로 기대하고 있다. EU는 상기 세 법령 이외에는 정부조달을 통해 환경, 지식경제, 사회 및 윤리, 중소기업 육성에 기여할 수 있도록 정책방향을 제시하는 백서와 지침, 가이드라인을 발표하였고, 국방 조달은 별도로 운영된다.

② 유럽 단일조달문서 형식 도입

2016년 1월 5일부터 적용된 유럽 단일조달문서(European Single Procurement Document)는 조달참여 관심기업 신고(self declaration)만으로도 입찰 참여가 허용되는 제도이다. 향후 낙찰이 되었을 경우에만 실제 자격증명을 위한 서류제출 작업을 하게 되어 기존에 입찰준비를 위한 행정부담을 줄일 수 있다.

③ 전자조달 의무화 추진

전자조달(e-procurement) 시스템은 2018년 10월까지 아래와 같이 구축될 예정이었다.

기 한	단계별 의무화
2016년 4월	전자 통지(e-notification) 및 조달 서류의 전자적인 접근 의무화
2017년 4월	중앙정부 관할 조달기관에 전자서류 제출(e-submission) 의무화
2018년 10월	모든 조달기관 전자서류 제출 의무화

전자 문서 입찰로 향후 물리적 제약 감소, 관련 비용 절감, 중소기업 입찰 활성화, 투명성 제고 등이 기대된다.

④ 무료 번역시스템 도입에 따른 언어적 장벽 완화

그동안 EU 조달시장 진출에 있어 한국 기업들의 가장 큰 애로사항은 EU 공용어 24개에 대한 언어적 장벽으로, 입찰공고가 현지어로만 되어 공고를 조회하고 입찰준비 과정에서 많은 어려움을 겪을 수밖에 없었다. EU는 보다 투명한 공공조달 절차를 위하여 EU 관보(TED)에 공지되는 모든 입찰공고에 대한 무료 자동번역시스템을 2016년 1월 15일부터 도입하기로 하였다. 아직은 시스템 도입 초기인 관계로 매달 10,000개의 문서만 번역이 가능하며, 회원 가입한 사용자만 번역 서비스를 제공받을 수 있다.

EU 집행위는 향후 회원가입과 무관하게 누구에게나 서비스를 제공하고 번역문서 수의 제한도 없애는 방안을 구상 중이며, 이에 따라 우리 기업들에게 더 많은 참여기회가 생길 것으로 예상된다.

◈ 무료 번역 서비스 이용방법

① EU 관보, TED(Tenders Electronic Daily)에서 로그인 후 번역을 원하는 현지어로 된 공고를 클릭
② 공고 상단 좌측에 보이는 'Request a new translation' 클릭
③ 'Target language'에서 'English' 선택
④ 'Attachment format'에서 'HTML' 또는 'PDF' 선택
⑤ 'Send' 선택
⑥ 회원가입 시 기재한 이메일로 번역본이 전송됨

⑤ 녹색조달 적극 권장

2016년 4월 16일에 발효된 EU 공공조달 신 개정 지침에서는 낙찰기준에 환경적 측면을 고려하도록 결정함으로써 공공기관의 환경혁신(eco-innovation) 촉진에 원동력이 될 것으로 기대된다. 동 개정 지침에 따라 공공기관은 입찰을 희망하는 기업들에게 환경의무 충족, 환경라벨 취득 외에도 상품 제조과정에서의 환경요인을 개선하도록 지시할 수 있게 되었다.

또한 조달기관은 구매 물품 및 서비스 관련 상세정보 기재 시 입찰 기업에게 유해화학물질의 미사용, 에너지 효율적 기계를 통한 생산량, 공정거래 원산지(fair trade origin) 등 친환경성 사항에 대한 정보를 요구할 수도 있다.

⑥ 사회적 통합 조달기업 지향

EU는 모범적 조달을 장려하기 위해 기업들을 위한 인센티브 제도를 신개정 지침에 도입하였으며, 이로 인해 공공기관은 사회적 통합을 지향하고 사회 노

동법을 준수하는 기업에게 낙찰 우선순위를 적용할 수 있게 되었다. 사회적 약자를 지원하는 기업의 경우, 낙찰기준이 단지 금액만으로 결정되지 않으며, 장기 실직자 및 장애인의 고용 수가 조달 선정에 중요한 요인으로 적용된다. 공공기관은 공공조달의 모든 절차에 있어 반드시 자국 및 EU의 사회노동법 의무 규정을 준수해야 하며, 세금 및 사회보장 분담금 미납 등 이를 위반한 기업은 입찰에서 제외된다.

⑦ 공공조달 지침 개정과 함께 주요 조달기관 정보제공 서비스 중단

EU 조달지침을 준수해야 하는 조달기관은, WTO 정부조달협정 가입국에 입찰을 개방해야 하며, 이에 따라 EU 역내 기업과 차별 없이 입찰에 참여할 수 있다. 기존에 EU는 이와 같은 기관을 모아 조달 참여에 관심 있는 기업들을 위한 참고용 리스트를 제공했으나, 2016년 4월 발효된 공공조달 신 개정 지침과 함께 동 리스트의 제공 서비스를 중단하였다. 동 리스트에 기재된 기관들의 연락처 및 내부정보에 대한 업데이트 등에 대한 부담이 너무 커 더 이상 제공하지 않게 되었다.

5) EU의 역외 수입규제 현황

(1) 수입규제 현황

2014년 12월 8일, EU 집행위는 2014년 1월 1일~11월 30일 간 이루어진 EU의 역외 수입규제 관련 보고서를 발표하였다. 이 보고서에 따르면 2014년 11월 30일 기준으로 EU는 총 82건의 반덤핑규제와 13건의 상계관세조치를 취한 것으로 나타났다. 또한 조사가 진행 중인 건수는 총 52건에 달한 것으로 밝혀졌다.

한편, 2010~2014년 EU에서 조사를 개시했던 품목군을 살펴보면 화학 및 철강 관련 제품이 압도적으로 많은 것으로 나타났다. 2014년 기준, 화학 및 철강 제품이 전체 조사에서 차지하는 비중이 무려 75%에 달하는 것으로 밝혀졌는데, 2010년의 경우 55.6%를 차지했었고, 2011년 81%, 2012년 57.9%, 2013년 22.2% 차지했었다.

2014년 들어 EU에서 조사를 개시한 건수는 총 32건으로 신규조사가 12건, 우회덤핑 조사가 3건, 재심조사 17건이었다. 신규조사 대상품목 12건 중 8건이 철강 제품이며, 이 중 5건이 규소 방향성 전기강판(Grain oriented flat-rolled products of silicon-electrical steel)이고, 나머지 3건은 스테인리스 냉연강(Stainless steel cold-rolled flat products)에 관한 것이었다. 규소 방향성 전기강판 품목에는 한국이 조사 대상국으로 포함(조사 대상국은 중국, 일본, 한국, 러시아, 미국 등 5개국)되었고, 2015년 10월 30일 규소 방향성 전기강판에 대한 반덤핑 최종판정 결과를 발표하였다. 최종판정에서 대상국의 반덤핑관세 범위는 최저 21.5%에서 최고 39%까지였으며, 한국은 포스코 등이 22.5%의 관세율을 부과받았다.

〈표 4-7〉 2013~2017년 품목별 개시조사 건수 추이

제품군	2013년	2014년	2015년	2016년	2017년
화학	1	2	6	1	5
섬유	3	-	-	-	-
목재 및 종이	-	-	-	1	-
전자기기	-	-	-	-	-
기타 기계엔지니어링	-	-	-	-	1
철강	1	9	6	13	-
기타 금속	-	3	-	-	2
기타	4	2	2	-	3
전체 건수	9	16	14	-	-
전체 중 반덤핑 건수	4	14	12	14	9
전체 중 반보조금 건수	5	2	2	1	2

자료: European Commission, ANTI-DUMPING, ANTI-SUBSIDY, SAFEGUARD, *STATISTICS COVERING THE 12 MONTHS OF 2017 (December 2017)*

17건의 재심조사 유형으로는 종료재심(Expiry review)이 10건, 중간재심(Interim review)이 5건, 신규 수출자 재심(New exporter review)이 2건임으로 나타났고, 전체 재심조사 중에서 중국이 차지하는 비중은 무려 11건으로, 중국은 EU의 최대 견제 국가로 자리매김 되었다. 2017년 12월 말 현재 46건의 조사(잠정조치가 취한 재개방 및 사례 포함)가 진행 중이다. 2013~2017년 EU의 수출국별 조사 착수 내역은 다음과 같다.

〈표 4-8〉 2013~2017년 EU의 수출국별 조사 착수 내역

국 가	2013	2014	2015	2016	2017
아르헨티나	-	-	-	-	-
벨라루스	-	-	-	1	-
보스니아	-	-	-	-	1
브라질	-	-	1	1	1
중국	6	6	6	6	5
이집트	-	-	-	-	1
인도	1	2	2	1	-
인도네시아	1	-	-	0	-
이란	-	-	-	1	-
조지아	-	-	1	-	-
일본	-	1	-	-	-
카자흐스탄	-	-	-	-	-
한국	-	1	-	2	-
마케도니아	-	-	-	-	-
멕시코	-	-	1	-	-
오만	-	-	-	-	-
러시아	-	2	1	1	1
세르비아	-	-	-	1	-
타이완	-	1	1	-	-
태국	-	-	-	-	-
터키	-	2	1	-	1
우크라이나	-	-	-	1	1
미국	-	1	-	-	-
베트남	1	-	-	-	-
전체	9	16	14	15	11

자료: European Commission, ANTI-DUMPING, ANTI-SUBSIDY, SAFEGUARD, *STATISTICS COVERING THE 12 MONTHS OF 2017 (December 2017)*

(2) 규정 주요 변경 내용

① **시장경제, 비시장경제의 구분 철폐**: 향후 EU 집행위는 반덤핑 조사 시 역외국을 '시장경제국'과 '비시장경제국'으로 구분하지 않고 해당국 정부의 '시장왜곡 여부'를 기준으로 조사를 할 예정이다. 이 경우 현재 비시장경제국인

중국은 향후 시장경제국 지위를 획득한 뒤에도 시장왜곡 여부 판단에 따라 과도한 반덤핑관세 부과를 피하기 어려울 것으로 보인다. 이는 현재 시장경제국인 국가에도 새롭게 적용될 예정이어서 큰 혼란이 예상되고 있다. 시장왜곡이 있다고 판단될 시, 덤핑 마진 산정 기준인 정상가(Normal Value)는 수출국 내 판매가격이 아닌 벤치마크 가격이 적용된다. 수출국 정부가 수출품목과 관련해 다수의 국영회사를 운영하거나 특정산업에 차별적인 정책을 제정 및 운영하는 경우 시장왜곡이 있다고 보며, 이 경우 비슷한 경제수준에서 수출을 하는 제3국 내의 생산가 및 판매가를 정상가 산정에 참고하게 된다.

② **사회 및 환경기준 고려**: 변경안은 대 EU 수출국이 국제 회계, 노동, 환경기준을 충족하는지와 해당국 내 외국인 투자, 지적재산권, 세금, 파산법 등에 대한 차별조치를 검토하고 관련사항을 반덤핑 판정에 반영할 예정이다.

③ **상계관세제도 강화**: EU는 직·간접적으로 지원되는 수출국의 보조금이 EU 시장의 교란을 일으킴을 명시하며, 개정되는 규정에서는 상계관세제도를 강화할 것임을 밝히고 있다. 현행 제도 하에서는 반보조금 관련 조사 착수 시 발견되는 보조금에 대한 상계관세를 부과했으나, 변경되는 규정에서는 여타 조사과정에서 해당국의 보조금 지급이 발견될 시, 해당국가 및 산업의 상계관세 조사에 착수할 수 있다.

개정안은 이번 3자 합의를 바탕으로 유럽의회와 이사회 내 행정절차를 거친 후 법제화되며, 2018년 내 발효될 예정이다. 개정안의 세부내용은 발효된 이후에 적용돼 이전에 덤핑관련 조사가 진행 중인 건에는 영향을 미치지 않게 된다. EU의 이번 반덤핑 마진 산정방식 변경은 시장경제국 지위를 획득할 가능성이 있는 국가(중국)는 물론, 기존에 시장경제국 지위를 가지고 있던 국가들과 비시장경제국인 국가들을 모두 동일선상에 놓겠다는 의미로 한국 또한 시장왜곡 판정을 받을 시 반덤핑 관세가 증가할 가능성이 높아질 수 있다.

④ **EU의 대 한국 수입규제 현황**: 현재 EU는 한국산 철강 및 금속 3건, 화학제품 1건, 종이류 1건 등 5가지 품목에 반덤핑 관세를 부과하고 있다. 2016년의 경우 집행위는 한국산 경량감열지와 테레프탈산 품목에 대한 덤핑 조사를 실시했으며, 2017년 5월 경량감열지에 톤당 104.46유로의 관세를 판정한 바 있다. EU의 대 한국 수입규제 현황은 다음과 같다.

〈표 4-9〉 EU에 의한 수입규제 현황 (2017년 10월 16일 기준)

품 목	유형	조사개시	비 고
철강제 관연결구류 · 철강금속	반덤핑	2001. 6. 1.	2002. 8. 24. 최종판정(확정관세율 : 44%)
실리콘메탈 · 화학	우회덤핑(중국)	2006. 4. 20.	2007. 1. 19. 최종판정(확정관세율 : 49%)
철강로프 및 케이블 · 철강금속	우회덤핑(중국)	2009. 8. 12.	2010. 5. 11. 최종판정(확정관세율 : 60.4%)
규소방향성 전기강판 · 철강금속	반덤핑	2014. 8. 12.	2015. 10. 30. 최종판정(확정관세율 : 22.5%)
경량감열지 · 종이류	반덤핑	2016. 2. 18.	2017. 5. 3. 최종판정(확정관세: 톤당 104.46 유로)

자료: EU집행위, KOTRA 브뤼셀 무역관

5. EU의 FTA 동향

"유럽 기업에 우호적인 대외통상환경을 만들자!"라는 구호가 있다. 이 구호는 EU가 신통상정책을 통해 달성하고자 하는 중요한 목표이다. 이를 위해 EU는 '양자 간 FTA'를 중요한 방법론으로 꼽고 있다. 그동안 EU가 취해왔던 다자주의 우선정책을 생각했을 때 눈에 띄는 변화이다. 2006년 Global Europe Initiative로부터 시작된 EU의 신통상정책에서 가장 중요한 변화는 유럽기업에 우호적인 대외통상환경을 만들기 위하여 통상정책이 상대국 시장접근에 보다 적극적으로 기여해야 한다는 것이었다. 이러한 목표를 달성하기 위하여 다자간 무역자유화 협상을 넘어서 수준 높고 포괄적인 양자간 FTA가 주요한 통상정책의 도구로 강조되었다. 그리하여 EU는 유럽지역의 비 EU 국가는 물론 지중해 연안국 및 세계 도처의 국가들과 FTA를 체결해왔고, 현재도 추진 중에 있다. 지금까지 FTA 서명 및 발효국가는 다음과 같다.

1) 유럽지역

- 알바니아–Stabilisation과 협회협정, 2006.5.22.
- 안도라–관세동맹, 1991.7.1.
- 보스니아 헤르체고비나–Stabilisation과 협회협정, 2015.6.1.
- 페로 제도–계약, 1997.1.1.
- 조지아–협회협정, 2016.7.1.

- 아이슬란드-계약, 1973.4.1.
- 코소보-Stabilisation과 협회협정, 2016.4.1.
- 이 전 유고슬라비아 마케도니아 공화국-Stabilisation과 협회협정, 2004.4.1.
- 몰도바-협회협정, 2016.7.1.
- 몬테네그로-Stabilisation과 협회협정, 2010.4.29.
- 노르웨이-계약, 1973.7.1.
- 러시아-파트너십과 협력협정, 1997.12.1.
- 산마리노-관세동맹, 1992.12.1.
- 세르비아-Stabilisation과 협회협정, 2013.9.1.
- 스위스-계약, 1973.1.1.
- 터키-관세동맹, 1995.12.30.
- Ukraine-종합자유무역협정, 2016.1.1 / 협회협정, 2014.5.29.

2) 지중해

- 알제리-협회협정, 2005.9.1.
- 이집트-협회협정 2004.6.
- 이스라엘-협회협정, 2000.6.1.
- 조던-협회협정, 2002.5.1.
- 레바논-잠정협정, 2003.3.1.
- 모로코-협회협정, 2000.3.1.
- 팔레스타인-협회협정, 1997.7.
- 시리아-협력협정, 1977.7.1.
- 튀니지-협회협정, 1998.3.1.

3) 기타 나라들

- 아르메니아-파트너십협력협정 발효, 1999.9.
- 아제르바이잔-파트너십협력협정 발효, 1999.9.
- 카메룬-잠정경제파트너십협정, 2009.2.28. 서명
- 캐나다-포괄적경제무역협정(직업 훈련 종합 계획), 2016.10.30. 체결
- CARIFORUM 미국-경제파트너십협정, Provisionally 신청

- 중앙 아메리카-협회협정의 강력한 통상분야, 2012.6.29. 서명
- 칠레-협회협정 추가의정서, 2005.3.
- 콜롬비아와 페루-무역계약, 2012.7.26. 서명
- 에콰도르-무역협정 provisionnally, 2017.1.1. 신청
- 가나-잠정적경제파트너십협정, 2016.12.15. 신청
- 이라크-파트너십협력협정, 2012.5.11. 서명
- 코트디부아르-잠정적경제파트너십협정, 2016.9.3. 신청
- 카자흐스탄-강화된 파트너십협력협정, 2016.4.30.
- 마다가스카르, 모리셔스, 세이셸, 짐바브웨 경제동반자협정, 2009.8. 서명
- 멕시코-경제동반자, 정치조정협력협정, 2000.7.
- 파푸아 뉴기니와 피지-잠정파트너십협정, 파푸아 뉴기니에 의해 2011.5. 통과
- 남아프리카개발공동체-잠정적경제파트너십협정 신청, 2016.10에 서명
- 남 아프리카-잠정적 무역개발 및 협력협정, 2001.1.
- 한국-자유무역협정, 2010.10. 서명, 2011.7.1 발효

6. 한-EU 통상관계

EU는 중국, 미국에 이어 우리의 제3대 교역파트너이자 제1위 한국 투자주체이며, 중국, 미국에 이어 우리의 제3위 투자대상이다. 또한 2016년 기준 제3의 수출대상국이고 제2의 수입대상국이기도 하다. 2011년 7월 한-EU FTA가 발효된 이후 5년간 한-EU간 교역액은 약 10% 증가하는 등 한-EU FTA는 양측에 혜택을 준 것으로 평가할 수 있다.

2016년 기준 EU의 대 한국 투자는 전체 외국인 투자의 약 31.8% 차지하였고, 2016년 기준 한국의 대 EU 투자는 전체 해외투자 4,893억 달러의 12%를 차지하였다.

1) 한-EU 교역 현황

2016년 한-EU 간 총 교역액은 수출 466억 달러, 수입 519억 달러로 총 985억 달러로서 대 EU 무역적자는 53억 달러이다. 한-EU FTA 발효 직후 EU 재정위기 및 세계 유가하락 등으로 인해 우리나라의 대 EU 수출은 전반적으로 감소

추세를 보여 왔다.

한-EU FTA 발효 이후 무역수지는 2012년 적자로 반전되었고 이후 적자 규모가 확대되었으나 2015년 유가하락 이후 수입감소가 수출감소보다 커짐에 따라 적자규모는 축소 중이다.

〈표 4-10〉 2011~2017.3월 한-EU 교역 현황 (단위: 억 달러, 전년 동기대비 %)

구분		2011	2012	2013	2014	2015	2016	2017.3
수출	금 액 (증감률)	557 (4.1)	494 Δ11.4)	489 (Δ1.0)	517 (5.7)	481 (Δ6.9)	466 (Δ3.0)	123 (8.0)
수입	금액 (증감률)	474 (22.5)	504 (6.2)	562 (11.6)	624 (11)	572 (Δ8.4)	519 (Δ9.3)	134 (8.7)
무역수지		83	Δ10	Δ74	Δ107	Δ91	53	Δ12
총교역액		1,032	997	1,051	1,141	1,052	985	257

자료: 한국무역협회, 산업통상자원부 자료

한-EU FTA 발효 이후 수출은 지속적으로 하락추세를 보여 왔고 2014년도만 일시적으로 증가했다. 수입은 지속적으로 확대되어 왔으나, 세계 유가하락으로 인해 2015년 이후 감소 추세이다. 우리나라의 주요 수입품목은 자동차, 농약 및 의약품, 반도체 제조용 장비, 원동기 및 펌프, 계측제어 분석기 등이었다.

〈표 4-11〉 2016년 한-EU 주요 교역품목 (단위: 억 달러, 전년 동기대비 %)

수출				수입			
순위	품목명	금액	증가율	순위	품목명	금액	증가율
1	자동차	55.4	8.1	1	자동차	76.3	Δ10.8
2	선박 및 해양구조물	55.2	Δ35.4	2	농약 및 의약품	29.2	18.6
3	자동차부품	42.8	1.6	3	반도체 제조용 장비	21.1	Δ5.1
4	합성수지	21.3	6.3	4	원동기 및 펌프	19.6	Δ15.0
5	철강판	18.0	10.0	5	계측제어 분석기	17.9	Δ1.7
6	반도체	13.9	Δ12.2	6	기계요소	16.6	Δ18.9
7	석유제품	13.6	Δ20.0	7	자동차부품	16.2	9.5
8	건전지 및 축전지	12.0	34.5	8	정밀화학원료	12.5	Δ5.9
9	원동기 및 펌프	11.6	11.6	9	항공기 및 부품	11.6	Δ10.3
10	컴퓨터	11.1	41.8	10	반도체	9.7	Δ12.0
총계		466.1	Δ3.0	총계		519.0	Δ9.3

자료: 한국무역협회(MTI 3단위) 통계자료

2) 한-EU 투자 현황

1962~2016년 EU의 대 한국 직접투자는 총 8,400건, 888억 달러였다. 2016년 EU의 한국 투자규모는 전년대비 24.9억 달러에서 74.0억 달러로 3배 증가하여 역대 최대치를 기록하였다.

〈표 4-12〉 2011~2016년 EU의 대 한국 투자 현황 (단위: 억 달러, 건)

	2011	2012	2013	2014	2015	2016	총계
건수	374	327	338	318	349	370	8,400
금액	50.3	27.1	48.0	65.0	25.0	74.0	887.8

자료: 산업통상자원부, 신고기준(총계는 1962년 이후 누계)

1968~2016년 한국의 대 EU 직접투자는 총 7,513건, 593억 달러였으며, 2012년을 기점으로 금액면에서 하향추세를 보여 왔다.

〈표 4-13〉 2011~2016년 한국의 대EU 투자 현황 (단위: 억 달러, 건)

	2011	2012	2013	2014	2015	2016	총계
건수	456	451	493	518	547	530	7,513
금액	39	54	52	46	24	42	593

자료: 수출입은행, 신고기준(총계는 1968년 이후 누계)

3) 한-EU FTA

한-EU의 FTA 추진은 한국입장에서는 수출시장 확대, EU는 전략적 고려가 주요 추진배경이다. 한국은 세계 최대 경제권인 EU에 대한 수출 확대의 돌파구 마련이 필요했던 시기였다. EU가 세계경제의 약 33%를 차지하는 세계 제1의 경제권이었고, 한국의 제2 교역국이자 최대 무역 흑자국가이었다. 하지만 시장점유율 면에서 보면 한국은 3% 이하에서 답보 상태를 보이고 있다.

EU는 한・미 FTA로 인한 동아시아 시장 내 미국의 영향력 확장에 대한 견제와 한국 내수시장 자체에 대한 매력 때문에 FTA를 서둘러 추진하였다. 동아시아 시장 진출을 위한 교두보로서 한국을 활용할 필요가 있었고, EU 내 농업 이슈도 덜 민감했으며, 이민문제도 걱정할 필요가 없는 등 상대적으로 정치적 부담이 적었기 때문이었다.

(1) 주요 타결 내용

① **분야별 타결 내용**: EU 측은 전 공산품목에 대해 5년 내에, 한국 측은 일부 민감품목의 경우 7년 내에 관세철폐하기로 함으로써, 한국 측에 비해 EU측이 조기에 관세를 철폐하는 비대칭적인 방식을 확보하였다.

양 측 관심품목인 자동차의 경우 양 측 모두 3~5년 내에 관세를 철폐하는 대칭적 방식을 채택했는데, 한국 측의 최대 관심품목인 자동차의 경우 배기량에 따라 3~5년 내 관세 철폐 기간을 상이하게 조정하였다. EU는 중형/대형 자동차 관세 10%를 3년 내 철폐 시 매년 3.3%의 관세 인하 효과를 기대했다.

② **관세환급과 원산지기준**: 관세환급과 원산지기준은 절충안을 통해 합의했다. 관세환급에 대해서는 양측 입장을 고려한 절충안을 통해 합의에 도달했는데, 한국 측은 관세환급의 규모와 효과가 큰 산업구조를 갖고 있는 만큼 관세환급을 허용하자는 입장인 반면, EU는 관세환급을 허용하지 않는 것이 기본입장이며, 허용하더라도 극히 한시적으로만 인정하기로 했다. 관세환급도 현행 관세환급제도 유지와 향후 보호장치제도 마련에 관한 절충안을 수립하기로 했다.

③ **자동차 원산지기준**: 자동차 원산지기준에 대한 입장이 첨예하게 대립했으나 양측이 합의에 성공했다. EU는 자동차, 전기전자, 기계, 철강, 비철금속, 화학 등 한국의 관심품목에 대해 60%의 엄격한 부가가치기준을 요구한 반면, 한국의 경우 부품 및 원자재를 동아시아나 동남아로부터 아웃소싱할 수밖에 없기 때문에 엄격한 원산지기준을 충족하는 것는 불가능하다고 주장하였다. 이에 한국은 EU 측에 품목번호 변경 기준의 채택과 부가가치기준을 낮출 것을 요구했으며, 한국의 요구가 상당부분 수용되었다.

④ **서비스 시장**: 서비스 시장은 한·미 FTA의 개방 수준을 유지하되 일부를 추가 개방하기로 하였다. EU의 서비스 시장은 대부분 개방되어 있어 한국이 시장개방을 요구할 분야는 소수였다. 한국 측이 EU에 시장접근 확대를 요구하는 분야는 전문직 서비스 중 건축, 엔지니어링, 도시계획 및 조경, 한방의료, 인쇄 및 출판, 통신, 건설, 금융, 관광, 운송 등이었고, EU는 금융, 법률, 유통, 운송, 통신, 방송시장에 주로 관심을 보였다.

⑤ **법률 및 금융 서비스**: 법률 및 금융 서비스 등에서는 한·미 FTA 개방 수준에 상응하는 정도로 합의하였다. EU는 한·미 FTA 수준에서 법률시장 개

방을 요구하고, 법률서비스와 관련해 외국법자문사의 자국 명칭 사용을 허용하는 수준에서 결정되었다.

금융서비스 시장개방은 큰 마찰 없이 한·미 FTA 수준으로 합의하였는데, 퇴직연금과 화재보험시장 개방 문제가 금융분야 핵심 쟁점으로 부각되었다.

⑥ **농산물 및 기타**: 농산물은 한국 측이 유리하도록 예외적 취급 범위를 최대한 확보한 상태이다. 농산물 양허협상에서 한국 측은 주요 민감품목에 대해 다양한 예외적 취급 방안을 확보하는 데 성공하였는데, 곡물 등 기초농산물은 대부분 양허에서 제외되었다. 주요 협상대상 품목은 한국의 EU 수입 비중이 높은 돼지고기 부문이었다.

일부 통신서비스와 환경서비스는 한·미 FTA보다 추가된 수준으로 개방하되 유예기관과 포괄적 규제 권한을 유보하기로 하였다.

◈ 포퓰리즘 경계령

세계적으로 경제정책 실패를 이야기할 때 항상 등장하는 것이 아르헨티나의 포퓰리즘이다. 포퓰리즘은 '특정 계층을 대변해 정책을 추진하는 정치 행태'다. 최근 들어서는 그리스와 브라질의 예까지 추가됐다. 아르헨티나는 한 때 모범적으로 성장하던 국가였다. 20세기 초에는 '세계 5룡' 중의 하나로 불릴 만큼 경제 강국이었다.

그러나 지금도 경제난국에서 헤어나지 못하고 있다. 수도 부에노스아이레스에서는 '세금을 올려라, 기름 값을 내려라, 쇠고기 값을 내려라' 외치며 허구한 날 시위가 벌어졌다. 이 같은 시위에 정부가 굴복해 인기영합 정책을 쓰면서 국가는 부도 위기에 내몰렸다.

고대 그리스가 쇠망하게 된 원인은 아테네와 스파르타의 펠레폰네소스 전쟁 이후 '데마고그(demagogue·대중을 선동하는 정치꾼)'로 인해 중우정치(衆愚政治)로 흘렀기 때문이다. 고대 그리스를 망친 데마고그가 현대 그리스에서 재발했다. 정치인들은 집권을 위해 포퓰리즘 공약을 남발했고, 정부의 방만한 재정지출, 무책임한 복지의 결과 그리스는 '유럽의 문제아'로 전락했다.

현대경제연구원이 '포퓰리즘 지속 가능성 평가와 시사점' 보고서를 냈다. 그리스와 브라질의 포퓰리즘 정책과 경제성장률의 연관성을 분석했다. 보고서에 따르면 그리스는 사회당이 집권한 1981년 이후 2004년까지 임금 인상 정책, 의료보험제도 확대, 기업 국유화, 무상교육 등의 포퓰리즘 정책들이 도입됐다. 하지만 2005년부터 국가 재정이 악화되면서 2015년까지 경제성장률이 연평균 –0.02%로 추락했다.

브라질도 2003년 노동자당 집권 이후 포퓰리즘 정책이 쏟아졌고, 이후 2012~2015년 경제성장률이 –0.3%로 악화됐다. 극빈층 보조금 지원 제도 등은 브라질의 빈곤문제를 해소하는 데 효과가 있긴 했지만 국가부채가 늘고 경제성장까지 꺾이면서 국가적인 위기를 맞았다.

공공부문 일자리 81만 개, 밀어붙이기 식 비정규직 정규직화 등으로 장기적으로는 생산 없는 고용에 따른 재정파탄, 세금폭등의 악순환 경제를 만들 수도 있다. 우리도 포퓰리즘에 맛 들이다 '3등 국가'로 전락할 수 있다.

<경북일보 2017년 5월 21일>

◈ 그리스의 재정위기

그리스의 재정위기의 원인은 크게 3가지로 꼽힌다.

첫 번째는 장기간 높은 수준으로 지속되어 왔던 사회복지 지출과 방만한 재정운영이다. 그리스는 민주화가 진행된 1970년대 이후 상당기간 동안 사회주의 정권이 집권하였으며, 분배를 강조하는 적극적 복지정책을 추진하였다. 문제는 이러한 복지정책이 과도하게 강조되어 그리스의 경제력을 뛰어넘는 수준이 되어 재정적자가 심화되고 국가부채 규모가 증가하였다는 것이다. 2010년 GDP대비 125%, 2011년에는 GDP대비 135%에 이를 것으로 예상된다. 이와 같은 상황에도 불구하고 국가 전체가 분배와 복지에 오랜 기간 익숙해진 탓에 재정부담을 완화시키기 위한 공기업개혁, 연금제도의 개혁정책도 효과적으로 추진되지 못하고 있다.

두 번째는 무리한 유로 단일통화권의 편입 문제를 들 수 있다. 유로 단일통화권, 즉 유로존(Eurozone)에 가입하기 위해서는 국가부채에 대한 일종의 자격기준을 갖추어야 하는데, 그리스는 인위적으로 국가부채를 낮추는 편법을 사용한 바 있다. 그리스는 2001년 유로존 가입을 위해 세계적 투자은행(IB)인 골드만삭스와의 채권스왑계약을 체결한 바 있는데, 이와 같은 일종의 분식회계를 통해 유로존 편입자격을 얻은 것이다. 이는 채권의 이자상환부담 가중을 가져와 재정 부담을 가중시키는 결과를 초래했다. 유로존 편입이 가져온 또 다른 문제는 환율정책을 스스로 포기하는 결과를 가져왔다는 점이다. 주지하는 바와 같이 한 나라의 경제상황이 악화되면 자국화폐의 평가절하 현상이 발생하게 되는데, 이 과정에서 자연스럽게 자국 산업의 수출경쟁력이 확보되는 것이 일반적이다. 화폐가치의 절하는 수출품의 가격경쟁력을 높이고 구매력의 약화는 수입 감소를 가져오기 때문이다.

세 번째 원인은 특유의 산업구조에서 찾아볼 수 있다. 잘 알려진 바와 같이 그리스는 관광 및 해운업을 경제력의 기반으로 하고 있다. 역사문화 유적을 토대로 한 그리스 관광산업의 국제경쟁력은 세계 최고수준이다. 지중해의 교통요지라는 지정학적 요인 또한 그리스 해운업의 융성을 뒷받침해 왔다. 반면 그 외의 산업, 즉 생산활동의 기초(fundamental)라 할 수 있는 제조업이나 고부가가치 첨단산업의 발전은 눈에 띄지 않는 것이 사실이다. 이러한 산업구조의 편중현상은 경제위기에 취약한 문제를 가지고 있다. 미국발 경제위기는 전 세계적인 소비위축을 가져왔으며, 이는 그리스 관광산업에 큰 타격을 입히는 결과를 낳았다. 또한 국제 교역량의 급감은 세계 5대 상선보유국이자 GDP의 8%가량을 담당하고 있는 그리스 해운업에도 큰 충격을 주었다. 이와 같은 주력산업의 부진은 경제성장력 약화와 세수 감소 등을 통해 재정적자 심화문제를 가중시키고 있는 것이다.

이러한 문제들을 해결하기 위해 그리스는 국채발행을 통해 시급한 문제는 해결하였지만 재정적자문제가 완화되지 않는 이상 상환이자 가중으로 인한 부담이나 헤지펀드의 국채거래 등의 잠재적 위기요인으로부터 자유롭지 못하다.

그런데 사실 그리스 정부는 과거에 다양한 재정건전화 정책들을 추진하였었다. 방만하게 운영되는 공기업 개혁이나 13개에 달하는 연금체계의 개혁, 그리고 공공부문의 고용축소 및 임금조정 등의 정책들을 시도했던 것이다. 그럼에도 불구하고 그리스에서는 최근 5년 동안 공무원 수가 5만 명가량 증가하였으며, 공공부문의 임금 역시 해마다 5~7%가량 증가해 왔다. 공기업 개혁이나 연금체계 개편은 노조의 반대에 부딪쳐 제대로 추진되지도 못하고 있다. 이러한 현상은 이번 위기에도 유사하게 나타난다. 이번에도 그리스 정부는 세수를 늘이고 재정지출을 억제하는 일련의 정책들을 발표한 바 있다. 부가가치세율과 고가품의 소비세율 인상, 공무원의 상여금 삭감, 연금지급액의 감축, 근로자 정년연장 정책들이 그것이다. 하지만 이와 같은 정책들은 노조 등의 즉각적 반대에 부딪치고 있으며, 사회적으로도 별로 환영받지 못하고 있다.

첫째, 장기간 높은 수준으로 지속되어 왔던 사회복지 지출과 방만한 재정운영
둘째, 무리한 유로 단일통화권의 편입
셋째, 원인은 특유의 산업구조

이러한 문제들을 즉시적으로 해결하는데 힘이 될 수 있는 것은 무엇이 있을까. 정부에서는 재정건전화 정책을 하려고 하고 있고 이미 유로권에는 편입되었으며 산업구조의 재편을 당장 해내긴 힘들다. 지금은 그리스의 국민들이 정부의 정책을 받아들이고 국가의 위기를 받아들이고 경제체계에 대한 변화를 받아들여야 한다. 그리스의 역사가 사회보장에 대한 강한 욕구가 있고 그런 나라에 돈을 빌려줄 수 없다는 이웃국가들의 태도를 보고 있으면 답은 나온 것이다.

타국의 돈을 빌려서 정부가 사회보장제도를 유지하려 한다면 이웃국가들은 돈을 빌려주려 하지 않을 것이고 그것은 그리스의 파멸을 의미한다.

5. ASEAN

동남아시아 국가연합(Association of Southeast Asian Nations, ASEAN)은 인도네시아, 말레이시아, 필리핀, 싱가포르, 태국 등 5개국 외교장관들이 1967년 8월 방콕에서 지역안보 환경변화에 공동으로 대응하기 위한 ASEAN 창립선언(일명 방콕선언, Bangkok Declaration)을 채택함으로써 결성되었다. 이후 브루나이(84년), 베트남(95년), 라오스(97년), 미얀마(97년), 캄보디아(99년) 5개국이 추가로 가입하면서 정치・안보, 경제, 사회・문화를 아우르는 지역협력체로 발전하게 되었다. 창설 이래 ASEAN은 40여년 간 내부결속을 확고히 하면서 성공적인 지역협력체로 성장하였다.

2020년 아세안 공동체(ASEAN Community)구축을 목표로 정치・안보, 경제, 사회・문화 등 세 개의 축(pillar)을 중심으로 통합노력을 해온 아세안은 2007년 창설 40주년을 맞아 공동체의 헌법 구실을 하게 될 "아세안 헌장"(ASEAN Charter)과 EU식 경제공동체인 "아세안경제공동체"(AEC) 설립을 위한 청사진에 서명함으로써 아세안 단일시장과 단일생산 기반이라는 경제공동체 구축을 위한 청사진을 제시하며 통합 노력을 가속화하여 2015년 12월 31일 "아세안경제공동체"(AEC)가 출범하였다.

대외적으로도 ASEAN+3(한・중・일), 동아시아 정상회의(East Asia Summit, EAS), 아세안 지역안보포럼(ASEAN Regional Forum, ARF) 등과 같이 미국, 중국, 일본, 러시아, EU 등 아세안 지역 외의 강대국을 포괄하는 협의체를 주도하여 국제적 위상과 외교적 영향력을 강화하고 있다.

아세안의 설립목적은 다음과 같다.

1. 동남아시아 지역의 경제성장과 사회, 문화 발전 도모

2. 지역안보 및 평화유지를 위한 협력 증징
3. 동남아시아 지역 내 제반문제의 해결

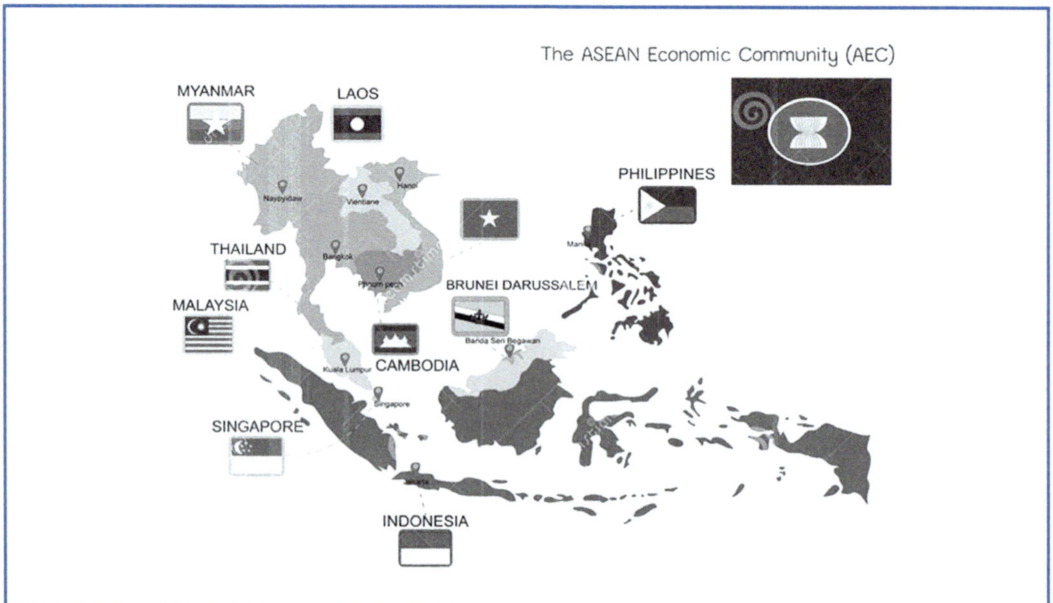

[그림 5-1] 아세안 10개국

자료: https://namu.wiki/w/ASEAN

1. 아세안의 발전과정 및 특징

1) 아세안 용어의 시초

'동남아시아'라는 지역개념이 처음으로 생겨난 것은 16세기 이후 유럽제국이 이 지역에 진출하기 시작하면서 유럽 사람들이 부르게 된 것으로 추정된다. 그렇지만 동남아시아라는 용어가 일반화되기 시작한 것은 제2차 세계대전 중이던 1943년 연합군이 미얀마, 말라야, 수마트라 태국 등을 에워싸는 동남아시아 사령부(Southest Asia Command)를 설치했을 때부터이다.

2) 아세안의 발전과정

동남아시아 국가들은 외부환경의 변화에 공동대응하고 지역 내 경제협력을 추진하기 위하여 1967년 ASEAN 선언(방콕선언)을 통하여 ASEAN을 창설하기로 하였다.

1960년대 중반부터 본격화된 베트남 전쟁으로 인도차이나의 공산화, 동남아시아 각국의 국내 공산게릴라에 대한 문제 등이 발생하자 지역협력체 차원에서 동남아시아를 둘러싼 국제정치적 갈등에 공동대응할 필요성이 증대되었다. 베트남 전쟁은 1964년~1975년 까지 11년간 이루어졌고, 이 기간 내 미국의 개입으로 베트남은 물론 주변 라오스, 캄보디아 또한 미국의 폭격으로 인하여 약 100만 명이 죽었다. 이는 아세안이 외부의 간섭에 대하여 공동대응하기 위한 기반이 되었다. 초기에는 역내외 전쟁방지, 갈등처리 메카니즘 형성이 주요 과제였으나, 외교・안보 갈등이 해소된 이후에는 역내 협력을 바탕으로 ASEAN 회원국의 경제성장을 도모하였다. 이후 주요 기능으로 세계경제의 블록화에 맞추어 ASEAN지역의 경제공동체를 형성하여 대응하기 시작했다. 이에 따라 1993년 ASEAN 6개국은 아세안자유무역지대(AFTA)의 설립을 추진하여 2008년까지 역내 공산품에 대한 관세율을 5% 이내로 인하하는 것에 합의하게 된다.

〈표 5-1〉 아세안 주요 발전과정 연혁

년도	월	국가	내용
1967	8	태국	아세안선언
1971	11	말레이시아, 쿠알라룸프르	동남아 평화, 자유 및 중립지대 선언 채택(Zone of Peace, Freedom and Neutrality, ZOPFAN)
1976	2	인도네시아, 발리	ASEAN 협력선언 I (Declaration of ASEAN concord) 동남아 우호협력조약(Treaty of Amity and cooperation in Southeast Asia, TAC)아세안 사무국 (ASEAN Secretarlat)설립
1992	1	싱가포르	ASEAN 자유무역지대 (ASEAN Free Trade Area, AFTA)창설
1994	7		ASEAN지역포럼 (ASEAN Regional Forum, ARF)창설
1995	12	태국, 방콕	동남아 비핵지대화 조약(Treaty on Southeast Asia Nuclear Weapon-Free Zone, SEANWFZ)
1997	12	베트남, 하노이	ASEAN Vision 2020
1998	12	베트남, 하노이	하노이 행동계획 (Hanoi Plan of Action) 채택
2003	10	인도네시아, 발리	ASEAN 협력선언 II(ASEAN Concord II, 일명 Bali Concord II)채택
2004	11	라오스, 비엔티엔	비엔티엔 행동계획(Vientiane Action Program)채택
2007	11	싱가포르	아세안헌장(ASEAN Charter)채택
	01	필리핀, 세부	세부선언(Cebu Declaration)채택
2008	12		아세안 헌장 발효

3) 아세안의 특징

ASEAN은 회원국 간 다양성을 적절히 조정하여 합의를 이끌어내는 '아세안 방식(ASEAN Way)'을 통해 '균형적인 불균등(balanced disparity)' 상태를 유지해 오고 있다.

아세안의 가장 큰 특징은 회원국 간 경제규모 및 발전수준, 정부형태, 사회문화적 배경 등이 매우 상이하다는 것이다. ASEAN의 회원국은 1980년대 이후 수출주도형 공업화 전략을 추진한 선발 싱가포르, 말레이시아, 태국, 인도네시아, 필리핀, 브루나이 등 6개국과 1980년대 말 이후 시장경제체제로 이행 중인 베트남, 캄보디아, 라오스, 미얀마 등 총 10개국으로 구성되어 있다. 사회주의 일당제에서 대통령 중심제까지 다양한 정부형태가 공존하고, 이슬람, 가톨릭 및 불교 등 다양한 형태의 종교를 가지고 있다.

〈표 5-2〉 아세안의 회원국의 다양성 (2016년 기준)

국가	면적(㎢)	인구 (천명)	1인당 GDP($)	인플레이션	환율	가입년도
브루나이	5,765	423	26,493	-1.6	1.41	1967년
캄보디아	181,035	15,158	1,266	3.9	4,233	1967년
인도네시아	1,860,360	260,580 (2017년)	3,600	3.0	13,328	1967년
라오스	236,800	6,621	2,402	2.5	8,129	1967년
말레이시아	330,252	31,661	9,464	1.8	4.10	1967년
미얀마	676,577	52,917	1,297	6.6	1,182	1984년
필리핀	300,000	103,243	3,017	2.6	46.41	1995년
싱가포르	707	5,607	52,963	0.2	1.38	1997년
태국	513,120	67,455	6,034	1.1	35.30	1997년
베트남	331,212	92,695	2,138	4.7	22,719	1999년
합계	4,435,828	634,485	4,034			

자료: 한국무역협회, K-stat, KOTRA, 각국 대사관 및 통계자료.

4) 아세안 구조

아세안은 정상회의를 비롯하여 장관회의, 상임위원회, 고위관리회의 및 사무국이 있고, 대화 상대국으로 한국을 포함한 10개국으로 구성되어 있다.

(1) 정상회의

ASEAN 최고의사결정 기구로 ASEAN창설 이후 중대한 국제정세 변화가 있을 때마다 개최해 오다가 1992년 이후 3년마다 공식회의를 갖고 공식회의가 없는 해에는 비공식회의를 개최하였으나, 2001년부터 매년 공식회의를 개최

(2) 외교장관회의

주요 정책결정·회원국 간 협력분야 심의 등 ASEAN의 전반적인 활동·방향을 조정하며, 매년 7월 회원국명 알파벳 순서에 따라 윤번제(의장국)로 개최

(3) 경제장관회의

경제 분야에 관한 정상회의 결정사항을 집행하고 역내 경제협력 방안을 제안·협의하는 역할을 수행하며, 매년 1회 정례회의를 개최하며, 필요 시 비공식 회의 수시 소집

(4) 국방장관회의

국방·안보 분야 협력 및 대화를 통해 지역안보·평화를 제고하며 매년 1회 정례회의 개최

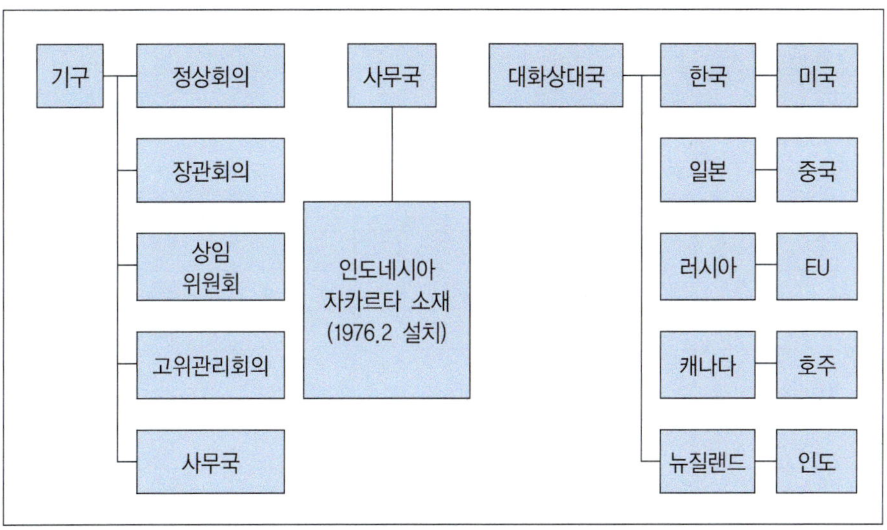

[그림 5-2] 아세안의 구조

자료: http://asean.org/asean/asean-structure/

(5) 상임위원회

외교장관회의 산하기구로 연중 각종 위원회 보고사항을 검토·정리하고 일상적인 대외관계 업무처리

(6) 고위관리회의

차관 또는 차관보급이 참가하는 실무회의로 정치·안보 협력 등에 관한 각료회의 의제 및 준비사항을 검토하기 위해 수시 개최

(7) 고위경제관리회의

차관 또는 차관보급이 참가하는 실무회의로 경제 각료회의 의제 및 준비사항을 검토하기 위해 수시 개최

(8) 사무국

ASEAN의 정책·사업 활동이 원만히 이행될 수 있도록 지원하며 각료회의 등 각종 회의준비, 외국 관계기관에 대한 사무연락 및 자료발간 등의 임무수행

(9) 기타

부정기적으로 필요 시 각 분야별 위원회, 소위원회 및 각료급회의가 있다. 농업, 노동, 에너지, 보건, 과학기술, 환경, 사회복지, 공업, 교육, 공보, 법무 등의 분야 등이며, 단 농업장관회의는 매년, 노동장관 회의는 격년 개최를 원칙으로 한다.

〈표 5-3〉 ASEAN의 경제성장률

구분	2010	2011	2012	2013	2014	2015	2016	2017
말레이시아	4.1	4.8	5.6	4.7	6.0	4.5	4.2	5.9
태국	3.5	4.0	6.5	2.9	0.8	2.8	3.2	3.9
인도네시아	5.6	5.8	6.2	5.6	5.0	4.8	5.0	5.1
필리핀	3.5	3.8	6.6	7.1	6.1	6.1	6.9	6.7
베트남	6.7	5.9	5.0	5.4	5.9	6.6	6.2	6.8
캄보디아	4.2	6.0	6.5	7.4	7.1	7.0	7.2	7.0
라오스	8.5	8.0	8.3	8.3	8.0	7.0	6.8	6.9
싱가포르	14.5	4.9	1.3	4.4	2.9	1.2	1.8	3.6
미얀마	5.3	5.5	6.3	6.8	5.0	7.0	6.3	6.3
브루나이	5.3	19.3	13.2	-3.1	-1.2	-0.2	-2.5	7.7

자료: 한국무역협회, K-stat, KOTRA, 각국 대사관 자료.

5) 10개 국의 다양한 성격

ASEAN 회원국들이 경제적 측면뿐만 아니라, 정치, 사회, 문화적 측면에서 다양한 성격을 지닌 까닭에, ASEAN은 전통적으로 만장일치의 의사결정, 회원국 내정 불간섭, 최소한의 제도화 등의 원칙을 고수하는 느슨한 지역협력체라는 지적을 받아왔다. 예를 들면 ASEAN은 회원국 간의 많은 다양성을 가지고 있는 특징인 이슬람, 가톨릭, 불교, 유교 등 다양한 종교와 사회주의 일당제에서 대통령 중심제 등 다양한 정부형태는 ASEAN의 통합에 어려운 문제 중 하나이다.

게다가 ASEAN의 경제통합은 짧은 기간 동안에 부각되었고, 회원국 간의 상이성, 공조에 관한 경험 부족 등으로 인한 문제점이 대두될 수 있다.

ASEAN 국가들은 지역적으로 널리 흩어져 있고, 정치・경제체제가 상이하며, 문화적・역사적 배경에서도 큰 차이를 보여, 이로 인해 정치, 사회 경제 등 폭넓은 분야에서의 정책공조에 관한 전통과 경험이 부족하다. 이런 문제해결을 위하여 ASEAN은 통제하고 지원할 수 있는 기구들과 다양한 성격을 인정하면서 발전할 수 있는 방법을 찾아야 할 것이다.

〈표 5-4〉 아세안의 국가별 특성

구분	민족구성	종교	기후	언어
브루나이	말라이계(67%), 중국계(15%), 토착인종(6%), 기타(12%)	회교 (기타 종교도 인정)	고온다습의 열대성	말레이어(공용어) 영어, 중국어
캄보디아	크메르인(90%), 기타 소수민족 (중국, 베트남, 참족, 고산족)	소승 불교(95%,회교), 기타(5%)	열대몬순, 고온다습	크메르어, 불어(50대 이상), 영어(청/장년층)
인도네시아	자바족(45%), 순다족(13.6%), 아체족, 바딱족, 발리족 등 300여 종족	회교(87%), 기독교(6%), 힌두교(2%), 불교(1%), 기타	고온다습 몬순기후	인도네시아어
라오스	라오족(68%), 타이계, 말레이계	불교(95%), 가톨릭, 기독교	열대몬순기후	라오스어
말레이시아	말레이계(60%), 중국계(25%), 인도계(8%), 기타(7%)	회교(국교), 불교, 힌두교(종교의 자유)	열대우림형 기후	말레이어(공용어),영어, 중국어
미얀마	미얀마족(70%), 소수족(25%, 카친, 카렌족 등), 기타(5%; 중국, 인도 등)	불교(89.5%), 기독교(5%), 회교(4%), 힌두교(0.51%)	열대계절풍 기후	미얀마어(공용어),영어

구분	민족구성	종교	기후	언어
필리핀	여러 민족간의 혼혈, 말레이계가 대부분	가톨릭(83%), 신교(9%), 회교(5%), 기타(1%)	고온다습한 아열대성 기후	영어, 타갈로그어
싱가포르	중국계(74.4%), 말레이계(13.6%), 인도계(9%), 기타(2.7%)	불교, 도교, 이슬람교, 기독교, 힌두교	고온다습한 열대성 기후	영어, 중국어, 말레이어, 타밀어
태국	타이족(85%), 화교(12%), 말레이족(2%), 기타(1%)	불교(소승불교, 95%), 회교(4.5%), 기독교(0.8%)	열대몬순기후	타이어(공용어), 중국어, 말레이어
베트남	베트남족(89%)외 54개 소수민족	불교(80%), 가톨릭(9%) 등	열대몬순기후	베트남어(공용어)

〈표 5-5〉 ASEAN과 유럽의 경제통합 현황 비교

	ASEAN	EU
제도적 통합의 시작시점	1967년 ASEAN의 설립 ASEAN 차원의 FTA는 1992년 AFTA의 설립 추진으로 시작	1957년 로마조약의 발효로 유럽경제공동체(EEC) 출범
지역주의	FTA에 입각한 경제통합 낮은 수준의 제도화 개별회원국의 주권 존중에 의한 다정부 간 접근방식, 규제적 차원의 지역주의(비교적 느슨한 멤버쉽) 도구적, 전략적 차원의 지역주의 → 관세장벽의 철폐를 통한 무역자유화 추구	공동시장에 기반을 둔 경제통합 제도적 복잡성 초국가적 기관의 존재(e.g. EU 집행위원회) 공동체 지향적 지역주의(선별적 멤버쉽) (EU 공동체 차원의 강력한 상위규범 - acquis communautaire-의 존재, 구조기금을 통한 재분배장치)→경쟁효과를 얻을 수 있는 공동시장화를 추구(역내 비관세장벽의 철폐 및 제도적 수렴을 추구)
지역화	동남아시아 국가들의 수출지향적 개발정책, 외국인투자유치를 통한 산업화 추구 → 1990년대부터 역내무역 비중이 높아짐.	이미 제도적인 통합 전부터 높은 역내무역 비중을 유지, 선진국 간의 공동체 → 관세인하 등을 통한 역내교역 활성화는 70년대에 성숙기에 진입, 80년대 중반부터는 역내 비관세장벽의 철폐와 각국 간의 규제수렴에 초점을 둠, 2005년 EU 15개국 간의 역내무역 비중은 59%, 27개국 간에는 65%
지역경제차원의 거버넌스	지역경제 차원에서의 제도적 거버넌스는 미미함. 다국적기업들의 활동을 위한 틀 제공에 그침.	실효적이고 법규에 입각한 거버넌스 (예 : 경쟁정책)

	ASEAN	EU
경제통합의 주동력	다국적기업들의 활동	제도화를 통해 구축된 EU의 관료, 다국적기업
경제통합에 대한 정부 역할	촉진자(facilitator)적 역할로 제한적임	선도적(leading) 역할
지역경제의 구성국가	선진국(싱가포르), 개도국, 최빈국	선진국(EU 15개국), 체제전환국(중 · 동유럽국가)
역외 교역관계	북미와 유럽 등 역외경제권과의 교역비중은 점진적으로 줄어들고 있으나, 여전히 중요함	낮은 역외교역 비중
무역의 성격	동아시아 내 선진국(일본, 한국)과의 산업간 무역, 수직적 산업 내 무역	유럽국가들 간의 수평적 산업 내 무역
투자를 통한 지역화 현상	투자를 통한 높은 수준의 지역화, 일본, 한국, 대만 등과의 수직적 FDI망을 형성	투자를 통한 높은 수준의 지역화, 선진국 간의 수평적 FDI, 서유럽과 동유럽 간의 수직적 FDI
통화통합	약한 수준의 통화협력 경향(동아시아 차원에서의 CMI를 통한 스와프 교환방식 및 CMI 다자화 노력)	단일통화의 채택을 통한 통화 공동체 완성
경제통합에 대한 지원체제	자발적 차원의 국가별 ODA에 그치고 있음(주로 수혜국임)	EU 공동체 차원의 구조기금

EU와 ASEAN을 비교해 보면 EU의 경우 제도적인 점이나 역내교역의 비중, 그리고 단일 통화를 사용함으로써 ASEAN에 비하여 보다 성숙된 경제통합을 이루고 있다. 특히 EU의 집행위원회의 경우는 EU에 상당한 영향력을 행사하는 기구로서 활동하고 있다. 이에 ASEAN은 EU를 벤치마킹하여 ASEAN 전체에 영향력을 행사하고 통제할 수 있는 기구를 설립하여야 할 것이다.

2. 아세안의 무역

1) 아세안의 무역

〈표 5-6〉 2017년 아세안의 무역수지 (단위: 억 달러)

국가	수출	수입	합계	무역수지
싱가포르	3,380	2,919	6,299	461
태국	2,153	1,946	4,099	207
말레이시아	1,969	1,684	3,580	285
베트남	1,765	1,744	3,510	21
인도네시아	1,451	1,356	2,808	95
필리핀	563	859	1,422	-296
미얀마	118	157	275	-39
캄보디아	100	123	224	-23
부르나이	60	26	86	34
라오스	36	41	77	-5
총계	**11,526**	**10,859**	**22,386**	**667**

자료: ASEAN Trade in Goods (IMTS) Dashboard
https://www.aseanstats.org/publication/trade-in-goods-imts/?portfolioCats=58
ASEAN Statistical Yearbook 2016/2017

〈표 5-7〉 2015-2016 주요 교역상대국

Trading Partner	2015	2016
ASEAN	526,673.1	516,012.9
Trading Partner	1,746,361.7	1,720,330.4
오스트레일리아	56,489.8	52,788.8
캐나다	12,184.0	12,631.2
중국	357,637.4	368,026.4
EU	227,843.5	233,561.1
인도	60,051.1	58,449.2
일본	227,046.9	201,892.4
한국	122,292.9	124,251.3
뉴질랜드	8,624.0	7,899.9
러시아	13,718.0	11,956.6
미국	209,002.6	211,801.4
Rest of the World	451,471.6	437,072.0
총계	2,273,034.8	2,236,343.3

자료: *ASEAN Secretariat,* ASEAN Statistical YearBook (ASYB) - 2017

2) 한국과 아세안의 무역

한국과 아세안의 FTA가 2007년 6월 1일 발효된 지 10주년이 되었다. 지난 10년간 한국과 아세안 국가와의 무역 현황과 FTA를 통한 성과를 살펴보면, FTA 발효 후 한국과 아세안 무역의 연평균 증가율은 5.7%로 대 세계 2.3%보다 3.3% 높았다. 전체 교역 가운데 아세안이 차지하는 비중도 2007년 9.9%에서 작년에는 13.2%로 증가했다. 아세안은 중국에 이어 우리의 제2의 교역 지역이다.

2016년 한・아세안 총 무역액은 1,188억 달러로 한국의 전체 교역액 9,016억 달러의 13% 수준을 점유하고 있다. 수출과 수입 모두 2014년을 정점으로 증가했다가 하락하고 있는 상황이다.

〈표 5-8〉 한국과 아세안 무역 규모 및 무역수지 (단위: 억 달러, %)

	2011	2012	2013	2014	2015	2016	2017
수출	718.0	791.5	820.0	845.8	748.2	745.2	952.4
수입	531.2	519.8	533.4	534.2	450.3	443.2	538.2
합계	1249.2	1311.2	1353.4	1380.0	1198.6	1188.4	1490.6
무역수지	186.8	271.7	286.6	311.6	297.9	302.0	414.2

자료: 한국무역협회, K-stat, KOTRA, 각국 대사관 자료.

2016년 한국의 아세안 국가별 무역 순위를 보면 베트남(451억 달러), 싱가포르(193억 달러), 말레이시아(150억 달러), 인도네시아(149억 달러), 필리핀(110억 달러) 순이다.

아세안으로의 수출은 FTA 발효 후 연평균 7.5% 증가했다. 이는 대 세계 수출 증가율 3.3%보다 4.2%포인트 높은 것이다. 아세안이 차지하는 수출 비중도 2007년 10.4%에서 꾸준히 증가해 지난해에는 15% 수준으로 높아졌다. 2015년 기준 국가별 수출 비중을 살펴보면 베트남과 싱가포르, 말레이시아 3개국에 대한 수출이 전체 아세안 국가 수출의 70.7%를 차지했다.

수출 품목은 반도체, 석유제품, 무선통신이 주류를 이루고 있으며, FTA 발효 후 무선통신과 평판디스플레이의 수출이 급증했다. 아세안 시장에서 우리 제품의 시장 점유율은 지난해 기준 7.0%로 2007년의 5.0%에 비해 2.0%포인트 증가했다. 일본, 유럽연합, 미국의 시장점유율이 감소한 것과 좋은 대조를 이룬다.

아세안으로부터의 수입은 10년간 증감을 반복하면서 연평균 3.3% 증가했다.

이는 대 세계 수입 증가율 1.4% 보다 1.9%포인트 높은 수치다. 아세안의 수입 비중도 2007년 9.4%에서 2016년 10.9%로 증가해 한국의 주요 수입 지역으로써 아세안의 중요성이 커져가고 있다.

2016년 기준 국가별 수입 비중을 살펴보면 베트남, 인도네시아, 말레이시아, 싱가포르 4개국이 전체 아세안 국가의 79.2%를 차지하고 있다. 주요 수입 품목은 반도체, 무선통신기기, 의류 등이며, FTA 발효 후에는 무선통신기기, 의류 등의 수입이 증가했다.

아세안 제품의 한국 시장 점유율은 2016년 현재 10.9%로 FTA 발효 이후 꾸준히 상승하고 있다.

2017년도에 한국은 베트남과 필리핀으로의 수출이 급증하여 아세안 전체적으로 207.2억 달러의 증가를 기록하였고, 수입 또한 전년 비 95억 달러의 증가가 이루어졌다.

〈표 5-9〉 한국과 아세안 국가별 무역 현황

(단위: 백만 달러)

		2011	2012	2013	2014	2015	2016	2017
베트남	수출	13,465	15,946	21,088	22,352	27,771	32,630	47,753
	수입	5,084	5,719	7,175	7,990	9,805	12,495	16,176
싱가포르	수출	20,839	22,888	22,259	23,750	15,011	12,495	11,651
	수입	8,967	9,676	10,369	11,303	7,942	6,806	8,904
말레시아	수출	6,275	7,723	8,588	7,583	7,735	7,533	8,014
	수입	10,468	9,796	11,096	11,098	8,609	7,508	8,714
인도네시아	수출	13,564	13,955	11,568	11,361	7,875	6,609	8,403
	수입	17,216	15,676	13,190	12,266	8,850	8,285	9,570
태국	수출	8,459	8,221	8,072	7,599	6,362	6,482	7,667
	수입	5,413	5,353	5,231	5,345	4,854	4,536	5,204
필리핀	수출	7,339	8,211	8,783	10,032	8,318	7,278	10,593
	수입	3,571	3,284	3,706	3,331	3,252	3,229	3,702
미얀마	수출	667	1,331	705	800	660	761	573
	수입	229	351	488	580	506	459	463
캄보디아	수출	451	593	615	654	653	573	603
	수입	87	126	136	194	217	240	261
브루나이	수출	588	112	102	290	272	67	63
	수입	2,010	1,983	1,935	1,292	967	712	79
라오스	수출	154	165	187	156	170	126	92
	수입	4	11	12	18	28	23	27

자료: 한국무역협회, K-stat, KOTRA, 각국 대사관 자료.

아세안 수출은 FTA 발효 후 연평균 7.5% 증가 했고, 수출 비중도 2007년 10.4% 이후 계속 증가해, 2016년에는 15% 수준으로 높아져 아세안은 중국에 이어 한국의 제2의 수출 지역이 되었다.

〈표 5-10〉 한국의 아세안 주요 수출입 국가

순위	수출국	비중(%)		수입국	비중(%)	
		2016	2017		2016	2017
1	베트남	43.8	50.1	베트남	28.2	30.0
2	싱가포르	16.7	12.2	인도네시아	18.7	17.7
3	필리핀	9.8	11.1	싱가포르	15.4	16.5
4	말레이시아	10.1	9.3	말레이시아	16.9	16.2
5	인도네시아	8.9	8.8	태국	10.3	9.6

자료: 한국무역협회, K-stat.

아세안 수입은 10년간 증감을 반복하면서 연평균 3.3% 증가하였는데 이는 세계 수입 증가율 1.4% 보다 1.9% 높은 수준이다. 아세안 수입 비중도 2007년 9.3%에서 2016년 10.9%로 증가해, 한국의 주요 수입지역으로 아세안의 중요성이 커졌다.

우리의 아세안 무역수지 흑자는 FTA 발효 후 연평균 20.5% 증가하여 2016년에는 302억 달러 흑자를 냈다. 이 중 2016년 기준 베트남 흑자가 66.7%를 차지하는데, 이는 아세안 중 베트남에 대한 한국의 투자가 가장 큰데 있다.

지난 10년 동안 아세안은 한국의 제5위 상품교역 지역에서 제2위 교역 지역으로 부상하였으며, 현재 한・중, 한・미 통상 환경을 고려할 때 아세안의 중요성은 더욱 커질 전망이다.

3. 아세안의 무역규제

아세안은 관세장벽은 허물어지고 있는 반면 아세안 회원국들은 자국산업 보호를 명목으로 많은 비관세장벽을 활용하고 있다. 2000년부터 2016년까지 아세안 국가들의 비관세장벽의 수는 1,634개에서 5,975개로 증가하였고, 아세안 소비자들의 구매기준이 점점 까다로워짐에 따라 비관세장벽의 수는 점점 늘어날 것으로 예상된다.

〈표 5-11〉 아세안 국가별 비관세장벽 적용비율

국가	비관세장벽 적용비율
브루나이	65%
캄보디아	100%
인도네시아	75%
라오스	100%
말레이시아	71%
미얀마	42%
필리핀	100%
싱가폴	100%
태국	100%
베트남	100%

자료: 2017. 11.15. KITA

비관세장벽 유형으로는 아세안 국가들로 수입되는 대부분의 제품은 1개 이상의 비관세장벽 적용을 하고 있는데 이 중 위생 및 식물위생 조치와 기술무역장벽이 전체의 76.3%를 차지하며, 수출장벽이 12.8%를 차지하고 있다.

국가별 비관세장벽을 살펴보면 2000년에서 2015년까지 싱가폴의 비관세장벽 수가 빠르게 증가하였으며 인도네시아, 말레이시아, 필리핀 또한 점차적으로 비관세장벽 수를 늘리고 있다.

국가들의 특혜관세율은 조금 하락한 반면 최혜국대우세율은 변동이 없었다. 캄보디아, 베트남, 태국은 관세율을 인하하고 비관세장벽의 수를 크게 늘린 반면 미얀마, 라오스, 브루나이의 관세율 및 비관세장벽의 수는 큰 변화가 없었다. 2000년부터 2015년까지 베트남, 태국, 필리핀, 싱가폴은 비관세조치 중 위생 및 식물위생조치 및 무역상 기술장벽 수를 크게 늘렸고 캄보디아, 인도네시아, 미얀마, 라오스는 수출장벽을 강화하였다.

제품별 비관세장벽으로는 국민건강에 크게 영향을 끼치는 화학제품, 채소, 동물 및 동물성식품, 일반식품류 등이 비관세장벽의 적용을 가장 많이 받았으며, 이 외에 기계 및 전자제품, 목재 및 목공품, 섬유 및 직물 등도 비관세장벽의 대상이 되고 있다.

〈표 5-12〉 아세안의 비관세장벽 유형

	비관세장벽 건수	비율(%)
위생 및 식물위생 조치	1,984	33.2
무역상 기술장벽	2,573	43.1
출항 전 검사 및 기타 절차	153	2.6
무역구제조치(반덤핑 관세 및 세이프가드)	112	1.9
비자동 수입허가, 수입할당, 특정상품 수입금지 조치	159	2.7
추가 세금 및 비용을 포함한 가격통제 조치	195	3.3
재정조치	15	0.3
경쟁에 영향을 미치는 조치	16	0.3
유통제한 조치	2	0.0
수출장벽	766	12.8
총계	5,975	100

자료: 2017. 11.15. KITA

아세안의 무역규제는 아세안의 주요 국가 5개국만 보도록 한다.

1) 베트남

1975년 20년 동안 끌어왔던 전쟁이 끝났을 당시, 베트남 경제는 세계에서 가장 가난한 곳 중 하나였다. 1986년 정부의 "도이머" 정책도입에 따른 일련의 정치, 경제개혁으로, "사회주의 지향 시장경제"로 나갈 수 있게 되었다.

베트남은 지난 20년 동안 다양한 자유무역협정을 체결했다. 1995년 에사잔 자유무역지대, 2000년 미국과 자유무역협정 체결, 2007년 세계무역기구 가입, 그 후 중국, 인도, 일본, 한국에 이어 ASEAN과도 추가 협정을 체결하고 2018년 개정된 TPP의 효력이 발휘되었다.

필수기반 시설과 시장친화적 정책으로 무장하여 외국인 투자 및 제조에서 동남아시아의 허브가 되었다. 한국의 삼성, LG, 일본의 올림푸스, 파이어니어와 같은 전자회사들과 수많은 유럽 및 미국의 의류제조업체들이 지사를 세웠다. 2017년 베트남은 이 지역에서 가장 큰 의류수출국으로 올라섰으며, 싱가포르 다음의 최대 전자제품 수출국이 되었다.[1]

1) 파이낸셜 타임스

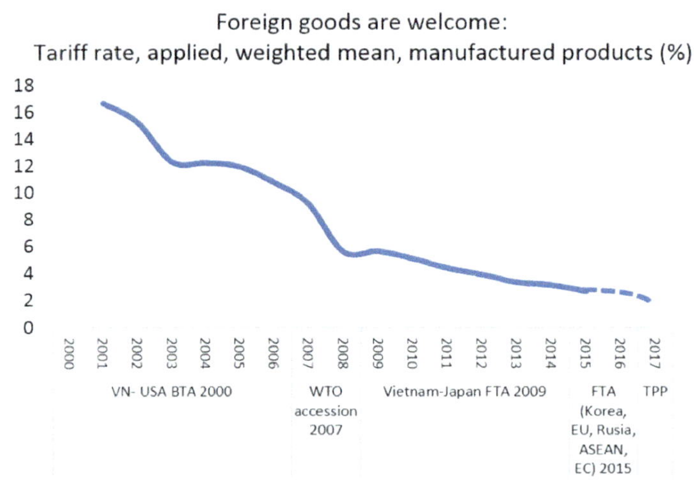

[그림 5-3] 베트남의 시장개방 현황

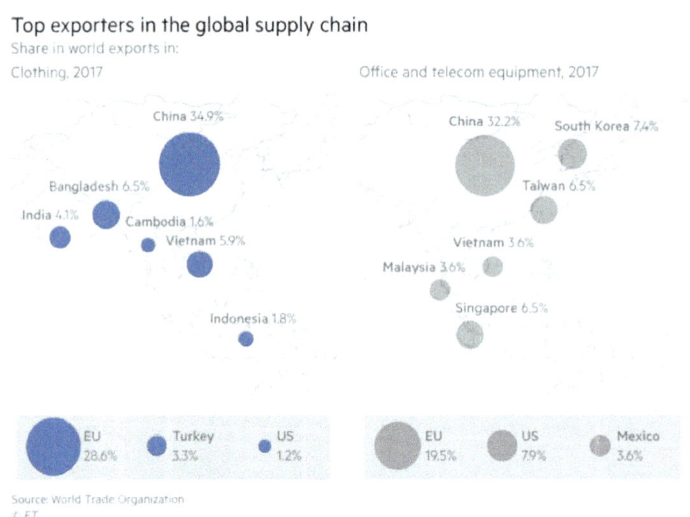

[그림 5-4] 세계주요 수출국으로서의 베트남

출처: WTO, 파이낸셜 타임스,
https://www.weforum.org/agenda/2018/09/how-vietnam-became-an-economic-miracle/

베트남의 무역규제로는 수출금지 품목, 수입금지 품목과 수입쿼터를 들 수 있으며, 주요 내용은 〈표 5-13〉과 같다.

〈표 5-13〉 베트남의 무역규제

수출 금지 품목	수입 금지 품목	수입 쿼터
· 무기류 · 독극물 및 마약류 · 폭발물(공업용 제외) · 골동품 · 희귀 동식물 · 비공업용 나무 · 정부 비밀에 관련된 프로그램	· 무기류 및 폭발물(공업용 제외) · 군사장비 · 독극물 및 마약류 · 반동 문화품(아이들의 인격, 질서교육에 영향을 주는 장난감) · 폭죽류 및 담배류 · 중고제품(신발, 옷, 전자제품, 가전제품, 실내장식품, 수정, 금속, 플라스틱, 고무 제품(장식)) · 중고부품(자동차, 2,3륜 오토바이) · 우측 핸들 시스템 차량 – 단, 환경차량(청소차, 쓰레기차 등), 도로시공차량, 공항에서의 승객 이동차량은 제외 · 30CV 이하의 모터류 · 중고 2,3륜 오토바이 · 앰뷸런스 · 자전거 · 의료기계	· 각종 달걀류 (HS Code: 0407) – 쿼터량 : 요구량에 따름 · 담배 원료 (HS Code : 2401) – 쿼터량 : 45,000톤 · 소금(HS Code : 2501) – 쿼터량 : 250,000톤 · 설탕(HS Code : 2501) – 쿼터량 : 61,000톤

참고: 이미 쿼터량이 초과 되었을 시에도 수입은 가능하나 재정부의 규정에 따라 더 높은 관세가 적용된다.

(1) 최근 수입규제 조치

베트남 정부는 최근 경제위기를 타개하기 위하여 수입억제조치의 일환으로 환율인상을 최대한 억제하는 한편, 일련의 수입규제 조치(화장품, 자동차, 휴대폰 등 베트남 정부 규정한 사치품목의 수입통관 절차 강화 및 일시적 수입관세 인상)를 도입하고 있다. 이는 관세/비관세장벽을 포함하는 조치로서 그 중 일부는 우리나라의 주력 수출품과도 관계가 있는 바 향후 움직임을 주목할 필요가 있다. 주요 사항으로는 자동차 등 다수 소비재에 대한 수입관세 인상, 승용차 등록세 및 특별소비세, 부가세 인상 등의 조치들이 있다.

그러나 베트남 국내경기 침체로 인해 일련의 경기부양책도 동시에 실시하고 있으므로, 이를 잘 인지하고 활용할 필요성이 있다. 건설 중장비와 관련해서는 부가세 인상이 한시적으로 면제될 전망이며, 베트남 국내시장 상황에 따라 한시적으로 필요 원자재 관세인하 및 부가세를 감면하고 있는 중이다.

최근 베트남의 주요 수입규제 조치는 세원 확보와 관련성이 높다. 2012년 9월 18일 베트남 재정부(Ministry of Finance)는 Circular No. 154/2012/TT-BTC를 통해 일부 화학제품에 대한 수입세를 변경하였으며 동 법령에 따라 HS CODE 2815.11.00 고체 수산화나트륨에 대한 수입세가 기존 10%에서 7% 감소하였으며 HS CODE 2842.10.00 규산염에 대한 수입세가 기존 0%에서 5%로 상승하였다.

① 중고자동차 수입규제

최근 베트남의 주요 수입규제 조치는 세원 확보와 관련성이 높다. 베트남 정부는 2018년 1월 1일부로 Decree 125/2017/ND-CP를 통해 아래와 같이 수입관세를 변경했다.

○ 1,000cc 이하, 9인승 이하 대당 10,000USD 관세부과

○ 1,000cc 초과, 9인승 이하

내용	표제	단위	관세율(USD)
- 자동차 (스테이션 왜건, SUV 및 스포츠카 포함, 밴은 제외)	8703	대	200%또는 150% 더하기(+) 10,000USD 중에서 낮은 금액
- 1,000cc를 초과하지만 2,500cc를 초과하지 않는 경우	8703	대	X + 10,000USD
- 2,500cc 를 초과하는 경우	8703	대	X + 15,000USD

○ 10인승~15인승

내용	표제	단위	변동세(USD)
- 배기 용량 2,500cc 이하	8702	대	X + 10,000
- 배기 용량 2,500cc 초과	8702	대	X + 15,000

주: X = 중고자동차의 과세가격에 관세율을 적용한 금액

중고차량 관세 인상 조치는 소형차에 한하며, 중고차량과 신차의 세금 격차를 줄여 탈세 방지와 공정거래환경 조성에 목적이 있다. 그 동안 베트남의 자동차 수입업체들은 해외에서 생산된 소형 신차를 중고차량으로 위조해 고율의 관세 회피를 통해 가격을 낮추어 자동차 시장에 유통시킴으로써 당국의 주목을 받아왔다.

② 수입 농산물 수입규제

수입 농산물 검역 강화를 통한 수입규제 움직임도 나타나고 있다. 베트남 정부는 베트남으로 유입되는 저급 농산물을 규제하기 위해 위생과 검역에 대한 SPS(Agreement on the Application of Sanitary and Phyto-sanitary measures) 조치를 강화할 전망이다.

수입 농산물에 대한 검역 강화는 향후 단계적으로 이루어질 전망이며, 위생 및 검역 조치가 강화되면 베트남 농산물 수입 업체는 해외로부터 수입 주문량을 줄이거나 검증된 농산물로 수입 노선을 전환할 것으로 예상된다. 향후 베트남 정부는 농산물뿐만 아니라 기타 산업에서도 베트남으로 수입된 저가, 불량상

품에 대한 모니터링을 강화하고 관련 협회 등의 의견 수렴을 거쳐 이익이 침해되는 사례에 적극 대응하겠다는 입장이다.

(2) 관세제도

① **관세 코드**: 1998년 후반에 베트남 국회는 수출입 관세에 관한 법률을 개정하였다. 이 개정법에서는 세계경제에 편입되기 위해 관세율을 세계 표준인 HS코드 체계(Harmonized Tariff System, 1996 Version)에 맞추었다. 이 관세율에는 6,400여 개 품목에 이르는 상품별 관세율이 HS코드에 따라 정해져 있는데, 재정부에 의해 결정된 상세 내용에는 상품수량, 과세금액, 적용세율 등이 포함되어 있다.

베트남은 국제사회 진출 강화를 위해 국제수준에 준하는 관세율 체제를 확립하고자 하여 기존 일반관세율, 특별관세율 2가지로 분류되어 있던 관세율 체제에서 1999년 1월 1일부로 일반관세율, 특혜관세율(MFN관세율), 특별특혜관세율 3가지로 분류되는 새로운 관세제도를 적용했다. 한국은 2007년 6월 1일 발효한 한-아세안 자유무역(AKFTA; Asean Korea Free Trade Area) 협정에 따라 품목별 특별특혜관세율을 적용받기 시작했다.

② **관세율 종류**

- Ordinary Import Tax Rate(일반 관세율): 특혜관세율 및 특별특혜관세율을 적용하는 163개국을 제외한 여타 국가에 대해 적용하는 관세율
- Preferential Import Tax Rate(특혜 관세율): 베트남과 MFN 협정을 체결한 미국, 일본, EU 등 총 163개국에 대해 적용하는 특혜관세(개념상 특별특혜관세율 적용 국가 포함)
- Specially Preferential Import Tax Rate(특별특혜관세율): 베트남과 FTA 등 특혜관세협정을 맺은 국가들에 적용하는 관세로 현재 아세안 회원국 간 실시하고 있는 공동 실효 특혜관세(CEPT), 한-아세안 자유무역(AKFTA; Asean Korea Free Trade Area) 협정관세 및 중-아세안 자유무역(ACFTA; Asean China Free Trade Area) 협정관세가 이에 해당된다.

③ **특혜(MFN)관세율 적용대상 국가**: 특혜관세율 적용대상 국가는 캐나다, 호주, 뉴질랜드, 노르웨이, 대만, 오스트리아, 벨기에, 덴마크, 핀란드, 프랑스, 독일, 이탈리아, 룩셈부르크, 네덜란드, 스위스, 스페인, 스웨덴, 영국, 싱가포르, 알제리, 앙골라, 아르헨티나, 방글라데시, 벨로루시, 불가리아, 칠레, 쿠바, 체코, 에

콰도르, 에스토니아, 헝가리, 인도, 이란, 이라크, 요르단, 카자흐스탄, 라트비아, 몰타, 모잠비크, 팔레스타인, 페루, 북한, 루마니아, 러시아, 슬로바키아, 시리아, 튀니지, 터키, 우크라이나, 우즈베키스탄, 예멘, 그리스, 아일랜드, 포르투갈, 브루나이, 캄보디아, 인도네시아, 라오스, 태국, 말레이시아, 미얀마, 필리핀, 미국, 일본 등 163개국이다.

④ **베트남과 AFTA**: 베트남은 1975년 통일 이후, 줄곧 고수해왔던 중앙집권적인 계획경제체제의 한계를 인식하고 국제적인 협력관계 속에서의 경제개발의 필요성을 절감하여, 1987년 시장경제체제를 도입하는 경제개방정책을 단행하였다. 경제개방정책 이후 베트남은 지속적이고 괄목할 만한 경제성장을 이루어내고 있다.

1995년 ASEAN(The Association of South-east Asian Nations) 회원국이 되었으며 자동적으로 AFTA(Asean Free Trade Area)에 가입되었다. CEPT(The Common Effective Preferential Tariff Scheme)에 따라 ASEAN 회원국들로부터 수입되는 품목에 대해 10년 이내에 수입 관세를 0~5%까지 인하하여야 하는 의무를 지게 되었다. 베트남은 1996년부터 2000년까지 초기 5년간 관세를 인하한 실적은 미미하였으나, 2003년도에 그 동안 고율(30~100%)의 관세를 부과하였던 1,000개 이상의 품목을 관세 인하대상 품목으로 전환하는 등 실질적인 관세 인하 프로그램을 시행하였다.

(3) 통 관

베트남 통관절차는 다른 나라와 동일하게 수입신고와 심사에서 시작되어, 물품검사, 관세 등의 납부를 거쳐 물품을 반입하는 것으로 수속이 종결되는데 통관 소요시간은 통상 5~7일 정도이다.

① **수입신고**: 수입신고 시에는 수입신고서와 함께 대외무역관리부서에서 발급한 수입화물허가증(I/L) 또는 각종 증명, 도착 통지서(Delivery Order D/O), 항공운송장(Airway Bill), 포장명세서(Packing List), 송장, 쿼터품목의 경우 연간 쿼터증명서(Annul Import License), 기타 세관이 필요로 하는 서류 등을 제출해야 한다.

② **물품검사**: 세관에서는 화물, 송장 등의 각 항목별 내용에 대한 정확성 여부를 심사한다. 물품검사는 보통 세관통제 구역인 부두, 창고 등 지정된 장소에서 실시하며 Door to Door로 운반되는 품목의 경우 세관원이 현장에 파견되

어 검사한다. 한편 강제적 검사/규격/인증을 받아야 수입, 판매되는 경우의 물품은 베트남 정부에서 지정하는 검사소에서 샘플을 검사한 후 적격 여부가 판정된 이후에야 통관이 허용된다.

(가) 검사제도: 베트남 관세법 30조에 따르면, 농산물, 수산물 등 특정품목 또는 장기간 동안 통관기록이 우수한 수출가공지역의 경우 검사면제를 규정하고 있다. 일반 통관의 경우 10% 샘플 검사를 하고 있다. 만일, 통관절차 위반 또는 관세법 위반 등의 전력이 있는 수입자의 경우 전수조사를 해야만 한다.

(나) 통관 애로사항: HS Code에 명확히 정의되지 않은 품목에 대한 세관, 세관원의 자의적인 수입관세 부과, 주말 통관의 부재로 인한 급한 물품 통관의 어려움, 만연한 부정부패 등 통관 관련 애로사항이 많은 실정이다.

베트남에서 활동하는 많은 외국투자기업이 수출입을 위한 통관절차에 불필요한 시간과 노력, 비용이 소요된다는 불평을 꾸준히 제기하고 있다. 과도한 절차를 요구하는 현행 체계에 문제가 많으며, 복잡한 통관절차는 기업의 수출입 활동을 어렵게 만드는 요인이 된다.

서류작성에 시간낭비, 통관에 3~4일 소요가 되어 판매단말기(POS)와 소형 스캐너를 취급하는 'Datalogic Scanning Vietnam'은 매달 200세트의 수출신고서류와 2,000세트의 수입신고서류를 작성할 뿐 아니라 1,500장의 세금납부기록 등의 서류업무를 진행해야 한다. 매월 1만 8,000장의 A4 용지를 세금 신고절차를 위해 사용하는 것으로 나타나고 있다.

주 베트남 미국상공회의소(AMCHAM) 또한 대부분의 미국 투자기업이 통관 관련 비용뿐 아니라 과다한 시간이 소요되는 데 대해 강한 불만을 제기한다고 밝혔다. 특히, 상하기 쉬운 식품류를 취급하는 기업은 매우 심각한 영향을 초래하고 있다고 말하며, 불필요한 절차를 대폭 줄이고 일관성 갖춰야 하며, 뇌물요구 압박도 심각하다.

베트남에 진출한 우리나라 투자기업 역시 제품 역수출 시 한 지역의 세관에서는 승인을 받았음에도 다른 세관에서는 승인을 해주지 않아 베트남 산업무역부(MoIT)에 진정서를 제출해야 하는 사례가 다수 발생하였다. 외국투자기업의 공통적인 불만은 절차에 너무 많은 시간이 든다는 점과 빠른 통관절차를 빌미로 뇌물을 요구하는 빈도와 압박 정도가 생각보다 심각하다는 것이다.

베트남에서 상품 수출입을 위한 통관절차는 외견상 그리 복잡하지 않다. 통관활동은 세관신고 서류의 작성과 제출, 제품의 안내 및 수송, 세금 납부로 요약되는데, 요구 서류는 신고양식 서류, 상업송장, 제품구매 및 판매계약서, 기타 허가증 등 대응 가능한 수준이다. 하지만 현실에서는 제도와 법규 미비로 명확한 법률적 근거에 따라 대응이 어려워 외투기업들이 실제로 직면하는 상황은 매우 다르다.

현지 전문가들에 따르면 베트남의 통관절차가 복잡하고 느리며, 형식적이라는 평가를 얻는 이유는 크게 세 가지로 나타난다.

첫째, 전자통관시스템의 미비이다. 2013년부터 전자통관시스템이 도입됐지만, 현재까지도 원활한 시스템 운영을 위한 대대적인 투자가 이뤄지지 않았다. 그로 인해 데이터 전송 및 네트워크 시스템이 여전히 매끄럽지 못하고, 이는 빈번한 통관 지연을 야기한다.

둘째, 협력시스템의 부재이다. 다양한 부서, 정부기관과 관련된 갖가지 승인 서류들은 통관에 더 복잡하고 많은 단계를 요하며, 절차의 어려움을 가중시키고 있다. 기능성 식품과 건강보조식품 통관을 위해서는 베트남 보건부 산하 의약품국과 식품국 양 부서에서 엄격한 심사를 거쳐야 한다.

셋째, 부패차단시스템의 부재이다. 세관 공무원들로부터의 뇌물요구 압박의 심각성은 부인할 수 없는 현실로 베트남 정부의 의지만으로 차단이 어려우며 기업 입장에서 당장 피해갈 수 없는 부분이다.

단기간 내에 베트남의 통관절차가 간단하고, 효율적으로 바뀌길 기대하는 것은 현실적으로 매우 어려운 상황이다. 현지 물류산업 관계자들은 통관문제를 해결하는 방법의 일환으로 베트남 국내 해외기업에 '아웃소싱'을 제안하며, 많은 외국투자기업이 세관절차를 숙련된 현지 물류기업에 위탁하며, 통관에 어려움을 겪는 기업을 중심으로 아웃소싱을 적극 모색 중인 것으로 나타나고 있다. 아웃소싱 시 비용문제를 고려해야 하지만, 고객 니즈와 정부 규제를 잘 이해하는 신뢰할 만한 중개인을 선별함으로써 통관 리스크를 완화할 수 있을 것으로 예상하고 있다.

2) 싱가포르

싱가포르는 전통적으로 자유무역주의를 표방하면서 투명하고 개방된 무역정책을 추진하고 있어 수입규제 사례를 거의 찾을 수 없다. 담배, 주류, 자동차, 유류 등 4개 카테고리의 품목에 대해서만 소비세를 부과하고 있으며 나머지 모든 품목을 무관세로 수입하고 있다.

하지만 상계반덤핑관세법(Countervailing and Anti-Dumping Duties Act)에서 수입가격이 정상가격(Fair Market Price)에 비해 월등히 낮은 가격으로 수입되어 싱가포르 산업에 피해를 준다고 판단하는 경우에는 반덤핑관세를 부과할 수 있다고 되어 있다.

1996년부터 1999년 6월까지 말레이시아와 터키에서 수입된 보강용 철강봉에 대해 반덤핑 관세를 최종 부여한 바 있으며, 이후로 시행된 반덤핑 조치나 특별한 수입규제 조치는 없다. 이는 싱가포르 내 상품(농산물 포함) 중 대부분이 수입되거나 다국적기업의 현지법인에 의해 제조된 것으로, 싱가포르 국내기업에 의한 제품생산이 매우 제한적이기 때문인 것으로 풀이된다.

(1) 수입관리제도

수입은 원칙적으로 포괄적 수입허가제를 통하여 자유롭게 이루어지고 있다. 그러나 일부 품목에 대해서는 1974년 제정된 THE CONTROL OF IMPORTS AND EXPORTS ACT에 의하여 수출입이 관리, 통제되고 있다.

〈표 5-14〉 싱가포르의 무역규제

수입금지 품목(Prohibited Goods)	수입규제 품목(Controlled Goods)
· 껌(의료 및 치료용 껌 제외) · 씹는담배, 담배 유사품 · 총 모양의 라이터 · 마약류 · 멸종 위기 동식물 및 그 제품 · 폭죽 · 음란 출판물, 비디오테이프, 디스크, 소프트웨어 등 · 불법복제 출판물, 비디오테이프, 디스크, 카세트 등 · 반국가적 선전물	· 놀이기구, 동전 또는 디스크로 돌아가는 핀볼 게임기, 사격연습장, 영사기 · 동물, 조류 등 · 무기 &폭약 · 석면 제품 · 방탄조끼를 포함한 보호용 의복 제품 · 배터리(알카라인, 탄소-아연, 산화수은 등) · 콘텐츠가 저장돼 있는 카트리지/카세트/ CD · 화학품 a) 독극물, 위해물, b) 유독물질, 화학무기원료물질, c) 살충제 · 프레온 가스(CFCs) · 디젤유 혹은 디젤연료 · 금강석 · 영화, 영화/비디오/레이저 디스크 · 수산물(물고기, 갑각류, 연체동물 포함)외 33개의 품목이 있다.

싱가포르 정부는 국가안보, 공공안전 및 국제협약 등의 차원에서 일부품목을 수입제한 및 금지품목으로 지정해 두고 있다. 수입제한 품목의 경우에는 정해진 기관으로부터 수입승인서를 받아 세관에 제출해야 반입할 수 있다. 수입규제 품목을 수입하기 위해서는 관할기관의 수입허가증을 받아야 한다. 전시회, 테스트, 무대행사 등을 위한 제품수입은 6개월간 한시적으로 허가된다. 단, 술과 담배는 제외되며, ATA Carnets 혹은 Temporary Import Scheme이라는 프로그램을 통하여 제품을 수입할 수 있다.

리스트는 싱가포르 관세청 홈페이지에서 확인 가능하다.

(2) 기타 수입제한 법규

싱가포르의 교역 관련 주요법규는 싱가포르 통상산업부(Ministry of Trade and Industry)에서 관장하고 있으며, 통상산업부 홈페이지에서는 해당법령에 관한 FAQ도 제공하고 있어 법령 이해를 위해 활용할 수 있다.

① **상품거래법[Commodity Trading Act (Chapter 48A)]**: 상품 선물거래에 관한 정의와 상품 선물거래시장 운영과 관련된 내용을 담고 있다.

② **경쟁법(Competition Act 2004)**: 시장에서 독점적인 위치에 있는 기업이 상품 가격 등에서 독점적 지위를 남용하지 못하도록 규제하기 위해 신설된 법령이며, 싱가포르 경쟁위원회(Competition Commission of Singapore)의 설립을 공식화했다.

③ **소비자보호(공정거래)법[Consumer Protection (Fair Trading) Act]**: 불공정 거래로 인한 소비자의 피해가 발생하지 않도록 제정된 법이다.

④ **소비자보호(상품설명 및 안전요건)법[Consumer Protection (Trade Descriptions And Safety Requirements) Act]**: 상품에 관해 설명이 명확히 전달되고 제품의 안전성이 검증될 수 있도록 제정된 법이다.

⑤ **고용구매법[Hire-Purchase Act(Chapter 125) and Hire-Purchase(Amendment) Act 2004]**: 고용구매 계약과 관련해서 관계자들 간의 권리와 의무에 관해서 규정하고 있다.

⑥ **다단계판매금지법[Multi-level Marketing and Pyramid Selling(Prohibition) Act (Chapter 190)]**: 다단계 마케팅 및 피라미드 판매를 실시하는 기업의 등록 자체를 금지하는 법령이다.

이 외에 각종 물품의 관세와 자유무역지대(Free Trade Zone)에 관해 규정하고 있는 관세법(Customs Act)과 국제통상 중재에 관한 국제중재법(International Arbitration Act), 상계관세와 반덤핑의무에 관해 규정하고 있는 상계관세와 반덤핑의무에 관한 법(Countervailing and Anti-dumping Duties Act) 등이 있다.

(3) 수입쿼터

싱가포르는 현재 어떠한 상품에 대해서도 수입쿼터를 부여하고 있지 않다. 단, 수입관리 품목에 대해서는 관할기관과 사전에 확인할 필요가 있다.

(4) 비관세장벽

대표적인 비관세장벽으로는 식품류의 수입관리규정을 들 수 있다.

자국에서 소비되는 식료품의 90% 이상을 수입에 의존하는 싱가포르는 자국으로 들어오는 물품의 위생과 안전에 민감할 수밖에 없다. 현재 싱가포르에서는 국제적으로 통용되는 수입규정과 표준을 기초로 국내 상황 및 요건에 맞춰 수정된 식품규정을 만들어 사용 중이며, 그 중 싱가포르 내로 수입되는 모든 식품은 Sales of Food Act와 Food Regulations의 적용을 받고 있다.

싱가포르 농식품수의처(AVA: Agri-food and Veterinary Authority)에서 모든 제조 수입식품, 어류, 육류, 가축류, 과일과 채소류에 대한 1차적인 검역을 담당하고, 탁송된 수입품의 검역은 AVA의 모니터링과 프로그램 검사를 통해 성분분석을 수행하게 된다. 탁송된 제품이 이 검역에서 탈락하게 되면 수입이 금지되며 AVA의 감독하에 폐기처분하는 원칙을 따르고 있다. 모든 가공 처리된 식품들은 농식품수의처(AVA), 식품검역처(FCD)에 등록돼야 하며, 수입업체가 수입허락을 받기 위해서는 TradeNet System에 수입에 관한 등록을 해야 한다. 싱가포르의 음식 안전 요구사항은 HACCP(Hazard Analysis Critical Control Point Scheme)와 Codex의 국제표준에 맞춰져 있으며, 대부분의 싱가포르 F&B 공장은 EC 혹은 미국 FDA와 같은 외국의 식품관리 당국의 인증을 받는다.

(5) 관세

싱가포르로 수입되는 물품은 싱가포르 관세법(Customs Act)과 수출입관리법(Regulation of Imports and Export Act) 그리고 이와 관련된 각종 규정의 적용을 받는다.

일반적으로 모든 물품(가스, 물, 미디어, 전기, 기록물 등)은 GST라 불리는 상품 서비스세와 관세를 납부해야 한다. 하지만 싱가포르에서 관세를 부과하는 품목은 아래 4가지 품목으로 매우 제한적이며 나머지는 모두 무관세(non-dutiable) 적용을 받는다.

- 주류(intoxicating liquors)
- 담배제품(tobacco products)
- 차량(motor vehicles)
- 석유제품(petroleum products)

일정 요건을 충족하는 경우 관세환급을 신청할 수 있다. 일례로 수출용 상품이 원자재로 수입되어 과세된 경우, 세관에 해당 내용을 증빙하는 서류와 함께 서면으로 관세환급을 신청할 수 있다. 환급액 범위 내에서 은행보증으로 면세수입을 하고, 관세환급 판정이 이루어진 후, 수입자가 환급조건의 준수를 보증하는 은행보증서를 세관에 제출하면, 세관은 환급증명서를 발급해 환급절차가 완료된다. 관세환급된 수입원자재는 판매 또는 양도할 수 없으며, 수입업자는 원자재 소모 및 재고 증빙 자료를 관리, 보관해야 한다.

① **관세율 종류**: 싱가포르는 대부분의 물품을 무관세로 수입하지만 위에서 언급한 4가지 품목에 대해서는 아래와 같은 관세가 적용된다.

- 수입세(Customs Duty): 차량, 담배, 석유관련제품, 주류에 부과
- 소비세(Excise Duty): 담배, 석유관련제품, 주류에 부과

이외에 GST라 불리는 상품 및 서비스세(Goods & Service Tax)가 있는데, GST는 관세와 동시에 납부해야 하며 싱가포르로 수입되는 모든 물품이 적용대상이다. 제품가치의 7%가 부가가치세 성격으로 부과되지만 재수출되는 물품에는 적용되지 않는다. GST의 과세가격은 CIF 금액과 모든 관세 및 기타 비용의 합을 기준으로 산출한다.

② **관세율의 확인**: 수입세와 소비세 부과에 관한 품목별 세율과 내용은 관세청에서 〈표 5-15〉와 같은 양식으로 제공하는 리스트를 통해 확인할 수 있다.

네거티브 리스트 방식으로 운영되고 있기 때문에 리스트에 명기되지 않은 품목은 관세와 소비세 부과대상이 아니라고 생각하면 된다. HS코드는 8자리를 기준으로 사용하고 있다.

〈표 5-15〉 품목별 관세율 리스트

HS코드	제품설명	관세율	
		수입세	소비세
21069061	Alcoholic preparations in liquid form as raw material for making composite concentrates of a kind used for the manufacture of alcoholic beverages	없음	$70.00 per liter of alcohol*
21069062	Alcoholic preparations in other forms being raw material for making composite concentrates of a kind used for the manufacture of alcoholic beverages	없음	$90.00 per kgm

자료: 싱가포르 관세청

③ **원산지결정기준**: 한-싱가포르 FTA에 따라 싱가포르에서 대한민국을 원산지로 인정받기 위한 원산지결정기준은 한-싱가포르 FTA 제4장(원산지규칙)과 그 부속서 및 "자유무역협정의 이행을 위한 관세법의 특례에 관한 법률 시행규칙" 별표 3에서 정하는 바에 따르게 된다.

규정에 따르면 개성공단에서 생산된 제품도 한국을 거쳐 수출될 경우 한국산 제품으로 인정받게 된다.

한-싱가포르 FTA 원산지 세부규정은 한국관세무역개발원이 제공하는 FTA 포털사이트에서 확인이 가능하다.

(6) 통관

상품의 통관은 수화인 또는 수화인의 대리인을 통해 신청할 수 있고 반입화물은 싱가포르 도착 후 24시간 이내에 세관에 통관신청을 하여야 한다. 반출물품은 싱가포르를 출발하기 48시간 이전까지 통관신청을 하여야 한다. 항구 및 공항의 자유무역지대에 장치되는 물품 중 환적용 화물에 대해서는 반입 시 세관에 신고할 필요가 없고 보세구역을 벗어나는 경우 신고하면 된다.

① **통관의 종류**

(가) 약식통관: 해당사항 없음

(나) 정식통관: 일반적인 통관방법으로 아래와 같은 절차를 따르게 된다.

- 물품도착/신고 전 준비: 수입허가증 및 라이센스 확인
- 수입신고: 수입신고, 증빙서류 제출
- 관세납부: 신고서처리, 관세납부
- 물품검사 및 반출: 검사 대상물품 검사, 물품반출

물품반출 및 반입신고는 모두 무역자동화망(TradeNet)을 통해 이루어지며 관세 등 각종 세금, 부과금은 은행 간 지로 망을 통해 전자적으로 결제된다. 세관은 반출입 화물에 대해 선별적으로 검사할 수 있다.

(다) 우편통관: 우편을 통하여 싱가포르로 들어오는 모든 물품은 Singapore Post Centre를 통하여 통관절차를 밟게 된다. 400싱가포르달러 미만의 물품은 GST가 면제되며, 관세가 부과되는 품목인 술, 담배의 경우는 별도검사 및 세금 납부를 완료한 후 통관이 완료된다. 수입을 제한하거나 관리하는 품목(Controlled Goods)의 경우, 물품은 수입허가를 위해 해당 관리기관으로 보내지며, 수취인은 관리기관을 방문하여 물품을 수령할 수 있다.

② **물품검사와 보류 및 압류**: 세관은 필요한 경우 수입물품에 대해 검사를 수행한다. 검사대상이 된 수입물품은 검사 후 이상이 없을 경우 반출이 허가된다. 싱가포르로 수출하는 종합인증우수업체(AEO)는 수출 시 한국 관세청으로부터 부여받은 AEO 인증번호를 싱가포르 관세청에 통보하면 검사비율 축소, 신속통관 등의 혜택을 받는다.

③ **통관에 필요한 선적서류**: 수입신고서는 TradeNet이라는 전자시스템을 통해 온라인으로 제출하며 컨테이너 화물(Containerised Cargo)과 비컨테이너 화물(Conventional Cargo)로 구분되어 신고된다.

통관에 필요한 선적서류는 상업송장(CI), 포장명세서(PL), 선하증권(BL) 혹은 항공화물 운송장(AWB) 그리고 기타 품목별 필요서류이다. 컨테이너 화물의 경우, 수입신고 시에 컨테이너 번호를 제출해야 하며, 수입신고 시에는 통관을 위해 유효한 허가내용이 제출돼야 한다. 세관은 선박/항공기명, 원산지, 포장 수 및 포장 단위당 수량, 운송 및 보험 비용 등과 같은 서류를 요구하고 있다.

통관경비는 관세가 없는 품목의 경우 GST(CIF가격의 7%)외에 기타 통관 수수료 건당 약 50싱가포르 달러 정도로 예상할 수 있다.

기본적인 통관절차는 아래와 같다.

> 물품 도착통보 → TradeNet을 통한 통관 승인신청 → 통관 승인번호 접수 → 물품 수령 → 수입검사 → 통관완료

모든 검문소에서의 도착 운송수단과 화물, 승객에 대한 통관은 이민국(ICA. Immigration & Checkpoints Authority)의 감독 아래 진행되며, 검문소에서 이민국

직원은 입국하는 운송수단, 화물, 승객 검사를 관리하고, 무역과 세관에 문제가 되는 것은 싱가포르 세관이 정하는 바에 따른다.

3) 말레이시아

(1) 수입규제 제도

① **수입규제** : 말레이시아는 Customs Act 1967, Customs(Prohibition of Imports) Order 2008 등 관련 법에 따라 특정품목의 수입을 금지하거나 제한하고 있다. 말레이시아 수입 금지 및 제한은 크게 4가지로 나뉜다.

규 제	내 용
수입 불가 (Absolute Prohibition)	어떠한 조건에서도 수입이 불허되는 품목
수입면허가 없을 시 조건부 불가(Conditional Prohibition except under an Import License)	관련 부처로부터 수입면허를 취득하면 수입이 허가되는 품목
자국민 및 자국산업 보호를 위한 조건부 불가(Conditional Prohibition for Protective Measures)	수입허가를 취득하면 수입이 허가되는 품목
정해진 수입방식 이외에는 불가(Conditional Prohibition exception the Provided Manner)	수입허가, 인증취득 등 정해진 방식을 따르면 수입이 허가되는 품목

② **수입금지 품목**: 정치적, 경제적, 사회적, 도덕적, 환경적, 국민건강 등을 이유로 외설물, 피라냐 물고기, 단검(dagger), 잭나이프(flick knife) 등은 수입이 금지되며 아래 품목 역시 같은 이유로 수입이 금지되고 있다.

- 모조 화폐
- 공서양속, 사회 안녕을 해치는 휘장(emblem), 또는 고안품(device)
- 외설적인 그림, 사진, 책자, 필름, 비디오테이프, 레이저디스크 등
- 코란 문구를 인쇄한 직물
- 단검
- 기상용을 제외한 전파 수신기(68~87MHz, 108~174MHz)
- 납이나 납화합물을 함유하거나 구리나 구리화합물을 리터당 3.46mg 이상 함유한 중독성 주류
- 아비산 나트륨(Sodium Arsenite)
- 보석용을 제외한 산호

- 피라냐(Piranha fish) 어족류
- 거북이 알
- 필리핀, 인도네시아로부터 수입되는 cocoa 등 과일류
- 주사기를 닮은 펜, 연필 등
- 독성 화학물(Crocidolite, Polybrominated Biphenyls, Polychlorinated Biphenyls, Tris(2,30dibromopropyl) phosphate, Actinolite, Anthophyllite, Amosite)
- 방사능 성분을 함유한 투각섬석(tremolite) 피뢰기(lightning arresters)

③ **수입규제 품목**: 수입규제 품목으로는 국제협약 준수 등을 위한 수입면허(Import License)에 따른 조건부 수입허가와 자국 산업보호를 위한 수입면허(Import License)에 따른 조건부 수입허가, 소비자 안전보호 등을 위한 수입면허에 따른 조건부 수입허가 등이 있다.

④ **수입량 할당제도**: 말레이시아에서 수입량 할당제도가 시행되는 품목에는 자동차가 있다. 말레이시아에서 차량을 수입하기 위해서는 차종수입허가(Approved Permit)가 있어야 한다. Approved Permit은 제한된 자동차 수입업체에만 배정이 되고 있다. Approved Permit이 없는 경우는 자동차를 수입하고자 하는 기업이 수입면허를 받아야 한다. Approved Permit가 없는 기업이 자동차를 수입하고자 하여 수입면허를 허가해 주는 경우는 25년 이상된 고전차량의 수입, 연구개발, 그랑프리 참가, 전시 등을 위한 수입, 관공소용 및 비정부 기관을 위한 수입 등으로 제한되어 있다. 수입면허는 차량을 수입하고자 하는 기업이 받아야 하며 Form JK 69과 관련 서류를 말레이시아 국제통상산업부(MITI)에 제출하여야 한다.

Approved Permit 제도는 전년도의 전체 자동차 시장규모와 Approved Permit를 보유하고 있는 회사의 전년도 판매량을 기준으로 결정이 되므로 일종의 수량 할당제도로 작용하고 있다.

한편 말레이시아 국민이 해외근무나 유학 등 해외체류 중에 타던 차를 수입할 수 있다. 이 역시 수입면허를 받아야 한다.

⑤ **비관세장벽**: 말레이시아의 대표적인 비관세장벽으로는 회사의 지분율에 따라 특정기업에 납품여부가 결정되거나 말레이시아 현지기업만이 제품을 판매할 수 있는 제도를 들 수 있다. Petronas 납품을 대표적인 예로 들 수 있다.

Petronas는 말레이시아의 석유 및 가스 공기업으로서 말레이시아 내 석유 및 가스 사업 관련 독점권을 가지고 있다. 매출액 기준 말레이시아 대기업이며 말레이시아에서 석유관련 사업을 수행하기 위해서는 Petronas로부터 면허를 받아야 한다.

외국기업이 Petronas에 제품 및 서비스를 납품하기 위해서는 Petronas에 공급업체(벤더)로 등록이 되어야 한다. 기본적으로 Petronas에 공급업체로 등록되기 위해서는 ① 말레이시아 현지 업체를 파트너로 발굴하거나, ② 말레이시아 지분이 포함된 회사(합작투자회사)를 설립하는 것이 필요하다. ①의 경우, 벤더로 등록되기 희망하는 외국기업은 말레이시아 현지기업을 독점 에이전트로 지정해야 하며 이 에이전트는 Petronas에 벤더로 등록(Registration)이 되거나 Petronas로부터 제품 납품에 필요한 면허(License)를 발급받아야 한다. ②의 경우, 외국기업은 말레이시아 현지기업과 합작투자법인을 설립한 후 이 합작투자법인이 Petronas에 벤더로 등록되게 하거나 Petronas로부터 제품 납품에 필요한 면허를 발급받게 해야 한다. 이에 Petronas와 처음 사업을 개시하는 경우는 Petronas에 등록된 현지 업체를 찾아 독점에이전트로 지정하여 이 업체를 통해 납품을 하는 것이 필수적이다.

말레이시아 수도 산업 관련 제품을 판매할 때도 유사한 상황이다. 말레이시아 수도 산업은 물 관련 시설을 PAAB(Water Asset Management Company)에서 보유하고 SPAN(National Water Services Commission)으로부터 면허를 받은 운영업자가 운영하는 구조로 되어 있다. 이에 수도 산업 관련시설에 대한 공사 및 납품 역시 SPAN으로부터 허가를 받거나 SPAN에 등록이 되어야 수행할 수 있다. 말레이시아에서 수도 산업 관련제품의 공급자가 되기 위해서는 SPAN에 등록을 해야 한다.

SPAN에 등록을 할 수 있는 자격을 갖춘 자는 말레이시아 회사(company incorporated in Malaysia)이다. 이에 외국기입이 직접 수도 산업 관련하여 제품을 납품하는 것을 불가능하다. 여기서 말하는 제품은 장비, 장치, 재료, 시스템, 설비 전반을 포함한다. 등록대상 제품은 크게 인증이 필요한 제품군과 시험테스트가 필요한 제품군 2개 군으로 분류된다. 등록이 완료되면 등록증명서(Certificate of Registration)가 발급되고 SPAN홈페이지에 등록업체로 등재된다. 따라서 SPAN 홈페이지를 통해 현재 말레이시아에서 등록된 업체리스트를 볼 수 있다. 위치는 SPAN 홈페이지〉 REGISTER 〉Supplier로 접속하여 해당 품목업체를 검색할 수 있다. 등록 유효기간은 최소 1년, 최대 3년이며 유효기간 만료 전 최소 3개월 전에는 갱신 신청을 해야 한다.

⑥ **기술장벽(TBT)**

말레이시아의 무역기술장벽을 관할하는 체제를 살펴보면, WTO 관련 이행의무를 총괄하는 MITI(국제통상산업부)가 관할기관이며, MITI의 위임을 받은 말레이시아 표준국(DSM: Department of Standards Malaysia)이 무역기술장벽 관련 업무의 중점이다. 한편 WTO에 대한 조회와 통지 창구로서의 역할은 말레이시아 SIRIM이 담당하고 있는 것으로 파악되었다.

(2) 통관

말레이시아의 통관용 물품분류체계(customs nomenclature)는 HS를 토대로 9 Digit Level 기준으로 10,579개 물품이 있으며, 말레이시아 관세청(Royal Malaysia Customs)은 통관절차 원활화를 위해 통관검사방식을 통관시 검사(clearance-based controls)에서 통관후 검사(postclearance audit control)방식으로 전환・시행 중이다.

수입물품은 세관을 거쳐 통관되며 법에 의해 제외된 품목을 제외하고는 관세(customs duty), 판매세(sales tax) 및 소비세(excise duty)가 부과될 수 있다.

① **통관양식**: 말레이시아에서 제품을 수입하거나 수출할 때에는 모두 세관의 관리영역에서 벗어나기 전에 반드시 규정된 형식을 통해 신고해야 한다. 수입물품의 경우 custom form no.1이 요구되고, 수출물품의 경우에는 custom form no.2가 요구되며, 서말레이시아와 동말레이시아 간에 상품이 오가는 경우 세관 No.3 양식을 구비해야 한다. 수입되는 상품에 있어 일반적으로 화물의 송장가치가 1만 링깃 이상인 경우 수입된 상품은 상업적 목적을 갖는다고 간주한다.

② **상품분류**: 말레이시아로 수입되는 상품 또는 말레이시아에서 수출되는 상품 모두 정확한 관세 코드에 맞게 분류되어야 한다. 말레이시아는 HS Code 분류시스템을 사용하고 있다.

③ **수입상품에 대한 관세 면제**: 세관은 말레이시아에 수입되는 일정 상품에 대해 세금을 부과하거나 세금을 면제한다. 말레이시아 현지기업이 판매하지 않는 기계와 장비로, 제조업체가 직접 제조과정에 사용하기 위해 수입하는 기

계와 장비에 대해서는 수입관세와 판매세를 면제한다. 말레이시아의 공급자로부터 구매한 경우에는 판매세를 감면받을 수 있다.

제조업체가 직접 제조과정에 사용하기 위해 말레이시아 현지 기업이 취급하지 않는 소재, 부품, 포장소재를 수입하는 경우 수입관세를 면제한다. 관세 면제 등을 받기 위해서는 말레이시아 투자개발청(MIDA)에 신청서를 제출해야 한다. 수입업자는 수입상품을 모니터링 하고 관련 서류와 기록을 보관해야 한다. 재무부가 허가한 수량을 초과해서는 안 되며 허가기간 동안 수량을 초과하는 경우 초과수량에 대해 신청서를 다시 제출해야 한다.

④ **기타 통관**

(가) 일시적 수입 : 홍보, 조사 또는 재수출을 위해 일시적으로 상품을 수입하는 경우 수입관세와 판매세가 면제된다. 전시회, 무역박람회 등을 목적으로 한 상품도 이에 해당된다. 수입시점에서 관세 면제를 요구할 수 있다.

은행은 세관에 수입관세와 판매세 납부금액에 대한 보증을 선다. 관세가 면제된 상품은 만료일 이전에 재수출되어야 한다. 제조를 위한 생산 샘플을 수입하는 경우 수입관세 및 판매세 면제대상이 될 수 있다. 은행이 이에 대한 보증을 선다. 상품은 판매되거나 처분될 수 없으며 수입일로부터 1년 이내에 재수출이 되어야 한다.

(나) 수리를 위한 수입 : 수리를 위해 수입되고 최종적으로 재수출되는 상품을 수입하는 경우 수입관세와 판매세 면제대상이 된다. 조건은 동일한 경로로 수입되고 재수출되는 상품, 수입과 재수출이 이뤄지는 장소에서, 수입 및 재수출이 세관 공무원에 의해 등록된 경우, 은행 보증을 받은 경우 등이다.

⑤ **물품검사 및 가치평가** : 세관에 신고한 수입상품 가치는 WTO 세관평가시스템에 기초한 세관규정 1999에 따른 거래가치와 동일해야 한다. 거래가치란 말레이시아로 수출될 때의 가격 또는 상품에 지불되었거나 지불할 수 있는 가격이다. 거래는 독립된 두 집단 간의 거래이어야 한다. 만약 두 독립된 집단에 의해 거래가 이뤄지지 않을 경우 세관은 신고된 수입상품이 실제 가치보다 낮게 신고되었는지 조사할 것이다. 이후 세관은 사후 수입검사를 수행할 것이다.

사후수입검사는 판매자와 구매자 간의 관계를 조사하며 두 집단 간에 특별한 합의가 있는 지와 서로 관련된 기업인지를 조사할 것이다. 독점판매, 프랜차이즈 등은 거래가치에 영향을 주는 합의로 간주된다. 실제 가치보다 낮게 신고된 경우를 세관이 발견한 경우, 세관은 세관의 평가규칙을 통해 제품가치를 재평가한다.

⑥ **통관절차 흐름**

(가) 수입신고 전 준비: 다강네트(DagangNet)를 통해 전자신고를 할 수 있다. 다강네트 시스템을 통해 운송 확인 물품에 대한 과정을 확인할 수 있다.

수입금지 품목에 대해서는 수입면허가 필요하다. 우리나라 주력품목인 전기전자, 철강, 자동차 등에 수입관리 및 허가제도가 존재하여 비관세장벽으로 작용하고 있다. 때에 따라서는 통관보다 수입허가를 받기가 더 어려운 경우도 많다.

FTA 적용을 원할 시에는 원산지증명을 신청해야 한다. 우리나라는 관세청이나 대한상의에 신청할 수 있다. 기재 상 사소한 실수도 특혜관세 적용이 배제될 수 있으므로 철저한 확인이 필요하다.

(나) 수입신고: 관세사 제도가 없어 포워딩 업체가 관세사 역할을 한다. 포워딩 업체는 통관을 위한 포워딩 자격증이 필요하다.

신고를 할 때, 상자의 개수 및 설명, 관세부과 대상 물품의 무게, 크기, 수량, 가치, 원산지 국가 등에 대해 정확히 기입을 해야 한다. 선통관이 가능하다. 세관서류와 관세납부는 물품이 도착하기 14일 전에 처리할 수 있다. 이때는 선하증권, 허가서, 선적적하목록 등을 제출하고 선박의 예상도착시간을 확정해야 한다.

(다) 심사 및 검사: 관세율 기준은 CIF 금액이다. 95퍼센트 이상의 물품이 검사 없이 출고되는 것으로 알려져 있다. 관세평가 시 WTO 협정에 따른다. 통관이 어렵지는 않으나 한번 적발되면 처벌이 엄격한 만큼 매우 주의해야 한다.

수입허가, 승인품목인 경우 선적물품의 도착 전에 승인을 받지 못하는 경우 통관과정이 지연될 수 있으므로 유의해야 한다.

(라) 관세납부: 수입 통관 시 판매세 및 소비세가 발생할 수 있다. 관세납부 후 환급보다는 보세공장(LMW) 허가를 받아 처음 통관부터 무관세로 들여오는 것이 행정비용을 줄일 수 있다. 보세창고에 보관된 물품의 경우 세관의 허가를 받아 물품을 보세창고에서 이동시키는 날의 관세율을 적용한다.

보세공장은 자유산업지역(FIZ) 지정이 비실용적이거나 바람직하지 않은 지역에서 자유산업지역(FIZ)과 같은 편의를 향유하기 위해 회사는 승인된 보세공장(Licensed Manufacturing Warehouses, LMW)을 설치할 수 있다. 승인된 보세공장(LMW)에 제공되는 편의는 자유산업지역(FIZ)에서 조업하는 공장에 제공되는 것과 유사하다.

⑦ **통관에 필요한 서류**: 통관수속은 통상 수입업자를 대행하여 대리인 및 중개인이 수행하는데 선적된 물건에 대해 관세청에 다음과 같은 서류를 반드시 제출하여야 한다.

- Bill of lading or consignment note where appropriate
- Commercial Invoices relating to the goods
- Import (C1) Declaration

다음의 서류들 또한 경우에 따라 필요할 수 있다.

- Import License, Permit, and/or Letter of Approval for regulated commodities
- Foreign Exchange Control documents for export shipments of 100,000 ringgit or greater F.O.B value
- Certificate of Origin of the goods(FTA에 의해 낮은 관세를 적용 받기 위해)
- Letter of Credit(endorsed) when used as payment method for the shipment
- Packing List (상업송장이 정확한 수량 정보를 제공하지 않을 경우)
- C1A Value Declaration Form

선적물품이 도착하고 난 후나 도착 이전에 선적 관련 서류들에 대해 검토하여 정밀검사 또는 추가적인 서류제출이 필요한지를 결정한다. 정밀검사가 필요한 경우(대부분 농산물) 대리인 또는 중개인은 관련 기관과의 검사일정을 정하게 된다. 한편 수입허가 또는 승인을 요하는 품목의 경우 선적물품의 도착 이전에 해당 승인을 얻지 못하는 경우 통관과정이 지연될 수 있다. 수입품목에 대한 품목분류가 끝나고 관련 서류들이 제출되어 수입관세를 비롯한 각종 비용에 대한 금액이 확정되면 해당 금액을 납부하고 통관절차가 마무리 된다. 한편 관세협약에 따른 낮은 수입관세의 적용을 받기 위해서는 수출국의 관련 정부기관으로부터 받은 원산지증명(Certificate of Origin)을 첨부하여야 한다.

(가) 수입제한 품목 수입을 위한 서류: Customs Act 1967, Customs (Prohibition of Imports) Order 2008 등 관련법에 따라 MITI(국제통상산업부)가 관할하고 있는 수입이 제한된 품목을 수입하기 위한 절차는 다음과 같다. 우선 수입제한품목을 수입하기 위해서는 말레이시아 기업위원회(Companies Commission of Malaysia)에 등록된 정식 회사여야 한다. 즉 관련 행정절차는 수입업자가 진행

을 해야 하며 수출업자가 자체적으로 처리할 수는 없다.

수입제한 품목을 수입하기 위해서는 아래 서류를 제출해야 한다.

- Customs Form JK 69, Memorandum and Article of Association, Form24 (Information of Shareholders), Form 49(Information of Directors, Managers and Secretary of Company), 관련 서류(Supporting Documents)
- 단, Memorandum and Article of Association, Form24, Form 49는 최초 신청 시에만 제출하면 되며 품목에 따라 관련 서류가 달라진다.
- 관련 서류 중 steel 및 colored photocopy 수입에 필요한 Application Form은 MITI(국제통상산업부)에서 Customs Form JK 69는 Syarikat Percetakan Nasional(M) Bhd(National Printing Company)에서 구할 수 있다.

제반 서류가 준비되면 Ministry of International Trade & Industry(MITI)의 Import & Export Control Section에 제출하며 접수 이후 근무일 기준 7일 내에 처리가 되도록 되어 있다.

(나) 자동차 수입을 위한 서류: 말레이시아에서 차량을 수입하기 위해서는 기본적으로 수입면허(Approved Permit)가 있어야 한다. Approved Permit은 제한된 자동차 수입업체에만 배정이 되고 있어 아무 기업이나 희망한다고 해서 자동차를 수입을 할 수 없다.

말레이시아에서 수입면허는 아래 조건에 해당될 때만 신청을 할 수 있다.

- CBU(completely built-up)에 대한 기존 수입면허(Approved Permit)를 보유하고 있는 기업
- CBU(completely built-up) 프랜차이즈(체인점)
- 현지 CKD(반제품 현지조립생산) 조립기업
- 기존 수입면허(Approved Permit)는 없으나 25년 이상 된 고전차량을 수입하려는 경우, 연구개발, 그랑프리 참가, 전시 등을 위해 수입하려는 경우, 관공소 및 비정부기관을 위해 수입하는 경우

수입면허(Approved Permit) 획득을 위해 제출해야 할 서류로는 Customs Form JK 69과 관련 서류가 있다. 관련 서류는 위에 언급한 조건에 따라 차이가 있다.

(3) 관세

말레이시아에서 수입관세는 대부분 종가세(ad valorem)를 부과하나 또한 많은 품목에 대해 종량세를 부과하기도 한다. 그러나 무역자유화에 맞추어 현재

다양한 종류의 원자재, 부품과 기계류에 대해 수입관세를 철폐, 인하 또는 면제하고 있다.

전통적으로 저관세정책을 견지하여 기계류는 거의 무관세이고 기타 공산품도 저관세율을 적용하였으나 최근 국내 제조업계를 보호하기 위해 일부 품목에 대해 고관세율을 적용하고 있다. 아세안 내 국가와의 자유무역협정(AFTA)에 따라 역내 특혜관세가 진전되어 역내 협력이 강화되었다.

상품코드 분류 방식은 HS code를 채택하여 2017년 기준 세부단위는 10단위까지 분류하고 있다. 수입 관세율은 2~300% 범위 내에서 일반적으로 종가세를 기준으로 적용되고 있으며, 1996년 11월 APEC 정상회담에서 최고 수입 관세율을 2000년까지 15%로 인하하고, 2020년까지 철폐하는데 합의한 바 있다.

정부는 사치품 및 국내산업을 보호하기 위한 품목을 제외하고는 관세율을 지속적으로 인하시키고 있다. 원자재 및 부품 수입 시 기본적으로 5%의 관세율이 적용되나 무관세 제품을 생산하기 위한 원자재 및 부품의 수입, 제조 공정상 직접 투입되고 자국 내에서 생산되지 않는 기계 또는 설비의 수입, 공장 건설 또는 시설 확충을 위한 기계 및 플랜트 도입의 경우에는 수입관세가 완전 면제된다.

이와는 대조적으로 자국산업을 보호하기 위한 수입제한 정책의 일환으로 다양한 관세 무역장벽을 실시하고 있다. 섬유류 및 플라스틱 제품에 20~30%의 높은 관세를 부과하고 있으며, 준관세 성격의 판매세 및 소비세 부과하고 있다.

한편 말레이시아에서 자동차 가격이 여타 동남아 국가에 비해 높은 이유는 관세율이 높은 측면도 있으나 소비세(Excise Duty)가 높은데 더 큰 원인이 있다. 승용차(Motorcar)의 경우 75%~105%의 소비세가, 4륜 구동차량(4-wheel drive)의 경우 60%~105%의 소비세가 부과된다. HS 8703(승용차)의 경우 FTA가 없을 때는 10%~30%의 관세가 부과된다. 우리나라는 한-아세안 FTA에 의거 HS 8703(승용차)의 관세는 0%가 적용된다.

나아가 말레이시아는 동남아시아 국가연합(ASEAN) 역내에서 거래되는 모든 공산품에 대해 0~5%의 수입관세율을 적용하는 아세안 공동유효특혜관세(Common Effective Preferential Tariffs, CEPT) 제도를 준수하고 있다. 말레이시아는 지속적으로 상품교역, 원산지 규정 및 투자분야에서 자유무역협정(FTA) 체결을 위한 협상에 참여하고 있다. 현재까지 말레이시아는 일본, 파키스탄, 뉴질랜드 및 인도와 양자 간 자유무역협정(FTA)를 체결했고, 중국, 일본, 한국,

호주/뉴질랜드 및 인도와는 아세안 산하국가로서 지역 자유무역협정들을 체결하였다. FTA 당사국들 간의 수입관세는 이 협정들에 정한 구체적인 관세 인하 및 철폐 일정에 따른다.

관세 항소법원(Customs Appeal Tribunal, CAT)은 1967년 관세법, 1972년 판매세법, 1975년 서비스세법 및 1976년 국내소비세법에 정한 사항에 관한 관세청장(Director General of Customs)의 판정에 불복하여 제기된 재심청구에 대해 심리하기 위해 설치된 독립기구이다.

또한 관세청 판정은 1967년 관세법, 1972년 판매세법, 1975년 서비스세법 및 1976년 국내 소비세법에 의거해 기업부문의 사업활동 계획에 확실성과 예측가능성을 부여하기 위해 도입되었다. 관세청이 내린 판정에 신청인이 동의한 경우 당해 판정은 일정 기간 신청인에게 법적 구속력을 갖는다. 관세청 판정의 주요 특징은 다음과 같다.

- 상품의 품목 분류, 관세 부과대상 서비스 여부 판정 및 상품과 서비스의 가액결정 원칙에 관해 관세청 판정을 신청할 수 있다.
- 관세청 판정 신청은 충분한 사실 자료와 소정의 수수료를 첨부하여 서면으로 제출하여야 한다.
- 상품 수입 또는 서비스 제공 전 사전에 관세청 판정을 신청하여 관세청 판정을 받을 수 있다.

① **관세율 검색방법**: 한-아세안 간 FTA 기본협정 및 상품무역협정이 국회 본회의를 통과함에 따라 2007년 6월 1일부로 한국과 아세안 9개국과의 무역자유화 조치가 본격적으로 시행되었다. 이에 따른 한국 수출품목에 대한 말레이시아 수입 관세율 표는 아래 사이트에서 검색이 가능하다.

○ 한국 관세청 FTA 포털: http://fta.customs.go.kr/
○ 말레이시아 관세청 관세 조회사이트: http://tariff.customs.gov.my/

말레이시아 관세청 사이트에서 한-ASEAN FTA 적용 관세는 KOREA. MAL난을 참조하면 되며, 이 난에 아무것도 안 적혀 있으면 해당사항이 없다는 의미이다. Nil은 0%와 같은 의미이며, ASEAN 간 관세율은 두 번째 폴더 AHTN을 클릭하여 CEPT란을 보면 된다.

② **관세감면**: 말레이시아에서 수입관세를 감면받는 방법은 크게 2가지 방법

이 있다. 우선 말레이시아는 아세안 국가로서 한국과 아세안은 FTA가 체결되어 있다. 이에 한-아세안 FTA를 통해 관세를 감면받을 수 있다.

한-아세안 FTA에 의거 관세감면 혜택을 받기 위해서는 품목번호(HS Code)에 따라 FTA 세율과 원산지결정기준이 정해지므로 정확한 품목번호 확인을 해야 한다. 수출물품의 경우 HS가 우리나라와 다르게 분류될 수 있으므로 상대국 수입자로부터 확인도 필요하다.

원산지증명은 각 협정에서 정한 규격 및 지침에 따라 정확하게 발급하여야 말레이시아 세관에서 FTA 세율의 적용이 가능하며 원산지증명서를 잘못 발급한 경우 상대국에서 특혜적용이 배제될 수 있어 정정발급이 필요할 수도 있다.

원산지증명서란 물품을 생산한 나라 또는 물품의 국적을 의미하는 원산지를 증명하는 문서로서 수출물품이 우리나라에서 재배·사육·제조·가공된 것임을 증명하는 문서이다. 협정별 원산지결정기준을 충족하고 협정에서 정한 원산지증명서를 구비해야 말레이시아에서 FTA 세율 적용이 가능하다.

다음으로는 MIDA(말레이시아 투자개발청)를 통한 관세감면을 들 수 있다. 말레이시아 현지기업이 판매하지 않는 기계와 장비로, 제조업체가 직접 제조과정에 사용하기 위해 수입하는 기계와 장비에 대해서는 수입관세를 면제하며 말레이시아의 공급자로부터 구매한 경우에는 판매세를 감면받을 수 있다

③ **원산지증명** : FTA는 협상체결국 간 무관세 또는 저율관세를 적용하여 물품의 자유로운 이동을 촉진하고, 양국 간 무역 활성화를 통하여 수출입을 확대하는데 목적이 있는 바, 이에 비협상국과의 차별적 수단으로 원산지증명서의 발급이 요구되고 있다. FTA 원산지 규정이 비특혜원산지 규정보다 엄격하고 구체적인데 이는 FTA 원산지규정이 FTA 특혜관세혜택의 역외유출 내지 제3국 기업에 의한 우회수입을 방지할 필요가 있고, 역내 부품산업을 육성하는 산업정책을 추진할 필요가 있기 때문이다.

원산지결정의 기본원칙은 어느 제품의 본질적 특성을 부여하기에 충분한 실질적인 변형이 수행된 국가에 원산지 자격을 부여하는 것이다. 일반적인 원산지 결정기준은 다음의 두 가지로 구분된다.

- 완전생산기준(a goods wholly obtained test) : 원재료단계에서부터 완전히 한 국가에서 생산되거나
- 실질적 변형기준(substantial transformation test) : 생산과정이 2개국 사이에

걸쳐 이뤄진 물품에 대해 본질적인 특성을 부여하기에 충분한 정도의 실질적 변형이 최종적으로 수행된 국가기준에 원산지를 부여한다.

(가) 세번변경기준(the Change in Traiff Heading Method, CTH)

(나) 부가가치기준(value added test or ad valorem percentage criterion)

(다) 특정가공공정기준(the criterion of specific manufacturing or processing operation)

한편 최종제조공정이 반드시 수출국에서 수행되어야 원산지 획득이 가능하다. 일반적으로 FTA 원산지규정에서는 일반원산지증명서와 달리 수출국에서 최종공정이 이루어져야만 원산지로 인정된다.

4) 인도네시아

(1) 무역규제

2018년 5월 이후 전년 수준으로 회복될 기미가 보이지 않은 루피화 하락을 멈추고 무역수지 및 경상수지 적자 등을 타개하고자 정부는 인플레이션을 통제, 기준금리를 5.50%수준으로 인상하고 루피아 매입을 통해 외한시장에 개입하는 등의 정책적인 노력을 기울여왔다. 무엇보다 정부의 기본적인 입장이 내수산업을 증진시키고 무역흑자로의 전환을 통한 경상수지 흑자를 원하고 있으며, 이와 관련하여 정부는 다음과 같은 규제를 시행하고 있다.

수입규제정책	투자유치와 수출 증대 정책
·2018년 9월 1일부로 수입대체재로서의 바이오디젤(B20) 사용 독려 ·2018년 9월 6일부로 수입제품에 대한 선납법인소득세(PPH22)상향조정발표 ·2018년 7월 13일부로 자국산 콘텐츠비중(TKDN)적용강화 규정 발표 ·2018년 9월 10일 부로 전자상거래(E-commerce) 제품의 소량수입액(De minimus)기준을 100달러에서 75달러로 하향조정 법규 공표	·2018년 7월부로 투자절차의 간소화 및 투명화를 위한 OSS(Online Single Submission)시스템 도입 ·수출을 통해 발행하는 수출업자의 수익을 정부차원에서 관리 감독 ·수출시장 확대 및 수출, 투자유치확대를 위한 인센티브 제공 ·CPO, 카카오, 커피 등의 상품 수출에 대해 L/C필수개설 ·중소기업의 수출장려를 위한 물류센터의 역할 증진

자료: http://blog.naver.com/PostView.nhn?blogId=7_hokky&logNo=221364281373

① **관세장벽** : 인도네시아 정부의 지속적인 관세인하 노력에도 불구하고 인도네시아의 관세율은 품목에 따라 아직도 높은 수준을 유지하고 있다. 그 대표

적인 예로서 일부 화학제품 및 철강제품을 비롯하여 타이어, 튜브, 가정용 전자기기, 일부 섬유류, 자동차 등을 들 수 있으며 이들 품목에 대한 고율의 수입관세가 무역장벽으로 작용하고 있다.

인도네시아는 또한 아세안 자유무역지대(AFTA)를 추진하기 위한 공동실효특혜관세(CEPT) 협정에 따라 아세안 국가에 대해서는 CEPT를 적용하고 있다. 관세인하 대상은 농업, 서비스를 제외하고 자본재를 포함한 모든 공산품, 가공농산품, 기타 비농산물 등이며 특혜관세의 혜택을 받기 위해서는 역내 국산자재 및 부품 사용비율이 40% 이상일 것이 요구된다.

한-아세안 자유무역협정 상품협정이 2006년 8월 24일 말레이시아 쿠알라룸푸르에서 정식으로 서명되었으며, 2007년 4월에 한국 국회에서 비준되면서 6월 1일부터 정식 발효되었다. 그러나 인도네시아는 한-아세안 FTA 발효 후에도 재무부의 실행안이 미비하다는 이유로 관세 철폐 및 인하를 7월 1일부터 적용했다.

인도네시아 정부는 한-아세안 FTA 협정내용에 따라 지난 2008년 12월 23일부터 "2009년 한-아세안 FTA 인도네시아 신규 관세율표"를 재무부 장관령(No.236/ MK.011/ 2008)으로 발표하고 2009년 1월 1일부터 일반 품목군의 관세를 면제시켰다.

한편, 인도네시아는 2013년 무역수지 적자 축소와 세수 확대를 위해 핸드폰, 원예작물, 밀가루 등에 수입규제를 강화시키기로 했다. 인도네시아 무역부는 2013년 1월 1일부터 2015년 12월 31일까지 총 97개 항목 수입 라이선스 발급 강화, 해당 품목군은 식품, 화장품, 신발, 전자제품, 장난감, 과자류, 건강보조식품으로 정의내리며, 상기 97개 항목은 무역부가 정한 항구에서만 수입이 가능하다. Dumai, Jayapura, Tarakan 항구는 식음료만 수입 가능하다.

2016년 12월에는 수입승인제도 법령 발표(NOMOR 82/M-DAG/PER/12/2016), 2017년 3월부터 유효하게 됐다. 수입승인제도(Persetujuan Impor)는 내수 증진으로 생겨났으며, 수입승인 대상 품목군은 2017년 12월 29일 기준 총 74개 품목군이 지정돼 있다. 철강, 합금강 제품, 가정용 또는 사무실용 스탠 제품, 육가공품, 시멘트, 임산물, 쌀, 중고기계설비, 농기구, 재활용제품 등이 포함돼 있으며 동 수입승인면허의 유효기간은 6개월에서 12개월로 품목별로 상이하다. 해당 품목은 수입 전 PI 승인을 받아야 통관이 가능하며 쿼터할당제가 존재하고, 수입실적에 대해서는 매월 15일 수입실적을 보고토록 돼 있다. 제도가 생각보다 복잡하고 까다롭기 때문에 인도네시아 입장에서 수입 최소 3개월 이전부터 관련 서류를 준비해서 수입승인을 신청해야 한다. 2017년 6월과 7월에 수입 쿼터제에 대한 질문이 집중하고 있는 바, 수출을 계획하고 있는 경우 동 품목에 해당되는지를 확인한 후 수출을 준비해야 한다. 또한 동 법령 관련 2017년 3월 1일부로 그동안 HS Code 9자리로 관리해오던 품목군을 아세안 표준에 맞추기 위해 8자리로 변경 관리하기 시작했다.

② **비관세장벽**: 인도네시아 비관세장벽의 특징은 내수생산이 충분한 제품 수입을 줄이는 것으로 예를 들어 수입면허, 수입쿼터의 역할을 하는 사전수입승인, 국가표준규격(SNI) 라벨링, 각 제품군에 대한 유통허가 등이 있다. 2018년에 시작된 후 8월 현재까지 정부에서는 비관세장벽 관련 정부규제(Peraturan Pemerintah/PP), 무역부규정(Peraturan Menteri Perdagangan), 산업부규정(Peraturan Menteri Perindustrian), 인도네시아 식약청(BPOM)규정, 재무부규정(Peraturan Menteri Keuangan) 등을 수차례 발표하며 내수제품의 경쟁력을 키우기 위해 노력하고 있다.

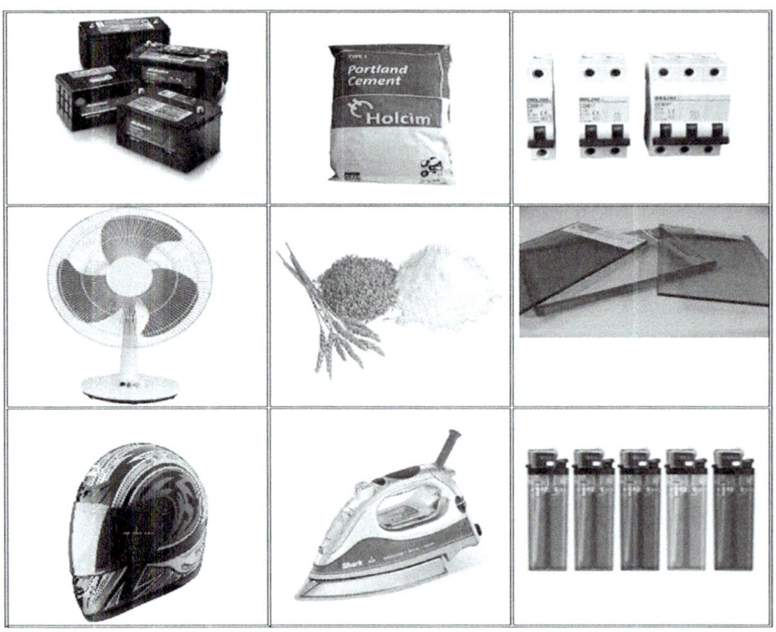

[그림 5-5] 주요 SNI 품목

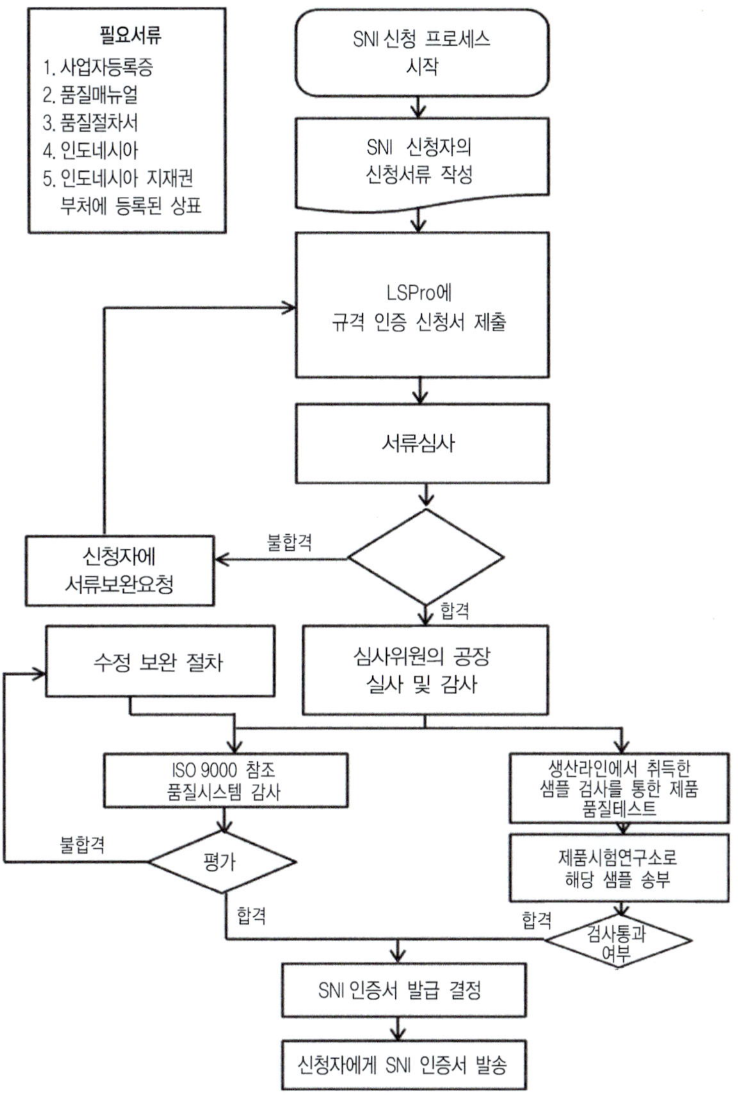

[그림 5-6] SNI 인증 발급 순서도

(가) 2018년 비관세장벽 관련 규정 발표 내용: 사후국경감시제도(POST BORDER) 도입으로 각 품목 관련 새로운 규정이 발표되었다. 이전의 수입규제 사항과 기본적인 틀은 같으나 사후국경감시제도 내용 추가, 품목에 따라 통과해야 할 검사 가짓수 증가 등 세부규정이 정교해진 것이 특징이다. 2018년 1월부터 6월까지의 비관세장벽이 강화됐으나 수입이 증가함에 따라 하반기에도

인도네시아 정부의 수입규제 정책은 지속될 것으로 보인다.

비관세장벽의 대표적인 유형은 SNI 강제인증을 들 수 있다. SNI 강제인증에 영향을 받는 10대 주요 품목에는 석유화학, 기계, 컴퓨터, 전자 및 광학기계, 비금속 제품, 식음료, 섬유봉제, 전기 장비, 수송기계, 비기계금속, 고무, 플라스틱 등이 있다. SNI 인증 발급을 위한 기본 단계에는 신청, 서류심사, 기술심사, 패널 최종 검사, SNI 인증서 발급 등의 절차가 있다.[2)]

(2) 관세

① 관세분류방식

2017년 7월 현재, 2017년 3월 1일부로 발효된 신규 세법으로 HS 10단위 체계에서 8단위 체계로 변경됐다. 2018년 기준 HS 코드 8단위로 조회되는 품목 수는 10,826개, 4단위는 1,222개, 2단위는 98개이다

인도네시아의 수입관세는 일반관세와 아세안 국가에 적용되는 특혜관세(Common Effective Preferential Tariff)의 복수체계로 되어 있는데, 2006년 이후 한・중・일 등과 FTA가 체결되면서 2006년 중-아세안FTA, 2007년 한-아세안FTA, 2008년 일-아세안FTA 등 3개의 FTA 관세체계가 추가되었다.

② 관세율

(가) 관세율의 개략적 체계: 인도네시아 정부는 무역자유화 정책의 일환으로 1985년 이래 지속적으로 관세인하를 추진 해오고 있다. 그러나 안정보장, 문화/사회적인 관점에서 일부 보호산업/물품에 대해서는 고율의 수입관세가 여전히 적용되고 있다.

(나) 품목별 평균 관세율: 수입관세는 수입품 관세 평가액의 0~170%의 세율이 적용되는데, 금번 FTA 체결로 대(對) 한국 수입제품 관세율은 대부분 면제가 되고 민감 품목군만 그대로 유지되고 있는 상황이다.

(다) 가공도별 차등관세 적용: 소비재의 평균세율은 중간재와 자본재의 2배 이상이다.

(라) 실질관행과 관련 관세 절감 요령 및 특기사항: 인도네시아의 주요 수입상 또는 기업 비즈니스맨들은 중국계로써 싱가포르 또는 바탐섬 등 자유무역지대로 일단 수입을 하여 하치, 보관한 후 인도네시아로 재수입하는 일이 많았

2) 2018-08-20 허유진 인도네시아 자카르타 무역관

다. 이는 싱가포르에서 환적한 후 제반 선적서류를 교환하여 아세안 특혜관세 혜택을 받거나 불법 또는 편법적인 수입통로를 통해 관세를 줄이려는 목적에서 많이 행해졌는데, 최근에는 인도네시아 세관이 부패척결과 시스템 개선을 추진하면서 오히려 실효성이 떨어지는 상황이다.

③ 관세평가제도

(가) 관세 산정 방식 : HS 도입 이전에는 종량세 품목이 521개 품목으로 총품목의 10% 수준이었으나, 1989~1990년 기간 중 모든 종량제를 종가세 및 수입과징금으로 대체시킨 바 있다. 이와 같이 종량세를 종가세로 전환하는 것은 관세율의 공개성과 예측성을 증대시키는 효과를 가져 온다.

- 관세부과는 CIF 가격 기준
  - 관세금액 = 수입품 가격 × 관세율 × 관세 환율
  - 관세 환율은 재무성이 외국 통화를 루피아로 환산한 금액으로 매주 발표함

(나) 관세부과 기준가액 : FOB가격기준으로 5,000달러 이상인 경우, 수출 시 SGS가 평가한 수출국의 정상 시장가격과 송장금액 중 높은 가격이다.

5,000달러 이하인 경우, 송장금액, 단 송장금액이 의심스러운 경우 유사 물품 가격과 비교하여 결정된다.

특히 동일한 품목이 수입될 경우, 예전 수입가격이 기준가격이 되는 경우가 많아서 샘플 등으로 좀 더 비싼 가격으로 수입을 했다가 나중에 대량 수입하면서 할인된 가격으로 수입하려면 예전가격과 다르다는 이유로 조정관세와 벌금까지 떠안는 경우가 발생하고 있으므로 주의가 요망된다.

④ 관세환급 제도 : 수입된 물품이 수출용으로 사용되었을 경우 수입관세를 환급해 주는데 이는 수출물품의 제조에 사용되는 완제품 및 원자재의 수입 시 수입관세를 일단 납부하고 제조, 가공 및 수출 후 환급받는 제도이다. 종전에는 관세환급 절차를 밟아 왔으나 PAKJUL 조치 이후 사전유예가 가능하므로 (은행 보증서 이용) 통상 수출용 원부자재 수입 시에는 관세가 면제되거나 잠정유예 통관이 된다.(수출 신고 시 완전 해제)

(가) 환급대상

물품의 수출 전 3년 이내에 수입한 완제품 및 원자재로써 최종제품이 수출되고 인도네시아에서 사용되지 않은 경우에 한한다.

• 환급대상 제외 물품
  - 수출되지 않는 부산물, Waste, 스크랩 비용
  - 윤활유, 연료 및 공장설비에 대한 수입관세
  - 수입규정에 위반하여 부과된 벌과금

(나) 환급절차

• 신청서 제출
  - 신청서는 수출 후 1년 이내에 제출
  - 수입관세 환급 신청서 제출(공통서류 : Form E)

• 수입증빙 서류, 수입되는 제품 및 원재료와 최종 수출품의 연계 증빙서류환급 결정
  - 담당부서(P4BM)는 신청서 접수 후 30일 이내에 환급여부를 결정 환급 승인 시 신청금액의 75%를 지급하고 나머지 25%는 접수 후 60일 이내에 관련서류 확인 후 국영은행을 통해 지급

• 수입관세 환급지시서(SPMKBM) 3부 작성
  - 원본 : 신청인
  - 1부 : 국영은행
  - 1부 : 예산국장에 송부

• 환급금 지급
  - 국영은행에서 환급지시서의 진위를 확인한 후 신청인에게 지급

인도네시아에서 관세환급은 절차나 시스템 상으로는 큰 문제가 없으나, 실질적으로 환급을 받기까지 시간이나 노력이 많이 들어가는 것으로 알려졌다.

⑤ **원산지 규정** : 현지진출 우리기업들이 미국, EU 수출 시 GSP혜택을 받기 위해서는 원산지증명서가 요구된다. 또 미국이나 EU에 섬유류를 수출할 때도 원산지증명서가 요구된다. 인도네시아에서 통관서류로서의 원산지증명서는 검역의 목적 또는 수출용 원부자재를 수입 후 관세환급 신청 시에나 요구되는 정도이다. 그러나 한-ASEAN FTA가 발효되면 특혜관세 적용을 받기 위해 반드시 해당 원산지증명서(AK-FTA양식)가 요구되고 있다.

그러나 FTA 내 수입 원산지증명 절차 변경 법안(SE-01/BC/2010)에 따라 인도네시아 정부는 COO Form D(CEPT-AFTA), Form AK(AKFTA), Form JIEPA(IJ-EPA)의 경우에만, 제3국 Invoice 사용을 허가하고 있다. 즉 중국에 공장이 있으나

한국에서 Invoicing을 발행하는 경우 AKFTA 관세율 적용을 받지 못한다.

- 직접 운송의 원칙 : 지정학적인 요인 혹은 운송수단의 직접 운송일정으로 인하여 화물이 환적(Transshipment) 혹은 경유(Transit)하여 도착되는 경우 다음과 같은 요건을 구비하여야 원산지 증명서를 인정받을 수 있다.
  - 항로(Route) 명시된 통과 B/L(Through Bill of Lading)
  - 경유 혹은 환적 항에서 Loading/Unloading을 제외한 추가적인 상행위가 없음을 명시.
  - 선사 혹은 물류 업체의 항로 증빙서

⑥ **참고사항** : 통화가치 급락으로 몸살을 앓는 인도네시아가 외국에서 수입하는 소비재에 부과하는 관세를 품목당 7.5～10%로 인상하기로 하고 900개 수입품목에 대한 관세조정 결과를 발표할 예정이다. 인도네시아 산업부장관은 이와 관련해 원자재 수입관세는 2.5%로 낮게 유지하지만, 소비재에 속하는 다운스트림 제품에 대한 관세는 7.5～10%가 될 것이라고 밝혔다. 현재 인도네시아가 수입 소비재에 매기는 관세는 품목별로 2.5～10%으로 구체적으로 어떤 품목의 관세가 어느 수준으로 인상될지는 공개되지 않았으며, 아이르랑가 장관은 경상수지 적자를 줄이기 위해선 불가피한 조치라고 관세인상 배경을 설명했다.[3)]

(3) 통관

수출입 통관의 세밀한 준비는 수출입제품 관련 인허가의 완벽한 구비라 할 수 있다. 수입 혹은 수출을 하고자 하는 품목의 관련 인허가를 완벽히 구비한다면 수출입 통관이나 제반 절차가 원활하다. 그러나 관련 인허가를 세밀하게 구비하는 과정은 품목에 따라 많은 노력을 필요로 한다. 현재 주재국 무역부에 공시된 사전수입허가 대상항목은 77개 항목이며 공시된 항목과 관련된 품목을 수입하는 업체는 사전 수입허가를 받아야 해당 제품을 수입할 수 있다. 수입통관 관련하여 2018년 시행된 주요 사항은 다음과 같다.

---

3) 환율비상 인도네시아 소비재 관세 7.5~10% 인상키로 | 통합무역(수출 · 입)정보 운영자(박영철)

〈표 5-16〉 개정 법령에 명시된 원산지증명 제출기한

수입업체등급	적용기준일*	제출허용시한	허용시한경과시
MITA	SPPB[4]발급일	5일[5]이내	FORM AK 불인정
AEO	SPPB 발급일	5일이내	FORM AK 불인정
GREEN	SPPB 발급일	3일이내	FORM AK 불인정
YELLOW	SPJK 확정일	익일정오(낮 12시)	FORM AK 불인정
RED	SPJM 확정일	익일정오(낮 12시)	FORM AK 불인정

자료: 원산지 증명 관련 개정 법령 -재무부 장관령229/PMK.04/2017 (2018년 1월28일 시행)

① **통관법 개정에 따른 유의사항**: 주재국의 수출입 환경은 세수강화와 수입억제에 초점을 맞추어 관련 법안들이 시행되고 있음으로 수입자는 통관 시 받을 수 있는 불이익을 최소화 혹은 회피하기 위해서는 수입품목에 대한 정확한 조사를 토대로 관련 인허가를 인지한 후 구비하여 수입통관에 임하여야 한다. 또한 수입품목에 대해서는 관련 인허가 이외 가격 및 가격증빙자료에 대한 심사가 갈수록 철저해지고 있음으로 수입자는 판매계약서(Sales Contract), 구매오더(Purchase order) 등의 자료준비는 물론이거니와 이에 맞춰 물품대금을 지불한 증빙자료를 완벽하게 구비하여야 하며, 세관에서 계좌의 입출금내역서(Bank Statement)까지 제출을 요구하는 경우가 있기 때문에 처음부터 마지막까지 모든 자료가 일치함을 유의하여야 한다.

◈ 수입통관 시 사전구비 허가서 종류

- API-P : 제조업체용 수입 허가서
  - 외자법인인 경우 BKPM에서 발급대행함. 유효기간 항구적.
- API-U : 무역 업체용 수입 허가서
  - 외자법인인 경우 BKPM에서 발급대행함. 유효기간 항구적.
- NPWP : 납세자번호(세무등록번호)
  - 발행 기관 : 법인 소재 관할 세무소 발행
- NIK : 세관에서 발행
  - 반드시 법인을 세관에 등록하여 발급받아야 함. 등록 완료전인 경우 접수증을 근거로 수입 통관 최초 1회한 가능, 추후 수입 불가능

---

4) SPPB : SURAT PERSETUJUAN PENGERLUARAN BARANG / 화물 출고 승인서
SPJK : SURAT PEMBERITAHUAN JALUR KUNING / 서류 심사 통지
SPJM : SURAT PEMBERITAHUAN JALUR MERAH / 화물 검사 통지

5) 적용기준일의 익일이 공휴일인 경우에도 예외 불인정됨으로 YELLOW& RED 로 지정된 경우에는 원산지증명서를 적용 기준 당일 세관에 접수하여야 한다.

ㅇ IT : 2009년 1월 1일부터 아동용 완구, 신발류, 가전제품, 의류, 식음료 등 5대 품목에 대해 등록된 수입업자(IT : Listed/Registered Importers)만 수입을 허용하도록 규제중이다. 제출서류가 완비되어 제출된 지 7일(근무일 기준) 이내에 등록수입업자 자격이 부여된다.

② **수입통관 절차**: 인도네시아 수입통관은 보세업체 통관과 비 보세업체 통관으로 크게 2가지로 분류할 수 있다. 비 보세업체 통관은 매 수입건별로 수입관세, 부가세, 법인세 등을 납부하여야 한다. 화물수입을 할 수 있는 통관방식으로 보세업체가 되면 수입절차가 간단해지기는 하지만 내수판매를 원활히 할 수 없다는 단점이 있어 일반적으로 내수 혹은 내수와 수출을 겸하고자 하는 업체 및 완제품 수입을 하는 업체는 보세허가를 받지 않고 수입업무를 진행한다.

(가) 선적서류 및 수입신고서 준비

- 선적서류(BL, INVOICE, PACKING, INSURANCE POLICY 등) 준비하되 세관 내규에 원본을 첨부하도록 규정되어 있으므로 반드시 원본을 준비해야 한다. 적하보험증권의 경우 FOB인 경우는 인도네시아에서 부보가능하다.
- 한-아세안 FTA 관세혜택을 받으려면 선적서류 속에 원산지증명서(FORM-AK)도 AK-FTA용으로 받아서 포함시키고 적용관세율 항목에 AK-FTA 관세임을 밝혀야 한다.

(나) 수입신고서에 준하여 수입세 납부

- 수입관세, 부가세, 법인세 - 인도네시아의 경우 화물 수입 시 법인세를 선납

(다) 수입세를 은행에 납부한 이후 수입신고서를 세관에 전송(EDI SYSTEM)

(라) 세관에서는 전송 받은 서류를 근거로 수입 세금이 납부된 은행과 교신하여 수입세금 납부 여부 확인

(마) 수입세금 납부가 확인이 되면 세관에서 수입신고서 접수

(바) 수입신고서 접수 확인이 되면 원본서류를 세관에 제출

- 원본 세금계산서, 원본 B/L, 원본 INVOICE, 원본 PACKING LIST, 원본 선하 보험증서

(사) 세관에서 원본서류 접수 이후 검사 혹은 무검사 통관 결정

(아) 검사 통관으로 결정난 경우, 검사관과 함께 화물검사 실시, 검서보고서 작성 후 담당관에게 보고서 제출

- 화물검사는 100% 실제로 화물검사를 실시하므로 반드시 선적서류와 실

제화물이 일치해야 함. 선적 서류상에 명시되지 않은 화물은 밀수로 간주되어 조정관세 및 벌금 부과됨.

(자) 통관승인을 받고 화물 출고 동의서 수령

(차) 창고비용 지불하고 출고증 받아 화물 출고

③ **기타 수입통관 참고사항**: 수입관세는 인도네시아 재무부 산하 관세국에서 발행하는 관세율표에 기준하여 작성하게 되는데, 한-아세안 FTA 상품협정에 따라 전체품목의 90%에 달하는 일반품목 공산품에 대한 관세율이 2009년 1월 1일부로 관세가 면제되었으며, 나머지 민감 혹은 초민감 품목이 3~20%의 관세율을 유지하고 있다. 최근 2016년 발표된 센서티브 리스트에 따르면, 기존 15~20%의 관세가 부과되던 일부 민감품목들이 5% 이내로 인하돼 시행 중이다. 그 밖에 10% 부가세와 2.5%의 법인세(선납 법인세)를 모두 수입통관 시 한꺼번에 납부하게 된다.

특히 화물수입 시 적용되는 세관 고지 환율이 매 1주일 단위로 변경되어 수입자의 불편이 크다. 세관 고지 환율이 매주 월요일 오전 10시에나 결정되어 통지되는데, 은행의 수입세 관련업무 접수 마감시간이 매일 오전 11시로 제한되어 있어 매주 월요일은 수입신고서 준비하는 것만으로 끝이 나고 수입세 납부가 불가능하다.

세관에서 서류심사 시 가격이 너무 낮다고 자의적으로 인정되는 부분에 대해서는 조정관세 및 벌금 추징하게 된다. 이때 세관에서 제시하는 가격기준이 제품의 시중 판매가격을 참고하는 경우가 많아 유통단계가 많은 소비재 분야에서 과도한 조정관세를 맞는 사례가 속출하고 있다. 수입자가 추징되는 부분에 대해서 이의제기를 할 수 있으나 승소 확률은 상당히 낮은 실정이며, 인도네시아 세관규정에 따르면 수입화물에 대한 조정관세 혹은 벌금추징 시 화물은 선출고가 가능하다.

1달 이내에 추징 관세 및 벌금 납부를 완료하도록 되어 있으나 실제로는 추징고지서 발급 시점에(NOTA PEMBETULAN) 추징금액을 납부하고 세관에 신고해야만 출고 동의서 발급이 가능하다.

부가세 및 선납 법인 소득세 부분의 현금 환급은 거의 불가능하기 때문에 업체에서 매출 부가세를 기준으로 수입 시 발생한 매출 부가세를 상쇄하는 방식으로 정리를 한다. 부가세 환급신청 시 세무감사가 나온다는 게 일반적인 정설이므로 부가세 환급이 사실상 기피되는 상황이다.

이전에는 KITE(KEMUDAHAN IMPOR TUJUAN EXPOR) 제도라는 추가가공, 조립을 위해 원재료 등을 수입하는 가공수출업체는 인도네시아 관세청으로부터 특별수입편익(KITE*) 자격을 득하여 ① 관세 및 소비세 유예 및 ② 부가가치세와 사치세는 징수하지 않지만, 2012년 4월 1일부터 KITE 업체는 원재료 수입통관 시 부가가치세를 납부하고 수출 시에 이를 환급 받도록 변경했다. 이는 KITE 업체가 수입한 재화가 수출에 100% 사용되지 않고 정상적 세부담 없이 내수 유통되는 부작용에 대한 관세당국의 정책대응이다.

2017년 3월 1일부로 인도네시아 세법분류체계 변경으로 HS Code 자릿수 기준이 10자리에서 8자리로 변경됨에 따라 HS Code 8자리 기준으로 품목을 분류하고 있다. 동 분류 기준은 http://eservice.insw.go.id/에서 확인이 가능하다.

5) 필리핀

(1) 무역규제

① **수입규제**: 필리핀은 원칙적으로 모든 상품수입을 자유롭게 허용하는 Negative System을 채택하고 있다. 필리핀은 가장 취약한 부문인 농업에 대한 강력한 보호주의 정책을 도입, 시행하고 있으며 그 이외의 부문에 대해서는 자유무역주의를 지향하고 있어 일부 예외적인 경우를 제외하고는 보호주의 경향을 띠지 않고 있다.

농업부문에서 취해지고 있는 보호주의 조치로는 고율관세, 쿼터 및 비관세장벽 형성 등 다양하며 쌀에 대한 총량규제, 설탕 생산 및 처리과정에 대한 고도의 규제, 쌀 및 옥수수 등에 대한 가격지지 정책 등이 주요한 내용이 되고 있다.

특히 필리핀은 민감품목(sensitive items)에 대해서는 최소시장접근물량(MAV; Minimum Access Volume) 정책에 의거한 쿼터 내 관세율을 부과하고 있다. 설탕(사탕수수)에 가장 높은 50~65%의 관세를 부과하고 있으며, 쌀은 35~50%, 가금류 식품, 감자, 옥수수도 관세율이 40%에 달할 뿐만 아니라 마늘, 양배추, 고구마, 돼지고기에 이르기까지 다양한 농·축산물이 대상이 되고 있다.

이 밖에도 세이프가드, 라벨링 등의 기술장벽(TBT), 광범위한 외국인투자 규제, 세관장벽 등의 다양한 수입규제가 존재하며 공직자의 부정부패, 사법처리 절차에서의 투명성 결여와 같은 합법적 상거래를 가로막는 관행이 더해져 기업활동에 제약이 되고 있다.

② 수입금지 품목

- 중고차(3톤 이하 차량, 6-12톤 버스, 25-6톤의 트럭)
- 오른쪽 핸들차량 R. A. No. 8506
- 포르노 제품/재료 R. A. No. 4653
- 중고의류 및 넝마
- 장난감 총
- 폭약 및 총기, 무기류 및 부품(특별히 승인된 건 제외)
- 내란선동 등의 불온한 내용을 담고 있는 서적, 생명의 위협을 담고 있거나, 신체에 해악을 주는 내용을 담고 있는 서적 등
- 불법 낙태용 도구 및 약품 등
- 도박 용구, 카드, 기구 등
- 복권, 경마권 등
- 귀금속으로 제조된 예술품
- 불량 의약품 및 식품
- 마리화나 및 기타 마약 등
- 기타 법률에 의해 수입이 금지된 것

③ 수입규제 품목

○ 가전제품
- House Appliances : Elecric fans; Flat irons; Kitchen Machines (Blenders); Microwave ovens; Regrigerators, Rice cookers, Airports and Coffee Makers; Audio and Video Products (TV and DC/VCD/DVD Players); Toasters, Electric Stoves and Hot Plates; Washing Machines, Air Conditioners (EER)
- Lamp and Lighting Products : Pre-heat/Magnetic Ballasts; Electronic Ballasts; CFL/Self Ballasted Lamps; Christmas Lights/Lighting Chains; Flourescent Lamps (Double-Capped); Flourescent Lamps (Single-Capped); Fuse Holders; Incandescent Lamps/Bulbs; Lamp holders (Edison Screw); Lamp and Starter Holders... BPS

○ Acetic anhydride ... DDB
○ 쌀, 옥수수 ... NFA
○ Sodium Cyanide ... BFAD
○ Chlorofluorocarbon ... BFAD

- Penicillin, derivatives ... BFAD
- 정제석유제품 ... ERB
- Aviation Gasoline; Motor Spirit(Gasoline); Petroleum Naphtha; Kerosene (including Kerosene type jet fuel); Diesel Oil; Other Gas Oils; Fuel Oils for use in the generation of electric power; Bunker Oi ; Slop Fuel Oil ; Other Fuel Oils; Lubricating Oils and base stock, Heavy Oil Preparations; LPG
- 석탄 ... ERB
- 컬러복사기 ... NBI & Cash Dept. of Central Bank
- 폭약용 화공약품 ... PNP-FEO
  - Sodium Nitrate ; Nitric Acid ; Sodium Chlorate ; Potassium Chlorate ; Sodium Perchlorate, Ammonium Perchlorate and Potassium Perchlorate ; Potassium Nitrate ; Lead(II) Nitrate, Copper(II) Nitrate, Barium Nitrate, Calcium Nitrate, Strontium Nitrate and Cupric Nitrate ; Ammonium Nitrate ; Nitrocellulose and Dinitrocellulose
- 양파, 마늘, 감자, 양배추(종자용) ... Bureau of Plant Industry
- 농약 ... Fertilizer & Pesticide Authority
  - Agricultural Insecticides ; Fumigate ; Other Insecticides put up in forms or packing for sale by retail or as preparations or articles ; Fungicides put up in forms or packing for retail sale or as preparations or articles ; Weed Killers (Herbicides) put up in forms or packing for sale by retail or as preparations or articles ; Rat Positions ; Anti-Sprouting Products ; Plant-Growth Regulators ; Other Products
- 중고차 ...DFA (*공기관 주재원 한하여 DFA승인 가능)
- 중고 자동차 부품 ... BIS
- 모든 건강제품 All Health products (food/food supplements, drugs, cosmetics, household hazardous substances/urban prestícides, medical devices and diagnostic reagents) and its raw materials ... DOH-FDA
- 중고 타이어 ... DTI
- 납산 중고배터리... Environmental Management Bureau (EMB)
- 달러화로 결제하지 않는 중고차 수입 ... BIS
- 정부기관의 컴퓨터 및 주변기기(연간 2백만 페소 초과시) ... Nat'l Computer Center
- 방사능물질 ... PNRI
- 필리핀 통화의 합법적 입찰 ... BSP
- 금화, 구리, 니켈 등 각종 주화용 빈 동전, 지폐 ... BSP
- 국내에서 충분히 생산되는 농산물 ... NFA, BAI
- 옥수수, 가금류/돈육 및 그 제품, 쇠고기를 제외한 육류 및 그 제품
- 휴대전화 단말기, 전화수신기 등 모든 통신기기 ... NTC
- 중고컴퓨터 ... DENR
- 냉장고, 냉동고, 에어컨용 프레온 가스 ... DENR
- 모든 농업용 비료, 살충제 및 화학제품 ... FPA
- 전기톱, 목재 ... DENR-FMB

○ 신선 과일, 채소류 … BPI
○ 동/식물 … BAI
- Bird ; worms ; bees ; buterfiles ; Animal products ; Animal by-products (meat, fat, milk, whey, cream, butter, cheese, egg) ; Chocolate ; food preparation containing milk ; Pasta ; Feeds and mixtures ; veterinary biological product
○ 신선 및 냉동 어류 조개류 … BFAR
○ 동물용 사료 … BAI
○ 가공 식품류 및 약품 … BFAD
○ 사탕수수함유 설탕 … SRA
○ PVC resin … BOI
○ Cigarettes & other Tobacco Products … NTA, DENR, BIR
○ 화장품 … BFAD
○ 수의약품 … BFAD, BAI
○ 보트 및 각종 선박 … MARINA
○ 각종 항공기 … ATO, CAB
○ 컴퓨터(모뎀 장착된 것) … NTC
○ 카지노 산업용 게임 기계, 부품 및 용품 … PAGCOR

④ 기타 수입제한 법규

- 근거법령 : Anti-Dumping Law/Safeguards Law (RA 8800)
- 규제기관 : 무역산업부(DTI) 및 관세위원회(TC)
- 규제품목 : Steel Angle Bar/ Float Glass/ Testliner Board

⑤ 수입쿼터

아래 제품은 공공법 650조(Republic Act No. 650)에 따라 수입쿼터가 지정되어 있으며, 정부로부터 수입할당을 받은 특정업체만 수입면허를 받을 수 있다.

- 쌀, 밀
- 통조림 생선, 정어리, 오징어, 고등어, 청어, 연어
- 통조림 우유
- 소고기, 소시지 통조림, 콘드비프, 냉동소고기
- 교과서
- 중고의류 (*자선단체 기증 시 가능)
- 종이, 펄프

⑥ 비관세장벽

2008년 1월 1일부터 발효된 한-ASEAN 자유무역협정에 따라, 일반민감품목의 관세율이 2012년부터 20% 이내로 인하되어 시행되고 있다.

2012년 4월 필리핀 정부는 일반민감품목의 최혜국대우 실행관세율을 2012년~2015년 20% 이내, 2016년도부터 5% 이내, 초민감품목의 경우, 2016년도부터 A그룹 50% 이내, B그룹 20% 이내로 인하한다는 AKFTA 협정 이행을 위한 행정명령(EXECUTIVE ORDER NO.73/74)을 공식적으로 발표하였으며, 이에 따라 2020년까지 모든 아세안 국가들과 90%의 상품에 대해 무관세로 거래가 이루어지게 되어 있다.

필리핀은 2008년 8월부터 봉강(Steel Angle Bar)에 대한 세이프가드 산업조사를 실시, 2009년부터 동 규제가 발효·시행되고 있다. 당초 2015년 종료예정이었으나 2019년 2월까지 지속될 예정이다. WTO 규정상 수입품 중 시장점유율이 3%를 넘지 않는 경우 부과대상에서 제외할 수 있기 때문에 점유율이 3% 미만인 한국제품의 경우 2009년 7월 29일 산업피해 무혐의 판정을 내린바 있다.

또한, 2009년 11월에는 필리핀 판지산업협회가 Testliner Board(판지)에 대해 제소하여 2010년 5월 25일부터 관세위원회(Tariff Commission)가 산업피해 여부를 조사하였으나 역시 판지의 시장점유율 3% 미만을 이유로 무혐의 판정을 받았다.

⑦ 참고사항

그 동안 필리핀은 민감품목과 고도 민감품목으로 분류된 농산물 분야를 제외하고는 수입규제와 관련된 사안들이 많지는 않은 편이었다.

필리핀 입장에서도 어느 정도의 산업피해는 인정하지만, 무역자유화에 역행하고 많은 문제점을 가져올 수 있는 수입규제 움직임은 바람직하지 않다는 것을 인지하고 있으며, 다른 수출국가에도 동등한 규제가 가능하도록 하는 국제무역기구의 규정과 기준을 준수하고 있기 때문이었다.

이는 필리핀의 시장특성이 제조업이 아주 취약하고 수출입 규모도 크지 않은 소비 위주의 경제구조를 띠고 있기 때문에 수입규제 조치의 경제적 실익이 상대적으로 크지 않은데다 ASEAN 회원국으로 자유무역협정 체결 등 무역자유화 기조를 이어 가려는 정부의 의지 때문으로 분석된다.

그러나 농축산물에 대한 광범위한 관세율할당 적용, 국내산업 보호를 위한 세이프가드 조치, 서비스 및 유통을 포함한 광범위한 산업분야에서 반경쟁적 관행이라고 할 수 있는 외국인 투자제한 규정을 두고 있어 상품거래와 투자진출 시 사전에 대상분야의 규제동향 확인은 필수적이다.

또한, 최근에는 자국 내에서 유통되고 있는 가정용 살충제의 제조·수입·유통 과정에서의 모니터링 강화, 완구류에 대한 안전기준 강화 등의 TBT(기술장벽) 사례들도 파악되고 있으며, 특히 국민의 안전과 보건위생 분야에서 비관세장벽이 높아질 것으로 예상되고 있다.

(2) 관세

① 개요

(가) 상품분류: 필리핀의 상품분류는 HS시스템을 따르고 있으며, 자체 상품분류 코드로 SITC 방식을 원용한 PSCC 코드도 사용하고 있다. 따라서 수출입 통계도 HS코드와 PSCC 코드로 분류하여 집계되고 발표된다.

(나) 변동과정: 필리핀은 무역자유화 노력의 일환으로 관세율을 2001년의 14단계에서 점차 인하하여 2004년에는 4단계로 축소할 계획이었으나, 단계축소 및 관세율 인하계획은 지연되었고 결국 2004년 9단계(최고 관세율 50%)로 변경하는데 그쳤다. 이러한 관세율 인하 노력이 실효를 거두지 못한 것은 세수부족으로 어려움을 겪고 있는 필리핀 정부가 수입관세 인상을 통해 자국산업을 보호하기 위한 재원을 마련하는 것이 목적이었다.

그러나 2003년 9월 멕시코 칸쿤에서 개최된 WTO 회담 실패를 계기로 필리핀은 2003년 11월부터 500여개 품목에 대한 수입관세를 인상하였고, 나머지 품목들에 대해서도 추가적인 수입관세 인상조치를 단행한바 있다.

2002년까지 관세율표에 3개년 분을 포함시켰었으나, 2003년에는 당해년도의 관세율만 명시하여 발간함으로써 차후 관세율의 조정 여지를 남기기도 했으며, 2004년도 관세율표에는 2005년까지 2년의 관세율이 명시되었고 아세안 관세율(CEPT Rates)과 MFN 관세율이 나란히 표시였던 것도 특징이다.

2006년 5월 아로요(Arryo) 대통령은 국제유가 상승에 따른 국내물가 상승 및 소비자 부담완화를 위해 원유 및 석유제품 수입관세를 최소 0%에서 최대 3%까지 탄력적으로 부과할 수 있도록 하는 행정명령 527호(EO No. 527)를 발표하기도 했다.

2008년 1월을 기해 한-ASEAN FTA가 발효됨에 따라, 2010년까지 양국 교역품목의 90%에 대해 관세가 철폐되었으며, 2016년까지는 대부분의 품목에 대한 관세인하 혹은 철폐가 단행되었다.

(다) 관세율: 필리핀도 무역자유화 과정을 거치고 있으며 그 결과 지속적으로 관세율이 낮아지고 있다. 2015년 평균 관세율은 7.10% 수준으로 민감품목과 초민감품목이 집중되어 있는 농산물 분야가 11.83%일 뿐 광업(2.3%) 및 제조업(6.16%)은 평균 관세율보다도 낮은 수준을 유지하고 있다. 2016년 1월 1일부터 대부분의 품목에 대한 관세가 0~5%만 부과되기 시작하였다.

〈표 5-17〉 필리핀의 평균관세율

(단위: %)

연도	농업	광업	제조업	평균
2009	11.94	2.28	6.53	7.34
2010	11.94	2.28	6.18	7.02
2011	11.99	1.77	5.81	6.53
2012	11.97	1.76	5.79	6.51
2013	11.98	2.29	5.76	6.71
2014 to 2015	11.98	2.29	5.75	6.70

자료: philippine bureau of customs commissioner (2013년 9월 발표 기준)

② **관세율 종류**: 필리핀 관세율의 종류는 크게 공동실효특혜관세(CEPT)와 기본관세율(MFN)로 나눌 수 있다. 공동실효특혜관세는 아세안 제4차 정상회담에서 아세안의 새로운 발전방향을 모색하기 위해 체결된 것으로 아세안 회원국에 대해 적용되는 관세율이다.

기본관세율은 아세안 비회원국에게 적용되는 관세율이지만 양국 간 자유무역협정(FTA)이 체결되어 있을 경우 낮은 관세율 혜택을 받을 수 있으며, 이를 위해 수입통관 시 원산지증명서(CO)를 세관에 제출해야 한다.

③ **관세율 검색방법**: 한-ASEAN FTA 기본협정 및 상품무역협정이 2006년 5월 16일 타결되었고 2008년 1월 1일 발효일부로 한국과 아세안 9개국과의 무역자유화 조치가 본격적으로 시행되었다.

④ **원산지증명**: FTA는 협상체결국 간 무관세 또는 저율관세를 적용하여 물품 및 서비스의 자유로운 이동을 촉진하고 양국 간 무역 활성화를 통하여 수출입을 확대하는데 목적이 있는바, 비협상국과의 차별적 수단으로 원산지증명서의 발급이 요구되고 있다.

FTA 원산지규정이 비특혜원산지 규정보다 엄격하고 구체적인데 이는 FTA 원산지규정이 FTA 특혜관세혜택의 역외유출 내지 제3국 기업에 의한 우회수입을 방지할 필요가 있고, 역내 부품산업을 육성하는 산업정책을 추진할 필요가 있기 때문이다.

원산지결정의 기본원칙은 제품의 본질적 특성을 부여하는 실질적인 변형이 수행된 국가에 원산지자격을 부여하는 것이며, 일반적으로 원산지 결정기준은 다음의 두 가지로 구분된다.

- 완전생산기준(a goods wholly obtained test) : 원재료단계에서부터 완전히 한 국가에서 생산, 최종가공공정이 수행된 국가에 원산지를 부여한다.
- 실질적 변형기준(substantial transformation test) : 생산과정이 2개국 이상에 걸쳐 이뤄진 물품에 대해 본질적인 특성을 부여하기에 충분한 정도의 실질적 변형이 최종적으로 수행된 국가에 원산지를 부여한다.
  ① 세번변경기준(the Change in Traiff Heading Method, CTH)
  ② 부가가치기준(value added test or ad valorem percentage criterion)
  ③ 특정가공공정기준(the criterion of specific manufacturing or processing operation)

한편, 최종 제조공정이 반드시 수출국에서 수행되어야 원산지 획득이 가능하다. 일반적으로 FTA 원산지규정에서는 일반원산지증명서와 달리 수출국에서 최종공정이 이루어져야만 원산지로 인정된다.

(3) 통관

① **일반 통관** : 필리핀은 수입업체를 Super Green Lane(SGL), Green Lane(GL), Yellow Lane(YL), Red Lane(RL)으로 구분하여 상이한 통관절차를 적용하여 왔다.

SGL은 필리핀 500대 기업의 수입물품 및 경제지역청(PEZA, Philippine Economic Zone Authority)에 등록한 수입물품을 대상으로 화물도착 전에 수입업체가 전자서류로 통관신고를 하고, 도착 즉시 서류 및 실물검사 없이 통관시키고 있다.

GL은 양호한 과거 수입기록을 가진 수입업체를 대상으로 실물 및 서류 검사 없이 통관되나, 관세청의 사후 회계조사를 받게 된다.

YL은 신규 수입업체를 대상으로 하며 실물 및 서류 검사가 행해질 수도 있다.

RL은 불량한 수입기록을 가진 수입업체를 대상으로 하는데, 집중적인 실물 및 서류 검사의 대상이 된다. 2010년 7월 이후 관세청은 밀수 및 부정부패 방지를 위하여 YL의 운영을 중지하고 있다.

필리핀 관세청은 2014년 2월 수입면허 취득절차 변경에 대한 행정명령(Revenue Memorandum Order 04-0214)을 발표했다. 수입면허를 관세청(BOC)과 국세청(BIR) 모두에 등록하도록 의무화했는데 현재 수입면허 등록은 관련 3개 부처(SEC, BIR, BOC) 간 협조가 원할하지 않고 절차 변경에 대한 인식 부족으로 처리가 지연된 바 있다. 그러나 2016년 이후 상황이 개선돼 구비서류만 확실히 준비한다면 원활하게 수입 면허를 받을 수 있다.

② **통관의 종류**

(가) 약식통관 : 약식통관은 개인용 물품배송에 한하여 가능하며 상업용 제품배송은 정식통관을 거쳐야 한다. Door-to-door로 통칭되는 이 해외택배 서비스는 물류업자가 컨테이너 콘솔작업을 거쳐 이삿짐형태로서 타국에 배송하는 방식이다.

이는 이삿짐으로 분류되어 까다로운 절차 없이 통관이 가능하다는 장점이 있으나 콘솔기간이 약 3주정도 소요되기 때문에 선박일정이 안 맞을 경우 배송기간이 길다는 단점이 있다.

또한 분실에 대한 물류업체의 책임이 없으며 고가품이더라도 정식으로 신고한 제품이 아니기 때문에 보상받을 수 없다. 개인용 물품으로 둔갑하여 상업용 제품을 배송하려다 적발될 경우 과태료를 지불해야 할 수 있으니 이 점에 주의해야 한다.

(나) 정식통관 : 수입업체(Importer of Record)는 화물을 실은 선박/항공기 도착 후 5일째 근무일 또는 세관장이 지정한 시한까지 수입품의 반출 허가신청(Entry)이 필요하다. 동 기간 내 반출신청을 하지 않고 세관의 별도 지체허락(Lay Order)이 없는 경우 그 수입품은 일반 주문상품(General Order Merchandise)으로 취급되어 소유자 또는 수하인의 위험 및 경비부담 아래 지정된 창고에 보관된다. 반출허가 신청은 선박/항공기 도착 전(화물의 수입 전)에도 할 수 있다.

세관에 추정관세(Duty)를 납부하고 통관에 필요한 서류를 제출한 후 통관이 허용된다. 이후 세관은 납부세액의 정확성 여부(Liquidation)를 최종 결정하게 된다.

(다) 우편통관 : 해외로부터 소포를 받을 시 필리핀에서는 주로 EMS, Fedex, DHL를 사용한다. 현지 관세법 제100조에 따라 수입되는 모든 물건은 관할 세관당국의 허가가 있어야 한다. 필리핀은 한국에 비해 세관 적발율이 매우 높은

편이며, 적발 기준도 다소 불투명하게 운영하기 때문에 수입자의 관세비용 부담이 큰 편이다.

우편통관 시 관세측정은 제품값과 운송비를 합산하여 관세와 부가세를 적용하는 방식인데 제품값이 터무니없이 낮을 경우 시장평균가를 적용 후 측정한다. 물품반송을 위해서는 통관 후 재송부 절차를 거쳐야 한다.

(라) 방치된 화물: 화주가 물품을 6개월 이내에 수령하지 않을 경우 해당 물품은 경매, 기증, 또는 폐기처분 된다. 처분방식은 관할세관에 따라 차이가 있으나, 일반적으로 밀수품 및 방치화물은 경매 또는 기증 처리되며 안전상 문제가 있는 물품은 폐기처분된다.

③ **물품검사와 보류 및 압류**: 일반적으로 물품검사는 세관 수입통관 단계에서 의무적으로 이루어진다. 현지 관세청에 전산화가 도입된 이후부터 컨테이너 전용 엑스레이(X-ray)를 사용하여 검사하며 실제 컨테이너 내용물과 수입자의 포장명세서(Packing List)가 차이가 있을 시 세관직원이 물품을 직접 조사하는 단계를 거친다.

경제지역청(PEZA) 기업의 경우 수입통관절차 없이 컨테이너를 세관으로부터 인수받는다. 화물이 기업창고에 도착하면 관세청 파견 직원이 방문하여 재고수량 및 가격을 조사하고 이상여부를 점검한 후 통관이 완료된다. 이는 PEZA 입주기업을 위한 필리핀 정부의 인센티브라고 할 수 있다.

④ **통관절차 흐름도**

수입통관 절차는 〈표 5-18〉과 같다.

참고로, 수입하고자 하는 품목이 사전 수입허가가 필요한 관리대상 품목인지의 여부를 수입에 앞서 확인을 해야 한다. 필리핀 정부는 수입관리대상 품목을 최근 자료로 수정하여 발표 하지 않고 있는바, 사전에 Bureau of Import Service에 문의하여 확인해 둘 필요가 있다.

사전 수입허가 품목인 경우, 수입품이 현지 세관에 도착된 이후 수입허가를 받아 서류를 제출하게 되면 '수입허가를 사전에 받지 않은' 사례에 해당되어 30%의 벌금이 부과될 수 있기 때문이다.

〈표 5-18〉 수입절차

절차	해당 기관
단순 소비재인 경우	
① 수입업자등록	CIISofBOC
② 대상 품목의 수입 규제(제한, 자유) 여부 및 관세율 확인	BOC, AAB
③ 신용장 개설	AAB
④ 은행이 세관 앞 출고 허가서 발행	
⑤ 소비재 반입 신청서(증명서 유첨) 제출	EPD
⑥ 소비재 수입 증명서, 확인서 제출	FED
⑦ 수입품 반출, 완료	
단순 소비재가 아닌 경우	
① 수입업자 등록	CIISofBOC
② 대상 품목의 수입규제(제한, 자유) 여부 및 관세율 확인	BOC, AAB
③ 신용장 개설	AAB
④ 은행이 세관 앞 출고 허가서 발행	
⑤ 단순 소비재가 아니고 CBMW용일 경우 BOC에 보세 반입 신청	
⑥ 단순 소비재가 아니고 CBMW용도 아니면 BOC의 특별 수송허가 (SPT)	
⑦ 수입품 반출, 완료	

주 1: CIIS; Customs Intelligence Investigation Service
주 2: BOC; Bureau of Customs
주 3: AAB; Authorizes Agent Bank
주 4: EPD; Entry Processing Div.
주 5: FED; Formal Entry Div.
주 6: SPT; Special Permit to Transfer
주 7: CBMW; Customs Bonded Manufacturing Warehouse

⑤ 통관에 필요한 선적서류

(가) 상업송장 : 상업송장은 판매자가 매매계약 이행 사실을 기재해 구매자에게 발송하는 문서로서 계약의 이행을 입증하는 자료인 만큼 수입통관에 있어 매우 중요하다. 필수 기재사항은 판매자 정보, 구매자 정보, 거래 날짜, 제품 내역, 지불 방식, 운송 방식, 양측 서명으로 구성되어 있다.

만약 판매자의 과실로 구매자 업체명을 잘못 기입하여 수입면허 취득 업체 명단에 조회가 되지 않을 경우 현지 세관으로부터 제재를 당할 수 있으니 사전에 구매자와 협의해야 불이익을 피할 수 있다.

(나) 포장명세서 : 포장명세서(Packing List)는 선적화물의 포장 및 단위별 명세와 단위별 순중량, 총중량, 포장의 일련번호를 기재한 문서를 칭한다. 이 서류도 상업송장과 마찬가지로 실제 포장 및 무게가 일치하지 않을 경우 세관에

서 꼬투리를 잡아 돈을 요구하는 사례가 있으니 수입자의 부담을 덜어주기 위해 정확하게 기입하는 것이 중요하다.

(다) 선하증권(Bill of Lading, B/L): 선하증권은 화주와 선사 간에 체결한 해상운송계약에 의거해 선사가 특정 화물을 영수했다는 것을 증명한다. 또한 도착항에서 수하인이 그 화물을 인도할 것을 약정하는 유가증권이기도 하다.

(라) 세관의 조사항목: 일반품목의 수입통관일 경우 세관당국이 조사하는 서류는 수입자의 수입면허, 상업송장, 포장명세서, 선하증권이다. 품목별로 구비서류의 차이가 있기 때문에 사전에 준비하여 화물창고비용을 최소화하는 것이 좋다.

(마) 통관경비: 통관경비는 일반적으로 다음과 같이 이루어져 있다.

- 제품가격(Export Value)
- 운송비(Freight)
- 보험료(Insurance)
- 에이전트 수수료(Brokerage Fee)
- 부두이용료(Wharfage)
- 추가 운반료(Arrastre): 필리핀에만 특수하게 존재함
- 서류/스템프 진행료(Docs/Stamps)
- 수입통관료(Import Process Fee)
- 관세(Duty or Tariff)
- 부가세(Value Added Tax)

(바) 통관절차 안내 및 문의: 통관절차 안내 및 세부사항은 필리핀 관세청 고객센터에 문의하면 된다.

6. 메르코수르(MERCOSUR)와 태평양동맹(PA)

메르코수르는 스페인어 '메르카도 코문 델 수르(Mercado Común del Sur)'의 약자로서, 지난 1991년 아르헨티나, 브라질, 파라과이, 우루과이 등 4개국이 무역장벽을 전면 철폐하기로 하면서 출범했다. 관세동맹으로 역내의 시장통합과 역외의 공동관세 부과가 목적이었다. 2012년 말 베네수엘라가 신규 회원국으로 가입했으나 대외 통상협상에는 참여하지 않는다. 2012년 6월 콜롬비아, 페루, 칠레, 멕시코 등 4개국으로 출범한 태평양동맹(PA)이 무역자유화를 앞세우며 중남미의 새로운 성장동력으로 주목받는 것과 달리 메르코수르는 그동안 지나치게 정치성이 강조되면서 경제블록 역할을 제대로 하지 못했다. '자유무역협정(Free Trade Agreement)' 용어를 지양한다는 메르코수르의 방침에 따라 '무역협정(Trade Agreement)'으로 지칭하나, 통상적인 FTA와 유사한 개념이라고 할 수 있다.

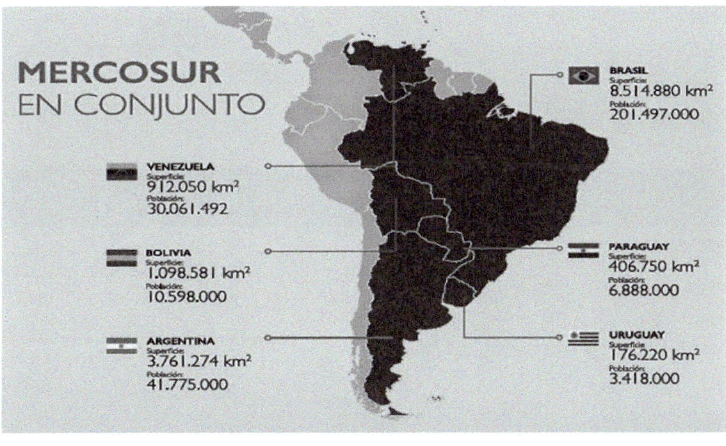

[그림 6-1] MERCOSUR 국가들

출처: Google 이미지

1. 메르코수르와 태평양동맹과의 관계

태평양동맹(Pacific Alliance)의 각국 정상은 2014년 6월 대화를 위해 메르코수르를 회동에 초청했다. 태평양동맹 회원국(칠레, 콜롬비아, 페루, 멕시코) 대표는 메르코수르 회원국과 태평양동맹 회원국의 장관급 회의 개최에 대한 공동성명을 발표하였다. 두 경제 블록의 협업을 통해 궁극적으로는 아시아-태평양 지역, 메르코수르와 관련된 남미지역을 통합하는 것에 목표를 두고자 하였다. 우리나라는 페루, 칠레, 콜롬비아와 FTA가 발효된 상태이다.

[그림 6-2] 태평양동맹(PA)국가들

출처: 산업통상자원부 홈페이지

1) 중남미 경제블록의 구성

메르코수르와 남미공동체가 남미국가로만 구성된 것과 다르게 태평양동맹은 다양한 대륙의 국가가 옵서버 국으로 가입했으며 한국도 포함되어 있다. 이는 보호주의 정책으로 경기침체를 겪는 메르코수르를 견제하고자 설립된 태평양동맹이 자유무역을 지향하며 적극적으로 무역개방 정책을 진행하기 위함 때문이다. 태평양동맹은 출범 1여 년 만에 옵서버 25개국과 92%의 상품 무관세를 달성하였다. 메르코수르는 기본적으로 경제통합체제지만 2012년 베네수엘라 가입 허용이 경제보다는 정치적, 이념적 논리에 치우쳐 있다는 평가를 받았으며 이후 정치화가 가속화되었다. 자유무역과 친미 성향의 태평양동맹과 반미와 보호주의 기조인 메르코수르가 경제성장이라는 목표를 두고 다투게 될 것이라는 얘기다.

〈표 6-1〉 경제블록별 구성

	남미공동시장(MERCOSUR)	태평양동맹(PA)	안데스공동체(CAN)
설립연도	1995	2012	1969
설립 주체	브라질, 아르헨티나, 파라과이, 우루과이	멕시코, 칠레, 콜롬비아, 페루	볼리비아, 콜롬비아, 에콰도르, 페루, 칠레
정회원국	브라질, 아르헨티나, 파라과이, 우루과이, 베네수엘라	멕시코, 칠레, 콜롬비아, 페루	볼리비아, 콜롬비아, 에콰도르, 페루
준회원국	칠레, 볼리비아, 페루, 에콰도르, 콜롬비아	-	칠레, 파라과이, 우루과이, 브라질, 아르헨티나
옵서버 국	멕시코	대한민국, 파나마, 호주, 코스타리카, 뉴질랜드, 우루과이, 스페인, 캐나다, 일본, 과테말라, 에콰도르, 엘살바도르, 프랑스, 중국, 온두라스, 파라과이, 미국, 포르투갈, 도미니카(공), 터키, 독일, 영국, 스위스, 이탈리아, 네덜란드, 인도, 이스라엘, 모로코, 싱가포르	스페인, 모로코 (옵서버 가입 신청)

자료: 외교부, Alianza Pacifico, 한국무역협회.

메르코수르는 남미대륙 남쪽에 집중된 활동영역을 넓히기 위해 북부에 위치한 베네수엘라의 가입에 관심을 쏟았다. 세계 5위이며 OPEC 3위의 석유생산국인 베네수엘라를 가입시킴으로 메르코수르 역내 에너지 통합체계를 강화하려는 의도로 분석되고 있다.

2006년 베네수엘라의 탈퇴로 안데스 공동체는 두 갈래로 나누어지고 있다. 콜롬비아와 페루는 태평양동맹으로 볼리비아와 에콰도르는 메르코수르에 합류하게 되면서 안데스 공동체는 실질적으로 해체된 상태이다.

2) 블록별 경제규모

2012년 베네수엘라의 가입으로 메르코수르는 인구 2억 8,000만 명의 거대 수출시장이 되었다. 메르코수르의 평균 경제성장률은 2.2%이고 2010년 이후 감소 추세이다.

태평양동맹의 2013년 평균 경제성장률은 4.9%로 세계 평균경제성장률 2%를 훨씬 웃돌고 있다. 태평양동맹은 적극적인 외자유치를 통해 메르코수르의 외국인 직접투자액(FDI)을 추월한 상태이다. 베네수엘라가 정식 가입해 정회원국이 5개국으로 늘어났지만 2016년 12월, 회원국 자격요건 중 민주주의, 인권 및 교역 관련 규정 불충족을 이유로 베네수엘라의 회원국 자격이 박탈되었다. 2018년 5월 메르코수르는 아르헨티나, 브라질, 파라과이, 우루과이 4개국으로 이뤄진 중남미 최대 경제블록으로, 중남미 전체 인구의 70%인 2억 6,000만명, 국내총생산(GDP)의 76%인 2조 8,000억 달러를 차지하는 성장 잠재력 높은 유망시장이다.

〈표 6-2〉 메르코수르 4개국 경제규모

구분	GDP(십억불)	1인당 GDP(불)	인구(백만명)
브라질	2050	9894	207
아르헨티나	637	14466	44
우루과이	58	16722	3
파라과이	29	4259	7
메르코수르	2774	-	261

자료: IMF, 2017년 기준
코트라, 메르코수르, 시장이 좋아하는 한국상품, Global Market Report 18-015, 2018.

〈표 6-3〉 경제 블록별 경제규모

	단위	MERCOSUR	태평양동맹(PA)	안데스공동체(CAN)
인구	억 명	2.8	2.1	1.0
GDP(OER)	억 달러	31,298	21,882	7,007
1인당 GDP	달러	12,200	14,400	10,600
수출	억 달러	4,469	5,490	1,383
수입	억 달러	3,969	5,420	1,300
외국인직접투자(STOCK)	억 달러	8,543	8,578	2,314

자료: CIA, 한국무역협회

2. 교역규모

메르코수르는 수출 총 4,410억 달러, 수입 4,080억 달러인 반면, 태평양동맹은 수출 총 5,560억 달러로 자유무역을 지향하는 만큼 메르코수르보다 늦게 설립됐다는 사실을 감안하면 교역액이 현저히 많다. 수입의 경우도 메르코수르에 비하여 태평양동맹의 수입액이 훨씬 많다. 메르코수르는 정치적인 이념 문제뿐만 아니라 경제블록을 이끄는 브라질의 경제침체와 아르헨티나의 외환위기로 인해 성과가 부진한 상황이라고 볼 수 있다.

1) 한-메르코수르 수출입 동향

한-메르코수르 교역은 2016년 기준 103억 달러로 한국 전체 수출의 1-2%정도에 머무른다. 그리고 이 중 브라질과의 교역액이 79억 달러로 77%를 차지하고 있다. 한-메르코수르 교역은 2011년 208억 달러에 달했으나, 브라질 환율변동 및 경기침체로 퍼져나간 남미 전반의 경기침체로 2016년 교역액은 103억 달러로 급감하였다. 2017년 브라질 경기가 회복세를 보이면서 브라질 수출 역시 점진적으로 증가하고 있다.

〈표 6-4〉 한-MERCOSUR교역 (단위 : 백만불, ( )는 증감률)

구분	2010	2011	2012	2013	2014	2015	2016	2017
수출	8,952 (51.1)	13,319 (48.8)	11,603 (△12.9)	11,352 (△2.2)	10,155 (△10.5)	6,960 (△31.5)	5,477 (△21.3)	6,603 (20.6)
수입	5,543 (24.1)	7,518 (35.6)	7,717 (2.6)	6,964 (△9.8)	5,554 (△20.2)	4,861 (△12.5)	4,462 (△8.2)	4,522 (1.3)
무역수지	3,403	5,801	3,886	4,388	4,601	2,099	1,015	2,081
총교역액	14,495	20,837	19,320	18,316	15,709	11,821	9,939	11,125

자료: 산업통상자원부, 한국무역협회

한국의 메르코수르 수출액 및 수출비중은 2014년~2016년까지는 지속적으로 감소하였으나 2017년에 다소 상승하였다. 2017년 기준 메르코수르 가입국 중 대 브라질 수출액 및 수출비중이 각각 55억 달러 및 0.96%로 대 메르코수르 수출액 및 수출비중의 대부분을 차지하고 있다.

〈표 6-5〉 우리나라의 대 메르코수르 수출 동향

국가	수출액(백만 달러)				수출비중(%)			
	2014	2015	2016	2017	2014	2015	2016	2017
브라질	8,922	5,495	4,457	5,505	1.56	1.04	0.90	0.96
아르헨티나	754	1,047	796	836	013	0.20	0.16	0.15
우루과이	255	193	100	115	0.04	0.04	0.02	0.02
파라과이	224	225	124	146	0.04	0.04	0.03	0.03
메르코수르	10,155	6,960	5,477	6,602	1.77	1.32	1.11	1.15

자료: 한국무역협회, '17년말 기준
코트라, 메르코수르, 시장이 좋아하는 한국상품, Global Market Report 18-015, 2018.

한국의 대 메르코수르 수입액은 2014년~2016년까지 지속적으로 감소하였으며, 수입비중은 2015년 이후 지속적으로 감소 추세였다. 단지 2017년 소폭 상승하였을 뿐이다. 2017년 기준 메르코수르 가입국 중 대 브라질 수입액 및 수입비중이 각각 37억 달러 및 0.77%로 대 메르코수르 수입액 및 수입비중의 대부분을 차지하고 있다.

〈표 6-6〉 우리나라의 對메르코수르 수입 동향

국가	수입액(백만 달러)				수입비중(%)			
	2014	2015	2016	2017	2014	2015	2016	2017
브라질	4,907	4,059	3,445	3,702	0.93	0.93	0.85	0.77
아르헨티나	501	699	833	612	0.10	0.02	0.02	0.02
우루과이	73	84	81	115	0.01	0.02	0.02	0.02
파라과이	73	20	104	99	0.01	0.00	0.03	0.02
메르코수르	5,554	4,862	4,463	4,528	1.05	1.11	1.10	0.95

자료: 한국무역협회, '17년말 기준
코트라, 메르코수르, 시장이 좋아하는 한국상품, Global Market Report 18-015, 2018.

2) 회원국 교역 현황

메르코수르 회원국별 교역 총액은 수출액 4,410억 달러, 수입 4,080억 달러로 전체 8,490억 달러이다. 그 중 브라질의 총 교역액은 4,920억 달러이며, 비중은 57.9%로 절대적이다. 그 다음으로 아르헨티나와 베네수엘라가 각각 18.5%씩 차지하고 있고 파라과이와 우루과이는 미미한 수준이다.

〈표 6-7〉 메르코수르 회원국별 교역 총액 (단위: 백만 달러)

	수출액	수입액	총 교역액
브라질	242,000	250,000	492,000
아르헨티나	83,000	74,000	157,000
파라과이	10,000	12,000	22,000
우루과이	9,000	12,000	21,000
베네수엘라	97,000	60,000	157,000
총계	441,000	408,000	849,000

자료: WTO, 2013년 기준

반면 태평양동맹의 경우는 메르코수르보다는 많은 1조 1,230억 달러 규모의 총 교역액을 기록하고 있다. 그 중 멕시코의 총 교역액은 7,610억 달러로 70.43%를 차지하고 있다.

〈표 6-8〉 태평양 동맹 회원국별 교역 총액 (단위: 백만 달러)

	수출액	수입액	총 교역액
멕시코	380,000	381,000	761,000
콜롬비아	60,000	59,000	119,000
칠레	78,000	79,000	157,000
페루	46,000	43,000	89,000
총계	556,000	567,000	1,123,000

자료: WTO, 2013년 기준

3. 메르코수르-태평양동맹 경제적 통합의 이점

2억 9,000만 명의 인구 및 라틴아메리카의 국민총생산 60%에 해당하는 메르코수르와 2억 1,000만 명의 인구 및 라틴아메리카 국민총생산 35%의 태평양동맹의 연합으로 거대한 경제블록이 탄생하게 되면 역내의 경제발전과 교역에 상당한 영향을 미칠 수 있다. 즉 메르코수르의 아시아-태평양 시장과의 교역이 더욱 활발해져 지역 간의 교역 경쟁력이 증대될 것으로 보인다.

이미 메르코수르 회원국의 중국, 일본, 러시아, 한국, 인도네시아, 인도 등과의 아시아 국가의 교역은 지속적으로 증가하는 추세이다. 중국은 브라질의 주요 교역국이며 아르헨티나에서는 두 번째이고 우루과이와 베네수엘라에서는 세 번째를 차지할 정도로 교역이 활발하다.

또한 태평양 연안에 위치한 태평양동맹 회원국인 페루와 칠레는 항구를 활용하면 아시아 주요 국가와의 교역에 유리할 것으로 보인다. 태평양을 라틴아메리카 전 국가에 대한 가교로 활용할 기회가 되는 것이다.

4. 한국과 메르코수르

2017년 2월 브라질 정부는 한국과의 FTA 협상을 재개한다고 공식적으로 발표했다. 브라질 정부의 우선순위는 기존 무역협정의 확대와 신규 협상 체결 등 대외무역 강화이다. 2017년 3월 한국의 주형환 산업부장관은 메르코수르(남미공동시장) 의장국인 아르헨티나를 방문해 한-메르코수르 무역협정 개시를 위한 공동선언문에 서명하였다. 양측이 무역협정 논의를 시작한 건 지난 2004년이다. 2007년까지 공동 연구를 진행했지만, 메르코수르가 자국 산업보호를 강조하면서 추진이 사실상 중단됐었다. 무역협정(TA)은 FTA와 비슷한 개념으로 메르코수르가 FTA라는 용어를 기피함에 따라 대신 사용하기로 합의한 것이다. 대외 개방에 우호적인 아르헨티나와 새 정부 출범을 계기로 변화된 입장을 보이는 브라질을 꾸준히 설득한 결과 공식협상을 재개할 수 있게 된 것이다. 그동안 내수위주 정책에 따라 우리나라와의 교역 규모는 2011년에 208억 달러로 정점을 찍은 이후 2016년 까지 감소했지만 TA가 체결되면 교역과 투자가 획기적으로 늘어날 것으로 전망된다. 무역협정 체결 시 우리나라의 GDP는 최대 2%, 전자제품과 기계류 등 제조업을 중심으로 대 메르코수르 수출이 35억~37억 달러 증가할 전망된다.

- 한국-메르코수르 무역협정
  - 2005. 5.~2006.12. 양국 정부 간 공동연구 완료
  - 2007.10. 연구보고서 채택
  - 2015. 4. 한-메르코수르 무역·투자협의체 설립
  - 2015. 5. 한-메르코수르 무역·투자협의체 1차 회의
  - 2016. 6. 한-메르코수르 무역·투자협의체 2차 회의
    * 예비협의 개최 합의
  - 2016.11. 한-메르코수르 무역협정 예비협의 개최
  - 2017. 3. 한-메르코수르 무역협정 개시를 위한 공동선언문 발표

- 2017. 상반기 한-메르코수르 무역협정 개시 예정
- 2018. 3. 이낙연 총리 브라질 대통령 예방, 韓-남미공동시장 교섭 요청
- 2018. 5.25. 한-메르코수르 무역협정 개시 공동선언문 서명, 협상 시작

한국과 메르코수르 간 교역은 지난 2011년 208억 달러로 절정에 달했지만, 2016년에는 절반 수준인 103억 달러로 급감했다. 정부가 메르코수르 측과 무역협정 체결에 나선 것도 이 때문인 것으로 나타나고 있다.

한국의 산업통상자원부와 메르코수르 4개국 장관은 2018년 5월 25일 서울에서 무역협정 협상 개시 공동선언문에 서명하고 지난 14년간 진행된 사전 협의를 마무리하고 공식 협상을 시작했다.

한-메르코수르 무역협정은 최근 보호무역주의 확산에 대한 우려가 높아지고 있는 가운데 자유무역의 중요성을 환기하는 계기가 될 것으로 전망되고 있다. 한국의 통상 전문가들은 협정 체결 시 우리나라의 GDP는 최대 2%, 대(對)메르코수르 수출은 전자제품과 기계류 등 제조업을 중심으로 35억~37억 달러 증가할 것으로 전망하고 있다. 무역협정이 완료되면 우리 기업들이 2조 7,000억 달러 규모의 남미시장에 쉽게 진출할 수 있는 터전이 마련되는 동시에 미주 전역을 연결하는 FTA망을 구축하게 될 전망이다.

브라질의 대 한국 수출은 주로 농·축산품 및 광물 등 원자재가 많아 한국과 브라질은 상호보완적인 무역구조를 갖고 있다. 따라서 브라질과의 자유무역협정 체결은 대체적으로 양국이 모두 win-win하는 결과를 가져다 줄 것으로 기대되고 있다. 브라질 내에서도 대규모 공급 시스템을 보유하고 있는 자동차 부품(Sindipecas), 기계장비(Abimaq), 플라스틱 제품(Abiplast), 전자 부품(Abinee) 등의 분야는 각각의 협회를 통해 한-메르코수르 무역협정에 대해 반대의사를 표시하거나 또는 소극적으로 시장을 개방하려 할 것으로 전망된다.

한편, 한-메르코수르 무역협정이 성사되면 브라질 정부의 관료주의적 행정, 위생 규제, 공공조달 관련 규정이 완화되고 외국인투자보호 관련 장치도 마련될 것으로 보여진다. 한-메르코수르 무역협정을 통해 한국은 관료주의적이고 무역보호주의가 강한 브라질 시장에 더 쉽게 접근할 수 있는 기회가 생기게 되는데, 이것은 단순 관세감면으로 인한 혜택 이상으로 중요한 의미를 지니는 것으로 평가되고 있다. 한·메르코수르 TA 체결 시 우리나라는 그동안 방대한 공백지로 남아있던 남미지역을 경제영토로 편입하게 된다. 기존 북미지역 및 일부 중남미 지역과의 FTA를 확대해 미주지역의 대부분을 연결하는 FTA 네트워크를 구축하게 된다.

제Ⅲ부 자원부국

7. 브라질

브라질의 정식 국명은 브라질연방공화국(Republica Federativa do Brsil)이다. 남아메리카에서는 가장 넓고, 세계에서도 러시아와 캐나다, 미국, 중국에 이어 제5위에 이를 만큼 넓은 국토를 갖고 있다. 북부에는 세계 최대의 수량인 6,300km의 아마존강이 흐르며 강 유역에는 전 국토의 45%에 해당하는 광대한 저지대가 펼쳐져 있다. 1935년부터 우파정권의 군사독재가 계속되다가 2002년 룰라(Lula da Silva)가 대통령이 당선되면서 브라질 최초의 야당 좌파정권이 출범했다. 현재 대통령은 미셸 테메르(Michal TEmer)이다. 브라질은 사탕수수와 커피 등 특정 농산물 생산이 나라의 경제를 지탱하고 있으며, 아직도 유럽 및 미국에 경제적으로 의존하고 있다.

1. 브라질 경제현황

1) GDP성장률

브라질 경제는 룰라정부의 친기업적 경제정책 운용과 국제 원자재가 상승에 따른 수출상승으로 2004년부터 견고한 성장세를 이어가고 있다. 브라질 경제는 2007년 5.7%로 상승추세를 이어갔으나 2008년 9월부터 시작된 국제 금융위기에 따라 2008년 경제성장률이 5.1%로 다소 둔화되었으며, 2009년에는 국제 원자재 수요 감소 및 외국인투자 감소 등에 따라 -1.5% 성장이 이루어졌다.

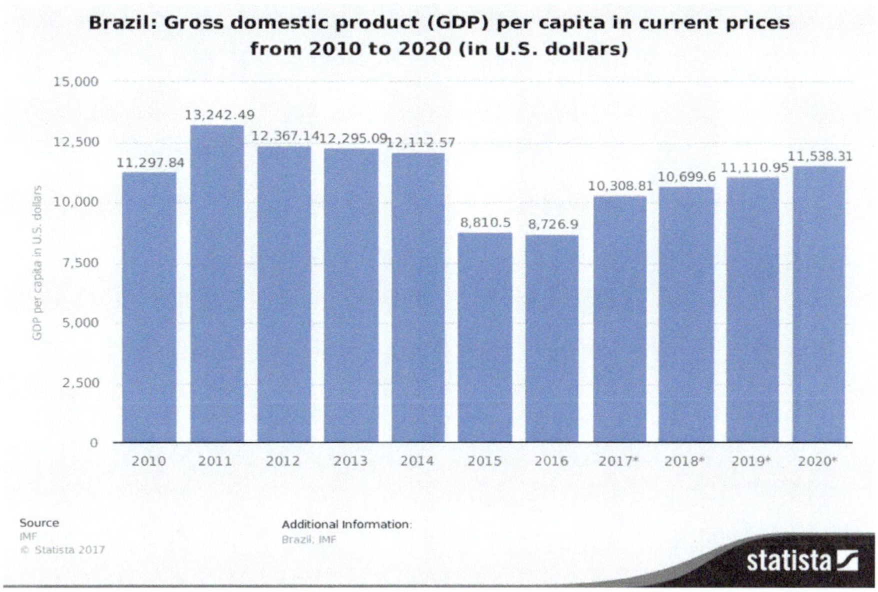

[그림 7-1] GDP 추이

〈표 7-1〉 브라질의 주요 경제 지표

(단위: %)

	2010	2011	2012	2013	2014	2015	2016	2017 1분기
Real GDP	7.5	4.0	1.9	3.0	0.5	-3.8	-3.6	1.0
Inflation rate	5.91	6.50	5.84	5.91	6.41	10.67	6.29	2.95
Unemployment rate	-	-	7.3	7.1	6.8	8.5	11.5	13.7
Interest rates	-	11.8	8.4	8.3	11.1	13.3	14.2	13.0~10.25

자료: Banco Central do Brasil, Economic Indicators dated June 28, 2017

2010년 GDP는 전년에 비해 소비와 투자 확대에 힘입어 7.5%의 경제성장을 달성하였다. 2010년 상반기 성장률은 8.9%로 1996년 이후 14년 만에 최고치를 기록하였다.

2010년 10월 31일 대통령에 당선된 지우마(Dilma Vana Rousseff)는 국민들의 지지를 등에 업고 과감한 정책들을 펼쳤으나 경제상황은 나아지지 않고 악화되어 갔다. 첫 임기에는 월드컵과 올림픽을 유치하고 교통 인프라 확대로 서민층의 기대를 끌어 모으기도 했으나 곤두박질치는 경제성장률과 가파른 물가상승률, 그리고 쌓여만 가는 정부 부채 등의 위기상황은 쉽게 해결되지 못했다.

브라질의 경제성장률은 유럽과 미국 재정위기로 2011년 4.0%, 유럽 재정위기 여파로 2012년 1.9% 달성에 그쳤다. 이에 브라질 정부는 기준금리 인하, 세금 감면 및 인센티브 부여 등 경기진작을 위한 정책을 추진했으나 경기침체 및 소비감소 지속으로 2013년 경제성장률 3.0%를 기록했다.

2014년 10월 노동자 계층의 적극적 지지에 힘입어 재선되었으나 소득 불균형과 사회 양극화가 해소될 기미를 보이지 않고, 브라질 최대 기업이자 국가를 이끌고 있는 국영석유기업이라고 할 수 있는 페트로브라스(Petrobras)로부터 비자금을 받아 정치인들에게 정권유지를 위한 뇌물로 사용했다는 혐의로 결국 지우마는 탄핵되었다.

더구나 금리인상조치의 부작용 중 하나로 2014년, 2015년 브라질 경제성장률은 하락하였다. 2016년 5월 대행 체계를 맡은 미셰르 테메르(Michel Temer)는 2018년 말까지 남은 임기를 수행 중에 있다. 정부지출 확대 동결, 연금과 노동개혁, 인프라 투자 확대, 대외개방 확대 등의 친시장정책을 우선으로 추진하고 있으나, 연방/지방 정부재정 축소, 노동법 개정, 사회보장제 개혁이 포함된 정부의 주요 개혁 법안이 통과되지 않고 있어 시장의 불안요소가 되고 있으며, 미 금리인상 시점에 따라 현재 헤알화 강세에 불안요소로 작용하고 있다. 결국 테메르 정권에 대한 시장의 신뢰회복과 세계경제 회복에 따른 수요회복이 전제가 될 때까지 브라질 경제의 실질적 회복은 어려울 것으로 전망된 와중에, 2017년 미셰르 테메르 대통령이 하원의장에게 준 뇌물 스캔들로 경제는 오리무중으로 보인다.

2) 금리

브라질 정부는 과거 금융위기가 닥칠 때마다 이자율 인상을 통해 금융위기를 극복했으며 취약한 외환분야로 인해 세계 최고수준의 금리를 유지해 왔다.

그러나 2008년부터 시작된 국제금융위기에 따른 경기둔화로 인해 2008년 말부터 과감한 금리인하 정책을 추진하고 있다.

브라질의 중앙은행은 2013년 초까지 지속적으로 금리를 내렸으나, 물가상승률 억제 및 환율 약세 방어를 위하여 2013년 3월부터 지속적인 기준금리 인상 조치를 단행하게 된다. 중앙은행은 2014년 10월 30일 기준금리를 25bp 올린 11.25%로 결정하면서 헤알화 환율 절하속도가 빠르고 9년 만에 최고치를 기록한 점과 인플레이션 위험이 더욱 높아진 점을 주요 결정요인으로 언급했다. 이후 금리는 계속 인상되었고, 중앙은행은 2016년 10월이 되어서야 14.25%였던 기준금리를 0.25%포인트 인하하면서 통화완화정책을 시작했다. 2016년 12월과 2017년 2월 두 차례 연속으로 0.75%포인트씩 낮춘 데 이어 4월에 1% 포인트, 5월 말에 1%포인트 인하했다. 2017년 5월 기준금리는 10.25%로 지난 2013년 11월 10% 이후 가장 낮았으나 다시 2017년 12월 6일 기준금리인 '셀릭금리'를 기존 7.5%에서 7.0%로 0.5%포인트 인하했다. 10차례 연속 금리인하다. 지난해 10월과 비교하면 총 7.25%포인트 낮아졌다. 중앙은행은 2018년 2월 7일과 3월 21일 기준금리를 각각 0.25%p씩 인하한 후 3월 21일 부터는 6.5%로 유지하고 있는데 이는 1996년 도입 이래 역대 최저 기준금리이다. 물가상승률이 1990년대 이후 가장 안정적인 상태를 유지함에 따라 중앙은행은 그간 11회 연속으로 기준금리를 인하 해왔다.

〈표 7-2〉 2018년 통화정책위원회 정례회의 결과

회의일자	12/6	2/7	3/21	5/16	6/20
기준금리	7.00%	6.75%	6.50%	6.50%	6.50%

자료: 브라질 중앙은행, 1) 2018.7.17. NO.12 TRADE BRIEF, 2018년 상반기 브라질 경제동향 및 시장정보, 한국무역협회 국제무역연구원, 유승진 연구원, pp. 5.

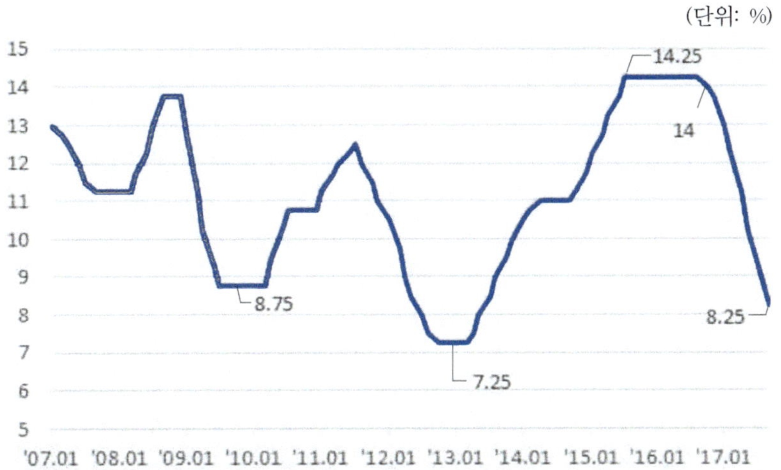

[그림 7-2] 브라질 정책금리(Selic)추이

자료: 브라질 중앙은행
출처: 대외경제정책연구원

3) 물가

브라질은 2002년 룰라정부 취임 이후 물가가 꾸준히 안정화 추세를 보이고 있다. 물가하락 요인으로는 헤알화 강세현상과 고금리 기조 유지와 함께 정부의 강력한 물가안정 정책에 주로 기인한다. 브라질의 소비자물가 상승률을 2008년 5.9%에서 2009년에는 4.4% 수준으로 안정되었다. 2010년의 경우 브라질 중앙은행의 기준금리 인상 여파와 경기회복에 따라 5.91%의 물가상승률을 기록하였다. 2010년부터 2014년까지 물가는 5%후반에서 6.5%로 비교적 안정적이었으나 2015년 10.67%로 급격히 상승하였다. 그 이유는 브라질 정부가 2015년부터 가솔린 가격, 교통비, 전기요금 등 관리대상 물가인상을 단행함에 따라 인플레 상승 압력으로 이어졌다.

2016년 이후부터는 추가적인 관리대상 물가 상승이 억제되면서 안정된 흐름이 이어지고 있다. 특히 식료품 가격 안정이 최근 인플레 하락 속도가 기대보다 빨랐던 이유 중 하나이다. 식료품은 브라질 인플레 가중치에서 1/4 가량을 차지할 만큼 비중이 크다.

중앙은행은 2017년 6월 발표한 보고서를 통해 물가상승률 전망치를 4.0%에서 3.8%, 2018년은 4.6%에서 4.5%로 낮췄다. 4월 대비 5월 물가상승률은 0.31%를 기록했다. 5월을 기준으로 지난 2007년 5월 0.28% 이래 가장 낮은 것이다. 5월까지 최근 12개월 누적 물가상승률은 3.60%로 집계됐다. 이 역시 2007년 5월 3.18% 이후 10년 만에 가장 낮다.

2018년 9월 0.48%로 2015년 9월 0.54% 이래 가장 높다. 2017년 물가상승률은 2.95%를 기록해 1998년 1.65% 이후 19년 만에 최저치를 기록했다.

4) 환율

2003년 룰라 정부 취임 이후 안정적인 경제정책 추진에 따른 대외신뢰도 향상과 수출호조, 외국인투자 확대 등에 따라 환율이 하향 안정세를 유지하였다. 환율이 안정세를 보이고 있었던 이유는 브라질 경제 회복에 따른 외국인투자 증가, 수출확대에 따른 무역수지 흑자 확대 기조, 브라질 주식시장 호조 등에 따른 외국자본 국내 유입이 증가해 온데 주로 기인했다.

헤알화는 상대적인 고금리에 따른 캐리 트레이드 자금 유입으로 2009년 이후 고공비행해 왔다. 그러나 2010년 9월 유럽 재정위기 악화에 따른 전 세계

통화가치의 전반적인 약세 중 가장 큰 폭으로 가치가 추락한 통화는 브라질 헤알화였다.

2011년 말 무역수지 흑자 등에 기인한 헤알화 평가절상으로 수출 경쟁력 약화 등이 문제가 되어 정부가 외환시장에 적극 개입해 왔다. 이후 국제금융시장 불안, 외국인자금 유입둔화, 경상수지 적자기조에 따라 약세가 지속되었다.

2012년 초 브라질은 리먼 사태 이후 고금리에 따른 자국통화 강세를 억제하기 위해 헤알화를 팔고 달러를 매입하는 식으로 환율개입을 단행하였는데, 이것은 외환보유고의 급감을 가져왔다. 결국 외환보유고가 급감해 결제 외화 확보가 어려워지기 시작했으며 대외신뢰도가 떨어져 해외 차입이 어려운 상황이 되었다.

브라질 정부는 2009년 외국인 투기자본에 의한 시장과열을 막기 위해 토빈세(금융거래세)를 도입했으나, 결국 미국의 양적완화 축소에 따른 글로벌 유동성 우려로 2013년 6월 토빈세를 0%로 조정하고, 달러 유출에 따른 헤알화 약세를 방어하기 위한 정책적 판단을 할 수 밖에 없었다.

〈표 7-3〉 브라질의 환율

(R$/US$)

	2010	2011	2012	2013	2014	2015	2016	2017
평균환율[1] (Buying)	1.69	1.83	2.08	2.1599	2.3541	3.3381	3.4827	3.3070
연말기준	1.67	1.88	2.04	2.35	2.65	3.94	3.39	3.30

자료: Banco Central do Brasil, Economic Indicators dated June 28, 2017

주: 1) The daily rates are the month average, based on the business days up to the current date.

그러나 정부의 노력에도 불구하고 환율은 2013년에서 2016년까지 4년간 62.1%나 상승하였다. 테메르 대통령에 대한 불신과 탄핵이슈, 대외적인 여건으로 환율은 계속 올라가고 있는 상황이다. 2017년 6월 한 여론조사에서 테메르 대통령에 대한 지지율은 7%대로 지난 28년 동안 대통령에 대한 가장 낮은 지지율을 나타냈다.

2018년 8월 29일 기준 원화당 헤알 환율은 약 267원을 기록하여 브라질 헤알화 가치가 사상 최저치로 떨어지고 있다.

[그림 7-3] 2018년 환율추이

자료: https://joy160302.tistory.com/44

2. 브라질의 무역

1) 브라질의 수출입

정부지출은 2017년 4분기에 비해 감소폭이 -0.4%에서 -0.8%로 확대되었으며, 수출증가율이 9.1%에서 6.0%로 둔화되면서 수입증가율 7.7%을 하회하여 경제성장에 악영향을 미치는 것으로 나타났다.

2018년 상반기 수출보다 수입이 빠른 추세로 증가하며 무역수지 흑자폭이 축소되고 있다.

월별로 꾸준히 170~200억 달러의 수출액을 기록했으나 수출 증감률은 5월 최저 -2.8%에서 최고 14.2%까지 변동폭이 컸으며, 5월 파업사태로 수출이 이례적으로 감소했으나 6월 3째 주부터 정상수준을 회복해 2.1% 증가하며 반등했다.

상반기 누적 수출액은 1,138억 달러로 전년 동기 대비 5.7% 증가하였는데, 1차 산품 4.6%, 중간재 0.4%, 최종재 8.6%의 수출 증가율을 기록하였다. 국가별로는 중국과 네덜란드로의 수출이 각각 10.7%, 33.6%의 큰 폭으로 증가한 반면 일본과 멕시코에 대한 수출은 각각 5.6%, 1.2% 감소하였다.

상반기 수입액은 전년 동기 대비 17.2% 증가한 838억 달러로 자본재 수입이 53.4%의 큰 폭으로 증가했으며 소비재와 중간재도 각각 16.5%, 10.3% 증가하였다.

연료/윤활유도 24.6%의 수입증가율 기록했으며, 수입 역시 파업사태의 영향을 받았으나 6월 2째 주부터 정상화되는 등 수출보다는 타격을 적게 입은 것으로 나타났다.

무역수지는 300억 달러로 전년 동기 대비 흑자폭 62억 달러 축소되었는데 2017년도에 비해서는 부진했으나 1989년 집계 시작 이후 두 번째로 높은 상반기 무역흑자를 기록했다.

브라질 통상산업개발부는 2018년 연말까지 500억 달러 흑자를 기록할 것으로 전망하고 있다.[1)]

〈표 7-4〉 브라질의 수출입 및 무역수지 (단위: 백만 달러)

	2011	2012	2013	2014	2015	2016	2017
수출	256,040	242,578	242,034	225,101	191,134	184,453	217,769
수입	226,247	223,183	239,748	229,145	171,461	139,416	149,940
무역수지	29,793	19,395	2,286	-4,044	19,673	45,037	67,829

자료: Banco Central do Brasil, Economic Indicators dated June 28, 2017, 무역협회 통계

브라질의 수출은 2011년 이후 지속적으로 감소하여 2015년도에는 2,000억 달러 밑으로 떨어졌으며, 2016년에는 2009년 이래로 가장 적은 1,844억 달러를 기록하게 된다. 2015년 브라질의 수출은 1,911억 달러를 기록하여 2,251억 달러를 기록한 전년 동기대비 약 17.8% 감소하였다. 더구나 2016년 8월 29일 브라질 연방 세관청의 직원노조에서 파업을 선언하면서 여파는 더 컸다.

브라질 수입은 2010년대 들어와 꾸준하였으나, 수출의 추락과 마찬가지로 2015년 브라질의 수입은 1,714억 달러를 기록하여 2,291억 달러를 기록한 2014년 동기대비 약 24%가 감소하였다. 그 이유는 환율 급등으로 산업 전반에 걸쳐 수입 수요가 감소했기 때문이었다. 수입업체들은 환율 상승비용을 최종 소비자에 전가 또는 브라질산 제품으로 대체 등의 방안을 모색 중이었으나 단기

1) 2018.7.17., NO.12 TRADE BRIEF, 2018년 상반기 브라질 경제동향 및 시장정보, 한국무역협회 국제무역연구원, 유승진 연구원, pp. 1-4.

간 내 환율 급등으로 인해 매출에 적지 않은 타격을 받았다. 그 여파는 2016년에도 이어졌다.

2017년 들어와 수출이 증가하기 시작하였다. 브라질 산업부는 2017년 상반기 무역수지를 발표했다. 수출액 1,077억 달러, 수입액 715억 달러로 362억 달러 무역수지 흑자다. 이것은 지난 29년 중 최고 기록이다. 원유, 원당, 화물차량 등 전 부문에서 고른 성장을 이루었다.

2015년 무역수지는 40억 달러 적자였던 전년대비 대폭 상승한 196억 달러 흑자를 기록하였고, 2016년에는 450억 달러의 흑자를 기록하였다. 무역수지 흑자는 수출 증가보다는 수입 감소에 기인한 '불황형 흑자'로 볼 수 있다.

2) 국가별 수출입 현황

〈표 7-5〉 10대 국가별 수출입 현황 (단위: 백만 달러, %)

순위	수출			수입		
	국가	금액	점유율	국가	금액	점유율
1	중국	35,607	18.63	중국	30,719	17.91
2	미국	24,079	12.60	미국	26,471	15.44
3	아르헨티나	12,800	6.70	독일	10,379	6.05
4	네덜란드	10,044	5.26	아르헨티나	10,284	6.00
5	독일	5,178	2.71	한국	5,420	3.16
6	일본	4,844	2.54	일본	4,877	2.85
7	칠레	3,978	2.08	이탈리아	4,675	2.73
8	인도	3,671	1.89	나이지리아	4,633	2.70
9	멕시코	3,588	1.88	프랑스	4,457	2.60
10	이탈리아	3,270	1.71	멕시코	4,377	2.55
11	한국	3,122	1.63			

자료: MDIC(Ministério da Indústria, Comércio Exterior e Serviços, 브라질 통상개발 산업부)무역통계자료

3) 브라질의 품목별 수출입 현황

〈표 7-6〉 10대 품목별 수출입 현황 (단위: 백만 달러, %)

순위	수출		수입	
	제품명	비중	제품명	비중
	총계	100	총계	100
1	대두	10.98	석유	5.03
2	철광석	7.37	원유	4.31
3	석유	6.16	천연가스	3.45
4	사탕수수당	4.00	트랙터, 특수차량부품	3.13
5	가금류	3.34	승용차	2.93
6	대두유	3.05	전화기	2.50
7	커피	2.91	의약품	1.90
8	화학목재펄프	2.80	살충제, 쥐약 등	1.80
9	옥수수	2.62	전자직접회로	1.73
10	항공기 및 항공기부품	2.14	인간 및 동물혈액	1.60

자료: WTA(World Trade Atlas) statistics
(https://www.worldtradestatistics.com/annual/)
MDIC(브라질통상개발산업부 무역통계자료)
(http://www.mdic.gov.br/index.php/english)

브라질의 수출품은 콩(대두박), 석유, 철강석, 사탕수수 등이 주를 이루고 있다. 주요 수입국은 중국, 미국, 아르헨티나, 네덜란드, 일본 등이다. 반면 주요 수입품은 기름, 기계엔진, 펌프, 전자장비, 화학품, 의료기계, 프라스틱 제품, 의약품, 자동차, 비행기, 철강제품, 의류, 고무제품, 선박보트, CUTLERY, 비료, 소금, 시멘트, 유황, 알루미늄, 보석, 귀금속, 철도차량, 곡물, 종이, 고기, 채소, 과일, 가구, 조명기구, 신발, 시계, 납, 술, 종이 등이며, 주요 브라질 수출 국가는 미국, 영국, 네덜란드, 한국, 일본, 중국, 이태리, 스웨덴, 스위스, 멕시코, 싱가포르, 러시아, 폴란드 등이다. 브라질의 수입 시 평균 관세율은 13.74%이며 제일 높은 관세는 55%이다.

4) 한국과 브라질의 무역

한국과 브라질의 무역은 2011년을 정점으로 증가했다가 하락하기 시작한다. 2011년 총 교역액은 181억 달러로 최대를 기록했으나, 2016년 교역액은 최저로 79억 달러에 그쳐 절반 이하 수준으로 감소했다. 2018년 1월에서 5월의 대 브라질 수출은 감소하였으나 수입은 증가하며 흑자폭은 축소되었다.

우리나라의 2018년 1~5월 대 브라질 수출은 전년 동기 대비 3.9% 감소한 22억 4,800만 달러 기록했는데 1월 9.4% 증가한 후 수출 감소세를 지속하고 있으나 4월과 5월에는 2개월 연속 감소폭을 축소시키고 있다.

자동차와 무선통신기기 등 우리나라의 주요 수출품목이 부진하여 전체 수출에 악영향을 미치고 있으며, 가공단계별로는 1차산품 수출이 55.7% 감소하여 가장 큰 폭으로 줄었으며, 소비재와 자본재 수출이 각각 29.2%, 10.1% 감소, 중간재 -0.6%는 비교적 양호한 편이다.

1~5월 수입은 15억 3,200만 달러로 전년 동기 대비 18.5% 증가하였는데 박류와 사료 등을 비롯한 식물성물질 수입이 1~2월 170% 이상 급증하며 1~2월 전체 대 브라질 수입이 50% 가까이 증가하였다. 1차산품 30%와 소비재 30.6%의 수입이 크게 늘어난 반면 자본재 수입은 13.7% 감소하였다.

무역수지는 7억 1,600만 달러 흑자로 2017년 동기에 비해 무역수지 흑자폭 3억 3,100만 달러 축소되었다.

〈표 7-7〉 한국과 브라질의 무역 현황

(단위: 백만 달러, %)

연도	수출		수입		무역수지	총교역액
	금액	증감률	금액	증감률		
2010	7,752	46.0	4,712	25.9	3,040	12,464
2011	11,824	52.5	6,340	34.6	5,478	18,164
2012	10,286	-13.0	6,085	-4.1	4,201	16,371
2013	9,688	-5.8	5,573	-8.4	4,115	15,261
2014	8,921	-7.9	4,906	-12.0	4,015	13,827
2015	5,494	-38.4	4,059	-17.3	1,463	9,553
2016	4,456	-18.9	3,444	-15.1	1,011	7,900
2017	5,505	23.5	3,702	7.5	1,802	9,207

자료: 한국무역협회, K-stat.

〈표 7-8〉 한국의 대 브라질 10대 수출입 품목

(2018.1.1.~2018.5.31.)

	수출	수입
1	반도체	철강
2	자동차부품	식물성물질
3	무선통신기기	제지원료
4	합성수지	동관
5	자동차	합금철선철 및 고철
6	원동기 및 펌프	육류
7	평판디스플레이 및 센서	기호식품
8	농약 및 의약품	강반제품 및 기타철강제품
9	기타석유화학제품	기타농산물
10	기타정밀화학제품	곡실류

자료: 한국무역협회, 무역연구원, 2018.7.17

2018년 1~5월 대 브라질 반도체 수출은 전년 동기 대비 31.0% 증가한 5억 7,700만 달러를 기록하며 전체 수출의 1/4 이상을 차지한 반면 무선통신기기는 1~5월 전년 동기 대비 55.5%의 수출 감소율을 기록하였다. 이는 세계적으로 스마트폰 시장이 위축되면서 스마트폰 제조사와 부품 공급사의 고전이 예상되고 있다. 현지 생산비중이 확대되며 자동차 수출은 43.6% 감소한 반면 자동차부품 수출은 4.8% 증가하였다.

상위 10개 품목 중 9개의 수출증감률이 2017년보다 둔화·악화되었으나 농약 및 의약품만 2017년 12.5%, 2018년 1~5월 29.8%로 유일하게 수출 증가폭이 확대되었다.

2017년 1월 대웅제약은 5년간 1,600만 달러 규모의 보톡스 제제를 브라질에 공급하는 계약을 체결했으며, JW홀딩스는 지난 5월 종합영양수액과 탈모·전립선비대증 치료제 등에 대한 수출계약을 체결하였다.

주요 수입품목은 1차 산업에 집중된 가운데 상위 10개 품목 중 9개가 수입 증가세 기록하고 있다.

3. 브라질의 수입규제 제도

1) 수입허가

브라질 정부가 발행하는 수입허가서(LI)는 SISCOMEX를 통해 발급되는데 수입희망품목에 따라 발급 필요여부가 달라진다. 2013년 3월 현재 수입허가 종류는 다음과 같다.

(1) 자동발급수입허가(Licenciamneto Automatico)

사전통제 또는 특별수입규제품목이 아닌 대부분의 제품은 수입신고 시 자동으로 수입허가서가 발급된다. 수입자는 수입품목의 사양, HS 코드, 수량, 가격, 운송료 등 무역서류 전산화시스템인 SISCOMEX가 요구하는 정보를 입력하여 수입허가 자동발급 대상인지의 여부를 확인할 수 있다. 수입허가 자동발급품목에 속하더라도 위생이나 환경관련품 등 일부제품은 통관전 특별허가를 취득해야 한다.

- 특별허가 요망 품목
  - 육류, 해산물, 식품, 우유, 낙농가공품, 달걀, 꿀, 과일, 야채 등: 농림부 허가
  - 천연고무나 인조고무: 환경부 허가
  - 비료, 화장품, 약품, 향수: 보사부 등 유관기관에 사전등록 필요

(2) 자동발급 불가 수입허가(Licenciamento Não-Automático)

수업허가를 자동발급할 수 없는 품목들은 선적 전에 또는 수입신고에 수입허가서를 받아야한다. 사전수입허가를 받아야 하는 품목은 "SISCOMEX 행정조치표"에 열거되어 있으며 Drawback, BEFIEX, CNPq, ZFM 제도를 통해 수입되는 제품도 모두 사전수입허가가 필요하다.

▪ **선적 전 수입허가서 요망 품목**: SECEX의 특별관리를 받는 제품이나 다른 정부기관의 허가를 취득해야 하는 물품이 이에 해당한다. 중고품, 수입세감면상품, 샘플, 기부품, 일시적 체류, 인체 및 동물 연구용품, 정신질환치료제, 군수품, 방사능물질, 원유, 원유가공품, 환경유해물질, 항공기 등 무기상품이며, Drawback 시스템으로 들어오는 제품, 자유무역지대로 들어가는 물품, CNPq를 통해 들어오는 물품 등이다.

2) 수입금지 품목

과거에는 자유수입, 사전수입승인, 수입금지 품목 등으로 구분했으나 2006년을 기준으로 분류방법이 변경되었다. 정부승인이 필요한 품목의 리스트는 DECEX 지침에서 확인할 수 있으며, 공동무역관세집(Tarifa Externa Comum: TEC)에는 해당품목 옆에 "E"라는 표시와 함께 하단에 관련법규를 자세히 서술하고 있다. 또한 수입금지 품목에는 품목 옆에 "P"라고 표시했다.

수입금지는 주로 해당품목의 국내생산을 장려하려는 목적으로 정부가 취하는 조치이며 수입금지 품목 수는 많지 않다. 가장 논란이 되고 있는 수입금지 품목은 중고품으로 중고차, 의류 등의 국내반입은 거의 불가능하나, 일부 중고기계의 경우 타당성이 인정되면 수입이 부분적으로 가능하다. 브라질 정부는 마나우스 자유무역지대로 수입되는 중고기계나 설비에 대해서는 규제를 완화하고 있다.

3) 관세 · 비관세장벽

브라질은 1990년 시장개방을 선언한 이래 관세, 비관세장벽 등 전통적인 무역장벽을 점진적으로 철폐해 나가고 있다. 그러나 여타 무역국가에 비해서 관세율이나 비관세장벽은 아직도 높은 편이다. 주요 무역장벽은 다음과 같다.

(1) 높은 수입관세율

브라질의 관세품목은 총 8자리 숫자에 대해 10,000여 개 품목으로 분류되어 있고 관세율은 0~35%다. 모든 관세는 종가관세(ad valrem tariffs)며 일부 통신제품을 제외하고는 CIF 가격에 대해 부과된다. 2002년부터 단계적으로 감소해 오던 평균 수입관세는 2007년부터 점차 상승하기 시작하여 2012년 기준 브라질 평균 수입관세는 12.96%로 멕시코, 중국 등 주요 경쟁국에 비해 매우 높다. 브라질 정부는 1990년 32%였던 수입관세를 1995년 13.1%로 낮춘 이후 10년간 소폭 하향 조정해 왔으나 여타 경쟁국보다는 인하율이 매우 낮아 여전히 높은 수준을 유지하고 있다.

남미공동무역관세(TEC), 세금감면혜택 제품리스트 등에 관해서는 브라질 통상개발산업부 홈페이지에 접속하면 상세히 열람할 수 있다.

〈표 7-9〉 평균 수입관세

(단위: %)

	브라질	멕시코	인도	콜롬비아	한국
2003년	13.62	19.09	29.05	11.4	11.7
2012년	12.96	6.96(2010)	11.56(2009)	5.05	12.22

출처: Trains/Unctad

또한 브라질의 주요 경쟁국은 매우 적극적으로 중간재 수입관세를 인하하나 브라질은 10.96%라는 매우 높은 수준의 중간재 수입관세를 보유하고 있다. 아르헨티나의 경우 중간재 평균 수입세를 2003년 12.37%에서 2012년 7.69%로 인하했으며, 중국의 경우 9.44%에서 6.93%로 하향 조정했고, 멕시코, 콜롬비아, 인도, 태국의 경우도 중간재 관세인하를 실시하였으나, 브라질의 경우 2003년 12%에서 2012년 10.96%로 1% 밖에 인하하지 않았다.

〈표 7-10〉 중간재 평균 수입세

(단위: %)

	브라질	멕시코	인도	콜롬비아	한국
2003년	12.01	15.25	28.52	9.92	10.06(2004)
2012년	10.96	4.35(2010)	9.55(2009)	5.06	10.34

출처: Trains/Unctad

(2) 비효율적인 무역서류 전산화시스템(SISCOMEX)

1997년 1월 대외무역국(SECEX)은 무역서류 전산화시스템(SISCOMEX)을 도입하여 수입허가에 관한 절차를 전산화하기 시작했으나, 아직 상당히 많은 품목이 수입자동허가 품목이 아니기 때문에 SISCOMEX는 일반인에게 아주 불편하다. 수입업체가 수입규제 규정을 알아보려면 SISCOMEX를 통해 알 수 있는데 이는 등록된 수입업체만이 이용할 수 있다.

(3) 수입허가 자동발급 불가품목에 대한 행정규제

1998년 10월부터 수입허가 자동발급 불가품목에 대해 여러 정부기관이 요구하는 위생요건, 품질요건, 안전요건 등의 승인을 취득해야 하는 일련의 행정조치가 발표되고 있다.

(4) 통관지연

1998년부터는 송장가격의 과소청구 행위를 제한하기 위한 조치로 자동수입허가 불가 제품에 대해 따로 허가를 받게 하는 조치를 실시하였을 뿐만 아니라 해당제품의 범위를 넓혔다. 비록, 자동수입허가(Licença Automática) 품목을 확대하고 있으나 아직도 자동수입허가 불가 품목이 더 많다.

Under-invoicing 문제를 해결하기 위해 세관은 통관심사를 강화했는데 의심이 가는 수입품에 대해서는 가격이 산정될 때까지 통관을 지연할 수 있는 권한을 행사할 수 있다.

(5) 보건부의 제품 등록기간

건강용품, 의약품, 음료 등은 보건부위생감시국(Anvisa)에 제품등록을 해야 수입 또는 판매가 가능한데 등록을 위한 자격심사기간이 필요 이상으로 지연되는 경우가 많아 큰 불편을 겪고 있다.

Anvisa 허가취득 기간의 경우, 제품에 따라 6개월~1년 정도 소요된다고 하지만 실제로는 2~3년 이상 걸리는 경우도 많아 브라질 시장진출을 저해하는 비관세장벽 중 하나로 인식되고 있다.

〈표 7-11〉 브라질 유형별 비관세장벽

유 형	내 용
기술장벽	- 중고기계, 중고자동차, 중고의료장비 등의 수입을 엄격히 제한(예외인정) - 전기전자 및 IT 제품통관시 브라질 지적재산권협의회에 등록할 것을 요구하고 등록과정에서 수입제품에 대한 정보공개 요구가 지나쳐 영업비밀 침해가 우려됨. - 브라질 도량형 및 품질관리기관인 INMETRO를 통해 독자적인 자동차타이어 인증제도를 적용함으로써 국제표준을 받은 자동차타이어업체 및 수입업체에게 부담을 줌. - 유사상품 존재 - 국제표준과 동떨어진 비합리적인 기준 적용, 자국만의 인증을 요구, 인증비용 과도책정 등 불필요한 비용 유발 - 외국인투자기업에 대해 자국산 원자재 사용을 강요함으로써 품질이 떨어지는 원자재를 사용해 전반적 품질 저하초래(일정 비율 이상의 국산부품 이용법 : PPB 존재)
통관절차	- 통관 규정강화와 잦은 변경, 복잡한 절차 - 최저 가격제도의 빈번한 실시(섬유, 타이어, 장난감, 기타 등)
수입허가	- 아시아산 수입직물에 대한 수입쿼터제 - 수입허가제도의 까다로운 적용 - 대외무역등록조건에 일정금액 이상의 자본금을 요구하는 등 수입업체 등록 및 수입허가절차를 매우 까다롭게 규정
위생검역	- 농산물, 식물, 과일류에 대한 수입검역 강화 - 포장용 나무상자를 이용한 선적품에 위생증명 요구 - 생명공학 이용 제품에 대한 생산, 판매, 유통 엄격 규제

유 형	내 용
투자장벽	- 주재원 파견 및 지사 설립에 관한 제한 - 전략산업분야에 대한 투자 규제 - 기타 투자 및 진입 관련 비관세장벽 - 부동산 취득 및 사용제한, 금융 및 외환 등
기타	- 과다한 수수료와 내국세 부과 - 수출보조금 지급으로 내국산업보호 추진 - 정부 구매분야에 대한 규제 - 지적재산권 보호체계 미비 - 각종 서비스분야 진입장벽(통신, 영상, 보험, 금융 등)

자료: KOTRA, 상파울로 무역관, 자체작성, 2016.12월 기준

4) 수입규제

브라질 정부가 무역규제통계를 발표하기 시작한 1988년부터 2012년까지의 통계를 살펴보면 "무역보호제도"를 활용하여 브라질 국내산업이 보호받기를 희망하는 업체가 꾸준히 증가하고 있으며, 이들 대부분은 수입제품의 덤핑행위에 대한 브라질 정부의 규제를 호소하고 있음을 알 수 있다.

2013년 3월 기준, 브라질 정부는 중국과 EU를 포함한 28개국 56개 품목을 대상으로 각종 수입규제조치를 적용하고 있다. 특히 2007년부터는 중국에 대한 반덤핑조치 및 긴급수입제한조치가 대폭 늘어나고 있는 상황으로, 현재 브라질 무역위원회(Camex)는 보온병, 탁상용 선풍기, 안경테, 페달, 자물쇠, 마늘, 일반용 및 화물차량용 타이어, 주사기, 볼펜 등 33개 중국제품에 대해 반덤핑관세를 적용하고 있다. 특히 중국산 제품에 수입규제를 적용할 경우 중국에 공장을 보유하고 있는 한국업체에게도 상당한 피해가 미치고 있다.

4. 브라질의 관세제도

1) 개 요

브라질은 MERCOSUR(남미공동시장)의 일원으로 회원국이 공동으로 사용하는 대외무역공동관세(Tarifa Externa Comum: TEC)를 사용한다. HS 코드와 마찬가지로 MERCOSUR 회원국이 사용하는 NCM(HS코드)은 8자리 숫자로 구성되어 있

으며, 적절한 분류를 위해서는 전문적이고 기술적인 지식이 필요하므로 통관사 또는 관세전문가의 도움을 받는 것이 좋다.

(1) 대외무역 공동관세 과세기준

- 특별세율(Aliquota Especifica): 관세법에 의해 특별히 규정된 경우
- 종가세율(Aliquota "Ad Valorem"): 수입할당 시 자유경쟁의 조건하에 거래될 수 있는 정상가격에 부과되는 세율로, 보통 정상적으로 수입되는 가격이 많다.
- 압수 또는 유기된 상품: 이러한 수입상품들은 경매처분되는데 그에 대한 과세기준은 경매시의 낙찰가격이다.

대외무역공동관세에 대한 자세한 내용은 통상개발산업부 사이트에서 열람할 수 있다.

(2) 대외무역기관

모든 대외거래를 총괄하는 최고기관은 국가통화위원회(CMN)이며, 개발부, 재무부, 중앙은행의 대표가 모여 위원회를 구성한다. 국가통화위원회를 중심으로 수입허가, 통관, 외환관리 등 수입과 관련된 행정사무는 개발상공부(MDIC) 산하 대외무역국(Secretaria de Comercio Exterior, SECEX), 재무부산하 연방세무국(Secretaria da Receita Federal, SRF), 중앙은행(Banco Central do Brasil, BCB)이 각각 나누어 관리하고 있다.

통상개발상공부는 대외무역에 관한 정부 주무부서가 되며, 그 산하 대외무역국이 재화나 서비스의 대외거래를 총관장하는 정책실무를 담당한다. 그래서 대외무역에 종사하는 모든 업체는 대외무역국에 무역업 등록을 하도록 되어 있다. 한편, 중앙은행은 대외거래에 관한 모든 금융활동을 감독 및 통제하는 역할을 수행한다.

2) 관세율의 종류

기본적으로 수입통관 시에 부과되는 기본적인 세금은 수입세(Imposto de Importacao: I.I.), 공업제품세(Imposto sobre Produto Industrializado: I.P.I.), 주 유통세(Imposto sobre Circulação de Mercadorias e Serviços: I.C.M.S.) 등 3가지 종류가 있다.

2004년 5월 1일부터 수입품에 대한 사회기여세(Programa de Integração Social: PIS-Importação / Contribuição Social parao Financiamento da Seguridade Social: Cofins-Importação)가 부과되고 있다.

(1) 수입 관세(I.I.)

연방정부에서 관장하는 특별세로, 남미공동시장 형성 후 대외공동관세율이 적용되고 있다. 브라질의 수입관세율은 0~35%까지 분포되어 있다. 2012년 기준 브라질의 평균 수입관세는 10.6%로 1990년 32%에 비해서 대폭 낮아졌다. 다른 국가와 마찬가지로 8 ~ 9% 원자재나 11.9% 반가공품은 평균 15.8% 완성품보다 더 낮은 관세율을 적용하고 있다. 브라질은 MERCOSUR 회원국으로서 대외 공동관세를 취하고 있는데 관세율은 0~35%까지 분포되어 있다. 브라질은 현재 99개의 예외품목을 가지고 있다.

(2) 공업제품세(I.P.I.)

공업제품세도 연방세이며 대부분의 국내 생산품과 외국 수입품에 대해 적용된다. 국내 생산품의 경우 제조업체의 판매 시, 수입품의 경우 통관 시에 적용된다. 하지만 수입품을 최종소비자에게 판매할 때 공업제품 세금액을 공제하기 때문에 결론적으로 수입업자가 부담하는 비용이 아니다. 일반적으로 수입관세가 높은 품목은 공업제품세도 높으며, 수출업체의 경우 동 세금이 면제된다.

연방정부는 금융과 경제정책을 시행하는데 공업제품세를 많이 사용한다. 그 이유는 다른 조세와 달리 연방정부가 행정부령(Decreto Executivo; Executive Decree)을 통해 결정할 수 있기 때문에 연방의회의 개입여지가 없으며, 행정부령을 발표함과 동시에 바로 시행이 가능해 그 효과가 직접적이기 때문이다. 공업제품세는 제품의 종류에 따라 큰 차이가 있으며 0~365.6%까지 다양하다. 담배나 향수 등 국민생활 필수품이 아닌 경우는 과세율이 높고 생필품은 과세율이 낮다. 그리고 수출품은 경쟁력제고를 위해 공업제품세를 면제하고 있으며, 마나우스 자유무역지대로 판매하는 경우에도 동 세금이 면제된다.

(3) 주 유통세(I.C.M.S.)

주 유통세는 국산품이나 수입품에 모두 적용하는 주(州) 부가가치세이다. 공업제품세와 마찬가지로 생산품의 경우 공장에서 출하되거나 수입품이 통관될 때 과세되며, 수입업자가 최종소비자에게 판매할 때 공제할 수 있다. 1965년 제정되어 연방의 각주와 브라질리아 연방특구가 징세권한을 보유하고 있으며, 주정부의 가장 큰 세수원이다. 해당 세금상품의 유통, 서비스제공, 주간(州間) 운송 시에 부과되며 수입품에 대해서도 마찬가지로 적용된다. 주 유통세는 일반적으로 주에 따라 7%, 12%, 또는 18%가 부과되며 상파울루 주의 경우 통상 18%가 부과되지만, 품목에 따라 감면 혜택을 받는 경우도 있다. 2013년부터 브라질 정부는 주간 운송 시 부과되는 세금을 4%로 통일하고 있다.

(4) 사회 기여세(PIS/Cofins)

연방보완법(Lei Complementar 07/1970)으로 시행된 사회통합 기여세(PIS)는 모든 법인에 대해 부과되며, 예외적으로 SIMPLES의 적용을 받는 영세기업에 대해서만 면제혜택을 준다.[2)]

세율은 법률 제10637호(Lei 10637/2002)에 따라 2002년 12월 1부터 1.65%로 일괄 적용된다. 사회복지기여금(Cofins)은 모든 법인에 적용되며, SIMPLES(Lei 9317/96)의 적용을 받는 영세기업은 예외다. 지난 2001년 2월 1일부터 기준세율은 7.6%이고 과세기준은 사회기여세와 같다.

3) 관세율계산법

다음은 CIF 가격 100달러, 수입세 14%, 공업제품세 15%의 제품이 상파울루주에서 유통되는 경우(주 유통세 18%), 관세포함 최종가를 계산하는 법이다.

〈표 7-12〉 브라질의 관세체계

브라질은 남미공동시장 회원국으로서 대외공동관세를 사용하며 수입관세, 공업제품세, 유통세, 사회보장세가 누진 적용된다.		
유통세는 주마다 유통세율이 다르다. 상파울루 주의 경우 일반적으로 18%가 적용되어 최종소비자에게 전가되며, 사회보장세의 경우 수입자가 내게 된다. 아래 계산은 제품을 100달러로 가정하고 세금을 누진 적용하여 최종가격을 참고로 알려주기 위한 것이며 실제 세금 적용시 주유통세, 사회보장세 등에 따라 달라질 수 있다.		
관세율		
- 수입관세(I.I)	14	%
- 공업세(IPI)	15	%
- 유통세(ICMS)	18	%
- 사회보장세(PIS/Cofins)	9.25	%

2) SIMPLES는 법률 제9317호(Lei 9317/96)로 제정된 영세기업을 위한 조세통합법이다.

Example -제품의 CIF 가격이 100 달러일 때		
- 수입관세(I.I)	14.00	%
· 수입관세산정가격	14.00	USD
- 공업세산정기준(CIF+I.I)	114.00	USD
· 공업제품세(IPI)	15.00	%
· 공업제품세산정가격	17.10	USD
- 유통세산정기준(CIF+I.I+IPI)	131.10	USD
- 새로운유통세산정기준 [(CIF+I.I+IPI)*100]/(100-ICMS)	159.88	US
· 유통세(ICMS)	18.00	%
· 유통세산정가격	28.78	USD
- 사회보장세산정기준 (CIF+I.I+IPI+ICMS)	188.66	USD
· 사회보장세(PIS/Cofins)	9.25	%
· 사회보장세산정가격(수입자부담)	17.45	USD
최종가격	177.33	USD

5. 브라질 교역 시 유의사항

1) 주기적 불안정이 계속되는 경제

지난 20년간 브라질 경제는 짧은 경기회복과 긴 경기침체가 주기적으로 반복되는 경향이 강했다. 이 같은 브라질 경제의 주기적 특성을 놓고 '롤러코스터 경제' 또는 '닭의 날개짓'이라고 부른다.

2) 벨린디아

계층 간 및 지역 간 소득불평등이 심각한데 이를 벨린디아(Belinda)라고 부른다. 제1세계 벨기에와 제3세계 인도의 합성어이다. 브라질은 세계에서 소득불평등 정도가 가장 심한 국가 중 하나다. 지난해 유엔개발계획이 발표한 인간개발보고서에 따르면 브라질은 세계에서 8번째로 소득 불평등이 심한 것으로 나타났다. 심각한 소득 불평등은 브라질의 악명 높은 폭력과 범죄의 주요 요인으로 작용해 지난 2002년에만 폭력사건 관련 비용으로 130억 달러가 지출되었다. 폭력사건 및 범죄로 연간 100억 달러의 잠재적 관광소득을 잃고 있는 것으로 분석되고 있다.

이 같은 지역, 계층 간 심각한 소득 불균형을 빗대어 일부 학자들은 브라질을 '벨린디아'라고 부르는데 이것은 남부지역의 소득수준은 선진국인 벨기에 수준이면서 동북부 지역의 소득수준은 인도수준을 빗대어 말하는 것이다.

3) 브라질 코스트

브라질의 경제성장을 가로막는 제약요인을 한 마디로 정리하면 '브라질 코스트'라는 말로 표현할 수 있다. 브라질 코스트란 일반적으로 브라질에서 정상적인 기업 활동비용 외에 추가로 지불하는 비용을 일컫는다. 복잡한 법체계, 높은 세금과 금리, 관료주의와 인프라 시설 미비 등이 브라질 코스트의 주 내용이다. 즉 브라질의 경제발전과 산업경쟁력을 가로막는 모든 부정적 요인을 총칭한다고 할 수 있다.

(1) 높은 세금

브라질 기업들은 기업 경쟁력을 약화시키는 가장 심각한 요인으로 높은 세금부담을 지목하고 있다. 기업들이 지적하는 브라질 조세체계의 가장 큰 문제점은 세금이 복잡하고 종류가 지나치게 많다는 점이다. 브라질은 2018년 현재 세금부담률이 지나치게 높은 편이다. 조세부담률은 브라질 GDP의 33.1%를 차지하는데 이는 신흥시장 GDP 평균인 27.6%보다도 훨씬 높고 거의 선진국 수준이다. 일례로 브라질 자동차는 세금부담 때문에 세계에서 가장 비싼 가격에 팔리고 있는데 이는 "미국산 자동차 가격의 거의 두 배 수준이다."라는 의견을 보이고 있다.

(2) 인프라 시설 낙후

브라질의 인프라 시설은 지난 1980년대 이후 정부의 장기 발전계획 부재와 투자부족으로 낙후성을 헤어 나오지 못하고 있다. 2001년에 브라질 경제는 커다란 진통을 겪어야 했다. 낙후된 인프라 시설로 브라질에서 물류비용은 제품의 생산가격을 결정하는 중요한 요소가 되고 있다. 세계은행에 따르면 현재 브라질의 물류비용은 OECD 국가의 거의 2배에 달하는 것으로 나타났다.

(3) 뿌리 깊은 관료주의에 따른 정부의 비효율성

브라질은 장기간의 군사독재로 민주주의 역사가 일천하다. 게다가 식민시대의 전통과 군사독재 문화의 잔재인 관료적 권의주의 통치 관행이 혼재해 있다. 이에 따라 정치권 전반에 부정부패가 만연하며 정부의 효율성도 크게 떨어지는 상황이다. 이러한 정치권과 관료의 부패를 빗대어 브라질에서는 "낮에는 정치가와 관료들이 도둑질을 하기 때문에 브라질은 그들이 잠자는 밤에만 성장한다"라는 우스갯소리도 있다.

(4) 노동시장의 경직성

현재 브라질의 노동법은 1940년대 이탈리아 무솔리니 정권의 노동법을 모태로 하고 있어 시대상황에 크게 뒤처져 있으며, 매우 복잡하기로 유명하다. 이러한 경직되고 복잡한 노동법은 결국 기업의 노동비용을 증대시키는 것은 물론 기업들이 정규직 고용을 꺼리게 만드는 요인으로 작용해 정규직 노동자의 급격한 감소를 초래했다. 브라질 노동법의 낙후성은 국제적인 비교를 통해서도 입증되고 있다. 2003년 세계은행에 따르면 브라질은 고용의 경직성을 규정하는 4대 변수, 즉 고용의 유연성, 고용조건, 해고의 유연성, 노동법 가운데 고용조건을 제외한 3가지 변수가 세계에서 가장 경직된 국가로 평가되었다.

이 외에도 높은 금리, 자본시장의 미성숙 등에 따라 기업들이 자금조달에 어려움을 겪고 있는 것도 브라질 코스트의 주요 요인 중 하나로 지목 되고 있다.

4) 이중적인 산업구조

브라질은 가전제품을 비롯한 일반제품 생산을 위한 실용기술은 크게 낙후돼 있는 데 반해 항공, 우주과학 등 최첨단 분야의 과학기술은 세계 정상급 수준인 이중적인 산업구조를 갖고 있다. 브라질은 중남미 국가는 물론 개도국 중에서도 비교적 탄탄한 제조업 기반을 구축하고 있다. 또한 축산업, 광업, 철강, 우주항공, 수송기기, 식품, 섬유, 신발산업 등에서 높은 국제경쟁력을 갖추고 있는 것으로 인정받고 있다. 특히 브라질의 우주항공산업은 세계적인 수준으로 오랜 기술개발 경험을 바탕으로 세계 4대 항공기 제조국가로 이미 발돋움한 상태이다. 110인승 이하 중소형 여객기 분야에서 세계적인 경쟁력을 갖추고 있으며 미국, 유럽 등이 주요 고객이다. 항공기는 브라질의 최대 수출품으로 자리 잡았으며, 지금까지 6,000대 이상 판매되어 전 세계 58개국 영공을 누비고 있다. 이미 1980년대 우주 로켓을 자체 설계, 발사에 성공하는 등 우주항공 기술 분야에서도 세계 일류 국가들과 어깨를 나란히 하고 있다. 높은 우주항공 기술을 인정받아 미국이 주도하는 국제우주정거장 사업에 개도국 중에서는 유일하게 참여하고 있으며, 사상 최초로 국제우주정거장에 자국 우주인을 보내는 쾌거를 이루기도 했다.

향후 브라질의 첨단기술 발전 가능성도 매우 높은 것으로 평가받고 있다. 이미 2003년 조지아 기술 연구소는 BRIC's 4개국 가운데 브라질이 러시아와 중국을 제치고 인도 다음의 기술 강국으로 부상할 것으로 전망했다. 브라질은 또한 과학기술 학문 분야별로 고르게 양질의 전문인력을 배출하고 있으며, 특히 브라질이 높은 경쟁력을 갖고 있는 농업 부문과 생명 공학 부문에서는 전 세계에서 가장 많은 고급인력을 양산하고 있다.

8. 인도

인도의 국토는 서유럽 전체 크기와 비슷하고 남한의 33배에 해당하는 3,287,263㎢의 광활한 면적으로 지방에 따라 상이한 기후와 풍토, 다양한 인종 구성을 보이고 있으며, 40%의 힌디어와 영어를 제외하고 공용어만 21가지에 이르는 등 언어의 분포 또한 복잡하다. 그 밖에도 힌두교 80.5% 및 이슬람교 13.4% 등 다양한 종교, 극심한 빈부격차, 교육수준의 차이, 수천 년을 내려온 카스트제도의 잔존 등 매우 복잡한 사회구성을 보여주고 있다. 인구는 2017년 기준 13억 651만 명으로 민주주의 국가 중 1위이며, 전 세계 2위로 남자와 여자의 중위연령은 26.8세, 27.8세로 젊은 인구가 전체 인구에서 차지하는 비중이 높다. 인도 인구는 2030년에 14억 7천만 명을 넘어설 것으로 예측되어 중국을 제치고 전 세계에서 가장 많을 것으로 예측된다. GDP는 2조 4,545억 달러로 2016년 IMF 기준 세계 6위를 기록하고 있다. 골드만삭스, 미국국가정보위원회(NIC) 등 세계 주요 연구기관들은 인도의 젊고 풍부한 노동력, 시장경제와 민주주의의 전통, 과학기술분야의 우수성, 영어사용 능력 등 중장기적 경제성장 잠재력을 높이 평가하면서, 인도경제가 21세기에 미국, 중국과 함께 세계경제를 이끌어갈 3대 강국으로 도약할 것으로 전망하고 있다. 경제, 사회 및 문화 등 모든 분야에서 인도가 많은 난제를 안고 있는 것이 사실이며, 이 거대한 나라에서 복잡다기한 문제들이 하루아침에 완전히 해소되기를 기대할 수는 없으나 안정적이고 민주적인 정치체계를 바탕으로 고도 경제성장을 실현하면서 이러한 문제들을 극복해 나갈 것으로 전망된다.

1. 인도경제

만모한 싱 총리가 이끄는 국민회의당의 영도 하에, 인도는 2009-2010년 연 8~10%의 높은 경제성장률을 달성하였다. 하지만 개혁정책의 지연에 실망한 외국인투자자들의 이탈과 때맞추어 발생한 유럽국가의 재정위기가 전 세계를 강타하면서 2011-2012년의 경제성장률은 5~6%로 추락하고 말았다. 이러한 상황에서 2014년 인도 16대 총선이 있었다. 한 달간의 선거는 하원의석 543개 중 282석을 차지한 인도인민당(BJP)이 44석에 그친 국민의회당(INC)에 압도적인 승리를 거두었다. 인도인민당은 1947년 인도의 독립 이후 국민의회당을 제외한 정당으로는 처음으로 단독정부를 구성할 수 있게 되었다. 이제 인도사회에서 정치, 종교, 카스트보다 경제문제가 일선으로 부상하였다는, 인도 유권자의 의식변화를 보여주는 사례라 할 수 있다. 모디(Narendra Modi)정부는 "Make in India" 캠페인을 대대적으로 발표하고 노동집약적 제조업 육성과 기업환경 개선을 통한 일자리 창출에 주력하고 있다. 이를 위해 세계 수준의 산업특구 설립, 복잡한 행정절차 간소화, FDI 규제 완화 등 각종 규제를 철폐해 중국을 넘어선 글로벌 제조 허브로의 도약에 나서고 있다.

〈표 8-1〉 모디노믹스 주요 내용

주요 내용	
인프라 개발/도시화	신규 스마트 도시 100개 건설
	건설고속도로 건설
농업	스마트 농업(데이터 확충을 통한 수입, 수출 농산물), 농산물 가격 안정화
부정자금 대책	외국 회피 자금 추적
고등교육	주별 IITs, IIM, AIIMS 유치
외국인직접투자(FDI)	보험부문 FDI에 대한 양면적 입장, BJP : 멀티브랜드 소매 유통 부문 FDI 허용 반대
세금	복잡한 조세제도 간소화 : 세부내용 부재
제조업	부족마을, 광물자원 풍부한 지역 토지 구입

1) 경제지표

인도경제는 대외 수출의존도는 낮으나 경제개발 재원의 해외자금 의존도가 높은 편이다. 2012년 유로존 국가의 재정위기로 선진국 자본이 빠져나가면서 심각한 자금유출을 경험하였으며, 이것이 기업의 투자위축, 실업률증가, 소비위축 등으로 직결되어 경기가 빠르게 위축되었던 경험이 있다.

2014년 인도 GDP 성장률은 6.9%를 기록하였으며, 2016년 GDP 성장률은 8.2%이다. 특기할만한 부분은 인도의 성장률이 중국의 6.8%를 처음으로 앞지를 것이라는 것이다. 세계 경제성장률 평균의 예상치가 3.1%라는 점을 감안하였을 때, 전반적인 세계경제의 부진 속의 인도경제의 약진은 주목할 만한 점이라 할 수 있다. 2017년 기준 인도의 GDP는 2조 6,114억 달러로 중국, 일본에 이어 아시아 3위이며, 산업구조는 서비스업 46%, 제조업 29%, 농업 17%로 구성되어 있다.

〈표 8-2〉 대내 경제 지표 (단위: 억US$, %)

	2012	2013	2014	2015	2016	2016-17
*경제성장률	6.7	5.7	6.9	7.4	8.2	7.1
**1인당GDP	1,449.0	1,455.0	1,595.0	1,617.0	1,747.0	2,134.0
**명목GDP	18,610.0	19,710.0	20,420.0	21,450.0	22,680.0	26,114.0
**정부부채/GDP	68.1	67.4	65.8	66.1	68.9	70.2
*소비자물가상승률	9.4	10.2	9.9	5.9	4.9	2.5
*실업률	3.5	3.6	3.6	-	3.4	8.0

주1: * 인도의 회계연도 전년도 4월부터 금년도 3월까지를 기준으로 함
주2: ** 각 연도 12월 기준
자료: 인도중앙은행(RBI, Reserve Bank of India), DIPP(The Department of Industrial Policy and Promotion, 인도 산업정책진흥부), 인도 재무부, IMF, Union Budget India,
KOTRA, 국가·지역정보, 인도.
조의윤, 유승진, 최근 인도 경제동향 및 진출 유망 분야, KITA, 2018.7.4.

2010년 3월부터 이루어진 13차례 금리인상으로 9.5%까지 치솟았으나 성장률이 둔화되었다는 판단 하에 2012년 4월 8.0%로 하향 조정되었다. 인도중앙은행은 물가상승의 위험이 어느 정도 해소될 때까지 추가 금리 인하를 하지 않겠다고 하였으나 2012년 12월부터 물가상승률이 완화조짐을 보이기 시작하여 2013년 1월 29일 기준금리를 7.75%로 0.25% 인하하고 예금지급준비율 또한 기존 4.25%에서 4%로 인하하였다. 이러한 물가상승률 완화 추세는 지속되어 2014년 11월 인도 도매물가상승률(WPI)은 0%로 전년 동월과 동일하고 중앙은행에서는 3월과 5월 각 0.25%씩 기준금리를 인하하여 7.25%로 낮추었다. 인도의 기준금리는 2016년 말 기준 6.25%까지 내려갔다가 2017년 말 현재 6.9%이다.

인도중앙은행은 해외거주 인도인의 보유외화예금의 금리상한을 높이고 국내

거주자 외환계좌에 예치된 달러의 절반을 루피화로 환전을 의무화하며 국내 정유사들에 직접 보유외환을 할당하는 등 달러 수요를 줄이고 공급을 늘리는 조치를 확대해 오고 있다.

〈표 8-3〉 대외 경제 지표

(단위: 억US$, %)

	2011-12	2012-13	2013-14	2014-15	2016	2017
*수출실적	3,060	3,004	3,144	3,103	2,666	3,028
*수입실적	4,893	4,907	4,502	4,480	3,566	4,597
*무역수지	-1,833	-1,903	-1,358	-1,377	-900	-1,569
*외국인투자금액(백만US$)	3,121	22,424	24,299	30,931	-	-
*총외채	3,608	4,095	4,465	4,619		
*외환보유고	2,944	2,920	3,087	3,414	3,623	3,851
*이자율	9.5 (12.2.13)	8.7 (13.1.29)	9.0 (14.1.28)	7.7 (15.9.29)	6.25	6.9
*환율(1US$)	54.78	61.90	63.3	66.35 (15.11.23)	65.00	68.08

주1: * 인도의 회계연도 전년도 4월부터 금년도 3월까지를 기준으로 함
주2: ** 각 연도 12월 기준
자료: 인도중앙은행(RBI, Reserve Bank of India), DIPP(The Department of Industrial Policy and Promotion, 인도 산업정책진흥부), 인도 재무부, IMF, Union Budget India,
KOTRA, 국가・지역정보, 인도.
조의윤, 유승진, 최근 인도 경제동향 및 진출 유망 분야, KITA, 2018.7.4.

2. 인도의 무역

1) 인도의 무역현황

교역액은 2012년까지 지속적으로 증가하다가 2013년과 2014년에 소폭 감소하였다. 인도의 교역규모가 2년 연속 감소한 것은 세계경제의 침체에 따른 교역량의 하락과 유가하락에 따른 수입금액 감소에 기인하며, 제조업과 산업생산 부진에 따른 수출부진도 한 원인으로 지목되고 있다.

인도는 만성적인 무역수지 적자를 보이고 있는데, 인도의 무역수지 적자폭은 2011년에는 1,580억 달러를 기록한데 이어, 2012년에는 유럽국가의 재정위기의 여파로 무려 1,932억 달러를 기록했다. 2013년 4월을 고점으로 루피화 가

치가 큰 폭으로 하락, 수출증가 및 수입감소로 이어지며 2013년 무역적자 폭은 전년대비 404억 달러 감소한 1,528억 달러를 기록하였다.

최근 루피화 가치가 하향안정세를 유지하면서, 2014년 1,396억, 2016년 기준 900억 달러의 무역수지 적자를 기록, 적자폭이 점진적으로 줄어들다 2017년도에는 1,568억 달러의 대폭적인 적자를 기록하고 있는 상황이다. 미국의 금리인상 예고와 중국 성장 둔화, 증권시장 폭락에 따른 신흥국 경제위기론이 부상하고 있는 와중에도, 지난 2009년 미국의 서브프라임모기지 사태, 2012년 유럽 국가재정위기 때와 같은 악영향은 받지 않을 것이란 의견이 지배적이다.

〈표 8-4〉 인도의 수출입 (단위: 억 달러)

구분	2010	2011	2012	2013	2014	2015	2016	2017
교역액	5,737	7,721	7,877	7,831	7,831	6,006	6,232	7,625
수 출	2,229	3,071	2,973	3,151	3,217	2,430	2666	3,028
수 입	3,508	4,651	4,904	4,680	4,614	3,576	3566	4,597
무역수지	-1,279	-1,580	-1,932	-1,528	-1,396	-1,145	-900	-1569

자료: 한국무역협회 K-stat, GTA(Global Trade Atlas)

인도의 2015년의 주요 10대 수입대상국은 중국, 사우디아라비아, 미국, UAE, 스위스, 인도네시아, 대한민국, 독일, 이라크, 나이지리아 순이다. 한국의 경우, 2014년 대비 4계단 상승한 인도의 7위 수입대상국으로 자리매김하고 있다. 2017년도에는 주요 수출국으로는 미국, UAE, 중국, 홍콩, 영국, 싱가포르 순으로 이루어졌고, 주요 수입국으로는 중국, 미국, UAE, 사우디아라비아, 한국, 인도네시아 순이다.

〈표 8-5〉 인도의 주요 국가별 수출입 현황(2016년 기준) (단위: 십만 달러, %)

수 출			수 입		
순위	국가	금액	순위	국가	금액
1	미국	419,999	1	중국	604,462
2	UAE	306,902	2	미국	203,757
3	중국	134,271	3	UAE	192,464
4	홍콩	132,088	4	사우디아라비아	184,603
5	영국	85,664	5	한국	122,123
6	싱가포르	73,890	6	인도네시아	121,839
전 세계		2,666,430	전 세계		3,566,229

자료: 한국무역협회 K-stat, GTA(Global Trade Atlas)

2) 한국과 인도 교역 현황

2014년 기준 우리나라에게 있어 인도는 8위의 수출 대상국이자 21위의 수입 대상국이었다. 양국간 무역규모는 2002년 26억 달러에서 2011년 205.4억 달러로, 10년 사이에 7배 이상 성장하였다. 하지만 세계적인 경기침체의 영향으로 2012년과 2014년 사이 교역감소폭이 두드러졌으며, 2014년에는 전년비 수출은 12.4% 증가한 127.8억 달러를, 수입은 14.7% 감소한 52.7억 달러를 기록하였다. 2015년에는 전년비 수출은 5.9% 감소한 120.3억 달러를, 수입은 19.6% 감소한 42.4억 달러를 기록하였다.

〈표 8-6〉 대 인도 수출입 동향 (단위: 억 달러)

구분	2011년	2012년	2013년	2014년	2015년	2016	2017
수출(증감률)	126.5 (10.7)	119.2 (-5.8)	113.7 (-4.6)	127.8 (12.4)	120.3 (-5.9)	115.9 (-3.6)	151 (29.8)
수입(증감률)	78.9 (39.1)	69.2 (-12.3)	61.8 (-10.7)	52.7 (-14.7)	42.4 (-19.6)	41.9 (-1.2)	49 (18.1)
무역수지	47.6	50.0	51.9	75.0	77.8	74.0	102

자료: 한국무역협회, K-stat

2011년 수출입이 급증하였는데, 그 이유는 한국과 인도의 CEPA발효에 따른 교역량의 증가 때문이었고, 2012년과 2013년의 감소사유는 루피화 절하 및 원자재 수입선 다변화 때문이었다.

이렇듯 양국의 교역규모는 2011년 200억 달러를 돌파한 이후 감소추세에 있으나, 앞으로 한-인도 CEPA의 혜택으로 기본관세율이 단계적으로 인하될 계획이어서 우리 기업들의 가격 경쟁력 확보 및 교역증진에 도움이 될 것으로 보인다.

우리나라의 주요 수출품목은 철강판, 자동차부품, 합성수지, 무선통신기기 등으로 소비재보다는 산업용부품 및 기자재가 주를 이루고 있다. 수입은 석유제품, 알루미늄, 식물성물질, 정밀화학원료 및 합금철 선철 및 고철 등이다.

3) 한국과 인도의 투자 현황

한국의 대 인도 투자는 90년대 말 현대자동차, LG전자, 삼성전자 등 대기업이 처음 진출한 시기에 투자가 집중적으로 이루어졌다. 이후 대기업의 증설 투자 및 협력업체의 진출, CJ 홈쇼핑, LG 화학, POSCO 등 기타 대기업들이 진출하여 투자를 중심으로 꾸준히 증가하였으나, 2011년 이후 감소추세가 유지되고 있다. 우리나라의 대 인도 투자누계총액은 2015년 12월 말 신고기준 50억달러로 2014년과 비슷한 수준에 머물렀으나, 신규법인 수는 52개로 전년 35개 대비 크게 증가하였다.

〈표 8-7〉 한국과 인도의 연도별 투자현황 (단위: 건, 개수, 백만 달러)

	년 도	2010	2011	2012	2013	2014	2015	2016.4	누계
한국 對 인도 투자	신고 건수	171	173	179	163	131	224	41	2,178
	신규법인 수	53	58	50	37	35	52	10	734
	신고 금액	200	650	443	384	341	271	168	5,181
	투자 금액	199	452	311	343	325	314	65	3,974
인도 對 한국 투자	년 도	2010	2011	2012	2013	2014	2015	2016	누계
	신고 건수	20	18	27	23	9	10	1	639
	신고 금액	371.4	4.3	10.9	98.7	1.6	2.5	1	575

출처: KOTRA, 인도 투자실무가이드, 2015.12.1.
주: 인도 한국대사관, 한-인도 양국 간 교역현황, 2016.09.29.
참조: 인도의 회계연도는 매년 4월부터 다음 해 3월까지임.

반면, 인도의 대 한국 투자총액은 2016년 4월말 기준 5.75억 달러로 상대적으로 미미하며, 2010년 마힌드라(Mahindra)의 쌍용차 인수 및 2013년 지분 추가 인수 이후 주목할 만한 투자가 이뤄지지 않고 있다.

3. 인도의 무역규제

1) 인도의 수입규제 체계

인도의 수입규제는 인도 재무부와 상공부의 2개 부처가 연관되어 있다. 상공부는 수입규제 청원의 접수와 덤핑판정 관련 조사를 실시하며, 재무부는 상공부의 조사와 판정결과를 검토해 최종 결정을 내리게 된다. 구체적으로 상공부 산하의 반덤핑 총국(Directorate General of Anti-Dumping and Allied Duties)이 조사를 담당하며, 반덤핑 총국이 내놓은 판정결과를 재무부 산하 소비세 및 관세 중앙위원회(Central Board of Excise and Customs)가 승인해 최종 관세 부과가 효력을 발생한다.

(1) 수입규제 법체계

인도 수입규제 관련 법적 근거는 인도 관세법과 통상 및 관세와 관련한 국제협정으로 구분한다. 수입규제 관련 인도 내 법적 근거인 관세법은 1975년 제정 이후 수차례 개정을 거쳐 주요 반덤핑, 상계관세, 세이프가드와 같은 조치와 관련한 규정과 세부 시행령들을 완비하였다.

〈표 8-8〉 주요 수입규제 조치 관련 인도 내 법적 근거

반덤핑	관세법 제9A조, 9B조항, 1995년 반덤핑관세규정
상계관세	관세법 제9조, 1995년 상계관세규정
세이프가드	세이프가드 관세법 제 8B조, 8C조, 1997년과 2002년 세이프가드관세 규정

주) 국제 규범은 각각의 수입규제에 따른 GATT 또는 WTO 협정을 준용

(2) 수입규제 판정 과정

수입규제의 판정 과정은 다음의 6단계를 거친다.

- 1단계 : 현지 기업이나 산업계(국내 생산자)가 덤핑이 의심되는 수입품목에 대한 조사요청서를 인도 상공부 해당 부서에 제출 한다. 여기서 '국내생산(자)'은 해당제품의 부가가치의 50% 이상이 인도에서 생산되는 경우를 뜻한다.
- 2단계 : 조사 요청이 해당산업의 국내 생산자를 충분히 대표하고 덤핑의 근거가 타당하다고 여겨질 경우 해당품목에 대한 조사가 시작되고, 조사 개시 사실은 공표된다. 조사개시의 공표는 통상 조사요청서가 제대로 구비된 이후 5일 이내에 실시된다.
- 3단계 : 조사당국은 덤핑과 관련된 증거 중 공개 가능한 내용을 해당 품목에 대한 조치와 관련된 이해관계자에게 공개하고 의견을 청취한다.
- 4단계 : 당국은 예비조사(Preliminary Findings) 결과를 공표하는데, 대개 예비조사는 조사시작일로부터 60~70일 이후에 이루어진다. 예비조사 결과에 기반하여 잠정관세가 부과되며, 잠정관세는 조사개시 이후 60일 이후부터 부과되며, 6개월 이내 1회 연장 후 최대 9개월까지 부과가 가능하다. 조사 과정에서 조사당국은 구두청원(Oral Evidence) 및 공청(Public Hearing)의 기

회를 이해관계자에게 제공한다. 이해관계자는 조사와 관련된 자료를 구두 청원을 통해 제출할 수 있으며, 조사당국은 이해관계자를 소집해 공청회를 개최하기도 한다.

- 5단계: 조사결과를 토대로 당국은 최종판정을 내리며, 공표 이전에 이해관계자에게 내용을 먼저 알려주고 최종 의견을 청취하며, 최종판정은 조사개시 후 1년 이내에 공표되며, 사안에 따라 6개월 정도 연장되기도 한다.
- 6단계: 조사당국의 최종판정을 인도 재무부가 접수해 최종 관세부과 조치를 확정한다.

〈표 8-9〉 2014~2017 기간 중 인도의 대 한국 추가 수입규제 조치현황

연도	2014년	2015년	2016년	2017년(5월)
조치 건수	5	11	5	3
품목	염화메탄, 알루미늄휠, 고무류, 무용접 강관, 구연산나트륨	질산나트륨, 아세톤, 포화지방알코올, 고순도 테레프탈산, 아크릴 섬유, 스테인리스 열연강판 304 시리즈, 탄산칼륨, 가성소다, 인산, NBR고무, 스테인리스 냉연강판	페놀, 에틸헥사놀, 열연강판(코일형태), PVC페이스트 수지, 열연후판(코일제외)	탄성필라멘트사, 열연후판, 냉연강판

자료: 2016년 대한 수입규제 동향 및 2017년 상반기 전망(KOTRA) 및 인도 반덤핑 총국 공시자료

인도는 2001년 기존의 수입수량규제를 전면 철폐한 이후 수입에 있어 별다른 제한을 가하지 않고 있다. 즉 대부분의 품목이 OGL(Open General License, 일반적 포괄허가제) 대상으로 소정의 절차를 마치면 누구나 쉽게 수입할 수 있도록 하고 있다. 따라서 여타국과 달리 수입에 있어 특별한 제한조치는 없다고 보면 된다.

그 외에 국제적으로 수출입이 제한되고 있는 일부 품목이나, 마약류, 총기류 등 일부 품목과 식품/의약품 등에 대해서는 해당기관의 승인 및 인증을 받도록 하는 등 일정한 제한을 두고 있다.

2) 비관세장벽

인도의 비관세장벽은 다른 나라에 비해 상당히 높은 편이다. 인도는 세계은행(World Bank)이 전 세계 189개국을 대상으로 조사한 기업환경평가에서 130위를 기록할 정도로 높은 비관세장벽으로 인해 우리나라 수출기업의 통관애로

가 매우 컸던 국가 중 하나다. 관세청은 인도의 비관세장벽을 완화하기 위한 "한국-인도 수출입안전관리 우수공인업체 상호인정약정(AEO MRA)"이 2017년 4월부터 발효되어 상당부분 완화될 상황이다. 이번 약정이 이행될 경우 우리나라 AEO인증기업은 수출화물에 대한 수입검사율이 기존 50%에서 9%까지로 낮아질 수 있고, 검사대상으로 선별되어도 일반화물보다 우선해 검사받을 수 있어 검사대기시간이 획기적으로 단축되는 등의 혜택을 받을 수 있다.

(1) 식품에 대한 유효기간 규정 및 부실한 통관검사 절차

① **식품에 대한 까다로운 유효기간 기준**: 수입당시 식품의 유효기간은 본래 제품수명의 60% 이상이 남아있어야 하며, 제품수명은 제조일과 유효기간 만료일을 토대로 산출하는데 이러한 규정은 인도 국내산 제품과 비교하여 수입산 제품에 대한 차별적인 장애요소로 작용한다.

② **부실한 항만보건소**(PHO: Port Health Officer)**의 검사절차**: 모든 식품화물은 통관 전에 PHO의 검사를 받아야 하며, 검사결과 전까지 화물창고에 보관되며, 검사통과에 실패하면 화물은 반송되거나 폐기처분된다. 대부분의 식품통관은 인증시간이 많이 소요되고, 샘플링 테스트를 위한 실험시설이 부족해 검사대기중인 제품은 유료보관창고에 장시간 방치되는 경우도 많으며, 일부창고는 식품보관에 적합하지 않은 상태다.

검사는 제품특성에 따른 보관요건 충족여부, 부패와 오염방지여부 확인과 같은 제품 운송보관의 상태와 제품의 시각적, 팽창, 돌출 등 식품변질여부를 가시적으로 판단하며 해충, 먼지 등에 의한 식품손상을 확인한다.

③ **샘플검사절차**: PHO 검사를 받지 못하는 항만은 해당 항만에서 가까운 중앙식품실험실 또는 보건당국(Directorate General of Health Service)에서 인가한 실험실에 샘플을 보내 검사를 받아야한다.

샘플 테스트결과가 나오기까지 1일에서 1개월까지 소요돼 식품 유효기간이 짧아지고 샘플 테스트비용이 발생하여 수입자에게 이중부담으로 작용하고 있다.

(2) 라벨링 규정의 확대적용

소매를 목적으로 인도에 수입되는 모든 제품들은 Standard of Weights and Measures Rules의 조항들을 준수해야 하며, 다음 사항들을 명시해야 한다.

- 수입자명과 주소

- 포장된 제품의 일반적인 명칭
- 표준단위로 표기된 총수량
- 제품의 포장 연 월
- 포장된 형태로 최종소비자에게 판매되는 최고 소매가
  (세금, 운송비, 수수료, 광고비, 운송비 등 모두포함)
- 수입국(Source of Import)
- 식품이나 화장품의 경우 유효기간

통관 전 루피화로 표시된 최고 소매가(Maximum Retail Price, MRP)를 라벨에 명시하는 것은 대 인도수출업자들에게 부담으로 작용하는데 라벨에 명시된 제품가격은 세금 산출근거로 활용된다. 대부분의 경우 판매업자들은 최고가를 실 판매가로 간주하기 때문에 정확한 최고가 예측이 중요하다. 한번 정해진 최고소매가는 수정할 수 없으며, 가격을 인상하기 위해서는 새로운 통관 물량부터 인상이 가능하다.

(3) 세관에서의 수출품 재반출 거부

바이어의 구매 거부로 인한 수출품 재반출을 세관에서 거부하는 사례가 빈번히 발생한다. 운송된 제품에 대해 바이어가 이런저런 사유로 구매를 거부할 경우, 수출자는 제3의 바이어에게 판매하거나 아니면 수출지로 재반출해야 하나, 이 경우 인도세관에서는 원래 계약자의 NOC(Non Objection Certification)을 요구하게 된다.

하지만 바이어가 이러한 점을 악용해 NOC를 써주지 않을 경우, 재반출이 불가하게 된다. 현지 바이어가 이런 현실을 악용하여 시장상황에 따라 구매를 거부한 후, 수출자의 재반출이 곤란해진 틈을 이용해 재협상을 시도하여 유리한 조건으로 물품을 인도받는 경우가 종종 있다.

(4) 중고자동차 수입규제

인도 정부는 중고차량 수입 시, 중고차량의 연수가 제조일로부터 3년이 넘지 않고, 이륜차 및 삼륜차를 제외하고 모든 중고차량의 운전자석은 오른쪽에 위치해 있는 차량만 수입이 가능하도록 규정하였다. 자동차 내 미터기는 킬로미터로 표기되어 있어야 하며, 중고차량 수입은 모두 뭄바이세관(Customs Port at Mumbai)을 통해 이루어져야 한다.

3) 수출입제한/금지품목 및 수입전매품목

인도는 수출입제한 품목과 금지품목을 명확히 구분하여 시행하고 있는데, 그 주요 내용은 다음 〈표 8-10〉과 같다.

〈표 8-10〉 인도 수출입제한/금지품목

분류	제한/금지품목	비고
수입전매품목	대두, 요소(비료), 밀, 메슬린, 팜스테아린 등	인도 식품 공사 등 특정 기관을 통해서만 수입 가능
수입제한품목	화장품, 의약품, 의료기기, 통신기기, 타이어(중고타이어 포함) 중고 기계 등	수입이 불가능한 것은 아니나 수입 허가 등 제한적으로 가능한 품목
수입금지품목	주로 동물의 고기, 유지 등	
수출세부과품목	커피, 오일 케이크, 제조하지 않은 담배, 원면, 원면 웨이스트 등	품목별로 일정한 종가세 또는 종량세 부과
수입허가품목	말, 소, 병어, 사료, 탈지한 땅콩, 케이크 등	
수출금지품목	야생동물, 인체의 뼈 등 일부 품목	

자료: Directorate General of Foreign Trade (DGFT, https://dgft.gov.in/)
KOTRA(임성식 인도 뉴델리무역관), 해외시장뉴스, 인도 대외무역정책 중간리뷰와 시사점, 2018.01.05

4. 관 세

1) 관세의 종류 및 산정 방식

인도의 관세체계는 다른 국가에 비해 상대적으로 복잡한 구조를 지니고 있었으나, 2017년 7월 1일부로 통합간접세 제도가 도입되면서 대폭 단순화되었다. 통합간접세 제도는 기존의 상계관세(Countervailing Duty), 특별부가관세(Special Additional Duty), 기타 지역별로 부가되는 각종 간접세와 진입세를 IGST 1개 항목으로 통합하였다.

현재는 기본관세, IGST(현지 간접세 대응)에 일부 품목의 경우에 Compensation Cess가 추가되나 대부분의 수입품목에는 해당되지 않는다.

관세는 소비세, 서비스세와 더불어 연방정부의 연방세(Central Tax) 중 간접세에 속하며 2015년까지 조세수입의 약 20%를 차지하는 중요한 재정수입이다.

인도 관세법은 1962년 및 1975년에 주요 조항들이 명문화되었으며 기본관세 관련 규정은 1962년 제정된 관세법(Customs Act, 1962)에, 수입규제 관련 규정은 1975년 제정된 관세법(Customs Tariff Act, 1975)에 관련 조항들이 규정되었다.

한국의 경우에는 관세청에서 관세와 수입부가가치세를 담당하며, 국세청은 부가가치세, 개별소비세 등 간접세와 소득세, 법인세, 양도세 등 직접세를 담당하나, 인도의 경우 수입 부가가치세를 포함한 모든 간접세를 인도의 관세청인 간접세위원회에서 담당한다.

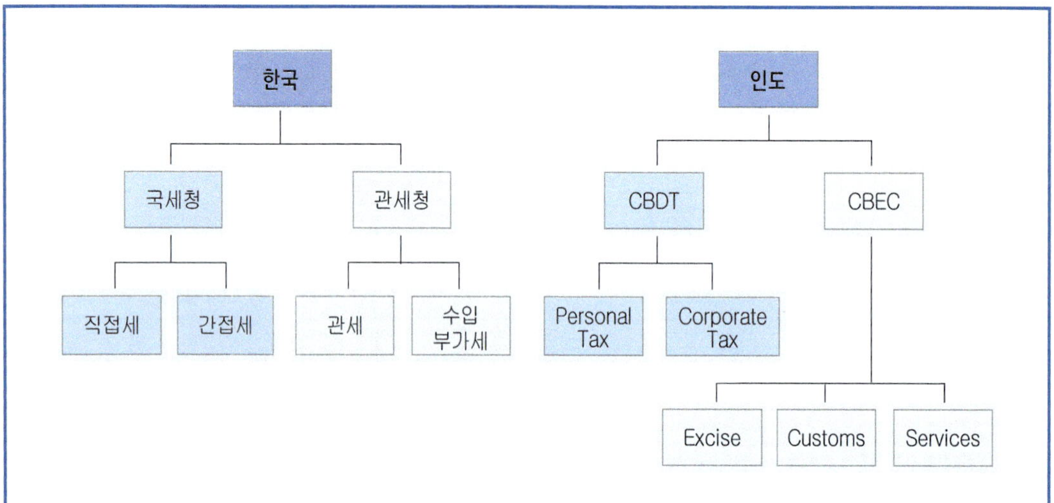

[그림 8-1] 한국과 인도의 재무부와 과세당국의 조직 구성도

자료: 관세청 인도지역 관세협력관 자료제공

2) 인도의 총 관세 산정방식

통합간접세 제도는 7월 1일부로 도입됐으며 2018-19 회계연도 예산안을 통해 기본관세에 적용되는 가산세의 세율과 세목이 변경되었다. 인도 정부에서 고지한 내용을 중심으로 본 적용 예시는 다음과 같다.

〈표 8-11〉 관세율 적용 예

항목	세율	금액	총계
CIF	-	10,000.00	
BCD(기본관세)	7.5%	750.00	750.00
Social Welfare Surcharge(사회보장가산세)	10%(BCD적용)	-	75.00
IGST(부가세) 적용전 소계	-	10,825.00	
IGST	18%	1,948.50	1,948.50
Compensation Cess	0%	0	2,773.50

IGST는 품목별로 적용 세율을 달리하는데, 0%, 5%, 12%, 18%, 28%가 차별적으로 부과가 된다. 생활필수품은 낮은 세율에 해당되며 기자재, 내구재는 12~18% 구간에 속하며 일부 산업재가 28%에 해당되나 인도 정부는 차츰 28%에 해당하는 상품의 숫자를 줄여나가고 있다.

CEPA 통관 시, 통관 전 주요 세부사항 확인이 필요하며, 인도의 특혜무역협정 내용과 대상품목, 원산지기준 등 구체적인 내용을 확인할 필요가 있다. 원산지 일반 규정은 HS 6단위 세부번호 변경과 역내부가가치 35% 기준으로, 939개의 품목별 원산지규정(PSR)이 도입되었으며, 기타 미소기준 도입 등으로 인도의 여타 FTA에 비해 전반적으로 완화된 원산지기준이 도입된 것으로 평가되고 있다. 또한 역외가공지로 개성공단이 인정되어 108개의 품목을 대상으로 한국 원산지 조달비중이 60%가 넘는 제품에 대해서는 한국산으로 인정하도록 했다

5. 통 관

1) 통관절차

인도의 통관절차는 일반 선진국의 관행을 따르고 있어, 이 절차를 준수할 경우 큰 문제는 없다. 다만 2001년 3월부터 모든 섬유 제품 및 섬유 부속물을 수입·통관할 경우 수출국 정부 공인기관의 무해증명서 제출을 요구하고 있다. 또한 2004년 11월부터 모든 목재 포장재에 대해서는 '식물 위생 검역서'를 요구하고 있다. 그 외에 다른 나라와 마찬가지로 위생·안전 등의 이유로 BIS(BISBUREAU OF INDIAN STANDARDS) 등 공인기관의 인증/증빙 서류를 요구하는 품목에 대해서는 해당 서류를 제출하면 된다.

인도는 통관 인프라의 부족, 관료주의 등으로 통관절차가 필요 이상 복잡하다는 지적을 받아 왔으나, 최근 정부가 통관제도의 개선을 위해 필요한 서류 및 절차를 간소화해 가는 추세다. 일반적인 통관절차 및 필요서류는 다음과 같다.

(1) 필요 서류

신용장 개설시 은행제출 서류	수입화물의 통관 시 필요서류	바이어가 통관 시 준비 서류
수출입허가번호 : IEC No. (Importer-Exporter Code No) -구매오더(Purchase order) -송장(Invoice) -공급업체 이름(Suppliers name) -공급자거래 은행명(Name of Suppliers Banker) -인증서가 필요한 경우 : 해당 인증서	-공급업자가 바이어에게 보낼 서류 -선하증권(B/L 또는 AWB No.) -송장사본(Invoice copy) -물품명세서(Packing list) -보험증권(Insurance policy)	-수입코드번호(Importers code no.) -수입신고(Import Declaration along with Bill of Entry) -GATT Declaration (일반적인 건의 경우 불필요, 택배(DHL 등) 이용시, 제출하여야함) -인증서가 필요한 경우 : 인증서

(2) 통관 절차

- 모든 서류를 세관 담당자에게 제출하여야 하며 세관 담당자는 Bill of Entry, 세관 창고 측의 Manifest copy와 비교 확인
- 컴퓨터에 입력하고 computer code no. 부여
- 관세평가 : 모든 서류는 관세평가 담당관에게 넘겨져 적정관세 등 평가
- 관세율 등이 확정된 후 컴퓨터에 입력
- 검사 : 관련 서류 및 관세 등을 재점검
- 모든 서류를 부 관세관(Assistant Collector)이 확인 후 추가 서명
- 관세 Challan 넘버 부여
- 관세 납부 카운터 : 관세를 납부하면 세관은 통관신고서(bill of entry) 사본을 1장 떼어 내고 물품 수령증을 발급

인도에서 일반적인 경우 통관에 소요되는 시간은 해상운송 수입은 FCL 화물은 약 3~4일, LCL 화물 5~7일, 항공운송은 약 2~3 근무일이 소요된다. SEZ, EPC물품 등 일반 품목이 아닌 경우는 1~2일이 추가 소요되며, 중고 기계류인 경우는 10일 이상 소요된다. CFS 및 Airport는 일반적으로 화물이 CFS 및 Airport 도착 후 3일 이후부터는 체화료(demmurage charge)를 부과하는데 해상 및 항공운송에 동일하다.

인도 통관업무는 통상적으로 현지 통관사(Customs Cleaning Agent)를 통해 이루어지고 있으며, 통관시스템을 현대화하고 과거에 비해 많이 개선되었다고는 하나, 아직도 인도는 통관절차가 매우 복잡하고, 통관 에이전트와 세관 공무원 간의 관계가 관세액 및 통관에 큰 영향을 미친다. 인도 통관은 EDI 시스템에 의해 운영되고 있으며, 전자통관을 통해 입력된 통관정보는 관세청 정보센터(Service Center)로 전송되며 이를 바탕으로 수입신고서 번호가 생성된다.

인도 행정은 전반적으로 불투명하고 실무선의 재량권이 큰 편이며, 통관 역시 지나치게 융통성 없는 처리관행으로 인해 기업들의 주요 애로사항 중 하나로 꼽히고 있다. 송장가격 과소평가(Under Value)를 문제삼아 직권으로 상품가치를 정하고 높은 관세를 매긴다거나 관세혜택이 주어지는 상품의 경우 증빙이 충분치 않다는 이유로 통관을 거부하는 사례 등이 발생하고 있다.

그 밖에 투자기업의 국내 모기업 제품 조달과 관련해서 이전가격의 조정을 이용한 법인세 과소 납부를 방지하기 위해 이전가격과 관련된 각종 증빙을 수시 및 임의적으로 세관에서 요구하는 등 통관에 많은 애로가 있다.

2) 식품 통관 시 주요 절차 및 규정내용

(1) 세관에서의 상품 운송상태 확인

기본적인 개별 상품당 요구된 적재량이 충족되는지 확인하기 위한 절차이며, 상품의 손상이나 오염을 유발하지는 않는다.

(2) 상품의 손상가능성 확인을 위한 외관검사

외관상 상품이 부풀거나 불룩하게 튀어 나왔는지 여부와 설치류나 벌레 또는 오물, 먼지 등에 의한 오염여부를 확인한다.

(3) 라벨 규정 준수여부 확인

Prevention of Food Adulteration Rules and the Packaged Commodities Rules에 따른 라벨 규정을 준수하여야 하며, 라벨이 영어로도 표기되어 있는지 확인하는 절차도 포함된다.

(4) 기타 필수 규정

내림차순으로 나열된 원재료 명, 제조날짜, 배치번호, 유통기한 등과 모든 상품의 겉 포장에는 유통기한과 관련된 세부사항이 적혀있어야 한다. 유통기한과 수입일자 사이의 기간이 제조일자로부터 유통기한까지 기간의 최소 60%가 남아있어야 한다.

2017년 3월 31일 부터는 세관신고서의 의무 제출기한을 세관에 도착한 날로부터 근무시간 기준 24이내 제출해야 한다고 규정했다. 만약 24시간 이내에 신고가 이루어지지 않을 경우, 5일까지는 매일 5,000루피의 벌금이 부과되며, 이후부터는 1만 루피의 벌금이 부과된다.

9. 러시아

한반도의 77.6배의 국토면적을 보유하고 있는 러시아는 그 면적만큼이나 풍부한 천연자원과 2018년 4월 기준으로 1억 4,396만 명의 인구를 갖고 있는 무한한 잠재력을 가지고 있는 국가이다. 러시아는 모스크바를 중심으로 한 중서부지역에 경제가 거의 집중되어 있으며, 러시아 인구 절반 이상인 10만 이상이 대도시에 거주하고 있다. 특히 러시아에 진출한 글로벌 기업과 러시아 회사의 거의 모든 본사가 모스크바 지역에 소재하고 있어 모스크바는 러시아 경제를 좌우하는 메카라고 불리고 있다.

러시아는 석유, 천연가스 등 에너지 자원에 의존하는 경제구조를 가지고 있는 만큼, 대표적인 주요 산업으로 단연 에너지 산업이 손꼽히고 있다. 더욱이 여러 취약점에도 불구하고, 우주항공 산업과 로켓을 비롯한 일부 군수산업은 세계 최고의 기술력을 보유하고 있고, 중화학공업 역시 한때 미국과 경쟁하던 수준이라 기반 자체가 탄탄하다. 또한 풍부한 천연자원을 보유하고 있고, 광대한 곡창지대가 식량기반을 받쳐준다. 실제로 러시아의 밀 생산량은 세계 3~5위, 감자 생산량은 세계 1~2위이며, 이러한 식량자원의 기반이 있었기 때문에 경공업이 취약하고 경제적으로 비효율적이었던 소련 체제가 수십년 간 유지될 수 있었던 것이다. 특히 소련에서 러시아로 정치경제적 체제 급변기에 이미 한 번 쓴맛을 보았기 때문에 이에 대한 대비도 전혀 안 하고 있는 것도 아니다.

1. 러시아의 경제

유럽발 경제위기에도 불구하고 견실한 경제성장률을 이루었던 러시아는 2012년 3.4%의 경제성장률을 기록해 다소 둔화된 모습을 보여준 이후, 2013년 최대 교역국인 EU의 경기침체에 따른 대외무역거래 감소와 투자 부진 및 산업 생산성 부진으로 2013년도 러시아 경제성장률은 1.3% 낮은 성장률을 기록하였다. 2013년 국내총생산(GDP)이 저조한 성적을 기록한 것을 전후로 하여 국내외 주요 전문가들은 러시아 경제가 경기침체(recession)에 접어들었다라고 진단한 데 이어 러시아 정부조차도 그런 상황을 스태그네이션(stagnation)으로 정의하는 등 러시아 경제는 침체기였다.

2014년의 러시아 경제위기는 과장된 부분이 없지 않았다. 서방의 경제제재와 저유가가 지속되었어도 2014년도의 무역흑자는 700억 달러에 외환보유고 또한 4,000억 달러에 달했는데도 루블화 폭락 때문에 러시아제 생산품의 가격이 폭락하면서 자원수출이 아닌 산업수출량은 오히려 올라가는 효과마저 보았기 때문이다.

2014년 12월 들어 우크라이나 유로마이단에 따른 서방국가들의 제재와 더불어 국제유가 폭락에 러시아 루블화 가치가 2013년 대비 절반으로 추락하고 CDS 프리미엄이 폭등하면서 러시아가 디폴트까지 다시 갈 수 있다는 평가를 받으며 자원의존형 경제의 취약점을 그대로 보여 주었다. 2015년 2월 무디스는 러시아의 신용등급을 정크 수준으로 강등하였다. 러시아는 이에 정치적인 심사라며 반발하였다.

결국 2015년 2월부터 국제유가가 점차 회복세를 보이면서 루블화의 가치도 다시 회복되었고 러시아 당국도 고비가 끝났다는 선언을 했다.

그러나 러시아의 2015년 경제성장률이 6년만에 처음으로 마이너스로 돌아섰다. 러시아 국가통계국은 이날 2015년 국내총생산은 전년보다 3.7% 감소한 것으로 잠정 집계됐다고 발표했다. 이는 2008년 세계 금융위기 직후인 2009년 -7.9% 이후 처음으로 마이너스 성장을 기록한 것이다. 이것은 서방의 경제제재로 경제활동이 위축된 상황 때문이었다.

2015년 12월 유가가 30달러 아래로 떨어지면서 러시아의 경제회복이 치명타를 입었다. 루블화는 원래 가치 변동성이 굉장히 큰 화폐임을 감안하더라도 지나치게 폭락하여 달러당 73루블을 찍었고, 러시아 국영 여론조사기관의 설문 결과 39%의 응답자가 음식과 옷 살 돈이 부족하다고 답해 1년 전의 응답치 22%를 크게 웃돌았다. 암울하게도 주요 산유국들이 끝없이 증산만을 외치면서 유가는 당분간 오를 기미가 보이지 않고 있다. 러시아 경제가 저유가에 더 유연하게 적응하지 못하고 2016년의 경제성장은 -0.6%를 기록했다.

〈표 9-1〉 러시아의 경제 대내지표

구분	2010	2011	2012	2013	2014	2015	2016	2017
실질 GDP 증가율(%)	4.3	4.3	3.4	1.3	0.7	-3.7	-0.6	1.8
명목 GDP(십억 달러)	1,447.2	1,807.0	2,014.0	2,117.0	1,857.0	1,176.0	1,268.0	1,654.0
1인당 GDP(달러기준)	10,201.0	12,636.0	14,068.0	14,818.0	12,717.0	8,447.0	10,885.0	8,748.0
인구(백만 명)	142.9	143.0	143.2	143.1	143.6	143.2	142.0	143.5
소비자물가 상승률(%)	8.8	6.1	6.6	6.5	11.4	12.9	7.0	3.7
평균실업률(%)	7.2	6.6	5.7	5.5	5.2	5.6	5.5	5.5

자료: Ministry of Economic Development of the Russian Federation(MER, 러시아연방 경제개발부), Russian Federation Federal State Statistics Service(러시아연방 통계청), Central Bank of The Russian Federation(러시아연방 중앙은행)
EIU(http://country.eiu.com/russia)
http://economy.gov.ru/en/home
http://www.gks.ru/wps/wcm/connect/rosstat_main/rosstat/en/main/
http://www.cbr.ru/Eng/statistics/

2018년 미국의 경제제재가 러시아에 예상 밖의 긍정적 효과를 내고 있는 것으로 나타났다. 러시아 최대 수출품인 석유가격을 끌어올리는 한편 루블 가격은 끌어내려 석유 수출대금을 루블로 환산할 경우 석유업체들에 막대한 환차익까지 안겨주고 있다. 러시아중앙은행(CBR) 예상에 따르면 러시아 물가상승률은 2019년 말 정책 상한선인 4%를 크게 뛰어넘는 5.5%까지 뛸 수 있다. 물가를 잡기 위해 CBR은 지난달 0.25%포인트 깜짝 금리인상에 나서 기준금리를 7.5%로 끌어올리기도 했다. 러시아 채권수익률 역시 제재 여파로 올라 2023년 9월 만기인 달러표시 러시아 국채수익률은 3.28%에서 4.275%로 급등했다.[1)]

1) 러시아, 美 제재에 '뜻밖의 이득', 파이낸셜뉴스, 2018.10.17.

〈표 9-2〉 대외경제지표

구 분	2010	2011	2012	2013	2014	2015	2016	2017
외환보유고(억 달러)	4,793	4,986	5,376	5,243	3,854	3,684	3,770	3,565
대 미국 연말환율(N/달러)	30.48	32.20	30.37	31.83	38.37	60.93	67.06	58.60

자료: 러시아연방 경제개발부, 러시아연방 통계청, 러시아연방 중앙은행, EIU

경제성장률, GDP 등 주요 경제지표의 하락의 주요 원인은 우크라이나 사태에 따른 서방의 경제제재와 유가 급락으로 분석된다.

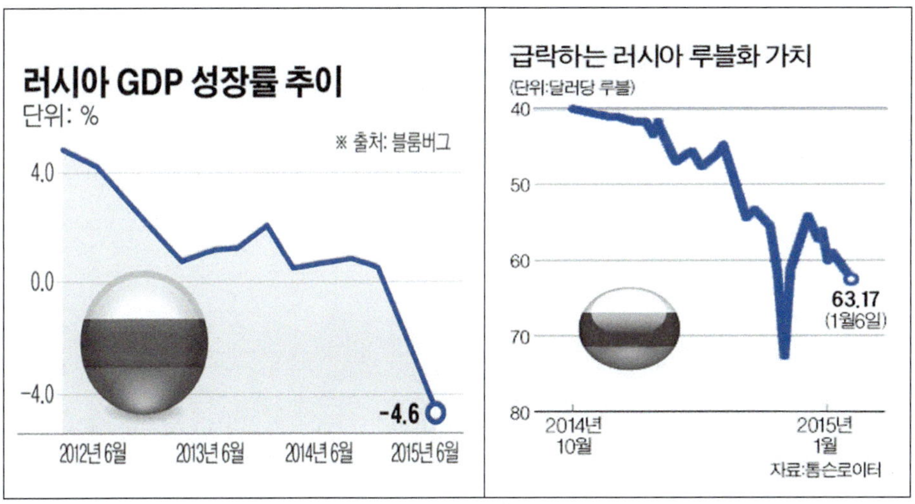

[그림 9-1] 2015년 GDP성장률 추이와 러시아 루블화 가치

자료: https://blog.naver.com/liu1995/220747194792

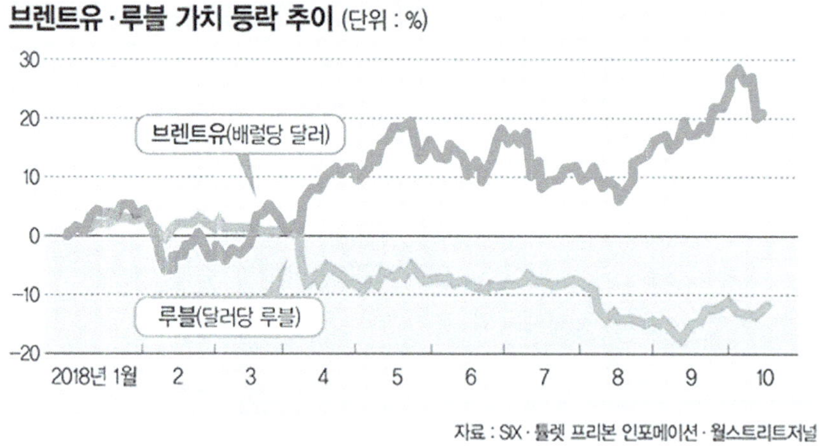

[그림 9-2] 2018년 브렌트유와 러시아 루블화 가치

2. 러시아의 무역

1) 무역거래

러시아 경제개발부에 따르면, 2013년 수출은 5,216억 달러, 수입은 3,443억 달러로 무역수지 흑자 1,773억 달러를 기록했으며, 2014년은 수출 4,936억 달러, 수입 3,080억 달러를 기록해 무역수지 흑자 1,856억 달러를 달성했다. 2015년 수출은 3,403억 달러, 수입은 1,941억 달러를 기록해 전체 무역수지는 1,462억 달러를 기록했다. 2014년 크림사태를 기점으로 서방의 경제제재로 인한 대외교역의 감소 추세가 계속되고 있다. 가스 가격 하락 및 현지화 가치 폭락으로 인해 2016년 수출은 2,857억 달러, 수입은 1,823억 달러로 전체 무역수지는 전년대비 35.7% 감소한 1,034억 달러를 기록했다. 2017년 수출은 3,578억 달러, 수입은 2,275억 달러를 기록하였고 무역수지는 1,303억 달러를 기록했다. 2018년 1~4월 수출은 1,395억 달러, 수입은 744억 달러를 기록하였다. 수입에 비해 수출이 크게 증가하고 있다. 이는 러시아 정부의 자국산업 육성정책 및 수입대체화 정책의 효과로 파악된다.

〈표 9-3〉 연도별 무역수지

구분	2010	2011	2012	2013	2014	2015	2016	2017
- 수출(억 달러)	4,004	5,214	5,280	5,289	4,978	3,415	2,792	3,453
- 수입(억 달러)	2,487	3,233	3,357	3,585	3,080	1,930	1,914	2,249
무역수지(억 달러)	1,507	1,981	1,923	1,704	1,898	1,485	878	1,204

자료: Ministry of Economic Development of the Russian Federation.

러시아 관세청 자료를 근거해 발표하는 WTA의 대 러시아 수출, 수입액 자료에 따르면 2013년 기준 최대 수입국은 전체 수입의 16.8%를 차지한 중국이며, 그 뒤를 독일, 미국 등이 따르며 한국은 수입 상위국 중 9위를 차지했다. 반면 러시아의 수출 상위국은 네덜란드, 중국, 독일, 이탈리아 순이며 우리나라는 러시아의 수출 상위국 중 9위를 차지했다.

2014년 기준으로 수입 상위국 1~2위는 중국과 독일로 변화가 없으나, 크림사태 이후 우크라이나의 비중 감소가 뚜렷하다. 한국의 순위는 9위로 변동이 없었다. 수출 상위국은 1~3위가 네덜란드, 중국, 독일로 변함이 없었으며 수출과 마찬가지로 대 우크라이나 비중 감소가 확연하다. 또한 관세동맹 이후 대 벨라루스, 카자흐스탄의 교역 확대가 눈에 띄는 가운데 우리나라는 1% 가까운 비중 확대와 더불어 8위까지 순위가 상승했다.

2017년 러시아의 수입 상위국 1~2위는 전체 21.2%의 중국과 10.65%의 독일로 계속 변화가 없다. 관세동맹국인 벨라루스가 5.29% 4위까지 상승했고 대한민국은 3.05%로 비중이 증가됨에 따라 8위를 기록했다. 최근 2018년 1~4월 대한민국은 전년 동기대비 대 러시아 수출이 12% 상승한 20억 달러를 기록했다.

〈표 9-4〉 러시아의 주요 수출입 국가 (단위: 10만 달러)

순위	수출국		수입국	
	2017년	금액	2017년	금액
1	중국	388,816	중국	477,956
2	네덜란드	355,125	독일	239,606
3	독일	246,467	미국	128,111
4	벨라루스	181,200	벨라루스	112,202
5	터키	160,705	이탈리아	100,630
6	이탈리아	137,849	프랑스	95,002
전체		3,453,178		2,249,492

자료: 한국무역협회, K-stat.
주: 순위 기준: 2017년도 기준으로 작성 및 평가

러시아 경제구조의 가장 큰 특징은 에너지 자원의존형 경제라고 할 수 있다. 석유, 천연가스, 화학제품 등 천연자원이 주력 수출품이며, 기계, 장비, 자동차, 식품 등 소비재가 주요 수입품이다. 이러한 석유, 가스 등 에너지 자원이 차지하는 비중이 러시아 전체 GDP의 약 24%, 총 수출의 약 71%에 이른다. 지하자원은 국제시장에서의 경쟁이 심하지 않고 대체로 수요가 공급보다 많기 때문에 수출 판로를 안정적으로 확보할 수 있는 장점이 있으나, 국제시세 변동에 따라 경제가 민감하게 반응하는 단점도 있다.

따라서 러시아는 기존의 에너지 산업 위주의 경제성장의 한계를 절감하고 에너지 의존형 경제구조를 탈피하기 위한 기술혁신과 산업 다각화를 추진하고 있다. 대표적인 예로 러시아 정부는 첨단기술 개발을 위한 '스콜코보 혁신센터' 조성을 경제현대화 정책의 핵심사업으로 추진하고 있으며, 제조업 육성의 일환으로 수입대체산업 육성정책을 추진하여 지원을 강화하고 있다.

2) 한국과의 교역

(1) 수출

1992년 1억 9,000만 달러로 시작한 양국 간의 교역량은 20년이 지난 2012년 약 100배가 늘어난 224억 달러의 규모로 확대되었다. 대 러시아 수출 역시 2008년 하반기 전 세계를 강타한 미국발 금융위기로 인해 2009년에 전년 대비 57%가 감소한 41억 달러를 기록하는 위기가 있었으나 2010년부터 회복되기 시작해 2011년에는 사상 최초로 대 러시아 수출 100억 달러를 돌파하였다.

2013년 한국과 러시아 총 교역액은 전년대비 0.9% 증가한 226억 5,000만 달러를 달성했다. 전년대비 수출은 0.5% 증가한 111억 5,000만 달러, 수입은 1.3% 증가한 114억 9,000만 달러를 기록했으며, 무역수지는 약 3억 5,000만 달러로 전년 8,900만 달러보다 소폭 확대됐다. 특히, 교역액 기준으로 사상 최고치를 기록했던 2012년도보다 수출과 수입액 모두 증가하면서 사상 최고치를 새롭게 경신했다.

그러나 2014년 우크라이나 사태 및 러시아의 크림반도 합병 이후 EU와 미국 등 서방의 대 러시아 경제제재와 유가 하락의 영향으로 루블화 가치를 비롯한 경제지표의 전반적인 하락세로 대 러시아 수출은 하락세로 돌아섰으며, 수입은 큰 폭으로 증가해 교역수지 적자가 55억 달러에 달했다.

2015년 기록적인 루블화 가치 하락과 서방의 경제제재의 연장으로 2015년

대 러시아 수출은 전년대비 53.7%, 수입은 27.8% 감소됐으며, 총 6,622백만 달러의 무역수지 적자가 나타났다.

2016년 양국 간 교역규모는 다소 감소하여 대 러시아 수입은 86억 달러, 대 러시아 수출은 48억 달러를 기록했다. 2016년 기준 러시아는 한국의 22위 수출국, 10위 수입국이었으며, 한국은 러시아의 8위 수입국, 18위 수출국이었다.

2017년 기준, 대 러시아 수출은 69억 달러로 44.8%, 수입은 120억 달러로 39.3%를 기록하여 총 51억 달러의 무역적자를 시현했으며, 교역규모 기준, 러시아는 한국의 18위 수출국, 10위 수입국을 점유했다.

(2) 수입

수입의 경우 원유, 천연가스, 금속류 등 러시아의 전통적인 자원품목이 상위권 대부분을 차지하고 있으나, 2014년 우크라이나 사태 이후 이어진 대 러시아 경제제재의 영향으로 천연가스, 알루미늄괴 및 스트랩을 제외한 대부분의 자원 수입이 감소 추세에 있으며, 자원시장의 침체와도 무관하지 않다. 특히 천연가스 수입의 경우 전년 동기대비 55.4% 감소한 것으로 나타났다. 2016년에도 주요 10대 수입품목 대부분이 원자재로, 러시아는 대표적인 자원중심의 수입대상국이라는 특성에는 변화가 없었다.

최근 조사에 의하면 2017년 러시아의 주요 수입품목은 원유, 나프타 등의 석유제품과 천연가스, 유연탄, 무연탄 등의 자원중심으로 품목이 구성되어 있으며, 러시아의 경제 회복세에 힘입어 수입증감률이 대폭 상승한 모습을 나타냈다.

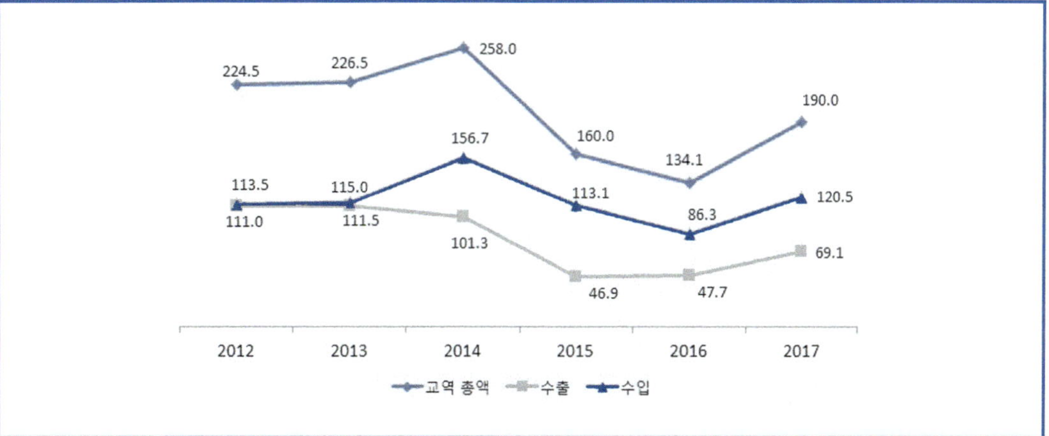

[그림 9-3] 2012년-2017년 한국과 러시아간 교역액 추이(단위: 억 달러)

출처: 러시아 연방 관세청

〈표 9-5〉 한국의 대 러시아 교역액 및 교역수지 현황

(단위: 10억 달러)

구분	2012	2013	2014	2015	2016	2017
수출 (증감률)	11.09 (7.7)	11.15 (0.5)	10.12 (△9.1)	4.68 (△53.7)	4.8 (1.8)	6.9 (44.8)
수입 (증감률)	11.35 (4.6)	11.49 (1.2)	15.66 (36.3)	11.30 (△27.8)	8.6 (23.6)	12.0 (39.3)
무역수지	△0.26	△0.34	△5.54	△6.62	△3.8	△5.1

자료: 무역협회, MIT 기준

〈표 9-6〉 주요 수출입 품목

순위	수출품		수입품	
	2016	2017	2016	2017
1	승용차	승용차	원유	원유
2	자동차부품	자동차부품	나프타	나프타
3	선박	합성수지	유연탄	유연탄
4	합성수지	용접기	천연가스	천연가스
5	철구조물	프레스금형	알루미늄괴 및 스크랩	알루미늄괴 및 스크랩
6	건설중장비	기타 플라스틱제품	무연탄	무연탄
7	타이어	기타 기계류	고철	고철
8	기타플라스틱제품	철구조물	게	게
9	의자	칼라TV	우라늄	우라늄
10	아연도강판	타이어	종류	종류

자료: 무역협회(MTI 4단위 기준), 정리

3. 러시아의 무역규제 제도

러시아 정부는 2012년 8월 22일부로 WTO에 가입함에 따라 2017년까지 수입의 평균 관세율이 10%에서 7.8%로 점진적으로 낮출 예정이었으나, 자동차, 철강, 농업 등 일부 산업의 보호를 위해 수입차량에 대한 폐차세 도입과 대외무역규제제도 활용의 증가 등을 통해 자국 산업보호조치를 강화하고 있는 추세이다

1) 자국 산업보호 조치

(1) 폐차세(utilization fee)

러시아 정부는 자국 자동차산업 보호와 외국 업체의 현지 생산 확대를 위해 2012년 9월 1일부터 폐차세(utilization fee)를 시행하고 있다. 폐차세란 수입되는 차량에 폐차처리에 발생하는 비용을 환경세 명목의 세금을 사전에 징수한다는 것이다. 적용을 받는 대상은 외국에서 수입되는 모든 차량에 부과되며 현지에서 생산되는 차량의 경우에는 폐차세가 면제되고 단지 생산업체에게 폐차책임의 의무만을 형식적으로 요구하고 있다.

이에 대해 EU는 러시아의 폐차세가 국내 자동차산업을 지원하기 위한 보호무역주의 조치라고 반발하며 지난 2013년 9월, WTO에 동 법안을 제소한 상태이다. 이 법안에 따르면 승용차의 경우 $600-$1,500, 화물차의 경우 $5,000-$13,300의 세금이 부과되고 있다.

차량에 부과 중인 폐차세가 2016년에 우리나라의 대 러시아 수출 7위품목인 건설중장비에도 부과되었다. 2016년 2월 6일에 채택되고 2월 10일에 공포돼 곧바로 효력을 가지게 된 러시아연방정부법령 No 81인 "자주식기계 또는 그 트레일러에 대한 폐차세"는 농업기계, 산림기계, 건설중장비 등의 자주식기계류를 20개의 그룹으로 분류하고 있다.

2018년 현재 외국에서 수입되는 자주식 기계와 현지에서 생산되는 자주식 기계 모두에 폐차세가 부과된다.

(2) 폐차세, 수입차량 부과세금 요율

차종별로 책정된 기본부과금액에 배기량 및 연식에 따라 정해진 부담금 지수를 곱해서 구해진다.

- 부과세금 = 기본부과금액 × 부담금 산정 지수
  - 승용차(8인승 미만 및 3.5톤 미만 승용차)
    : 기본부과금액 20,000 루블 × 부담금 산정 지수
  - 상용차 : 150,000루블 × 부담금 산정 지수
  - 버스(10인승 이상) : 150,000루블 × 부담금 산정 지수

(3) 현지생산 차량 의무 조항

현지생산 업체는 다음과 같은 서류를 신차 출고 시 제출해야 한다.

- 폐차 책임 업체로 등록
- Industrial Assembly 수준의 국산화 증명 서류
- 생산 차량 폐차처리 보증서
- 각 주 및 50만 명 이상 도시의 지역별 폐차 수거 시설 설립증명서

2) 대외 무역구제제도 활용

러시아 정부는 WTO 가입을 전후로 하여, 철강, 농기계, 섬유, 상용차 등에 대한 반덤핑 부과 및 세이프가드 조사를 강화하고 있다.

2011년의 경우 경상용차에 대한 반덤핑 조사는 1건에 지나지 않았으나, WTO 가입을 전후로 하여 2012년도 하반기에만 반덤핑 판정 3건, 반덤핑 조사 2건, 세이프가드 조사 4건에 착수하였다.

2013년에 들어서는 4월 우크라이나산 철강 파이프에 대한 세이프가드 조사 착수 외에 독일, 이태리 및 터키산 경상용차(Light Commercial Vehicle)에 대해 5년 간 반덤핑관세를 부과하기로 결정하였다. 특히, 2017년 5월 15일부터 러시아와 벨라루스, 카자흐스탄은 우크라이나산 철강 앵글 바(steel angle bar) 대상으로 4개월 간의 반덤핑 수입관세를 도입했고, 중국산 polymer-covered 철강제품 수입을 대상으로 반덤핑조치를 연장했다. 또한 러시아와 벨라루스, 카자흐스탄은 2017년 1월~4월 기간 내 유럽산 제초제, 우크라이나산 금속제 차륜, 중국산 무계목 스테인리스 강관을 대상으로 반덤핑 조사를 개시했다. 러시아 정부의 자국산업을 보호하기 위한 방편으로 반덤핑, 세이프가드 등 대외 무역구제제도 활용이 더욱 증가할 수 있다.

3) 기타 수입규제제도

(1) 공공조달시장의 차별

러시아정부는 정부조달 입찰에 최종 낙찰(선정)된 외국산 제품 중 러시아 법령 No 94-F3이 정한 품목 군에 속한 제품일 경우, 최종 낙찰가격 보다 15%를 싸게 공급하도록 하는 법령을 지난 2011년에 시행하였다. 공공조달시장에서 일부 소수 기업의 독점현상이 커서 조달시장 경쟁이 치열하지 않은 편이고, 이로 인한 정부예산 낭비문제가 많이 지적되고 있다. 2016년 전체 정부조달에서 1개 기업이 참가하여 수주한 경우는 22%로 2015년 17.8%에서 크게 증가한 것

으로 조사됐다.

(2) 러시아 내비게이션 시스템 사용 의무화

2013년부터는 러시아어로만 된 차량 인터페이스 컴퓨터 시스템을 사용해야 하며, 2011년부터 러시아로 수입되는 모든 차량에 러시아어로만 된 인터페이스 컴퓨터 시스템이 없을 경우 수입을 금지하는 법안이 2009년 9월 통과돼 2010년 9월부터 시행되고 있다. 동 법안은 2011년부터 수입되는 버스 및 특장차에는 러시아산 내비게이션 시스템인 '글로나스'의 장착을 의무화하고 있는데 이는 GPS 시스템에 대항해 향후 러시아산 내비게이션 시스템인 '글로나스' 시스템만을 사용하게 하려는 보호정책 중의 하나이다.

러시아 정부는 2015년 11월 15일부터 12톤 이상 화물차량에 대해 러시아 내 연방고속도로 통행 시 요금을 부과하는 플라톤(Platon)이라는 제도를 도입했다. 이와 함께 화물차량의 총 고속도로 운행거리 측정을 위해 글로나스 시스템 기반의 단말기 부착도 의무화했다.

(3) 러시아 공공기관 외국 소프트웨어 사용 금지

2015년 11월 16일 "러시아 공공기관 외국 소프트웨어 사용 금지" 법안이 발표됐다. 해당 법령에 의하면 2016년 1월 1일부터 러시아 공공기관은 일반 운영, 조달 등 모든 유형의 업무에 있어 외국 소프트웨어를 구입할 수 없게 된다. 해당 조치는 러시아의 재외 공관 및 무역대표부 등의 기관에도 해당된다. 예외는 러시아 내에서 개발된 유사 소프트웨어가 없을 경우에만 수입이 허용된다.

4) 수출입허가 품목

관세동맹 가입국은 2012년 8월 16일 EEC 이사회 수·출입 시 금지 및 제한을 받는 품목을 결정했다. 2010.9.23. 제정, 2014.3.18. 개정된 러시아 연방 법에 의해 허가받은 수입 및 수출 품목 중에는 금지나 제한된 품목들도 포함돼 있다. 원자력 기술과 관련된 자재 및 장비는 2001년 6월 14일 발효된 러시아 연방정부 법령 제462조에 따라 정부에서 통제한다.

〈표 9-7〉 러시아의 수입허가품목

품목명	라이선스 발급 협의기관
식물 보호제	경제발전통상부, 농업부
암호자재 및 기구	러연정부산하의 정부통신정보국
화학 및 폭발장치	
핵물질, 기술, 장비	대상품목 및 절차는 러시아 연방 대통령 및 정부가 결정함
산업 폐기물	러시아 연방 환경부, 경제발전통상부
호박 및 호박제품	러연귀금속위원회
천연보석(다이아몬드, 루비, 사파이어)	
귀금속 및 농추광	러연귀금속위원회
분말 및 기타 형태의 귀금속, 화학 혼합 귀금속, 귀금속 조각 및 부산물	러연귀금속위원회
귀금속으로 도금된 금속	러연귀금속위원회
귀금속으로 도금된 금속제품	러연귀금속위원회
귀금속제품	러연귀금속위원회
마약류	

자료: KOTRA 국가정보, 러시아의 수입규제제도
이키노미카 이지즈니(경제와 생활-KONSECO 컨설팅 회사)

5) 비관세장벽

(1) 강제인증제도

러시아 "소비자 보호법"에 따라 1993년부터 일부 상품에 대한 '강제인증제도'(안전증명서)가 도입돼 시행되고 있다. 대상품목은 곡물, 설탕, 음료, 담배, 아동의류, 화학제품, 전구, 자전거, 측정기기, 승용차 및 부분품, 트랙터, 스포츠용 총기류, 장난감, 전자오락기, 합판, 동식물성 기름, 어류, 육류 등 150여 품목 군을 러시아로 수출할 경우 안전증명서 제출이 의무화되었다.

1996년 7월 25일자 국가표준규격위원회 훈령 제14호로 품질보증 마크가 도입되었으며, 동 마크가 부착되지 않은 상품은 판매가 금지된다. 인증과정은 짧게는 1주일 정도 소요되나, 길게는 수개월 소요되며 인증기구마다 실험실과 인력상황에 따라 인증획득기간이 상이하다.

2012년 1월 1일 러시아, 벨라루스, 카자흐스탄 삼국의 동의 하에 관세 연합

증명서 정책은 법적으로 의무화됐다. 현재 법적효력은 EEC에서 검토 중에 있고, 관세연합의 모든 가입국에 인증센터나 연구실을 설립할 예정이다. 인증센터는 법적효력이 있는 문서를 발행할 수 있다.

2017년 12월 7일 기준, 유라시아경제연합이 34개의 기술 규제안을 채택했다. 이는 유라시아경제연합 모든 회원국에서 적용되며, 기술규제를 받지 않는 품목들에는 해당 국가의 규제안이 적용된다.

(2) 라벨링・표기

러시아로 수입되는 모든 소비재에 대한 러시아어 설명서 부착이 의무화돼 있다. 1997년 8월 15일자 러연방 정부법령 No.1037호에 의거해 러시아 연방으로 수입되는 모든 소비재 물품은 러시아어로 제품 이름, 원산지 국가 및 제조업체, 제품용도, 주요 특징 및 제품 사용설명서를 첨부해야 한다. 해당 표기는 포장지, 라벨 또는 별지에 할 수 있으며 제품과 함께 동봉해야 한다.

상품설명서에 기본적으로 포함돼야 하는 내용은 8가지로서 상품명, 제조업체명, 상품의 기본 용도나 사용범위, 안전한 보관・운송 및 사용방법, 기본적 소비 특성 및 특징, 강제인증에 관한 정보, 제조업체와 판매업체의 법적 주소이다.

4. 러시아의 관세제도

1) 관세조치

수입관리제도는 수입관세에 의한 관세조치와 수입허가, 안전증명, 수입품 표시의무 등의 비관세조치로 구분된다. 수입관세에 의한 관세조치는 가장 중요한 수입관리제도로서 과도한 수입으로 인한 국내산업보호와 국가재정수입 확충이라는 두 가지 정책수단으로 활용된다.

2012년 8월 22일부로 러시아가 WTO에 정식 가입이 되면서 10%의 평균 수입관세율을 2017년말 5.1%, 2019년말 4.9%까지 낮아질 예정이다. 통관 시에는 제품에 따라 수입관세 및 소비세와 부가가치세도 함께 납부해야 한다. 관세 부과 기준은 HS상품분류에 의거한 러시아 연방 대외경제상품 코드에 의거해 산정한다. 또한 러시아 정부는 수입가격의 액면가 조작에 의한 관세포털을 방지하기 위해 종량세 대상품목을 도입하고, 수입관세율로 산정한 금액과 종량세 기준으로 산출한 금액 중 많은 쪽을 적용해 관세를 징수하고 있다.

한편, 러시아는 2004년부터 관세절차를 간소하게 바꾸고자, 세관신고 검사기간을 3일로 줄이고 물품에 대한 사전 세관신고 후 나중에 해당물품을 들여올 수 있게 하였고, 이 밖의 등록절차에 대해 필요할 경우 세관원은 비 공개된 문서목록을 정부기관에 요구할 수 있도록 개선을 추진하였다.

그러나 이것은 일선 관세당국의 현장에는 적용되지 않아 여전히 통관에 많은 어려움이 있어 외국 수출업체에게 피해는 물론 러시아 국가경쟁력을 훼손하는 장애요인이 되고 있다.

이에 2012년 5월 러시아 전략기획청은 외국인 투자유치활성화를 위한 기업환경 개선 대책의 일환으로 관세행정 개선 로드맵을 발표하였으며 주요 내용은 아래와 같다.

(1) 관세행정 개선 로드맵 주요 내용

통관절차 간소화를 통해 투자환경 및 기업환경 개선을 목표로 2012년 개선기반을 마련하고 2013년에 시범을 거쳐 2014~2018년까지 정착한다.

(2) 구체적인 방안으로는 통관서류의 축소 및 소요기간, 비용 단축 등이다.

① 통관서류 축소: 수입통관 절차 시 필요서류를 2012년 10개에서 2015년 6개, 2018년 4개로 줄이고, 수출 시에는 2012년 8개에서 2015년 4개로 축소

② 통관 소요기간 단축: 수입통관 소요는 기간을 2012년 36일에서 2015년 15일, 2018년 7일로 줄이고, 수출 시에는 2012년 36일에서 2015년 15일, 2018년 7일로 단축

③ 통관비용 절감: 수입통관 시 소요되는 비용을 2012년 1컨테이너 평균 1,800달러에서 2015년 1,300달러, 2018년 1,000달러로 줄이고, 수출 시에는 2012년 1,850달러에서 2015년 1,200달러, 2018년 900달러로 절감

④ 기타: 통관 간소화 적용대상 기업(기관) 확대, 세관원 복지 개선, 세관규정 위반 행정처벌 정비

2) 수입 관세

WTO 가입과 동시에 러시아는 일부 품목에 관세율을 낮추었으나 2018년까지 순차적인 관세율 인하로 인해 현재까지 큰 변화는 없는 상황이다.

한편, 유라시아경제위원회는 수요가 많은 일부 품목에 대해 WTO 양허관세

율 인하 계획보다 낮은 수준의 관세율을 적용 중인데 아래와 같이 가전, 건설부품, 의료, 측정기기, 화학제품 등이 대상이다.

〈표 9-8〉 2017년 시행 관세율 인하목록(일부)

품명	HS Code	WTO 가입 당시 관세율	최종 관세율 (예정)
천공여부를 불문한 판형지와 판지	4808 10 000 0	20%	10%
코팅이 가황되지 않은 천연 혹은 합성고무로 만든 접착지 및 판지 (폭 10cm 이하)	4811 41 200 0	15%	5%
합성섬유제의 타포린, 천막 및 차양	6303 12 000 0	20%	13%
조리기구 및 액체연료용 가열판의 부분품	7321 90 000 0	15%	10%
중앙난방용 보일러 부분품(8402호의 것 제외)	8403 90 100 0 8403 90 900 0	15%	10%
가정용 냉장고 및 냉동고	8418 10 200 1	20%	12%
변압기	8504 31 210 9 8504 31 290 9	20%	8%

자료: Annex I Schedule CLXV to Protocol on the Accession of the Russian Federation

〈표 9-9〉 WTO 가입 이후 관세율 예시

품명	HS Code	연도별 러시아의 총 수입액(전년대비증감률)	관세율 (2017년6월기준)
노트북	8471 30	2017년(1-9) : $1,249백만(16.7%) 2016년 : $1,634백만(-0.9%) 2015년 : $1,619백만(-39.3%) 2014년 : $2,665백만(-7.94%)	0%
공기청정기	8421 39	2017년(1-9) : $293백만(70.9%) 2016년 : $249백만(-15.6%) 2015년 : $295백만(-65.6%) 2014년 : $856백만(47.86%)	0%, 2%
건설기계부품	8431 49	2017년(1-9) : $262백만(28.2%) 2016년 : $290백만(4.4%) 2015년 : $278백만(-24.2%) 2014년 : $367백만(-15.84%)	0%
머시닝센터	8457 10	2017년(1-9) : $175백만(18.7%) 2016년 : $235백만(-33.2%) 2015년 : $353백만(-30.3%) 2014년 : $503백만(41.78%)	0%, 5%, 7%
기타 기기	9013 80	2017년(1-9) : $42백만(17.1%) 2016년 : $57백만(64.6%) 2015년 : $34백만(4.1%) 2014년 : $33백만(-25.65%)	0%
초음파 영상진단기	9018 12	2017년(1-9) : $88백만(-2.6%) 2016년 : $134백만(-36.9%) 2015년 : $212백만(-22.9%) 2014년 : $275백만(-1.19%)	0

자료: 러시아 WTO 가입의정서, KITA, ALTA

3) 소비세(EXCISE TAX)

소비세는 사치품을 중심으로 소비감소 유도를 목적으로 한 품목에 부과되고 있는데, 이에는 에틸알코올 주정, 주정 용액, 알코올제품, 맥주, 담배, 보석, 휘발유, 승용차 등 8가지 상품이 포함된다. 소비세는 상품의 수량, 중량 또는 부피 등에 따라 루블화로 산출된다.

1998년 2월 18일 조치로 2,500cc 이하 차량에 대해서는 소비세가 폐지됐다. 소비세 산출은 CV(관세가액) × ETR(소비세율) / 100이다. 1998년 2월 18일부로 대부분의 품목에 대해 소비세가 10~20% 인상됐다.

4) 종가세

가장 일반적인 경우로, Invoice 금액의 5%, 10%, 15%, 20%의 관세를 부과 하는 방식이다.

예) 폴리에스터 텍스춰드 원사(5402 33 0000) : 관세율 5%

5) 종량세

통상 ECU관세라고 지칭되는 관세유형으로 상품의 수량, 중량 또는 부피에 따라 관세를 부과하는 방식이다.

- 수량세

  예) 합성섬유카펫(5702-42-9000) : 관세율 0.25유로/m^2

  예) 꼬냑(2208-20-6200) : 관세율 1.5유로/liter

6) 종가 및 종량 혼합세

상품의 금액 및 수량, 중량 또는 부피에 따라 두 가지 관세를 모두 부과하거나 두 가지 중 더 많은 금액을 부과하는 방식이다.

예) 가죽 운동화(6403 19 0000) : 관세율 15%, 그리고 1.4유로/pair

7) 부가가치세

러시아의 부가가치세율은 18%이며, 식품류 등 일부 품목에 대해서는 10% 세율을 적용하고 있다. 한편 향후 부가세를 15% 수준까지 낮출 예정이나 정부의 제정수입의 감소로 인해 아직까지 재무부와 경제통상개발부 사이의 합의가 이루어지지 않은 상태이다.

8) Invoice 금액 강제 Correction 제도

현재 러시아 중앙세관 데이터베이스에는 일체의 세관신고 내용이 상세히 저장돼 있으며, H.S.Code와 상품별로 기준 상품가를 책정하고, 이에 미달된 상품가를 세관신고하는 경우 강제로 기준 상품가 이상으로 Invoice 금액을 조정해 관세 및 부가세를 징수한다.

5. 통 관

러시아 정부는 2004년 1월 1일 부터 통관제도의 통합/간소화를 목적으로 신(新)관세법을 시행하였다. 주 내용은 통관신청 접수 후 3일 내 통관을 처리하고 통관 관련업자에 대한 허가제를 폐지하고, 등록만으로 영업활동을 하는 내용을 주요 골자로 하고 있었다. 그러나 신관세법 아래에서도 러시아의 통관체계는 개선되지 못하고 있다. 그 이유는 통관 행정당국의 부패로 신관세법을 통해 추진하고자 하는 빠른 통관이 실제로 적용되고 있지 못하고 있기 때문이다. 러시아 진출 기업이 꼽는 최대 불만사항은 통관문제이다.

1) 러시아 주요 통관문제

(1) 통관 일수 지연

신관세법 체재 하에서 3일 내 통관을 처리해야 하지만, 관세원들은 뇌물을 주거나 기존 브로커가 요청하는 처리건 만을 우선적으로 3일 내 처리하고 다른 일반 통관 건은 아예 접수를 받지 않아 통관일수가 한 달 이상을 끄는 경우가 자주 발생한다.

(2) 수많은 제출서류

한국 수출업체 또는 러시아 물류 업무를 처음 하는 포워더의 경우 러시아 관세청에서 요구하는 수많은 통관서류에 당혹해 한다. 러시아 연방기획청에 따르면 러시아에서의 통관을 위해서는 통상 10개의 서류가 필요하며 모든 서류가 러시아로 작성되어야 한다. 만약 요청하는 서류가 100%가 준비되지 못하거나 경미한 하자가 있더라도 통관이 안 되는 게 보편적이다.

(3) 보세운송 비활성화

보세운송이 원칙적으로 허용되나 해당 지역 관세청의 실적 채우기와 뇌물수수 등을 위해 실제로 보세운송이 잘 허용되지 않는다. 일례로 한국에서 모스크바로 보내는 물건의 경우 경유지인 보세운송 처리 후 모스크바에서 통관을 처리 가능하나, 통상 블라디보스토크, 상트페쩨르부르크에서 통관이 이루어 진 후 모스크바로 이동하는 것이 일반적이다.

(4) 국제물류관행의 비인정

통상적으로 인정되는 HOUSE B/L 등이 인정되지 않으며 조건부 통관 역시 안 되는 것이 일반적이다.

(5) 상품가격의 자체적인 기준가 적용

러시아 세관측은 수출자가 제출하는 제품가가 아닌 자체 상품가를 적용해 관세를 책정하는 것이 보편적이다. 심지어는 지역 관세청에서 책정한 관세를 내고 통관한 물품에 대해 추후 연방세관 당국이 재차 심사하여 추가비용을 소급 적용하는 경우도 종종 발생한다.

물론 동 건에 대해 수출자는 이의를 제기하여 법적 소송을 제기할 수 있으나 절차와 시간이 매우 긴 것이 일반적이다.

2) 회색통관에 대한 단속 강화

과거 관세당국의 부패와 결합되어 회색통관이 많이 행해졌으나 WTO 가입을 전후로 하여 회색통관에 대한 단속이 강화되고 있으며, 특히 휴대폰, 가전, 자동차 부품 등 고가제품의 경우 엄격히 회색통관에 대한 단속을 강화하고 있다.

3) 우리 기업의 러시아 통관 애로 사례

(1) 세관신고금액 불인정 및 세관자체 guideline 가격 적용 빈발

법인이 자체적으로 신고한 가격을 불인정하여 세관 자체 guideline 가격을 적용하는 경우가 많아, 수입관세 과다납부로 인한 cost 증가 및 부가세 과다납부로 인한 cash flow가 추가 악화되는 경우도 빈번하게 발생하고 있다.

HS Code상 동일한 제품이나 지역 세관 또는 세관월별 적용 관세율 상이한 경우가 있어 피해를 입는 경우가 발생하며, 잦은 Inspection으로 인한 통관 소요일 증가 및 비용이 발생할 수도 있다.

(2) 제품 샘플 수령의 어려움

전시회, 제품테스트, 전문가 분석을 위한 샘플의 경우에도 관세법 155조에 의거 관세와 기타세금을 일부 혹은 전부 면제받는다고 명시되어 있지만, 통상적으로 잘 지켜지지 않는 상황이다. 적법한 절차에 따라 샘플이나 전시회 물품을 핸드캐리하여 러시아로 들어오는 경우라도 공항세관에서 샘플 관련 일률적이지 못한 통관관행, 관세법의 자율적 해석 등으로 반입을 지연시키거나 뇌물을 요구하는 경우가 종종 있다.

또한, 한국에서 샘플을 러시아로 발송할 경우 보통 EMS, UPS, DHL, TNT 등을 주로 이용하지만, 세관 사무소에서 내용물에 대해 의심하는 경우가 많아 배달이 지연되는 경우가 많다. 민법 575조에 의거 "3,000루블 초과하는 금액은 기부금지"라는 명목을 내세워 바이어에게 보내는 샘플에 대해 보류 또는 반송하는 경우가 많다.

10. 캐나다

캐나다는 의회민주주의 연방제 국가로서, 국체(forms of state)는 입헌군주국, 연방제, 의회민주주의이고, 정부형태는 의원내각제를 채택하고 있다. 영국연방의 일원인 캐나다의 국가원수는 엘리자베스 2세 여왕(Queen Elizabeth Ⅱ)이며, 총독이 여왕을 대리하여 권한대행을 맡고 있다.

한반도의 46배, 남한면적의 101배인 9,984,670km^{2}의 면적을 갖고 있는 자원부국이다. 인구 구성은 영국계 28%, 프랑스계 23%, 독일계 3.4%, 이탈리아계 2.8%, 중국계 2.2%, 토착원주민 1.7%, 우크라이나계 1.5%, 기타 37.4%로 이루어져 있으며, 종교는 가톨릭 44%, 개신교 23.3%, 그리스정교, 유대교 등 기타 17.5%로 구성되어 있다. 언어로는 영어와 프랑스어를 연방공용어로 사용하는데, 영어 사용자가 59.3%이고, 프랑스어 사용자는 23.2%이며, 그 외 다른 언어를 사용하는 사람이 17.5%이다.

캐나다 경제는 미국발 금융위기의 여파로 2009년 마이너스 성장을 기록하기도 하였으나, 2010년 이후부터는 2~3% 수준의 성장률을 보이고 있으며, 2014년에는 2.5%의 성장률을 기록하였다. 지표상으로 캐나다 경제는 다른 선진국들에 비해 선전한 것으로 나타나나, 아직까지는 금융위기 이전 수준으로 경제가 회복되었다고 보기에는 다소 이른 감이 있다. 최근 들어 캐나다와 밀접한 관계를 맺고 있는 미국 경제가 회복 모멘텀을 이어가고 있다는 것이 그나마 긍정적인 요소로 작용하고 있다. 반면 가계부채 증가에 대한 부담과 중국 등 신흥시장의 성장 둔화, 유로존 위기의 향배 등은 부정적인 변수로 자리 잡고 있다. 특히, 중국 등 주요 신흥국들의 성장 둔화는 원자재 수요 감소에 따른 에너지 및 원자재의 가격 하락으로 이어지고 있는데, 이들 제품의 수출에 크게 의존하고 있는 캐나다에 있어 부정적인 요소로 작용할 전망이다

1. 캐나다 경제구조의 특성

1) 서비스 산업 중심의 경제구조

캐나다는 2008년 기준으로 서비스 산업이 국내총생산(GDP, Gross Domestic Product)의 70% 이상을 점유하고 있는데, 캐나다는 G8 국가 가운데 서비스 산업 비중이 최고에 달하고 있다. 최근에는 기계장비, 수송장비, 정보통신, 문화산업, 컴퓨터 소프트웨어 및 헬스케어 분야 등 부가가치 제품 생산을 위한 제2차 제조업 및 가공업이 경제성장을 주도하고 있다.

2) 풍부한 천연자원 보유

캐나다는 수출의 약 30%가 농림수산물, 광물자원 등 1차 산품인데, 종전의 원료공급 위주에서 기술 및 고부가가치 제품수출로 사업영역을 확장하고 있는 중이다.

광물, 원유, 천연가스 채굴 등 캐나다 광업은 캐나다 국내총생산의 4.6% 수준에 이른다. 한국의 전략광종(戰略鑛種) 및 기타 주요 비철금속 등의 세계 10위권 내외의 부존국인 동시에 생산국이기도 하다. 2008년 9월 글로벌 경제위기 및 광물수요 감소에 따라 2008년 광물 생산액은 전년 대비 3.0% 감소한 563억 캐나다달러(C$, canadian Dollar)를 기록하였다.

〈표 10-1〉 캐나다의 광물자원 매장량

광종	매장량(2008년)	
	수량	세계 순위
석탄*	65억 7,800만 톤	13
우라늄**	423만 2,000 톤	5
철광석	11억 톤	11
동	1,000만 톤	12
아연	500만 톤	7
니켈	490만 톤	5
연	40만 톤	9
몰리브덴	45만 톤	4
티탄철석	3,100만 톤	7
금	2,000 톤	6
코발트	12만 톤	8

자료: KOMIS, 광종/국가 정보(https://www.kores.net/komis/main/userMain/main.do)

3) 고도의 개방 경제체제 유지

캐나다는 대외교역 비중이 국내총생산의 60%에 달할 정도로 무역의존도가 높은 국가이다. 따라서 캐나다는 자유로운 통상환경 조성을 위한 국제적인 노력에 적극 동참하고 있다. 캐나다는 천연자원 생산의 1/3, 제조상품의 1/2 이상이 수출되고 있으며, 서비스 분야 수출도 계속 증가 추세에 있다. 수입분야는 상품 및 서비스, 기술도입이 계속 증가하고 있다. 자본 및 기술에 대한 외국인 투자가 캐나다 경제에 중요한 역할을 하고 있으며, 캐나다 기업도 전략적 제휴 등을 통해 해외투자를 활발히 진행 중에 있다.

4) 경제권의 지역 편중

캐나다는 국토가 방대함에 비해서 온타리오(Ontario) 주, 퀘벡(Quebec) 주, 브리티시 컬럼비아(British Columbia) 주, 앨버타(Alberta) 주에 인구 및 경제력이 집중되어 있는 편이다. 온타리오 주는 국내총생산의 41%, 인구의 39%를 차지하고 있고, 퀘벡 주는 국내총생산의 20%, 인구의 23%를 차지하고 있으며, 브리티시 컬럼비아 주는 국내총생산의 12%, 인구의 13%를 차지하고 있고, 앨버타 주는 국내총생산의 14%, 인구의 11%를 차지하고 있다. 한편 국제 원자재 가격이 급상승하면서, 서부지역에 대한 관심이 제고되고 있으며, 지구온난화에 따른 북부지역의 환경적응 문제가 새로운 과제로 제기되고 있다.

5) 경제 및 무역의 높은 대(對)미 의존도

캐나다의 대 미국 무역의존도는 여전히 심각한 수준이며 무역을 위한 기반 인프라 시설 또한 노후화되어 이에 대한 개선이 시급한 상황이다. 미국은 캐나다의 제1의 무역상대국으로 캐나다 전체 수출물량의 65%를 차지하지만 트럼프 정부 취임 이후 북미자유무역협정(NAFTA) 재협상 요구, 국경조정세 부과, 자국 내 기업규제 완화 및 감세조치 등으로 대 미국 무역환경에 대한 불확실성이 갈수록 커지는 상황이다. 예를 들어 미국이 10%의 국경조정세를 새로이 부과할 경우 대 미국 캐나다 수출 물량은 9% 감소, 그 결과 캐나다 GDP는 1.5% 하락하게 된다.

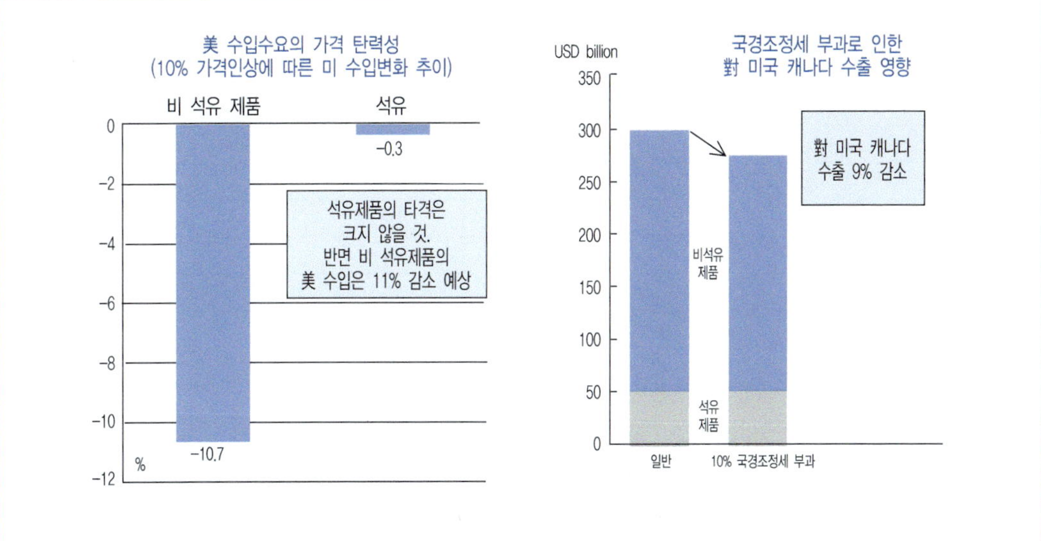

[그림 10-1] 캐나다의 국경조정세로 인한 무역영향도

자료: NBF Economics and Strategy

2. 캐나다의 경제현황

캐나다는 2015년 기준 IMD국가경쟁력 5위, 세계 11위의 경제규모를 가지고 있다. GDP와 1인당 GDP는 2013을 정점으로 계속 하락하고 있다. 경제성장률도 2011년에는 3.0%였다가 2012년도에는 1.7%까지 떨어졌다. 조금씩 회복되는 기미가 있었으나 다시 저성장의 늪으로 빠져든 상태이다.

캐나다 경제는 2014년 이후 저유가로 타격을 받으면서 경기가 둔화했다. 그래서 2015년 캐나다 중앙은행은 기준금리를 1.00%에서 0.50%로 인하했다. 캐나다 실업률이 5.7%로 떨어져 41년 만에 최저치를 기록한 것으로 나타났다. 캐나다 중앙은행은 2017년 7월 12일 기준금리를 0.75%로 25bp(1bp = 0.01%포인트) 인상하였다. 캐나다가 기준금리를 올린 것은 지난 2010년 9월 이후 6년 10개월 만이다. 제조업과 서비스 등 산업 전반에 경기회복세가 나타났기 때문이다. 특히 밴쿠버 등 캐나다 주요 도시 주택가격 상승이 지속돼 부동산 시장 거품 우려가 나오면서 긴축 필요성이 높아졌다는 분석이다.

〈표 10-2〉 대내경제지표

	2011	2012	2013	2014	2015	2016	2017
GDP(10억 달러)	1,789	1,833	1,839	1,786	1,550	1,462	1,798
1인당GDP(US $)	52,086	52,133	52,305	50,271	43,248	43,611	48,466
실질GDP성장률(%)	3.0	1.7	2.2	2.5	1.1	1.3	3.0
소비자물가상승률(%)	2.9	1.5	0.9	1.9	1.1	1.4	1.6
실업률(%)	7.4	7.3	7.1	6.9	6.9	7.0	5.7
기준금리(%)	1.0	1.0	1.0	1.0	0.5	0.5	1.0
환율(US $)	0.99	1.00	1.03	1.11	1.28	1.31	1.30
외환보유고(억, US $)	658	681	720	747	796	843	825
수출(억달러)	4,516	4,553	4,719	5,242	5,219	5,170	5,461
수입(억달러)	4,515	4,623	4,756	5,109	5,351	5,333	5,610

자료: Kotra 국가별 경제지표(캐나다), IMF, 캐나다 통계청, 캐나다 중앙은행(BANK OF CANADA), Royal Bank of Canada, 한국무역협회.
https://www.statcan.gc.ca/eng/start

3. 캐나다의 교역

캐나다 경제는 수출이 국내 총생산의 약 3분의 1을 차지하며 경제에서 수출이 차지하는 비중이 높아 글로벌 경기변동과 캐나다의 수출여건 변화에 민감하게 반응한다. 한편, 교역 비중에서 미국은 캐나다 수출의 약 70%, 수입의 약 50% 이상을 차지하고 있는 최대 교역 파트너이며 미국 경기 흐름에 따라 캐나다의 수출입과 경기 흐름도 큰 영향을 받는 구조를 갖고 있다. 금융위기로 인한 글로벌 경기침체가 발생한 2009년을 제외하고 캐나다의 교역규모는 최근 5년간 매년 8천억 달러 이상을 기록하였다. 또한, 2011년에는 최초로 교역규모 9천억 달러를 돌파하였다.

2014년 캐나다의 수출은 전년보다 3.6% 증가한 4,747억 달러, 수입은 0.2% 증가한 4,626억 달러를 기록하며 120억 달러의 흑자를 기록하였다. 캐나다의 수출 증가는 최대 교역국인 미국의 경기회복이 본격화되면서 에너지 및 광물자원, 자동차, 산업재 등 전반에 걸친 수출이 늘어난데 따른 것이다. 품목별로는 최대 수출품목인 원유 및 천연가스의 수출이 전년에 비해 크게 증가했고 항공기, 자동차 부품, 기계류의 수출도 증가하였다.

2017년에는 수출 5,461억 달러, 수입 5,610억 달러로 1조 1,071억 달러로 2년 연속 1조 달러를 상회하게 되었으나, 무역수지는 150억 달러의 적자를 보였다.

〈표 10-3〉 캐나다의 교역현황 (단위: CAD$ 백만)

	2011	2012	2013	2014	2015	2016	2017
수출(억 달러)	451,621	455,398	458,262	474,668	410,081	517,007	546,108
수입(억 달러)	451,579	462,303	461,836	462,587	463,703	533,342	561,060
무역수지(억 달러)	41	-6,905	-3,575	12,081	-9,270	-16,335	-14,951

자료: 캐나다 산업부, 한국무역협회, K-stat(캐나다).

2015년도의 무역적자폭이 늘어난 이유는 수출보다 수입이 대폭 늘어났기 때문이고, 가장 큰 원인은 국제유가 하락과 달러 강세로 캐나다 달러가 약세로 돌아서면서 제조업, 서비스업 및 관광업이 큰 타격을 받았기 때문이다. 이러한 추세는 2016년에도 계속 이어졌다.

캐나다의 주요 수출국은 미국, 중국, 영국, 일본 및 멕시코 위주로 구성되어 있으나, 미국 위주에서 다변화하려고 노력하고 있으며, 그 타개책은 FTA 체결이다. 대미 무역의존으로 인해 캐나다의 경제는 미국의 경기변동에 따라 민감하게 동요될 수밖에 없는 구조적 결함을 가지게 되었다.

2014년 캐나다의 대미 수출은 전체의 76.8%, 무역에서 미국의 비중은 65.7%에 달했다. 2015년도 기준 미국은 캐나다의 총 수출규모의 약 76.7%를 기록했다. 캐나다의 대미 무역의존은 금융위기 이후 다소 개선되는 양상이었으나, 미국 경기가 회복되면서 점차 의존도가 높아지고 있다.

〈표 10-4〉 2017년 캐나다의 주요 수출입 국가

순위	수출		수입	
	국가	금액(억 CAD 달러)	국가	금액(억 CAD 달러)
1	미국	4,150	미국	2,881
2	중국	236	중국	708
3	영국	176	멕시코	355
4	일본	118	독일	179
5	멕시코	78	일본	175
6	한국	52	영국	88
7	독일	41	한국	87
전체		5,461		5,610

자료: 캐나다 산업부, 한국무역협회, K-stat(캐나다).

캐나다의 주요 수입국은 미국, 중국, 멕시코, 일본, 독일, 영국, 한국 등으로 구성되어 있다. 수출과 마찬가지로 미국은 캐나다 수입시장에서 가장 큰 비중을 차지하고 있는데, 2012년 기준 미국은 캐나다 수입시장의 50.6%를 차지한 것으로 나타났다. 2017년에는 51.35%를 미국이 점유하고 있다. 미국으로부터의 수입은 2017년에 전년 대비 약 100억 달러 가량 증가하며 가장 크게 늘어났는데 이는 캐나다달러의 강세 외에도 인접국으로서 낮은 운송비와 NAFTA를 통한 무관세 수입의 장점이 크게 작용하였다.

2012년에는 금융위기 이전 수준으로 캐나다 내 자동차 판매가 회복되면서 자동차가 주요 수입 품목인 한국, 독일, 일본으로부터의 수입이 증가하였다. 한편 유로존 위기와 유럽 중앙은행의 통화량 확대정책에 따른 유로화 가치 절하는 유럽 국가로부터의 수입을 늘리는 요인이 되었다. 따라서 2015년도 수입의 미국의존도는 48.1%로 조금 떨어졌었으나 아직도 높은 상황이다.

통상적으로 캐나다의 주요 수출품은 원유, 금, 정제유, 천연가스, 원목, 알루미늄, 원목 등의 에너지 자원과 산업용 원재료가 주요 품목을 구성하고 있으며 농산물인 밀, 캐놀라 오일의 주 원료인 유채꽃 유지성분도 높은 비중을 차지하고 있다. 더불어 자동차 부품부터 완성차에 이르는 자동차 산업 제품은 캐나다의 수출에 중요한 비중을 차지하고 있다. 원유는 캐나다 최대의 수출 품목으로 전체 수출액의 21.7%를 차지한다.

캐나다 원유 수출액의 99%는 이웃 국가인 미국과의 교역에서 발생하는데, 특히 지난 2~3년간 미국업체들은 베네수엘라, 나이지리아, 앙골라보다 정치, 사회적으로 안정된 캐나다산 원유 수입 비중을 늘리고 있다. 또한 캐나다 서부의 오일샌드에서 추출되는 원유가 통상적으로 텍사스 중질유(WTI)보다 약 10~20% 저렴한 가격에 판매되고 있는 점도 캐나다의 대미 원유 수출이 지난 3년간 약 47% 증가한 원인으로 꼽힌다. 반면, 천연가스는 2012년 5월 최저 가격 $1.5/GJ을 기록한 이후 연중 $2~3/GJ 선에서 거래되어 수출 물량은 확대되었음에도 수출액은 감소하였다.

캐나다는 석유 매장량 3위, 천연가스 생산량 4위, 우라늄 생산량 3위 등 자원부국으로 에너지 및 광물 자원이 전체 수출의 약 30%를 차지하고 있어, 국제 원자재 가격변동에 민감한 구조이다.

국제 광물자원의 가격이 전반적인 하락세를 보이는 가운데, 국제유가가 2014년 하반기 부터 50% 가까이 급락하면서 수출에 악영향을 주었고, 원자재 가격의 약세가 지속되어 2015년도 캐나다 무역수지는 92억 달러, 2017년에는 149억 달러의 적자를 보였다.

〈표 10-5〉 2015년 캐나다의 10대 수출입국

순위	수출		수입	
	품목	금액(억 달러)	품목	금액(억 달러)
1	원유	503.0	승용차	263.6
2	승용차	447.0	원유	1132.0
3	금	124.3	자동차부품	198.6
4	정제유	115.1	정제유	118.4
5	자동차부품	109.1	트럭	118.4
6	천연가스	92.4	휴대전화	95.6
7	항공기	82.7	자동처리기계 및 단위기기	78.5
8	원목	70.1	의약품	75.4
9	의약품	66.1	금	65.7
10	밀	62.3	터보제터트, 프로펠러	50.2

자료: 한국무역협회, K-stat(캐나다)

캐나다 수출입 구조에서 가장 특징적인 것은 원유와 자동차가 1, 2위 수출품목이자 동시에 1, 2위 수입품인 점을 꼽을 수 있는데, 두 품목의 수출액과 수입액을 비교할 때 수출액이 더 크기 때문에 순 수출품목이라는 것을 알 수 있다.

원유가 수입 1위 제품인 이유는 캐나다 석유기업이 국내 유전 외에도 해외유전에서 활발한 활동을 벌이고 있고 세계 각지에서 캐나다 기업이 생산한 원유가 원산지 규정에 따라 수입품으로 기록되어 캐나다로 유입되기 때문이다. 이렇게 수입된 원유는 캐나다 내수용 및 수출용 정제유로 재 가공된다.

자동차의 경우 통상적으로 캐나다 국내 생산량의 약 80% 이상은 미국 수출용으로 제작되며 약 20%만이 내수용으로 판매된다. 한편, 미국 내에 생산기지를 두고 있는 GM, Ford, Chrysler, Toyota, Honda와 같은 업체는 자동차 부품을 캐나다 국내에서 조달하기도 하지만 상당한 부분을 미국, 일본 등에서 수입하고 있다. 이러한 자동차 산업의 구조적인 특징으로 인해 자동차와 자동차품목은 수출품목과 수입품목에서 항상 상위권을 유지하고 있다.

원유와 자동차와 같이 금(金)도 캐나다의 주요 수출품이자 수입품으로 기록되는데 이는 국내생산 외에 중남미에서 활동을 벌이는 캐나다 기업이 캐나다로 수입 후 내수용과 수출용으로 재판매하는 산업특성으로 인한 것이다.

4. 한국과 캐나다의 교역

1963년 수교 이후 약 50년간 양국의 무역은 크게 증가하여 2011년에는 최초로 교역 규모 100억 달러를 돌파하였다. 1965년 한국의 대(對)캐나다 수출 규모는 263만 달러에 불과하였으나 2012년에는 48억 달러로 증가하였고 수입규모는 147만 달러에서 52억 달러로 늘어났다.

우리나라의 대 캐나다 주요 수출품은 자동차 및 자동차 부품, 휴대폰, 산업기계 등 공산품 위주이고, 주요 수입품은 유연탄, 우라늄, 동광, 펄프, 철광 등 광물자원 및 원자재 위주이다. 석유와 가스 수입은 없으나 유연탄, 우라늄 등 연간 약 20억불 규모의 광물자원을 수입하고 있다.

2012년과 2013년에는 캐나다의 대 한국 수출 감소는 다른 국가에 비해 크게 두드러졌는데, 2012년 발효된 한-미 FTA가 주요 원인으로 지목받고 있다. 한-미 FTA 이후 양국 상품에 대한 관세 인하 및 철폐로 미국산 제품의 가격 경쟁력이 높아지면서 캐나다의 대 한국 주요 수출 품목인 농축산물, 원재료 등에서 미국산 제품이 시장을 잠식하고 있는 추세이다.

〈표 10-6〉 한국과 캐나다의 교역 규모

	2011	2012	2013	2014	2015	2016	2017
수출	49.1	48.2	52.0	49.1	46.2	48.8	47.1
수입	66.1	52.4	47.1	54.4	39.5	39.4	50.4
교역규모	115.2	100.6	99.1	103.5	85.7	88.2	97.5
무역수지	-16.8	-4.2	4.9	-5.3	6.7	9.4	-3.2

자료: 한국무역협회, K-stat(캐나다)

한국과 캐나다의 FTA도 협상이 순조롭게 진행되어 2015년 1월부터 발효가 되었다. 한-캐나다 FTA에 따르면, 수입액 기준으로 우리나라는 98.4%, 캐나다는 98.7%, 품목수 기준으로는 우리와 캐나다 모두 97.5%의 품목의 관세를 10년 내 철폐하게 된다. 특히 우리의 주요 수출품인 중대형 승용차 및 자동차 부품, 냉장고 등에 대해서는 3년 내 철폐키로 합의했다.

원산지기준과 관련해서는 우리 주력 수출품의 생산공정 및 원자재 해외 수입 등 산업별 특성을 고려해 승용차는 "4단위 세 번 변경+RVC 40%", 직물은 "4단위 세 번 변경 또는 염색", 의류는 "2단위 세 번 변경" 등의 완화된 기준을 도입키로 했다. 원산지증명의 경우 지정서식에 의한 수출자 또는 생산자 자율발급방식으로 하되 미화 1,000불 이하 수입품에 대해 제출을 면제키로 했다. 이 같은 원산지증명서는 단일 선적 이외에도 원산지 유효기간 내 상품의 복수선적에도 적용이 가능하다. 원산지검증의 경우에는 수입국 세관당국이 수출국의 수출자 또는 생산자 등에 대해 서면조사 또는 방문조사를 통해 직접 검증하도록 했다.

〈표 10-7〉 한국의 대 캐나다 수출입 상품(2015년도 기준)

순위	수출		수입	
	품목	금액(백만 달러)	품목	금액(백만 달러)
1	승용차	1,987	유연탄	852
2	무선전화기	331	동광	468
3	자동차부품	202	우라늄	185
4	철강구조물	170	칼륨비료	155
5	타이어	93	원목	133
6	전동축	74	철광석	133
7	헤테로고리화합물	72	반화학목재펄프	117
8	철강 및 형강류	69	화학목재펄프	103
9	파이프부품	64	돼지고기	86
10	산업용펌프	63	기계류	80

자료: 한국무역협회, K-stat(캐나다)

한국에서 자동차가 수출되기 시작한 이래, 자동차는 대 캐나다 수출에서 가장 큰 비중을 차지하고 있다. 한편, 1990년대까지만 해도 한국의 대 캐나다 수출에는 의류, 섬유, 신발이 큰 비중을 차지하였으나 2000년대부터는 경공업 제품의 비중이 대폭 줄어드는 반면 철강, 기계, 타이어, 자동차 부품, 휴대전화, 컴퓨터 등이 상위 20대 품목으로 올라섰다.

한국의 철강산업이 발달하면서 캐나다산 유연탄 수입이 크게 증가하였는데, 대 캐나다 수입에서 유연탄은 1990년대나 지금이나 가장 큰 비중을 차지하고 있다. 한편, 수출품목에 비해 수입품목에는 큰 변화가 없는데, 주로 광물, 목재, 밀, 육류 등의 1차 산업 제품에 수입이 집중되어 있다.

5. 캐나다의 수입규제 제도

캐나다의 관세율표(Tariff Schedule)에 열거된 위조화폐, 공격용 무기, 죄수가 제조한 상품, 판권이 캐나다 및 영국에 있는 책자의 재판(再版)과 같은 품목은 수입이 금지되며 캐나다가 가입한 국제협약이 지정한 수입금지 품목도 수입이 금지된다. 또한 수출입 허가법에 명시된 품목들은 수출입 허가(Export Permit, Import Permit)를 취득해야 하며 이러한 품목으로는 군용품, 철강, 낙농제품 등이 있다.

수입쿼터를 살펴보면 캐나다는 자국의 농수산업 보호를 위해 칠면조, 닭고기, 계란 및 유제품, 돼지고기, 쇠고기 등과 같은 품목에 의해 수입쿼터를 적용하며 기타 산업에 해당되는 품목에 한해서는 쿼터를 적용하지 않는다.

캐나다는 GATT 회원국으로 원칙적으로 GATT 규정에 의한 최혜국 대우 및 내국민 대우 원칙을 준수하며 북미자유무역협정(NAFTA)에 의해 미국과 멕시코에 대해서는 여타 국가들과 상이한 특별대우를 하고 있다.

2018년 6월 기준 캐나다에는 총 34개국, 총 28개 수입품목을 대상으로 수입규제 조치가 발효 중이다. 이외에도 3개 수입품목에 대해 신규조사가 진행 중이다. 규제품목 중 대부분이 철강 및 금속제품이고 일부는 화학, 전기전자, 식품 등으로 분류된다. 이 중 한국산 제품은 구조용 강관, 동제 관 연결구류, 탄소강 용접관, 유입식 변압기, 동관, 후판(저합금강), 콘크리트 보강용 철근, 유정용 강관, 철구조 부분품, 탄소합금강관 등 총 10건이 규제를 받고 있다.

1) 수출입규제 제도

(1) 수입금지 품목(Import Prohibition List)

캐나다의 수입금지 품목은 동물, 금속, 침구, 인쇄물, 일반제품, 연막, 자동차, 비행기, 성냥, 무기 및 출판물 등이 있는데 자세한 내용은 다음 〈표 10-8〉과 같다.

〈표 10-8〉 수입금지 품목

품목(분야)	내 용
동물	ㅇ 몽구스과(Mongoose, 포유류)에 속하는 동물들로 Galidia, Galidictis, Mungotictis, Salanoia, Suricata, Herpestes, Helogale, Donogale, Atilax, Mungos, Crossarchus, Liberiictics, Ichneumia, Bdeogale, Rhynchogale, Cynictis, Paracynictis, Cryptoprocta 등
	ㅇ Sturnusvulgaris, Graculareligiosa, Leucopsarrothschildi를 제외한 찌르레기과(StarlingBird, 조류)에 속하는 동물들
	ㅇ 양식용, 동물원 및 관람용 관상조를 제외한 비 사냥용 (non-game) 조류
	ㅇ 타조털, 뇌조(꿩)털, 인도공작털, 사냥용으로 분류된 살아있는 조류, 박물관 및 연구목적의 조류를 제외한 해오라기털(물수리 털), 새의 부리, 머리, 날개, 꼬리, 가죽 등 기타 조류의 일부분(가공 여부 불문)
금속	ㅇ 위조지폐 및 동전
침구	ㅇ HS코드 9806, 9807, 9808, 9809, 9810에 의한 침대 매트리스나 중고 매트리스 중 살균 처리된 것을 제외한 모든 중고 매트리스
인쇄물	ㅇ 인쇄판권이 캐나다나 영국에 있는 책자의 재판
일반 제품	ㅇ 완제품이나 그 부속품이 죄수들에 의해 만들어진 경우
	ㅇ 캐나다 인증법(Trade-marks Act)이나 캐나다에서 수입을 불허하는 지역에서 제품이 수입되는 경우
연막	ㅇ 자동차용이나 선박용의 연막(smokescreen)
자동차	ㅇ 아래의 경우를 제외한 모든 중고차 - HS코드 9801, 9807, 9808, 9809, 9810에 의해 수입된 경우 - 관세법이나 각 주의 법령에 의해 압류된 경우 - 상속에 따라 반입된 경우 - NAFTA 조항에 의해 미국, 멕시코로부터 수입된 경우 - 2009년에서 10년 사이: 출고된 후 10년 이하의 중고차 - 2011년에서 12년 사이: 출고된 후 8년 이하의 중고차 - 2013년에서 14년 사이: 출고된 후 6년 이하의 중고차 - 2015년에서 16년 사이: 출고된 후 4년 이하의 중고차 - 2017년에서 18년 사이: 출고된 후 2년 이하의 중고차 - 2019년 이후 출고된 중고차
비행기	ㅇ 아래의 경우를 제외한 모든 중고 비행기 - HS코드 9803, 9809, 9810에 의해 수입된 경우 민간 및 화물 수송만을 위해 사용되는 경우 - 항공법이나 각 주의 법령에 의해 압류된 경우 - 캐나다 국방부에서 국방의 목적으로 반입하는 경우 - 미국에서 수입되는 경우
성냥	ㅇ 백색 인광성 성냥(White Phosphorus Matches)
무기	ㅇ 아래의 경우를 제외한 모든 자동화기, 무기, 총탄, 무기제조기기 및 관련기기 - 관련 공무원이 직무상으로 수입하는 경우 - 캐나다 국방부, 경찰, 관련부처로부터 위임을 받아 개인이 수입하는 경우 - 캐나다 무기관련법의 예외조항에 속하는 비시민권자가 수입하는 경우 - 캐나다 정부로부터 허가권을 취득하여 수입하는 경우나 캐나다를 경유하여 제3국으로 운반되는 경우 - 캐나다 무기관련법의 35조에 의해 자동화기 수입이 가능한 비 시민권자나 허가권을 취득한자가 수입하는 경우 - 해외에서 자동화기 구입한 캐나다 시민으로서 무기 취급 허가를 취득한 경우
출판물	ㅇ 그림, 사진, 책, 프린트 물 등의 각종 인쇄물 중 - Criminal Code에 의거, 인종차별 및 각종 증오, 범죄, 반역, 학대 등을 유발할 소지가 있는 경우
	ㅇ 범죄나 폭력을 불러 일으킬 소지가 높은 포스터나 전단
	ㅇ 아동 포르노를 주제로 한 사진, 필름, 비디오, CD, DVD 등 모든 관련 영상물

자료: Canadian Customs Tariff의 Prohibition Provisions(2018년 6월 기준)

(2) 수입규제품목(Import Control List)

캐나다에서는 수입관리 리스트를 운영하고 있으며, 동 리스트에 속하는 제품들의 대부분이 수입허가을 취득해야 한다. 다음의 품목들은 Import Control List에 등록된 품목들이다.

〈표 10-9〉 품목별 수입규제 목록

품목(분야)	내용
군용품	총기부품 및 총기류(라이플, 카빈, 리볼버, 피스톨, 자동소총 등)
	대량 살상무기(총, 유탄포, 캐논, 박격포, 탱크지뢰, 군용연막, 가스 및 화공품)
	탱크 및 자가추진력에 의한 각종 군용품
	폭탄, 어뢰, 로켓 및 비유도탄 및 해당 부품
	수출 관리품목(ExportControlList)에 해당되는 군용품
철강	탄소강 관련 제품(철판, 코일, 철도관련 제품, 기초골재, 파이프 형 등)
	특수강(철판, 봉강, 파이프, 튜브, 코일, 합금, 주석 등)
의류제품	멕시코와 미국(NAFTA국가) 생산된 의류 및 기타 국가들에서 생산된 면화, 수제 직물사 등
무기류	수입금지 무기류 및 관련 부품 전체
낙농제품	암탉, 수탉(185g이상), 닭고기(냉동 여부 불문), 닭고기를 주 재료로 한 각종 제품
	칠면조(185g이상), 칠면조고기(냉동 여부 불문), 칠면조를 주 재료로 한 각종 제품
	소, 송아지, 소고기 등(NAFTA국가 및 Chile산 제외)
	각종 유제품(우유, 크림, 유지분유, 버터밀크)
	아이스크림(아이스크림 및 기타 성분 함유)
	계란 및 가금류 알 일체와 이를 주 재료로 한 각종 제품
	마가린
	치즈(체더, 블루 베인드, 카망베르, 브리, 브로볼롱, 구다, 모차렐라, 스위스, 그뤼에르, 하바티, 파마잔, 로마노 및 기타 각종 종류의 치즈)
	요거트
	버터 및 각종 유지방 제품
	통밀, 메슬린, 밀분 등
	파스타, 면 등
	밀을 주 재료로 한 각종 제품(시리얼, 비스킷, 러스크, 쿠키, 프레첼 등)
	보리, 맥아, 소맥분 등
	보리를 주 재료로 한 각종 제품
기타제품	이스라엘산 장미
기타제품	오스트리아, 벨기에, 덴마크, 핀란드, 프랑스, 독일, 그리스, 아일랜드, 이태리, 룩셈부르크, 네덜란드, 포르투갈, 스페인, 스웨덴, 영국, 북아일랜드산 돼지고기

자료: Trade Navi, 국가별 통관절차(캐나다), 캐나다 법무부.(2018년 6월 기준)

(3) 수입쿼터

사실상 캐나다는 주로 농수산업 보호를 위한 수입쿼터를 적용할 뿐, 다른 분야에서는 쿼터를 적용하고 있지 않다. 섬유의 경우 NAFTA 국가 간 쿼터를 제외하고 2005년 1월부로 해제되었다.

- 대 미국, NAFTA 수출입쿼터 : 캐나다는 땅콩버터, 정제당, 설탕 제품에 대해 수출 쿼터를, NAFTA 국가 간에는 의류 제품에 대한 수출입 쿼터를 운영하고 있다.

2) 수출허가품목(Export Control List)

2012년 12월 기준 캐나다의 수출관리 리스트는 국가의 안전보장을 위한 방위산업 관련품목 및 기타 별도의 관리가 필요하다고 판단되는 품목들로서, 캐나다 정부는 이를 Group 1부터 Group 7까지 세분화해 해당 품목들을 관리하고 있다.

3) 비관세장벽

(1) 최혜국 및 내국민 대우상의 문제

캐나다는 GATT 회원국으로서 원칙적으로 동 규정에 의한 최혜국대우 및 내국민대우 원칙을 준수하고 있고 북미자유무역협정(NAFTA) 규정에 의해 미국과 멕시코에 대해서는 여타 국가들과 상이한 특별대우를 하고 있는데, 이는 GATT 규정 XXIV에 따른 지역적 경제통합과 관련된 최혜국대우(MFN) 규정 하에 있는 예외적용 규정에 근거를 두고 있다.

(2) 반덤핑, 상계관세

캐나다는 "특별 수입규제 조치법(Special Import Measures Act)"에 의거, 반덤핑 및 상계 관세를 부과하고 있는데 캐나다의 반덤핑 규정과 관련해 몇 가지 문제점이 지속적으로 제기되고 있다. 특정품목의 반덤핑 의혹이 제기되어 그에 따르는 반덤핑관세를 산출할 때 수출업자가 국내에서 판매하는 물량이 관세산출에 불충분할 경우 타 업체의 수출가격을 기준으로 정상가격을 산정토록 하고 있는데 이는 WTO의 "반덤핑협정"과 부합하지 않는다는 의견이 제기되고 있다. 또한 캐나다는 덤핑과 보조금으로 인한 국내업체의 피해를 합산(cross-cumulating)하도록 하고 있으나 WTO 규정은 덤핑 피해의 산정 시 다른 요소에 의한 피해를 합산하지 않도록 규정하고 있는 것 역시 논란의 대상이 되고 있다.

(3) 일방적 조치

아직까지 캐나다는 특정국가에 대한 무역보복조치를 정식으로 발동한 경우는 없으나 캐나다의 관세법(Customs Tariff Act)은 WTO의 분쟁해결 절차에 의존하지 않고 상대국에 무역보복 조치를 시행할 수 있도록 규정하고 있다. 이러한 독자적인 무역보복 조치 관련 규정은 타국의 관행이나 제도의 공정성 여부를 캐나다 정부가 판단하도록 규정하고 있기에 WTO의 기본방침에 위배되는 것으로 판단된다.

6. 캐나다의 관세제도

캐나다는 GATT협정에 명시된 관세부과 규칙에 기초, 수입관세를 부과하는데 관세부과 규칙 중에는 특수한 경우 다른 부과방법을 적용할 수 있는 예외조항도 있다. 캐나다는 관세법상 상품을 분류할 때 HS Code를 사용하며 이에 따른 관세의 부과절차는 대부분의 주요 무역 대상국들과 유사하다.

1) 관세율 종류

(1) 관세 코드 종류

① **한국 특혜관세**(Korean Tariff; KRT) : 2015년 1월 1일부터 한-캐 FTA가 발효됨에 따라 한국산 제품에는 한-캐 FTA 양허안에 다른 별도의 관세(KRT)가 부과된다. 한-캐 FTA에 따른 관세 양허안은 한국 산업통상자원부에서 한글로도 확인이 가능하다.

② **최혜국관세**(MFN: Most Favoured Nation Tariff) : 최혜국관세를 부여받은 국가들에 부과되는 관세로 이때 최혜국대우란 통상, 항해 조약 등에서 한 나라가 특정국가와 조약을 신규로 체결하거나 경신하면서 지금까지 부여한 대우 중 최고의 대우를 특정국가에 부여하는 것을 의미한다.

③ **일반특혜관세**(GPT: General Preferential Tariff) : 일반특혜관세는 개발도상국의 수출증대 및 공업화의 촉진 등을 목적으로 하는 관세로 선진국이 개발도상국을 원산지로 하는 농수산품, 공산품, 반제품에 대해 일반 관세율보다 낮은

관세율 혹은 무관세를 적용하는 관세 상의 특혜제도를 의미한다. 따라서 캐나다는 이러한 관세가 적용되는 국가들에 한해 품목에 따라 일반 관세율보다 낮은 세율이나 무관세를 적용하고 있으며, 이러한 혜택을 받기 위해서는 국가별로 캐나다가 지정한 기관이 발급한 "Form A" 원산지증명서를 세관에 제출해야 한다. 우리나라도 GPT 수혜대상국에 속해 있다.

④ **최저개발국관세**(LDCT: Least Developed Country Tariff) : 최저개발국가는 최빈국가라고도 하며, 유엔경제사회이사회(ECOSOC)에 의해 1인당 국내총생산 개인소득이 900달러 미만에 속하는 나라들 중 중등교육 수준, 성인 문맹률, 평균 수명 등을 기준으로 3년 마다 해당 국가들의 명단이 작성된다. 아프리카, 아시아 및 카리브해와 태평양의 섬 국가들이 포함되어 있다. 아프가니스탄, 방글라데시, 에티오피아, 네팔 등의 최저개발국가에서 생산되는 수출상품에 대해서는 무관세 혜택을 부여하는데 형식상 이를 최저개발국관세라 일컫는다.

⑤ **일반관세**(GT: General Tariff) : 일반관세는 상기 열거된 관세의 혜택을 받지 못하는 국가들에서 생산되는 상품이나 관세율법 상의 제반 관세율 대우요건을 갖추지 못한 상품에 적용된다. 일반관세에 속한 수입품은 MFN, GPT 등의 다른 관세 기준보다 높은 관세율이 부과된다.

⑥ FTA 등 협정관세

미국, 멕시코 관세 (UST, MT, MUST)	미국과 멕시코에서 수입되는 상품은 NAFTA 협정 기준의 적용을 받고 있으며 관세의 특혜를 요구하는 수입상품에는 NAFTA 협정이 인증하는 원산지표시가 명시되어야 한다. 원산지의 인증은 그 상품이 NAFTA 협정을 준수하고 있으며 일정 수준의 품질을 유지하고 있음을 증명하는 것
호주, 뉴질랜드, 칠레, 이스라엘 관세 (AUT, NZT, CT, CIAT)	호주 및 뉴질랜드, 칠레, 이스라엘에 대해서는 별도의 통상협정을 체결, 최혜국 관세 보다 낮은 관세율을 적용한다. 카리브해 영연방국가(CCCT : Commonwealth Caribbean Countries)의 경우 카리브해에 위치한 영연방국가들의 상품에 대해서는 통상 관세를 부과하지 않고 있다.
카리브해 영연방국가 (Commonwealth Caribbean Countries; CCCT)	카리브해에 위치한 영연방국가들의 상품에 대해서는 통상 관세를 부과하지 않고 있다.
유럽연합 관세 (Canada-European Union Tariff; CEUT)	2017년 9월 21일 캐나다와 유럽연합(EU) 간 FTA인 CETA(Comprehensive Economic and Trade Agreement)가 잠정 발효됨에 따라 유럽연합 국가들로부터 수입되는 상품은 CEUT 관세가 적용
콜롬비아 관세 (COLT)	캐나다-콜롬비아 FTA가 발효됨(2011.8.15.)에 따라 콜롬비아산 상품에는 CCOFTA 양허안에 따른 별도의 관세(COLT)가 부과

코스타리카 관세 (CRT)	코스타리카에서 수입되는 상품은 캐나다-코스타리카 FTA인 CCRFTA 협정 기준이 적용
온두라스 관세 (HNT)	온두라스로부터 수입되는 상품에는 캐나다-온두라스 FTA(2014.10.1. 발효) 특혜관세가 적용
아이슬란드, 노르웨이 리히텐슈타인, 스위스 관세 (IT, NT, SLT)	캐나다-유럽 자유무역엽합(EFTA) 간 FTA가 2009년 7월 발효되면서, 아이슬란드 및 노르웨이, 리히텐슈타인, 스위스에서 수입되는 상품에는 별도의 관세가 부과
요르단 관세(JT)	캐나다-요르단 FTA가 2012년 10월 1일 발효됨에 따라 해당 국가의 상품에는 JT 관세가 부과
파나마 관세(PAT)	2013년 4월 1일 캐나다-파나마 FTA 협정기준에 따라 파나마산 상품에는 별도의 관세(PAT)가 부과
페루 관세(PT)	캐나다-페루 FTA 발효로 2009년 8월 1일부터 페루산 제품에는 PT 특혜관세가 적용
우크라이나 관세 (UAT)	2017년 8월 1일 캐나다-우크라이나 FTA인 CUFTA가 발효되면서 우크라이나산 상품에는 UAT 특혜관세가 부과

(2) 관세평가제도

캐나다 관세청은 1985년 1월 1일을 기해 GATT 7조의 관세평가 원칙을 도입한 이래로 동 평가제도를 지속적으로 실시해 오고 있다. 이 제도는 과세기준을 종전의 "공정시장가격(Fair Market Value)"에서 "거래가격(Transaction Value)", 즉 판매가격으로 대치함으로써 관세평가 제도의 공정성, 합리성, 중립성을 보장하는 것을 골자로 하고 있다. 평가제도에 의해 평가된 관세는 항상 캐나다 달러로 표시되며, 캐나다 세관의 관세평가에 불복할 경우 90일 이내에 캐나다 국제무역재판소(CITT)나 연방법원에 재평가를 요구해야 한다. 캐나다는 수입제품의 통관 시 Import Duty(관세) 외에 가솔린, 보석, 시계, 자동차 등에 부과되며 우리의 특별소비세와 유사한 Excise Tax 및 담배 및 술 등에 부과하는 Excise Duty 등이 별도로 부과되는데 이때의 부과액은 상기 관세평가액에 의한다. 이와는 별도로 연방 상품용역세(GST)도 부과되는데 연방 상품용역세는 평가액과 상기 세액을 기준으로 하여 산출, 부과된다.

(3) 한국산 수입품에 대한 규제

캐나다 국경관리청(CBSA)은 2017년 2월 15일 한국산 유입식 변압기에 대한 반덤핑관세 재조사(Re-investigation)를 착수했다. 이 외에도 13건의 규제가 진행 중이다.

2) 원산지결정기준

(1) 원산지 규정

기존의 일반특혜관세(GPT) 원산지결정기준은 크게 GPT 대상국의 100% 영내 생산 혹은 부가가치 60%법칙 두 가지이나 한-캐 FTA 원산지결정기준은 네 가지로 분류된다. 원산지증명에 대한 근거로 A, B, C, D 중 택일해 캐나다와의 협정에 따른 원산지증명서(Certificate of Origin Korea-Canada Free Trade Agreement)의 제7란에 기입해야 한다.

〈표 10-10〉 한-캐 FTA 원산지결정기준

기재문구	원산지 결정 기준
A	협정 제3.2조에 따라 체약당사국의 영역에서 완전 생산된 경우
B	협정 제3.1조 가호 1목, 2목, 3목에 따라 체약당사국의 영역에서 전적으로 원산지 재료로만 생산된 경우
C	협정 제3장, 제3.1조 나호, 부속서3-가에 따라 체약당사국의 영역에서 전적으로 생산되고 품목별 원산지 기준을 충족하는 경우
D	부속서3-가의 세 번 변경기준을 충족하지 않더라도 협정 제 3.3조 제2항 및 제3.4조에 해당하는 경우

자료: 캐나다 국경관리청(별지 제6호의13서식)

① **원산지가 분명하게 판명되는 상품**: GPT 국가의 영역에서 산출 및 수확된 제품들은 산출국을 원산지로 판단한다.

가. 광물, 식물, 동물

나. GPT 국가에서 태어나고 자란 동물 및 도축 과정을 거친 제품

다. GPT 국적을 가진 선박이 해상에서 획득한 해양 자원 및 선상에서 가공된 제품

라. 폐기물, 스크랩 등 제조공정에서 발생하는 산출물

마. 실제 원산지와 관계없이, 재료 추출을 위한 재활용 목적으로 GPT 국가에서 수입되는 중고 제품

바. 상기 가~나에 속하는 제품만을 사용하여 생산된 제품

상기 조건에 속하는 제품은 대부분 원산지가 뚜렷한 제품으로 주로 1차 상품이 주를 이루며 마, 바에 해당하는 제품의 예시는 아래와 같다.

- 한국산 콩만을 이용하여 만든 두부, 한국산 당근만을 이용한 당근 주스와 같은 제품은 제조 국가에 관계없이 한국산으로 인정된다.

- 한국에서 사용된 중국산 철근, 철골이 캐나다에 고철 재활용 목적으로 수입되는 경우, 출발지(선적지)가 한국일 경우 한국산으로 인정된다.

② **원자재 및 부품을 가공한 공산품**(60% Rule) : 공산품의 원산지는 제조과정에서 발생하는 비용과 원자재 및 부품의 원산지에 따라 결정된다. GPT 적용을 받기 위해서는 공장도가격의 60% 이상에 해당하는 제조비용 및 원자재 원가가 GPT 국가에서 발생해야 한다. 공장도가격이란 사용된 원재료 및 부품, 간접비용(Factory Overhead) 및 부대비용, 인건비와 마진을 모두 포함한 개념으로 출고 후 선적, 운송, 보관 등의 비용은 포함하지 않는다.

한편, 원재료 및 부품을 다른 국가에서 수입하여 사용하는 경우 원산지가 GPT 국가, LDCT 국가 또는 캐나다일 경우 상기 제한사항은 적용되지 않는다. 특히 GPT 국가 전체를 하나의 지역으로 간주하는 캐나다 관세법의 관점에 따라 제조업체는 다른 GPT 국가의 제품을 수입하여 활용 가능하다.

원칙을 간단히 도식화하면 아래와 같은데, 진한 이태릭체로 표시된 부분이 공장도 가격의 60% 이상이 되어야 GPT 적용이 가능하며 나머지 부분이 40%를 초과할 경우 MFN 관세가 적용된다.

공장도 가격 (100%)				
한국산 부품원가	중국산 원재료 수입원가	한국에서 발생한 인건비 등의 제조비	제품마진	일본산 부품 수입원가
최소 60%				최대 40%

제품을 구성하는 원재료 및 부품 중 어느 한 부분이라도 GPT 국가와 캐나다 이외의 지역, 즉 MFN이 적용되는 국가에서 상거래를 거쳤을 경우 해당 제품은 GPT 특혜에서 제외된다.

③ **원산지 판단 시 주의 사항** : 한-캐 FTA 원산지 증명방식은 자율발급방식이므로 특별히 지정된 기관을 통해 인장이나 서명 등을 받는 방법이 아니라 생산자 혹은 수출자가 직접 발급 및 서명하는 방식이다. 수출자와 상품의 생산자가 다를 경우, 다음 중 하나를 근거로 원산지증명서를 작성하고 서명 가능하다. ① 그 상품이 원산지 상품의 자격을 갖추었다는 수출자의 인지, ② 그 상품이 원산지 상품의 자격을 갖추었다는 생산자의 서면 진술서에 대한 수출자의 합리적인 신뢰, 또는 ③ 생산자가 수출자에게 자발적으로 제공한, 그 상품을 위해 작성하고 서명한 원산지증명서 등이다.

검증방식은 수입국 관세행정기관이 상대국의 수출자나 생산자를 대상으로 직접적으로 검증을 수행하는 직접검증방식이 채택됐다. 원산지증명서를 작성하고 서명한 생산자 또는 수출자는 서명일로부터 5년간 특혜관세대우가 신청된 상품의 원산지 관련 기록을 보관하고 있어야 한다. 양국의 관세행정기관(캐나다의 경우 캐나다 국경관리청, Canada Border Services Agency, CBSA)은 상대국의 생산자나 수출자를 상대로 서면 문의 또는 기록된 내용에 대한 확인 및 상품 생산설비 시찰을 목적으로 사업장에 대한 방문을 요청할 수 있다. 자율발급방식은 자칫 원산지 관리를 소홀히 하게 될 수 있는데 위반 사실이 밝혀질 경우 그 피해는 해당 기업뿐만 아니라 관련 업계 전체로 확산될 가능성도 있으므로 주의가 필요하다.

3) 한국과 캐나다 FTA 원산지증명서 발급

(1) 발급방법

한-캐나다 FTA 원산지증명서는 자율발급 방식이다.

① 발급주체 : 생산자 또는 수출자이며, 생산자와 수출자가 다른 경우 생산자로부터 원산지(포괄)확인서를 수취해야 한다. 유효기간은 서명일로부터 2년이다.

② 포괄원산지증명 유효기간

- 단수발급인 경우 포괄증명기간을 공란으로 두면 된다.
- 포괄증명기간 : 수입국 수입신고일 기준으로 12개월이며, 증명일은 서명일보다 앞설 수 있다.

(2) 발급시기

발급시기에 대한 별도의 제한이 없으며, 협정발효 전에 작성된 원산지증명서도 인정 가능하다.

(3) 발급절차

- 수출물품 HS Code 6자리 확인
- 캐나다 수입세율(기본세율/FTA협정세율) 확인
- 한-캐나다 FTA 원산지 결정기준 확인(ex. 완전생산기준, 세 번 변경기준, 부가가치기준 등)
- FTA원산지판정 및 증빙서류 작성(원산지소명서, FTA BOM, 제조공정도 등) - 컨설팅 필요

- 한-캐나다 FTA 원산지증명서 작성 및 (원본) 수입자 송부
- 서명카드 및 원산지증명서 작성대장 구비/작성

(4) 한-캐나다 FTA 원산지증명 면제

수입물품 과세가격이 미화 1천 달러 이하의 소액물품에 대해서는 원산지증명이 면제된다. 다만 아래의 경우에는 증명서발급이 면제되지 않는다.

- 당사국 법의 준수를 회피하기 위한 목적
- 소액수입이 사전에 계획된 일련의 수입의 일부분으로 활용 되는 경우

(5) 한-캐나다 FTA 원산지 검증(조사)

- 수입국 세관당국이 수출국의 수출자 또는 생산자 등에 대해 서면조사 또는 검증방문을 통해 원산지 요건 충족여부를 확인하는 직접 검증방식이다.
- 한국 수출자가 발행한 FTA 원산지증명서 유효성에 대해 캐나다 세관이 직접 한국 수출자에게 원산지검증 공문을 보내 서면조사하는 방식이다. 일반적으로 공문을 받고 30일 이내 대응해야하기 때문에 미리 서류를 만들어 놓지 않으면 협정이 배제될 수 있다. 즉, 수입자가 혜택 받은 관세뿐만 아니라 가산세 등을 추징받고 패널티가 부과될 수도 있다.

4) 한-캐나다 FTA 활용 시 유의사항

① 포괄증명기간(Blanket Period for multiple shipments)의 기간은 '상대국 수입신고' 기준으로 작성해야 한다. 한-미 FTA 포괄증명기간의 경우 '선적일'기준으로 작성하지만 한-캐나다, 한-호주 FTA 원산지증명서 포괄증명기간은 상대국 '수입' 기준으로 작성하여야 한다.

② 우리나라 수입 시 FTA 원산지증명서 '원본' 제출이 원칙이다. 포괄증명의 경우 원본과 사본을 제출하고 차후에 원본을 돌려받는 방법으로 적용하고 있었으나, 17년 FTA 관련 법령 개정으로 FTA 사후적용 역시 '사본 CO'제출이 가능해져서 불편함이 해소될 것으로 보인다.

③ 한-캐나다 FTA는 직접검증 방식을 채택하고 있기 때문에 원산지입증 서류를 캐나다 세관에 직접 제출해야 한다. 이때 제출서류는 영문으로 작성해서 제출해야 한다. 미리 영문 본으로 작성해서 보관하는 것이 편하다.

7. 통 관

[그림 10-2] 캐나다의 수입통관 절차

자료: Trade Navi, 국가별 통관절차(캐나다).

캐나다 국경관리소(CBSA)에서는 모든 수입품에 대한 검사를 실시하지 않는다. 이는 수입제품의 신속한 통관을 도모하기 위한 것으로 예전부터 주기적으로 수입되고 있는 제품, 안전성과 국민 건강 등에 밀접한 관련이 없는 제품 혹은 과거 수입규정 위반 사례가 없었던 수출입업자에 대해서는 대체로 물품검사를 면제한다.

초기 수출되는 제품이나 농수산물, 식료품, 의약품, 의료기기, 수출입허가법, 수입규제 조치법 등에 적용되는 제품 등에 대해서는 불규칙 선택 검사(Random Sampling)를 통해 수입서류와 제품의 부합 여부, 제품 안전성, 위생상태 등을 확인해 수입 적격 여부를 판단하고 있다. 만약 서류상의 오류나 제품의 안전성을 입증할 수 있는 추가 서류가 필요한 경우나 서류상의 오류 발생 시 이를 시정하도록 하는 조치를 내릴 수 있다.

최근 들어서는 주로 농수산물에 대한 검사를 강화하는 추세인데, 농수산물의 경우 캐나다 식품검역청(CFIA: Canadian Food Inspection Agency)에서 별도의 검사장으로 제품을 이동시킨 후 검사를 실시하고 있으며, 과거에는 한국산 배,

감 등의 과실류에 대한 수입 불허 조치가 내려진 바 있고 주로 어류(젓갈 등)에 대한 수입 불허가 늘어나고 있는 추세이다. 더불어 CFIA는 미국 식약청(FDA)과 공조체제를 유지하기 때문에 CFIA 또는 FDA 중 한 곳에서 수입금지 조치를 내리면 미국과 캐나다 양국의 판로가 막힐 수 있다.

실제로 2014년부터 2016년까지 3년간 명란젓 수출을 위해 KOTRA 캐나다 무역사절단 사업참가를 신청한 한국 기업 C사는 까다로운 캐나다 수입검사와 높은 시장장벽으로 인해 시장개척에 어려움을 겪었다.

1) 통관의 종류

(1) 최소서류통관제도(RMD: Release on Minimum Documentation)

최소의 서류로 진행되는 약식통관 절차를 완료하여 관세납부 이전에 물품을 통관하는 제도로 현재까지 통관 관련 위반사항이 없었으며, 향후 문제될 수 있는 기록이 없는 업체에서 이용 가능하며 통관물품이 별도의 검사를 요구하지 않을 경우에만 이용할 수 있다. 전년도 월 평균 관세납부액에 해당하는 수준의 보증금을 사전에 예치해야 한다. 최소 금액은 250달러, 최대 금액은 2만5,000달러이며 필요서류는 아래와 같다.

- Cargo Control Document 1부
- Invoice 2부
- Import Permit 또는 Health Certificate(필요 시) 1부

(2) 일반서류통관제도(RFD: Release on Full Documentation)

일반적인 정식통관절차로서 관세납부와 통관이 동시에 이루어지는 제도로 앞서 소개된 최소서류통관제도와 달리 특별한 자격 요건은 없다.

필요서류는 아래와 같다.

- Cargo Control Document 2부
- Invoice 2부
- Canada Customs Coding From 2부
- Import Permit 또는 Health Certificate 1부
- Certificate of Origin(필요 시) 1부

(3) 우편통관

우편으로 수입되는 제품에 적용되는 통관절차로 20캐나다달러 미만의 가치를 지닌 수입물품에 대해서는 관세 및 소비세가 부과되지 않으며, 취급비용(Handling Cost)도 제외된다.

반면, 우편으로 20달러 이상의 물품이 수입될 경우 CBSA의 Form E14(CBSA Postal Import Form)가 우편물에 부착되어 배달되는데 수취인이 수령과 동시에 관세 및 소비세(HST 또는 GST와 PST)를 납부해야 하며 캐나다 우체국에서 부과하는 9.95달러의 취급비용(Handling Cost)도 함께 납부해야 한다. 우편통관의 경우 CBSA에서 우편물에 Form E14를 부착한 후 캐나다 우체국이 수취인에게 발송하기 때문에 수취인이 별도로 서류를 작성할 필요가 없다.

(4) 방치된 화물

일반적으로 국경관리청의 통보 이후 40일 동안 수취인은 관세 및 소비세 등을 지불하고 물품을 수령할 수 있다. 일정 금액의 보관료가 부과되기 때문에 가능한 빠른 시간에 국경관리청에 수령 의사를 신고하고 세관으로부터 물품을 수령해야 보관료 부담을 덜 수 있다.

한편, 40일이 지나서도 수취인이 세관에 보관 중인 물품을 수령하지 않을 경우, 물품은 국경관리청의 창고로 옮겨져 보관되며 이동 보관 후 30일이 지나서도 수령되지 않은 물품은 국경관리청 판단에 따라 폐기될 수 있다.

(5) 통관본드(Custom Bond)

수입자가 관세 및 소비세 등 각종 의무를 지킬 것이라는 약속과 함께 세관에 제공하는 일종의 담보역할을 하는데, 보다 빠른 통관을 위해 이용된다. 통관본드 예치에는 현금, 수표, 캐나다 연방정부 국채를 이용할 수 있으며 금융기관에서 발급한 통관본드 양식(D120)도 이용이 가능하다.

2) 물품검사와 보류 및 압류

캐나다 국경관리청(CBSA)은 일반적으로 선택적 샘플 조사를 통해 물품검사를 실시한다. 일반적으로 물품검사 빈도와 강도는 과거 검사기록에 따라 큰 영향을 받기 때문에 세관이 요구하는 신고서류에 오류가 없도록 작성에 만전을 기하는 한편 신고내용과 실제 통관물품이 일치하도록 주의해야 한다.

식품검역, 국민위생보건 및 농수산물 관리 법률에 따라 캐나다 국경관리청은 수입되는 물품에 대한 검사뿐만 아니라 보류, 압류, 폐기, 재이용(Reuse)에 대한 전적인 권한을 갖고 있다. 또한, 캐나다 통관법(Canada Custom Act)은 국경관리청의 권한이 위의 법률이 적용되지 않는 상품에도 적용될 수 있도록 정의하여 국경관리청 재량에 따라 수입물품을 검사, 보류, 압류, 폐기, 재이용할 수 있도록 규정하고 있다.

한편, 캐나다 식품검역청(CFIA)은 동식물, 사료, 동식물 가공품 및 관련 제품에 대한 고유의 검역권한을 갖고 있는데 2003년 이후 캐나다 식품검역청의 동식물, 식품 관련 제품검역의 실무적인 역할은 캐나다 국경관리청(CBSA)에서 위임을 받아 일반상품 검역과 함께 수행하고 있다. 식품검역청의 검역요건은 품목마다 상이하고 내용이 복잡하다. 이러한 어려움을 덜기 위해 식품검역청은 웹페이지에서 AIRS(Automated Import Reference System)를 통해 HS코드로 상품을 분류하여 통관요건을 자세히 기술하고 있다. 또한 식품검역청의 검역이 필요한 식용제품의 수입의 검역요건, 통관절차 등의 질의사항을 답변하는 National Import Service Center(NISC)를 운영하고 있다.

3) 통관절차 흐름[1)]

통관절차의 흐름은 다음과 같다.

① **상품선적 보고**: 상품선적을 캐나다 관세청에 보고

② **상품양도**: 양도 시 각 상품 운송단위별로 14자리 번호(Transaction Number) 부여

③ **선적상품 검사**: 캐나다 관세법에 의거 국세청(CRA)에서 임의로 상품을 검사

④ **상품선적 회계보고**: 수입에 관련된 총 경비 보고(Accounting Package)

⑤ **상품보관**: 상기 절차 완료후 보관창고로 상품 운반

4) 통관에 필요한 선적서류

(1) 상업송장(Commercial Invoice)

일반적으로 캐나다에 수입되는 물품은 반드시 상업송장을 첨부해야 한다.

1) 자료: 캐나다 국경관리청(CBSA)

2,500캐나다달러 미만의 가치를 지닌 제품, 관세가 부과되지 않는 수입품 및 HS코드 9810.00에 해당하는 제품은 상업송장 외에 다른 증빙자료가 사용될 수 있으나 이외에 경우에는 반드시 상업송장 또는 Canada Custom Invoice가 필요하다.

Canada Custom Invoice는 상업송장을 대체할 수 있는 서류로 캐나다 국경관리청에서 발행한 양식(CI1)에 따라 작성하여 제출해야 한다. CI1은 총 25개의 빈칸으로 구성되어 있으며 CI1이 아닌 상업송장을 제출할 경우 CI1 양식과 같은 25개의 내용이 상업송장에 포함되어야 한다.

(2) 세관의 조사항목

일반적으로 캐나다 세관에서는 비용절감 및 시간단축을 위해 표본조사를 실시하고 있다. 그러나 세관 판단에 따라 전수조사가 필요하다고 여겨지는 경우에는 전수조사도 가능하며 이러한 불상사를 막기 위해서는 신고서류를 사실대로 정확히 작성하고 깨끗한 통관이력을 유지하는 것이 중요하다. 세관에서 조사하는 항목은 다음과 같다.

- 원산지증명서
- 상업송장(또는 Canada Custom Invoice)과 수입물품의 비교

CI1의 양식에 기입된 내용과 실제 수입물품이 동일한지 검사하는 것으로, 상품 정상품의 화폐가치, 수출업자와 수입업자 정보, 최종 도착지 등에 대한 내용을 조사한다.

- 원산지증명서(Certificate of Origin)
- 한-캐나다 FTA 한국 특혜관세(KRT) 혜택을 받기 위해선 '캐나다와의 협정에 따른 원산지증명서의 서식(Certificate of Origin Korea-Canada Free Trade Agreement)'을 첨부해야 하는데 그 양식은 하기 링크에서 확인 가능하다.
- www.cbsa-asfc.gc.ca/publications/forms-formulaires/bsf760-eng.htm

(3) 기타 조사

캐나다 국경관리청의 일반적인 조사 외에도 동식물 및 식품의 경우 위생기준, 검역증 등에 대한 조사가 실시된다. 앞서 언급된 캐나다 식품검역청이 이러한 동식물 및 식품 관련 검역에 대한 권한을 갖고 있으며 캐나다 국경관리청은 이를 위임하여 수행하고 있다. 동식물 및 식품의 각 품목별로 조사 대상 및 방법이 상이하며, 캐나다 식품검역청 AIRS 링크는 품목별 요구사항을 상세히 기술하고 있다.

5) 통관경비

한국에서 캐나다로 수출 시 발생하는 통관경비는 일반적으로 아래와 같으며 상품에 따라 비용이 달리 부과될 수 있기 때문에 운송 전에 예상경비를 파악해두어야 한다.

한편 관세는 아래 항목들을 제외한 제품가치에 부과되며 관세가 부과된 뒤에 판매세(GST 5%)가 부과되는 점을 주의해야 한다. 예를 들어 C$100 가치의 A제품이 캐나다로 수입될 때의 관세가 10%인 경우, 관세는 C$10($100*10%)이며 소비세는 C$5.50(C$100과 C$10를 합산한 금액의 5%)이다.

2019년 1월 15일부로 식품안전법(SFCA, Safe Food for Canadians Act)이 발효돼 캐나다 내 생산, 제조・가공, 수・출입, 운반・저장, 조리・판매되는 식품에 대한 신규 규정을 시행할 예정이다.

- 동 법령은 2012년 11월, 모든 식품규정의 일관성 있는 관리와 낡은 제도의 개선을 위해 현존하는 14개의 기존 식품규정을 하나로 통합하여 제정되었음.
  - 동 법령을 집행하는 캐나다 식품검역청(CFIA, Canada Food Inspection Agency)은 식품안전과 관련된 위생관리, 라벨링 규제, 검역, 교역, 동식물 질병 및 해충 통제 등을 총괄적으로 운영하는 연방정부 기관

캐나다 기존 14개 식품 법령 및 규정

법 령	규 정
Canada Agricultural Products Act	Dairy Products Regulations
	Egg Regulations
	Fresh Fruit and Vegetable Regulations
	Honey Regulations
	Icewine Regulations
	Licensing and Arbitration Regulations
	Livestock and Poultry Carcass Grading Regulations
	Organic Products Regulations
	Maple Products Regulations
	Processed Egg Regulations
	Processed Products Regulations
Consumer Packaging and Labelling Act	Consumer Packaging and Labelling Regulations
Fish Inspection Act	Fish Inspection Regulations
일반특혜관세(GPT: General Preferential Tariff) Meat Inspection Act	Meat Inspection Regulations

자료원: CFIA

- 예전에는 14개의 규정 운영으로 시간소모가 컸으나 앞으로는 하나의 규정으로 통합돼 행정적 간소화가 예상됨. 또한, 위해발생의 우려가 있는 식품에 대해 검사를 실시하는 등 규정이 강화됨. 동 규정은 교차오염, 세균감염, 식중독 등 식품안전사고 예방에 초점을 맞추고 있음.
- SFCA에 적용되는 식품의 종류는 신선 또는 가공된 농산물, 육류, 수산물, 유제품 및 가공식품 등이며, 동 식품에 대한 포장・라벨링 요건 또한 변경될 예정
  - 애완동물 사료와 항공기, 기차, 유람선, 군함 등 수송용 식품은 적용되지 않음.
- 주의 깊게 살펴봐야 할 변경사항은 크게 면허발급, 식품안전성 평가 및 위생감독 강화, 식품이력추적관리 등록 등

제Ⅳ부 중동지역

11. 사우디아라비아

사우디아라비아의 정식명칭은 사우디아라비아 왕국(Kingdom of Saudi Arabia)이다. 1932년 9월 23일 네지드(Nejd)와 헤자즈(Hejaz)를 통합하여 사우디아라비아 왕국을 선포하였으며, 이 날을 국경일로 삼고 있다.

사우디아라비아의 면적은 약 215만㎢로 한반도의 약 10배이다. 2018년 1월 기준 사우디아라비아의 인구는 약 3,355.4만 명으로, 구성민족은 아랍인이 90%를 차지하고 아프리카계가 10%를 차지한다. 전체 인구의 30% 이상이 외국에서 이민 온 사람들이다. 그 가운데 사우디아라비아인이 2,350만 명이고 외국인이 1,000만 명을 상회하고 있다. 수도는 리야드(Riyadh)이며, 리야드의 인구는 약 650만 명이다.

사우디아라비아의 종족은 아랍족인데, 그 가운데 베두인족이 27%, 기타 아랍 정착민이 73%이다. 아랍어가 공용어이며 영어도 통용된다. 전 국민이 이슬람교를 믿으며, 그 중에서도 수니파가 90%를 차지하고 나머지 10%는 시아파다. 사우디아라비아는 이슬람 국가 중에서 가장 엄격한 이슬람 관습을 유지하고 있다. 정부형태는 이슬람 군주국으로 정교일치의 국왕중심제이다.

1. 경 제

사우디아라비아는 2017년 기준 총 GDP 6,838억 달러, 1인당 GDP 2만 1,120달러, 인구 3,300여만 명의 중동지역 최대 시장이다. 또한 전 세계 석유의 15.6%가 매장돼 있는 세계 제2의 산유국이다. 오일, 가스 등 광물자원 관련 산업이 전체 GDP의 39.8%로 수출의 90%를 차지하고 있을 정도로 원유 의존도가 높은 산업구조를 보이고 있다. 2017년 기준 전체 GDP에서 제조업이 차지하는 비중은 약 12.9%에 불과하며, 그 중 약 50%가 석유화학 관련 제조업이다. 특히, 1970년대부터 원유수출에 따른 정부수익을 바탕으로 한 공공부문이 사우디 경제의 중추를 이루고 있으며, 정부는 원유 세입 상당 부문을 원유 및 가스 개발뿐만 아니라 건설 및 플랜트 프로젝트 발주 등을 통한 정부주도의 경제정책에 활용하고 있다. 최근에는 인프라 외에도 석유화학, 전력, 담수화, 교통(철도), 교육, 복지 등의 분야에도 집중 투자하고 있다.

산업구조는 2015년 기준, 오일 및 가스 위주의 광업 39.8%, 제조업 11.7%, 금융・부동산 9.2%, 도・소매・유통업 9.2%, 수송・통신 5.6%, 건설업 5% 및 기타 19.4%로 구성되어 있다. 2017년 사우디 경제는 -0.7% 성장하여 2016년 1.4% 성장에 비해 성장률은 둔화가 되었다.

〈표 11-1〉 주요 경제지표 DB

(단위: 억US$, %)

지 표	2010	2011	2012	2013	2014	2015	2016	2017
명목 GDP	5,268	6,695	7,273	7,453	7,850	6,440	6,369	6,838
실질 경제 성장률	7.4	8.5	6.8	3.8	3.6	2.8	1.4	-0.7
1인당 GDP(US$)	27,743	23,559	25,139	24,247	25,401	25,319	20,139	22,649
소비자물가 상승률	5.4	4.9	4.0	3.5	2.9	2.3	3.4	-0.2
수출(FOB 기준)	2,511	3,647	3,950	3,759	3,424	2,020	1,795	2,218
수입(FOB 기준)	974	1,200	1,368	1,682	1,738	1,720	1,314	1,345
무역수지(FOB 기준)	1,537	2,448	2,583	2,077	1,686	300	481	873
민간소비 증가율	3.2	4.1	5.8	3.9	3.8	3.7	-	-
외환 보유고	4,451	5,411	6,569	7,303	7,446	6,164	5,358	4,866
외채	917	1,137	1,340	1,494	1,645	1,749	3,170	4,430
실업률	5.1	5.8	5.4	5.5	5.8	6.0	12.3	12.8
환율(연말 기준)(US$)	3.75	3.75	3.75	3.75	3.75	3.75	3.75	3.75

자료: EIU(http://country.eiu.com/saudi-arabia), Euromonitor,
주 사우디아라비아 대사관, 2017년 사우디 대외무역 동향, 2018.06.27.
주 사우디아라비아 대사관, 경제동향, 2018.03.13.
Ministry of Economy & Planning, Saudi Arabia, 2017년 사우디 대외무역 동향,
IMF,Statistics(http://www.imf.org/external/np/ins/english/capacity_wwd.htm#sub).
한국무역협회, K-stat.

사우디아라비아 정부는 2018년 1월 1일부터 5%의 부가세를 포함한 세제개편을 시행했다. 이는 석유의존도를 줄이고 비석유부문의 수입을 증대시키려는 사우디 비전 2030 정책의 일환이며, GCC 국가 중 사우디아라비아와 아랍에미리트에서 먼저 도입되어 2018년 1월 1일부로 시행되고 있다. 신규 부가세율은 낮은 수준이지만 양국 모두 개인소득세가 없고, 법인세도 제한적이라 신규 세금부과 자체가 내구소비재 및 건설기자재 등 수요에 영향을 미쳐 2분기 정도의 적응기간이 소요될 것으로 예상된다. IMF는 사우디가 부가가치세를 통해 GDP 대비 1.8~2%의 재정수입이 증가할 것으로 추산하기도 했다.

2017년 6월부터는 개별소비세(selective tax)를 실시해 담배와 에너지음료에 100%, 탄산음료에 50%의 세율을 부과하고 있다. 2017년 7월에는 외국인근로자 부담금(expat levy)을 도입하여 2020년까지 점진적으로 상향 조정 예정이다. 따라서 2020년 7월까지 외국인근로자는 부양가족 1인당 매월 400리얄을 부담하며, 2020년 1월까지 사우디 내 활동기업 역시 외국근로자 1인당 매월 800리얄이 부과될 예정이다.

2. 사우디아라비아의 교역

〈표 11-2〉 사우디아라비아의 교역 (단위: 억 달러, ( )는 증감률)

	2011	2012	2013	2014	2015	2016	2017
수출액	3,647 (45.2)	3,884 (6.5)	3,759 (△3.2)	3,424 (△8.9)	2,035 (△40.6)	1,795 (△11.7)	2,218 (23.5)
수입액	1,316 (45.2)	1,556 (18.2)	1,682 (8.1)	1,738 (3.4)	1,747 (0.5)	1,314 (△24.7)	1,345 (2.3)
합계	4,963 (45.2)	5,440 (9.6)	5,441 (0.01)	5,162 (5.2)	3,782 (26.7)	3,109 (17.8)	3,563 (14.6)

자료: World Integrated Trade Solution (WITS), Saudi Arabia trade statistics.
주 사우디아라비아 대사관, 2017년 사우디 대외무역 동향, 2018.06.27.
주 사우디아라비아 대사관, 경제동향, 2018.03.13.

2015년 사우디아라비아가 가장 많이 수출한 국가는 중국이며 이어 일본, 미국, 인도, 한국, UAE순이다. 상위 10개 국가에 대한 수출비중도 전체 68.2%를 차지하고 있다. 2014년 사우디 수출국 순위는 미국, 중국, 일본, 한국, 인도였으나 2015년 중국이 수위국으로 상승하고 이어 인도도 한국을 앞서 한국은 수출 대상국 4위에서 5위로 하락하였다.

2016년의 석유수출은 1,362억 달러로 전년대비 10.9% 감소하여 총 수출에서 차지하는 비중이 74.2%로 감소(2011~2014 평균 86%, 2015년 75.3%)하였다. 비석유 수출은 474억 달러로 전년대비 6.4% 감소하였으나, 석유수출 감소에 따라 총 수출에서 차지하는 비중은 25.8%로 소폭 증가하였다. 비석유수출은 2011~2014 기간 중 4년 연속 증가하다가 2015~2016년에는 2년 연속 감소한 것이다. 석유 외 주요 수출품은 총 수출의 8.1%의 플라스틱 · 고무, 화공품 7.3%, 수송기기류 2.3%, 기초금속 2.1% 등의 순이었고, 총 수출 중 기초원자재가 63%, 중간재가 18%, 최종재가 19%를 차지하였다. 비 아랍 아시아국가가 50.9%로 최대 수출선인 가운데, EU 11.8%, GCC 국가 11.7%, 북미 10.3% 등의 순이었다. 2016년에는 GCC 2.0% 상승을 제외한 전 지역에서의 수출이 감소하였다.

〈표 11-3〉 국가별 수출

(단위: 백만 달러, %)

구분		2016년	2017년		
		수출액	수출액	증감률	비중
수출 총액		183,580	221,835	20.8	100
1	일본	19,292	26,768	38.8	12.1
2	중국	21,311	26,025	22.1	11.7
3	한국	15,316	19,739	28.9	8.9
4	인도	17,035	19,645	15.3	8.9
5	미국	17,635	18,291	3.7	8.2
6	UAE	12,042	14,802	22.9	6.7
7	싱가포르	8,901	9,200	3.4	4.1
8	바레인	4,770	5,793	21.4	2.6
9	대만	5,284	5,736	8.6	2.6
10	네덜란드	-	5,368	-	2.4
10대 국가 소계		125,878	151,367	20.2	68.2
기타 국가		70,468	70,468	22.1	31.8

주: 2018년 7월 기준 확인 가능 최신 통계
자료: 사우디 통계청(GASTA)

〈표 11-4〉 국가별 수입

(단위: 백만 달러, %)

구분		2016년	2017년		
		수입액	수입액	증감률	비중
수입 총액		140,170	134,519	▲4.0	100
1	중국	20,083	20,526	2.2	15.3
2	미국	20,728	18,156	▲12.4	13.5
3	UAE	7,631	8,755	14.7	6.5
4	독일	9,155	7,866	▲14.1	5.8
5	프랑스	4,936	5,828	18.1	4.3
6	일본	7,419	5,485	▲26.1	4.1
7	인도	5,244	5,380	2.6	4.0
8	한국	6,221	5,263	▲15.4	3.9
9	이탈리아	4,624	4,528	▲2.1	3.4
10	영국	3,315	3,129	▲5.6	2.3
10대국가 소계		89,356	84,916	▲5.0	63.1
기타 국가		50,814	49,603	2.4	36.9

주: 2018년 7월 기준 확인가능 최신 통계
자료: 사우디 통계청(GASTA)

수입국을 세부적으로 살펴보면 중국은 총 수입액의 15.3%를 차지해 1위 자리에 올라섰고 이어 미국이 13.5%로 2위를 차지했으며, 유럽국가 중에서는 독일 5.8%, 중동국가 중에는 UAE 6.5%가 최대 수입국이다. 우리나라의 경우 사우디 건설경기의 침체에 따른 기자재 수출감소와 주력 수출제품인 자동차, 철강 등의 수출감소로 인해 2017년 사우디 수입 대상국 중 8위를 차지했다.

2017년 사우디의 품목별 수입현황에서 가장 많은 금액을 수입한 제품은 전체 수입 중 23.9%를 차지한 기계류 및 전기기기 제품이고, 이어 수송 장비 및 부품이 15.7%, 석유화학제품이 9.9%, 금속제품 8.6%의 비중을 차지했다. 전년대비 수입 증감률을 보면, 석유화학제품, 채소류를 제외한 대부분의 수입품목이 소폭 감소했다.

〈표 11-5〉 품목별 수입

(단위: 백만 달러, %)

	2016년	2017년		
	수입액	수입액	증감률	수입 비중
수입총액	**174,675**	**134,519**	**▲4.0**	**100**
기계류 & 전기기기	34,489	32,139	▲6.8	23.9
수송장비 및 부품	25,047	21,173	▲15.5	15.7
석유화학제품	12,883	13,375	3.8	9.9
금속제품	12,643	11,586	▲8.4	8.6
채소류	8,118	8,387	3.3	6.2
음식료품	8,225	7,491	▲8.9	5.6
섬유제품	5,347	5,021	▲6.1	3.7
동물류	5,376	4,987	▲7.2	3.7
플라스틱 & 고무제품	4,924	4,573	▲7.1	3.4
기타	23,118	25,787	11.5	19.2

주: 2018년 7월 기준 확인가능 최신 통계
자료: 사우디 통계청(GASTA)

3. 한국과의 교역

2017년 기준 한-사우디아라비아 교역액은 전년 동기대비 15.7%가 증가한 247억 달러로 전년 동기대비 유가의 반등에 따라 수입액이 24.4% 증가한 덕분에 8.8% 감소한 수출액을 상쇄하여 증가를 기록했다. 특히 2014년 6월에 발생한 유가하락 기조가 지속돼 유가하락 및 내수부진에 따라 지난 2년간 교역액이 대폭 감소했다. 사우디아라비아와의 교역이 시작된 이래 지속적으로 적자 기조를 유지하고 있으나 이는 대 사우디아라비아 교역구조상 원유, LPG, 나프타 등 광물성 원료의 수입의존도가 높은 것에 기인한다. 2017년 무역수지는 전년 동기대비 증가세로 전환되었는데 자동차, 철강 등의 주력제품의 수출감소폭이 줄고 원유가격 반등, 수입비중이 높은 광물성 연료인 원유 수입액이 대폭 증가한 데 기인한다.

〈표 11-6〉 한국과 사우디아라비아의 교역동향 (단위: 백만 달러, %)

구분	2015		2016		2017	
	금액	증감률	금액	증감률	금액	증감률
총 교역	29,043	▲35.5	21,386	▲26.4	24,737	15.7
수출	9,482	14.4	5,644	▲40.5	5.147	▲8.8
수입	19,561	▲46.7	15,742	▲19.5	19,950	24.4
수지	▲10,079	64.6	▲10,098	▲0.2	▲14,443	▲43.0

자료: 한국무역협회, K-stat. 2017년 자료 수정보완

사우디아라비아는 2017년 기준 중국, 미국, 베트남, 홍콩, 일본, 호주, 대만, 독일에 이은 우리나라의 22대 교역 대상국으로 2017년 3분기의 19위 교역대상국 대비 3단계나 떨어졌으나 사우디의 높은 수입의존도, 우리나라의 대 사우디아라비아 원유수입수요 유지 등에 힘입어 양국 간 교역은 다시 확대될 것으로 기대된다.

〈표 11-7〉 2017.1~4월 한국의 국가별 교역액 (단위: 백만 달러)

구분	국가	수출액	수입액	교역액
1	중국	44,138	31,271	75,409
2	미국	22,514	16,508	39,022
3	일본	8,751	17,931	26,682
4	베트남	14,820	4,839	19,659
5	호주	6,340	6,467	12,806
6	홍콩	11,627	610	12,237
7	대만	4,697	5,896	10,592
8	독일	3,030	5,896	9,081
9	사우디아라비아	1,633	6,353	7,987
10	인도	4,816	1,659	6,442
11	싱가포르	3,584	2,858	6,013

자료: 한국무역협회, K-stat.

사우디아라비아에서의 대형 프로젝트 중단 및 연기와 내수부진에 따른 소비재 수출 감소로 대 사우디아라비아 수출은 당분간 하락할 것으로 예상되고 있다.

〈표 11-8〉 연도별 수출 및 증감률 변화

(단위: 백만 달러, %)

구 분	2011년	2012년	2013년	2014년	2015년	2016년	2017년
수출액	6,964	9,122	8,828	8,287	9,482	5,644	5,147
증감률	52.8	31.0	▲3.1	▲6.1	14.4	▲40.5	▲8.8

자료: 한국무역협회, K-stat.

2017년 대 사우디 상위 품목군의 수출 증감을 보면, 전기기기(▲51.1%), 산업기계(▲30.2%) 등의 제품군은 대폭 감소했으며, 고무제품(▲5.9%), 직물(▲10.3%), 가정용 전자제품(▲9.2%), 철강제품(▲13.2%), 수송기계(▲0.5%) 등은 소폭 감소했지만, 석유화학제품(50.3%)만이 대폭 증가했고 기초산업 기계(1.6%), 산업용 전자제품(21.4%)는 소폭 증가했다. 대 사우디 수출제품군 중 수출비중이 42.5%로 가장 높은 수송기계류의 경우, 선박(522.1%) 및 항공기부품(124.7%)의 수출은 대폭 증가했으나 특장차(▲70.9%) 등은 대폭 감소했으며, 주력 제품인 자동차부품(▲11.1%), 승용차(▲15.9%)의 하락에 따라 전체 수송기계류의 수출은 전년 대비 소폭 감소했다.

〈표 11-9〉 수출 상위 품목별 수출현황

(단위: 백만 달러)

구분	2016년	2017년		비고(MTI 4단위)
	금액	금액	증감률	
수출총계	5,644	5,147	▲8.8	
수송기계(74)	2,401	2,389	▲0.5	승용차 1,808(▲15.9%), 선박 467(522.1%), 화물자동차 72(▲41.8%), 자동차부품 35(▲11.1%), 항공기 부품 5(124.7%), 특장차 2(▲70.9%)
전기기기(84)	812	397	▲51.1	접속기 및 차단기 116(▲43.1%), 변압기 113(▲54.2%), 전선 104(▲29.2%), 배전 부분품 23(▲38.0%), 발전기 10(404.7%), 전동기 9(39.4%), 전원장치 5(▲10.1)
철강제품(61)	428	371	▲13.2	주단강 74(10.9%), 중후판 67(54.9%), 아연도강판 50(29.0%), 철구조물 41(▲51.6%), 열연강판 30(▲6.0%), 철강관 30(▲34.4%), 철강 및 비합금강형강 21 (▲62.0%), 전기강판 15(▲27.2%), 석도강판 11(275.3%), 도금강판 9(▲8.7%)
석유화학제품(21)	195	293	50.3	합성수지 117(8.1%), 기타 석유화학제품 114(81.2%), 기초유분 33 (122.0%), 석유화학합성원료 21(334.0%)

구분	2016년	2017년		비고(MTI 4단위)
	금액	금액	증감률	
기초산업기계(71)	262	266	1.6	펌프 79(22.0%), 공기조절기 69(▲30.1%), 가열난방기 67(62.1%), 원동기 19(186.8%), 운반하역기계 14(2.4%), 냉방기 9(▲47.4%), 운반하역기계부품 7(25.8%)
고무제품(32)	213	201	▲5.9	타이어 189(▲3.8%), 타이어 튜브 8(▲8.5%), 기타 고무제품 2(▲52.0%)
산업용 전자제품(81)	133	162	21.4	계측기 61(157.1%), TV카메라 및 수상기 22(28.6%), 의료용전자기기 14(5.0%), 무선전화기 12(▲62.0%), X선 및 방사선기기 10(152.3%), 방송용통신기기 7(4,722.6%)
무기류(97)	52	159	206.1	무기류 154(222.4%), 무기류부품 4(10.0%)
전자부품(83)	127	121	▲4.7	축전지 112(▲4.4%), 연결부품 3(▲1.3%), 평판디스플레이 1(▲64.7%)
비철금속제품(62)	110	121	9.5	아연괴 및 스크랩 59(5.0%), 알루미늄조가공품41(64.2%), 동조가공품 12(56.7%), 알루미늄구조물 및 용기 4(▲14.2%)
가정용 전자제품(82)	124	113	▲9.2	칼라TV 40(12.3%), 세탁기 31(▲19.2%), 에어컨 10(▲6.0%), 냉장고 9(▲38.0%), 선풍기 6(29.0%), 카스테레오 5(31.4%)
산업기계(72)	156	109	▲30.2	건설중장비 49(11.9%), 화학기계 20(▲56.4%), 기타 산업기계 14(▲32.1%), 금속절삭가공기계 8 (75.6%), 고무플라스틱가공기계 4(▲21.0%), 섬유기계 3(▲50.8%)
직물(43)	113	101	▲10.3	폴리에스터직물 70(▲5.0%), 폴리에스터 단섬유직물 10(▲10.5%), 편직물 7(▲20.1%), 자수포 6(▲33.0%)

자료: 한국무역협회(www.kita.net)

우리나라의 대 사우디아라비아 수입은 2016년에는 19.5%가 감소한 157억 달러를 기록했다. 2017년 수입액은 유가반등으로 전년 대비 24.4% 증가한 196억 달러를 기록했다. 2017년 기준 주요 수입품목은 광물성원료로 원유, 나프타 2개 품목이 수입의 93.9%를 차지했다. 원유의 경우 2017년 기준 사우디아라비아로부터 수입액 기준 170억 달러 상당을 수입하며 전체 원유수입의 28.6%를 차지했다. 이는 원유 수입국 중 최대에 달하는 수치이다.

2014년 이전 고유가 및 사우디아라비아 석유화학산업 성장에 따른 생산품목 다양화로 우리나라의 관련 제품 수요가 증가하면서 원유수입액이 지속적인 증가세를 보였지만, 2014년 6월 유가가 거의 50% 하락 후 유가하락 추세가 지속

〈표 11-10〉 연도별 수입 현황

(단위: 백만 달러)

구분	2011년	2012년	2013년	2014년	2015년	2016년	2017년
수입액	36,973	39,707	37,665	36,724	19,561	15,742	19,590
증감률	37.9	7.4	▲5.1	▲2.5	▲46.7	▲19.5	24.4
국제유가*	106.0	109.0	105.3	94.91	50.8	41.3	53.2

주: * 국제유가는 Dubai 유가 기준
자료: KITA

됨으로써 2016년 원유수입액 및 전체 수입액이 감소했다. 한국의 경제성장 및 원유 등의 광물성 연료의 가격에 따라 수입액의 증감이 구조적으로 발생한다. 그 외 품목의 경우 대부분 소량으로 수입하며, 거래형태에 따라 일시적으로 수입량이 증감한다. 2017년 1~12월 세부 품목별 수입 증감률을 보면, 광물성 연료(23.3%), 석유화학제품(54.3%), 정밀화학제품(132.0%) 등 대부분 제품이 대폭 증가했으며, 비철금속제품(5.7%), 산업용 전자제품(10.7%), 수산물(81.4%)은 소폭 증가했고 요업제품(▲9.3%)은 소폭 감소했다. 이는 전년 동기대비 유가반등으로 원유 및 원유 관련 석유화학제품의 수입가격 상승으로 수입이 증가했다.

〈표 11-11〉 세부 품목별 수입 현황

(단위: 백만 달러, %)

구분	2016	2017년		비 고
	금액	금액	증감률	
수입 총계	**15,742**	**19,590**	**24.4**	
광물성연료(13)	14,903	18,405	23.5	원유 17,032(27.3%), 나프타 1,197(▲6.8%), LPG 141(▲37.1%), 기타 석유제품 21 (110.7%), 유연탄 13(0.0)
석유화학제품(21)	404	624	54.4	기타 석유화학제품 216(54.2%), 석유화학합성원료 199(14.6%), 합성수지109(147.6%), 기초유분 85(344.8%), 석유화학중간원료 16(▲43.5%)
비철금속제품(62)	287	304	5.8	동괴 및 스크랩 173(99.4%), 알루미늄괴 및 스크랩 116(▲39.6%), 연괴 및 스크랩 14(120.7%)
정밀화학제품(22)	96	222	132.0	암모니아수 209(162.9%), 기타 정밀화학원료 11(▲21.4%)
수산물(04)	9	10	5	새우9(3.8%)
기타화학공업제품(29)	5	7	27.8	기타 화학공업제품 7(27.8%)
요업제품(24)	7	6	▲9.3	판유리 6(▲9.8%)
산업용 전자제품(81)	3	3	10.7	무선통신기기부품 3(634.6%)
철강제품(61)	1	2	24.1	철강재용기 1(47.9%)

자료: 한국무역협회(www.kita.net)

4. 사우디아라비아의 주요 무역관련 제도

1) 수입규제 제도

사우디아라비아는 수량제한 등 일부 국가에서 볼 수 있는 수입규제 사례는 거의 없다. 하지만 특정제품을 수입하는 경우 수입이 금지되거나 관계 부처 승인 또는 검열을 받아야 하는 경우도 있다. 무역거래를 이용한 불법행위를 방지하기 위해 원산지증명서에 수출국 주재 사우디아라비아 대사관에서 발급하던 공증제도는 2006년 5월부터 폐지됐다. 그러나 이스라엘과의 직접 무역은 금지하고 있다.

(1) 수입금지 품목

사우디아라비아는 제조업의 기반이 취약해 생필품, 소비재 등 완제품 수입 의존도가 높은 국가이다. 따라서 국교인 이슬람교의 교리에 위배되거나, 국가 안보를 목적, 통상정책상 제한을 가하는 품목 외에는 대부분의 물품의 수입이 자유로운 편이다. 심지어, 북한의 철강제품 등도 수입하고 있다. 그러나 수입품 전반에 대하여 비교적 엄격한 기준을 통해 이슬람 율법에 어긋나는 돼지고기, 술(알코올)관련 제품을 비롯하여 석면을 포함한 시멘트, 시멘트 셀룰로스 섬유, 전자담배, 중고 의류, 섬유, 그리고 사회안정을 해친다고 판단되는 마약류, 향정신성의약품, 비 의료용 약품 등 HS Code 8단위 기준 약 92개 품목에 대해서는 수입을 금지하고 있다. 또 모조품이나 위조상품들의 수입은 불가하며 적발 시 벌금이 부과된다.

- 중고 놀이기구 수입금지 조치 : 놀이기구 안전사고가 증가하면서 사우디 정부는 2013년 10월 중고 놀이기구 및 부품들에 대한 수입금지 조치를 내렸다. 전문가들은 테마 파크들이 낮은 수준의 안전대책을 갖고 있으며 소유주들은 정기점검에 소홀하다고 판단했다. 사우디 정부는 사우디 관세청에 5년 이상 된 모든 중고 놀이기구와 그 부품들을 압수 지시했다. 아울러 사우디 무역산업부, 관광부, 표준청, 관세청, 상공위원회 등으로 구성된 정부위원회는 놀이기구 사고를 예방하기 위한 9가지 방안을 발표했다.

(2) 수입허가 품목

일부 품목의 경우 수입을 허용하되, 종교 또는 안전 등의 이유로 관련부처의 승인을 받도록 되어 있다.

(3) 비관세장벽

사우디아라비아는 2005년 10월 WTO 가입 이후 무역장벽을 점진적으로 완화하며 외국상품의 자국시장 접근을 용이하도록 제도를 개선해왔으나 아직까지 WTO가 지향하고 있는 수준에는 못 미치고 있는 실정이다. 외국인이 독자적으로 상품을 수입·판매하는 것을 금지하며 자국산 경쟁품목에 대하여 고율의 수입관세를 부과시키고 통관절차를 까다롭게 하는 등 자국산 제품이나 자국인 기업들을 보호하는 각종 지원제도가 상존하고 있다.

이스라엘을 제외하고 특정국 또는 특정제품 수입금지를 목적으로 한 비관세장벽은 없으나 관세부과 및 통관과정, 인증 등 제도적 문제점과 일부 수입제한 조치로 인해 대 사우디아라비아 수출 시 애로를 겪는 경우가 있다.

① **이스라엘 제품 수입금지**: 1945년 아랍연맹의회에서 결정된 이스라엘 보이콧(the Arab League boycott of Israel)에 따라 사우디아라비아에서도 이스라엘 제품 수입을 금지하고 있다. 특히, 팔레스타인 수입제품의 경우에는 원산지가 이스라엘이 아니라는 증명이 요구되기도 한다. 이스라엘 보이콧은 1차(원산지가 이스라엘인 제품과 서비스), 2차(이스라엘과 비즈니스를 하는 비 아랍국가), 3차(이스라엘 항구를 경유한 비즈니스)로 나누어진다. 이스라엘을 다양한 방법으로 지원하는 외국기업들도 블랙리스트로 관리하였으나, 해당 보이콧은 해석에 따라 적용범위가 탄력적이며, 몇몇 사우디아라비아 스폰서들에 의해 주요 기업들은 블랙리스트에서 제외됐다. GCC는 14차 연례회의에서 1994년부터 이스라엘과 거래하는 기업에 대한 2차 및 3차 보이콧을 철회하는 것에 합의하였으며, 현재 사우디아라비아는 원산지가 이스라엘인 제품, 이스라엘 내에서 설립된 회사의 제품, 이스라엘 시민 및 이스라엘 거주민이 제조한 제품을 수입 금지하고 있다. 하지만 아직까지도 비자가 거부되는 등 동 규제는 선택적으로 적용되고 있다.

② **원산지 각인 또는 스티커 부착**: 2009년부터 사우디아라비아 관세청은 사우디아라비아에 수출되는 모든 제품은 원산지를 각인하거나, 제거 불가능한 스티커를 부착하는 규제를 적용했다. 제품이 규격에 맞게 라벨링이 되지 않는 경우 수출국으로 돌려보내며 관련된 추가 인건비, 운송비, 과장금은 수출자에

게 부과된다. 최근 제품의 포장에 표기된 원산지와 제품 자체에 새겨진 원산지가 상이해 통관이 거부되는 사례가 있었다. 통관 시 불이익을 피하기 위해서는 원산지표기를 명확히 해야 한다.

③ **인증**: 수입제품을 포함해 국내에서 유통되는 모든 공산품의 경우 사우디아라비아 표준청(SASO)에서 정한 기준에 부합할 것을 요구하고 있다.

④ **통관 지연**: 사우디아라비아의 통관은 수입금지품목 반입여부검사 등으로 진행이 더디다. 또 이슬람국가의 가장 큰 명절 중 하나인 라마단 기간에는 정부 부처, 민간기업의 많은 사람들이 긴 휴가를 떠나거나 단축근무를 하기 때문에 평균 약 2배 시간이 더 소요되기도 한다. 손목시계, 액세서리 같은 경우는 견본이라 할지라도 과세 통관되는 사례가 있어 수량이 많은 견본의 경우 통관에 어려움을 겪기도 한다. 또한 통관 시 자주 발생하는 문제로는 물품분실과 파손을 들 수 있다. 사우디 항만에서 일하는 근로자는 대개 제3국 출신이 대부분인데, 물건을 소홀히 취급할 뿐 아니라 훔치는 사례도 종종 발생해, 현지 진출 가전업체의 경우 수출품 하역 시 파손 및 분실되는 사례가 자주 발생하고 있다고 한다. 이처럼 낙후된 행정처리와 종교관행이 통관을 어렵게 하고 있다.

⑤ **세관 벌금**: 수입 관련 관세규정을 준수하지 않을 경우 사우디 관세청에서 벌금을 부과하기도 한다. 사우디 관세청에서 명시한 벌금부과 상황은 다음과 같다.

벌금부과(500~5,000사우디아라비아 리얄)	벌금부과(500~1,000사우디아라비아 리얄)
- 수입 또는 수출과 관련된 조건 및 제한의 회피로 이어질 수 있는 부적절한 세관 신고 - 제품의 가치, 유형, 수량, 무게, 측정 혹은 출처와 관련된 부적절한 세관신고 - 관세청의 동의 없이 수입 교통수단의 노선을 변경하는 경우 - 적하목록이 불완전하거나 또는 한개 이상의 적하목록이 존재하는 경우 - 사무총장에 의해 규정된 조건에 반하는 일시 반입, 재수출 공표와 관련된 인증서를 제출할 경우 - 사무총장에 의해 규정된 조건에 반해 창고에 물건을 적재하는 경우 - 관세청의 승인 없이 선박, 항공기 혹은 다른 교통수단을 통해 세관 경계선을 넘어서는 경우	- 수입 또는 수출과 관련된 적하목록 미제출 및 기간 내 제출하지 못할 경우 - 관세청이 승인한 적하목록이 미보유 - 여러 제품을 하나의 제품처럼 밀봉포장해 적하목록 및 다른 서류에 기록할 경우 - 적하목록 혹은 다른 문서에 필요정보를 기록하지 않은 경우

⑥ **기타**: 킹 압둘 아지즈 과학기술도시(KACST, the King Abdul Aziz City for Sciences and Technology) 또는 장관회의에서 결정되는 건강규제를 통해 일부 국가의 과일, 채소, 소고기 등 식료품의 수입이 간헐적으로 금지되고 있다.

(4) 수입쿼터

수입품목에 대해 관세를 적용하고 일부 품목의 경우, 수입 시 허가를 받거나 수입을 금지하는 경우는 있으나 물량을 규제하는 경우는 특별히 없다.

2) 관세

(1) 관세율 제도

사우디아라비아의 관세는 통치기본법(Basic Law of Governance) 제20조에 의거 내각에서 세율을 결정하고 왕령에 의거 확정되는데, 관세 적용품목은 HS 2002 기준에 따라 분류하고 있으며, HS 8단위 기준으로 관세를 부과하고 있다.

사우디아라비아 관세는 기본적으로 HS 방식 기준의 종가세 제도로 통상 관세율은 0%, 5%, 12%, 20%로 구분하고 있으며, 자국의 유치산업 보호 등 특수한 품목의 경우 100%를 적용하고 있다. 사우디아라비아의 평균 관세율은 5% 또는 12%로 개발도상국 평균관세율 15~20%와 비교할 때 다소 낮은 편이다. 쌀, 설탕 등의 기본 생필품은 무관세이며, 식품, 의약품 등의 기초필수품과 프로젝트를 위한 기자재 수입 또한 대부분 무관세이다. 일반 상품에 대해서는 5%의 관세를 부과하며, 자국에서 생산돼 수입품과 경쟁이 예상되는 플라스틱제품, 목공제품, 세제 등의 품목은 12%로 책정된다. 그 외 대추야자는 40%, 담배는 100%의 고관세를 부과하고 있다.

2002년 12월 카타르에서 개최된 제23차 GCC(Gulf Cooperation Council) 최고회의에서 2003년 1월 1일부로 관세동맹을 발효하기로 합의 했다. 따라서 GCC 회원국인 사우디아라비아는 회원국 간 모든 상품에 대하여 무관세 및 역외상품에 대한 관세율을 5%로 단일화를 하되, 일부 품목에 대해서는 고율의 관세를 부과키로 합의했다. 그러나 GCC 회원국 외 역외관세 부과 및 면제에 관해서는 회원국들이 개별적으로 적용하고 있는 실정이다.

한편 사우디아라비아는 2005년 12월 11일 WTO에 가입했으며, 상품부문 주요 합의내용은 아래와 같다.

- 무역장벽을 점진적으로 완화, 외국상품의 시장접근 확대를 수용

- 수입상품에 부과되는 모든 관세를 통합해 10년간 이행기간 종료 후 평균 최고관세는 농산품 12.4%, 비농산품 10.5%로 인하
- 농산품 개별관세는 5~200%(담배, 대추야자)까지 허용
- 비 농산품 중 11%는 무관세로 수입하는 반면, 철강제품 및 목재는 가장 높은 관세율을 적용
- 대부분 품목(92.6%)에 대한 최종 관세율은 가입일에 확정됨
- 가입 당시 5~15%인 199개 품목의 관세율은 2008년까지 0%로 인하(무관세화)

(2) 관세율 확인 방법

사우디아라비아 수입관세율은 관세청 홈페이지 http://www.customs.gov.sa를 통해 검색이 가능하다.

수입금지품목, 관세 관련 법령정보, 계절관세 등의 정보를 제공하고 있어 우리 기업들이 수출 시 유용하게 활용할 수 있다. 관세율은 Item No. HS Code(8단위), Description, Unit, Duty Rate 등으로 검색이 가능한데 8자리 HS Code를 사용하는 것이 가장 명확하다. 그러나 관세청 Contact 정보(전화번호, 이메일) 활용 시 담당자 연결이 매우 어렵고 이메일은 거의 회신을 하지 않아 불편을 겪는 경우가 많다.

■ 검색 방법

① 홈페이지 접속 http://www.customs.gov.sa

② English Version 선택

③ 홈페이지 중앙에 있는 Tariff 선택

④ Tariff Search 선택

⑤ HS Code 또는 제품명, 관세율 등을 기준으로 검색이 가능

⑥ Banned Commodities 선택 시 수입금지품목 확인이 가능하며, Duty Free Commodities 선택 시 관세면제품목 확인 가능

(3) 물가 안정을 위한 관세율 인하 조치 및 원상복구

사우디아라비아 정부는 2006년 이후 물가의 지속적인 상승을 우려하고 수입물가 안정을 위해 6~25% 수준이던 식음료 제품, 건축자재, 소비재 상품에 대한 관세율을 2008년 4월 1일부터 3년간 0~5%로 인하하는 조치를 시행했다. 2009년 6월 사우디아라비아 정부는 동 품목을 포함해 총 851개 품목에 대한 관세를

추가로 인하 또는 면제했다. 아울러, 2010년 12월 11일에는 화학제품, 향수류, 샴푸, 치약, 면도크림, 살충제, 플라스틱 제품 등 총 122개 품목의 관세도 7.6%~25%에서 5.5%~6%로 인하했다. 사우디아라비아 정부는 2011년 4월에 수입관세 재검토 후 관세를 다시 부과하겠다는 입장이었으나, 2014년 6월에 촉발된 유가하락 추세가 지속되자 재정수입 다각화의 목적으로 관세수입 증대를 위해 2016년 말 기존의 한시적으로 인하한 품목 중 200여 개의 품목에 대해 관세율의 원상복구를 전격 시행했다. 2016년 말 원상복구하여 관세율인상 품목에 대한 세부 관세율은 사우디 관세청 홈페이지를 통해 검색이 가능하다.

(4) 계절관세

사우디아라비아 관세청은 수확기에 자국산 농산물가격의 하락을 방지하고, 비 수확기 수입관세를 면제함으로써 물가안정을 도모하기 위해 일부 농산물에 계절관세를 도입하고 있다. 사우디아라비아는 사막환경으로 인해 농작물 재배가 힘든 특성을 지니고 있어 대부분의 농산품을 수입하고 있으므로 계절관세 적용품목이 많은 편은 아니다.

농산물 종류 및 적용 관세율은 매 계절별 농산물 생산량과 기후조건에 따라 개정된다.

(5) 기타 – 수입금지품목

수입금지품목 관련 사우디아라비아 관세청은 금지품목 목록에 없는 제품의 수입은 원칙적으로 가능하나 기타 제품의 최종 수입금지 여부는 사우디아라비아 표준청(SASO)에서 결정할 수 있다는 입장이다. 따라서 우리 기업들은 수출 시 관세산정 및 통관에서 불이익을 받지 않기 위해서는 SASO 등 필요한 인증을 사전에 구비하고, 인증기준에 대해 변경이 없는지 주기적으로 확인하는 것이 중요하다. 특히, 사우디아라비아 관세청 등 공공기관의 경우 담당자에 따라 요청서류 및 검사기준이 매우 상이하고, 변경된 내용에 대한 발표나 정보전달이 잘 이루어지지 않아 애로를 겪을 수 있다. 또한 통관 등에 있어 불합리한 판정을 받아도 이의를 제기할 수 있는 창구가 거의 없어 사전준비를 철저히 하는 것이 좋다.

5. 통 관

1) 통관 개요

사우디아라비아는 통관 시 절차가 복잡하고 불투명하며, 요구하는 서식이 많아 통관이 쉽지 않은 경향이 있다. 특히 전자 통관시스템이 갖춰져 있지 않아 모든 통관서류를 서면으로 준비해야 하는 불편함이 있다. 세계은행이 발간한 Doing Business 2014에 따르면 OECD 국가들은 평균적으로 수출통관에는 11일이, 수입통관에는 10일이 소요되는 반면, 사우디아라비아의 평균 수출통관시간은 13일이며 평균 수입통관시간은 17일이 소요된다. 또한, 통관업무 수행기준이 통관담당자마다 상이한 경우가 많으며, 정책 및 규정의 변경사항을 공지를 하지 않는 경우도 있어 수출 시 어려움을 겪을 수 있다. 현지 에이전트를 통해 수출할 경우에는 문제가 발생하더라도 해결이 다소 수월한 편이나 그렇지 않은 경우 큰 어려움을 겪을 수 있다. 그러므로 주기적으로 통관에 관한 정책 및 규정을 확인하는 노력이 필요하다.

통관에도 이슬람 율법을 엄격히 적용하고 있는데 소비재 물품의 경우 제품 포장 및 디자인 등에 대한 검토가 까다롭고, 특히 돼지고기와 그 기름이 포함돼 있는 식품이나 알코올 성분이 들어간 식품, 주류 등은 통관이 불가하다. 이슬람 문화에 반하는 디자인이 포함된 소비재 역시 통관이 매우 까다롭다. 또한 통관 시 담당 세관원이 자의적으로 규정을 적용하는 경우도 있어 박람회에 전시되는 물품 또는 견본제품 등에도 관세를 부과하거나 통관을 지연시키는 사례가 일어나기도 한다. 수출, 수입 간의 비용차이에 있어서 사우디아라비아는 수출과 수입 시 각각 1,055달러, 1,229달러가 소요돼 그 차이가 174달러로 나타났다. 이는 OECD 국가들이 평균적으로 수출 시에는 1,070달러 수입 시에는 1,090달러가 소요돼 20달러의 차이가 나는 것과 비교해 비용의 차이가 크다는 것을 알 수 있다.

2) 수입신고

상품이 도착하면 세관에서 지정한 장소에 하역하고, 수입상은 수입신고 및 통관절차를 진행한다. 수입신고는 수입신고서(Bill of Entry)를 작성한 후 선하증권(B/L), 상업송장(Commercial Invoice), 원산지증명서(C/O), 포장명세서(Packing list) 등을 첨부해 세관의 Documentation Department에 제출한다. 수입신고서에는 수입상품의 수량 및 종류, 상품명세, 가격, 중량 등을 상세히 기재한다.

3) 물품검사

물품검사는 샘플검사를 시행하게 되는데, 수입제품 중 무작위로 샘플을 선정해 수입금지품목 여부, 수입신고서 내용과의 일치 여부 등을 확인한다. 수입신고서와 기재내용이 다르거나 품목이 상이한 경우에는 수입통관을 거부하거나 전수검사를 실시하는 경우가 있다. 수입금지품목이나 이슬람 율법에 어긋나는 제품을 수입하거나 통관 시 법적 제재를 받을 수 있다.

4) 통관절차 업무 흐름도

기본적인 통관절차	상품 도착 → 세관창고 하역 → 통관서류 제출 → 시스템 등록
FCL화물의 경우	상품검사 및 관세 부과를 위해서 상품을 컨테이너 야적장으로 옮긴 후 샘플링검사 → 관세부과 → 관세납부 → 통관완료
LCL화물의 경우	상품검사 → 관세부과 → 관세납부 → 통관완료

상품이 도착해 지정된 장소에 하역되면 수입상 혹은 통관업자는 BILL OF ENTRY에 수입상품의 수량 및 종류, 상품명세, 가격, 중량 등을 상세하게 기재한 후 B/L, C/O, P/LIST, COMMERCIAL INVOICE 등과 함께 세관 DOCUMENTATION DEPARTMENT에 제출한다. BILL OF ENTRY 및 CLEARANCE ORDER에 서명하고 수입상은 관세를 납부함으로써 통관이 완료된다. 관세가 납부된 상품은 통관이 완료된 것으로 볼 수 있으나 세관 정문에서 필요한 경우 세관장의 지시 하에 재검사를 요구받을 수도 있다. 소요기간은 근무일 기준 약 5일이 소요되며, 세관 업무시간은 08 : 00~14 : 30이고 목, 금요일은 휴무이다. 참고로 사우디아라비아에는 보세구역이 없다.

5) 세관제출서류

통관에 필요한 세관제출서류는 다음과 같다.

- 원산지증명서 3부(상공회의소 인증 필요)

- INVOICE(상공회의소 인증 필요)
- BILL OF LADING
- 보험증명서(CIF의 경우)
- 수입검사인증서(SASO 적합 인증서)
- 유전자변형식품 시 GE마크 필히 부착
- 위생검사서(SFDA 인증서/의약품, 식품인 경우에만 해당)

6) 주요 무역항

사우디아라비아는 아시아, 아프리카, 유럽대륙의 중간에 위치하고 있으며, 아시아와 인접해 있는 동부지역 해안은 700km, 아프리카, 유럽, 아메리카의 반대편에 있는 서부지역 해안은 1,800km이다. 사우디아라비아의 서부지역 해안은 국제무역의 주요 경로에 위치하고 있어 항구가 발달해 있다. 사우디아라비아에는 6개의 상업무역항과 3개의 산업무역항이 있으며 Ras Al-Khair항은 현재도 개발 중이다. 연간 처리물동량은 다음과 같다. 사우디아라비아 교역품의 95%가 항만에서 처리되며 취급한 화물의 55%가 수출품이다. 사우디아라비아 항만 처리용량은 206개의 선석(정박지)으로 증가했다. 연간 5백만 TEU가 처리되며 11,000대의 선박이 입항하고 있다.

〈표 11-12〉 사우디아라비아 항구 연간 처리실적

구분	2016년	2017년	전년 대비 증가율
연간 처리물동량	2억 5,234만 6,202톤	2억 5,789만 2,044톤	2.15%
연간 컨테이너 처리물량	6,761만 6,903톤	6,996만 9,614톤	3.36%
승객수송	124만 8,015명	131만 15명	4.73%

주: 2018년 7월 현재 입수 가능한 최신 통계
자료: Saudi Ports Authority

12. 터키

터키의 정식명칭은 터키공화국(Republic of Turkey)이다. 전체 면적은 783,562㎢(한반도의 3.5배)로 아시아대륙의 서부에 위치하고 있고, 유럽대륙의 동남부와 연결되어 있다. 흑해(Black Sea), 마르마라해(Sea of Marmara), 에게해(Aegean Sea)를 연결하는 보스포루스(Bosporus) 해협과 다르다넬스(Dardanelles) 해협에 의해 유럽에 속하는 트레이스(Trace) 반도와 아시아에 속하는 아나톨리아(Anatolia) 반도로 구분된다.

공휴일로는 국정 공휴일과 종교 공휴일이 있다. 공식 국가종교는 없지만 국민 다수가 이슬람교(98%)를 따르고 있고, 정교분리정책으로 금요일까지는 근무하고, 토요일과 일요일은 휴무이다.

터키 통계청이 2016년 1월 31일 거주지 등록 자료를 토대로 집계한 인구통계를 발표하였는바, 2016년 전국 총인구는 전년대비 약 107만 명 증가한 7,981만 명으로 조사되었으며, 2017년 인구는 8,080만 명이다. 경제활동인구(15-65세 근로가능)는 5,427만 명으로 전체 인구의 68%를 차지하고 있다.

터키는 과거 역사적 요인으로 관계가 멀어졌던 중동 및 코카서스(Caucasia) 지역 국가와의 관계 개선을 위해서도 노력하고 있다. 이와 함께 터키는 평화적 안보환경 수립, 중동 및 회교권 국가들과의 관계에서 터키의 입지 강화, 터키의 외교력 및 영향력 과시를 통한 대외적 신뢰 증가, 국제사회에서의 터키 이미지 고양, 에너지 수송로 역할을 통한 에너지 중심국으로 부상 등을 도모하고 있다.

1. 경제현황

터키는 2001년 통화위기를 계기로 근본적인 구조개혁을 실시함으로써 거시경제의 기반이 안정되기 시작했다. 특히 재정, 금융 부문이 건전해진 것을 배경으로 2004년부터 2006년 전반에 걸쳐 인플레이션과 금리가 하락했고, 그것이 원동력이 되어 경기가 크게 확대되었다. 특히 개인소비가 경기확대에 가장 크게 기여하였다.

터키정부는 지속적인 경제성장 추구와 동시에 안정화 정책을 펼치고 있다. 경제성장의 측면에서는 수출진흥을 위한 정책 및 인프라, 투자유치 확대를 위한 경제정책들을 펼치고 있으며, 실물 경제안정의 측면에서는 물가상승률 억제정책 및 실업률을 낮추기 위한 정책을 추진 중에 있다. 그러나 매년 12월의 전년 동월대비 물가상승률은 2014년 8.3%에 이어 2015년 8.9%, 2016년 8.5%, 2017년 10.2%로 더욱 더 높아지고 있고, 특히 2014년 이후 급격한 리라화 하락이 2018년 현재까지 지속되고 있는 것이 물가억제정책에 가장 큰 어려움이 되고 있다. 실업률의 경우 연말기준 2014년 9.9%, 2015년 10.3%, 2016년 10.9%, 2017년 11.2%로 매년 10%를 상회하고 있다

〈표 12-1〉 터키의 주요 경제지표

지표	2011	2012	2013	2014	2015	2016	2017
GDP(십억 달러)	774.1	773.1	823	779	718.2	863.7	909.8
경제성장률(%)	8.5	2.6	4.2	2.9	4.0	2.9	7.4
1인당 GDP(달러)	10,469	10,673	10,818	10,390	10,985	10,863	11,114
소비자 물가지수 상승률(%)	10.45	6.16	6.8	8.2	8.8	8.5	10.23
실업률(%)	9.8	9.1	9.5	9.9	10.3	11.8	11.4
외채(백만 달러)	306,551	326,251	389,000	402,000	397,000	417,000	-
외환보유고(십억 달러)	110	133	109	105	91	90.6	91.5
이자율(%)	15.9	16.05	17.07	10.0	7.5	8.0	13.4
환율	1.67	1.79	1.90	2.18	2.72	3.02	3.77

자료: 터키 중앙은행(http://www.tcmb.gov.tr/wps/wcm/connect/en/tcmb+en)
터키 경제부(http://www.economy.gov.tr/index.cfm?sayfa=index).
EIU(http://country.eiu.com/Turkey)

수출확대 및 경제발전을 위한 중장기 계획으로 2009년부터 터키 재무성과 수출입협회에서 공동으로 추진 중인 수출확대정책의 주요 목표는 2023년까지 연간 수출 5조 원을 달성(매년 12%의 수출 증대) 및 경제규모 세계 10위권 내 진입(전 세계 경제의 1.5%)으로 하고 있다.

이러한 목표달성을 위해 현재의 산업구조를 고부가가치 산업 중심의 산업구조로 변형시키고, 이에 대한 투자를 확대하는 것을 중점적으로 추진하고 있는 중이다. 터키의 수출확대 정책의 가시화는 터키의 제조업이 갈수록 세계무대에서 약진하는 모습에서 찾아볼 수 있다. 터키는 철강생산 규모가 2017년 기준으로 세계 8위, 유럽에서는 러시아, 독일 다음으로 3위이며, 자동차생산에 있어서도 유럽 내에서 프랑스 다음으로 많은 차량을 생산하고 있다. 또한, 삼면이 바다로 둘러싸인 지리적 영향으로 요트산업 및 선박제조 기술의 보유 등 우리나라의 경제성장 발전의 모델과 매우 유사한 구조를 지니고 있다.

2. 터키의 교역

2015~2016년 기간 중 터키의 달러화 기준 수출입액은 주로 리라화의 대 미 달러환율 상승의 영향으로 수출이 2015년 -8.7%, 2016년 -0.9%, 수입은 2015년 -14.4%, 2016년 -4.2%로 하락세가 지속됐다. 그러나 2017년부터 본격적인 수출입 회복세가 나타나면서 2017년 수출은 약 10.3% 증가, 수입은 약 17.9% 증가하였다. 무역수지 적자는 2013년 999억 달러로 가장 큰 폭을 보인 후 2014년 846억 달러, 2015년 634억 달러, 2016년 561억 달러 적자로 계속 감소되는 추세에 있었으나, 2017년 수입이 크게 증가하여 약 771억 달러 적자로 확대된 것으로 나타나고 있다. 터키정부는 만성적인 무역수지 적자 개선 노력을 적극 추진하고 있어 향후 터키의 무역수지는 점진적으로 개선될 것으로 기대된다. 경제부장관은 대 EU 수출과 함께 아프리카와 아시아 시장으로의 수출선 다변화를 꾀하겠다고 밝힌 바 있으며, 우리나라와의 FTA를 적극적으로 추진한 것도 이와 유사한 맥락으로 볼 수 있다.

1) 무역수지

2017년 터키 무역수지 적자는 770억 달러 수준으로 총수입액 2,342억 달러의

32.9%에 달하며, GDP의 9.0%에 달하는 높은 수준이다. 터키는 자동차, 가전제품 등 완제품 제조업이 발달하였으나, 완제품 제조를 위한 대부분의 원자재, 중간재를 해외 수입에 의존함과 동시에 석탄을 제외한 대부분의 화석연료를 수입에 의존하기에 매년 큰 폭의 무역수지 적자가 발생하고 있으며, 화석연료 포함한 원자재 가격의 변동에 따라 무역수지 적자폭은 변동하고 있는 상황이다.

터키정부는 유럽 재정위기에 따른 수출시장 다각화 노력과 핵심기술에 대한 개발 및 투자를 통한 원자재·부품 수입 감소 등을 바탕으로 만성적인 무역적자 감소를 위해 적극적인 대응책을 마련하려는 노력을 지속하고 있는 상황이나, 매년 600억 달러 내외의 무역수지 적자가 지속 발생하고 있는 상황이다.

〈표 12-2〉 터키 연도별 수출입 실적 (단위: 십억 달러, %)

구분	2013	2014	2015	2016	2017
수출	152,137	157,490	143,743	142,467	157,116
(증감률)	(-0.2)	(3.5)	(-8.7)	(-0.9)	(10.3)
수입	251,955	241,733	206,866	198,532	234,258
(증감률)	(6.5)	(-4.0)	(-14.4)	(-4.0)	(18.0)
무역수지	-99,818	-84,243	-63,123	-56,065	-77,142
(증감률)	(18.7)	(-15.6)	(-25.0)	(-11.2)	(37.6)

주: 증감률은 전년대비 기준
자료: World Trade Atlas

2) 국가별 수출입

터키의 수출은 EU 의존도가 매우 높은 구조로, 최근 그 비중이 줄어들긴 하였지만 2016년 기준 그 비중이 51.4%(EU의 터키 수입액 / 터키 총수출액)에 달하는 상황이다.

터키의 최대 수출국가는 전체 수출액의 10% 내외를 점유하고 있는 독일이다. 이를 영국, UAE, 이라크, 미국 등이 잇고 있으며, 2017년도에는 전년대비 UAE 70.15%, 미국 30.76%, 스페인 26.46% 등 국가로의 수출 증가세가 높은 편이었다.

2014년까지 터키의 최대 수입국가는 러시아였으나, 이후 러시아와의 관계 악화 및 중국산 물품수입 확대에 따라 중국이 최대 수입국으로 부상하였다. 최근 러시아와의 관계개선으로 러시아산 물품 수입량이 점차 확대되고 있으나, 2017년 말 현재 중국이 터키의 최대수입국으로 자리매김하고 있으며, 독일, 러시아, 미국 등이 그 뒤를 잇고 있다.

〈표 12-3〉 2017년 터키의 주요 수출입국가

순위	수출		수입국	
	국가	금액	국가	금액
1	독일	15,126	중국	23,436
2	영국	9,609	독일	21,308
3	이락	9,057	러시아	19,514
4	이탈리아	8,477	미국	11,952
5	스페인	6,308	이탈리아	11,308
6	프랑스	6,586	영국	6,553

자료: 한국무역협회, K-stat(터키)

3) 터키 품목별 수출입

(1) 수출

글로벌 제조기업의 터키진출 확대는 자연스레 관련 부품업체의 터키진출 확대를 야기하였으며, 이러한 업체들과 더불어 발전하고 있는 터키 내 부품업체들은 터키 내 수출에 있어 큰 비중을 차지하고 있다. 2017년 기준 터키수출액의 가장 큰 비중을 차지하는 것은 자동차 및 자동차 부품으로, 그 뒤를 기계 및 기계부품이 잇고 있으며, 전통적 수출품목인 귀금속, 의류 역시 수출액의 비교적 큰 비중을 차지하고 있다.

〈표 12-4〉 터키의 10대 수출품목

(단위: 백만달러, %)

순위	HSCODE	품목	2016	2017	증감율
1	27	자동차 및 자동차부품	19,797	23,949	20.97
2	84	기계 및 기계부품	12,336	13,834	12.15
3	85	귀금속(금)	12,168	10,895	-10.46
4	71	의류(니트)	8,843	8,846	0.03
5	87	철강	6,177	8,240	33.41
6	72	전자기계장치	7,824	8,095	3.46
7	39	의류(니트제외)	5,922	5,981	0.50
8	29	철강제품	4,962	5,604	12.95
9	90	플라스틱류	5,025	5,478	9.06
10	30	광물성연료	3,207	4,331	35.04

자료: Global Trade Atlas

(2) 수입

지속되는 터키의 경제성장으로 에너지 수요 역시 지속되고 있다. 그러나 터키는 해외 에너지 의존도가 매우 높은 편으로, 국제 원자재(화석 연료)가격 변동에 따라 광물성연료 수입액이 큰 폭의 변동을 보이고 있으며, 통상적으로 광물성연료 수입은 전체 수입액의 10% 이상을 점유하며 터키 수입액 중 가장 큰 비중을 차지하고 있다.

한편, 나머지 주요 수입품목들은 수출품목들과 매우 유사한 것을 볼 수 있다. 터키 내 외국계 기업 진출 확대로 부품산업이 조금씩 발전하고 있으나, 아직까지 핵심기술이 부족한 상황으로 완제품 제조를 위한 원자재 및 핵심부품 수입은 지속되고 있으며, 이로 인해 기계 및 기계부품, 전자기계장치, 자동차 및 자동차 부품 등의 수입이 지속적으로 발생하고 있는 상황이다.

〈표 12-5〉 터키의 10대 수입품목

순위	HSCODE	품목	2016	2017	증감율
1	27	광물성연료	27,131	37,291	37.45
2	84	기계 및 기계부품	27,290	27,199	-0.34
3	85	전자기계장치	20,134	21,177	5.23
4	71	귀금속(금)	7,204	17,468	142.47
5	87	자동차 및 자동차부품	17,849	17,441	-2.29
6	72	철강	12,561	16,817	33.88
7	39	플라스틱류	11,623	13,283	14.29
8	29	유기화학제품	4,358	5,396	23.82
9	90	광학정밀기기	4,631	5,005	8.08
10	30	의약품	4,216	4,455	5.68

자료: Global Trade Atlas

3. 한국과의 교역 및 FTA

한국과 터키의 교역은 대한민국 정부수립과 동시에 시작됐으며, 다소의 등락은 있었지만 2008년 글로벌 금융위기 전까지 꾸준히 확대돼 왔고, 2014년 기준으로 터키는 한국의 11위 무역 흑자국에서 2017년에는 9위 흑자국으로 성장하게 됐다. 교역규모에 있어서도 1997년 처음으로 양국 간 교역액이 10억 달러를 돌파한 이후 2000년대 초반에 급격히 성장, 2014년 73억 달러를 기록해 역대 최고치를 기록했다.

〈표 12-6〉 2017년 한국의 주요 무역흑자 대상국 (단위: 백만 달러)

순위	국가명	수출금액	수입금액	수지
총계		573,694	478,478	95,216
1	중국	142,120	97,860	44,260
2	홍콩	39,112	1,879	37,233
3	베트남	47,753	16,176	31,577
4	미국	68,609	50,749	17,860
9	터키	6,154	781	5,373

자료: K-stat

〈표 12-7〉 한국과 터키의 교역현황 (단위: 백만 달러)

구분	2013	2014	2015	2016	2017
수출	5,658	6,665	6,249	5,385	6,154
수입	804	672	692	738	781
무역수지	4,966	6,010	5,460	4,648	5,373

자료: 한국무역협회, K-stat(터키)

한·터키의 자유무역협정(FTA) 서비스·투자협정이 양국 간 국내절차를 최종 마무리한 끝에 2018년 8월 1일 본격 발효된다. 양국은 2015년 2월 FTA 서비스·투자협정 협정문에 정식 서명했으나, 터키 측 사정으로 일부 기술적 수정에 시간이 걸려 발효가 예상보다 지연됐다.

한·터키 FTA는 기본협정과 상품무역협정, 서비스·투자협정 등으로 구성된다. 이 중 기본협정과 상품무역협정은 지난 2013년 5월 우선 발효됐다. 이번에 서비스·투자분야까지 협정범위가 넓어지면서, 양국 간 교역증진과 국내기업의 활발한 터키진출이 가능하게 됐다.

양국은 이번 협정을 통해 세계무역기구 도하개발아젠다 양허안보다 높은 수준으로 서비스시장이 개방이 된다. 터키는 한국에 건설, 문화(영화·비디오 제작 및 배급, 공연 등), 환경 등을 포함해 총 18개 분야의 추가개방이 이루어진다.

또 투자자-국가 간 분쟁해결절차(ISDS) 제도를 체계적으로 규정해 안정적인 기업투자를 위한 보호규범도 강화했다. 최근 터키 내 대규모 인프라 프로젝트에 대한 국내기업의 투자보호 수준을 높이는 데 도움이 될 것으로 기대된다.

4. 터키의 수입규제 제도

1) 수입규제 제도 개요

터키는 자국산업의 보호를 위한 수입규제조치로 반덤핑관세 부과, 세이프가드(SG) 등을 다수 발동하고 있으며, 그 중 세이프가드 조치 부과도 매우 높은 국가에 해당된다. 반덤핑제도란 상대국 기업에서 기준가격 이하로 상품을 판매 시에 자국산업이 피해를 본 만큼 부과하는 관세를 의미하며, 세이프가드는 자국산업의 피해가 우려될 경우에 긴급하게 조치하는 제도로서 이는 WTO의 제소 빌미를 제공할 수 있는 조치이다.

(1) 수입규제 현황

한국산 제품에 대한 수입규제는 2018년 6월 말 기준 전체 17건으로, 이 중 12건이 규제시행 중에 있고 나머지 5건(반덤핑 3건, 세이프가드 2건)은 현재 조사 진행 중이다. 수입규제 대상 건수를 품목별로 보면 화학제품 8건, 섬유 4건, 기타 품목이 5건이다.

2) 수입제한법규

(1) 반덤핑관세(Antidumping)

2018년 6월 말 기준, 터키정부가 WTO에 제출한 반덤핑규제 중인 케이스는 170건으로 29개국에 대해 부과되고 있으며, 상계관세 규제 중인 케이스는 1건으로 인도에 대해서 부과하고 있다. 반덤핑규제의 경우 중국산 제품이 총 62개로 가장 높은 규제를 받고 있다. 한국산 또한 2018년 6월말 기준 11개 품목 12건에 대해 반덤핑관세가 부과되고 있다. 이는 DOTP, DOP, 무수프탈산, 콘크리트펌프 및 펌프차량, 마디가 있는 링크체인과 그 부분품, 금속드리사, 합섬필

라멘트섬유 2건, 폴리에스터단섬유 등이다.

(2) 세이프가드(Safeguard)

2018년 6월 말 기준, 터키의 세이프가드(긴급수입제한) 조치는 총 6건이 규제 또는 조사 중에 있다. 규제 중인 3건은 터키가 전 세계 국가를 대상으로 발동한 것으로서 한국산 제품도 모두 규제대상이 되고 있으며 칫솔, 폴리에틸렌 테레프탈레이트(PET), 벽지 등이 그 품목들이다. 2018년 6월 말 기준 현재 세이프가드 조사가 진행 중인 '18년 2월 개시된 한국산 PET 제품, '18년 3월부 개시된 한국산 아크릴모드 제품, '18년 4월부 개시된 모든 수입철강제품 등이 있다. 터키는 2018년 5월 철강에 대한 세이프가드 조사에 들어갔는데, 2017년 77억 8,475만 달러(한화 8조 3,911억 원)치 철강을 수입했으며 이 가운데 한국산은 8억 7,968만 달러(한화 9,484억 원)에 달한다. 터키는 관련 업체들의 이의제기를 받은 뒤 공청회 등을 거쳐 9개월 이내에 조사결과를 발표할 예정이다.

5. 관 세

터키는 1996년 1월 1일부터 EU와 관세동맹을 발효하여 양 국가 사이에는 사실상 전 교역상품이 관세 없이 자유롭게 이동할 수 있는 반면 제3국에 대해서는 EU와 터키의 관세율 중 낮은 세율을 적용하도록 되어 있다.

터키는 1996년 EU와 관세동맹 체결 시 제3국에 대한 평균 관세율을 EU 기준에 맞추기로 합의하였다. 이에 따라 터키는 1996년 5.8%에서 2000년 5%로 평균 관세율을 조정한 바 있고 2005년 이후에는 EU 기준인 4.2%로 평균 관세율을 재조정하여 유지하고 있다. 그러나 농산물과 농산가공품 그리고 일부 민감한 공산품에 대해서는 아직까지 높은 관세율을 통하여 국내산업을 보호하고 있다.

1) 품목별 관세제도

(1) 농산물 및 농산가공품

2018년 기준, 터키의 평균 실행관세율은 농산물의 경우 42.2%로 상당히 높은 편이다. 특히 높은 관세율로 사실상 수입이 불가능한 품목은 터키 내 소비 비중이 높은 도축용의 양, 염소 등이며 135%의 높은 관세로 보호받고 있다. 돼지의 경우에는 225%의 높은 관세율로 수입을 규제하고 있으며, 돼지고기 식용을 금기시하는 이슬람교 특성상 터키 내 수입이 매우 어려운 편이다.

또한, 견과류 140%, 식용채소 19.5~49.5% 등에도 높은 세율이 적용되는 중이다. 식용과일의 경우에는 파인애플 145.8%와 사과 43.2% 등에 높은 세율이 적용되며, 그 밖의 과일은 평균 19.3~86.4%까지 높은 세율이 적용되고 있다. 가공식품인 커피 13%, 차 145%, 향신료 30%도 보호대상이 되고 있다.

그 밖에도 곡물 중 쌀 12~45%, 밀 40~130%, 보리 85%, 옥수수 130%, 수수 및 메밀 40~50%와 곡물 가루 40.5~54% 등이 높은 관세로 보호되고 있다.

(2) 공산품

공산품 부문에 있어서는 의류 12%, 신발 8~17%, 유리제품 11%, 철과 비합금강 22.4%, 승용자동차 10~16%, 중고차 22% 등이 민감품목으로 높은 관세로 보호를 받고 있다. 우리나라와의 자유무역협정 발효로 인해 사실상 공산품 전 품목에 대해 7년 내에 관세가 철폐된다.

2) 국가별 관세제도

터키 관세법은 2003년 10월 관세법을 EU 기준에 부합하도록 개선하는 작업을 진행 개정작업에 착수하여 2004년 개정을 마쳤고, EU의 제3국에 대한 관세제도를 수용하면서 터키와의 관계 또는 개발정도 기준으로 8가지 국가군으로 분류하여 차등적인 관세를 부과하고 있다.

〈표 12-8〉 터키 관세율표상 국가군

분류	내용
(1) AB, EFTA, ISR, TUN, FAS, MAK, HIR, B-HER, B.S., Gaz. Ser.	무역협정체결국
(2) South Korea	한국(FTA협정세율)
(3) Moritius	모리셔스
(4) GSP 수혜국	GSP 수혜국
(5) E.A.G.U.	최저개발도상국
(6) O.T.D.U.	특별인센티브부여국
(7) G.Y.U.	개발도상국
(8) D.U.	기타국가

자료: 터키 관세청

1군은 EU, EFTA 등 관세동맹 또는 FTA 등 무역협정 체결국이 속해 있으며, 2군은 한국, 3군은 모리셔스, 4군은 GSP 수혜국, 5군은 최저개발도상국, 6군은 보스니아-헤르체고비나 등 특별 인센티브 부여국, 7군은 개발도상국, 8군은 기타 국가로 분류된다. 1군의 국가에 대한 관세율은 0%이며, 8군의 적용관세율은 기본관세율이 적용된다.

3) 예외적 조치

공공의 안전, 질서유지, 사람, 동물 및 식물의 건강보호, 환경 및 소비자보호 등에 대해서는 별도의 공보(Communiques)를 통하여 규제되고 있다.

이러한 규정의 별도적용을 받게 되는 품목들로는 터키에서의 국제박람회 참가, 전쟁무기, 방사능 물질, 일부 통신장비, 지도, 사후유지보수 서비스 보증 하의 수입, Route 보증 하의 자동차 수입, 항공기 생산에 사용되는 제품의 수입, 5년 미만 중고제품의 수입, 폭발물, 솔벤트 및 석유화학제품, 노동자의 건강과 안전에 영향을 주는 제품, 오존층 훼손 물질, 일부 염색제품, 비료, 화학무기 통제협정에 수록된 제품 그리고 수입관세 징수유예 품목 및 징수유예가 예정되어 있는 품목들이 있다.

한 예로, 유아용 장난감의 일부 품목들은 유아 건강 및 안전을 위해 별도의 시스템에 사전등록을 하여야 한다. 터키 정부 등록 프로그램인 TAREKS의 '위험요인 무역통제 시스템'에 따라 관리되며, 수출업자는 TAREKS의 시스템에 사전등록이 반드시 요구되고, 수출업자의 직원 중 최소 1명은 시스템에 반드시 인적 사항 등의 등록이 필요하다. 동 시스템을 통해 세관신고 전에 세관당국의 검토가 진행되며 등록인은 터키 경제부 웹 페이지의 "전자서명 지원서"의 세부항목에 접속하기 위해서 TAREKS을 사용, 해당 정보를 모두 입력해야 한다.

나머지 사항은 일반품목과 동일하며, 터키 정부의 장난감의 안전에 관한 규제는 EU의 환경규제에 충족시키기 위한 일련의 절차로 이해하는 것이 좋다. 특히, 각국이 유아/어린이가 쉽게 사용하는 완구류에 대해서는 매우 엄격한 규제를 하는 것을 감안할 때 특정국가를 상대로 기술장벽을 세우는 것은 아니라고 보는 것이 타당하다

6. 통 관

컨테이너 도착 시 화물 소유주(수입자)는 3가지 종류(A: Entry, B: 신고인, C: Exit)의 컨테이너 등록 서류(Entry Voucher)를 작성하여 세관에 제출한다. 세관에서 등록절차 및 등록서류 번호 부여가 끝난 후 화물 소유주는 B(신고인) 및 C(Exit) 서류를 돌려받는다.

1) 물품검사

세관에서는 화물송장 등의 각 항목별 내용에 대한 정확성 여부를 심사한다. 물품검사는 일반적으로 물품을 화물검사, 서류검사, 빠른 검사, 검사 없음 등 4가지를 통상 무작위로 분류해 검사를 실시하게 된다.

[그림 12-1] 물품검사 구분

통상 RED LINE(화물검사), YELLOW LINE(서류검사), BLUE LINE(빠른 검사), GREEN LINE(검사 없음)으로 구분되게 되는데, RED에서 GREEN으로 갈수록 검사가 단순해지거나 그냥 통과될 수 있다. 일반적으로는 정밀검사가 필요한 품목들은 대개 RED LINE으로 분류되며, 또한 기존에 물품검사 시 문제가 있었던 기업들은 블랙리스트에 등재되어 이후의 수출건에 대해서는 반드시 RED LINE을 통과해야 한다.

아울러 쿼터품목의 경우에는 실제 중량과 서류상의 중량이 일치하는지 까다롭게 물품검사를 실시한다. 또한 중고기계 통관 시에는 기계 내용연수가 터키에서 법률로 정한 일정기간을 초과했는지를 철저하게 검사하며 제작기한이 넘은 중고기계에 대해서는 통관을 불허하고 있다. 일부 의료용품 및 전기용품은 터키 보건부나 관련 기관에서 발급하는 인증서나 반입허가서를 물품검사 시 제출하여야 한다.

참고로 터키에서의 통관은 매우 까다롭다. 그리고 현지 전문가에 의하면 한국, 중국 등에서 들어오는 전기·전자 기기류는 상당부분 RED LINE으로 분류되어 수취하는데 애로가 많다고 한다. 터키로 들어오는 모든 물품은 100% 확인이 된다고 보는 것이 맞다. 그러므로 수하물 내용물에 대한 정확한 기입이 필수이다.

2) 통관절차 흐름도

통관절차 흐름도는 다음 [그림 12-2]와 같다.

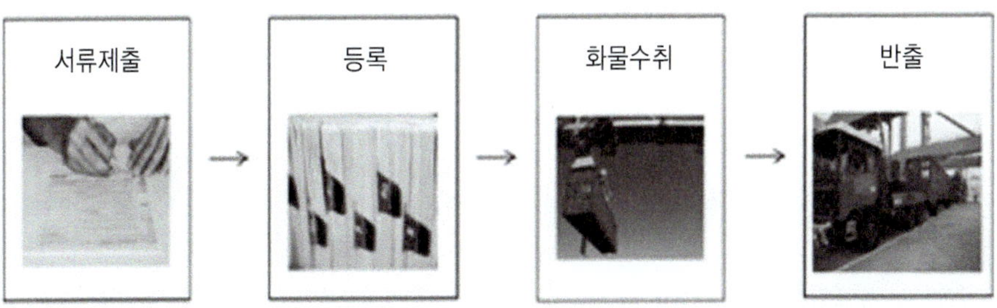

[그림 12-2] 통관절차 흐름도

등록된 컨테이너는 서류에 등록된 날짜로부터 3개월 이내에 반출되어야 하며 만약 반출이 불가능할 경우 화물 소유주는 만료일 이전에 세관에 불가피한 사유를 명시하여 기간연장을 신청하여야 한다. 기간연장이 인정될 경우 해당 컨테이너는 최장 3개월까지 연장이 가능하다.

3) 통관에 필요한 선적서류

수입신고 시에는 수입신고서와 함께 다음의 서류를 제출해야 한다.

- Bill of Lading(B/L, endorsed by the importer)

- Cargo Manifest
- Certificate of Origin
- Commercial Invoice
- Consular Invoice
- Customs Cargo Declaration Form
- Customs Transit Document
- Equipment Interchange Receipt
- Import License
- Pre-shipment Inspection Clean Report of Findings
- Ship Arrival Notice
- Technical Standard/Health Certificate
- Sales Confirmation Contract
- Certificate of ownership
- Export License for Quota
- Packing List
- Insurance Policy
- CE Certificate

  TSE(Turk Standardlari Enstitusu, 터키 규격협회) Certificate or Guarantee bond (품목별 상이)

수입신고 시, 인터넷을 통한 신고는 불가능하며 반드시 방문하여 신고하여야 한다. 터키에서는 대부분 수입신고를 전문으로 하는 브로커를 통하여 신고를 하는 경우가 많다.

4) 통관 소요기간(Business Day 기준)

통관 소요기간은 일반적으로 5~7일 정도 소요된다.

구분	수출		수입	
	소요시간	비용($)	소요시간	비용($)
서류준비	120	220	168	280
세관통관	5	87	11	142
항만(터미널)	16	376	41	655
내륙운송	3	550	3	263
합계	144(6일)	1,233	223(약 10일)	1,340

위 사항은 일반적으로 명시되어 있는 기간일 뿐, 실제 1개월이 소요되는 경우도 많으며 일정한 규정이 없이 터키 세관의 자의적, 임의적 행동으로 지연되는 경우가 매우 많다.

(1) 관세 및 부가세 납부

수입물품을 인도하기 전에 수입자는 관세와 부가세를 세관에 납부하여야 한다. 통상 필요한 모든 서류를 구비하면 물품검사 당일 수입물품 반출이 가능하나 그렇지 않으면 3~4일이 소요된다. 특히, TSE 인증이나 각 정부 부처의 허가서를 취득해야 하는 품목의 경우에는 물품검사에서 통관 시까지 약 2주 이상 소요된다.

(2) 컨테이너 비용 및 한국-터키 간 운송소요기간

운송에 소요되는 컨테이너 비용은 20FT 기준으로 대략 4,000달러(이스탄불)에서 시작하며 이스탄불 항구에서 다시 앙카라 등 내륙운송 시에는 내륙 추가비용을 부담(대략 1,000-2,000달러 이상)하여야 한다. 소요기간은 해운운송 시에 한국에서 통관이 완료되는 시점까지 2개월 정도 걸린다.

- 비용: 컨테이너 당 4,000~8,000달러
- 소요 기간: 35~55일(평균 45~60일: 싱가포르 등에서 환적 지연가능성이 있음)

5) 지정세관 통관제도

특정 4가지 품목은 수입 시 지정된 세관에서만 통관이 가능하다.

품목	지정 통관세관
① 자동차, 트랙터, 오토바이 및 이들의 부분품과 부속품	예실쿄이, 게브제, 이즈미트, 메르신 세관
② 섬유, 직물, 제품	할칼르, 아타튀르크 공항, 사비아 곡첸, 겜릭, 메르신, 이즈미르, 데니즐리, 앙카라, 카이세리, 가지안테프 세관
③ 비료(fertilizer)	데린제, 메르신, 삼순, 이즈미르, 알리가 세관
④ 용제(solvent) 및 석유화학 제품	게브제 석유화학 세관

6) 수입통관 대행

터키의 수입통관은 사실 언어적 장벽이나, 터키인의 일반관행 등을 비춰볼 때 상당히 까다로운 편이다. 이스탄불 지역에 위치한 TLM 로지스틱스는 한국인 수입통관 대행이 가능하므로 주요한 문의사항은 수입통관 대행사를 이용하는 것이 좋다.

7) 보세창고 활용방법

터키의 경우, 보세창고는 관할세관이 매우 다양하며, 가장 좋은 방법은 도착항 관할세관과 보세창고의 관할세관이 동일한 보세창고를 선택하는 것이 가장 좋다. 관할세관이 다를 경우 보세신고, 보세운송 절차가 복잡하여 부대비용이 발생하고 비용부담도 높기 때문이다.

해외법인 없이 보세보관 후 판매하는 방법도 있다. 이때 필요한 서류는 위임장, 모기업 사업자등록증, 등기부 등본 등이다.

13. 우즈베키스탄

고온 건조한 사막성 기후를 지닌 우즈베키스탄은 44만 7,400㎢(한반도의 약 2배)의 면적을 가지고 있으며 중앙아시아 중부(위도 37-46, 경도 56-74)에 위치하고 있다. 2017년 기준 3,265만 명의 인구 중 우즈벡인 80%, 러시아인 5.5%, 타지크인 5%, 카자흐인 5%, 유태인 0.3% 그리고 약 17만5천 명의 고려인으로 구성되어 있다. 우즈벡어(공용어)와 러시아어(통용)를 사용하며, 이슬람교 88%(수니파 70%), 러시아 정교 9% 등 다양한 종교를 신봉한다. 헌법상 정치와 종교가 분리되어 있고, 우리나라와 같은 임기 5년의 대통령 중심제로 2016년 12월 미르지요예프(Shavkat Mirziyoyev) 대통령이 당선되어 통치하고 있다.

1. 경제현황

우즈베키스탄은 최근 수년간 거시경제 성과를 거두고 있는데, 이는 빠른 경제성장과 큰 폭의 대외흑자 및 외환보유고 증가 등으로 특징지어 진다. 이러한 성과는 우즈베키스탄 정부의 재정, 금융정책 조정과 양호한 외부환경에 기인한 것으로 IMF 등 여러 국제기구들은 평가하고 있다.

세제개혁 및 세금부담 경감 등 일부 분야에서 큰 발전이 있었지만, 구조개혁의 속도는 전반적으로 느린 편이다. 은행시스템의 개선, 무역 및 대외결제시스템의 자유화, 보다 유연한 환율정책 등을 IMF에서는 지속적으로 요구하고 있으나, 우즈벡 정부기조를 관찰해 볼 때 이러한 문제들이 즉각 개선될 것으로 전망하기는 어렵다.

우즈벡 정부가 보다 근본적인 개혁을 피하는 이유는 우즈벡 주요 수출상품의 국제시장 가격이 높게 유지됨으로써 무역흑자가 증가될 수 있기 때문이다. 또한 러시아, 중국, 한국 등의 석유가스, 통신분야 투자가 꾸준히 증가하고 있는데, 이러한 투자는 국제금융기구와는 달리 우즈벡의 정치·경제개혁의 이행을 조건으로 하지 않고 있다. 열악한 투자환경과 더불어 정부의 외환통제, 높은 수입관세 등 과도한 민간부문 활동규제로 서방의 투자는 다소 제한적인 것으로 볼 수 있다.

우즈벡의 경제는 풍부한 부존자원을 바탕으로 원면, 금, 에너지 등 천연자원을 이용한 1차 산업 위주로 발달하였다. 중앙아시아 3위 규모의 천연가스(확인매장량 1.58조m^3, 세계 확인매장량의 0.9%), 상당량의 원유(확인매장량 6억 배럴) 및 금(매장량 세계 5위) 등의 풍부한 부존자원을 보유하고 있다.

2017년 GDP는 249조 1,364억 숨(약 484.7억 달러)으로, 전년 대비 5.3% 증가했다. 타슈켄트시 38조 6,429억 숨, 타슈켄트주 23조 5,253억 숨, 사마르칸트 18조 3,195억 숨, 카쉬카다리아 17조 3,661억 숨 순이다. 성장률 또한 타슈켄트시가 8.0%로 가장 높으며, 이어 안디잔 6.7%, 카라칼팍스탄 5.7%, 호레즘 4.5% 순이다. 1인당 GDP는 769만 숨(약 1,496 달러)으로 전년 대비 3.6% 증가했다.

〈표 13-1〉 우즈베키스탄의 경제지표 (단위: US 달러, 백만 달러, %)

지표	2011	2012	2013	2014	2015	2016	2017
경제성장률	8.3	8.2	7.0	8.1	8.0	7.8	5.5
1인당 GDP	1,561	1,736	1,852	1,955	1,944	2,042	2,128
명목 GDP	45,314	51,076	57,853	56,297	61,600	65,600	67,505
소비자물가 상승률	13.3	14.3	10.9	9.4	9.8	7.9	14.4
실업률	0.2	0.2	0.2	5.1	5.2	10.2	5.8
총외채	8,439	9,172	8,825	8,773	9,856	13,000	15,600
외환보유고	15,000	16,000	17,000	17,800	24,300	26,500	26,430
이자	9.78	11.19	12.43	15.53	15.84	16.17	-
환율	1,795	2,026	2,202	2,409	2,933	3,650	8,120

자료: IMF, EIU(http://country.eiu.com/uzbekistan)

2. 무역 현황

1) 교역규모와 국가별 비중

2017년 교역액은 전년 대비 9% 증가한 269억 700만 달러를 기록하였으며 무역수지는 8억 8,020만 달러로 전년 대비 94% 대폭 증가하였다. 2016년 우즈베키스탄의 무역규모는 246.8억 달러(수출 125.6, 수입 121.1)로, 전년 대비 약 2.3% 감소하였으며, 4.5억 달러의 무역흑자를 시현하였다. 2012년 극심한 수출의 저조로 무역수지가 321억 달러의 역조를 보였지만 전반적으로 흑자기조를 보여왔다.

CIS 국가와의 무역규모는 87.7억 달러, 비 CIS국가와의 무역규모는 159억 달러로, CIS 국가와의 무역비중이 전년 38.3%에서 35.5%로 감소하였다.

〈표 13-2〉 우즈베키스탄의 교역 규모

지표	2011	2012	2013	2014	2015	2016	2017
수출실적	13,022	9,455	15,087	14,109	12,870	12,560	13,893
수입실적	12,945	12,667	13,798	13,959	12,415	12,110	13,013
무역수지	77	-3,212	1,289	150	455	450	880

자료: IMF, EIU
한국무역협회, K-stat(우즈베키스탄)

CIS 국가 대비 CIS 국가 교역비중은 36.2% 대 63.8%이었으며 수출은 37.7% 대 62.3%, 수입은 34.6% 대 65.4%를 각각 기록하였다. CIS 국가 중에는 러시아, 카자흐스탄, 우크라이나 순의 교역량을 기록하였으며 비 CIS 국가 중에는 중국, 터키, 한국, 독일 순을 기록하였다.

〈표 13-3〉 2017년 우즈베키스탄의 국가별 교역량 (단위: 백만 달러, %)

국가명		교액역	수출액	수입액	교역비중
합 계		26,907.0	13,893.6	13,013.4	100.0
1	중국	4,967.7	2,239.3	2,728.4	18.5
2	러시아	4,811.3	2,103.0	2,708.3	17.9
3	카자흐스탄	2,062.0	1,065.0	997.0	7.7
4	터키	1,545.8	871.8	674	5.7
5	한국	1,360.1	119.8	1,240.3	5.1
6	아프가니스탄	617.1	614.9	2.2	2.3
7	독일	613.1	25.7	587.4	2.3
8	이란	325.1	267.0	58.1	1.2
9	인도	323.6	32.6	291.0	1.2
10	브라질	321.2	0.3	320.9	1.2
11	라트비아	290.3	78.6	211.7	1.1
12	우크라이나	288.6	104.7	183.9	1.1
13	리투아니아	264.9	5.9	259.0	1.0
14	키르기스스탄	253.8	178.6	75.2	0.9
15	프랑스	251.4	143.2	108.2	0.9
16	타지키스탄	237.0	185.2	51.8	0.9
17	미국	210.2	27.5	182.7	0.8
18	벨라루스	181.7	26.8	154.9	0.7
19	투르크메니스탄	177.4	69.6	107.8	0.7
20	이탈리아	172.3	19.2	153.1	0.6
21	일본	155.5	11.5	144.0	0.6
22	스위스	155.6	8.1	147.5	0.6
23	영국	134.3	41.7	92.6	0.5
24	아랍에미리트	110.3	42.7	67.6	0.4
25	폴란드	104.9	36.1	68.8	0.4
26	네덜란드	89.2	15.9	73.3	0.3
27	조지아	88.8	62.4	26.4	0.3
28	스페인	86.7	2.3	84.4	0.3
29	체코	86.2	6.3	79.9	0.3
30	오스트리아	76.2	6.0	70.2	0.3
31	벨기에	72.3	22.0	50.3	0.3
32	싱가포르	66.4	56.1	10.3	0.2
33	방글라데시	65.3	53.8	11.5	0.2
34	말레이시아	64.8	4.2	60.6	0.2
35	헝가리	54.1	0.2	53.9	0.2
36	이스라엘	44.2	15.2	29.0	0.2
37	스웨덴	40.9	4.8	36.1	0.2
38	홍콩	39.5	21.7	17.8	0.1
39	파키스탄	36.2	9.9	26.3	0.1
40	인도네시아	35.6	28.1	7.5	0.1
41	베트남	33.8	21.6	12.2	0.1
42	에스토니아	33.8	2.2	31.6	0.1

자료: 우즈베키스탄 통계위원회

(1) 수출

2017년 수출은 전년 대비 10.6% 증가한 138억 9,360만 달러 기록하였는데, 주요 수출품목은 서비스, 에너지·석유제품, 철·비철금속, 화학제품, 식품류 등이다.

수출은 2014년까지 증가세를 유지했으나 2015년부터 유가의 하락과 세계경기의 부진으로 36.8%나 감소했고, 2016년에도 감소는 이어졌다. 2016년 한국의 대 우즈벡 수출은 전년 대비 27.8% 감소한 9억 3천만 달러에 그쳤으나 2017년 다시 반등하여 2월까지 전년 동기 대비 24.8% 증가한 1억 4,450만 달러 기록하고 있다. 2014년 최초로 20억 달러를 돌파한 수출이 2015년과 2016년 연속적으로 감소한 것은 주력 품목의 수출 부진에 기인한다. 자동차산업 경기 악화로 2016년도 우즈벡 승용차 생산량은 전년대비 52.5% 감소한 8만 8,150대를 기록하였으며 이에 따라 자동차부품 수출 또한 동반 감소한 것이다. 승용차 산업 침체와 함께 환율 상승에 따른 소비자의 구매력이 약화되어 현지 생산차량 대비 수입차량에 대한 구매 선호도가 하락했기 때문이다. 경기악화와 현지 생산 증가에 따라 우즈벡 전체 수입량은 감소하였으며 특히 폴리프로필렌에 대한 대 한국 수입이 큰 폭으로 감소(-62.7%)하였다. 다행인 것은 2017년에는 작년 수출 부진의 기저효과 및 수출회복세에 따라 2월까지 전년 동기 대비 24.8% 증가하고 있고, 연초 재고확보 등을 위한 자동차부품의 수출 증가가 눈에 띄며 이외 소프트웨어, 농업·화학 기계 등이 연초 수출 증가를 견인 중에 있다.

〈표 13-4〉 우즈베키스탄의 품목별 수출동향 (단위: 백만 달러, %)

품목	수출액	비 중
서비스	3,505.7	25.2
에너지·석유제품	1,920.0	13.8
철·비철금속	917.5	6.6
화학제품	883.2	6.4
식품류	875.8	6.3
면화	477.1	3.4
자동차·기계설비	353.3	2.6
기타	4,961.0	35.7
합 계	13,893.6	100.0

자료: THE STATE COMMITTEE OF THE REPUBLIC OF UZBEKISTAN ON STATISTICS (우즈베키스탄 통계위원회, https://www.stat.uz/en/).

(2) 수입

수입은 2017년 전년 대비 7.4% 증가한 130억 1,340만 달러 기록했는데, 주요 수입품목은 자동차 · 기계설비, 화학제품, 철 · 비철금속, 식품류 등이다.

〈표 13-5〉 우즈베키스탄의 품목별 수입동향 (단위: 백만 달러, %)

품 목	수입액	비 중
자동차 · 기계설비	5,057.8	38.9
화학제품	2,148.3	16.5
철 · 비철금속	1,275.0	9.8
식품류	1,273.9	9.8
서비스	978.2	7.5
에너지 · 석유제품	742.1	5.7
기타	1,538.1	11.8
합 계	13,893.6	100

자료: 우즈베키스탄 통계위원회

2) 한국과 우즈베키스탄의 교역

양국 교역액은 2017년 11억 9,800만 달러, 2018년에는 5월 현재 6억 4,600만 달러를 기록하고 있다.

〈표 13-6〉 한국과 우즈베키스탄의 연도별 수출현황 (단위: 백만 달러, %)

구 분	2015년	2016년	2017년	2018년 1~5월
수 출	1,284.0(-36.8)	927.6(-27.8)	1,180(27.2)	638(43.9)
수 입	16.1(-41.0)	20.7(28.7)	18(-12.5)	8(-2.6)
교 역	1,300.2(-36.9)	948.4(-27.1)	1,198(26.8)	646(43.0)
무역수지	1,267.9(-36.8)	906.9(-28.5)	1,162(28.2)	630(44.9)

자료: KOTIS

(1) 수출

2017년 한국의 대 우즈베키스탄 수출은 11억 8,045만 달러를 기록하였으며 2018년에는 5월 현재 6억 3,751만 달러를 기록하며 전년 동기대비 43.9%의 증가세를 시현하고 있다. 타히아타쉬 발전소 프로젝트 등 대형사업 진행에 따른 기자재, 건설장비 등 관련 품목 수출 증가와 3월부터 우즈벡 환경부 청소차 납품 본격화 등에 따른 화물자동차 수출 대폭 증가가 대 우즈벡 수출에 긍정적인 영향을 미치고 있다.

〈표 13-7〉 품목별 대 우즈베키스탄 수출 현황 (단위: 천 달러, %)

순위	품목(MTI)	품목명	2016년		2017년		2018년 1~5월	
			금액	증감률	금액	증감률	금액	증감률
총 수출			927,671	-27.8	1,180,445	27.2	637,506	43.9
1	7420	자동차부품	338,530	-36.4	553,024	63.4	257,474	13.4
2	7411	승용차	59,525	-36.0	132,649	122.8	70,782	79.3
3	6133	냉연강판	3,758	-59.1	3,030	-19.4	22,017	2,070.3
4	2140	합성수지	28,283	-36.6	51,661	82.7	22,002	5.8
5	7111	원동기	21,305	-73.2	20,643	-3.1	16,394	269.6
6	7131	공기조절기	23,336	68.8	4,244	-81.8	15,116	915.2
7	7251	건설중장비	9,472	-59.7	14,521	53.3	13,939	121.0
8	7289	기타농기계	9,420	141.2	59,189	528.3	10,652	-42.8
9	7412	화물자동차	2,294	34.4	1,140	-50.3	9,048	2,751.6
10	7216	화학기계	6,246	75.6	4,457	-28.6	8,770	209.4

자료: KOTIS

(2) 수입

2017년 한국의 대 우즈베키스탄 수입액은 전년 대비 12.5% 감소한 1,817만 달러를 기록하였으며, 2018년 5월 현재 전년 동기 대비 2.6% 감소한 840만 달러를 기록하고 있다. 섬유류 중에서는 면린터 펄프와 견 등 천연섬유원료 수입은 증가하였으나 순면직물, 면사의 수입은 감소하였으며 체리 검역문제 해결 및 5월부터 본격적인 체리 수입 시작으로 과실류 수입이 전년 동기 대비 대폭 증가하였다. 이외 생사 생산용이 아닌 누에고치를 포함한 견 웨이스트(silk waste) 등 기타농산물 수입 증가가 주목할만하다.

〈표 13-8〉 주요 품목별 대 우즈베키스탄 수입 현황 (단위: 천 달러, %)

순위	품목(MTI)	품목명	2016년		2017년		2018년 1~5월	
			금액	증감률	금액	증감률	금액	증감률
총 수입			20,777	28.7	18,117	-12.8	8,401	-2.6
1	2511	면린터펄프	6,739	7.2	6,815	1.1	4,051	20.0
2	0156	식물성한약재(감초 등)	2,529	-29.3	2,004	-20.8	1,075	19.4
3	4331	순면직물	2,866	578.2	2,538	-11.5	805	-53.5
4	0116	과실류(체리 등)	557	251.5	547	-1.8	629	49,386.4
5	0191	천연섬유원료(견)	25	0.0	466	1,795.8	374	223.4
6	2310	질소비료	313	-42.6	448	43.0	294	150.3
7	4213	면사	5,185	86.5	2,938	-43.3	288	-82.7
8	0199	기타농산물(견 웨이스트)	24	-57.8	94	295.1	196	833.3
9	7420	자동차부품	209	-52.2	601	188.0	137	76.1
10	4395	부직포	0	-100.0	97	0.0	101	77.0

자료: 한국무역협회, K-stat

3. 무역관련 제도

1) 수입규제 제도

우즈베키스탄은 국내생산을 증대시키기 위해 국가차원에서 관련 산업 진흥을 위한 프로젝트를 진행시키는 등 다양한 노력을 하고 있다. 따라서 이에 관한 수입규제사항도 상당부분 개정되고 있다.

또한 행정절차가 매우 후진적인 국가로 강력한 수입 관련 조치가 발효되면 하부 행정절차가 마비되는 경향도 있다. 따라서 수입과 관련한 규제제도에 관해 면밀한 검토가 필요하다.

(1) 수입금지 품목

각종 공공질서, 영토수호, 정치적 독립 및 국가주권의 저해와 전쟁, 폭력, 테러 및 반유대주의나 파시즘과 같은 종교적, 인종적 차별을 목적으로 한 인쇄출판물, 원고, 그림, 사진, 영화 등의 매체물 및 포르노 콘텐츠의 수입을 금지하고 있다. 또한 우즈베키스탄은 다음에 해당하는 물품의 수입을 금지하고 있다.

- 군비, 탄약 및 군사장비
- 항공기 부품 및 그 장비
- 군수물자 및 항공기 제조를 위한 기계
- 폭발물
- 독극물
- 드론
- 마약, 향정신성 물질 및 이를 위한 도구
- 보건부의 허가를 받지 않은 의약품 및 의료기기
- 정보통신개발부 허가를 받지 않은 고주파 라디오전자통신기기
- 국가자연보호위원회의 허가를 받지 않은 오존 파괴 물질, Red book에 포함된 약용, 식용 야생초 및 관상식물, 희귀 멸종 위기 동물
- 기타 금지 물품

(2) 에너지 표준 기준 및 라벨링 기준 미부합 가전제품 수입금지

우즈베키스탄 표준화청은 2016년 1월 1일부로 가전제품에 대한 신규 에너지 효율 규제를 실시해, 해당 표준 기준 및 라벨링 기준 미부합 수입 제품에 대한

금지를 실시했다. 아울러 7월 1일부터는 우즈베키스탄 내 해당 제품에 대한 판매금지가 실시되고 있다.

(3) 수입규제 품목

우즈베키스탄은 지난 2013년 1월 29일자로 대통령 결의안 "자국 상품의 경쟁력 제고 및 상품 불법 반입 대응 강화 방안"을 발표했으며 이에 따라 수입축소를 위한 관세 및 쿼터 등 수입제한조치가 적용되는 소비재 품목을 발표했다.

위 법규에 따라 직접적인 수입금지가 내려지지는 않지만 높은 관세 등으로 인해 실질적으로는 수입금지에 가까운 조치가 이루어지고 있다.

(4) 기타 수입제한 법규

① **영토 내 수입되는 상품에 대한 각종 신고서 제출의 의무화**: 2013년 3월 27일 발표된 우즈베키스탄 대통령결의(PP-1913)에 따라 2013년 4월 1일부터 본 규제사항이 시행된다. 이는 우즈베키스탄 국경 세관통과 상품 및 운송수단, 수송규제 강화를 위해 시행되는 규정이다. 2013년 4월 1일 이후 상품 및 운송수단 수송 시 항공, 철도, 도로, 해운으로 우즈베키스탄 국경 세관을 통과하는 경우에 적용된다.

해당기관은(우즈베키스탄 항공, 철도청, 도로 및 해운 수송기관 등) 각각의 경우에 해당하는 필요문서들을 제출해야 한다. 이에 우즈베키스탄 국가 세관위원회는 제출된 문서에 근거하여 효율적인 세관검사를 시행할 것이 요구된다. 만약 제출된 문서 상 정보가 불충분할 경우 우즈베키스탄 법률에 따라 추가적인 세관검사가 진행된다.

② **수입 소비재 품목에 대해 라벨부착의 의무화**: 국제 무역규범에 따라 자국상품의 경쟁력제고와 상품의 불법반입에 대한 대응강화를 위해 동 결의안을 실행한다. 동 결의안은 2013년 7월 1일부터 수입 소비재품목에 자국어로 표기된 상품설명 라벨 부착을 의무로 시행할 것을 규정하고 있다. 단, 2013년 7월 1일 이전에 임시창고에 보관되어 있는 물품의 경우 2013년 8월 1일까지 자국어로 표기된 상표부착 없이 유통이 가능하다. 2013년 7월 1일 이후 우즈베키스탄으로 수입되는 소비재 전반에 적용된다. 충족해야 하는 요건은 다음과 같다.

- 포장제품은 상품에 관한 규정에 명시된 대로 수량에 따라 기재되어야 하며, 그러한 규정이 없을 경우 적용되고 있는 법에 따라 해당국가 언어로

상품의 제조날짜와 유통기한을 반드시 기입하여야 한다. 또 유통기한을 표기해야 하는 상품의 경우 반드시 생산업체에서 명시한 유통기한을 표기해야 한다.

- 소비자들에게 제공되는 상품마크 및 품질표시 정보는 상품의 종류와 기술복잡성에 따라 텍스트문서 형태로 기재되어야 하며 상품에 직접 첨부되어야 한다. 품질표시 상의 정보를 해당국가 언어로 번역할 경우 유사제품의 인증제도를 실행하는 공인기관에 의해 정확하게 이루어져야 한다. 유전자변형 제품의 경우에는 품질표시에 반드시 그에 대한 정보를 담고 있어야 한다.
- 관련 소비재가 수입이나 판매의 목적이 아닌 경우는 해당되지 않는다.(외국을 포함한 법인 및 개인사업자가 자체적으로 사용하기 위한 경우 혹은 생산이나 상업활동을 위한 경우가 아닌 경우, 우즈베키스탄 내 외국외교 및 영사공관의 공적인 업무 서비스, 국가 및 정부 간 조직, 위 조직의 외국 대표단, 기타 국제기관 및 직원을 위한 경우 혹은 전시회나 시험, 조사, 마케팅을 위한 샘플인 경우)

2) 관 세

(1) 관세 정책 및 부과

① **관세정책** : 우즈베키스탄 관세정책은 우유 등 생필품 등의 원활한 수입을 위한 낮은 세율과 자국 생산 제품 보호를 위한 고관세정책을 병행하고 있으며, 선별적 환전시행 및 환전규모의 차등규제 등을 수입억제의 간접적 수단으로 사용하고 있다.

우즈베키스탄의 관세구조는 HS의 상품분류와 유사한 품목그룹별로 대분류는 2단위, 중분류는 4단위, 소분류는 6단위로 되어 있으며 현재 관세부과는 HS Code 10자리에 대해 부과하고 있다. 우즈베키스탄으로 수입 시 일반적으로 관세, 소비세, 부가가치세가 부과되며 관세, 소비세가 각각 0%~100% 이상, 부가가치세가 0% 또는 20% 품목에 따라 부과되고 있다. 이에 따라 관세가 낮다고 하더라도 소비세, 부가가치세 등을 합산하게 되면 많은 세금을 지불하게 돼 실질적으로는 높은 장벽으로 작용하게 된다. 이 외에도 통관 시 통관수수료가 0.2% 추가적으로 부과된다.

WTO 가입국이 아니기 때문에(현재 Observer로 참여 중) WTO 등을 통한 관세

정보를 얻기가 어렵고 대통령령에 따라 자주 세부품목에 대한 세율이 변동되기 때문에 관계정보 획득에 더욱 주의를 기울여야 한다.

② **관세행정 개혁 조치**

(가) 2017년 10월 1일 95개류 1,400여 개 품목 관세 변경 시행: 2017년 9월 29일 채택된 No. PP-3303 "우즈베키스탄 대외 경제활동의 추가적 간소화를 위한 조치" 대통령 결의안에 따라 10월 1일부터 95개류 1,400여 개 지정품목의 관세가 변경됐다. 1,365개 품목에 대한 관세가 인하 또는 면제됐으나, 금년 과거 2차례 조치와는 달리 47개의 관세인상 품목도 발생했다.

동 조치는 2017년 9월 5일 시행된 "외환정책 자유화 우선 조치"로 인해 1달러 당 숨화 환율이 종전 4,200숨 수준에서 8,100숨으로 2배가량 상승하면서 숨화로 결제되는 관세 또한 같은 수준으로 급등하며 이에 따른 수입물가 상승 등의 악영향이 예견된 상황에서 물가상승 억제에 그 목적이 있었으며 이에 따라 국민생활에 영향을 미칠 수 있는 다양한 품목이 선정돼 관세가 주로 인하 또는 폐지되는 결과를 가져왔다.

아울러 더 나아가서는 기존의 높은 관세장벽 등 폐쇄적인 무역환경을 점진적으로 개방해 국제 자유무역 시장에 한걸음 더 다가가는 긍정적인 신호로 평가할 수 있다.

변경 세부내역은 KOTRA 해외시장뉴스 홈페이지(news.kotra.or.kr) "우즈베키스탄, 95개류 1,400여 품목 관세 변경" 뉴스에서 확인할 수 있다.

(나) 2019년 1월 1일 74개류 447개 품목 및 10개류 58개 품목 관세, 소비세 변경 시행 예정: 2018년 6월 29일 대통령결의안 PP-3818 "해외경제활동과 관세시스템 간 추가 조화를 위한 조치"에 따라 2019년 1월 1일부터 74개류 447개 품목, 10개류 58개 품목에 대한 관세와 소비세를 각각 변경 시행할 예정이다. 전반적으로 관세와 소비세가 인하되었으나 트랙터, 승합차 등은 오히려 관세, 소비세가 인상되었으며 승용차의 경우에도 중고차량을 중심으로 소비세가 인상될 예정이다. 단, 100% 전기동력의 전기자동차 및 생산된 지 2년 미만, 4만 달러 이상 차량 수입 시 관세가 면제된다.

〈표 13-9〉 우즈베키스탄 그룹별 수입관세율(최혜국대우 세율)

제품군	최혜국대우 세율		
	평균세율	면세율(%)	최대치
축산물	13.5	0	30
유제품	7.5	0	30
과일, 야채, 식물	29.2	0	278
커피, 차	15.8	0	30
곡식&시리얼류	20.4	0	48
종유, 기름&식용유	7.2	0	30
설탕, 과자류	26.4	0	53
주류&담배	31.8	0	110
면화	10.0	0	10
기타 농산품	10.7	0	30
어류&생선 제품	5.0	0	5
광물&금속	14.5	1.3	30
석유	18.0	0	30
화학품	9.0	0	44
나무, 종이	16.4	1.9	30
섬유	24.5	0	244
의류	31.2	0	228
가죽, 신발 제품	16.5	0	85
비(非)전자 제품	8.0	20.5	30
전자 기기	12.6	8.7	86
운송 장비	12.9	2.5	30
기타 제품	17.2	4.2	30

자료: WTO

③ **관세율 종류 및 관세율 알아보는 법** : 관세율은 단일제도로 운영되며 정부문서로 파악할 수 있다. 또한 관세율 정보제공 서비스에 가입하는 것이 쉬운 방법이이다.

4. 통 관

1) 통관절차

통관절차가 다른 국가에 비해 특별히 복잡하지는 않지만 업무전산화의 미비, 공무원의 행정능력 부족 및 부패 등으로 수입통관 시 일반적으로 시간이 과다하게 소요되고 뇌물이 필요한 경우가 많다. 특히 관세율책정 기준가격을 시장가격의 조사를 통하여 책정함으로써 동 과정에서 세관공무원의 자의적 해석이 크게 관여되고 있어 어려움이 큰 편이다. 이에 최근 통관관련 개선조치를 위해 One-Stop-Shop원칙이 도입됐다. 2012년 4월 1일부터 수출과 관련된 서류작업은 온라인으로 실시하며, 원산지 및 위생 등의 증명서 발급을 동시에 진행토록 한다.

한편 사업건별 투자계약상의 세제 및 통관 등에 있어 특별한 혜택이 실제로 부여되기 위해서는 이 사업 관련 대통령령 등 관련 법령이 제정되어야 효력이 발생하기 때문에, 대통령령 제정과정과 내용을 면밀히 관찰하여 투자계약서상의 각종혜택이 명확히 반영토록 해야 하며, 대통령령에 세부사항(예: 관세혜택 부여 시 혜택이 주어지는 상품 HS code)까지 반영되는 것이 바람직하다. 그렇지 않을 경우 향후 동 대통령령 해석을 둘러싼 분쟁으로 관계기관과 협의에 장시간이 소요되고 당초에 고려하지 않았던 투자부담을 질 수 있다.

우즈베키스탄 정부는 자국으로 반입되는 물품의 정확한 정보와 통관절차의 투명성을 보장하고 무역국에 유리한 조건을 제시함으로써 유사품 및 상품의 불법반입을 방지하기 위하여 채택한 아래의 조치를 시행하기 위해 내각결의(63호, 2013.3.4)로 동 방안을 시행한다. 그 주요 내용은 다음과 같다.

- 2013년 4월 1일부터 항공, 철도, 차량, 운하를 통해 상품 및 운송수단이 우즈베키스탄 세관통관 시 운송자가 우즈베키스탄 세관에 제출하는 서류 및 자료목록을 확정하여 시행
- 우즈베키스탄 항공 및 우즈베키스탄 철도청은 관세기관에 필요한 서류 및 정보를 제공

  예 항공으로 우즈베키스탄 세관을 통관하는 경우: 세관신고서, 항공화물 송장, 적하목록, 상업서류(상업송장, 운송서류, 보험서류 등)
- 우즈베키스탄 관세위원회는 상품 및 운송수단 관련 외국어로 된 문서를 우즈베키스탄어 또는 러시아어로 번역하여 수송업체가 인증한 문서 요구 가능
- 우즈베키스탄 관세위원회는 제출된 서류에 기초하여 세관을 통관하는 상품 및 운송수단의 효과적인 관리를 수행하며, 반입물품과 관련하여 제출한 서류가 일치하지 않는 경우에 우즈베키스탄 법률에 따른 조치를 취함(제출한 서류의 정보가 부족한 경우에, 물품 및 운송수단에 대해 우즈베키스탄 법률에 따른 추가 세관검사를 실시함).

2) 수입신고

수입신고 시에는 세관에서 지정된 양식에 따라 수입신고서를 작성하고 다음 서류를 첨부한다.

- 도착통지서(D/O), B/L(Railway Bill 또는 Airway Bill)
- 포장명세서
- 송장(Invoice)
- 원산지증명서(Certificate of Origin)
- 관세감면 대상 품목인 경우 감면을 증명하는 서류
- 품질인증서
- 회사등록 코드 사본
- 거래은행 계약 ID번호
- 필요 시 계약체결 관련 내각령
- 필요 시 정부부처의 승인(과학기술위원회, 보건부 등)

3) 물품검사

수입자가 수입신고를 하면 세관원은 철도역, 공항 및 보세창고 등에서 수입자의 입회하에 실제 도착한 물품과 송장상에 기재된 내역을 비교한다. 플랜트 설비, 정밀기기, 귀금속 등은 세관 외에 별도의 장소에서 검사를 시행하기도 하지만 기본적으로는 모두 세관 내 지정된 구역에서 실시한다.

우즈베키스탄의 관세구조는 HS의 상품분류와 유사한 품목그룹별로 대분류는 2단위, 중분류는 4단위, 소분류는 6단위로 되어 있으며, 현재 관세부과를 위해 이용되고 있는 상품분류는 일반적으로 10단위 위주로 운영되고 있다. 한편 한국산 제품에 대해 원산지 규정을 차별적으로 적용하는 사례는 없는 것으로 파악된다. 우즈베키스탄은 원산지 판단기준으로 아래의 3개 기준을 적용하고 있다.

- HS 4단위 변형을 유발하는지 여부
- 원산지를 인정할 수 있는 특별 생산 공정 및 기술이 적용되는지 여부
- 부가가치가 현저히 증가되는지 여부

한편 종전에는 관세부과의 기준의 송장(Invoice) 신고가격을 기준으로 했으나 저가신고가 관행화되고 이에 따른 재정수입의 감소가 예상되자 관세청은 최근에 수입자의 신고가격을 무시하고 시장에서 동일 또는 유사제품의 가격을 조사하여 이를 기준으로 하여 관세를 부과하는 제도가 시행되어 수입상들이 어려움을 겪고 있다.

제V부 선진국과 개발도상국

14. 호주

호주의 면적은 약 768만km^{2}로서 한반도 면적의 약 35배, 세계 6위인 대국이나 인구는 2018년 6월 현재 2,497만 명으로 인구밀도가 매우 낮다. 동부 해안지대에 인구 및 경제 활동이 집중돼 있어 동부 3개 주가 인구의 77.1%, GDP의 74.9%를 차지하고 있다.

우리나라와 달리 남반구에 위치한 호주는 계절이 반대이며 연중 기후가 온화한 온대기후에 속하지만, 넓은 국토면적을 따라 다양한 기후가 나타나기도 한다. 그러나 대부분의 내륙 지방은 건조한 사막으로 구성되어 있다.

호주는 발달된 복지와 투명한 정치 및 우수한 교육환경 등으로 2012년 경제협력개발기구의 조사에서는 세계에서 가장 살기 좋은 나라로 뽑히기도 했다. 2017년 호주의 GDP는 US$ 1조 3,597억으로서 호주는 세계 6위의 경제대국이기도 하다.

글로벌 금융위기로 세계경제가 어려운 가운데서도 중국으로의 지하자원 수출로 경제가 지속적으로 성장하였으며 이렇게 풍부한 천연자원을 기반으로 하여 10여년 이상의 경제성장을 해 왔다.

그러나 호주의 높은 인건비와 호주 달러의 강세, 엄격한 규제로 제조업이 쇠퇴하고 있는 상황이다. 또한 최근 자동차산업 생산공장의 연이은 축소・폐쇄와 다국적기업의 호주 제조업 기피로 제조업이 지속적으로 경쟁력을 잃어 가는 경향을 보이고 있어 신성장 동력의 발굴이 필요한 상황이다.

1. 경제현황

호주는 남한의 약 80배에 달하는 크기의 광대한 면적에 인구는 남한의 2분의 1정도로 주로 동부 해안지대에 집중되어 있다. GDP 산업별 비중을 살펴보면 제조업 기반이 6.3% 정도로 취약하며 주로 광업 6.3%, 농림수산업 3.0%, 건설업 7.9% 등 1차산업 및 서비스업 76.5% 위주로 구성돼 있다.

2018년 5월 발표된 OECD 경제전망에 따르면 호주의 새로운 자원공급 능력이 증가함에 따라 원자재 관련 상품의 수출 및 기업투자가 회복될 것이며 꾸준히 진행 중에 있는 인프라 프로젝트 부문의 정부지원 및 공공투자가 호주 경제성장을 뒷받침할 주요 사업으로 내다보고 있다. 다만, 중국의 경제침체와 균형조정이 호주 경제성장을 저해할 수 있고 높은 가계부채의 위험성을 경고했다. 최근 주택가격의 상승이 현저히 둔화돼 주택시장의 거시적 금융위험이 지속적으로 높아지면서 건설업계 역시 크게 타격을 받을 수 있음을 경고했다.

호주는 아태지역 최대의 식량보고로 곡물, 육류, 유제품 등의 수출 호조로 활력을 찾을 것으로 보인다. 호주 농산물의 약 62%가 매년 해외로 수출되고 있으며, 정부차원의 활발한 자유무역협정 체결 지원으로 수출에 더욱 박차를 가할 것으로 예측된다. 또한 관광, 교육, 금융 등 내수활성 및 고용창출의 효과가 높은 서비스업 분야에 대한 육성을 집중으로 광산업 및 제조업의 부진을 타개해 나갈 것으로 보인다.

호주준비은행에서 발표한 2018년 6월 호주의 경제성장률은 3.1%로 올해 역시 여타 선진국 대비 비교적 높은 성장률을 보이고 있다. 2018년 IMF는 호주의 1인당 GDP를 세계 11위로 집계했다. 이는 호주화 가치 하락에 따른 평가절하에도 불구하고 높은 수준을 나타내는 것으로 평가된다. 호주정부의 낮은 기준금리와 통화정책으로 2017년의 전반적 교역규모와 민간소비, 민간투자는 소폭 증가한 모습을 보였으며 있으며 정부부채 역시 감소세에 있다.

1) GDP 성장률

IMF에 따르면 호주의 2018년 GDP 성장률 예상치는 3.0%로 미국(2.9%), 영국(1.6%), 일본(1.2%) 등 여타 선진국에 비해 높은 성장률을 보일 것으로 예측했다. OECD는 2018년 호주 경제성장률을 2.9%로 전망하며 전년 대비 소폭 상승할 것으로 예측했다. 호주중앙은행인 호주연방준비은행(RBA) 및 내셔널호주은행(NAB) 역시 각각 3.0%와 2.8%의 유사한 성장률을 전망했다.

〈표 14-1〉 연도별 호주 GDP 성장률 (단위: %)

2013년	2014년	2015년	2016년	2017년	2018년 6월
2.1	2.8	2.4	2.5	2.8	3.1

자료: IMF, 호주준비은행

2) 금 리

2018년 6월 기준금리는 1.5%로 2016년 7월 금리를 1.75%로 인하한데 이어 2016년 8월 1.5%로 추가 금리 인하를 실시해 역대 최저금리가 이어지고 있다. 이는 호주연방준비은행이 설립된 이래 가장 낮은 수준의 금리이다. 다수의 호주 경제전문가들은 2018년 하반기에도 낮은 금리 기조를 유지할 것으로 내다보고 있다.

〈표 14-2〉 연도별 호주 기준금리 변동 추이 (단위: %)

연도	2013년	2014년	2015년	2016년	2017년	2018년 6월
기준금리	3.00	2.50	2.00	1.50	1.50	1.50

자료: Trading Economics

3) 환 율

2017년 12월 기준 호주 달러는 미국 달러 대비 0.77로 전년대비 소폭 상승한 채 마무리 됐으나 2018년 다시 하락세를 보이며 6월 현재 0.75 대를 유지하고 있다.

〈표 14-3〉 최근 5년간 호주 환율 변화 추이 (단위: %)

연도	2013년	2014년	2015년	2016년	2017년	2018년 6월
기준금리	0.91	0.97	0.72	0.75	0.77	0.75

자료: 호주준비은행
주: (1AU$: 1US$)

[그림 14-1] 2013~2017년 호주 환율 변화 그래프

자료: Trading Economics

〈표 14-4〉 호주의 주요 광물자원

광종	매장량(EDR) 세계 순위(비중)	생산량 세계 순위(비중)
석탄	5위(6%)	5위(6.2%)
구리	3위(13%)	7위(4.3%)
다이아몬드	2위(23.5%)	3위(22.6%)
금	1위(16%)	2위(1%)
철광석	2위(18%)	2위(24.2%)
니켈	1위(28.4%)	6위(9.0%)
우라늄	1위(33%)	3위(10.4%)
아연	1위(25%)	3위(6.4%)
납	1위(39%)	2위(9.2%)
보크사이트	-	1위(29.6%)
티타늄	-	2위(13.8%)

자료: WBMS, World Metal Statistics, December 2018
* USGS, Mineral Commodity Summaries 2018
** BP, Statistical Review of World Energy 2018 (www.bp.com)

〈표 14-5〉 호주의 주요 경제지표 (단위: %, US$)

지 표	2010	2011	2012	2013	2014	2015	2016	2017
경제성장률	2.6	2.4	-0.2	1.9	0.8	-0.6	2.4	2.7
1인당 GDP(PPP)	39,952	41,183	-	-	62,214	56,554	49,927	59,655
소비자물가 상승률	2.8	3.0	1.7	2.4	2.4	1.5	1.2	2.0
명목GDP(억달러)	12,438	14,901	15,374	15,639	14,546	13,391	12,046	13,597
외환 보유고(bil)	42.3	46.83	49.13	52.83	53.91	49.26	55.03	63.70
이자율	4.75	4.25	3.2	4.2	2.7	2.8	2.7	1.5
실업률	5.23	5.1	5.2	5.6	6.0	6.0	5.7	5.4
환율(연말 기준)	0.98	0.98	0.96	1.03	1.10	1.13	1.34	1.31

자료: CIA Factbook, ABS, RBA, EIU, 한국무역협회, 주 호주 한국대사관, IMF, 월드뱅크, https://en.wikipedia.org/

2. 호주의 교역

호주의 무역규모는 지난 5년간 감소세를 보이다 2017년 회복세로 돌아섰다. 2017년 호주의 총 교역액은 4,525억 달러로 전년 대비 18.5% 가량 증가했으며, 2018년 4월까지의 교역액은 1,547억 달러로 전년 동기 대비 약 12.8% 증가했다. 한국은 중국, 일본, 미국에 이어 호주의 제4위 교역국이다.

1) 수 출

2016년 상반기까지 지난 4년간 수출이 지속적으로 하락했으나 2016년 말부터 국제유가 및 원자재가격이 회복세에 접어들면서 2017년에는 전년대비 20% 가량 수출이 증가했으며 2018년 4월에는 전년 동기 대비 약 10% 수출이 증가했다. 무역수지도 2012년 이후 연속적인 적자에서 2017년에는 6년 만에 112억 달러 흑자를 기록했다.

〈표 14-6〉 호주의 교역동향

(단위: US$ 억, %)

지 표	2010	2011	2012	2013	2014	2015	2016	2017
수출실적	2,841	2,711	3,119	3,072	2,947	2,374	2,449	2,996
수입실적	2,819	2,422	3,353	3,176	3,038	2,649	2,553	2,884
무역수지	22	289	−234	−104	−91	−275	−104	112

자료: World Trade Atlas, IMF, 월드뱅크
주: 호주 한국대사관, 호주 경제개황
(http://overseas.mofa.go.kr/au-ko/brd/m_3902/list.do)

호주의 수출입 대상 국가들은 아시아지역 국가들이 대부분이다. 그 중 중국은 수출과 수입에서 거래가 가장 많았다. 이어서 수출의 경우 일본, 한국, 인도, 홍콩, 미국, 대만 순이었고, 수입은 미국, 일본, 한국, 태국, 독일, 말레시아가 뒤를 이었다.

〈표 14-7〉 2017년 호주의 주요 수출입 국가

(단위: 백만 AUD)

순위	수출		수입	
	국가	금액	국가	금액
1	중국	99,551	중국	64,059
2	일본	43,969	미국	29,816
3	한국	20,089	일본	21,058
4	인도	15,205	한국	20,993
5	홍콩	12,002	태국	14,349
6	미국	11,717	독일	13,678
7	대만	8,578	말레시아	11,048

자료: Australian Government, Department of Foreign Affairs and Trade, Trade and investment.

품목별 수출동향을 보면, 2017년에는 환율 약세 및 FTA 체결 국가들과의 안정적 교역활동으로 일부 귀금속류 및 핵반응 기계를 제외한 대부분 품목의 수출이 증가했으며 총 수출규모는 전년 대비 38.7% 늘어났다. 2017년 이후 지속된 세계적 원자재가격 회복으로 2018년에도 호주의 광물성 연료(유연탄, 철광석) 등의 수출금액이 증가할 것으로 전망된다.

〈표 14-8〉 주요 수출품목

(단위: US$ 억, %)

순위	품목	2016		2017		2018	
		금액	증감률	금액	증감률	금액	증감률
1	광물성 연료	504	7.7	699	38.7	270	26.7
2	광물	500	3.5	594	19.7	201	-3.8
3	귀금속류	159	25.4	154	-3.0	60	24.9
4	육류	82	-16.6	90	10.2	30	15.7
5	곡류	51	-21.6	66	28.5	20	-26.6
6	무기화학물 및 희토류	46	-6.5	62	34.8	24	21.4
7	핵반응기계	48	-16.7	46	-4.8	15	10.0
8	특수지정상품	45	0.6	45	-2.2	13	-12.1
9	알루미늄	29	-15.0	32	7.9	13	40.8
10	광학 및 의료기구	27	4.2	31	16.2	10	7.6

자료: Global Trade Atlas
주: 순위는 2017년 기준, 2018년 통계는 1월부터 4월까지 기준

2) 수 입

2017년에는 LNG 등 광물성 연료 수입이 30% 증가했으며 자동차 수입 역시 꾸준히 증가해 전년 대비 12% 이상 상승했다. 2016년 호주 자동차 제조공장의 폐쇄와 FTA 발효의 영향으로 2018년에도 자동차 및 관련 부품(Aftermarket) 등 수입은 늘어날 것으로 전망된다. 2017년 선박, 보트 및 해양구조물의 수입 증가는 한국으로부터 2017년 4월 인도된 LNG 해양플랜트(prelude) 및 선박인도로 인한 일시적 증가이다.

〈표 14-9〉 주요 수입품목

(단위: USD 억, %)

순위	품 목	2016		2017		2018	
		금액	증감률	금액	증감률	금액	증감률
1	자동차	263	5.5	295	12.3	103	17.6
2	핵반응 기계	273	-14.8	289	5.9	103	20.8
3	광물성 연료	176	-19.2	229	30.0	94	21.2
4	전자기기	202	-1.8	229	13.3	79	20.4
5	특수지정상품	19	-65.1	118	545.4	16	153.8
6	의약품	78	7.6	79	1.3	28	10.6
7	광학 및 의료기구	78	1.3	79	0.4	27	8.5
8	선박, 보트 및 해양구조물	7	2.5	70	884.2	2	-36.3
9	귀금속류	77	43.7	67	-13.2	24	-0.4
10	플라스틱류	54	-1.1	59	8.3	20	11.4

자료: Global Trade Atlas
주: 순위는 2017년 기준, 2018년 통계는 1월부터 4월까지 기준

3) 한국과의 교역

한국과 호주의 교역은 수출은 2013년부터 꾸준히 증가하다 2015년에 30.7%나 줄어들다가 2017년에는 164.8%나 급격히 증가하여 198억 달러를 기록하였다. 수입은 반대로 2013년 207억 달러에서 감소하여 2016년에는 151억 달러까지 줄어들었으나 2017년에는 191억 달러로 회복되었다. 한국은 2013년부터 2016년까지 무역적자를 기록하였으나 2017년에는 처음으로 7억 달러의 흑자를 기록하였다.

2017년 4월과 6월 진행된 한국의 LNG 해양플랜트 및 인도선박의 수출로 대 호주 수출이 증가했다. 이는 호주의 LNG 프로젝트에 의한 일회성 거래로 2018년 대 호주 수출액은 전년 대비 하락할 것으로 전망된다.

〈표 14-10〉 연도별 대 호주 수출입 현황 (단위: USD 백만, %)

구분	2013	2014	2015	2016	2017	2018
수출	9,563 (3.4)	10,283 (7.5)	10,830 (5.3)	7,501 (-30.7)	19,862(164.8)	4,109 (-42.3)
수입	20,785 (-9.6)	20,413 (-1.8)	16,438 (-19.5)	15,176 (-7.7)	19,160 (26.3)	8,095 (0.8)
무역수지	-11,222	-10,130	-5,608	-7,675	701	-3,986

자료: 한국무역협회
주: 괄호는 증감률을 의미, 2018년 통계는 1월부터 5월까지 기준

(1) 교역 주요 품목 및 특징

2017년 한국의 대 호주 수출은 전년대비 164.8% 가량 큰 폭 증가했다. 해양구조물 및 선박의 수출, 호주의 자동차 공장 폐쇄 및 한-호 FTA 발효의 효과로 승용차 및 화물자동차 등의 수출이 증가했으며 국제유가 회복세에 따라 경유, 제트유 및 등유 등 석유제품의 수출이 확대됐다.

〈표 14-11〉 대 호주 주요 수출 품목

(단위: USD 백만, %)

순위	품목코드	품목명	2017		2018	
			금액	증감률	금액	증감률
1	7462	해양구조물	7,610	7,419,394.0	0	-100.0
2	7461	선박	2,707	1,7710.7	0	-9.4
3	7411	승용차	2,229	19.2	926	8.8
4	1332	경유	1,982	72.3	780	8.1
5	1333	제트유 및 등유	1,103	115.7	671	91.5
6	1331	휘발유	969	-4.2	276	-44.2
7	7412	화물자동차	146	7.0	49	-9.5
8	2140	합성수지	146	25.8	72	24.4
9	8352	축전지	140	38.6	61	-10.0
10	7251	건설중장비	126	25.4	71	83.1

자료: 한국무역협회

주: 2018년 통계는 1월부터 5월까지 기준, 2018년 증감률은 전년 동기대비

2017년 한국의 대 호주 수입은 192억 달러로 대비 26.3% 증가했으며, 2017년 광물자원 가격의 회복으로 유연탄, 철광, 천연가스 등 광물 등 수입이 전반적으로 증가했다. FTA 효과로 가축육류의 수입도 꾸준히 증가하고 있다.

〈표 14-12〉 대 호주 주요 수입 품목

(단위: USD 백만, %)

순위	품목코드	품목명	2017		2018	
			금액	증감률	금액	증감률
1	1322	유연탄	5,361	44.7	2219	4.2
2	1120	철광	3,585	26.4	1378	-10.9
3	1340	천연가스	2,912	63.5	1540	13.2
4	0221	가축 육류	1,165	0.3	549	1.6
5	0158	당류	794	17.9	196	-42.6
6	6211	알루미늄괴 및 스크랩	738	-8.7	260	-18.0
7	1310	원유	638	22.7	238	12.9
8	1130	동광	604	4.4	120	-52.2
9	1160	아연광	422	52.7	249	42.8
10	1190	기타금속광물	417	19.2	238	35.0

자료: 한국무역협회

주: 2018년 통계는 1월부터 5월까지 기준, 2018년 증감률은 전년동기대비

4) 호주의 FTA

호주는 2018년 3월 초 일본, 캐나다, 멕시코, 싱가포르, 말레이시아, 베트남, 칠레, 페루, 뉴질랜드, 브루나이 등과 함께 하는 환태평양경제동반자협정(TPP)에 서명을 했다.

아시아 태평양 지역의 거대 경제협정인 환태평양경제동반자협정은 미국의 불참선언과 함께 지난해 베트남에서 진행된 아시아태평양경제협력체(APEC) 정상회의에서 캐나다가 반대를 표명하며 교착상태에 빠진 바 있다. 하지만 일본과 호주의 노력으로 2018년 3월 8일 미국을 제외한 11개국이 협정을 체결하고 12월 30일 정식발효되어 CPTPP로 협정이 부활되기에 이르렀다.

이 밖에 호주는 14개 태평양 섬 국가들과의 경제협력체 협정에 서명을 하고 비준을 기다리고 있다. 뿐만 아니라 인도, 인도네시아, 홍콩을 포함한 몇몇 국가들과 자유무역협정을 위한 협상을 벌이고 있다.

〈표 14-13〉 호주의 FTA 발효 현황

시기	협정종류	체결상태
1983년 1월	호주-뉴질랜드 긴밀 경제협력협정 Australia-New Zealand Closer Economic Relations Trade Agreement (ANCERTA)	발효
2003년 7월 28일	싱가포르-호주 자유무역협정 Singapore-Australia Free Trade Agreement (SAFTA)	발효
2005년 1월 1일	호주-미국 자유무역협정 Australia-United States Free Trade Agreement (AUSFTA)	발효
2005년 1월 1일	태국-호주 자유무역협정 Thailand-Australia Free Trade Agreement (TAFTA)	발효
2009년 3월 6일	호주-칠레 자유무역협정 Australia-Chile Free Trade Agreement (ACIFTA)	발효
2010년 1월 1일	아세안-호주-뉴질랜드 자유무역협정 ASEAN-Australia-New Zealand Free Trade Area (AANZFTA)	발효
2013년 1월 1일	말레이시아-호주 자유무역협정 Malaysia-Australia Free Trade Agreement (MAFTA)	발효
2014년 12월 12일	한국-호주 자유무역협정 Korea-Australia Free Trade Agreement (KAFTA)	발효
2015년 1월 15일	일본-호주 경제동반자협정 Japan-Australia Economic Partnership Agreement (JAEPA)	발효
2015년 12월 20일	호주-중국 자유무역협정 China-Australia Free Trade Agreement (ChAFTA)	발효
2017년 6월 14일	태평양지역 경제협력협정 Pacific Agreement on Closer Economic Relations (PACER Plus)	체결

시기	협정종류	체결상태
2018년 2월 12일	페루-호주 자유무역협정 Peru-Australia Free Trade Agreement (PAFTA)	체결
2018년 3월 8일	포괄적 점진적 환태평양 경제동반자협정 Comprehensive and Progressive Agreement for Trans-Pacific Partnership (TPP-11)*	체결
~현재	호주-걸프 협력 회의 자유무역협정 Australia-Gulf Cooperation Council (GCC) FTA	협상중
~현재	호주-인도 포괄적 경제협력협정 Australia-India Comprehensive Economic Cooperation Agreement	협상중
~현재	세계무역기구(WTO) 환경상품협정 Environmental Goods Agreement (EGA)	협상중
~현재	인도네시아-호주 포괄적 경제협력협정 Indonesia-Australia Comprehensive Economic Partnership Agreement (IA-CEPA)	협상중
~현재	서비스무역협정 Trade in Services Agreement (TiSA)	협상중
~현재	지역별 포괄적 경제협력협정 Regional Comprehensive Economic Partnership (RCEP)	협상중
~현재	태평양 동맹 자유무역협정 Pacific Alliance Free Trade Agreement	협상중
~현재	호주-홍콩 자유무역협정 Australia-Hong Kong Free Trade Agreement (A-HKFTA)	협상중
~현재	호주-유럽연합 자유무역협정 Australia-European Union Free Trade Agreement	협상중

자료: 호주 외무성

3. 호주의 수입규제 제도

1) 수입허가

호주에서 동식물, 의약품 등을 제외한 일반 공산품 수입은 사전 수입허가를 얻을 필요가 없다. 그러나 공산품의 경우에도 자동차는 사전 수입허가를 얻어야 한다. 동식물 등 자연환경을 오염시킬 우려가 있는 물품과 시민건강에 직접적인 영향을 미칠 수 있는 의약품에 대해서는 호주에 수입되기 전(수출국에서 선적되기 전)에 반드시 호주 세관에서 제시하는 수입허가 절차를 거쳐야 한다. 수입허가를 신청할 때 수입상은 수입대상 물품의 카탈로그 등 세부자료를 첨부하여야 하며, 세관은 관련 부처와의 상의를 거친 후 수입의 가능 여부를 결정한다.

검역 관련 부처(Australian Quarantine and Inspection Service)에서는 수입허가 신청품목에 대한 Risk Analysis Management를 실시하게 되는데 그 특정품목의 결과가 성공적으로 검토되지 않은 경우에는 수입이 불가하다.

2) 원산지 규정

수입된 모든 품목들에는 원산지 규정(ROO)이 적용된다. 원산지 규정은 관세, 수입할당, 반덤핑, 상계관세, 라벨링 문제 등의 이유로 필요하게 되는데, 호주는 1995년에 체결된 WTO의 원산지규정을 따르고 있다. WTO 회원국에서 생산된 물품들인 경우에는 우선순위로 빠른 처리와 여러 혜택이 고려되며, 특혜관세의 적용 여부가 결정된다.

원산지를 규정하는 원칙은 수입된 품목이 어느 특정한 나라 한 곳에서 전부 생산되었는지, 아니면 한 곳 이상의 나라에서의 생산절차를 거쳤는지 여부에 따라서 결정짓게 되는데 이는 다음과 같은 카테고리를 적용함으로써 판단되기도 한다.

- 관세 등급/분류에 변화가 있는지의 여부
- 자세한 제조 과정
- 첨부된 다른 부가가치의 비율

그 밖의 원산지규정에 관한 내용은 Director Origin Australian Customs Service를 이용하면 된다.

3) 관세법 위반 시 제재내용

관세법을 위반하였을 경우에는 케이스별로 분류/적용되어 처리된다. 대부분의 경우 관련업자나 업체에서 전체적인 벌금이나, 부분적인 벌금을 물게 된다. 수입된 품목들 중에서 하나 이상의 위반사항이 발견될 경우에는 각 항목별로 벌금이 부과되지만, 위반사항을 자발적으로 신고하거나 서류상의 오류를 인정하여 수정을 원할 경우에는 벌금이 부과되지 않는다. 벌금은 서류통보를 받은 후 90일 이내에 지불되어야 하며 최소벌금은 A$500이다.

4) 검역제도

호주는 해외로부터 질병 및 병충해 도입을 막기 위하여 엄격한 검역규정을 갖추고 있다. 농수산물 및 식품류의 검역은 Quarantine Act 1908에 의거하여 AQIS(Australian Quarantine And Inspection Service)가 담당하고 있으며, 호주에 수입되는 모든 식품류는 AQIS의 검역을 받도록 되어 있다.

모든 자료가 준비된 경우 실제 검역은 짧은 시간 내에 이루어질 수 있으며, 샘플 테스트가 필요한 경우에는 더 많은 시간이 요구된다. 빠른 검역통과를 위해서는 세부사항의 정확한 라벨링과 편리한 포장상태가 요구된다.

모든 품목들에 대한 일반적인 AQIS의 검역 절차는 다음과 같다.

- 물품반입 시 호주검역청에 제반 선적서류 제시
- 검역청이 요구하는 소정의 양식 작성
- 검역관의 검역실시(정밀검사를 요구할 때에는 검역관이 지정하는 특정검역장소로 운반)
- 검역결과 이상이 없는 경우에는 수하인에게 인도
- 검역의 결과 문제가 발생하였을 경우 문제의 성질에 따라 소독/폐기/기타 처리됨.
- 검역이 완료된 경우 검역청은 확인서류 발급
- 검역완료 이후 수하인이 7일 이내에 물품을 반출하지 않는 경우 검역청은 해당 물품을 매각하거나, 폐기처분할 수 있다.

검역기준에 따른 식품류의 주요 품목별 수입허용기준은 아래와 같다.

- Canned Meat Product(캔 처리된 고기 식품)
  - 생선류가 아닌 육류를 5% 이상 함유한 식품류는 수입 시 사전허가 필요
  - AQIS의 승인을 받은 가공공장에서 제조된 상품만 수입 가능
  - 육류는 열처리되어야 하며, 공인된 밀폐용기에 담아야 함.
  - 도살된 가축은 도살 전후에 공인된 수의 공무원에 의하여 검사되어야 함.
  - 매 선적분마다 공인된 수의사가 발행한 확인서가 첨부되어야 함.
  - 소고기 성분의 맛이 함유된 라면 등 면류의 제품은 수입 시 사전허가가 필요함.

5) 수입금지지역

특별히 수입금지지역을 정하여 놓지는 않고 있으나, 국가/지역별로 한해 호주의 사람, 동물, 식물 등에 해로운 영향을 미칠 수 있는 품목들을 정하여 놓고 수입을 제한하고 있다. 그 품목을 재배/생산하는데 대한 양 국가 간의 특정 협약이 이루어 졌을 때에는 수입이 가능하다. 그의 한 예로, 필리핀의 망고는 수입금지품목 중 하나였으나, 필리핀이 호주의 pest risk 협정을 준수한다는 조건 하에 수입되고 있다.

6) 수입금지품목

(1) 일반사항

식물성 생산품 중 모든 과일과 야채는 수입 시 허가가 필요하며 AQIS의 Risk Analysis Management의 테스트를 거쳐야 한다. 품목별로 다음과 같은 규정을 갖고 있다.

- 사과 : 뉴질랜드를 제외한 전 국가산에 대해 수입금지
- 배 : 전 국가(단, 한국산 배는 호주 phytosanitary requirements 충족 시 수입 가능)
- 오렌지 : 미국 및 오렌지를 제외한 전 국가
- 단감 : 미국(캘리포니아산에 한함) 및 뉴질랜드를 제외한 전 국가
- 키위 : 일본 및 뉴질랜드를 제외한 전 국가
- 매실 : 뉴질랜드산을 제외한 전 국가
- 양잠 : 전 국가산에 대해 수입금지
- 땅콩 : 경작용(종자용)은 수입금지
- 호프 : 종자는 수입금지(가공생산을 위해서만 수입 허용)
- 초목류(Plant의 경우)
- 계란 수입금지(계란 함량이 10% 이상인 식품류의 경우 AQIS 허가여부에 따라 수입가능)
- Foot and Mouth Disease(FMD)를 가지고 있는 나라의 유가공 및 유가공 제품은 수입 불가
- 가공되지 않은 닭고기는 완전 수입금지
- 돼지고기류도 사전허가 필요

그 밖에 내용물이 사실대로 표기되어 있지 않은 경우 수입이 불가하다.

7) 식품 라벨링 제도

호주로 식품을 수출하기 위해서는 호주 식품기준청에서 제시한 식품 라벨링 규정에 부합하는 라벨링 절차가 필요하다. 호주 식품기준청은 소비자들이 구매하는 식품에 대해 정확한 정보를 얻을 수 있도록 식품 라벨링의 필수항목을 정해 규제하고 있다. 최근 업데이트된 규정에 따라 12가지 항목이 식품 라벨에 표기되어야 한다.

라벨	식품 성분 원산지
Made in New Zealand	단일국에서 생산, 가공 및 포장 된 경우
Packed in Brazil from imported ingredients	1개 국가 이상에서 수입된 성분으로 해외에서 패키징 되었을 경우
Made in Vietnam from at least 50% Australian ingredients	제품에 호주산 성분이 포함되어 있을 경우 호주산 성분의 비율 정보 제공
Grown in Australia (shelled, sorted and packed overseas)	호주산 식품이 해외에서 경미한 가공을 거쳐 포장된 경우 호주산이라는 표시와 함께 해외에서 패키징이 됐다는 설명을 표기

[그림 14-2] 라벨의 원산지 표시

자료: 호주산업부

8) 의료기기 및 의약품 등록 절차 개관

호주에서 유통되는 모든 의료장비들은 호주 식약청(TGA, Therapeutic Goods Administration)의 관리제도인 ARTG에 등록이 돼야 한다. ARTG 등록을 위한 의료기기는 제품의 위험도에 따라 5가지(Class I, Class IIa, Class IIb, Class III, AIMD) 카테고리로 구분된다. 제품의 카테고리별로 제품등록에 대한 시간, 비용 및 요구조건 등이 달라진다. 해외 업체가 제품에 대한 CE 인증이 있는 경우 별도의 인증을 받을 필요는 없으며 TGA의 단계별 확인절차를 거쳐 ARTG에 등록돼야 한다. 그렇지 않은 경우 TGA를 통해 순응평가인증서(Conformity Assessment Certificate)을 신청해서 승인을 득해야 한다. 호주 TGA의 ARTG에 제품을 등록하기 위해서는 해외 제조업체가 직접 하지 못하고 호주 현지에 적을 둔 업체를 지정(스폰서)해 대신 진행해야 한다.

(1) 의료기기 규제 체계

규제법령은 The Therapeutic Goods Act 1989로 http://www.comlaw.gov.au에서 전문 조회 가능하다.

Department of Health and Ageing의 하위조직인 The Therapeutic Goods Administration(TGA)가 상기 법령의 집행을 담당하며 The Office of Devices, Blood and Tissues(ODBT)가 의료기기 규제와 직접 연관된 부서이다.

의료기기의 세부분류는 각 기기가 가진 위험도에 따라 나누어지고, 합법적 판매와 관련한 규제제도의 핵심은 TGA에 등록(Australian Register of Therapeutic Goods)하는 것이다.

(2) 의료기기 등록 기본체계

모든 의료기기는 TGA에의 등록이 요구된다. 의료기기 등록과 관련한 표준 및 규제 등은 미국, 유럽 등의 체계와 기본적으로 일치하고 있어 CE Mark 등을 획득한 제품의 경우 테스트 절차의 생략이 가능하다. 단 이 경우에도 TGA에 대한 등록 자체는 필수적이다.

호주 내에서의 의료기기 판매를 위한 TGA 등록은 호주 측 파트너(법률에서는 Australian Sponsor라고 규정)만이 수행할 수 있다. 따라서 일반적 수출의 경우 바이어나 에이전트가 등록 절차를 수행하게 된다.

(3) 등록 대상 의료기기

TGA는 의료기기를 아래의 목적으로 인간에게 사용되기 위해 만들어진 장치, 기계, 기구, 물질, 물품으로 정의하고 있다.

- diagnosis, prevention, monitoring, treatment or alleviation of disease
- diagnosis, monitoring, treatment, alleviation of or compensation for an injury or handicap
- investigation, replacement or modification of the anatomy or of a physiological process
- control of conception

위의 장치, 기구 등의 액세서리도 포함되며, 약리학, 면역학, 신진대사에 영향을 주는 방법으로 주로 인체에 영향을 미치는 경우 의료기기에 속하지는 않으나 이러한 방법을 보조수단으로 사용하는 기구는 의료기기로 분류된다.

요약하면 제조자가 치료효과가 있는 '의료기기'로 판매를 하는 경우 예외 없이 TGA의 등록 대상인 'Medical Device'로 분류된다.

(4) 의료기기 분류

의료기기 사용목적, 위험도, 인체에의 침습성(invasiveness)에 따라 크게 5개 카테고리로 분류된다.

(5) 적합성 검사(conformity assessment)

위에서 언급한 분류에 따라 등록하고자 하는 의료기기가 충족시켜야 할 적합성 조건이 도출된다. 해외 수출업자가 당해 적합성 검사를 받기 위해서는 호주 내 또는 해외에서 TGA 또는 TCA가 인정하는 기관을 통해 테스트를 받는 방법과, CE Mark를 획득하는 방법 중 하나를 선택할 수 있다. 호주의 적합성 검사 절차는 Medical Devices Directive 93/42/EEC를 모델로 하고 있다. 따라서 일반적으로는 CE 마크가 있는 경우 등록에 문제가 없으나 해당 CE 인증을 인정할지 여부는 TGA가 결정한다.

(6) 등록 관련 컨설턴트의 수배

기존에 TGA는 테스트를 포함한 등록절차 수행을 의뢰할 수 있는 컨설턴트의 리스트를 홈페이지에 게재했으나, 현재는 해당 협회를 통해 추천을 받도록 하고 있다.

9) 식품수입 관련 규제

(1) 검역

식품 관련 호주 검역절차는 매우 까다로우나 가공(건조, 냉동 등)되어 진공포장(비닐, 캔 등)된 식품류는 소정의 절차를 거치면 계속적인 수입에 지장이 없다. 문제의 소지가 큰 것은 냉동-진공 포장되지 않은 육류, 어류, 채소류 등이나 이러한 품목의 경우 우리의 수출 수요 자체도 크지 않은 편이다.

한편 검역소 등 수입 관련 당국은 어디까지나 수입업자를 파트너로 생각하고 있으므로 제반 절차는 바이어가 진행하도록 하는 것이 타당하다. 신고수리 및 허가 발부기관은 호주 검역청 Australia Quarantine and Inspection Service (AQIS)으로 상업목적의 식품류 반입은 모두 AQIS에 사전신고 및 허가대상이 되나 세부요건은 식품의 종류, 원산지, 최종 사용목적에 따라 세분화된다.

한편 품목별 기준의 다양성으로 인해 AQIS는 통관요건과 관련한 별도의 데이터베이스를 마련하여 직접 검색을 할 수 있도록 하고 있다. 신고 및 허가 절차는 대부분 통관대행사(관세사)를 통해 처리하게 된다.

(2) 품질기준

FSANZ(Food Standard Australia and New Zealand)는 한국의 식품의약청에 해당하는 기관으로(단, 약품 부문은 TGA에서 관할함) 식품류에 관한 표준과 그 이행을 담당한다. FSANZ는 식품표준을 정하고 당해 표준들 중 상당수를 AQIS를 통하여 통관단계에서 검사되도록 하고 있다. 동 기관 웹사이트의 “The Code” 카테고리는 실질적인 표준의 세부내용을 보여주고 있으며 “Food Matters” 카테고리는 보다 쉬운 관점에서 식품류의 다양한 표준에 관한 정보를 포함하고 있다. 예를 들어 “Food Labeling” 카테고리는 구체적인 상품의 이미지를 이용해서 라벨링 규정을 안내하고 있다.

(3) ARTG(Australian Register of Therapeutic Goods) 시스템 등록

건강 증진 및 건강 관련 제품으로 분류, 수입되는 모든 제품은 호주 보건국 산하의 TGA (Therapeutic Goods Administration)로부터 품질안전성 인증과 함께 ARTG시스템 상에 등록 또는 등재되어야 상품유통이 가능하다. ARTG 등록은 호주 측 파트너(법률에서는 Australian Sponsor라고 규정)의 소관사항으로 일반적으로 바이어나 에이전트가 등록절차를 수행한다. 동 절차에 많은 시간과 비용이 소요되어 호주로 수입되는 한국 건강제품 중 극히 일부만이 ARTG에 등록된 것으로 알려져 있다.

(4) 한국식품에 대한 수입규제 강화

현재 호주에서는 한국식품에 대한 특별단속이 진행 중인데 이는 2011년 한국 구제역 사태에서 기인했으며, 호주 정부는 당시 피해액을 350억 오스트레일리아 달러로 예상하고 있다.

호주 수입식품 규정은 FSANZ, Food Standards Australia New Zealand에서 제정, 호주 검역청은 호주로 유입되는 병충해를 검역하는데, 생물학적 안전을 위해 정부, 업계 모두 책임을 지는 시스템으로 식품검역에 관한 업계의 적극적 참여가 불가피한 상황이다. 식품류 수입을 위해서는 정부인증과 생산자인증이 필요하며 기타 세부내역은 홈페이지에 게재하고 있다. 특히 이번 사건으로 인해 호주로 수입이 금지된 식품을 살펴보면 아래와 같다.

- 호주로의 수입이 금지된 식품
  - 상업적으로 포장되지 않은 김치
  - 익히지 않은 날 육류와 육가공품(만두 포함)
  - 캔에 담기지 않은 육류를 함유한 대부분의 제품
  - 육류 또는 육류 향신료 함유 만두
  - 육류 또는 육류 향신료 함유 인스턴트 면류
  - 우유와 우유 함량이 10%를 초과하는 치즈, 요구르트, 버터, 크림, 우유 가루
  - 달걀과 육안으로 식별이 가능한 달걀 함유 제품
  - 생새우와 소금에 절인 새우(보건인증 및 수입허가 필요)

아시아 수입식품은 전자검사를 통해 충족되는 식품군과 추가적인 검사가 필요한 식품군으로 분류하기 시작했으며, 전자검사로 통관이 불가능한 제품은 추가로 서류검사를 하고 재검역을 추진하고 위 절차에도 통과되지 못하는 제품은 파기되거나 외국으로 재수출된다. 이 모든 절차와 소요는 수입하려 했던 업체의 책임이라고 한다.

2011년 한국 수입식품 단속과 조사활동은 브리즈번에서 적발된 한국 수입업체의 법규위반에서 기인한 것으로 현재 호주 정부는 적발 이력이 있는 업체를 중심으로 추가검역을 실시하고 있는데, 2011년 구제역 관련 한국 수입업체의

법규위반 제품에 대한 추가 단속활동은 여전히 진행 중이라고 한다.

호주 검역청은 수입되는 모든 식품과 농수산물의 검역과 통관을 총괄하며 검역청 홈페이지에서 주요 품목별 반입조건에 대한 검색이 가능하며 수입 국가별 수입품목에 대한 상세검색도 가능하다.

호주 식품시장에 진출을 고려하는 업체나 수입업자는 해당 사이트에서 관련 품목에 대한 수입허가 취득이 필요한지 확인이 필요하고, 반입규정 위반 시에는 그에 대한 재검역에 소요되는 비용뿐 아니라 반송 혹은 폐기처리 시 소요되는 모든 비용도 수입업체가 부담하게 된다.

(5) 한국식품 수입 시 통관절차 가이드

DAFF(Department of Agriculture, Fisheries and Forestry) 웹페이지에 한국 수입상을 위한 식품안전기준, 수입조건 그리고 차단방역 관련 카테고리를 따로 만들어 안내하고 있다.

호주의 한국식품 의존도가 1억 호주 달러에도 미치지 못함에도 이러한 안내를 추가적으로 제공하는 것은 한국식품 수입에 따른 클레임 제기가 적지 않음을 대변한다. 그 예로 2010년에는 구제역 사태 때 조리되지 않은 한국 육류가 호주로 유통돼 논란이 된 적이 있으며, 2012년 11월에도 한국식품이 적절한 승인이나 신고 없이 수입되는 사례가 증가해 DAFF와 한국 관련 당국이 차단방역 절차의 중요성에 대해 공동교육을 실시하였다.

(6) ICON에서 관리하는 수입조건

데이터베이스로 2만여 가지가 넘는 해외 식물, 동물, 광물, 상품 등에 관한 수입규정이 자세히 정리되어 있다. 예를 들어, 2006년부터 추진해 2009년에 호주 수출이 최종 타결됐던 한국산 파프리카도 검색을 통해 자세한 수입조건을 확인할 수 있다.

10) 반덤핑규제

2017년 7월 호주 정부가 한국산 철강제품인 선재에 대한 반덤핑조사를 시작했다. 호주 반덤핑위원회는 한국, 인도네시아, 베트남으로부터 수입하는 선재(Steel rod in coils) 품목에 대해 반덤핑조사에 들어갔다. 호주는 2018년 6월 30일 기준 총 21개국 27개 품목에 대해 반덤핑관세 부과 등 수입규제 조치를 취했다. 이 중 한국기업은 7개 품목에 대해 수입규제 조치를 그리고 이 중 1건에 대해서는 덤핑조사가 진행 중이다. 최근 호주 수입규제 사례 대부분이 철강 및 금속제품에 집중되고 있다.

〈표 14-14〉 대한 수입규제 현황

연번	품목명	HS Code	유형	조사개시	최종판정	품목분류
1	철강재 파이프	7306.30 7306.61 7306.69	반덤핑	2011년 9월 19일	2012년 7월 3일	철강 및 금속
2	아연-알루미늄 도금강판	7210.61	반덤핑	2012년 9월 5일	2013년 8월 5일	철강 및 금속
	아연도금강판	7210.49 7212.30				
3	후판	7208.40/51/52 7225.40	반덤핑	2013년 2월 12일	2013년 12월 19일	철강 및 금속
4	풍력타워	7308.20/90 8502.31	반덤핑	2013년 8월 28일	2014년 4월 16일	기타
5	열연철강 구조물류	7216.31/ 32/33/40/50 7228.70	반덤핑	2013년 10월 24일	2014년 11월 20일	철강 및 금속
6	철근	7213.10 7214.20 7227.90 7228.30 7228.61	반덤핑	2014년 10월 17일	2015년 11월 19일	철강 및 금속
7	A4 용지	4802.56.10	반덤핑	2018년 3월 19일	진행 중	기타

주: 2018년 6월 기준
자료: 호주 반덤핑 위원회, 한국무역협회

4. 관세

호주로의 수입품들은 모두 Tariff Act 1995의 규정을 따라야 한다. 관세청의 수입신고절차는 기본적으로 수입업체에게 맡겨져 있다. 수입업체는 자체적으로 수입품목을 관세율 품목목록에 맞추어 정확하게 분류해야 한다. 수입업자는 또한 관련사항에 대한 수입업자로서의 모든 의무를 인지하고 있어야한다. 수입품목 신고 시 부정확한 정보를 제공할 시에는 벌금이 부과될 수 있다.

수입품목의 분류가 어렵다고 판단될 경우 관세 서비스 브로커를 고용하는 것이다. 브로커들은 Customs and Border Protection에서 자격증을 부여받은 수입품 세관신고에 관한 관세전문가로 그들에 대한 정보는 인터넷 검색이나 지역 전화번호부에서 찾을 수 있다.

호주는 운임(해상, 항공) 및 보험료를 포함하지 않는 FOB 가격 기준으로 관세를 부과하며, 다시 관세가 부과된 제품기준으로 부가가치세를 부과한다. 모든 품목에는 기본적으로 10%의 부가가치세(GST, Goods and Services Taxes)가 부과되는데, 운임 및 보험료를 포함한 CIF가격 기준으로 부가가치세가 부과된다. 참고로 부가가치세는 향후 관세청으로부터 환급 받을 수 있다.

1) 관세율 확인방법

일반 관세율은 관세청 홈페이지 Working Tariff 상 스케줄 3에서 세번별로 확인할 수 있다.

호주는 현재까지 한국, 뉴질랜드, 미국, 태국, 중국, 일본, 칠레 등과 자유무역협정을 체결 하였으며 일반적으로 이들 국가에서 수입되는 품목에 대해서는 관세율이 0%이거나 유예를 해주고 있다. 다만 자유무역협정 체결에도 불구하고 이들 국가에서 수입되는 품목에 대해서 관세가 부과되는 경우가 있어 해당 포털을 통해 정확한 관세율을 확인할 필요가 있다.

〈표 14-15〉 상품 양허 협상결과 요약표

(단위: USD 백만, %)

양허유형	한국 양허				호주 양허			
	품목수	비중	대호수입액	비중	품목수	비중	대한 수입액	비중
즉시	8,940	75.2	11,097	72.4	5,450	90.8	4,248	86.0
3년	1,019	8.6	367	2.4	115	1.9	434	8.8
5년	564	4.7	2,684	17.5	411	6.8	256	5.2
7년	265	2.2	15	0.1				
8년	-				32	0.5	1	0
10년	413	3.5	335	2.2				
10년 초과	492	4.1	804	5.2				
계	11,693	98.3	15,302	100	6,008	100	4,939	100

자료: 산업통상자원부

2014년 12월 12일 발효된 한-호 FTA 주요 내용은 호주는 거의 모든 한국산 제품에 대한 관세를 5년 내 철폐하며 한국은 호주산 제품의 94.2%를 8년 내 철폐하는 것이다. 2018년 현재 한-호 FTA 체결 5년차로 관세혜택 품목이 증가하여 의류, 신발, 석면제품 및 플라스틱 판・시트 등을 포함한 411개 품목의 관세가 추가 철폐돼 한국제품에 대한 호주 수입관세의 99.4%가 무관세혜택을 받게 되었다.

5. 통관

호주의 수입통관절차는 기본적으로 신고에 대한 신뢰를 바탕으로 하고 있기 때문에 부당한 지연 등 특별히 까다로운 점은 없으며 소요시간도 짧은 편이다. 과거에는 목재 포장재에 대한 검역서류 미비, 항만노조의 잦은 파업 등이 걸림돌이었으나 최근 이러한 문제는 거의 발생하지 않고 있다.

1) 수입 통관 절차

화물 도착전 통관에 필요한 모든 절차에 대해 수속이 가능하며 세관이나 검역소의 추가검사 요구를 제외한 모든 화물은 수입 도착 후 바로 수출 상태 그대로 수입자에게 전달된다.

수입된 물품들의 통관을 위해서는 세관에서 제시하는 최소한의 서류수속을 밟아야 하며, 수입에 관련된 모든 서류들은 추후 세무조사 등을 대비하여 수입절차 이행 후에라도 수입된 날짜로부터 5년간 보관할 필요가 있다.

수입신고는 전 과정이 컴퓨터에 의하여 처리되고 있는데, 검역에 관련이 없는 물품들의 98%가 Green Line으로 분류되며, 그 밖의 검사과정이 요구되는 경우에는 Red Line으로 분류되어 철저한 검사과정을 거치게 된다.

구체적인 검사내용은 호주의 수도인 캔버라에 소재하고 있는 호주 관세청에서 폭넓게 연결된 최신 컴퓨터 데이터망(Compile-System)을 통하여 검사의 체계적인 아우트라인을 잡게 되며, 이 컴퓨터 시스템은 수입된 품목의 종류와 유형에 따라서 관련 부서에 정보를 제공하게 된다.

관련서류 신고 시 Electronic Entry에 A$30, Manual Entry에 A$50가량이 소요된다. 세관에서 요구하는 서류절차를 따르지 않았을 경우에는 최소 A$2,000(약

180만 원)의 벌금이 부과된다.

(1) 수입 전 준비사항

① **ABN(Australian Business Number)**: 세무소(ATO - Australian Taxation Office)에서 발행되는 번호로 세관 수출입 신고 시 세관고객번호(CCID - Customs Client ID)로 자동 전환되며 관세와 함께 지불되는 모든 세금(GST/WET/LCT 등)이 세무소에 기록된다. ABN이 없는 개인 화주의 경우에는 개인 기본신상기록에 준해 수출입신고 세관 고객번호를 부여받아 진행된다.

② **물건에 대한 자세한 안내서(전문자료)**: 정확한 품목분류번호(HS Number)로 수입 시 관세감면혜택의 적용 여부를 검토할 수 있으며, 수입신고 시 세관 또는 관련 관계 당국에서 필요로 하는 수입허가 여부를 사전 검토해 통관 시 발생되는 문제점을 최소화할 수 있다.

③ **수출자와의 거래계약서(Offer Sheet/pro-formal invoice)**: 수입 시 발생되는 비용 산출를 보다 정확하게 산출함으로써 판매가격 계산 시 많은 도움을 줄 수 있으며 세관에서 구입단가에 대한 문제발생 시 거래증명서로 제출이 가능하다.

④ **수입물품 검증 및 표기**: 호주는 연방정부(Federal Government)에서 관할하는 관세법(Customs Acts), 검역법(Quarantine Acts)에 의거해 수입통관이 일차적으로 진행된다. 기본적으로 수입상품(Imported Goods)에 대해서는 The Commerce (Trade Description) Act 1905, The Commerce(Imports) Regulation 1940에 의해 관리를 받게 되며 이에 필요한 정확한 물품 표기(Trade description)를 요구하고 있다.

원산지, 수량, 무게, 크기, 생산자, 내용물 외 일반 구입자에게 필요한 물품에 대한 기본자료를 영어로 표기돼야 하며, 이 상품표기는 일반적으로 구입자가 구입 시 손쉽게 찾을 수 있는 부분에 표기돼야 한다.

세계적으로 유명한 상표는 저작권과 관련된 수입품에 대해서 수입 전 변호사 또는 관세사와 사전 수입판매에 대한 문의가 필요하다. 저작권 소유자 또는 대행자는 세관에 소유상표에 대한 저작권보호를 신고할 수 있으며 수입통관 시 등록된 상표에 대해서는 저작권침해로 반입을 불허할 수 있다.

음식물의 경우 호주 음식물 기준법에 따라(Food Standards Code) 필요한 라벨작업이 돼야 하며 호주 음식물 라벨에 표기되는 영양정보(Nutrition Information) 표시 방식은 한국/미국과 달리 유럽방식을 사용하고 있다.

수입자 또는 판매자는 수입 통관된 상품에 대해 호주 연방정부(Federal Government)에서 관할하는 호주규격법(Australian Standards)과 상품법, 그리고 각 주마다(State Government) 달리 요구하는 소비자보호법(Consumer Affairs/Fait Trading)에 맞추어 수입상품에 대해 검증허가 및 표기가 돼야 판매가 가능하다.

2) 세관검사(Computer Clearance)

Green-Line으로 분류된 품목들은(98%) 검사가 생략되며, Red-Line으로 분류된 품목들은 세부검사를 받도록 되어있다.

- 세관 직원에 의한 검사(Custom-Inspection) 시 착안사항
  - 수량(Quantity)
  - 가격(Value)
  - 원산지(Country of Origin)
  - 라벨(Label)
  - 상업용 마크(Commercial Mark)
  - 유사 상품(Trade Mark)
  - Community Protection

3) 검역(Quarantine Inspection)

컴퓨터에 의한 검사와 검역직원에 의한 검사로 나뉜다. 제품 및 콘테이너와 팔레트에 대한 훈증처리 여부가 주로 체크되며, Wooden 패킹 시는 반드시 방역 또는 열처리된 목재를 사용하여야 하며 패킹에 사용되는 목재는 표피(Bark)가 제거되어야만 통관이 가능하다.

4) 제세 납부

- 통관수속과 동시에 지불해야 하는 제세
  - Duty
  - Goods & Service Tax(GST)

- Overseas/Air Freight
- B.S.R.A. & D/O/ITF & IDF
- Custom Computer Terminal 사용료
- Owner Code Application Fee
- Supplier Code Application Fee

• 아래 사항을 포함하는 Service Charge는 1주일 내 지불할 수 있도록 되어 있다.
  - Customs Agent's Fee/Professional Attendance Fee
  - Cartage to Warehouse Fee(필요한 경우)
  - Unpacking Fee(필요한 경우)
  - Cartage

5) 그 밖의 사항

모든 서류들은 알아보기 쉽게 명시/준비되어 있어야 하며, 위와 같은 확인절차를 거친 이후 수입된 물품의 통관을 위해서는 물품에 따라 다소 차이가 있으나, 최소 15시간(공휴일 제외)이 걸린다. 통관문제를 위하여 세관의 브로커를 이용할 경우, 일 처리가 보다 신속히 진행되는데, 세관 브로커를 알선해 주는 브로커 카운슬러의 도움을 받는 것이 좋다.

세관의 전산화 시스템으로 인하여 대략 98%의 통관수속이 별다른 방해 없이 진행되나 수입업자나 업체에서 개별적인 서류를 제출하였을 경우에는 최소 24시간 이상의 시간소모가 예상된다.

6) 관련 기관

일반적인 자료는 세관 웹사이트에서 얻을 수 있으며, 그 밖의 케이스별로 보다 자세한 사항을 원할 경우 세관 정보센터의 이메일로 연락하면 자료를 얻을 수 있게 된다.

6. 원산지 발급

한-호주 FTA는 2014년 12월 12일 부로 발효되었다. 호주 측 양허 철폐유형 중 '즉시철폐'와 '5단계(년) 철폐'가 많기 때문에 본격적으로 2017년부터는 호주 바이어의 FTA 원산지증명서 수요가 늘어날 가능성이 크다.

1) 발급방법

한국과 호주는 FTA CO발급방법이 다르다. 한국은 기관발급방식을 채택하고 있지 않다.

(1) 대한민국 : 자율발급

생산자 또는 수출자가 '한국산' 물품에 대해 한-호주 FTA협정 상 지정된 양식을 작성하여 호주 바이어에게 제공하는 방식이다.

(2) 호주 : 자율발급 또는 기관발급

생산자 또는 수출자가 '호주산' 물품에 대해 한-호주 FTA협정 상 지정된 양식을 작성하여 한국 바이어에게 제공하는 방식 외 추가로 호주의 지정된 기관[호주상공회의소(Australian Chamber of Commerce and Industry, ACCI)와 호주산업협회(Australian Industry Group, AiG)]에 심사를 받고 발급받는 기관발급 방식, 두 가지를 병행하고 있다.

2) 원산지증명서 유효기간

원산지증명서 유효기간은 서명일로부터 2년이다.

3) 발급시기

발급시기에 대한 별도의 제한이 없으며, 협정발효 전에 작성된 원산지증명서도 인정 가능하다.

4) 발급절차

① 수출물품 HS Code 6자리 확인

② 한-호주 FTA 원산지결정기준 확인(ex. 완전생산기준, 세 번 변경기준, 부가가치기준 등)

③ FTA 원산지판정 및 증빙서류 작성(원산지소명서, FTA BOM, 제조공정도 등)

④ 한-호주 FTA 원산지증명서 작성 및 (원본) 수입자 송부

⑤ 서명카드 및 원산지증명서 작성대장 구비/작성

5) 한국과 호주의 FTA 원산지증명서 양식

한국과 호주의 FTA 협정 상 지정된 FTA CO 양식을 사용하거나 협정에서 정한 필수항목*을 명시한 서류를 사용할 수 있다. 대부분 FTA 협정 상 지정된 양식(첨부파일 확인)을 사용하고 있으니 그에 맞춰 작성하여야 한다. 다음 내용은 필수항목 내용입니다.

※ 원산지증명서 정보[협정문 부속서 3-다]

① 발급 번호

② 수출자(연락처 포함)

③ 복수선적 포괄증명기간

④ 생산자(연락처 포함) *선택사항

⑤ 수입자(연락처 포함) *선택사항

⑥ 물품명세

⑦ 통일 상품명 및 부호체계(6단위)

⑧ 특혜 기준

⑨ 비고(선택사항)

⑩ 서약, 그리고

⑪ 원산지증명서 작성자 이름, 서명, 기업 또는 권한 있는 기관 및 연락처, 발급일자

6) 한국과 호주의 FTA 원산지증명 면제(소액물품)

- 한국으로 수입되는 경우 : 관세가격 미화 1,000달러 이하
- 호주로 수입되는 경우(한국-수출) : 관세가격 호주달러 1,000 이하

7) 한국과 호주의 FTA 원산지 검증(조사)

- 간접검증(서면조사, 수출국 세관에 검증 지원 요청)과 현지 직접검증 병행, 즉 호주 세관에서 FTA 자료를 직접 요청할 수도 있고 우리나라 세관에 검증 지원을 요청할 수도 있다.
- 아직까지는 FTA 검증이 많지 않은 것 같다. 다만 자료보관 기간이 5년이기 때문에 아직 방심하면 안 된다.

8) 한국과 호주의 FTA 활용 시 유의사항

- '포괄증명기간(Blanket Period for multiple shipments)' 작성 시 기한이 명시되어 있지 않다. FTA CO의 유효기한(2년) 범위 내에서 임의적으로 기재하게 된다. 다만, 포괄증명 FTA CO 성격 상 수출물품 원산지관리가 어렵고, 원산지검증 시 대상품목 범위가 커지며, '복수선적'을 대상으로 하기 때문에 차후 해석방법에 차이가 발생할 수 있다. 번거롭지 않다면 포괄증명기간을 기재하지 않고 수출건별로 '단일 FTA CO'를 발행하는 것이 좋다.
- '포괄증명 기간(Blanket Period for multiple shipments)' 상 기간은 '상대국 수입신고' 기준으로 작성하여야 한다.
  한-미 FTA 포괄증명 기간의 경우 '선적일'기준으로 작성하지만 한-캐나다, 한-호주 FTA 원산지증명서 포괄증명 기간은 상대국 '수입' 기준으로 작성하여야 한다.
- 우리나라 수입 시 FTA CO '원본'제출이 원칙이었다. 포괄증명의 경우 원본과 사본을 제출하고 차후에 원본을 돌려받는 방법으로 적용하고 있었으나, '17년 FTA관련 법령 개정으로 FTA 사후적용 역시 '사본 CO'제출이 가능해져서 불편함이 해소될 것으로 보인다.

15. 홍콩

홍콩의 국명은 중화인민국공화국 홍콩특별행정구(The Government of the Hong Kong Special Administrative)이다.

현재의 홍콩은 1840~1842년까지 아편전쟁 후 1842년 청나라는 남경조약에 의거 홍콩섬을 영국에 영구할양하게 된다. Arrow호 사건을 계기로 1856~1860년까지 제2차 아편전쟁을 치룬 후 1860년 청나라는 북경조약에 의거 구룡반도(Boundary Street 이남)와 Stone Cutter 섬을 또 영구할양하게 된다. 게다가 청일전쟁을 계기로 영국이 홍콩방위를 목적으로 한 교섭결과 1898년 제2차 북경조약에 의거하여 신계지 및 235개 부속도서를 1898.7.1.~1997.6.30.까지 99년간 조차하기로 결정하였다. 조차 만료기간이 가까워지자 1984년 7월 덩샤오핑(鄧小平)과 제프리 하우(Geoffrey Howe) 영국외상 간의 회담결과, 1997년 주권회복 후 50년간 현 체제유지를 골자로 하는 예비협정에 체결하였다. 1984년 12월 대처(Thatcher) 영국 수상과 자오쯔양(趙紫陽) 총리 간에 2012년 9월 "홍콩문제에 관한 영 · 중 공동선언(협정)"이 정식 서명되고, 1997년 7월 1일부터 홍콩 특별 행정구로 출범하게 된다.

'일국양제(一國兩制, One Country Two System)'하 고도자치를 향유하고 있으나 외교 · 국방을 제외한 행정 · 입법 및 사법권을 가지고 있다. 행정부(The Executive Authority)는 홍콩 최고책임자로서 임기 5년인 행정수반(Chief Executive)이 있으며, 1차 연임이 가능한데 현재 행정수반은 Carrie Lam(林鄭月娥)로 2017년 7월 1일 제5대 행정수반으로 취임하였다. 입법부(Legislative Council)는 의원 수 70명, 임기 4년으로 현 입법회 의장은 앤드류 렁(Andrew Leung Kwan-yuen, 梁君彥)이다. 사법부(The Judiciary)는 지방법원 · 고등법원 · 종심법원의 3심제가 있다.

2017년 말 기준 인구는 740만 명이며, 광동어 88.7%와 영어 3.1%를 사용한다.

1. 홍콩경제

홍콩은 시장질서에 기초한 무역·금융 등 서비스산업이 고도로 발달되어 있고 민간기업의 경제활동 자유 및 외환의 자유이동이 보장되어 있다. 미국 월스트리트저널 및 헤리티지재단 공동조사인 '경제자유도 지표(Index of Economic Freedom)'에서 홍콩은 1994~2016까지 연속 23년간 1위를 차지하였다. 주요 산업에서 서비스산업 비중은 2016년 92.7%로 매우 높다.

〈표 15-1〉 홍콩의 주요 산업별 GDP 비중

	금융·보험·부동산	수출입·도소매	공공행정 서비스	운수·창고·우편	건설	숙박·요식	정보통신	제조	기 타	합 계
비중(%)	27.5	24.1	17.2	6.2	4.4	3.6	3.5	1.3	12.2	100.0

자료: 2016 Economic Background by HKSAR.
Hong Kong Special Administrative Region Government, 2016 ECONOMIC BACKGROUND AND 2017 PROSPECTS, February 2017.

상품 교역량은 GDP의 305% 수준(수출 144%, 수입 161%)으로 대외의존도가 매우 높다. 수입총액 5,139억 달러 중 약 88.8%를 홍콩 경유 제3국 수출하는 중계무역이 발달하였다.[1)]

홍콩은 동경, 싱가포르와 함께 아시아 최대 국제금융 중심의 지위를 다투고 있으며, 중국투자를 위한 국제자금조달센터 역할도 담당하고 있다. 2016년 말 현재 195개 은행이 홍콩에서 은행업을 영위하고 있으며 세계 100대 은행 중 71개 은행이 홍콩에 진출해있다. 국제결제은행(BIS)에 따르면 2016년 대외포지션 기준으로 홍콩은 세계 7대, 아시아 2대 은행업 센터이다. 금융시장에서 거래되는 자금은 주로 미국계, 유럽계로 국제자본이 자금의 수요처를 찾아 홍콩으로 이동하여 투자 또는 대출되는 형태이다.

선진국 금융기관들이 경쟁적으로 진출하여 영업하고 있어 효율성이 높고 대출비용이 낮아 아시아 각국과 중국의 차입센터 기능을 수행하고 있다. 최근에는 중국 정부의 적극적인 지원을 바탕으로 역외 위안화 중심으로서의 입지를 굳히고 있다.

1) [70년대] 30% ⇒ [80년대] 40% ⇒ [90년대] 85% ⇒ [2016년] 88.8%

2008년 글로벌 금융위기로 홍콩 내 외국기업의 활동이 다소 주춤했으나, 2010년 이후 외국기업의 홍콩 지사 설립규모는 지속적인 증가 추세이다. 2016년 기준 아시아지역본부가 1,379개사나 된다.

홍콩 무역발전국에 따르면 최근 몇 년간 저성장 기조를 이어온 홍콩 경제는 2016년 하반기부터 회복국면으로 전환되었고 2017년 홍콩 경제성장은 3.8%를 달성했다. 2018년 1분기는 전년 동기대비 4.7% 성장률을 기록해 정부 예측치를 상회했으나, 홍콩 정부는 2018년 GDP 예측치 조정 없이 기존의 3-4%로 유지하고 있다.

〈표 15-2〉 홍콩의 주요 경제지표 (단위: 달러, %)

	2011	2012	2013	2014	2015	2016	2017
경제성장률	5.0	1.5	3.1	2.8	3.1	1.9	3.8
1인당 GDP	35,100	36,600	38,357	40,247	42,351	43,400	46,200
소비자물가	5.3	4.1	4.3	4.4	2.9	2.4	1.5
실업률	3.4	3.2	3.4	3.2	3.3	3.4	3.1
외환보유고(억)	2,857	3,173	3,112	3,285	3,587	3,862	4,313
수출(억)	3,337	3,434	3,559	3,672	3,605	4,600	4969
수입(억)	3,764	3,912	4,060	4,219	4,046	5,139	5,586
환률	7.78	7.75	7.75	7.75	7.75	7.76	7.8

자료: Statistics office of Hong Kong(홍콩 통계청),
https://www.censtatd.gov.hk/hkstat/sub/bbs.jsp,
Hong Kong Trade Development Council (HKTDC; Chinese: 香港貿易發展局), HKTDC Research.
IMF 자료.

2010년, 2011년 각각 7.0%, 5.0%의 성장을 기록하는 등 중국경제의 급성장과 함께 홍콩 경제도 다시 활력을 얻고 있으나, 2012년 상반기에는 유로존 위기로 인한 세계적인 경기 침체의 영향을 받아 성장이 둔화되었다. 2010년 이후 미국의 경기 회복속도의 둔화, 유로존의 재정위기로 인한 장기적인 경기침체, 중국의 경제성장률 하락 등의 대외요인에 따라 홍콩의 경제도 저성장 국면으로 진입한 것이다. 2016년 홍콩 경제는 브렉시트(Brexit), 중국의 경기 둔화, 인바운드 관광객 감소, 내수부진 등 대내외 악재 속에 연간 성장률이 1.9%에 그쳤다.

2017년 금융허브 평가순위에서 4위를 기록하였는데, 2009~2015까지는 홍콩이 3위였었다. 2016년 말 기준 외환보유액은 US$3,862억으로 세계 6위이고, 홍콩은 고정된 환율(US$1 = HK$7.75~7.85)로 미국과 상호간 무한대의 태환성(兌換性)을 보장하고 있다. 홍콩은 홍콩달러화 발행을 위해서 고정된 환율로 환산한 미

달러화를 준비금으로 보유해야 하므로, 정부 또는 중앙은행의 자의적인 통화 증발 기회를 원천적으로 차단하고 있다. 즉 홍콩의 발권은행이 홍콩달러화를 발행하기 위해서는 US$1/HK$7.8로 환산한 미 달러화를 HKMA가 관리하는 외환기금(Exchange Fund)에 예치하고, HKMA로부터는 부채증서(Certificates of Indebtedness)를 발급받아 홍콩달러화 지폐를 발행할 수 있다.

홍콩의 3대 세목(稅目)은 ① 이윤세, ② 급여소득세, ③ 인지세로서 2016/2017 회계년도 3대 세목의 합계가 전체 세수의 50%를 차지하고 있다.

2. 홍콩의 무역

1) 일반 동향

홍콩은 담배, 주류, 메틸알콜 등을 제외하고는 무관세 자유무역정책으로 무역 관련 인프라 및 중계무역이 발달되었다. 특히 제조업 생산기지의 남중국 이전에 따른 외주생산(Outward Processing)에 따른 중계무역이 발달되었다. 1993년 이후 삼각무역 또는 역외무역(Offshore Trading)형태의 무역이 확대되고 있는 추세이며, 재수출 비중이 자체수출을 압도(2016년도 재수출 비중 98.8%)하고 있다. 과거 미국·서구 중심에서 중국·아시아 지역과의 교역이 확대되어 2016년 기준으로 홍콩의 대 중국 무역비중은 수출 54%, 수입 59%이다.

2017년 수출입 성장률은 각각 8.0%, 8.7% 증가하여 성장세를 기록했다. 주요 교역국은 중국, 미국, 일본, 대만, 싱가포르, 한국 등이며 이 중 중국과의 교역은 전체 교역의 절반 이상을 차지하는 것으로 나타났다.

〈표 15-3〉 홍콩의 수출입 추이

	2011	2012	2013	2014	2015	2016	2017
상품수출	33,373(10.1)	34,343(2.9)	35,597(3.6)	36,728(3.2)	36,053(−1.8)	4,600(−0.5)	4969(8.0)
재수출	32,716(10.5)	33,755(3.2)	35,053(3.8)	36,175(3.2)	35,584(−1.6)	4,545(−0.4)	4913(8.1)
홍콩제품	657(−5.5)	588(−10.4)	544(−7.6)	553(1.7)	469(−15.2)	55(−8.5)	56(1.4)
상품수입	37,646(11.9)	39,122(3.9)	40,607(3.8)	42,190(3.9)	40,464(−4.1)	5,139(−0.9)	5586(8.7)
무역수지	−4,273	−4,778	−5,010	−5,463	−4,411	−539	−617

자료: Statistics office of Hong Kong(홍콩 통계청).
(https://www.censtatd.gov.hk/hkstat/sub/bbs.jsp)

〈표 15-4〉 홍콩의 주요 교역국

(단위: 백만 달러, %)

국가	2014년	2015년	2016년	2017년	
				금액	증감률
전체	1,011,769	980,987	973,927	1,055,500	+8.4
중국	508,459	502,636	494,910	530,253	+7.1
미국	71,930	70,914	68,036	69,735	+2.5
대만	48,663	43,515	46,998	53,724	+14.3
일본	53,897	49,111	46,595	48,957	+5.1
싱가포르	41,109	39,015	41,408	44,760	+8.1
한국	30,503	29,034	32,086	39,581	+23.4
인도	24,399	23,685	26,856	34,109	+27.0
태국	17,599	17,180	16,735	18,433	+10.1
말레이시아	16,933	15,806	15,110	18,402	+21.8
베트남	12,542	14,011	16,210	18,112	+11.7

자료: 홍콩무역발전국

주요 수출품목은 전기기기 및 부품, 통신/오디오 및 비디오 장비, 사무기기・컴퓨터, 기타 제작품 등이다.

〈표 15-5〉 주요 수출품

(단위: 백만 홍콩달러, %)

품목	2014년	2015년	2016년	2017년	
				금액	증감률
전체	3,672,751	3,605,279	3,588,247	3,875,898	8.0
전기기기 및 부품	1,102,836	1,141,342	1,236,159	1,387,653	12.3
통신, 오디오 및 비디오 장비	718,518	750,727	739,232	758,982	2.7
사무기기 및 컴퓨터	415,794	394,011	365,090	404,073	10.7
기타 제작품	222,682	210,055	187,786	206,772	10.1
비금속성 물질	172,463	164,095	179,050	201,810	12.7
의류 및 잡화	158,871	142,615	121,647	112,871	-7.2
촬영 장비, 광학 제품 및 시계	117,848	109,928	104,762	101,531	-3.1
전문 과학 및 제어 장치	82,061	75,537	78,669	90,604	15.2
직물	75,827	70,579	61,332	59,295	-3.3
전력 기계 장비	N/A	44,784	49,125	50,760	3.3

자료: 홍콩무역발전국(SITC 2코드 기준)

주요 수출 대상국은 중국 본토, 미국, 인도, 일본, 대만, 베트남, 독일, 네덜란드, 싱가포르, 한국 등이다. 재수출 비중이 높음에 따라 주요 수출품목과 주요 수입품목이 유사한 구조를 지니고 있다.

주요 수입품목은 전자제품 및 부품, 통신·음향, 사무기기·컴퓨터, 잡화, 비철광물 등이며, 주요 수입 대상국은 중국 본토, 대만, 일본, 싱가포르, 미국, 한국 등의 순이다.

〈표 15-6〉 홍콩의 주요 수출국 (단위: 십억 홍콩달러, %)

국가	2014년	2015년	2016년	2017년	
				금액	증감률
전체	3,673	3,605	3,588	3,876	+8.0
중국	1,979	1,937	1,943	2,106	+8.4
미국	341	342	324	330	+1.9
인도	94	102	117	159	+35.9
일본	132	123	117	128	+10.0
대만	79	65	75	89	+19.9
베트남	67	77	72	80	+10.3
독일	73	70	67	74	+10.8
네덜란드	47	52	57	64	+11.5
싱가포르	60	58	61	61	-0.4
한국	62	54	54	57	+4.9

자료: 홍콩무역발전국

2) 한국의 대 홍콩 수출입 동향

홍콩무역발전국 수출입 통계에 의하면, 한국은 2017년 무역금액 395억 달러, 홍콩 전체 무역량의 3.7%를 점유하고 있는 홍콩 제6위의 교역국이다. 글로벌 경기침체로 인한 교역둔화 현상으로 전체 교역량은 2014년을 정점으로 꾸준히 하락세를 보이고 있으나 홍-한 간 무역거래는 2015년부터 점진적으로 증가하고 있다. 2017년 무역 총액은 전년대비 23.4% 증가하여 교역량 상위 10위 국가 중 인도에 이어 두 번째로 높은 성장세를 보였다.

〈표 15-7〉 홍콩의 대 한국 무역

(단위: 백만 달러, %)

구분	금액			
	2014년	2015년	2016년	2017년
수출	7,998	6,972	6,928.2	7,265.7
자체수출	184	146	133.9	146.0
재수출	7,814	6,826	6,794.3	7,119.7
수입	22,505	22,062	25,157.4	32,314.8
수입 중 재수출분	20,139	21,418	23,951	23,916
총 무역액	30,503	29,034	32,085.6	39,580.5
무역수지	−14,507	−15,090	−18,229	−19,961

자료: 홍콩무역발전국

2017년 우리나라의 대 홍콩 수출은 전년 동기 대비 19.3% 증가한 391.1억 미 달러이다. 우리의 대 홍콩 주요 수출품목은 반도체, 무선통신기기, 석유제품, 합성수지, 금은 및 백금, 판디스플레이 및 센서, 기구부품, 컴퓨터, 플라스틱제품, 비누, 치약 및 화장품 등 2017년 우리나라의 대 홍콩 수입은 전년 동기 대비 16.4% 증가한 18.8억 달러이다. 우리의 대 홍콩 주요 수입품목은 반도체, 컴퓨터, 동제품, 금은 및 합금, 어류, 무선통신기기, 수동부품, 합금철·선철 및 고철, 전자응용기기 등이다. 이에 따라, 같은 기간 무역수지는 우리가 372.3억 미달러 흑자를 기록했다.

한국의 대외무역에 있어서 2017년 기준 홍콩의 위상은 수출이 중국, 미국, 베트남에 이어 제4위이고, 교역은 중국, 미국, 일본, 베트남에 이어 제5위, 무역수지는 중국 443억 달러에 이어 2위로 372억 달러 흑자시장이다.

〈표 15-8〉 홍콩의 대 한국 수출품목

(단위: 백만 홍콩달러, %)

구분	2014년	2015년	2016년	2017년	
	금액	금액	금액	금액	증감률
전체	62,384	54,380	54,040	56,672	+4.9
전자기기 및 부품	25,655	22,659	22,148	21,289	-3.9
통신/음향 장비	11,362	8,669	8,863	10,296	+16.2
사무용기기/컴퓨터	5,569	4,999	5,633	8,540	+51.6
기타 제작품	2,575	2,356	2,216	2,655	+19.8
의류 및 악세사리	3,192	2,894	2,128	2,024	-4.9
여행용품/가방	2,188	1,663	2,255	2,010	-10.9
촬영장비, 광학제품 및 시계	1,790	2,012	1,801	1,648	-8.5
전문 과학 및 제어 장치	1,501	1,285	1,010	1,161	+14.9
전력 기계 장비	1,198	1,036	1,835	804	-56.2
철금속 광물	1,071	719	620	547	-11.8

자료: 홍콩 통계청(SITC 2코드 기준)

수출은 반도체, 전화기/통신기, 선박, 화장품, 석유제품, 컴퓨터 부품, 액정디바이스, 금(반가공), 은(반가공), 판독기, 다이오드, 축전지, 스티렌 중합체, 인쇄회로, 디스크 등 기억장치 순으로, 수입은 반도체, 금(반가공), 전화기/통신기, 컴퓨터 부품 순이었다.

반도체는 대 홍콩 무역액의 44.2%를 차지하며, 2016년 수출액은 반도체 활황기를 맞아 전년대비 44.2%가 증가하였다. 특히 화장품은 2015년 수출증가율 24.4%에서 2016년에는 78.7% 증가폭이 확대되어 대 홍콩 수출품목의 4위로 부상하며 중국에 이은 2위 화장품 수출시장으로 자리매김하고 있다.

홍콩으로의 화장품 수출증가 사유는 첫째, 홍콩이 가지는 대 중국 고급 소비재 선도시장으로서의 위치 때문인데, 연간 약 5천만 명의 중국인이 홍콩을 방문하여 관광 및 소비재 쇼핑으로 지출하는 금액이 1,500억 달러에 육박하기 때문이다. 그들은 홍콩 민간소비의 약 70%를 담당한다. 둘째, 중국의 위생허가 등 비관세장벽 우회통로로 활용되고 있으며, 셋째, 최근 한류열기가 최고조로 달해 한국상품에 대한 선호도가 증가하는 것으로 볼 수 있다.

한편, 홍콩으로 수입되는 한국제품 중 약 90%가 재수출(re-export)되며, 그 중 약 92% 정도가 중국으로의 재수출('16년 기준, HKTDC)되는 것으로 분석되고 있다. 홍콩에서 중국으로 재수출되는 한국제품의 72.6%가 반도체이며, 컴퓨터 부품(3.8%), 유리(2.4%), 전화기 및 통신기기(1.9%), 다이오드(1.7%) 등의 순이었다.

우리기업의 홍콩 경유 수출루트 활용이유는 다음 4가지로 요약할 수 있다.

① 직접 중국수출이 곤란한 중소, 수출 초보기업 등의 홍콩 무역상 활용

② 무관세혜택 및 낮은 법인세(16.5%) 활용

③ 중국 직접 거래 시 발생할 수 있는 법적, 제도적 리스크 완화

④ 국제금융센터로서 낮은 조달금리 → 무역금융에 적극 활용

3. 중국과의 경제관계

1) 경제협력동반자협정(CEPA) 및 보충협의 체결

중국대륙과 홍콩 간에는 자유무역협정(FTA)보다 범위가 넓은 경제교류협정인 지역협정(CEPA)이 2003년 6월 29일 최초로 체결되었다. 상품, 서비스 시장

개방에 초점이 맞춰진 FTA와 달리 CEPA는 투자증진, 경제산업협력 등 경제적 유대관계를 포함하는 것이 일반적인데, 본 협정, 본문(main text)과 6개의 부속서(six annexes)로 구성되어 있다. 홍콩 반환 20주년을 맞아 2017년 6월 중국 상무부와 홍콩 특별행정부 재무국이 "포괄적경제파트너십협정(CEPA)"의 추가협정인 "CEPA-투자협정"과 "CEPA-경제기술협정"을 체결했다고 전했다.

2016년 12월 현재, CEPA 본 협정 외에 10개의 보충협정(Supplement)이 체결되어 있다. CEPA 보충협정 Ⅹ에서는 서비스 양허품목이 65개로 증가하였으며, 법률, 회계, 건축, 의료, 자영업, 교육 등 65개 개방조치가 추가되어, 이로써 CEPA의 개방조치는 총 403개로 확대되었다. CEPA Ⅸ로 금융부문의 개방이 확대되어 중국과 홍콩 간의 금융협력이 더욱 밀접해질 것으로 전망된다.

또한 홍콩 금융기구의 RQFII 자격요건이 완화되었으며, 증권회사, 기금관리회사, 선물거래회사, 투자자문사 등을 합자로 설립 가능토록 합의하여, 홍콩 증시 상장조건에 부합하는 중국 기업들의 홍콩 증시 상장이 늘어날 수 있도록 지원하여 홍콩 증시의 활성화를 꾀했다. 한편 광저우에서 시범적으로 소비금융회사 설립을 허용하고 증권회사 대상 자금청산 및 선물보증자금 업무 등 중계업무를 허용함으로써 단계적인 통합이 될 수 있는 기반을 만들어가고 있다.

2016년 7월부터 발효된 서비스무역자유화협정(the Agreement on Trade in Service)은 홍콩의 앞선 서비스산업이 중국에 진출하여 중국 서비스산업 발전의 계기가 되고 있다. 서비스무역자유화협정 이후 표제협정 체결로 홍콩과 중국은 상품무역, 서비스무역, 투자 촉진 등의 분야에서 경제적 협력을 더욱 강화하게 되었다. 아울러 Ecotech Agreement는 중국의 지역개발 정책에 홍콩을 공식적으로 편입시켜 홍콩을 중국의 일환으로 통합시키는데 역할을 할 것으로 전망된다. 특히 표제협정은 홍콩의 중국반환 20주년 기념일과 연계되어 체결되어 대내외적으로 홍콩이 경제적으로 중국과는 불가분의 관계라는 것을 공표하는 효과도 거두고 있다.

2) 주강삼각주(Pearl River Delta) 지역과 경제통합

남중국 주강(珠江)유역 주강삼각주는 제조업 특히 IT·전기·전자 산업의 중심지로 1980년대 이후 홍콩 제조업의 이주가 이어졌으며, 홍콩은 외국기업의 지역본부와 무역, 금융, 물류, 법률, 회계, 서비스 중심의 기능을 수행하고 있다. 홍콩・광둥성, 주하이・마카오를 연결하는 '港珠澳' 대교가 2009년 12월 착공되어 2017년 말 완공되었다.

2012년 9월 14일 홍콩의 행정수반 렁춘잉(梁振英)과 광둥성 서기 왕양(汪洋)은 서비스무역 자유화, 광둥성 내 홍콩기업의 구조조성, 식품안전 등의 이슈를 포함한 7개 분야 협력의향서를 체결하여 경제통합을 가속화하고 있다.

〈표 15-9〉 광둥성과 홍콩 간 7개 협력 분야 주요 합의 사항

분야	내용
서비스무역	광둥성과 홍콩 간 고위 협력체제를 만들어, CEPA의 합의사항 시행
기업 구조조정	광둥성 내 홍콩기업의 구조조정 및 혁신을 통해 내수시장 개척 협력
식품 안전	중대 식품안전사고 발생 시, 신속하게 상대방 통보 및 매체를 통해 발표, 필요 시 식품 관련 긴급 고위급회의 개최
IT기술 협력	광둥-홍콩 청년 IT기업 인큐베이팅 사업 시행, 양 지역 간 연락사무소 설치
홍콩 사이언스파크	광둥 포산(佛山)시와 홍콩 사이언스파크 공동으로, 포산 난하이에 '광둥-홍콩 과학기술산업 혁신시범구' 설립
기상(氣象)협력	광둥과 홍콩 간의 기상예보 관련 교류를 강화하여, 방재능력 제고
철도 협력	광동성의 '포산서(佛山西)-광저우남(廣州南)-선전・홍콩 고속철도' 연결사업에 홍콩철도(港鐵) 협력

〈표 15-10〉 중국이 홍콩의 대외무역에서 차지하는 비중 추이

년 도	2011년	2012년	2013년	2014년	2015년	2016년	2017년
비 율	48.5%	49.3%	50.2%	51.1%	52%	59%	58%

한편 홍콩의 대외무역에서 중국은 2016년 기준 59%를 차지하고 있고, EU 9%, 미국 7.6%, ASEAN 8%, 일본 6.4%, 대만 4.6%, 한국 2.7%의 순으로 교역이 이루어지고 있다.

중국의 대 홍콩 해외직접투자(FDI, Foreign Direct Investment) 규모는 2015년 기준으로 US$310억으로 버진아일랜드 US$366억에 이어 두 번째이고, 네덜란드 US$66억, 버뮤다 US$55억이 뒤를 잇고 있다.

〈표 15-11〉 홍콩투자 (단위: US$억)

년 도	2010년	2011년	2012년	2013년	2014년	2015년	2016
투자액수	708	964	698	739	1,030	1,750	1,080

중국은 US$278억 (2016년 기준)로 버진아일랜드(US$369억)에 이어 두 번째로 투자가 많으며, 케이만제도(US$83억), 네덜란드(US$68억) 등이 뒤를 잇고 있다.

4. 홍콩의 무역규제

1) 개 요

(1) 자유로운 수출입 정책

홍콩은 전략물자, 의약품, 독극물 등 소수의 제한품목을 제외한 모든 물품거래가 자유로우며 담배, 알코올 30도 이상의 술, 메틸알콜, 탄화수소 등 4개 품목에 대해서는 물품세 성격으로 소비세(Excise Tax)가 부과되고 있으며, 자동차의 경우는 수입관세보다는 등록세 명목으로 고율의 세금이 부과된다. 육류, 채소류 등 식품 수입 시 비교적 간단한 검역절차가 필요하나 홍콩 수입업자가 홍콩 위생국으로부터 검역을 받기 때문에 국내 수출업자 입장에서는 별도의 준비가 필요한 사항은 아니다. 또한 홍콩은 자유무역항으로써 일반 수출입 상품에 대해 수입쿼터제도가 존재하지 않는다.

(2) 유동적인 수출입 규제

홍콩의 주요 수입국은 중국이지만 중국산 제품 수입에 매우 민감하다. 때때로 중국산 유사품, 위조품, 유해식품 등이 수입되어 시중에 유통되기 때문이다. 주로 식품 및 약품에서 발생하며 대표적인 예로 계란과 우유를 들 수 있다. 사건이 발생할 때마다 해당지역 상품수입을 규제하는 조치를 취하고 있다. 또한 홍콩은 가금류 소비가 많아 조류독감에 특히 민감하여 발생지역에 따라 닭고기 등에 대한 수입금지 조치를 취하기도 한다. 실제로 2014년 한국 내 AI 발생으로 인해 홍콩 내 한국산 생닭 및 계란 등 가금류 수입은 전면 중단됐으나, 2016년 3월 7일에 수입을 재개했다. 그러나 다시금 H5N6 AI 발생으로 인해 2016년 3월 29일에는 경기도, 11월 28일에는 충청남도, 12월 5일에는 전라북도에서 생산된 가금류에 대한 수입중단 조치를 내렸다. 홍콩은 연중 높은 온도와 습도로 인해 바이러스가 쉽게 전파되고 전염병이 기승을 부리기 때문에 사전 예방을 위해 강경조치를 취하고 있다.

2) 수출입 관련 법령

(1) 수입허가증 제도

홍콩은 일반 상품수입에 대해서는 자유방임적 정책을 펴고 있어 일반 수출입 화물이나 환적화물의 세관절차는 없다. 그러나 소수품목에 대해서만 수입허가증 제도를 실시하고 있다. 홍콩에서는 화학약품 및 인삼 등의 한약재에 대해서는 별도의 수입 및 도소매 자격증이 있는 사업자만이 수입할 수 있다. 홍콩 세관에 의하면 홍콩 수입허가증 발급대상 품목은 마약류, 의약품, 동물, 살충제, 폭발물, 쌀, 냉동육, 오존 파괴 물질, 좌측 운전용 차량, 엔진(111.9kw초과), 광학 디스크 기기, 복사기, 화학 약품, 멸종 위기 동식물, 무기, 섬유, 가금류, 라디오 운송 장비, 방사성 물질 및 기기(X-ray 장치 등), 전략물자(메모리칩, 광섬 유, 핵무기 관련 물질 등) 등이다.

(2) 기타 조례

기타 조례로 수출입 조례, 수출입 재고품 조례, 오존층 보호에 관한 조례 등이 있다.

① **수출입 조례**(Import and export ordinance) : 수출입 조례는 수출 및 수입 시 발생한 재고물품에 관한 조례이다. 조례 세부내용은 홈페이지를 통해 확인할 수 있다.(http://www.elegislation.gov.hk/hk/cap296A)

② **오존층 보호에 관한 조례**(Ozone layer protection ordinance) : 오존층 보호에 관한 조례는 1985년의 오존층 보호를 위한 비엔나협약 및 1987년의 오존층 파괴 물질에 관한 몬트리올 의정서 하에 국제사회 일원으로서 의무를 정의하고 있으며, 오존층을 파괴하는 물질 함유 품목의 제조금지, 수출입 통제에 관한 조례이다.

3) 관세제도

(1) 일반 관세

홍콩은 자유무역항으로서 일반 수출입 상품에 대해 관세가 없다. 다만 담배, 알코올 30도 이상의 술, 메틸알코올, 탄화수소 등 4개 품목에 대해서는 물품세 성격으로 관세가 부과되고 있으며 자동차의 경우는 자동차의 관세보다는 등록세 명목으로 고율의 세금이 부과된다.

〈표 15-12〉 홍콩의 자동차 등록세율

구분	세율
승용차	
HK$150,000 이하	자동차 판매가격*40%
HK$150,000 초과 HK$300,000 이하	HK$150,000*40% + HK$150,000초과 금액*75%
HK$300,000 초과 HK$500,000 이하	HK$150,000*40% + HK$150,000*75% + K$300,000초과 금액*100%
HK$500,000 초과	HK$150,000*40 + HK$150,000*75%+ HK$200,000*100%+ K$500,000 초과 금액*115%
이륜자동차, 삼륜자동차	자동차 판매가격 *35%
경승합차(LGV) 외의 화물차량	자동차 판매가격 *15%
1.9톤 초과하지않는승합차(LGV)	
HK$150,000 이하	자동차 판매가격 *35%
HK$150,000 초과 HK$300,000 이하	HK$150,000*35% + HK$150,000제외한 잔액*65%
HK$300,000 초과	HK$150,000*35% + HK$150,000*65% + K$300,000초과 금액*85%
1.9톤 초과하는 승합차(LGV)	자동차 판매가격 *17%
택시, 버스, 특수목적 운송수단	자동차 판매가격 *3.7%

자료: 홍콩 교통부, 홍콩 세관 Motor Vehicles First Registration Tax System
(https://eservices.customs.gov.hk/FRT/common/common/wcm00104.action)
주: 등록세 = 차종별 과세가액 × 등록세율

(2) 와인 관세 폐지

홍콩정부는 2007년 80%에서 40%로 반감한 와인세율을 2008년에는 0%로 조정하였다. 이로써 홍콩은 세계에서 부가가치세와 와인세가 없는 유일한 지역이 되었다.

홍콩무역발전국에 따르면, 2016년 홍콩의 와인 수입량은 120억 홍콩달러에 달한다(2007년 16억 홍콩달러). 홍콩은 주로 프랑스, 영국, 미국, 칠레, 호주에서 와인을 수입하고 있고, 해외 와인업체들은 홍콩에서 와인 관련 무역투자 상담회, 세미나, 와인시음회 등의 행사를 개최하고 있다. 홍콩은 5월 Vineexpo Hong Kong, 매년 10월 와인&다인 페스티벌(Wine & Dine Festival), 11월 국제 와인 박람회(Hong Kong International Wine & Spirits Fair)를 개최하며 와인 산업에 꾸준히 투자하고 있다.

4) 통관

(1) 통관 일반

홍콩은 일반 상품수입에 대해서는 자유방임적 정책을 펴고 있어 일반 수출입화물이나 환적화물의 세관절차는 없다. 그러나 소수품목에 대해서만 수입허가증 제도를 실시하고 있다. 일반적으로 대 홍콩 수출의 경우 수출 후 14일 이내에 수출입신고서를 내면 통관절차가 끝나게 된다. 수입물품인 경우 일부 통관 상 시간을 필요로 하는 검사물품이 있기도 한데 이런 경우 수입업자 또는 대리인이 홍콩 세관의 지시사항을 따라 진행하면 된다. 관련 절차에 대해서는 선사나 운송사, 관할세관 등에 문의하면 된다.

〈표 15-13〉 선적 절차

순서	절차
1	선적
2	수출입 신고서 제출 (수출 후 14일 이내)
3	화물 도착 통지
4	관세사나 통관에이전트를 선정하여 통관 대행 (필요 시)
5	수출완료

자료: 홍콩세관

통관 시에는 관세사나 통관 에이전트가 작성하는 Bill of Entry, 상업송장, 선하증권, 원산지증명서(필요 시), 화물검사증명서(필요 시)가 기본적으로 요구된다. 수출입 물품신고가 필요 없는 품목은 환적화물(일부 품목 필요), 자동차를 제외한 개인 휴대품, HK$4,000(약 US$518)미만의 우편물, 견본품, 광고목적의 HK$1,000(약 US$128) 미만의 수입품, 전시품, 스포츠 경기 참가용품, 증정품, 중고 공 컨테이너, 인가된 배에 의한 포획어류 등이다.

기본적으로 홍콩의 특성상 97% 이상이 비과세물품으로 B/L 등의 증빙서류를 지참하면 화주의 직접 화물수취가 가능하다. 그 중 수입허가증 발급대상 품목의 경우는 각각 수출입 규정, 비축물자 규정 등에 의해 홍콩 도착 7일 내에 수입허가증을 발급받아야만 통관이 가능하도록 되어 있다. 대부분 상품은 신청 후 3-7일 내 자동적으로 수입허가증이 발급된다. 거의 모든 품목의 수입은 자유이며 일부 품목에 대해서만 사전 수입허가가 필요하다. 수입허가품목을 수입하는 경우는 화물도착 4일 이전에 신청을 해야 한다. 낮은 관세율과 간단한 수출입절차는 홍콩무역의 장점이며, 편리한 인프라 시설로 수출입은 비교적 용이한 편이다.

(2) 수입허가증 발급대상 품목

수입허가증 발급대상 품목 수입에는 수입을 위한 수입자 자격증 및 유통을 위한 도소매 자격증이 요구된다. 예를 들어 인삼 등의 한약재 역시 허가받은 수입자만이 취급할 수 있다.

- 동물, 새, 파충류 관련 등	- 광디스크 마스터링장치 및 복제 장치
- 생물학적 소재	- 엔진(111.9kw 초과)
- 한약재	- 오존파괴물질
- 화학약품	- 살충제
- 관세품(주류, 담배, 메틸알콜, 탄화수소)	- 제약품, 약물, 위험약물
- 멸종위기 동식물	- 식물, 식물해충, 흙(자른 꽃, 식용 과일, 채소 제외)
- 빙과류	- 라디오운송장비
- 냉동육, 가금류, 계란	- 방사성 물질 및 기기(X-ray 장치 등)
- 야생고기, 금지된 고기류	- 전략물자(메모리칩, 광섬유, 핵무기 관련물질 등)
- 시체	- 쌀
- 생식용 동물(가금류 제외)	- 다듬어지지 않은 금강석
- 생식용 가금류(중국 이외 수입)	- 모래
- 유제품	- 차량부품
- 자동차	- 휘발성 유기 화합물
- 살충제 이외 유해화학물질	- 폐기물

자료: 홍콩세관

16. 멕시코

멕시코/메히꼬(MÉXICO), 멕시코는 영어식 발음이며 원어로는 메히꼬이다. 1521년 스페인의 에르난 코르테스가 아즈테카를 정복한 이후 스페인이 300년간 통치하였고, 1821년 독립하였다. 인종구성은 혼혈(MESTIZO) 62%, 원주민(INDIGENA) 28%, 기타 10%(대부분 백인)이며, 2017년 기준 총 1억 2,457만 4,795명의 인구를 보유한 세계 11위 국가이다. 석유 붐에 편승한 무분별한 해외차입 증대, 국제유가 하락과 국제금리 상승, 국내자본의 해외도피 등으로 인해 1982년 외채위기 발생하기도 하였다.

2009년 미국 발 세계 금융위기로 인한 원자재가격 폭락과 신종플루 발생으로 인한 경제활동 감소 및 관광업 위축 등으로 극심한 경기침체를 겪기도 했으며, 2012년 7월 대선 결과 제도혁명당 후보인 엔리케 페냐 니에토(Enrique Peña Nieto)가 대통령에 당선되어 12월 1일부터 임기 6년의 대통령직에 취임하였다.

멕시코는 면적상으로는 세계에서 14번째로 큰 나라이지만 전체 면적의 70%가 산지와 사막으로 이루어져 실제 농업용으로 사용할 수 있는 면적은 많지 않다. 특히 농경지는 서북부지역 및 동부 해안지역을 중심으로 집중 분포되어 있다. 반면, 멕시코는 광산물이 풍부한 국가로 자원부국이다.

2014년 멕시코에서 생산된 광물량은 약 14억 3,000만 달러 규모이며, 리서치 전문기업인 Business Monitor International에 따르면 2020년 생산규모는 20억 2,000만 달러에 달할 것으로 기대되고 있다. 2017년 기준 광산업 종사자는 총 35만 4,702명, 광업이 멕시코 GDP에 차지하는 비중은 총 4% 수준인 것으로 나타났다. 멕시코 광물협회(Camara Minera de Mexico)에 따르면 전체 광물생산 비중는 금 37.42%, 구리 19.04%, 은 18.02%, 아연 6.52%, 철광석 3.27%, 코크스 2.84%, 납 2.38% 등으로 조사됐다. 2016년 미국 지질조사국(USGS) 기준 멕시코는 세계 은 생산량 1위, 납 생산량 5위, 몰리브덴 생산량 5위, 아연생산량 6위, 금 생산량 8위, 구리 생산량 10위의 자원 부국이다.

〈표 16-1〉 멕시코 주요 광물 생산 현황 (단위: 톤)

광종	생산량	세계 순위
은	5,358	1
형석	1,237,091	2
규회석	55,204	3
납	28,091	5
몰리브텐	11,366	5
아연	660349	7
망간	188,294	8
금	103	10
동	500,275	10

자료: INEGI(National Institute of Statistics and Geography : INEGI)

1. 멕시코의 경제

2014년 4월 28일 멕시코 정부는 “2014~2018 국가 인프라 프로그램(El Programa Nacional de Infraestructura)”을 발표하였다. 동 인프라 프로그램의 총 투자 규모액은 7조 7천억 페소로, 약 5,900억 달러 규모에 달해 멕시코 역사상 최대 규모의 인프라 투자계획으로 평가받고 있다. 멕시코 정부는 전체 투자액 중 63%는 정부자금, 37%는 민간투자 자금으로 활용할 방침이다. 이 프로그램은 에너지, 도시 발전 및 주거지, 교통통신, 수도시설, 관광, 보건 등 6개 부문으로 세분화되어 있어 총 743개 인프라 프로젝트로 구성되어 있다. 특히 인프라 환경이 낙후되어 있는 남부 및 남동부 지역, 총 9개주(캄페체, 치아파스, 게레로, 오아하사카, 푸에블라, 킨타나 루, 타바스코, 베라쿠르즈, 유카탄)에 중점적으로 투자를 시행할 방침이다. 멕시코 정부는 동 프로그램으로 인해, 2018년에는 경제성장률이 2%가량 추가적으로 상승할 것으로 전망하였으며, 35만개의 일자리 창출 효과를 가져 올 것이라고 예상했다.

한국의 대 멕시코 투자는 1988년 삼성전자의 티후아나 생산법인 투자가 효시이며, 1994년 북미자유무역협정 발효와 함께 미국 접경지역을 중심으로 본격 확대되면서 국내기업의 대미 수출 및 중남미 진출 전진기지로 활용하고 있다.

2015년 9월 3분기 누계 88억 달러로 멕시코는 한국의 수출 9위, 2015년 누계 62억 달러로 무역흑자 5위의 교역대상국이다. 특히 한국의 중남미 수출에서 멕시코가 차지하는 비중은 37.3%로 중남미에서는 브라질 19.5%보다 큰 수출시장이며, 무역흑자 기준으로도 역시 중남미 최대 무역흑자 창출 국가이다. 이로 인해 한국 정부는 중남미 수출 확대를 위해 멕시코 정부와 지속적인 협의를 이루어내고 있다

세계은행(World Bank)는 2018년 멕시코 경제성장률 전망치를 2.1%, 2019년 경제성장률 전망치를 2.6%로 발표했다. 이는 NAFTA 재협상 기한 영장과 하반기 예정된 대선으로 인한 불확실성이 확대됐기 때문이라고 밝혔다. 세계은행은 NAFTA 재협상 기한이 더 연장되거나 NAFTA 협상이 파기될 경우 경제성장률은 더욱 하락할 수 있다고 경고했으나, 다행히 재협상은 2018년 9월 타결되었고 명칭도 USMCA로 바꾸었다.

2018년 7월 IMF는 World Economic Outlook 보고서를 통해 북미자유무역협정(NAFTA) 재협상 불확실성이 증가함에 따라 2019년 멕시코 경제성장률 전망치를 기존 3.0%에서 2.7%로 0.3% 포인트 하향 조정한다고 밝혔다. 앞서 북미자유무역협정 회원국인 멕시코와 캐나다가 협약 유지에 대한 의지를 보인 데 반해 미국의 도널드 트럼프 대통령은 양자 간 자유무역을 추진한다고 밝힌 바 있다. 동 보고서에서 IMF는 최근 미국이 발표한 관세 인상 조치는 생산성에 직접적인 영향을 미쳐 중기적인 성장을 방해할 수 있다고 우려를 표했다.

〈표 16-2〉 멕시코의 대내경제 지표 (단위: %, 달러)

지표	2011	2012	2013	2014	2015	2016	2017
실질경제 성장률	4.04	4.02	1.39	2.14	2.5	2.3	1.52
명목 GDP(억 달러)	11,707	11,865	12,620	12,926	11,437	10,235	11,492
1인당 GDP(PPP)	9,931	10,669	11,006	11,728	17,332	17,958	19,480
물가상승률	3.41	4.11	3.81	4.02	2.1	4.1	5.34
실업률	5.17	4.88	4.9	4.82	4.4	4.4	3.4
금리	4.5	4.5	3.9	3.0	3.25	4.5	7.25

자료: 한국무역협회 K-stat, EIU, Ministry of economy of chiapas Mexico, Secretariat of Economy (SE : 멕시코 경제부), INEGI(멕시코 통계청), Mexico Central Bank(멕시코 중앙은행).

1인당 GDP는 해마다 상승하여 2016년도에는 17,958달러, 2017년도에는 19,480달러에 도달했고, 실업률은 4% 중후반대를 기록하다 2018년에는 3.4%로 낮아진 상태이다. 물가도 비교적 높은 편이며, 금리 또한 국제금리보다 높은 4% 중반대를 기록했었고, 2017년에는 7.25%로 급격히 상승했다.

경상수지는 해마다 적자상태를 면하지 못하고 있으며, 외채는 외환보유고의 2배~2.7배 수준을 기록하고 있어 어려운 국면을 면치 못하고 있는 실정이다.

〈표 16-3〉 멕시코의 대외경제 지표 (단위: 백만 달러, 페소)

지표	2011	2012	2013	2014	2015	2016	2017
경상수지	-13,228	-16,364	-30,469	-24,983	-32,381	-30,406	-22,900
외국인 직접투자	23,328	19,491	44,885	24,154	30,284	26,873	19,626
외환 보유고	141,391	163,343	176,132	192,731	177,990	178,093	189,200
외채	286,382	354,897	394,802	435,494	442,566	487,193	-
기말환율(US$1)	13.99	13.01	13.03	14.38	17.21	19.78	18.9

자료: 한국무역협회 K-stat, EIU(http://country.eiu.com/mexico)
멕시코 경제부, 멕시코 통계청, 멕시코 중앙은행.

환율은 2012년을 기점으로 계속 상승 중으로, 달러당 페소화 환율은 2014년 상반기만 해도 13페소를 중심으로 등락했었다. 미국 대선 전 달러당 18페소 대를 오르내리던 페소 환율은 트럼프 당선 여파로 급등(페소 가치 하락)해 2017년 1월 초에는 22페소까지 상승하기도 했다. 이후 환율은 하락세로 돌아서 기말 환율은 달러당 18.9페소를 기록, 2018년 11월 현재 환율은 20.26페소이다.

2. 교역 현황

2016년 무역수지는 131억 달러 적자, 2017년도에는 약 109억 달러 적자로 나타났다. 이처럼 2017년 무역수지 적자가 개선된 이유는 제조업 수출이 증가했기 때문으로 분석된다. 2018년 6월 누계 기준 무역수지 적자금액도 제조업 수출 약진으로 적자폭이 개선돼 전년 동기대비 무역수지 적자는 47.9% 개선된 45억 달러 적자로 확인됐다.

〈표 16-4〉 수출입 실적과 무역수지 (단위: 백만 달러)

지표	2011	2012	2013	2014	2015	2016	2017
수출실적	349,433	370,770	380,015	397,129	381,198	361,324	409,464
수입실적	350,843	370,752	381,210	399,977	395,573	377,489	420,351
무역수지	-1,409	18	-1,195	-2,849	-14,375	-16,165	-10,887

자료: 한국무역협회 K-stat, 멕시코 경제부, 멕시코 통계청, EIU, 멕시코 중앙은행.

멕시코의 수출에서 대 미국 수출이 차지하는 비중은 약 80% 수준으로, 매우 높은 대 미국 의존도를 보이고 있는데, 멕시코가 미국시장 수출을 위한 생산기지 역할하고 있음을 알 수 있다.

2017년 수출이 전년 동기대비 9% 증가한 가운데, 전자기기, 자동차 및 부품, 기계류의 비중은 전체의 약 50%를 차지하고 있다. 전자기기는 주로 미국 인접 지역에서 임가공 및 조립 생산되는 TV, 냉장고, 세탁기 등의 가전제품이 주를 이루며 자동차의 경우, 닛산, 폭스바겐, 도요타, 혼다, 포드, 크라이슬러 등의 자동차 및 관련 부품들이 수출되고 있다.

멕시코의 석유를 비롯한 광물성 연료의 수출은 2016년 큰 감소폭을 보였다. 2016년 광물성 연료 수출은 전년대비 20.88% 감소한 180억 달러를 기록한 바 있다. 이는 유가하락 및 멕시코 시추 시설의 노후화, 수요 감소 등 복합적인 원인이 작용한 것으로 파악된다. 그러나 2017년 유가가 상승하며 광물성 연료 수출은 전년 대비 5% 증가했다. 2018년에도 유가는 오름세를 보이고 있어 2018 광물성 연료 수출은 증가할 것으로 기대된다.

멕시코는 수입에서도 미국 의존도가 높은 시장이다. 연중 평균적으로 미국으로부터의 수입비중은 50% 내외를 유지하고 있으며, 주된 수입품목은 석유, 기계류(엔진부품, 펌프, 가스터빈 등), 전기부품(절연케이블 등) 등이 있다. 한국은 미국, 중국, 일본, 독일과 함께 멕시코의 5대 수입 대상국에 속한다. 2016년 멕시코의 대 한국 수입액은 환율상승으로 인한 수입감소 및 국내 경기침체 여파로 6.89% 감소했으나, 2017년 자동차 등 제조업 분야 수요가 증가하며 전년대비 15.75% 증가했다. 기아자동차 공장 가동 등의 이유로 향후 한국산 수입은 꾸준히 증가할 것으로 기대된다. 멕시코의 대 한국 수입은 주로 멕시코 지역에 투자 진출한 한국 기업들의 부품소재 조달이 주를 이루고 있으며, 전자 관련 부품이 차지하는 비중이 높다.

3. 한국과의 무역

멕시코는 우리의 10대 수출국 중 하나임에도 FTA를 체결하지 않아 우리 기업이 멕시코와 FTA를 체결한 미국, 유럽연합(EU), 일본 기업과의 경쟁에 어려움을 겪어왔다.

2017년 누계 기준으로 멕시코는 한국의 수출 10위 109억 달러, 무역흑자 8위 65억 달러의 교역상대국이다. 특히 한국의 중남미 수출에서 멕시코가 차지하는 비중은 상당히 높아서 중남미에서는 브라질보다 큰 수출시장이며, 무역흑자 기준으로도 역시 중남미 최대의 무역흑자 창출 국가이다.

대 멕시코 무역수지가 흑자를 유지하는 이유는 양국 간의 수직적 분업구조에 기인하고 있다. 1990년대 이후 많은 한국 기업들이 멕시코 현지에 생산공장을 설립하면서 제품생산을 위한 자본재와 원자재의 수출이 급증했고, 한국은 재화의 수입보다는 멕시코 현지에서의 생산활동을 통해 멕시코 수출 및 고용 창출로 멕시코 경제에 이바지하고 있다.

〈표 16-5〉 연도별 대 멕시코 수출입 실적 (단위: 백만 달러, %)

연도	수출		수입		무역수지
	금액	증감률	금액	증감률	
2011	9,729	10.0	2,316	52.3	7,413
2012	9,042	-7.1	2,592	11.9	6,451
2013	9,727	7.6	2,301	-11.2	7,426
2014	10,846	11.5	3,268	42.1	7,578
2015	10.892	0.4	3,464	6.0	7,420
2016	9,721	-10.8	3,695	6.7	6,026
2017	10,933	12.5	4,407	19.3	6,526
2018년 5월	4,322	-4.5	2,250	33.6	2,072

주: 증감률은 전년 동기대비
자료: KITA, 일부 수정

4. 멕시코의 수입규제 제도

1) 수입규제 제도

멕시코는 통상법 제21~25조에 의거해 사전허가, 수출입쿼터, 원산지표기에 대한 다양한 규제제도를 운영하고 있다. 이 규제의 자세한 내용과 관련 절차는 연방관보를 통해 공포된다. 멕시코 경제부에서 지정한 수입금지품목은 포식어류, 마약, 유해물질, 반사회 활동을 야기할 수 있는 전사지 등이다. 이들 품목을 제외한 품목의 경우 모두 수입이 가능하다. 그 외에 석유 함유 제품, 무기류, 폭발물, 군사 차량, 중고 타이어, 해외공관 직원 차량, 중고 컴퓨터, 방탄차량, 견인차 등은 수입허가를 받은 제품만이 수입이 가능하다.

2) 수입규제 품목

멕시코가 수입허가제도의 운영품목은 다음 〈표 16-6〉과 같다.

〈표 16-6〉 수입허가제도 운영 품목

품목(분야)	내 용
석유 함유 제품	국영석유공사(PEMEX)의 공식의견서 필요 LP가스의 경우 에너지부 의견서도 필요
무기류, 폭발물, 군사 차량	국방부(SEDENA) 공식의견서 필요
중고 의류	내무부(Secretaria de Gobernación) 공식의견서 필요
재생용 중고 타이어	재생 담당 업체에 대한 상세 내역서 필요
자동차 반제품 일시 수입 시	자동차 반제품을 수입, 멕시코에서 완성 후 다시 수출할 경우, 동반 제품 수입을 위한 수입허가 필요
해외공관 직원 차량	외무부의 증빙서류 및 재무부에서 발행한 임시수입허가증 사본제출
장애자용 차량	최근 6개월 이내 공식의료기관에서 발행된 건강증명서(장애 상세 내용 포함)
방탄 차량	방탄관련 멕시코 품질협회(NORMEX) 증명서 필요
견인차	제조업회의소(Cámara Nacional de la Industria de Transformación) 에서 발행된 동 제품의 국내생산이 없다는 증명서 필요
치즈 및 유제품	유제품산업협회나 제조업협회의 의견서 제출 필요
중고컴퓨터	초·중등학교 등 교육기관용으로 수입할 경우, 교육부의 허가서 필요
시가, 캐러멜, 껌	수입 첫 해는 수입허가를 받을 필요가 없지만, 수입 두 번째 해부터 수입내역에 대한 세관서류를 사전 제출, 수입 허가를 받아야 한다.

자료: Secretariat of Economy(SE), 한국무역협회

멕시코는 원칙적으로 중고자동차 수입을 금지하고 있으나, 미국산, 캐나다산 중고차의 경우 일부 규정을 충족시킬 경우 수입을 허가하고 있다. 아울러 "자동차 산업 진흥 및 현대화에 관한 법"에 의거하여, 멕시코 정부는 1990년 1월 1일부터 멕시코 현지에 자동차조립생산시설을 보유한 자동차 생산기업에만 수출실적에 비례해 생산지역에 상관없이 무관세로 완성차를 수입할 수 있도록 허가하고 있다. 현지에 생산설비가 없는 FTA 미체결국 업체가 완성차를 수입하는 경우 보통 20~30%의 관세가 부과된다.

3) 수입쿼터

2014년 8월 기준으로 수입쿼터 제한을 받은 일부 품목이 있으며, 한국에 가장 직접적으로 영향을 미치는 항목은 한국산 냉연 강판이다. 2012년 7월 현지 철강 업체인 테르니움의 반덤핑 청원을 접수, 2012년 10월부터 한국 제품에 대한 조사를 시작하여, 2013년 6월 포스코와 현대하이스코의 철강 제품에 대하여 각각 60.4%, 6.45%의 반덤핑 세율 부과 예비판정을 내린바 있다.

이에 포스코와 현대하이스코는 멕시코에 2014년부터 각각 연간 40만 톤, 1만 톤을 수출하고 2018년에는 각각 50만 톤, 2만 톤까지 공급물량을 확대하기로 하고, 동 문제를 해결하기로 합의를 보았다. 이에 멕시코 정부는 포스코 등의 약속으로 자국산업에 대한 덤핑피해 영향이 제거되었다고 판단, 예비판정에 따른 잠정관세를 부과하지 않고 조사를 종료하기로 결정하였다.

멕시코 경제부는 2015년 3월 11일 아르헨티나와 경제보완협정을 수정하고 수입쿼터제 방식을 바탕으로 자동차 및 자동차 부품 부문 교역을 재개하기로 합의하였다. 이에 아르헨티나는 제1차 연도에 5.75억 달러 규모, 제4차 연도에는 6.4억 달러 규모의 멕시코 물품 수입을 허용하기로 하고, 멕시코 경차 및 자동차 부품 관련 아르헨티나산 제품수입 시 추가 면세를 제공하기로 합의했다.

4) 비관세장벽

멕시코의 비관세장벽에는 다양한 형태의 장벽들이 있다. 여기서는 몇 가지만 보기로 한다.

(1) 표준규격제도(Norma Oficial Mexicana: NOM)

멕시코는 소비자 보호차원에서 공식표준규격(Norma Oficial Mexicana, NOM)을 시행하고 있다. 1994년 3월부터 대상품목을 81개에서 여러 차례에 걸쳐 확대, 2007년 12월 기준 총 6,600여 개의 표준규격제도가 운영 중이다. 2008년 하반기부터 경제부에서는 NOM 제도가 무역장벽으로 작용하는 것을 방지하기 위해 업데이트가 되지 않아 국제규정과 다른 것은 개정하고 현 상황에 맞지 않는 NOM 규정을 폐지하기로 한바 기존의 7,200여 개 표준규격제도가 6,600여 개로 줄어들었다.

멕시코 정부는 2010년에 5천 개의 표준규격인증 규정을 개정할 계획이라고 밝힌바 있는데, 800개는 멕시코 공식표준규격인 NOM이며, 4천여 개는 멕시코 표준규격(NM, Normas Mexicanas)이다. 참고로, NOM(총 977개)는 보다 중요한 국제적 규정으로 의무적으로 준수하여야 하며, NOM은 국제적 수준의 기술기준에 따르는 멕시코 내 자발적 규정이다.

멕시코 경제부는 현재 섬유, 전자제품 규정 및 식품분야 상표부착에 관한 규정을 검토하고 있으며, 그 중 전자제품 관련 규정은 다소 진전이 있으나, 식품 상표부착 관련 규정의 검토는 더 늦어지고 있다. NOM 제도는 특히 한국산 타이어와 전자제품의 대 멕시코 수출에 큰 영향을 미치고 있다.

(2) 현지 조립생산시설이 없는 기업의 완성차 수입 제한

멕시코 현지 조립생산시설을 보유한 자동차 생산기업만 수출실적에 비례해 생산지역에 상관없이 무관세로 완성차 수입을 허가함으로써, 현지 공장이 없는 업체의 수입을 제한하고 있다. 직접 수입하려 할 때 20~30%의 관세가 부과된다.

관련 분야(품목)는 기계(자동차)이며, 이 경우 수입허가를 받아야 한다.

(3) 중고차 수입금지

중고차 수입을 원칙적으로 금지하고 있으며, 예외적인 경우 특정국가의 중고차만 허용해 특혜부여 성격이 짙다. 현재 NAFTA 체결국인 미국과 캐나다산 중고차에 한해 수입이 허용되고 있다.

관련 품목은 중고자동차이며, 이 또한 수입허가를 받아야 한다.

(4) 통관서류에 불필요한 정보 요구

통관 시 필요한 각종 서류에 불필요한 사항을 기재하게 해 누락 및 기재 오류 등 사소한 실수에도 통관을 보류하는 등 불이익을 주고 있다.

관련규정이 없음에도 전 품목에 해당하며, 각종 서류에 불필요한 기재사항들이 너무 많다. 모든 서류와 라벨링에 납세번호(우리나라의 사업자등록번호) 기재를 강제하고 있다. 사소한 사항이라도 누락 시 통관이 보류된다.

(5) 자국어 사용 강제 규정

통관절차에 전품목이 해당되며 서류작성 시 스페인어나 현지 통용영어의 사용만 강요해 수출업자에게 추가 번역 비용과 시간이 소모되는 경우가 많다. 원칙적으로는 스페인어 외에 영어도 사용 가능하나 실제 세관에서는 스페인어만 요구하는 경우가 많다. 영어로 작성이 허용되더라도 반드시 현지에서 통용되는 영어로 작성해야 한다.

(6) 의료기기 수입허가에 과도한 시간 소모

모든 의료기기, 의약품 및 의료용품(소모품 포함)이 멕시코에서 수입, 유통, 판매되기 위해 서는 멕시코 보건부(Secretária de Salud)가 발급하는 위생등록증(Registro Sanitario)을 취득해야 한다. 위생등록의 유효기간은 5년이며, 매 5년마다 갱신해야 하며 외국 제조품의 경우 멕시코에 사업자로 등록된 업체(현지 수입판매자)가 등록 신청해야만 한다. 관련규정에 의해 품목허가에 장기간(10개월~1년)이 소요된다. 품목허가에 소요되는 기간이 길어 시장진출 시기를 놓칠 수 있기 때문에 유의해야 한다.

(7) 철강제품 수출 시 검사증명서 제출 요구

철강제품 수출 시 검사증명서를 요구하고 있는데 동 증명서에 과도하게 내용을 기재하도록 강제하고 있다. 2018년 7월 3일 기준, 멕시코 수입규제 건수는 총 71건이며, 철강 관련 규제가 제일 많고 그 뒤를 이어 석유화학, 기계장비 등이 많았다. 이는 멕시코 내 자동차 산업 등 제조업의 발전으로 철강 수요는 증가했으나, 내부생산이 이를 따라가지 못해 수입이 증가하는 과정에서 세계적인 철강 공급과잉 현상으로 인해 수입 철강제의 가격이 하락하자, 멕시코 내 철강업체들이 보호를 요청하면서 빚어진 현상으로 풀이된다.

5. 관세제도

1) 멕시코 세관관리국

멕시코 세관관리국(Aduana Mexico)은 재무부(Secretaria de Hacienda y Credito Publico) 산하 부서인 조세청(Servicio de Administracion Tributaria, SAT)이 관할하며, 중앙조직과 지방조직으로 구성되어 있다. 중앙조직은 관세기획과, 관세사무관리과, 연구/과학서비스과, 정보통계/분석과, 징수정책과, 총무/연수과 등으로 구성되어 있고, 지방조직은 전국에 지방세관 8개소, 일반세관 47개소, 국제공항세관 48개소, 기타 세관 243개소가 설치되어 있다.

2) 관세율 체계

멕시코 상품분류는 1988년부터 HS 분류체계를 사용하고 있다. 상품분류는 22개의 SECCION과 98개의 CAPITULO로 구성되며, CAPITULO는 다시 PARTIDA, SUBPARTIDA를 거쳐 가장 작은 단위인 12,116개의 FRACCION으로 세분된다.

멕시코의 관세체계는 0, 3, 5, 10, 13, 15, 18, 20, 23, 35% 10단계로 되어 있으며, 단계별 주요 대상 품목은 다음과 같다.

0%	서적과 같이 교육적 목적에 사용되는 품목, 마낄라도라 및 제조업에 이용되는 멕시코에서 생산되지 않는 제품 및 반제품
3~5%	멕시코에서 생산되지 않는 제품이나 소량만 생산되는 일부 기계류, 부품
10~13%	멕시코에서 생산되지 않는 기계 장비 부품
15~20%	멕시코에서 생산되는 일부 소비재 및 부품류
23~35%	가죽, 신발, 의류 등 국내시장 피해가 우려되는 민감 품목

참고로 멕시코는 HS Code 8단위를 사용하고 있다. 따라서 정확한 HS Code를 위해서는 멕시코 관세 책자를 참고해야 한다.

3) 멕시코 관세율 사이트

멕시코 경제부 사이트(SIAVI)에서 HS Code별로 FTA 체결국 및 미체결국의 관세 확인이 가능하나 동 사이트는 업데이트가 늦은 편이므로 DIA 사이트에서비 FTA 국가(한국)에 대한 최근 관세를 재확인해볼 수 있다.

DIA 사이트는 스페인어판은 유료이다. 영어판은 관세검색 내용이 무료로 제공되고 있으나, 무료정보인 관계로 FTA 체결국 관세율, 반덤핑관세 등 상세내역이 제공되지는 않는다.

현재 한국과 멕시코는 FTA가 체결되어 있지는 않지만, 2018년 7월 한국과의 태평양동맹 준 회원국 가입 협상을 준비가 마무리되는 대로 개시한다고 합의하였다. 태평양동맹은 멕시코, 페루, 콜롬비아, 칠레 4개국의 지역경제연합을 말한다. 준 회원국 가입은 태평양동맹(PA)과 양자 FTA 체결을 의미한다. 준 회원국 가입이 이루어지면 보다 높은 정보제공을 받을 수 있을 것이다.

4) 멕시코 정부의 관세 방침

멕시코 경제부는 2011년 11월 23일 연방관보를 통해 화학 및 농수산물 관련 480여 제품에 대한 관세 인하방안을 공포하였다. 이번 관세 인하방안은 2008년부터 추진되고 있는 관세인하 정책의 연장선으로 165개 석유화학 제품과 315개 농수산물이 이에 해당된다. 석유화학 제품은 4.2%에서 4%, 농수산물이 21.7%에서 14.2%로 관세 인하가 추진될 계획으로, 특히 농수산물 관련 제품에 대한 인하폭이 크다.

멕시코 연방 정부는 2014년 10월 31일 재정 개혁안을 최종 확정했다. 관세법과 관련하여 기업 내 관세 법적 대리인을 통한 관세 관련 절차를 수행할 수 있게 개편되었으며, 기존 관세사무소 외 관세청이 지정한 지역 내에서도 수입절차 진행이 가능하게 됐다.

6. 통관

멕시코로 수입된 물품은 세관 보세창고에 반입되어 통관절차를 밟게 된다. 창고료는 항공 및 육상 운송 제품은 2일 간은 부과되지 않으며, 해상운송은 5일 동안 부과되지 않는다. 그러나 일부 서비스 수수료(servicios de manejo)는 지급하게 된다. 세관창고에 반입된 수입물품이 재수출용으로 허가를 받으면 관세부과 없이 재수출할 수 있다. 그러나 일단 통관절차가 끝난 물품은 내국물품으로 간주하여 멕시코 법령에 따른 수출절차를 밟아야 한다.

화물검사는 통관 대에 신호등이 부착되어 있어 통관 시 통관사 또는 화주가 신호등의 버튼을 눌러 적색 불이 들어왔을 때만 실시한다. 적색 불의 확률은 보통 10% 수준이나 한국 등 아시아산 수입물품은 품목에 따라 거의 100%에 가까워서 화물검사가 불가피하다고 간주해야 한다. 통관 자체에 걸리는 시간은 보통 4~5시간 정도이나 화물을 검사하는 경우는 1일 정도가 추가로 소요된다. 통관 시 구비서류로는 수입면장(PEDIMENTO DE IMPORTACIÓN), 상업송장 (factura comm. Ercial), 선하증권, 수입허가서(수입허가품목인 경우), 원산지증명서, 기타 제 증명서(필요한 경우, 예를 들어 의약품은 보건부의 허가서 필요) 등이 있다.

(1) 통관 절차도

통관절차는 다음과 같은 순서로 이루어진다.

> 통관사 선정 → 수입면장 작성 → 제 세금 납부 → 세관의 서류검토 → 화물검사 여부 결정 → 화물 검사 → 화물 인수

통관은 직접 개인이 해도 무방하나 신속한 통관을 위해 통관사를 고용하는 경우가 일반적이다. 대부분의 업체는 통관절차나 법규에 대한 이해가 부족하므로 모든 것을 통관사에게 일임하는 경우가 많다. 일부 통관사들은 이러한 점을 악용하는 경우가 있어 주의가 필요하다. 예를 들어 통관사에게 수수료의 명목으로 선금을 지불하는 경우, 현금이 아닌 통관사 이름으로 수표를 발행하거나 은행계좌에 입금해야 한다.

(2) 통관비용 및 소요시간

멕시코 통관사를 통해 화물을 찾을 때는 일반적으로 컨테이너 크기에 상관없이 인보이스 금액의 0.45%에 해당하는 통관비와 서비스료 1,500~3,000페소가 소요된다. 부산항에서 선적, 태평양의 만사니요(Manzanillo)항에 도착하는 경우 직항은 최단 14일, 일반적으로 18일이 소요되며 일본, 미국 등을 거쳐서 오는 경우는 최장 30일까지 소요된다.

(3) "아시아산 제품 대상 자동수입신고제도(API)" 폐지(1998년 8월 27일부터 발효)

2008년 6월 이전에는 섬유, 의류, 장난감, 공구류 등 74개 품목에 대한 아시아상품 수입상은 수입하고자 하는 물품이 멕시코 영토 내에 상륙하기 전에 경

제부에 수입신고를 끝내야 하며, 경제부가 발행해 주는 수입신고필 확인서(ACUSE DE RECIBO) 사본을 수입면장(PEDIMENTO DE IMPORTACIÓN)과 함께 해당 세관에 제출해야만 통관 할 수 있었다.

해당 제도는 중국, 한국 등 일부 아시아 국가에서 수입되는 제품에 대해 특별 원산지규정을 적용한 것이었는데, 2008년 6월에 통관 간소화 조치의 목적으로 아시아산 섬유, 의류, 장난감, 공구류에 대한 특별 원산지규정이 폐지되고, 일반 원산지규정을 받게 되었다. 따라서 한국산 섬유나 의류에 적용되었던 일종의 비관세장벽이 철폐된 것으로 볼 수 있다.

17. 칠레

국명은 칠레공화국(República de Chile)이며, 1810년 스페인으로부터 독립하였으며, 페루, 볼리비아, 아르헨티나와 인접하고 있으며, 남태평양 연안에 위치하여 지진 등 자연재해가 잦은 편으로 국토면적은 757,000㎢으로 한반도의 3.5배이며, 4,270km에 걸쳐 길게 뻗어 있는 세계에서 가장 긴 국가로 위도에 따라 다양한 기후를 보이고 있다.

칠레의 총인구는 2017년 칠레 통계청 기준 약 1,837만 명으로 Latinobarómetro 2015년 설문조사 기준으로 백인 58%, 메스티소 29.9%, 원주민 3.1%, 물라토 0.9% 등으로 구성되어 있다.

중남미 국가 중 멕시코에 이은 두 번째 OECD 회원국으로, 2012년 멕시코, 콜롬비아, 페루와 함께 태평양동맹(Pacific Alliance)을 결성하여 중남미 신경제 블록을 형성하고 있다.

세계 1위의 구리와 리튬, 2위의 요오드, 3위의 몰리브덴 등 광물자원 매장량이 풍부하며, 특히 구리의 경우 세계 매장량의 1/3을 보유하고 있으며 구리에 대한 경제의존도가 GDP의 약 10%, 총수출의 50%로 높다.

칠레는 지리적으로 남미 서쪽 끝에 길게 위치하고 있어 고립되어 있고, 제한된 인구로 인한 협소한 국내시장의 한계를 극복하기 위해 대외 개방정책을 적극적으로 추진하고 있다. 그리하여 미국, EU, 한국, 일본 등 전 세계 국가들과 FTA를 적극 체결하고 있으며, 2010년 1월 남미국가로서는 최초로 OECD에 가입하는 등 국제사회에서의 위상 제고를 위해 노력하고 있다.

1. 경제동향과 지표

2016년 경제성장률은 1.6%로 2009년 이후 최저치를 기록했다. 2016년 1분기~3분기까지는 '건축' 및 '제조업'의 부진 속에서도 '서비스업' 및 '도소매업' 분야가 약 2%의 GDP 성장률을 이끌었으나, 10월 '경제활동월별지수(Imacec)'가 전년 동월대비 0.4%대로 추락했고 특히 '광업 Imacec'이 5.6%나 감소하는 등 충격적인 4분기 경기위축의 여파로 인해 동년 GDP 성장률이 1.6%로 급락했다.

2016년 기준 GDP의 7.3%, 전체 수출의 46.4%를 차지하는 구리의 국제가격이 전년대비 11.6% 급락(국제 구리가격이 가장 높았던 2011년 3.99달러 대비 44.8% 하락)하면서 수출의 하락세가 이어졌고, 동년 6월 23일 브렉시트 결정, 미국 도널드 트럼프 대통령 당선 등에 따른 불확실성의 증가, 주요 구리 수입국(칠레 전체 구리 수출의 46%)인 중국의 제조업 경기 침체, 유럽 경제의 미약한 회복세 등으로 인해 2016년 칠레의 경기침체가 가중됐다.

2017년 초 반등하기 시작한 구리가격과 연이은 기준금리 하락에 따른 소비 진작 등으로 서서히 경기회복세 징조가 보이기 시작했으나, 43일이나 이어진 칠레 최대 구리광산 Escondida 파업, 대형 산불, 비정규직 및 자영업자 증가 등으로 인해 2017년도 1/4분기 경제성장률이 예상보다 부진했다. 이로 인해, 2016년 12월 칠레중앙은행 통화정책보고서(IPoM)에는 2017년 경제성장률을 1.5~2.5%로 봤으나, 최근 발표된 2017년 9월 보고서에는 1.0~2.0%대로 하향 조정됐다.

하지만, 최근 지속적인 호조세를 보이고 있는 구리가격, 수출입 증가 추세와 더불어 2018년 신정부가 출범하면서 정치·경제적 불확실성이 상당히 줄어들게 되어 내년 실질성장률은 2.5~3.5%대에 이를 것으로 전망된다.

〈표 17-1〉 경제성장률 변화 추이

(단위: %)

	2013년	2014년	2015년	2016년	2017년
경제성장률	4.1	1.9	2.3	1.6	1.0~2.0

자료: 칠레중앙은행

〈표 17-2〉 칠레의 주요 경제지표

경제지표	2011	2012	2013	2014	2015	2016	2017
GDP(US$ 억)	2,318	2,442	2,541	2,589	2,647	2,689	2,802
투자증가율(%)	15.0	11.6	2.1	-6.1	-	-	-
GDP성장률(%)	5.9	5.0	4.2	1.9	4.2	1.5	1.6
1인당 GDP(US$)	14,705	15,431	15,941	14,817	13,653	13,792	15,087
소비자물가 상승률(%)	3.3	3.1	1.8	4.6	4.3	3.7	2.1
실업률(%)	7.1	6.6	6.0	6.3	6.2	6.7	6.7

자료: IMF, CENTRAL INTELLIGENCE AGENCY(CIA)
(https://www.cia.gov/library/publications/the-world-factbook/geos/ci.html)
한국무역협회, World Bank.

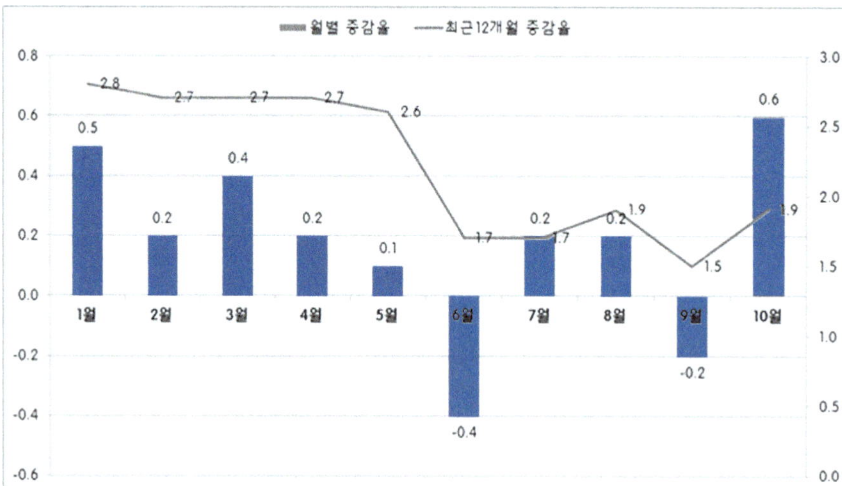

[그림 17-1] 2017년 물가상승률 추이 (단위: %)

자료: 칠레통계청(INE) 자료 재구성

2. 교역 현황

칠레의 무역수지는 2000년대에 꾸준히 흑자기조를 유지하고 있으며, 주로 국제구리 가격에 따라 무역흑자의 폭이 결정된다. 2014년에는 총 교역액이 감소함과 동시에 칠레의 페소 평가절하 기조에 의한 수입량이 더 큰 폭으로 감소해 88억의 흑자를 기록했다. 이후 흑자폭이 다시 연이어 감소한 모습을 나타내고 있지만, 2018년 1~4월에는 국제구리 가격의 상승과 수출 증가에 힘입어 전년 동기 대비 14.8% 증가한 42.2억 달러의 무역흑자를 보이고 있다.

〈표 17-3〉 연도별 수출

(단위: 백만 달러, 증감률은 전년대비 %)

년도	수출		수입		수지
	수출액	수출증감률	수입액	수입증감률	
2013	78,281	0.0	71,066	0.0	7,215
2014	75,349	-3.7	65,110	-8.4	10,240
2015	71,895	-4.5	71,772	10.2	123
2016	70,097	-2.5	67,978	-5.2	2,119
2017	64,042	-8.6	58,249	14.3	5,793

자료: 한국무역협회, K-stat

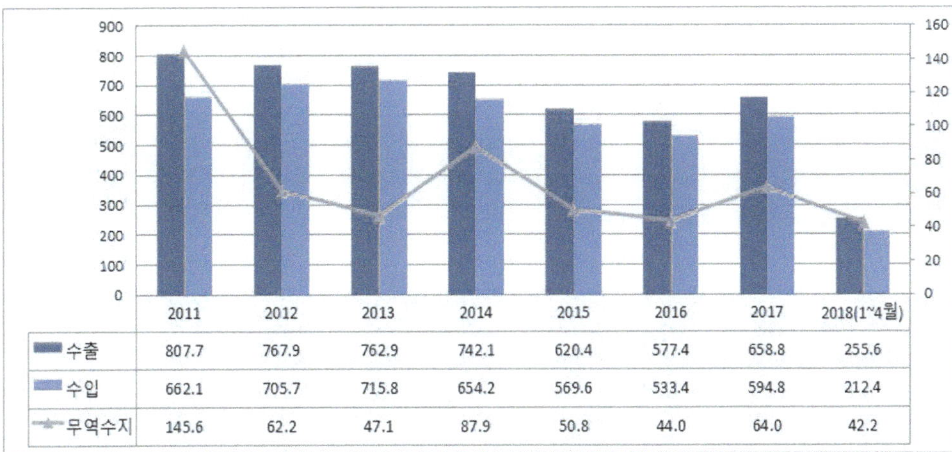

[그림 17-2] 칠레 무역수지 현황 (단위: US$ 억)

자료: Global Trade Atlas 자료 재구성, 2018년 6월 기준

1) 국가별 수출입동향

칠레의 주요 수출대상국은 중국, 미국, 일본, 한국, 브라질 등으로, 10대 수출대상국들이 FTA 7개국, 경제보완협정 2개국, 경제동반자협정 1개국으로 구성되어 있어 대부분의 교역관계가 FTA 체결국과 이루어지고 있음을 보여준다. 또한 전체 수출규모에서 한・중・일과의 교역규모가 차지하는 비중이 약 42.6%로 높은 수준이다. 이를 통해 아시아국가와의 관계를 중요시 하는 칠레 정부의 정책기조를 확인할 수 있다. 한국은 칠레의 4위 수출대상 국가이며, 2017년 기준 40.8억 달러의 수출액을 기록했다. 2018년 1~4월에는 전년 동기대비 21.5% 증가한 15.3억 달러의 수출액을 기록했다.

〈표 17-4〉 10대 수출대상 국가

(단위: US$ 억, %)

순위	국가	2016		2017		2018 (1~4월)	
		수출액	점유율	수출액	점유율	수출액	점유율
1	중국	163.0	28.2	179.5	27.3	74.9	29.3
2	미국	81.6	14.1	96.6	14.7	42.3	16.6
3	일본	50.4	8.7	57.6	8.8	24.4	9.5
4	대한민국	40.5	7.0	40.8	6.2	15.3	6.0
5	브라질	28.9	5.0	38.3	5.8	11.0	4.3
6	인도	14.0	2.4	17.4	2.6	5.9	2.4
7	스페인	13.3	2.3	16.5	2.5	5.9	2.3
8	페루	14.8	2.6	16.3	2.5	6.0	2.3
9	네덜란드	15.8	2.7	15.9	2.4	6.0	2.3
10	케나다	9.6	1.7	13.1	2.0	4.4	1.7

자료: Global Trade Atlas 자료 재구성, 2018년 6월 기준
주: 순위는 2017년 수입액 기준

2018년 1~4월 기준 칠레의 주요 수입대상국은 중국, 미국, 브라질, 아르헨티나, 독일 등이다. 2000년대 초반 수입대상국 4위에 꾸준히 위치해 있던 중국은 칠레와 2006년 10월 FTA 발효 이후 교역이 보다 활발해져 2007년에 브라질과 아르헨티나를, 2015년에는 미국을 제치고 최대 수입대상국으로 부상했다. 중국의 칠레 내 수입시장 점유율은 계속해서 커지고 있으며, 2016년과 2017년 양국 정상이 상대국을 상호 방문하는 등 지속적인 교역규모 확대가 예상된다.

〈표 17-5〉 10대 수입대상 국가

(단위: US$, %)

	국가	2016		2017		2018 (1~4월)	
		수입액	점유율	수입액	점유율	수입액	점유율
1	중국	124.6	23.4	133.4	22.4	47.6	22.4
2	미국	94.3	17.7	108.2	18.2	38.6	18.2
3	브라질	47.3	8.9	56.4	9.5	21.7	10.2
4	아르헨티나	25.2	4.7	29.1	4.9	10.6	5.0
5	독일	22.3	4.2	25.5	4.3	9.0	4.2
6	멕시코	18.9	3.5	20.3	3.4	7.5	3.5
7	대한민국	16.3	3.1	17.8	3.0	5.3	2.5
8	일본	15.8	3.0	16.6	2.8	6.3	3.0
9	에콰도르	9.9	1.9	14.5	2.5	5.1	2.4
10	스페인	14.8	2.8	13.6	2.3	5.2	2.4

자료: Global Trade Atlas 자료 재구성, 2018년 6월 기준
주: 순위는 2017년 수입액 기준

2) 품목별 수출입현황

칠레의 주요 수출품목은 구리, 광석, 생선, 과일, 펄프 등이다. 칠레수출의 대부분이 광물과 농수산물에 집중되어 있어 국제가격 등락에 따라 수출이 영향을 많이 받고 있어 안정적인 수출기반 확보가 필요한 상황이다.

2018년 1~4월에는 구리 수출액은 전년 동기 대비 27.9% 증가한 66.3억 달러를 기록했다. 이는 글로벌 인프라 확충과 인도네시아 Grasberg 광산 수출금지 등으로 인한 수요 증가 및 구리가격 상승에서 기인했다. 또한 구리 외에 과실류와 연어 수출이 중국을 중심으로 수요가 급증하고 있는 추세로, 2018년 1~4월 기준 각각 31.4%, 9.2% 증가했다.

2018년 초반에는 구리가격 인상으로 인한 페소가치 상승 등에 힘입어 10대 수출품목 모두 수출 증가를 보이고 있다.

〈표 17-6〉 칠레 대 세계 10대 수출품목

(단위: US$ 억, %)

순위	HS 코드	품목명	2017			2018(1~4월)		
			수출액	점유율	증감률	수출액	점유율	증감률
1	74	구리와 그 제품	175.8	26.7	△15.3	66.3	25.9	△27.9
2	26	광·슬래그	170.3	25.8	△27.6	64.7	25.3	△33.5
3	3	어류·갑각류 등	52.7	8.0	△19.6	20.6	8.1	△9.2
4	8	과실·견과류	48.2	7.3	▽3.6	27.6	10.8	△31.4
5	47	펄프	25.6	3.9	△6.3	10.9	4.3	△43.5
6	44	목재·목탄	22.3	3.4	▽2.1	8.5	3.3	△12.3
7	22	음료·주류	20.5	3.1	△9.0	6.4	2.5	△6.2
8	28	무기화학품·귀금속	17.9	2.7	△23.0	7.3	2.9	△29.3
9	00	수출 관련 서비스 등	15.9	2.4	△12.5	6.0	2.4	△5.8
10	71	귀석·반귀석·귀금속	14.1	2.1	△37.9	5.0	2.0	△20.1

자료: Global Trade Atlas 자료 재구성, 2018년 6월 기준
주: 순위는 2017년 수출액 기준

칠레의 주요 수입품목은 광물성 연료(석유), 보일러·기계류, 전자기기, 철도용 차량, 플라스틱 등으로 대부분 에너지 및 공산품 수입에 집중돼 있다. 광물성 연료와 에너지, 보일러 수입의 경우, 구리를 비롯한 광물생산 증가폭에 따라 변동하는 경향이 강하며, 2017년과 2018년 초반에도 이와 같은 동향을 보이고 있다. 2018년 초반 칠레의 수입규모는 전년대비 전반적으로 증가한 모습을 보였다. 주요 수입증가품목은 철강 24.9%, 연료 및 에너지 23%, 의료용품 22.5%, 식용설육 21.1% 등으로 나타났다. 특히 구리가격 상승에 따른 광산업 경기 활성화로 인해 연료 및 에너지 수입이 전년 동기 대비 23%의 큰 증가폭을 기록한 것으로 나타났다.

〈표 17-7〉 칠레 대 세계 10대 수입품목

(단위: US$ 억, %)

순위	HS 코드	품목명	2017년			2018년 1~4월		
			수입액	점유율	증감률	수입액	점유율	증감률
1	27	광물성 연료, 에너지	93.8	15.8	△28.0	36.9	17.4	△23.0
2	84	보일러·기계류	75.3	12.7	△8.8	25.8	12.2	△8.4
3	87	철도용이나 궤도용의 차량	74.4	12.5	△26.6	26.1	12.3	△10.5
4	85	전자기기와 그 부품	60.2	10.1	▽5.8	20.4	9.6	△10.3
5	39	플라스틱과 그 제품	22.3	3.8	△7.4	8.0	3.8	△14.3
6	2	육과 식용설육	14.0	2.4	△17.9	4.8	2.2	△21.1
7	30	의료용품	13.3	2.2	△11.9	5.2	2.5	△22.5
8	90	광학기기·사진용기기 등	12.3	2.1	△3.2	4.4	2.0	△17.6
9	72	철강	11.7	2.0	△27.9	4.7	2.2	△24.9
10	61	의류(편물제)	11.7	2.0	△12.2	4.3	2.0	△19.5

자료: Global Trade Atlas 자료 재구성, 2018년 6월 기준
주: 순위는 2017년 수출액 기준

3. 한국과 칠레의 교역

우리나라의 칠레 교역은 2004년 양국의 FTA 발효를 계기로 교역량이 대폭 증가하였다. 한-칠레 FTA는 1999년 12월에 협상을 시작하여 2004년 4월 발효되었으며, 교역금액은 2007년에 54억 달러로 최대를 기록, FTA 발효 이전인 2003년 대비 4.6배 증가하였다. 우리나라는 칠레로부터 구리 및 기타 광물, 메탄올, 포도주, 돼지고기 등 원자재를 수입하고, 자동차, 경유, 전자제품 등을 수출하고 있어 상호보완적 교역구조를 가지고 있었다.

한국의 대 칠레는 2010년 30억에 가까운 수출을 기록하였으나, 이후 점차 하락하며 2014, 2015년에는 각각 -15.2, -16.4의 증감률을 기록하였고 2015년 17억, 2017년에는 15억 달러 수준으로 2010년의 절반을 조금 넘는 수준까지 감소하였다. 수입의 경우 2011년 이후 큰 등락폭 없이 40억대를 유지하고 있다. 우리나라의 대 칠레 교역은 원자재수입 비중이 높아 전통적으로 적자를 기록하고 있음을 알 수 있다.

2017년 기준 한국의 대 중남미 수출시장에서 칠레는 멕시코, 브라질, 바하마, 파나마에 이어 5번째로 큰 비중을 차지하고 있다.

〈표 17-8〉 한국의 칠레 수출입 총괄 (단위: US$ 백만, %)

연도	수출		수입		무역수지
	금액	증감률	금액	증감률	
2018년 1분기	480	△18.5	1,307	△40.6	-827
2017년	1,530	▽5.0	3,804	△2.7	-2,274
2016년	1,611	▽7.5	3,704	▽15.9	-2,093
2015년	1,742	▽6.4	4,402	▽8.5	-2,660
2014년	2,083	▽15.2	4,810	△3.3	-2,727
2013년	2,458	▽0.5	4,658	▽0.4	-2,199
2012년	2,469	△3.7	4,676	▽3.7	-2,207
2011년	2,381	▽19.2	4,858	△15.1	-2,477
2010년	2,947	△32.2	4,221	△36.0	-1,274

자료: KITA 무역통계, 2018년 6월 기준

〈표 17-9〉 한국의 대 칠레 수출입동향

(단위: US$ 백만)

구분	2012년	2013년	2014년	2015년	2016년	2017년	2018년
수출	2,469	2,458	2,083	1,742	1,611	1,530	480
수입	4,676	4,658	4,810	4,402	3,704	3,804	1,307

자료: KITA 무역통계, 2018년 6월 기준
주: 2018년 수출입규모는 1분기 기준임.

한-칠레 교역의 특징으로는 FTA 체결 이후부터의 지속적인 무역수지 적자가 있는데, 이는 원자재 수입 및 공산품 수출 구조를 가지고 있는 한국의 교역구조에서 기인한다. 한국의 대 칠레 수입에서 구리, 펄프 등 원자재 수입규모가 전체의 80% 이상을 차지하고 있다. 이러한 교역구조의 특성상 불가피한 부분이라는 평가가 많지만, 남미 최부국 중 하나로 급성장 중이며 발전가능성이 높은 칠레시장에 한국 기업들의 비교적 소극적인 진출로 FTA 활용도가 여전히 낮다는 점이 무역수지 적자 심화에 영향을 미친다는 분석도 있다.

1) 한국과의 품목별 수출입 현황

한국의 대 칠레 주요 수출품목으로는 자동차, 석유, 자동차 부품, 축전지 등이 있으며, 수출규모의 변동은 있지만 해당 품목들이 꾸준히 주요 품목에 위치하고 있다.

2017년 기준 석유와 역청유의 수출이 16.5%까지 하락하면서 총 수출액 하락을 가져온 반면, 2018년 1분기에는 칠레의 광업경기 활성화로 인해 한국의 석유제품 수출이 537.7%까지 증가하면서 1분기 전체 수출액이 전년 동기대비 18.5% 증가했다.

〈표 17-10〉 한국의 대 칠레 주요 수출품목

(단위: US$ 백만, %)

순위	HS Code	품목명	2017년			2018년 1분기		
			금액	증감률	비중	금액	증감률	비중
총계			1,530	▽5.0	100.0	480	△18.5	100.0
1	8703	승용차	571	▽0.8	37.4	154	▽11.3	32.1
2	8704	화물자동차	180	△5.3	11.7	28	▽23.4	5.9
3	2710	석유와 역청유	99	▽16.5	6.5	126	△537.7	26.3
4	8708	자동차부품	72	△6.3	4.7	16	▽6.8	3.4
5	8507	축전지	45	△19.2	3.0	9	▽12.1	1.8
6	8702	승합자동차	43	△4.5	2.8	8	▽3.0	1.6
7	3901	에틸렌의 중합체	24	△0.3	1.6	13	△320.1	2.7
8	8429	보일러 기계류	20	△24.2	1.3	10	△116.6	2.0
9	4011	타이어	18	▽16.0	1.2	5	△18.1	1.1
10	2523	시멘트	18	▽20.8	1.2	6	▽8.8	1.2
11	기타		440	-	28.6	105	-	21.9

주: 순위는 2017년 기준
자료: KITA 무역통계, 2018년 6월 기준

한국의 대 칠레 주요 수입품목으로는 구리, 동광, 펄프, 돼지고기, 포도 등이 있다. '기타 정밀화학원료(HS Code 2836)'의 수입규모는 2017년 전년대비 약 47.7% 증가했으며, 그 중에서도 '탄산리튬(HS Code 2836.91)'의 2018년 1분기 수입액은 전년 동기대비 215% 증가한 7천 7백만 달러에 이르러 고부가가치 수입 원자재로 자리매김하고 있다.

2018년 1분기 기준, 동광(HS Code 7403), 펄프(HS Code 4703), 기타 동(HS Code 7402), 아연광(HS Code 2608)의 수입이 전년 동기대비 각각 65.1%, 57.0%, 50.1%, 251.0% 큰 폭으로 증가했다.

〈표 17-11〉 한국의 대 칠레 주요 수입품목 (단위: US$ 백만, %)

순위	HS Code	품목명	2017년			2018년 1분기		
			금액	증감률	비중	금액	증감률	비중
총계			3,804	2.7	100	1,307	40.6	100.0
1	7403	구리와 구리합금	1,009	△1.3	26.5	258	△12.2	19.8
2	2603	동광	932	△66.4	24.5	372	△65.1	28.4
3	4703	펄프	263	△9.5	6.9	88	△57.0	6.7
4	2836	기타 정밀화학원료	218	△47.7	5.7	77	△15.6	5.9
5	7402	기타 동	189	▽49.0	5.0	106	△50.1	8.1
6	2613	몰리브덴광	171	△26.1	4.5	78	△07.0	6.0
7	2608	아연광	125	△93.9	3.3	36	△251.0	2.8
8	0203	돼지고기	115	▽0.9	3.0	32	△3.9	2.4
9	4407	제재목	113	△12.3	3.0	30	△2.2	2.3
10	0806	포도	99	▽1.7	2.6	40	▽41.1	3.0
11	기타		569	-	15	191	-	14.6

주: 순위는 2017년 기준
자료: KITA 무역통계, 2018년 6월 기준

4. 무역정책

칠레는 지리적 고립과 협소한 국내시장의 한계를 극복하기 위해 적극적으로 개방정책을 추진하고 있다. 칠레는 외국시장에 대한 개방 확대도 추구하고 있는바 각국과의 양자 자유무역협정(FTA, Free Trade Agreement) 및 지역 그룹과의 통상협정 체결을 활발하게 추진하고 있다. 특히 제조업 상품수출 강화에 역점을 두고 있으며, 산업화 추진을 위한 중간재, 자본재 수입을 장려하고 있다.

1) 수입관리 제도

칠레는 거의 모든 품목을 수입자유화하였으며, 자연인 또는 법인을 불문하고 수입이 가능하다. FOB기준 미화 3,000달러 이상의 물품 수입 시 수입신고서(Informe de Importacion)를 관세청에 제출해야 한다. 이는 수입규제가 아니라 통계 작성의 편의를 목적으로 하며, 이 신고서의 유효기간은 발급일로부터 30일이다.

칠레는 수입관세로 6%의 단일관세율을 적용하고 있으며, 중앙은행에 수입상품 가격 왜곡 조사위원회를 운영하고 있다. 본 위원회는 중앙은행 2명, 경제부,

재무부, 농업부, 외교부, 관세청 각 1명 및 위원장 1명 등 총 8명으로 구성되며, 반덤핑, 상계관세제도 등 대외무역에서의 가격왜곡행위와 불공정경쟁 제한행위에 대한 규제를 담당한다.

칠레는 음란서적 및 비디오 등 미풍양속 저해물품, 마약류, 중고자동차 등에 대해서는 수입금지 물품으로 지정하고 있으며, 식물, 무기, 탄약, 화학류, 의약품, 화장품, 생화학품, 식품류, 동물, 방사선물질 등은 관련기관의 사전승인을 받아야 수입이 가능하다.

2) 수출관리 제도

3,000 미국달러 이상의 물품을 수출 시 관세청에 수출신고서(Informe de Exportacion)를 제출해야 한다. 전략수출품목인 구리는 칠레 동위원회(Comision Chilena de Cobre)의 통제 하에 수출이 가능하다. 한편 '관세환급제도'를 실시하여 수출상품 제조용 원자재 수입관세는 환급해 준다.

3) 반덤핑 및 상계관세제도

덤핑 및 수출국 정부의 보조금 지급으로 인해 자국산업 및 고용에 피해가 있다고 판단될 시에는 수입상품 가격 왜곡 조사위원회의 조사 및 결정에 따라 중앙은행이 해당수입품에 대해 최고 24%까지 반덤핑 또는 상계관세 부과가 가능하다.

4) 비관세장벽

2018년 현재 칠레는 1993년 볼리비아와 ECA 체결을 시작으로 총 63개국과 26개의 무역협정[1]을 체결해 세계에서 가장 자유무역 활성화에 앞장서는 나라 중 하나로 인식되고 있으며, 통상정책 또한 이에 발맞추어 관세철폐 혹은 점진적 인하와 더불어 비관세장벽 완화를 추구하는 기조가 지속적으로 유지되고 있다.

1999년~2018년까지 칠레 내 수입규제(반덤핑 및 세이프가드) 조사 및 조치 현황을 살펴보면, 반덤핑 조치는 연평균 0.83회, 세이프가드 조치는 2.3회로 전반적으로 매우 제한적인 수입규제 조치가 내려진 것을 확인할 수 있다.

반덤핑 대상국가 또한 아르헨티나 9회, 멕시코 3회, 중국, 미국, EU, 폴란드,

1) FTA 16개, ECA 6개, PSA 1개, EPA 2개, TP 1개

체코 각 1회 정도로 한국의 대 칠레 수출품목이 아닌 각각 밀가루, 강철선, 강철봉, 분유에 관세가 부과됐으며, 세이프가드 대상품목 또한 한국의 대 칠레 수출품목이 아닌 식료품 및 강철선으로 나타난다.

조사개시는 총 46건으로 이를 통해 내려진 반덤핑 조치는 총 17건, 세이프가드 조치는 총 42건으로 나타났으며, 규제품목 대다수가 식료품, 즉 밀가루, 유제품(분유, 음용유, 치즈), 옥수수 등으로 나타났다. 2017년에는 중국의 주요 수출품인 강철봉에 대한 수입규제 조치만 내려졌다.

5) 자유무역지대

칠레는 2개의 자유무역지대를 운영하고 있다. 이끼께(Iquique) 자유무역지대는 1989년 10월 민영화되었으며 아리까(Arica) 공업단지는 이끼께 자유무역지대공사 관할이다. 그 밖에 뿐따 아레나스(Punta Arenas) 자유무역지대를 운영하고 있다.

자유무역지대는 입주에 따른 법률상의 특혜를 주는데 수입관세(6%) 및 부가가치세(19%)를 면제해 주며, 자유무역지대에서 칠레의 여타 지역으로 반입되는 경우 관세 및 부가가치세를 납부해야 한다.

6) 칠레의 자유무역협정 체결

칠레는 1970년대 중반 소위 '시카고 보이즈'로 불리는 자유주의 경제학자가 주도하는 경제개방에 의한 자유무역정책을 추진한 이후, WTO 등 다자간 무역협상에 적극 참여하고 있으며 양자 간 무역협정 체결을 통해 해외시장 확대를 꾀하고 있다.

2018년 현재 WTO(1995~), APEC(1994~), OECD(2007~) 등의 국제기구에 가입하고 있으며, 1993년 4월 체결한 볼리비아와의 관세동맹을 시작으로 2018년 6월 기준 26개 협정을 통해 64개국과 지역무역협정을 체결했다. 첫 FTA는 1997년 캐나다와 발효했고, 우리나라와는 2004년 4월 아시아 국가 중 처음으로 FTA를 발효했다. 이후 2006년 10월에 중국과의 FTA, 2007년 8월 인도와의 부분적 FTA, 9월에는 일본과의 경제동반자협정을 각각 발효했다. 같은 지역에 속한 중남미 국가들 중에는 MERCOSUR(남미공동시장), 페루, 에콰도르, 쿠바와 경제보완협정을 맺었으며, CACM(중미공동시장), 멕시코, 콜롬비아, 파나마와는 FTA를 체결해 활발한 역내 교류 모습을 보이고 있다.

〈표 17-12〉 칠레의 지역무역협정 체결현황

구 분	체결 대상국	체결 시기	발효 시기
자유무역협정 (FTA)	캐나다	1996. 12. 5.	1997. 7. 5.
	멕시코	1998. 4. 17.	1999. 7. 31.
	코스타리카 (칠-중미 FTA)	1999. 10. 18.	2002. 2. 14.
	엘살바도르 (칠-중미 FTA)	1999. 10. 18.	2002. 6. 1.
	미국	2003. 6. 6.	2004. 1. 1.
	한국	2003. 2. 15.	2004. 4. 1.
	EFTA (4개국)[1]	2003. 6. 26.	2004. 12. 1.
	중국	2005. 11. 18.	2006. 10. 1.
	인도 (일부 품목 대상)	2006. 3. 8.	2007. 8. 17.
	파나마	2006. 6. 27.	2008. 3. 7.
	온두라스 (칠-중미 FTA)	1999. 10. 18.	2008. 7. 19.
	호주	2008. 7. 30.	2009. 3. 6.
	콜롬비아	2006. 11. 27.	2009. 5. 8.
	과테말라 (칠-중미 FTA)	1999. 10. 18.	2010. 3. 23.
	터키	2011. 1. 13.	2011. 3. 1.
	말레이시아	2010. 11. 15.	2012. 4. 18.
	니카라과 (칠-중미 FTA)	1999. 10. 18.	2012. 10. 19.
	베트남	2011. 11. 11.	2014. 2. 4.
	홍콩	2012. 9. 7.	2014. 11. 29.
	태국	2013. 10. 4.	2015. 11. 5.
	우루과이	2016. 10. 4.	발효 예정
경제보완협정	볼리비아	1993. 4. 6.	1993. 7. 1.
	베네수엘라	1993. 4. 2.	1993. 7. 1.
	남미공동시장 (MERCOSUR)[2]	1996. 6. 25.	1996. 10. 1.
	에콰도르	1994. 12. 20.	1995. 1. 1.
	쿠바	1999. 12. 20.	2008. 8. 28.
	페루	2006. 8. 22.	2009. 3. 1.
경제동반자협정	P4 (3개국)[4]	2005. 7. 18.	2006. 11. 8.
	일본	2007. 3. 27.	2007. 9. 3.
	EU (28개국)[3]	2002. 11. 18.	2003. 2. 1.
자유무역	환태평양 경제동반자 협정 (CPTPP)[5]	2018. 3. 8.	-
	태평양동맹[6]	2012. 6. 6.	2015. 8. 20.

주: 1) EFTA 4국: 아이슬란드, 리히텐슈타인, 노르웨이, 스위스

2) MERCOSUR: 브라질, 아르헨티나, 파라과이, 우루과이 등 4개국(현재는 베네수엘라, 볼리비아 포함 6개 가입국)

3) EU 28개국: 그리스, 네덜란드, 덴마크, 독일, 라트비아, 루마니아, 룩셈부르크, 리투아니아, 몰타, 벨기에, 불가리아, 스웨덴, 스페인, 슬로바키아, 슬로베니아, 아일랜드, 에스토니아, 영국, 오스트리아, 이탈리아, 체코, 크로아티아, 키프로스, 포르투갈, 폴란드, 프랑스, 핀란드, 헝가리

4) P4: 싱가포르, 뉴질랜드, 브루나이, 칠레

5) CPTPP 협상 국가: 호주, 브루나이, 말레이시아, 뉴질랜드, 페루, 싱가포르, 베트남, 칠레, 일본, 멕시코, 캐나다

6) 태평양동맹(PA): 칠레, 콜롬비아, 멕시코, 페루

5. 무역관련 제도

1) 관세

칠레는 2003년 1월부터 일부 제품을 제외하고는 수입상품의 물품가액에 대하여 6%의 단일관세를 부과하고 있다. 칠레는 세계 60개국과 지역무역협정을 체결해 실효관세율이 2017년 기준 1% 미만으로 하락한 상황이다. 칠레 재무부는 2012년 조세개혁의 일환으로 2015년부터 수입관세를 단계적으로 철폐하는 법안을 추진한 바 있으나 칠레 경제계의 반대로 법률이 통과되지 못했다.

칠레와 FTA 또는 경제보완협정을 체결하고 있는 국가로부터 수입된 상품에 대해서는 해당 협정내용에 준하는 관세율을 부과한다. 칠레 수출업체가 수출을 위해 수입한 수출상품 제조용 원자재에 대한 수입관세는 환급된다. 한국제품은 2004년 4월 1일 한-칠레 FTA 정식 발효 이후, HS Code에 따라 개별적으로 0~13년까지 관세철폐 기간이 적용되고 있다. 한-칠레 FTA 협정에 의하면 칠레의 한국산 수입 시 양허안 카테고리는 즉시 철폐, 5년 철폐, 7년 철폐, 10년 철폐, 13년 철폐, 자유화 제외 등 6개로 구성된다.

(1) 관세율 종류 및 기타세금

칠레 세관은 우리나라를 비롯한 지역무역협정 체결국에 대해서는 개별 협정관세를 부과하고 지역협정 미체결국에 대해서 6%의 단일관세를 부과하고 있다. 모든 수입품에 대해서는 관세 이외에 별도의 19%의 부가가치세가 부과되며, 담배, 주류, 사치품 등에 대해서는 추가세가 부과된다.

〈표 17-13〉 추가세 종류

세금 종류	세율
주류세	와인, 샴페인, 과실주, 맥주: 15%, 증류주, 피스코, 위스키 등: 31.5%
음료세(비알코올 음료)	13%
사치세(금, 보석, 모피 등)	15%
폭발물(폭죽 등)	50%
담배세	시가 52.6%, 궐련 59.7%, 일반 담배 개피당 0.0010304240UTM + 갑/곽/포장 소비자가격의 30%
유류세	1㎥당 가솔린 6UTM, 디젤 1.5UTM

주: 1) 추가세금에 대한 세부사항은 조세제도 참고
2) UTM(Unidad Tributaria Mensual): 칠레 세금계산 시 사용하는 가상 화폐단위로 2018년 6월 기준 1UTM = CLP 47,681(약 US$ 74.82)에 해당

자료: 칠레 관세청, 칠레 국세청(SII)

칠레는 지역무역협정을 체결하지 않은 국가의 수입제품에는 6%의 단일관세가 부과되고, 지역협정체결국의 경우 협정내용에 따라서 품목별로 무관세가 적용되거나 매년 점진적으로 철폐되는 경우가 있어 확인이 필요하다. 한국산의 대 칠레 수입관세율은 "통합무역정보서비스 TradeNavi(http://www.tradenavi.or.kr)"에서 "FTA/관세 → 통합관세비교(한국 FTA기준)"을 클릭한 후 HS Code를 입력하면 무료로 확인할 수 있다. 중국 등 경쟁국의 대 칠레 수입관세율을 확인하기 위해서는 KOTRA 산티아고 무역관 홈페이지(www.kotra.or.kr/santiago)의 Q&A 항목에 HS Code를 포함한 제품명을 명기해 문의할 경우 근무일 기준 48시간 내에 관세율을 안내 받을 수 있다

(2) 원산지결정기준

한-칠레 양국은 무역활성화, 우회수입방지, 외국인투자 유치에 대한 영향을 종합적으로 고려하여 한-칠레 FTA에 원산지규정을 정하였다. 공산품에 대한 특혜관세의 용이한 적용을 위해 원산지를 폭넓게 인정하되, 농산물은 제3국산 우회수입을 방지하기 위해 엄격한 원산지기준을 마련했다.

원산지규정의 실질적 변형(substantial transformation)의 판정기준으로는 세번변경기준 (CTC; Change in Tariff Classification Criterion)을 원칙으로 하되 부가가치기준과 특정공정기준을 보완적으로 사용하고 있으며 품목별로 원산지결정기준은 차이가 있다.

세번변경기준은 당해 물품이 2개국 이상에 걸쳐 생산된 경우로서 당해 물품의 품목번호와 당해 물품의 생산에 사용된 비원산지 재료의 품목번호가 일정단위 이상이 다른 경우 당해 물품을 최종적으로 생산한 국가를 원산지로 인정하는 기준을 말한다.

한-칠레 FTA에 따라 칠레 수입 시 한국산 승용차의 원산지규정을 살펴보면 다른 4단위 HS코드에서 HS코드 8407로 변경된 것으로 역외 부가가치가 공제법(reduccion)에 의한 경우 45% 미만, 직접법(aumento)에 의한 경우 30% 미만으로 규정되어 있다. 한-칠레 FTA는 일반적 역외가공이나 제한적 역외가공을 인정하지 않는다.

2) 대 한국 수입규제

수입쿼터제한 정도를 제외하고는 2018년 현재 한국산 제품에 대한 별도의

수입규제는 없다. 한국산 제품은 2004년 4월 1일부터 한-칠레 FTA가 발효됨에 따라 대부분의 제품이 무관세혜택을 받고 있으며 한-칠레 FTA 무관세혜택을 받기 위해서는 원산지증명을 첨부해야 한다. 1999년부터 2018년 상반기까지 칠레의 대 한국 반덩핑관세는 단 한 건도 없으며, 2000년 6월 한국산 발포성 폴리스티렌과 2000년 10월 한국산 냉장고 및 세탁기에 대한 반덤핑조사를 실시했으나 모두 무혐의 판정을 받은 바 있다.

3) 통관

칠레 세관은 인보이스 금액 1,000달러 이상인 물품에 대해서는 반드시 전문 통관사를 통해 수입절차를 진행하도록 규정하고 있으며, 수입물품이 세관에 도착 후 수입물품 반출까지는 48시간 정도 소요된다. 수입물품은 세관으로부터 90일 이내에 반출해야 하며, 반출이 지연되면 창고 보관료가 누적 적용된다. 90일 이내 반출하지 않으면 수입물품을 포기한 것으로 간주한다. 관세는 자유무역협정 또는 경제보완협정을 체결하지 않는 국가의 경우 품목이나 원산지에 관계없이 단일관세로 6%가 적용되며 부가가치세는 19%이다.

수입신고 시에는 수입신고서와 함께 선하증권(B/L), 상업송장(Commercial Invoice), 포장명세서(Packing List), 원산지증명서, 보험증명을 제출해야 한다. 만약 수입액이 5,000달러를 초과하는 경우 수입신고서(Declaracion Jurada)가 추가로 요구된다. 또한 일부 수입규제 품목의 경우에는 필히 해당 기관에서 관련 허가나 인증서류를 받아 함께 제출해야 한다.

(1) 통관절차 흐름도

수입물품 도착 → 보세구역 반입 → 수입 신고 → 서류, 물품 심사 → 관세 및 재세납부 → 물품 반출의 순서로 진행된다.

(2) 수입신고

주로 통관사를 통해 수입신고가 이루어지나 수입액이 1,000달러 이하인 경우에는 개인이 직접 진행할 수 있다. 수입신고 시에는 통관에 필요한 모든 서류를 제출해야 한다.

4) 주요 표준 · 인증제도

(1) SEC(전기안전 및 에너지효율)

칠레는 규제대상 품목을 지정하여 지정 전기전자제품에 대해 전기안전 및 에너지효율 강제인증제도를 시행하고 있으며, 7가지 각기 다른 인증시스템을 신청자의 상황에 맞게 선택 적용하여 지정된 인증기관에서 인증을 받아 판매하도록 하고 있다. 7가지 인증시스템은 각기 다른 절차와 요건으로 시행되며, 7가지 모든 인증시스템에서 칠레 현지 지정시험소의 시험이 필수적으로 요구된다.[2)]

인증이 완료되면, 인증품에 인증번호와 QR코드가 부착된다.

칠레는 현재 매년 다양한 분야로 규제제도 및 규제품목을 확대하고 있으며, 강제품목에 대해 인증서가 없는 경우 통관 및 판매가 불가하며, 시장에서 비승인품 적발 시, 벌금 또는 역외반출이 요구된다.

[그림 17-3] SEC 인증번호와 QR코드

(2) 칠레 공공보건청(ISP) 인증

칠레에서 화장품 수입, 제조 및 등록을 다룬 규정은 보건부 법령 239호(D.S. 239)이며, 유통 · 상용화되는 모든 화장품은 반드시 공공보건청(ISP)의 보건등록증(Registro Sanitario)을 취득해야 한다. 화장품으로 사용 가능한 원재료는 EU

---

2) 지정시험소와 상호협력이 체결된 경우 해외시험소의 성적서가 인정됨

에서 규정한 기준에 따른다. 사용불가 원재료는 총 1,378종, 제한적으로 사용이 가능한 원재료는 총 296종으로 관련 리스트는 국립의약품청(ANAMED) 홈페이지에서 확인 가능하다. 천연 화장품, 유기농 화장품, 치료용 화장품, 목욕용품도 일반 화장품과 동일한 기준 적용된다. 라벨링은 반드시 스페인어로 표기돼야 하며 제품명, 유통기한(필요 시), 제조번호, 제품성분, 원산지, 법인정보(상호명·주소·대표자 등), 사용방법, 사용 시 주의사항, ISP 등록번호, 취급 시 주의사항 등이 반드시 포함돼야 한다.

6. 투자환경과 제도

1) 투자환경

칠레는 정부의 일관성 있는 시장개방 정책과 기업의 투명성, 정부의 시장개입 최소화 등으로 인해 중남미 국가 중에서 외국인 투자지로서 가장 선호되고 있는 국가이다. 또한, 칠레는 중남미 국가 중 가장 치안이 좋은 나라이며 사회제도 또한 '남미의 유럽'으로 불릴 정도로 독일 등 유럽국가의 영향을 받아 잘 정비돼 있다. 투자진출 분야에 따라 고려할 점은 달라지겠지만, 칠레는 중남미 사업 거점 국가로 무난하게 검토해 볼 수 있는 요소를 갖춘 나라다.

칠레는 세계경제포럼(WORLD ECONOMIC FORUM)에서 발표한 국가경쟁력 지수도 144개 국가 중 33위로 브라질, 멕시코 등 다른 중남미 국가보다 높다.

〈표 17-14〉 칠레 국가경쟁력 현황

구 분	칠레	한국	브라질	멕시코	미국	일본	중국
2016~2017 국가경쟁력지수(GCI) 순위	33	26	81	51	3	8	28

자료: Global Competitive Report 2016~2017자료 재구성

한편 칠레 경제자유도 현황을 보면 World Bank에서 평가하는 Doing Business 순위에서는 55위, Heritage Foundation에서 평가하는 Economic Freedom 지수에서는 20위를 차지해 중남미 최상위권을 유지하고 있다.

〈표 17-15〉 칠레 경제자유도 현황

구 분	칠레	한국	브라질	멕시코	미국	일본	중국
Doing Business 2018순위	55	4	121	49	6	34	78
Index of Economic Freedom 2018순위	20	27	153	63	17	30	110

주: 2018년 6월 기준
자료: World Bank, Heritage Foundation 자료 재구성

2) 투자 인센티브 제도

전통적으로 칠레는 정부가 직접적인 시장개입을 하지 않고 있는 상황으로 외국인투자의 경우에도 투자유치 정책 및 일반적인 시스템만을 관리할 뿐 투자진출 후 시장 내 활동에 대해서는 내국기업과 동등한 대우를 하고 있다. 정부의 외국기업 설립 허가나 등록절차는 칠레투자청(Invest Chile)에서 관할하고 있으나 외국기업의 조세제도 및 인센티브 부여 등과 관련된 사안의 경우 국세청(SII) 및 생산진흥청(Corfo)에서 관리하고 있다.

DL600[3]과 새로 시행된 신FDI법(법률 20,848호, 2016년 제정) 모두 외국인투자 우대 혹은 차별금지를 명시화하고 있으므로 특정외국기업만을 대상으로 하는 극소수 투자 인센티브를 제외하고는 모두 동등하게 적용된다.

3) 외국인투자 동향

칠레 정부는 1970년대 이후 외국인투자 자유화, 국가 기간산업 민영화와 시장 완전개방 등의 정책을 단행한 결과 광업, 전력, 통신, 금융 분야에 대한 외국자본 유입이 크게 확대되었다.

칠레중앙은행 자료 기준, 외국인직접투자(FDI)는 2009년부터 2012년까지 꾸준한 성장세를 기록하다 2013년 약 32% 감소했고, 2014년 반등에 성공했다. 하지만 계속되는 원자재(특히 구리)가격 하락으로 인해 2015년 FDI는 전년대비 약 8% 하락한 것으로 나타났으며, 2016년에는 세계 투자위축과 경기침체 여파로 인해 전년대비 43%나 감소한 116.5억 달러(추정치)에 머문 것으로 나타났다.

3) 외국인투자법령, 2015년에 폐지됐으나 2016~2019년 과도기 동안 이에 근거해 투자계약 체결 가능하다.

하지만, 칠레는 견실한 제도와 정치안정성 등의 투자이점을 바탕으로(2017년 국제연합무역개발협의회(UNCTAD) FDI 보고서 기준) 중남미 내 브라질, 멕시코에 이어 세 번째로 FDI 유입량이 많은 것으로 나타났다. 투자분야 면에서 과거 광업분야에 집중되던 투자가 최근에는 신재생에너지 분야로 확대되기 시작했다.

칠레 정부는 OECD 권고에 따라 FDI에 대한 '소극적 수용자'의 위치에서 벗어나 국내 경제 발전에 필요한 특정분야에 대한 투자를 장려하고 진흥하는 '적극적 주도자'로 탈변하고자 신외국인투자법(법률 20,848호) 공포, 칠레투자위원회(CIE Chile)를 칠레투자청으로 전환, 역사상 최초의 'FDI 국가진흥전략'을 수립했다. 칠레는 견실한 제도와 정치안정성 등의 투자 이점으로 인해, 2017년 국제연합무역개발협의회(UNCTAD) 보고서 기준 중남미 내 브라질, 멕시코에 이어 세 번째로 FDI 유입량이 많은 것으로 나타났다.

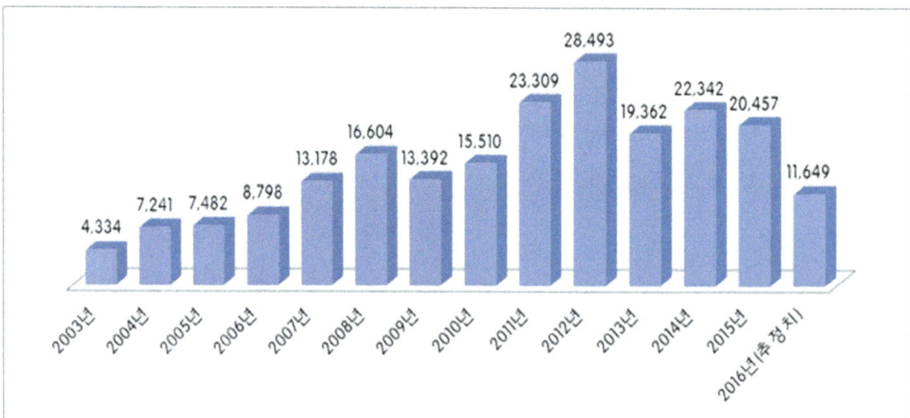

[그림 17-4] 칠레 외국인직접투자(FDI) 유입 동향 (단위: US$백만)

주: 2017년 12월 기준, 2016년 FDI 수치는 추정치이며 2018년 현재 집계 중
자료: 칠레중앙은행 자료 재구성

4) 우리기업 투자현황

한국수출입은행이 집계한 1980년부터 2018년 1분기까지 우리나라의 대 칠레 투자액은 신고금액 기준 약 7억 5,215만 달러이다. 우리나라는 칠레의 7대 교역국에 포함될 정도로 칠레와 활발한 교역활동을 벌이고 있으나 그에 비해 투자

분야의 비중은 매우 미미하다. 2016년 신고금액 기준, 우리나라 대 칠레 직접 투자(FDI)는 칠레 전체 유입량의 0.22%에 불과한 것으로 나타났다.

〈표 17-16〉 한국의 칠레 투자 (단위: 건, 천 달러, 신고기준)

구분	2011	2012	2013	2014	2015	2016	2017
건수	8	11	10	12	18	17	31
금액	145,578	36,573	14,356	43,849	28,758	46,190	187,927

자료: 한국수출입은행, 해외투자통계 각 연도.

반면, 칠레 기업의 우리나라에 대한 투자는 매년 없거나 1~2건 수준으로 극히 미미한 수준에 그치고 있다.

〈표 17-17〉 칠레의 한국 투자 (단위: 건, 천 달러, 신고기준)

구분	2011	2012	2013	2014	2015
건수	2	0	0	1	1
금액	109	0	0	210	280

7. 칠레 진출 시 유의사항

칠레 진출 시 남아있는 비관세장벽에 대한 이해가 필요하다. 주요 내용은 다음과 같다.

1) 수출세 및 수입제한

대부분의 수입제품에는 일반관세 6%와 부가가치세 19%가 부과된다. FTA 대상품목 중 Non-ad valorem tariff 제품(생사, 비디오테이프, 필름, 의료진단기구 등)으로 분류되는 품목의 경우 일반관세 외 특별관세(Alternate duties)가 부과된다.

- Non-ad valorem tariff : 한-칠레 FTA 대상품목 중 일부 품목에만 적용되는 특별관세로, 제품의 수량 등 고정된 기준에 따라 관세율이 상이함.
- Ad valorem tariff : 한-칠레 FTA 대상품목 대부분에 적용되는 일반관세로, 제품가격에 따라 관세율 상이함.

농수산품은 의무적으로 사전 원산지 인증절차를 거쳐야 하며, 한-칠레 FTA의 원산지규정에 맞지 않는 제품은 관세특혜를 적용받지 못한다. 또한 수입품목 중 방산품목, 원자력에너지, 미사일, 독성물질 등 직간접적으로 인체 유해한 제품만 수출제한품목으로 분류하고 있다.

관세법 제9397조에 의거해 중고 타이어 수입 및 재사용이 금지돼 있고, 제18483조에 의거해 중고자동차는 칠레로 자동차를 회수하는 것 외에는 수입을 금지하고 있다. 석면수입은 형태나 종류에 상관없이 보건법 제 656조에 따라 금지되고 있다.

2) HS Code 불일치에 따른 특혜관세 미적용

칠레 관세법(General rule No.1)에 따라 수입통관을 위한 서류작성 시 제품에 대한 상세한 설명을 기재해야 한다. 칠레에서 사용하는 품목분류기준(국제통일분류체계, Harmonized Commodity Deion and Coding System)에 따라 품목을 분류하는 사전심사제도를 운영하고 있다.

HS Code 불일치로 인해 관세가 부과되는 사례는 거의 없으며, 원산지규정(Rules of Origin)에 따른 관세부과가 대다수이기 때문에 원산지규정을 잘 이해하여야 한다.

3) 특송화물 관세, 세금 면제 및 공식 통관절차 생략

상업적인 목적으로 수입되는 30달러 이상 1,000달러(FOB 기준) 미만 제품에 대해 인증 혹은 통관절차가 필수적이고, 통관절차 지연으로 발생하는 물류 보관비용은 수출기업이 부담한다. 통관 시 인증이 필요한 제품은 화장품, 의약품으로 제한적이지만 액세서리 등은 귀금속으로 분류해 부가가치세 외 특별관세 15%가 부과된다. 그러나 비상업적인 목적으로 수입되는 50달러 미만의 제품에 대해서는 관세가 면제된다.

4) 정부조달

칠레의 정부조달법 19886 조항에 따르면 외국계 기업은 칠레 내 법적대리인을 통해 입찰 참여가 가능하다. 지자체에서 발주하는 입찰의 경우 현지기업을 선호하는 풍토가 남아있으며 구매제품에 대해 대금을 지불하지 않는 사례가 많다.

5) 서비스, 투자 분야

칠레 노동법 제19조에 의거해 종업원이 20인 이상인 외국 투자진출 기업의 경우, 전체 노동력의 85% 이상을 현지 노동력으로 충당하는 것을 의무화하고 있다. 또한 칠레 노동법 제20조에 따르면, 종업원이 칠레에서 5년 이상 연속으로 거주했거나 부모 중 어느 한 쪽의 국적이 칠레인 경우에는 칠레인을 고용한 것으로 간주하고 있다.

칠레는 타 중남미 국가에 비해 관세 및 비관세장벽이 높지 않은 국가로 비교적 진출이 용이하다. 하지만, 관료주의로 인한 불필요한 행정절차로 예상치 못한 비용과 시간이 발생하는 경우가 있다는 점에 유의해야 한다.

18. 남아프리카공화국

정식 국가명칭은 남아프리카공화국(Republic of South Africa)이며, 아프리칸스어(Afrikaans)로는 “레퓌블릭 판 사위트아프리카”(Republiek van Suid-Afrika)라고 한다. 아프리카 대륙의 최남단에 위치한 나라로 흔히 남아공(南阿共)이라 줄여 부르고 있다. 수도는 3개로 행정수도 프리토리아(Pretoria)와 입법수도 케이프타운(Cape Town), 사법수도 블룸폰테인(Bloemfontein)이 있다.

국토의 면적은 121만 9,090㎢로 한반도의 5.5배, 남한 면적의 12배에 이른다. 인구는 2018년 기준으로 5,484만 명이며, 아프리카 흑인(Africans): 4,398만(80.2%), 백인: 460만(8.4%), 혼혈: 483만(8.8%), 인도/아시아계: 137만(2.5%) 정도로 분포되어 있다. 1994년 4월 27일에 흑인 정부가 수립된 것을 기려 흑인 정부 수립 기념일인 이 날을 국경일로 지정하고 자유의 날(Freedom Day)이라 부르고 있다.

1. 경 제

남아공은 아프리카 경제를 이끌고 있는 선도국이자 아프리카 최대의 시장이다. 2015년 남아공의 국내총생산(GDP)과 1인당 명목GDP는 각각 4,060억 달러, 6,782달러의 나이지리아에 이어 제2의 GDP 규모를 자랑하고 있다.

남아공의 경제지표는 〈표 18-1〉과 같다.

〈표 18-1〉 경제지표

명목GDP	3,492억 달러
실질GDP 성장률	1.3%
1인당 명목GDP	6,156달러
실업률	27.5%
물가 상승률	5.4%
화폐단위	RAND(ZAR)
환율	1 달러 = 13.19랜드(2018년 7월 기준)
외채	1,733억 1,900만 달러(2018년 7월 기준)
외환 보유고	456억 2,000만 달러(2018년 7월 기준)
산업구조	농수산업(2%), 광산업(7%), 제조업(13%), 전력(4%), 건설(4%), 운송(10%), 금융(21%), 정부(18%), 무역(15%), 서비스(6%)
교역 규모	수출 : 881 달러 / 수입: 830억 달러
주요 교역품	수출 : 귀금속, 금속류, 원유, 자동차, 철강, 기계 등 수입 : 원유, 기계, 전자, 자동차, 플라스틱, 의약품 등

주: 2018년 7월 기준 입수 가능 최신 자료
자료: 남아공 중앙은행, 통계청, 관세청, IHS Markit, IMF

그러나 2016 경제성장률은 0.3% 수준으로 이는 2013년에 이어 4년 연속 1% 대의 최저성장률보다 낮은 기록이다. 글로벌 경제위기 여파로 인해 마이너스 성장(-1.5%)을 기록한 2009년 외에는 꾸준한 성장세를 보여주고 있었으나 2012년 대내외 경제불황 이후 저성장 기조를 유지하고 있다. 글로벌 경제회복 둔화 및 남아공 광산노조의 임금인상 요구 및 파업, 랜드화 가치하락, 원자재 가격 하락, GDP 대비 정부 부채증가, 소비감소 등의 원인에 기인한다.

2016년부터 랜드화 가치 급락에 따른 인플레이션 증가 및 임금인상 압력에 남아공 중앙은행(SARB)은 물가안정목표(3~6%)에 맞추어 2015년 9월 기준금리를 6%로 동결했었으나 2016년 12월 기준 7.0%, 2017년에는 10.38%로 인상하였다.

남아공의 2017년도 공식실업률은 27.0%로 매우 높은 수준이며, 구직활동을 포기한 실망실업자까지 포함할 경우 실업률은 35% 수준 이상에 이르는 것으로 추정된다. 인종별로는 흑인계층의 실업률이 42%로 가장 높으며 가장 낮은 계층은 백인계층으로 8%이다.

2. 교 역

1) 개 요

2017년은 원자재가격 회복에 힘입어 수출실적이 증가하고 남아공 경제 전반이 회복세를 보였으며 교역규모 역시 확대되었다.

국내적으로는 광산노조의 빈번한 불법파업 및 임금인상 압력, 실업률 증가, 소비수준 하락으로, 대외적으로는 미국의 금리 인상으로 인한 외국인의 남아공 주식 매도 증가 및 채권 투자 감소 추세로 인해 란드(Rand)화 약세가 당분간 지속될 것으로 전망된다.

남아공 교역규모는 글로벌 경기침체와 원자재가격 하락으로 줄어들고 적자 추세가 지속되다가 2016년부터 세계 원자재가격이 회복됨에 따라 무역수지가 흑자로 전환되었고, 2017년에는 흑자폭이 커졌다.

2) 교역 규모

2017년 남아공 주요 수출대상국은 중국 9.72%, 미국 7.46%, 독일 7.08%, 일본 4.67%, 인도 4.66%, 보츠와나 4.32%, 나미비아 4% 등이며 한국은 2.18%의 비중으로 15위를 차지하고 있다.

2017년 남아공 주요 수입대상국은 중국 18.32%, 독일 11.51%, 미국 6.59%, 인도 4.72%, 사우디아라비아 4.62%, 일본 3.40%, 영국 3% 등이며, 한국은 1.2%의 비중으로 19위 수입대상국이다.

〈표 18-2〉 남아공 수출입 동향 (단위: 백만 달러)

구분	2014	2015	2016	2017	2018(1-3월)	'18/'17 증감
수출	92,545	81,433.66	75,289.17	89,239.48	22,544.40	20.26%
수입	98,873	85,723.98	75,102.34	83,192.73	23,980.50	10.60%
교역량	191,418	167,157.63	150,391.50	172,613.93	46,524.90	15.40%
무역수지	-6,328	-4,290.32	186.83	6,163.08	-1,436.11	-

주: 2018년 7월 기준
자료: World Trade Atlas

〈표 18-3〉 2015-6년 무역과 경상수지 현황 (단위: 10억 랜드)

항목	2015년					2016년				
	1분기	2분기	3분기	4분기	전체	1분기	2분기	3분기	4분기	전체
상품수출	944	978	979	982	971	1006	1104	1033	1071	1054
순금수출	63	71	65	72	68	52	54	47	49	51
상품수입	-1065	-1048	-1087	-1105	-1076	-1097	-1110	-1086	-1065	-1090
무역수지	-59	1	-43	-51	-38	-39	-48	-7	56	15
경상수지	-194	-126	-189	-203	-178	-212	-113	-166	-76	-142
GDP 대비 경상수지비율	-4.9	-3.1	-4.6	-4.9	-4.4	-5.0	-2.6	-3.8	-1.7	-3.3

자료: SARS, World Trade Atlas, SARB

(1) 수출입 실적

남아공의 수출품목은 광물자원이 주종을 이루고 있다. 이는 남아공 내에 광물자원이 풍부하고 최근 들어 국제적으로 광물자원에 대한 수요가 높아졌기 때문이다. 주요 수출 광물자원으로는 백금, 금, 석탄, 철광석, 합금철, 다이아몬드 등이 있다. 이외에 자동차 수출액도 수출금액 기준 6위 품목인데, 이는 남아공 정부가 추진하고 있는 자동차산업육성정책(MIDP), 자동차생산개발계획(APDP)에 따라 도요타, 벤츠, BMW 등 세계적인 자동차 메이커들이 남아공에 생산기지를 운영하고 있어 일찍이 자동차산업이 발전했기 때문이다. 남아공의 주요 수입품목은 원유, 자동차, 휴대폰, 컴퓨터부품, 자동차부품 등이다. 특히 최근 들어 남아공 흑인계층의 소득수준이 증가하기 시작하면서 휴대폰, 컴퓨터, 자동차 등의 내구소비재의 소비가 급증하고 있다.

〈표 18-4〉 2017년 남아공 주요 수출 품목 (단위: 백만 달러)

순위	수출 품목	HS Code	금액
1	백금	7110	6,587
2	석탄	2701	5,714
3	승용자동차	8703	5,679
4	금	7108	5,162
5	철광석	2601	4,793
6	철합금	7202	3,745
7	화물자동차	8704	2,966
8	망간광	2602	2,533
9	석유와 역청유	2710	2,393
10	크로뮴광	2610	2,071

주: 2018년 7월 기준 입수 가능 최신 자료
자료: World Trade Atlas

〈표 18-5〉 2017년 남아공 주요 수입 품목 (단위: 백만 달러)

순위	수입 품목	HS Code	금액
1	기타 교역품	9801	6,760
2	원유	2709	6,434
3	석유(원유 제외)	2710	4,459
4	승용자동차	8703	3,986
5	전화기	8517	3,139
6	의약품	3004	1,714
7	컴퓨터와 그 부분품	8471	1,583
8	자동차 부분품과 부속품	8708	1,362
9	화물자동차	8704	789
10	항공기	8802	721

주: 2018년 7월 기준 입수 가능 최신 자료
자료: World Trade Atlas

3) 한국과의 교역

한국과 남아공 간의 교역규모는 글로벌 경제침체로 인한 전반적인 교역량 감소 추세와 더불어 양국 교역량도 점점 감소하여 2016년에 23억 달러를 기록한 이후, 2017년에는 세계 원자재가격이 회복되면서 남아공의 수출이 활발해져 2016년에 비해 교역량이 확연하게 늘어났다.

2018년 1~4월은 철강을 제외한 대부분의 주요 품목(석탄 17%▲, 망간 70%▲, 승용차 28%▲, 원심분리기 29%▲) 수입이 소폭 증가하면서 한국의 대 남아공 수입이 전년 동기 대비 5.4% 증가했고, 수출은 전년도와 비슷한 수준이다.

〈표 18-6〉 한-남아공 교역 동향 (단위: 백만 달러, %)

구분	2012년	2013년	2014년	2015년	2016년	2017년	2018년 (1-4월)	18/17 증감률
수출	2,188	2,698	1,476	1,262	950	970	303	-0.37
수입	2,129	1,729	1,624	1,416	1,332	2,309	896	5.38
무역액	4,317	4,427	3,100	2,678	2,282	3,279	1,199	3.86
무역수지	59	969	-148	-154	-382	-1,339	593	-

주: 2018년 7월 기준 입수 가능 최신 자료
자료: World Trade Atlas

(1) 한국과의 수출입 실적

2017년 우리나라의 남아공 수출품목 중 상위 10대 품목은 수출이 증가하였으며 자동차 휘발유 및 윤활유 기유의 수출이 전년 동기 대비 287% 가량 늘어났다. 수출 총액의 25%로 절대적인 비중을 차지하는 승용차의 경우 타 브랜드들의 현지 생산이 증가함에 따라 한국산 자동차 판매량이 꾸준히 감소하여 2016년에는 전년 대비 30%나 감소했다. 그러나 2017년 이래로 한국 자동차의 고급스러운 디자인과 옵션이 좋다는 인식이 확대되고 i10, i20나 Rio와 같은 소형차가 큰 인기를 끌면서 다소 회복세를 보인 가운데 한국 자동차 브랜드 시장점유율이 5~7위를 유지하고 있다.

3. 수입규제 제도

1) 수입제한 품목

(1) 수입금지품목

남아공 정부는 국민보건, 환경보호, 안전 등을 이유로 수입금지 품목을 지정해 수입을 금지하고 있는데 수입금지 품목은 아래 〈표 18-7〉과 같다.

〈표 18-7〉 남아공 수입금지 품목

품 목	수 입 금 지 사 유
중고품(Used goods)	국내산업 보호
폐기물, 스크랩 등	국민보건 및 환경보호
기타 유해물질	몬트리올 의정서, 미국 협약에 따른 조치
안전기준 미달품목	자동차 안전도 제고 및 국민보건

자료: 美 무역대표부(USTR), 국가별 무역장벽 보고서(2009, 2013, 2017)

남아공 정부는 국내산업보호를 이유로 중고자동차 및 중고부품 수입을 금지하고 있다. 이는 남아공에 진출해 있는 세계 7대 자동차메이커들의 강력한 로비에 의한 것으로 분석된다. 이는 WTO 규정과도 배치되는 부분이 상당 부분이 있으므로 충분한 검토가 필요하다. 남아공은 국내 자동차산업육성을 위해 "자동차생산개발계획(APDP)"을 시행하고 있는데 동법에 따르면 2020년까지 2020

년 완성차 120만대 달성 및 부품산업육성을 목표로 완성차 및 부품산업 신규 투자액의 20%만큼 3년간 세금감면을 보장해준다.

이외에 일부품목은 남아공 정부로부터 허가를 받아야 수입을 할 수 있는데, 수입제한품목은 남아공 국제통상행정위원회(ITAC)에 문의하면 된다. 수입허가를 받기 위해서는 최소 선적 2주 전에 ITAC에 신청서를 제출해야 하며, 품목에 따라 차이는 있으나 보통 3일이면 수입면허가 발급된다. 수입면허는 발급일로부터 당해 연도 말까지 유효하다.

(2) 중고품거래법(Second-Hand Goods Act 6 of 2009)

동 법률은 도난품 거래방지를 위해 중고품 거래상이나 전당포 등의 사업 운영자에게 중고품거래 시 매매자 신원확인 및 도난품이 아니라는 증거자료 첨부 등을 의무화하는 것이 주요내용으로 제정되었다.

중고품거래법은 2009년 9월 30일 대통령의 승인을 받은 법률로서 그 동안 부분적으로 시행이 되어왔으나 2012년 4월 30일부터 전 조항이 시행되었다. 2011년 12월 10일자로 통제물품(controlled metal)이라는 개념을 갖고 있는 모든 조항과 부칙2가 시행되었다. 부칙2는 통제물품을 규정하고 있는데, 통제물품에는 구리, 알루미늄, 아연, 크롬, 납, 백색합금(white metal), 니켈, 텅스텐, 주석, 페로, 바나듐, 페로실리콘(ferrosilicon), 페로크롬(ferrochrome), 놋쇠(brass), 동, 코발트와 귀금속법(Precious Metals Act 27of 2005)에 규정된 귀금속을 포함시키고 있으며, 이러한 금속이 전부 또는 일부 포함된 모든 물품을 지칭한다.

2012년 1월 16일자로 22조 1항(중고품/고물상 거래상에게 이름이나 주소가 위조되었다든지, 매물로 나온 물건이 도난품일 것이라는 정황이 포착된 경우, 도난물건임을 숨기기 위해 물건의 일부가 개조, 변조된 경우 이를 경찰에 신고할 의무), 25조 4항(중고품/고물상 거래인은 재생업자로 등록을 하거나, 재생업자로 등록을 하지 않은 경우는 부칙 2에 열거한 "controlled metal"를 재생할 수 있는 기구나 장비를 보유하지 못하도록 규정) 등이 시행되었다.

남아공은 그 동안 도난 및 강도 행각을 통해 절취한 물품이 중고가게나 전당포 등지에 매매되는 경우가 많았고, 특히 고철 금속, 중고 자동차 거래, 구리 전선 절도, 절취된 휴대전화가 무더기로 거래, 절취된 가전제품의 거래 등으로 문제를 앓고 있었는데 이를 규제하기 위해 동 법률을 제정하여 이러한 작물의 불법거래를 방지하고자 하고 있다.

법이 규정한 물품의 중고거래를 하기 위해서는 반드시 거래상(dealer)으로 등록을 해야 하며, 동 신청은 경찰청에 하며 5년 유효의 등록증을 발급받게 된다. 또한 제한된 물품(controlled metal)을 재활용업무에 종사하는 사람들은 재활용업자(recycler)로 등록하여야 광물, 금속 등의 중고거래를 할 수 있다. 실형을 받았거나, 파산, 미성년자, 임시비자로 거주하는 외국인 등은 재활용업자로 등록할 수 없도록 제한하고 있다.

거래상은 반드시 거래내용을 기록하고 구매자의 신상파악 및 신분증 사본을 확보하는 것을 의무상으로 규정하고 있다. 또한 자동차거래를 하는 거래상의 경우 추가적으로 자동차 차제번호, 엔진번호, 마일리지, 차량 색깔, 차량의 흠집 여부 등을 추가적으로 기록하도록 하고 있다.

휴대폰을 거래하는 거래상은 휴대기기의 고유번호, 제조회사, 모델명, 생산연도, 특이사항 등을 추가적으로 기록하도록 하고 있다. 거래상은 거래물품이 도난이나 절취되었다고 의심되는 경우 경찰서에 신고할 의무가 있으며, 해당 물품을 거래해서는 안 된다. 경찰은 장물 거래가 의심이 되는 경우 해당 상점, 점포, 창고 등을 수색, 압수 등을 할 수 있으며, 동 법의 규정을 준수하지 않는 자는 형사처벌을 받게 된다.

2) 비관세장벽

남아공은 항구에서의 수입화물 적체로 인한 통관지연 사례가 많으며 세관신고과정에서 인보이스 금액을 초과하는 가격을 기준으로 관세를 부과하는 경우도 종종 발생하고 있다. 이외에 세관원들에 의한 절도행위, 까다로운 수입허가절차, 과도한 규제 등으로 통관과정이 원활하게 이루어지지 못하는 경우가 발생하고 있다.

2017년까지 LoA(Letters of Authority, 수입허가인증서) 발행이 기존 120일이 아닌 최대 350일까지 지연되어 기업들의 항의가 많았는데, 남아공 규제청(NRCS)에서 조치하여 현재 평균 80일 이내로 처리되고 있어 다소 개선된 것으로 보인다. 남아공으로 수입되는 모든 제품은 원산지를 표시해야 하나 원산지에 따른 차별대우는 없다. 그러나 최근 들어 남아공 정부는 중국산 섬유제품의 국내시장 장악으로 인해 붕괴상태에 있는 국내 섬유산업을 보호하기 위해 2005년 5월부터 섬유제품에 한해 원산지표시의무를 강화한 신 라벨링 규정을 시행하고 있어 비관세장벽으로 작용할 소지가 크다.

신 라벨링 규정에 따르면 모든 섬유제품의 라벨에는 생산업체의 '과세대상자 확인번호'가 표기되어야 하며, 원재료를 남아공에서 가공해서 만든 제품은 "Made in South Africa from imported material"이라고 수입된 직물의 라벨에 표기돼야 한다. 이 외에도 섬유제품 라벨에 표시되어 있는 원산지표시(예: Made in South Africa)는 소비자가 쉽게 알아볼 수 있도록 표기돼야 한다. 주류제품도 라벨링 규제가 강화되었는데, 2017년 12월 남아공 보건부는 주류제품마다 용기의 1/8 사이즈 크기로 건강을 해칠 수 있다는 경고문을 부착해야 하는 것으로 발표했으며, 이는 2020년 12월 22일부터 시행될 예정이다.

남아공 정부는 공무원들의 부패척결을 위해 법률제정, 사정기관 확충 등과 같은 정책을 펴고 있으나 높은 범죄율 해소에 모든 사법기관이 매달리고 있어 부패감시 기능이 제대로 이루어지지 못하고 있는 실정이다. 남아공의 높은 범죄율은 부패나 정치 스캔들보다 훨씬 더 심각한 문제이며 남아공 기업활동을 저해하는 주요한 비관세장벽 중 하나이다. 남아공 경찰은 아직 경험과 교육 부족으로 인해 치안유지 및 범죄예방에 효과적으로 대처하지 못하고 있다.

3) 쿼터제도

남아공은 수입쿼터(Import Quota)제도를 운영하고 있지 않다. 대신 관세쿼터(Tariff Quota) 제도를 농산물과 섬유류에 대해 적용하고 있다

농산물의 경우 70%의 쿼터는 이전 수입업자, 20%는 중소기업 및 신규자, 나머지 10%는 BEE(흑인 경제활성화 정책) 관련자에게 배정하도록 되어 있으나, 실제로 관세쿼터 하의 관세율이 일반관세율보다 오히려 높아 관세쿼터 사용률이 높지 않다.

4. 관세제도

1) 개 요

남아공은 과거 인종차별정책으로 인한 각국의 경제제재로 인해 국내산업 보호의 필요성이 높았던 시절에는 높은 관세장벽을 통해 섬유, 자동차 등 주요

국내산업을 보호해 왔다. 그러나 1994년 흑인 정부 수립과 1995년 WTO 가입 이후 정치・경제적으로 국제사회의 일원으로 복귀하기 위해 지속적으로 관세를 인하해 오고 있다.

남아공은 WTO 가입 당시 전체 수입상품의 95.1%에 대해 관세양허안을 제출하였고, 1995년도에 15%에 달하던 비농산물(non-agricultural product) 평균 관세율이 2016년 기준 7.5%까지 인하되었다.

〈표 18-8〉 남아프리카공화국 관세율 현황

품목	양허관세율(평균)	실행관세율(평균)
농산물	39.6%	8.4%
비농산물	15.8%	7.4%
전체	19.0%	7.6%

주: 실행관세율(Simple Average MFN 관세, 2016년 기준), 2018년 7월 기준 입수 가능 최신 자료
자료: WTO Statistics Database

우리나라의 주력 수출품목 중 하나인 승용차의 경우 수입관세가 지속적으로 인하되고 있는데, 1999년 50.5%에 달하던 관세가 2006년 기준 32.0%까지 인하됐으며, 2007년 30%, 2008년부터 2012년까지 매년 1%씩 인하되어 2012년에는 25%가 적용되고 있다. 승용차 관련 정부계획은 2012년 종료된 MIDP와 이를 이어갈 APDP가 있다. MIDP(Motor Industry Development Program)는 1995년 9월 1일 시행돼 2012년 12월 31일 종료되었다..

① APDP(Automotive Production and Development Programme)

2008년 9월에 정부는 남아공을 자동차 제조업의 중심지로 육성하려는 자동차 생산개발프로그램의 시행계획을 발표하였다. APDP는 현재 약 53만대 규모인 자동차 생산능력을 2020년까지 120만대로 증대시키는 것을 목표로 하고 있다. 주요 계획으로 연구개발 등에 대한 보조금 지원과 수입차에 단계적으로 인하된 25%의 관세율을 적용하는 것이 있다.

2) HS code로 관세율 검색방법

남아공의 관세구조는 크게 MFN 관세, EU 관세, EFTA 관세, SADC(남부아프리카 개발위원회) 관세 등 4가지로 나누어지며, 남아공 관세율은 제품의 HS Code

를 가지고 있으면 www.cargoinfo.co.za에서 검색 가능하다.

남아프리카공화국으로 수입되는 모든 제품은 원산지를 표시하여야 하지만 원산지에 따른 차별대우는 규정되어 있지 않다. 원산지로 표시되기 위해서는 적어도 25% 이상의 생산비용, 즉 재료비와 노동비가 해당 원산지에서 투입되도록 관세법상 규정되어 있다.

한편, 남아프리카공화국은 중국산 섬유제품의 국내시장 장악으로 인해 붕괴상태에 있는 국내 섬유산업을 보호하기 위해 섬유제품에 한해 원산지 표시의무를 강화한 신(新)라벨링 규정을 시행하고 있어 비관세장벽으로 작용할 소지가 있다. 신(新)라벨링 규정에 따라, 수입된 직물 원재료를 남아프리카공화국에서 가공해서 만든 섬유제품에는 모두 'Made in South Africa from imported material(수입직물, 남아프리카공화국 제조)'이라고 표기해야 한다. 이 외에 섬유제품 라벨에 표시되어 있는 'Made in South Africa' 같은 원산지표시는 소비자가 쉽게 알아볼 수 있도록 표기해야 한다는 규정 등이 있다. 한국에서 들어오는 제품의 관세율은 General 칸을 확인하면 된다.

5. 통관

남아공에서 통관하기 위해서는 우선 남아공 국세청에 등록하여 세관번호(Customs Code Number)를 받아야 하는데, 신청 후 하루 정도면 번호를 발급받을 수 있다.

통관시간과 관련하여 남아공정부는 항공화물의 경우 최대 24시간, 해상화물은 2~3일정도가 소요된다고 하나 실제로는 통관지체가 심해 이보다 훨씬 더 오랜 시간이 소요된다. 통관을 위해서는 우선 영어로 작성된 다음과 같은 자료가 필요하다.

- 상업송장(Commercial Invoice)
- 원산지 규정 증명서(Certificate of rules of origin, 특혜관세를 적용받고자 할 경우)
- 선하증권(Bill of lading)
- 리베이트 허가증(Rebate Permit, 해당 사항이 있을 경우)
- 은행지불보증 수표(관련세금 포함. Payment, by a bank guaranteed cheque, for all applicable duties and taxes)

• 수입허가인증서(Letter of Authority, LOA, 해당사항이 있을 경우)

또한 상품의 정확한 기재가 중요하며 아울러 수량과 품질, 그 밖에 작성가능한 모든 정보를 가능한 한 포괄적으로 문서화해야 한다. HS시스템에 의한 관세분류번호도 제시해야 한다.

다음과 같은 상품은 별도법률에 의한 규제를 받고 있으므로 통관서류준비시 사전에 필요 조치를 취한 후 작성해야 한다.

동물	산 동물에 대해서는 수출국 당국의 확인을 받은 수의사의 건강진단서가 필요하다. 일부 경우에는 예방접종을 요구하기도 한다.
식품	일반적으로 해당 관청인 남아공 농림부(Department of Agriculture, Forestry and Fisheries)와 보건부(Department of Health)로부터 수입식품 허가서와 식물위생 증명서(Phytosanitary Certificate)를 발급받아야 한다. 보존품의 경우에는 상품 표시 및 포장 규정[1]을 준수해야 한다.
음료수	알코올이 없는 음료수는 Soft Drinks Regulations를, 알코올음료의 경우에는 Wine, Other Fermented Beverages and Spirits Act의 적용을 받는다.
화장품 및 소독제	Foodstuffs, Cosmetics and Disinfectants Act를 적용받고, 라벨링 규제는 반드시 준수돼야 한다.
의약품	남아공의 Medical Control Council에 등록된 경우에 한해서만 수입이 허용된다.
화학물질	Hazardous Substances Act의 적용을 받으며 살충제의 경우에는 남아공외의 지역에서 등록되어 있어야 하며 특별한 라벨링 규정적용을 받는다.
전기 기기류	남아공은 전기 기기제품에 대해서는 반입 충족시켜야 하는 안전규정이 있다.
그밖에 Weight Measures Act에 따라 수많은 상품이 중량규정의 적용을 받고 있는데 이들은 상품의 표시뿐만 아니라 특별한 단위의 포장 등에 대해서도 적용된다.	

수입상은 수입상품 도착 1주전까지 해당세관에 문서로 도착신고(Bill of Entry)를 해야 한다. 일정기간이 지나면 세관은 상품을 지정보세창고에 예치하고 관련비용을 산출한다. 상품이 3개월 이내에 신고되지 않으면 당국은 그 상품을 경매에 붙일 수도 있다. 원칙적으로는 세관원이 컨테이너를 열고 일일이 육안으로 확인해야 하나 통상 수입화물의 50% 정도를 육안검사하며 일부 무작위로 X-Ray 검사를 한다. 최근 남아공 물동량 증가로 인해 항구 적체현상이 심화되면서 통관기간에 장시간이 걸려 우리 업체들의 피해가 우려된다.

1) 라벨링 규정: ▲제품명 ▲제조・생산자명, 판매자명 및 주소 ▲식품 성분 및 영양 정보 ▲유통기한 ▲용량 ▲보관 방법 ▲원산지 필수 표기

참고문헌

중국 참고문헌

동아일보, 터키 리라 폭락, 글로벌 금융시장 '강타'…"안전지대 도피" 2018.08.11.

이현태 외 5인, 중국의 제조업 발전 현황과 한국의 대응방안, KIEP 연구보고서 17-23, 2017.12.

중국무역경외통계연감, 상무부 외자사

중앙일보, [팩트체크]한국 대학들, 중국 유학생 없으면 망한다? 실태 알아보니... 2017.10.25.

중앙일보, 미지의 중남미 땅 개척 나선다…한·메르코수르 무역협정 협상 개시, 2018.05.25.

한국관광공사, 각 연도 자료

한국기업의 칠레투자동향[Korean Investment to Chile]|작성자 오성회계법인

한국무역협회, K-stat(중국)

한국수출입은행(분기별)자료

EU 반덤핑 관련 규정 개정안 합의, 연내 발효 예정, 2017.11.14, 이윤진 벨기에 브뤼셀 무역관

European Central Bank, Statistics (https://www.bankingsupervision.europa.eu/banking/statistics/html/index.en.html)

IMF, 세계은행, 대만 통계국, EU 은행, 각 연도 통계자료 (https://knoema.com/nwnfkne/world-gdp-ranking-2017-gdp-by-country-data)

KIEP 연구보고서, 신통상정책에 나타난 EU의 FTA 추진전략과 시사점 KIEP 연구자료 / KIEP 스터디, 2017.8.1.

KOTRA 베이징 무역관 자료

KOTRA, 2017년 한-우즈베키스탄 무역·투자동향 및 2018년 전망, 해외시장뉴스

KOTRA, 국가지역정보(중국)

http://news.kotra.or.kr/user/nationInfo/kotranews/14/userNationBasicView.do?nationIdx=53)

Australian Government, Department of Foreign Affairs and Trade, Trade and investment.

U.S. International Trade Commission)

UNCTAD, Global Investment Trend Monitor

US International Information Programs

World Bank(http://www.worldbank.org/) 각 연도 통계자료

国务院, 关税司, 关税税则委员会(http://gss.mof.gov.cn/)
中国 人民网(인민망), 2018.1.24.
中国自由贸易区服务网
中華民國統計資訊網(https://www.stat.gov.tw/mp.asp?mp=4) 각 연도 통계자료
中华人民共和国国家旅游局, 각 연도 자료
中华人民共和国对外贸易法
中华人民共和国对外贸易法(2016修正), 状态:有效 发布日期:2016.11.7.
(http://www.110.com/fagui/law_396534.html)
中华人民共和国商务部, 商务部(월별)자료
中华人民共和国商务部, 业务导航(http://www.mofcom.gov.cn/mofcom/yewufenlei.shtml)
中华人民共和国商务部, 直属事业单位子站
(http://www.mofcom.gov.cn/mofcom/zssyzz.shtml)
中华人民共和国商务部,商务部政府网站群信息量统计分析系统(http://infostat.mofcom.gov.cn/)
中华人民共和国财政部(http://www.mof.gov.cn/index.htm)
中华人民共和国财政部,
我国将自4月8日起实施跨境电子商务零售进口税收政策并调整行邮税政策(来源：关税司)
(http://gss.mof.gov.cn/zhengwuxinxi/gongzuodongtai/201603/t20160324_1922972.html)
中华人民共和国海关法 (2017年修正版)
杭州在线, 2016年中韩中日贸易额中国与俄罗斯中国与蒙古,中国与朝鲜的贸易额, 2017.6.16.

미국 참고문헌

국제원산지정보원, 한-미 FTA 발효 후 상품교역현황 변화 분석 및 상호협력모델 연구, 2017.7.31.
박진우 곽동철, 기술패권을 둘러싼 미·중 간 통상분쟁, KITA통상리포트 VOL 16, 2018.
설송이, 미국 통상법의 주요내용과 시사점, KITA 통상리포트 VOL. 18, 2018.
외교통상부, 미국개황, 2009
한국무역협회, K-stat(미국)
KITA, USTR 2018년 통상정책의제 주요내용, 통상리포트, 2018. Vol.04.
KOTRA, 미국개요, KOTRA 국가정보, 2013.9.30.
KOTRA, 트럼프 美 대통령의 통상정책공약 실행 검토, 해외시장뉴스, 2018.01.04.
naver, 미국 국가정보, 2018.
Bureau of Labor Statistics Data
Homeland Security (https://www.dhs.gov/trade#)
https://www.bea.gov/data/intl-trade-investment
https://www.uspto.gov/intellectual-property-ip-policy
https://www.uspto.gov/learning-resources
https://www.uspto.gov/patent
https://www.uspto.gov/trademark

The Bioterrorism Act of 2002 (Last modified: January 27, 2014)
U.S. Bureau of Economic Analysis U.S.
(https://www.bea.gov/data/intl-trade-investment)
U.S. Census Bureau
U.S. Department of the Treasury
USTR, 2009 Trade Policy Agenda and 2008 Annual Report, February 27, 2009.
World Trade Atlas Statistics
(https://www.tradestatistics.com/product.cfm?level=1&type=W)
www.fda.gov
www.usda.gov

일본 참고문헌

일본/경제(https://namu.wiki/w/%EC%9D%BC%EB%B3%B8/%EA%B2%BD%EC%A0%9C)
주 일본대사관, 일본 2015년 무역수지 동향, 2016.2.12.
한국무역협회, K-stat(일본)
EIU(http://country.eiu.com/japan)
https://knoema.com
IMF, April/2016.
KOTRA 국가정보(일본), 일본의 통관절차 및 운송, 2013.12.
KOTRA, 일본 2019년부터 특혜관세 대상국가 확대, 품목은 압축, 2017-10-13 배성현 일본 도쿄무역관
World Economic Outlook
日本 内閣部, 「中長期の経済財政に関する試算」, 2017.1.25.

EU 참고문헌

수출입은행, 산업통상자원부, 한국-EU 투자 자료, 2017.
한국무역협회, 산업통상자원부, 한국-EU 교역현황, 교역품목 자료, 2017.
EU, About the EU. (https://europa.eu/european-union/about-eu_en)
EU, Autumn 2016 Economic Forecast - EU and euro area
EU, EU 공공조달 시장진출 가이드, KOTRA자료 16-045, 2016.
European Commission, ANTI-DUMPING, ANTI-SUBSIDY, SAFEGUARD, STATISTICS COVERING THE 12 MONTHS OF 2017 (December 2017)
European Commission, Trade Statistics, 14 Feb 2017.
European Commission, Trade Statistics, 15 June 2018.
EU집행위, KOTRA 브뤼셀 무역관 자료
https://europa.eu/european-union/documents-publications_en
https://europa.eu/european-union/law_en

https://europa.eu/european-union/life-business_en
https://europa.eu/european-union/topics_en
Trade Statistics, 14 Feb 2017.

아세안 참고문헌

주 베트남, 싱가포르, 필리핀, 말레시아, 인도네시아 한국대사관 및 KOTRA 자료
한국무역협회, K-stat
KOTRA, 각국 대사관 및 통계자료
KOTRA, 아세안 각국 자료
ASEAN Statistical Yearbook(ASYB), 2016/2017
ASEAN, ASEAN Trade in Goods (IMTS) Dashboard
http://asean.org/asean/about-asean/#
http://asean.org/asean/about-asean/history/
http://asean.org/asean/asean-charter/
http://asean.org/asean/asean-connectivity/master-plan-on-asean-connectivity-2025/
http://asean.org/asean/asean-secretariat/
http://asean.org/asean/asean-structure/
https://www.aseanstats.org/ebooks/ebook-publication-by-year/
https://www.aseanstats.org/publication/trade-in-goods-imts/?portfolioCats=58

메르코수르 참고문헌

머니투데이. 중남미 최대시장 열린다, 한-메르코수르 '무역협정' 협상 개시, 2018.05.25.
산업통상자원부, 메르코수르 자료
스페셜경제, 한-메르코수르 '무역협정' 협상 개시… '수출 증대 기대'. 2018.05.27.
외교부, Alianza Pacifico
KOTRA, 메르코수르, 시장이 좋아하는 한국상품, Global Market Report 18-015, 2018.
한국무역협회, 메르코수르 각 회원국 통계(2010~2017)
http://www.mercosur.int/innovaportal/v/8001/2/innova.front/institucional

브라질 참고문헌

한국무역협회(KOTIS) 통계자료(K-stat)
(http://stat.kita.net/stat/istat/OtherMain.screen?ctrGb=BR)
한국무역협회, K-stat(브라질)
KOTRA, 국가 · 지역정보, 브라질
KOTRA, 브라질 유형별 비관세장벽, 상파울로 무역관 , 2016.12월 기준

Banco Central do Brasil, Economic Indicators dated June 28, 2017
EIU(http://country.eiu.com/brazil)
MDIC(브라질통상개발 산업부)무역통계자료 (http://www.mdic.gov.br/index.php/english)
WTA(World Trade Atlas) statistics (https://www.worldtradestatistics.com/annual/)

인도 참고문헌

김현수 · 박승혁, 최근 러시아 경제동향 및 한 · 러 경제협력 확대 방안, 국제무역연구원, 2018.06.19.
러시아 WTO 가입의정서, KITA
아주경제, [데스크 窓] '모디노믹스'의 진실, 2018.03.15.
인도중앙은행(RBI. Reserve Bank of India)
재무부, IMF, Union Budget India
조의윤 · 유승진, 최근 인도 경제동향 및 진출 유망 분야, IIT, 2018.07.
조의윤 · 유승진, 최근 인도 경제동향 및 진출 유망 분야, KITA, 2018.7.4.
주 인도 한국대사관, 한-인도 양국간 교역현황, 2016.09.29.
한국경제TV, [한상춘의 지금 세계는] 더 탄력 받는 '모디노믹스'…인도 경제와 증시 왜 잘 나가나?, 2018.08.09.
한국무역신문, '모디노믹스'의 핵심은 투자…인도 정부의 신 성장동력, 2015.04.23.
한국무역협회, K-stat(러시아)
한국무역협회, K-stat(인도)
KOTRA 국가정보 - 러시아, 2014.01.08.
KOTRA 국가정보, 러시아의 수입규제제도
KOTRA 뉴델리무역관, 높아지는 장벽, 인도의 수입규제 제도와 현황, 2017.06.02.
KOTRA(뉴델리무역관), 해외시장뉴스, 인도대외무역정책 중간리뷰와 시사점, 2018.01.05.
KOTRA, 국가 · 지역정보, 인도
KOTRA, 인도 투자실무가이드, 2015.12.01.
DIPP(The Department of Industrial Policy and Promotion, 인도 산업정책진흥부), 인도
EIU(http://country.eiu.com/russia)
http://economy.gov.ru/en/home#
http://economy.gov.ru/en/home/activity/sections/trademissions/index
http://www.cbr.ru/Eng/statistics/
http://www.gks.ru/wps/wcm/connect/rosstat_main/rosstat/en/main/
PIB http://pib.nic.in/newsite/erelcontent.aspx?relid=174117

캐나다 참고문헌

주 캐나다 대한민국 대사관, NAFTA 재협상 진행상황 및 향후 전망, 2018.01.12.
주 캐나다 대한민국 대사관, 경제동향, 2018

한국무역협회, K-stat(캐나다)
Kotra 국가정보, 캐나다의 수입규제제도
Kotra, 국가별 경제지표(캐나다)
Trade Navi, 국가별 통관절차(캐나다)
BANK OF CANADA, Royal Bank of Canada
EIU(http://country.eiu.com/canada)
https://www.statcan.gc.ca/

사우디아라비아 참고문헌

외교부, 국가지역정보(사우디아라비아 왕국)
(http://www.mofa.go.kr/www/nation/m_3458/view.do?seq=186)
주 사우디아라비아 대사관, 2017년 사우디 대외무역 동향, 2018.06.27.
주 사우디아라비아 대사관, 경제동향, 2018.03.13.
한국무역협회. K-stat(사우디아라비아)
한국무역협회. 사우디아라비아 SASO 인증,2015.07.15.
EIU(http://country.eiu.com/saudi-arabia)
Euromonitor
IMF, Statistics(http://www.imf.org/external/np/ins/english/capacity_wwd.htm#sub)
kotra 국가정보(사우디아라비아), 사우디아라비아의 관세제도
Ministry of Economy & Planning, Saudi Arabia(https://www.mep.gov.sa/en/)
Ministry of Economy & Planning, Saudi Arabia, 2017년 사우디 대외무역 동향
The Statistics Portal, Saudi Arabia: Trade balance from 2007 to 2017.
World Integrated Trade Solution (WITS), Saudi Arabia trade statistics

터키 참고문헌

주 터키 한국대사관, 2017년 경제평가 및 금년도 경제전망 분석, 2018.03.07.
터키 이스탄불무역관(권오륭), 2017.07.04
한국무역협회, K-stat(터키)
EIU(http://country.eiu.com/Turkey)
KOTRA, 국가정보(터키)
KOTRA, 국가정보, 터키의 수입규제제도
KOTRA, 국가정보, 터키의 통관 절차 및 운송제도
KOTRA, 터키의 對 한국 수입규제 현황, 2014.07.15.

우즈베키스탄 참고문헌

외교부, 국가지역정보(우즈베키스탄)
주 우즈베키스탄 한국대사관, 우즈베키스탄 경제 동향
한국무역협회, K-stat(우즈베키스탄)
EIU(http://country.eiu.com/uzbekistan)
Euromonitor(https://www.euromonitor.com/)
IMF, Statistics(http://www.imf.org/external/np/ins/english/capacity_wwd.htm#sub).
Kotra 국가정보, 우즈베키스탄의 수입규제제도
Kotra, 국가별 경제지표(우즈베키스탄)

호주 참고문헌

디앤에이치글로벌, 한-호주 원산지증명서 발급방식, 2015.12.15.
외교부, 국가지역정보(호주), 호주의 무역관련 주요제도 및 절차
전 세계 FTA 체결현황(https://www.fta.go.kr/main/situation/fta/world/)
주 호주 한국대사관, 호주 경제개황
(http://overseas.mofa.go.kr/au-ko/brd/m_3902/list.do)
한국무역협회, K-stat(호주)
한국수입협회, 한-호주 경제협력 및 호주 경제현황, 2017.08.03.
Australia, Department of Foreign Affairs and Trade, Trade and investment.
BP, Statistical Review of World Energy 2018 (www.bp.com)
CIA Factbook, ABS, RBA, EIU, 한국무역협회, 주 호주 한국대사관, IMF, 월드뱅크, https://en.wikipedia.org/
KOMIS(한국자원정보서비스)
Kotra, 국가별 경제지표(호주)
USGS, Mineral Commodity Summaries 2018
WBMS, World Metal Statistics, December 2018
World Trade Atlas, 주 호주 한국대사관, IMF, 월드뱅크

홍콩 참고문헌

외교부, 국가지역정보(홍콩)
주 홍콩 대한민국 총영사관, 홍콩개황(홍콩의 경제)
주 홍콩 대한민국 총영사관, 홍콩·마카오 경제동향
한국무역협회, K-stat(홍콩)
2016 Economic Background by HKSAR
EIU(http://country.eiu.com/hong-kong)

HKTDC Research
Hong Kong Special Administrative Region Government, 2016 ECONOMIC BACKGROUND AND 2017 PROSPECTS, February 2017
Hong Kong Trade Development Council (HKTDC; Chinese: 香港貿易發展局)
Kotra 국가정보, 홍콩의 무역관련 주요제도 및 절차
Kotra, 국가별 경제지표(홍콩)
Outlook for the Hong Kong economy in 2016
(https://www.hkeconomy.gov.hk/en/pdf/15q4_outlook.pdf)
Statistics office of Hong Kong(홍콩 통계청)
(https://www.censtatd.gov.hk/hkstat/sub/bbs.jsp)

멕시코 참고문헌

외교부, 국가지역정보(멕시코)
한국무역협회 K-stat(멕시코)
EIU(http://country.eiu.com/mexico)
INEGI(멕시코 통계청)
KOTRA 국가정보, 멕시코의 무역관련 주요제도 및 절차
Kotra, 국가별 경제지표(멕시코)
Mexico Central Bank(멕시코 중앙은행)
Ministry of economy of chiapas mexico
Secretariat of Economy (SE : 멕시코 경제부)

칠레 참고문헌

외교부, 국가지역정보(칠레)
외교부, 칠레 개황(무역정책)
주 칠레 한국대사관, 경제동향
주 칠레 한국대사관, 칠레의 자유무역협정 체결 현황, 2017.08.10.
한국·칠레 자유무역협정(FTA)
한국무역협회, K-stat(칠레)
한국수출입은행 해외투자통계
CENTRAL INTELLIGENCE AGENCY(CIA)
(https://www.cia.gov/library/publications/the-world-factbook/geos/ci.html)
Global Trade Atlas
KOTRA 국가정보, 칠레의 무역관련 주요제도 및 절차
KOTRA 국가정보, 칠레의 수입규제제도

Kotra, 국가별 경제지표(칠레)
Servicio Impuestos Interno(칠레 국세청, SII)

남아프리카공화국 참고문헌

미 무역대표부(USTR), 국가별 무역장벽 보고서(2009,2013,2017)
외교부, 국가지역정보(남아공)
외교부, 남아프리카공화국 개황, 2011.
한국무역협회, K-stat(남아공)
한국수출입은행, 수은3.0정보공개
EIU(http://country.eiu.com/south-africa)
IMF(http://www.imf.org/en/data)
KNEOMA(https://knoema.com/atlas/topics/Foreign-Trade)
KOTRA 국가정보, 남아공의 무역관련 주요제도 및 절차
Kotra, 국가별 경제지표(남아공)
OECD, DATA(https://data.oecd.org/)
SARS, CUSTOMS, EXTERNAL POLICY, TRADE STATISTICS, 2017.12.13.
South Africa Statistical Office(남아공 통계청, http://www.statssa.gov.za/)
South African Reserve Bank (SARB,남아공중앙은행)
https://www.resbank.co.za/Pages/default.aspx)
South African Revenue Service (SARS, 남아공 관세청
http://www.sars.gov.za/Pages/default.aspx)
WORLD BANK(https://data.worldbank.org/country/south-africa?view=chart)

한글색인

ㅅ

ㅊ

ㅋ

영문색인

저자 약력

성균관대학교 대학원 무역학과 졸업(경제학 박사)
동명대학교 교양교육원장
동명대학교 교무처장 역임
현재 동명대학교 경영대학 국제통상학과 교수

【주요 논문 및 저서】

〈논문〉
OECD회원국의 보험산업 국제경쟁력에 관한 실증연구
손해보험산업의 국제경쟁력 결정요인에 관한 연구
방카슈랑스 도입에 따른 대응방안에 관한 연구
무역조정지원 사례에 관한 연구
농어업분야의 무역조정지원 프로그램과 절차에 관한 연구-한국, 미국 및 대만을 중심으로-
한국과 미국의 농어업분야 무역조정지원에 관한 연구
미국의 제조업분야 무역조정지원에 관한 연구
중국의 반덤핑관세부과 사례 연구
경제전문용어의 이해가능성에 관한 실증적 연구
EU의 세계화조정기금 연구
무역용어의 이해가능성에 관한 실증적 연구
미국과 EU의 무역조정지원 사례 연구 및 시사점
중국기업인의 대 한국 무역장벽인식에 관한 실증연구
외 다수

〈저서〉
비즈니스의 이해
FTA(자유무역협정)
글로벌 비즈니스 매너의 이해와 활용
국제 비즈니스 매너
국제통상환경

세계화시대의 국가무역환경

2019년 1월 30일 제1판 1쇄 발행
2019년 12월 10일 제1판 2쇄 발행

저 자 이 기 환
발행인 김 광 식
조 판 아 람 기 획

07285
발행처 서울특별시 영등포구 선유로3길 10, 617호
도서출판 **탑 북 스**
등 록 2009.12.21 제 2016-000101 호
전 화 02)365-2223 팩스 02)365-2224

정가 28,000원

ISBN 979-11-87343-30-1-93320